제4판

재무관리

박정식 · 박종원 · 이장우 공저

다산출판사

제4판 머리말

「재무관리」 제 3 판이 출간된 지 오랜 시간이 흐른 지금에서야 개정판을 내놓게 되었다. 저자들의 게으름으로 개정판의 출간이 늦어진 것에 대해 독자들께 머리 숙여 사과드린다.

제 4 판의 변화내용을 설명하기에 앞서 이 책은 같은 출판사에서 출간된 「현대재무관리」 (박정식 · 박종원 · 조재호, 다산출판사)의 자매서로 구성된 것임을 다시 한번 밝힌다. 「현대재무관리」에서는 현대 기업의 재무활동과 관련한 여러 내용을 깊이 있고 자세하게 소개하고 있어 그 전체 내용을 한 학기 강의에서 모두 다루기에는 무리가 있다. 그러나 「재무관리」에서는 재무관리의 기본적이고 핵심적인 내용을 한 학기 강의에서 다룰 수 있도록 책을 구성하였다. 그러므로 독자의 수준과 학습목적에 따라 「재무관리」 또는 「현대재무관리」 중 하나를 취사 선택할 수 있을 것이다.

제 3 판에 비해 제 4 판에서 강조되거나 변화된 내용들을 적어보면 다음과 같다.

첫째, 제 4 판에서는 제 3 판의 기본골격을 유지하되 그간 이루어진 재무금융 분야의 연구결과를 반영하여 핵심 재무 이론과 기법을 보다 충실하고 효율적으로 담을 수 있도록 구성하였다. 이 책은 총 여섯 편, 20개의 장으로 구성되어 있다. 그중 제 Ⅱ 편 '재무분석과 레버리지분석' 은 회계학 지식이 충분한 학생을 대상으로 하거나, 관련 내용이 독립과목으로 따로 개설되는 경우 강의내용에서 제외하거나 기초개념만 언급할 수 있을 것이다.

둘째, 이 책의 전 부분에 걸쳐 지난 10여 년간의 재무관리환경의 변화를 고려하여, 관련 제도와 법규의 변화를 적절히 반영하였고 통계수치를 최신의 것으로 업데이트하였다. 또 예제와 연습문제를 강화하고 재구성하였다.

셋째, 제 1 장 '기업과 재무관리' 에서 최근의 경영환경 변화를 반영하여 '기업의 사회적 책임과 기업지배구조' 를 새로이 포함시켜 설명하였다. 제 2 장 '재무제표와 현금흐름' 에서는 잉여현금흐름에 대해 강조하여 설명하였다.

넷째, 제 Ⅲ 편에서는 제 6 장 '화폐의 시간가치' 에서 '엑셀을 이용한 현금흐름의 평가' 를 새로이 추가하였으며, 제 7 장 '채권과 주식의 가치평가' 에서는 이자율의 기간구조와 채권가격평가를 강조하여 다시 서술하고, 주가배수를 이용한 주식가격평가에 대해 새로이 설명하였다. 제 8 장 '자본예산의 기초'는 자본예산기법을 중심으로 재구성하였으며, 제 9 장 '순현가법과 자본예산의 실제적용'은 '현금흐름의 측정' 부분을 제 8 장에서 옮겨와 새로이 구성하고, '인플레이션과 자본예산'을 새로이 추가하였다.

다섯째, 제 Ⅳ 편에서는 제 10 장 '위험과 수익률'과 제 11 장 '자본자산가격결정모형'의 내용들을 보다 쉽고 유기적으로 설명하고 중복서술되던 내용을 간결하게 정리하였다. 또 제 11 장에서 '다요인모형'을 새로 추가하여 실무에서 자주 이용되는 모형을 간단하게 소개하였다.

여섯째, 제 Ⅴ 편에서는 제 13 장 '장기자본조달'에서 상법 등 그간의 제도와 법규의 변화를 반영하여 내용을 업데이트하였으며, 제 15 장 '자본구조이론의 현실'에서는 '정보비대칭과 자본조달순서이론' 부분을 재구성하여 다시 서술하였다. 또 제 16 장 '주주환원정책'은 기존의 '배당정책'의 내용을 그 범위를 확장하여 '주주환원정책'이란 새로운 제목으로 다루었으며, 전체적으로 새로운 서술체계와 용어를 사용하여 주제를 설명하고 그 내용을 대폭 보강하였다.

일곱째, 제 Ⅵ 편은 그간의 제도와 환경변화를 반영하여 제 18 장 '기업합병과 취득(M&A)' 내용을 업데이트하였으며, 제 19 장 '글로벌기업의 재무관리'는 전체적인 내용을 다시 서술함으로써 다루어지는 주제들이 보다 유기적으로 글로벌기업의 재무활동을 설명할 수 있도록 노력하였다. 제 20 장 '재무관리의 다양한 이슈들'에서는 기존 제 3 판에 포함되어 있었던 '행동재무학' 부분은 투자론 교과서에서 보다 적합하게 다룰 수 있을 것으로 판단하여 삭제하고, 최근의 환경변화를 반영하여 '핀테크와 디지털 금융'을 새로이 추가하였다. 또 다루어지는 전체 내용에 대해 새로이 서술함으로써 보다 논리적인 설명이 될 수 있도록 하였다.

개정작업을 하는 동안 가능한 한 독자들이 재무관리의 기본 지식을 좀 더 쉽게 이해할 수 있도록 구성하고 서술하기 위하여 최선의 노력을 기울였으나 아직 부족한 점이 많아 보인다. 부족한 점은 앞으로 계속 보완해 나갈 것을 약속드린다. 그리고 독자들께서도 계속 관심을 가지고 여러 의견을 전달해 주신다면, 더 좋은 책을 만드는 데 큰 도움이 되리라고 확신한다. 이 책을 개정하는 과정에서 여러 분들의 격려와 도움, 그리고 많은 수고가 있었다. 서울시립대학교 경영대학 석사

과정의 김원섭 군은 이 책의 강의자료와 연습문제 해답집을 만드는 데 큰 역할을 해 주었다. 다산출판사의 강희일 사장님은 이번 개정판이 나오기를 오랜 시간 기다리며 전폭적인 지원을 해 주셨고, 양선용 부장님은 꼼꼼함과 희생정신으로 훌륭하게 편집작업을 이끌어 주셨으며, 그리고 이상호 부장님은 저자와 출판사 간의 중간자 역할을 충실하게 수행해 주셨다. 이들 모두에게 깊은 감사와 큰 박수를 보낸다.

2021년 2월

저자 씀

제3판 머리말

재무관리 초판이 발행된 지 10년, 재판이 발행된 지 3년의 시간이 흘렀다. 기업의 재무관리환경은 최근 엄청난 변화를 겪고 있다. 2008년의 글로벌 금융위기는 전 세계 금융시장뿐만 아니라 실물경제에도 매우 큰 영향을 미쳤으며, 국내금융시장에서는 2009년 2월부터 "자본시장과 금융투자업에 관한 법률"이 시행되어 금융산업의 구조조정과 제도개편이 가속화되고 있다. 국제회계기준(KIFRS)이 도입되어 시장가치 중심의 회계처리가 강조되고 있으며 재무제표 체계에 많은 변화가 발생하였다. 이번 제3판에서는 이러한 재무관리환경의 변화를 잰걸음으로 반영하는 데 주안점을 두었다. 또한 그동안 이루어진 재무관리 분야의 최신의 연구성과를 반영하였으며, 다루어지는 내용을 상대적인 중요도에 따라 전체적으로 구성과 비중을 조정하여 보다 알찬 내용을 담은 책이 될 수 있도록 노력하였다.

제2판에 비해 제3판에서 강조되거나 변화된 내용들을 적어보면 다음과 같다.

첫째, 제3판은 제2판에 비해 독자들에게 더 친숙해지고 최근의 경향을 반영하기 위해 노력했다. 재무관리를 처음 접하는 학생들이 손쉽게 읽고 내용을 이해할 수 있도록 스토리라인과 서술에 있어서 보다 간결하고 재미있게 전개하려 노력하였다. 관련 제도와 통계는 최근의 환경변화를 반영하여 최신 수준으로 올려놓았다.

둘째, 제3판에서는 제2판의 제6장과 제7장에서 다루었던 '재무계획'과 '운전자본관리' 부분을 삭제하고 꼭 필요한 부분은 관련된 주제를 다루는 각 장에서 다룰 수 있도록 하였다. 이는 현대 재무관리의 발전추세를 반영하면서 전체적인 분량을 한 학기용으로 맞추어 보려는 의도도 함께 반영한 것이다.

셋째, 제20장에서는 시사적으로는 자주 언급되지만 평소 재무관리 강의에서는 잘 다루어지지 않는 다양한 이슈들을 소개하였다. 이는 최근의 재무관리 분야의 연구성과를 반영하고, 재무이론이 응용되는 현실적인 주요 관심분야를 소개하려는 시도이다.

넷째, 각 장의 주요 부분에 「생각의 전당」을 적절히 삽입하여 왜 그 주제가 중요한지와 주제의 핵심 아이디어를 생각해 볼 수 있는 기회를 제공하였다. 이와 함께 필요부분에 그래픽적인 요소를 강화하여 독자들에게 공간적 미학과 시각적인 부드러움을 제공한 것도 제3판의 새로운 시도이다. 이를 통해 독자들이 한결 편안하게 학습을 할 수 있을 것으로 기대한다.

개정작업을 하는 내내, 다루어지는 내용의 무게와 중요성을 잃지 않으면서도 쉽고 재미있는 재무관리가 되도록 노력하였다. 아직도 여러 가지 부족한 점이 많다고 생각하나, 앞으로 끊임없이 가다듬어 독자들의 기대에 어긋나지 않는 좋은 책을 만들 것임을 약속한다. 독자 여러분의 아낌없는 질책과 관심을 부탁드린다.

끝으로 이번 개정작업에서 강의노트를 만드는 데 도움을 준 서울시립대학교 석사과정의 송재성 군과 양시만 군, 그리고 교정작업에 투입된 부산대학교 전승국, 김용상, 박혜원 조교에게 고마움을 표하며, 개정작업 내내 더 좋은 책을 만들기 위해 노력을 아끼지 않은 다산출판사의 강희일 사장과 박재인 상무, 양선용 부장, 그리고 임직원 여러분에게 깊은 감사를 드린다.

2010년 8월

저자 씀

제2판 머리말

재무관리 초판이 출간된 이후 약 7년여의 시간이 흘렀다. 그동안 재무관리 분야의 기본 틀은 크게 변화한 것이 없으나 국내외 재무관리환경에 많은 변화가 있었다. 이번 제 2 판에서는 최신의 재무이론과 기법을 보다 효율적으로 담을 수 있도록 구성하였으며 또 그간 발생한 재무관리환경의 변화를 충실하게 반영하기 위하여 노력하였다.

초판에 비해 제 2 판에서 강조되거나 변화된 내용들을 적어보면 다음과 같다.

먼저, 이번 제 2 판은 초판과 저자들이 앞서 출간한 「현대재무관리」 제 7 판에 기초하여 재무관리를 처음 공부하는 독자들이 주요 재무이론과 기법을 보다 쉽게 학습할 수 있도록 기본적이고 핵심적인 내용을 중심으로 구성하였다. 「현대재무관리」에서는 현대 기업의 재무활동과 관련한 여러 내용을 자세하게 소개하고 있어 그 전체내용을 한 학기 강의에서 모두 다루기에는 무리가 있다. 그러나 「재무관리」에서는 재무관리의 주요 내용을 한 학기 강의에서 다룰 수 있도록 책을 구성하였다. 그러므로 독자의 수준과 학습목적에 따라 「재무관리」 또는 「현대재무관리」 중 하나를 취사 선택할 수 있을 것이다.

둘째, 책의 전체내용을 초판과 달리 새롭게 구성하였다. 초판에서는 제 Ⅲ 편 '재무관리의 기초이론'과 제 Ⅳ 편 '자본예산'에서 다루어지던 내용을 제 2 판에서는 제 Ⅲ 편 '가치평가와 자본예산' 그리고 제 Ⅳ 편 '위험과 가격결정모형'으로 새롭게 구성하여 관련 내용들을 다루었다. 따라서 제 2 판은 제 Ⅰ 편 '재무관리의 기초', 제 Ⅱ 편 '재무분석 및 계획과 유동성관리', 제 Ⅲ 편 '가치평가와 자본예산', 제 Ⅳ 편 '위험과 가격결정모형', 제 Ⅴ 편 '자본구조와 배당정책', 그리고 제 Ⅵ 편 '재무관리의 특수문제'의 총 여섯 편으로 구성된다. 경영분석(또는 재무분석) 과목이 독립적으로 개설되는 학교에서 이 책을 사용하는 경우에는 제 Ⅱ 편 '재무분석 및 계획과 유동성관리' 부분은 강의내용에서 제외하거나 기초개념만 언급할 수 있을 것이다.

셋째, 책의 전 부분에 걸쳐 최근의 재무관리환경 변화를 반영하여 관련 제도와 법규의 변화를 반영하고 통계를 최신수준으로 올려놓았다.

넷째, "중요용어"란을 신설하였다. 각 장의 내용에 대한 설명이 끝나고 나면 그

장에서 다루어진 내용 중 기본이 되는 개념과 주요 용어를 "중요용어"란에 정리하여 독자들이 핵심적인 사항들을 정리할 수 있도록 하였다.

다섯째, 제 1 장 '재무관리란 무엇인가?' 에서 주식회사제도와 소유-경영의 분리에 대해 보다 강조하여 설명하고, 제 2 장 '재무제표와 현금흐름' 에서는 대차대조표와 손익계산서에 더해 현금흐름표의 내용을 설명하고 재무의사결정을 위한 현금흐름의 내용을 설명하였다.

여섯째, 제 Ⅱ 편 '재무분석 및 계획과 유동성관리' 부문에서는 제 4 장 '재무분석' 에서 ROI와 ROE분석을 강조하여 설명하였으며, 제 6 장 '재무계획' 을 추가하여 재무예측에 관한 내용을 설명하였다. 또 초판의 제 18 장에서 다루어지던 '운전자본관리' 를 제 7 장으로 옮겨 다루었다.

일곱째, 초판에서 제 10 장 '자본비용' 과 제 13 장 '투자안의 위험분석과 부채사용투자안의 가치평가' 로 나누어져 다루어지던 내용을 제 2 판에서는 제 14 장 '자본비용과 위험을 고려한 자본예산' 으로 통합하여 다룸으로써, 자본비용의 개념과 응용에 대한 논의를 보다 쉽고 유기적으로 설명하고 중복 서술되던 내용을 간결하게 정리하였다.

여덟째, 제 17 장 '자본구조이론의 현실' 에서 다루어지는 내용을 재구성하고 그간 이루어진 관련 분야의 연구성과를 반영하여 '상충이론' 과 '자본조달순서이론' 등을 새롭게 다루었다. 또 제 18 장 '배당정책' 에서는 '자사주매입' 을 강조하여 서술하였다.

개정 작업을 하는 내내 독자들이 좀 더 쉽고 편안하게 재무관리의 주요 내용을 학습할 수 있도록 하기 위하여 노력하였으나 아직도 여러 가지 부족한 점이 많다고 생각한다. 부족한 점은 앞으로 끊임없이 가다듬어 독자들의 기대에 어긋나지 않은 좋은 책을 만들기 위하여 계속 노력할 것임을 약속한다. 독자 여러분의 아낌없는 질책과 관심을 부탁드린다. 끝으로 이번 개정 작업에서 통계자료의 수정에 도움을 준 서울시립대학교 석사과정의 안성만 군과 김돈영 군에게 고마움을 표하며, 개정 작업 내내 더 좋은 책을 만들기 위해 노력을 아끼지 않은 다산출판사의 강희일 사장과 박재인 상무, 그리고 양선용 부장께 깊은 감사를 드린다.

2007년 2월 저자 씀

머리말

지금까지 많은 재무관리 교과서들이 출간되었다. 그러나 그 중 대다수의 교과서들이 이론에 치우쳐서 현실을 반영하지 못하거나 설명이 너무 어려워서 독자들에게 외면을 당한 것들이 많다. 또한 너무 많은 내용을 한 권의 교과서에 담다 보니 한 학기 동안의 강의로는 다루기가 매우 벅찬 책들이 대부분이었다.

이에 우리는 대학생이나 일반인이 재무관리의 기본내용을 이해하는 데 있어 반드시 알아야 할 내용들을 쉽게 다루면서도 일상생활에 도움을 줄 수 있는 교과서의 필요성을 인식하고 이 책을 쓰게 되었다. 이 책의 특징은 다음과 같다.

첫째, 이 책은 재무관리에 대한 초급 교과서이다. 이 책은 경영학 전공자뿐만 아니라 비전공자 그리고 일반인들도 손쉽게 공부할 수 있도록 실제 생활과 밀접한 관련이 있는 재무관리의 내용을 주로 다루고 있다. 앞으로 더 깊이있게 재무관리를 공부하려는 독자에게도 이 책이 좋은 길잡이가 될 것이라 생각한다.

둘째, 이 책은 다른 어떤 교과서보다도 쉽다. 우선 이 책에서는 내용이 어려우면서도 실제로는 많이 쓰이지 않는 주제를 대폭 줄였다. 그리고 현실감있는 풍부한 예를 들어 설명하는 방법을 사용함으로써 재무관리의 기본내용들을 쉽게 이해할 수 있도록 구성하였다.

셋째, 이 책은 기본논리를 중요하게 다루었다. 책의 구성뿐만 아니라 설명방식에 있어서도 논리적 일관성을 유지하는 데 힘썼다. 어떤 필요에 의해 이론이 생성되고, 그 이론이 현실의 변화에 따라 어떻게 발전하였으며, 실제로 그 이론이 어떻게 쓰이고 있는지를 보였다.

넷째, 이 책은 한글세대의 감각에 맞는 문장을 사용하였다. 이 책의 독자가 주로 20대 초반의 한글세대임을 고려하여 학계나 실무계에서 보편적으로 쓰이는 용어를 제외하고는 어려운 한자어 사용을 줄이고 우리말로 쉽게 바꾸어 쓰려고 노력하였다. 따라서 이 책은 다른 어떤 교과서보다 편하게 읽을 수 있을 것이며 그 내용도 보다 확실하게 전달될 수 있을 것이다.

이 책을 쓰면서 우리는 여러 주제들을 가능한 한 쉽게 설명하고, 상호 관련되어 있는 각 주제들을 체계적으로 구성하기 위하여 노력하였다. 이 책은 여섯 편으로 구성되어 있다.

제Ⅰ편에서는 재무관리에서 다루어지는 내용들을 이해하기 위해 필요한 기초 개념들을 설명하였다. 재무관리의 학문적 의의와 기능, 재무제표와 현금흐름, 그리고 재무활동이 이루어지는 재무환경에 대해 설명하였다.

제Ⅱ편에서는 재무관리의 본질적인 두 기능인 투자결정과 자본조달결정을 다루기에 앞서 기초적인 재무자료들을 분석하고 미래의 재무활동을 계획하는 일이 어떻게 이루어지는지를 설명하였다. 재무제표의 분석과 레버리지분석에 대한 내용이 쉽고 간결하게 설명되었다.

제Ⅲ편에서는 현대재무관리의 바탕을 이루는 기초이론들이 설명되었다. 화폐의 시간가치, 채권과 주식의 가치평가, 위험과 수익률, 자본자산가격결정모형(CAPM), 자본비용 등이 적절한 예와 더불어 쉽게 설명되었다.

제Ⅳ편에서는 기업의 투자결정에 관한 내용이 다루어졌다. 제Ⅲ편에서 배운 기초이론들을 바탕으로 기업이 고정자산에 대한 투자를 어떻게 할 수 있는지를 체계적으로 설명하고 있다.

제Ⅴ편에서는 기업의 자본조달결정에 관한 내용이 설명되었다. 장기자본의 조달수단, 자본구조와 기업가치와의 관계, 배당과 기업가치, 그리고 운전자본관리에 대한 내용이 적절한 예 및 우리나라 기업들의 현황과 더불어 설명되었다.

마지막으로 제Ⅵ편에서는 재무관리의 특수문제들로 최근 중요하게 인식되고 있는 문제들을 다루었다. 선물, 옵션과 같은 파생상품의 특성과 이를 통한 기업의 위험관리, M&A, 그리고 국제재무관리에 관한 내용들이 설명되었다.

이 책을 쓰는 과정에서 많은 분들의 도움을 받았다. 서울대학교 경영대학 석사과정에 재학중인 박정호 군은 이 책의 교정을 도맡아 해주었으며 쉽고 논리적인 내용구성이 되도록 하는 데 헌신적인 노력을 해주었다. 숙명여자대학교의 김진선 양은 원고의 정리와 입력에 큰 도움을 주었다.

끝으로 이 책이 나오기까지 격려와 성원을 아끼지 않은 사랑하는 가족과, 인내와 성의를 가지고 최선을 다해 도와주신 다산출판사 임직원 여러분께 깊은 감사를 드린다.

1999년 1월　저자 씀

제 I 편 재무관리의 기초

제 II 편 재무분석과 레버리지분석

제Ⅲ편 가치평가와 자본예산

제Ⅳ편 위험과 가격결정모형

제Ⅵ편 파생상품, M&A, 글로벌기업의 재무관리

Financialmanagement

제 I 편

재무관리의 기초

제 1 장

기업과 재무관리

재무관리는 기업이 어떤 사업에 투자를 할 것인지, 또 투자에 필요한 자금을 어떻게 조달할 것인지를 주된 연구대상으로 한다. 자본주의가 발전하고 기업의 규모가 커짐에 따라 기업활동을 구성하는 여러 기능 중에서 재무관리가 차지하는 비중은 계속 커지고 있다. 어떤 기업은 필요한 자금을 적당한 시기에 잘 조달하여 좋은 사업에 투자함으로써 성장을 계속한다. 그러나 또 다른 기업은 자금조달과 투자에 실패하여 기업활동이 크게 위축되고 심한 경우 그 기업이 도산하기도 한다. 이 장에서는 재무관리라는 학문분야와 기업의 형태를 소개한 후, 현대기업의 대표적인 형태인 주식회사의 소유 및 경영과 관련된 여러 주제와 재무관리(기업경영)의 목표에 대해 살펴본다.

생·각·의·전·당

재무관리는 경제주체들 중 특히 기업과 개인의 선택에 관심을 갖는다. 경제주체들 간의 상호작용이 이루어지는 시장에서 선택이 이루어진다. 시장에는 경제주체들의 선택에 영향을 미치는 정보가 들어오고, 생산되며, 배포된다. 기업은 기업가치를 극대화하려 하고 개인은 자신의 효용(만족)을 극대화하려 한다. 국가는 국민경제 전체의 균형과 후생을 극대화하려 한다. 국민경제를 구성하는 틀과 경제주체들의 선택에 영향을 미치는 정보에 대한 이해 속에서 기업의 목적함수를 바르게 이해하는 것이 재무관리를 학습하기 위한 첫 번째 징검다리이다.

1.1 재무관리의 의의와 기능

넓은 의미에서 재무관리는 재무학(finance)이라는 이름으로도 불린다. 재무학은 자금(funds)의 흐름을 파악하고 분석하는 학문이다.[1] 다른 재화나 서비스와 마찬가지로 자금의 경우에도 이를 필요로 하는 수요자가 있고 또 이를 제공해 주는 공급자가 있다. 자금의 수요자 중 대표적인 경제주체가 기업이다. 기업의 재무의사결정(financial decision)과 기업이 접하는 재무환경 등을 다루는 연구분야를 기업재무론(corporate finance)이라고 한다. 또 재무학에서는 많은 경우 자금의 공급자를 투자자로 부르는데, 투자자의 재무의사결정과 투자자가 접하는 투자환경 등을 다루는 연구분야를 흔히 투자론(investments)이라고 한다. 기업재무론과 투자론은 재무학을 구성하는 두 개의 큰 축이다.

좁은 의미에서 재무관리는 기업재무론을 의미한다. 자금의 수요자인 기업의 자금흐름과 관련된 활동을 다루는 학문으로 자금의 운용과 조달 그리고 유동성관리 등을 연구대상으로 한다. 이 책에서 다룰 재무관리는 기업의 재무의사결정을 담

1) 이 분야의 저명한 학자인 로스(Ross)는 재무학을 '시간과 불확실성의 경제학(economics of time and uncertainty)'이라고 하였다. 이는 자금흐름을 분석하는 데 있어 시간과 불확실성이 가장 중요하게 고려해야 할 요소이기 때문이다.

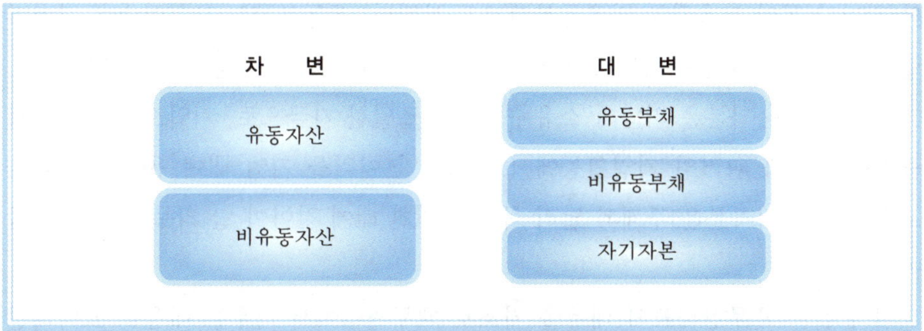

그림 1-1 기업의 재무상태표

당하는 재무관리자(chief financial officer: CFO)의 관점에서 다루는 기업재무론, 즉 좁은 의미의 재무관리이다.

재무관리를 담당하는 재무관리자는 기업에서 어떤 일을 할까? 재무관리에서 다루는 내용을 파악하면 재무관리자의 역할을 알 수 있는데, 이를 기업의 재무상태표(또는 대차대조표)를 이용하여 살펴보자. 재무상태표(statement of financial position)는 특정 시점에서 기업의 재무상태, 즉 자산과 부채 · 자본의 구성을 나타내는 표이다. 재무상태표는 [그림 1-1]에서 보는 것과 같다.

기업의 자산(asset)은 재무상태표 왼쪽(차변)에 위치하며 크게 유동자산과 비유동자산으로 구분된다. 유동자산은 현금 · 재고자산 등과 같이 단기간 동안 보유하는 자산이며, 비유동자산은 건물 · 기계 등과 같이 기업이 장기간 보유하는 자산이다. 유동자산과 비유동자산의 구분은 회계관행상 1년을 기준으로 한다. 유동자산은 정상적인 기업활동에서 1년 이내에 현금화되는 자산이며, 비유동자산은 1년 이상의 비교적 오랜 기간 동안 기업이 사용하는 자산이다. 자산을 구입하기 위해서는 자금이 필요하다. 필요한 자금을 어떻게 조달하였는지는 재무상태표 오른쪽(대변)에 나타나며, 조달된 자금은 크게 부채(liability)와 자기자본(equity)으로 구분된다.[2] 부채는 일정한 기한 내에 상환할 것을 약속하고 채권자(기업의 소유주가 아닌 자금제공자)로부터 조달한 자금으로, 기업이 단기간 동안 사용하는 유동부채

2) 부채(liability)는 기업활동 과정에서 자연스럽게 발생하는 채무(예를 들어, 영업활동 과정에서 발생하는 외상매입금 등과 임직원의 퇴직연금을 대비하기 위한 충당금 등)와 자금조달을 위하여 외부에서 조달한 부채(debt)를 포함한다. 이 책에서는 특별한 구분이 필요한 경우 외에는 부채를 미래에 상환할 것을 약속하고 외부에서 조달된 자금을 나타내는 용어로 사용한다.

와 장기간 동안 사용하는 비유동부채로 구분된다. 유동부채는 1년 이내에 갚아야 할 부채이며, 비유동부채는 갚아야 하는 기한이 1년을 넘는 장기부채이다. 한편, 자기자본 또는 자본은 기업의 소유주로부터 조달한 자금으로, 기업소유주가 직접 출자한 자금과 과거의 기업활동에서 벌어들인 이익을 기업 내에 유보한 자금을 포함한다. 자기자본은 부채와 달리 특정한 기한 내에 갚아야 할 의무가 없는 자금이다.

이와 같은 재무상태표의 내용을 기초로 재무관리에서 다루는 내용을 요약하면 다음과 같다. 첫째, 어떤 사업(자산)에 얼마만큼 투자할 것인가를 결정하는 투자결정(investment decision)이다. 투자결정은 [그림 1-1] 재무상태표의 왼쪽(차변)에 나타나 있는 항목을 다루는 것으로 기업이 자산을 가장 이상적인 형태로 보유하려는, 즉 최적자산구성(optimal asset structure)을 찾는 노력이다. 특히 비유동자산 중 건물 · 설비 등과 같은 유형자산이나, 지식재산권(intellectual property right)이나 R&D투자 등의 무형자산에 대한 투자는 기업가치에 오랫동안 영향을 미치기 때문에 매우 중요하다. 이처럼 영업활동에 장기간 사용하게 될 유·무형자산에 대한 투자분석을 자본예산(capital budgeting)이라고 하며, 이는 재무관리에서 다루는 가장 중요한 과제 중의 하나이다.

둘째, 자금을 어떻게 조달할 것인가를 결정하는 자본조달결정(financing decision)이다. 이는 [그림 1-1] 재무상태표의 오른쪽(대변)에 관계되는 것으로 기업이 필요한 자금을 가장 이상적인 형태로 조달하려는, 즉 최적자본구조(optimal capital structure)를 찾는 노력이다. 부채(타인자본)와 자기자본의 비중을 결정하는 문제와, 이익의 내부유보를 통한 내부자금과 주식발행이나 차입을 통한 외부자금을 어떻게 적절히 배분하여 필요자금을 조달하는가를 결정하는 것이 자본조달결정이다.

셋째, 단기간의 영업활동에 필요한 현금의 유입과 유출을 관리하는 유동성(liquidity)관리이다. 영업활동에서 발생하는 현금의 유입과 유출은 금액과 시간적인 면에서 크게 다를 수 있다. 이러한 차이를 조정하는 일은 [그림 1-1]의 재무상태표에서 유동자산과 유동부채의 차이인 순운전자본(net working capital)의 관리를 통해 이루어진다. 투자결정과 자본조달결정이 장기적 관점에서 재무관리의 과제라면 유동성관리는 단기적 관점에서 재무관리의 과제이다.

1.2 주식회사의 소유와 경영

기업의 형태와 주식회사제도

개인기업, 공동기업, 유한회사

앞서 살펴본 것과 같이 재무관리는 기업의 투자결정과 자본조달결정, 그리고 유동성관리를 다루는 학문이다. 이러한 재무의사결정 기능은 개인이나 다른 조직체에도 유사하게 적용될 수 있으나 그 주된 적용대상은 기업이다. 재무의사결정의 구체적인 내용을 살펴보기에 앞서 기업의 형태에 대해 간단히 살펴보자. 기업(firm)은 영리추구를 목적으로 설비와 원자재 등을 구입하고 이를 이용하여 제품이나 서비스를 생산한 후, 생산된 제품이나 서비스를 시장에서 소비자에게 판매한다.

시장에는 다양한 형태의 기업들이 활동한다. 어떤 기업들은 한 개인이 모든 소유권을 가지고 기업을 경영한다. 주로 작은 규모의 기업에 이러한 형태가 많은데 이런 기업을 개인기업(sole proprietorship)이라고 부른다. 개인기업의 소유주는 회사의 부채에 대해 무한책임(unlimited liability)을 져야 한다. 또 소유주의 수명이 곧 회사의 수명이 되고, 소유권의 이전이 쉽지 않다는 특징이 있다.

어떤 기업들은 소수의 출자자들이 기업을 공동으로 소유하고 경영하는 형태를 취하기도 한다. 이러한 기업을 공동기업(partnership)이라고 부르는데 합명회사(general partnership)가 대표적인 예이다. 합명회사는 소유주가 여러 명이라는 점 외에는 개인기업과 동일한 성격을 갖는다. 소유권을 가진 출자자들이 기업활동에 대해 무한책임을 지며, 예외적 규정이 없는 한 소유주가 사망하거나 출자를 철회하면 회사의 존속이 종료된다.[3)] 많은 경우 법무법인이나 회계법인 등이 이러한

3) 합명회사의 변형된 형태로 합자회사가 있다. 합자회사(limited partnership)는 무한책임을 지는 사원(general partner)과 유한책임을 지는 사원(limited partner)으로 조직되는 기업의 형태이다. 합명회사보다 많은 투자자들로부터 자본을 조달할 수 있다는 장점을 갖는다. 기업경영은 무한책임을 지는 사원이 담당하며, 유한책임을 지는 사원은 출자에 따른 이익의 분배를 받는다.

형태를 취하고 있다.

모든 사원이 기업활동에 대해 출자금액을 한도로 책임을 질 뿐, 회사의 부채에 대하여 아무 책임도 지지 않는 사원으로 구성된 회사를 유한회사(limited liability company)라고 한다. 법규정이 복잡하거나 엄격하지 않고 지분의 양도가 자유롭지 못한 점은 합명회사와 비슷하다. 또 유한책임 사원으로만 구성되며 분화된 조직을 가지는 점 등은 다음에서 다룰 주식회사와 비슷하다. 따라서 유한회사는 합명회사와 주식회사의 중간형태라고 할 수 있다.

주식회사

많은 수의 현대 기업은 개인기업이나 합명회사 또는 유한회사와는 달리 기업의 소유권이 많은 수의 주주들에게 분산되는 주식회사(corporation)의 형태를 취한다. 절대적인 기업의 수는 개인기업의 형태가 다수를 차지하나 매출액 등 경제에 미치는 영향은 주식회사가 보다 큰 비중을 차지한다. 규모가 큰 기업의 경우 대부분 주식회사의 형태를 취하게 되는데 우리가 잘 알고 있는 삼성전자(주)나 현대자동차(주), 그리고 Apple이나 Tesla 등이 모두 주식회사이다.

[그림 1-2]를 보면 2019년 말 기준으로 우리나라에서 활동하는 기업의 수는 개인기업이 전체의 84%를 차지하며 법인기업이 16%를 차지한다. 법인기업 중

기업 형태	업체 수(개)	구성비율	매출액(억 원)	구성비율
전체	5,035,724	1.00	59,672,547	1.00
개인기업	4,248,286	0.84	8,067,946	0.14
법인기업	787,438	0.16	51,604,601	0.86
주식회사	747,882	0.15	50,620,235	0.85
유한회사	35,519	0.01	908,456	0.01
합명 · 합자회사	4,037	0.00	75,910	0.00

그림 1-2 우리나라 기업의 형태별 구성

주 : 2019년 기준 세무신고를 한 기업에 대한 통계자료임. 2019년 말 기준 전체 사업자 현황 통계에 의하면 법인기업의 수는 1,002,855개, 개인사업자의 수는 7,043,264개임.

자료 : 2020년 국세통계연보, 국세청.

에서는 주식회사가 대부분을 차지하고 있다. 그러나 매출액의 비중을 보면 주식회사가 전체의 대부분인 85%를 차지하며, 개인기업이 14%의 비중을 차지한다.

주식회사의 설립은 개인기업이나 합명회사를 설립하는 것에 비해 복잡한 절차를 거쳐야 한다. 회사의 설립을 위해서 우선 회사의 이름과 수행할 사업의 내용, 발행할 주식의 수, 그리고 이사회의 의결방법과 이사의 수 등 향후 기업경영의 기준이 될 내용을 규정한 정관(articles of incorporation)을 마련하여야 한다. 경영자는 정관에 기초하여 경영활동을 수행한다. 주식회사의 소유주의 수에는 제한이 없으나 보통 설립 시에는 소수의 출자자들이 기업을 소유하며 이들은 기업의 소유권을 작은 단위로 분할한 권리증서인 주식(shares *or* stocks)을 보유한다. 그러나 기업의 규모가 커져 자금수요가 증가하면 주식회사는 새로운 주식을 발행하여 많은 수의 투자자들로부터 필요자금을 조달한다. 이러한 과정을 거친 기업의 주식은 시장에서 공개적으로 거래되는데 이런 기업을 공개기업(public company)이라고 한다. 삼성전자(주)나 현대자동차(주)는 모두 공개기업이다. 주식회사의 소유주는 주주(shareholder *or* stockholder)이지만 회사는 주주와는 독립적인 법인체이다. 주식회사는 독립적인 인격을 갖는 법인이므로 스스로 차입을 하거나 소송의 당사자가 될 수 있다. 또 회사의 이익에 대해서는 일정비율의 세금을 납부할 의무를 진다.

기업이 주식회사의 형태를 취하면 여러 이점을 누릴 수 있다. 우선 새로운 주식발행을 통해 불특정다수의 투자들로부터 필요자금을 조달할 수 있으므로 개인기업이나 합명회사에 비해 대규모의 자금을 손쉽게 조달할 수 있다. 반대로 주식회사는 이미 발행된 주식을 주주들로부터 되사들일 수도 있다. 주식은 기업의 소유권을 아주 작은 단위로 분할한 지분을 나타내는 것이므로 주주는 자신이 소유한 주식수에 비례하여 기업경영에 참가할 수 있는 권리와 기업의 이익 및 재산을 배분받을 권리를 갖는다. 주주는 일반개인뿐만 아니라 은행이나 보험회사, 뮤추얼펀드 등의 기관들로 구성된다.

주식회사는 유한회사와 같이 모든 주주가 회사의 부채에 대하여 유한책임(limited liability)을 진다는 특성을 갖는다. 즉, 주식회사의 주주들은 자신이 투자한 금액을 초과하는 기업의 채무나 손실에 대해서는 책임을 지지 않는다. 주식회사가 파산한 경우 주주들은 회사의 채무를 변제하기 위해 추가출자를 할 필요가 없으며 자신이 투자한 금액만 손해를 보면 된다. 한편, 주식회사가 청산되어 자산을 분배할 경우, 주주는 채권자의 채무를 우선적으로 변제한 후 남는 재산에 대해서만 권리를 주장할 수 있다. 이러한 권리를 잔여재산 청구권(residual claims)이라고 한다.

주식회사는 많은 장점을 가지지만 단점도 있다. 우선 주주와 채권자 등 기업과 관련된 이해관계자가 늘어날수록 기업활동의 성과와 내용을 전달하는 데 들어가는 노력과 비용이 증가하며 이해관계자 간의 갈등 또한 증가한다. 기업규모가 커질수록 의사결정과정이 느려지고 경영의 효율성이 떨어질 수 있다. 또 주식회사는 법인세를 납부하고 난 후의 이익을 소유주인 주주에게 배당으로 지급하거나 회사내부에 유보하게 되는데, 이때 주주는 회사로부터 받은 배당에 대해 다시 일정비율의 개인소득세를 부담하여야 한다. 즉, 주식회사의 주주는 법인세와 개인소득세를 이중으로 부담하는 것이므로 개인기업의 소유주에 비해 세금부담 측면에서 불리하다고 할 수 있다.

소유-경영의 분리와 대리문제

1인이 소유하는 개인기업이나 소수의 출자자가 소유하는 합명회사는 소유주가 직접 기업을 경영하고 그에 대한 책임을 진다. 그러나 주식회사는 많은 수의 주주에게 소유권이 분산되어 있다. 예를 들어 2021년 초 현재 삼성전자의 총발행주식 수는 약 60억 주이며 주주 수는 약 200만 명이다. 이들 주주가 모두 경영에 참여하는 것은 매우 어려운 일이다. 대신 주주는 자신들의 권익을 대표하는 이사회(board of directors)를 구성하고, 기업의 경영은 이 이사회가 담당한다. 이사회는 이사회 구성원 중에서 기업경영을 대표할 최고경영자를 선임하고 최고경영자가 주주의 이익을 위하여 일하는지를 감시 · 감독한다. 이와 같은 체제를 소유-경영의 분리(separation of ownership and control)라고 부른다.

기업경영에 있어 소유와 경영의 분리는 여러 가지 장점을 갖는다. 기업의 소유권이 경영권(기업지배권)과 분리되어 있으므로 회사는 경영자가 바뀌더라도 이에 관계없이 계속하여 기업활동을 해나갈 수가 있으며, 경영능력을 갖춘 유능한 전문경영인을 고용함으로써 경영성과를 높일 수 있다. 또 소유와 경영의 분리는 주주들이 부담하는 정보수집비용을 줄여줄 수 있다. 경영자가 기업경영에 관해 가장 정확하고 많은 정보를 수집하고 이에 기초하여 경영을 하기 때문에 소유주인 주주들은 경영에 대한 정보를 개별적으로 수집할 필요가 없다.

반면 소유와 경영의 분리에 따라 중요한 문제도 발생한다. 대표적인 것이 경영자와 주주 간에 발생할 수 있는 이해다툼이다. 주식회사의 주주와 경영자의 관계는 본인(principal)인 주주가 대리인(agent)인 경영자에게 자신을 대신하여 의사결정을 할 수 있도록 의사결정권한을 위임한 계약관계인 대리관계(agency relationship)로 설명될 수 있다. 대리인인 경영자는 주주의 권익을 대변하도록 선출되었으므로 주주의 이익을 위하여 행동해야 하나, 때로는 주주의 이익보다 경영자 자신의 이익을 추구하는 의사결정을 할 수 있다. 이런 경우 주주의 이익이 침해되고 주주와 경영자 간에 이해다툼이 발생하게 되는데, 이러한 문제를 대리문제(agency problem) 또는 본인-대리인 문제(principal-agent problem)라 하고 대리문제를 해결하는 데 드는 비용을 대리비용(agency cost)이라고 한다.

규모가 큰 기업의 경우 기업과 관련된 이해관계자들은 주주와 경영자뿐만 아니라 채권자, 종업원, 소비자, 그리고 정부 등 매우 다양하다. 이러한 여러 이해관계자 사이의 관계도 앞서 설명한 대리관계로 파악할 수 있다. 따라서 근래에 와서 대리문제는 소유자와 경영자 사이의 문제만이 아니라 이해관계자들 사이의 문제를 모두 포함하는 넓은 의미로 사용된다. 예를 들어 채권자와 주주 간의 관계는 채권자가 자신의 자금을 사용할 수 있는 권한을 주주에게 위임한 대리관계로 설명될 수 있다. 이러한 대리관계하에서 각각의 이해관계자들이 기업에 대해 갖는 정보가 서로 다를 경우(이를 '정보비대칭'이라 한다) 이해관계자 간에 이해다툼이 발생하고 대리비용이 발생하게 된다. 재무관리에서 대리문제는 투자결정이나 자본조달결정에서 중요한 문제로 등장하며, 이를 해결하지 못하는 경우 대리비용의 발생에 따라 기업가치가 감소한다. 따라서 기업의 재무관리자는 기업을 둘러싼 이해관계자 간의 정보비대칭 상황을 정확하게 인식하고 이를 해결하기 위한 노력을 기울이는 것이 필요하다. 대리문제에 대해서는 제15장에서 좀 더 자세히 다루기로 한다.

1.3 재무관리의 목표

재무관리(기업경영)의 목표는 재무관리자가 투자결정과 자본조달결정을 내릴 때 의사결정의 기준이 된다. 재무관리의 목표가 무엇인가에 대하여는 많은 논란이 있으나, 가장 자주 거론되는 것은 기업가치(firm value)의 극대화와 주주가치(shareholders' wealth)의 극대화이다. 특수한 경우 이윤(profit)의 극대화, 시장점유율(market share)의 극대화, 기업규모(size)의 극대화 등도 대안으로 거론된다

기업가치의 극대화

기업의 가치를 재무상태표의 왼쪽(차변)에서 파악하여 보자. 기업가치는 기업의 자산이 앞으로 그 기업이 영위하는 사업에 얼마나 공헌할 것인가에 달려 있다. 구체적으로 기업가치는 기업이 보유자산을 이용하여 벌어들일 미래수익의 규모와 불확실성에 따라 결정된다. 기업이 벌어들일 미래수익이 많을수록 기업가치는 커지며 미래수익의 불확실성, 즉 위험이 클수록 기업가치는 작아진다.[4] 기업가치 V는 다음과 같이 미래의 수익과 위험의 함수로 표현할 수 있다.

$$V = f\,(\text{수익, 위험}) \qquad (1\cdot1)$$

재무상태표의 오른쪽(대변)은 기업이 보유자산을 이용하여 창출한 가치가 누구의 소유인가를 나타낸다. 기업은 투자에 필요한 자금을 부채와 자기자본으로 조달한다. 부채의 제공자를 채권자라 부르며 자기자본의 제공자를 주주라고 부른다. 따라서 기업가치에 대한 권리는 채권자와 주주가 함께 갖게 된다. 결국 기업가치는 채권자의 몫과 주주의 몫으로 나누어지며 다음과 같이 표현될 수 있다.

$$V = B + S \qquad (1\cdot2)$$

여기서 B는 부채가치(=채권자가치)를 나타내며, S는 자기자본의 가치(=주주가치

4) 기업가치와 위험의 관계에 대해서는 제 Ⅳ 편에서 다룬다. 이 책에서는 불확실성과 위험을 같은 의미로 사용한다.

또는 주식가치)를 나타낸다. 결국 '기업가치의 극대화'란 여러 제약하에서 채권자가치와 주주가치의 합을 최대화한다는 것이다.[5)]

주주가치의 극대화

기업가치의 극대화를 재무관리의 목표로 설정하는 이유는 채권자와 주주 모두를 기업의 소유주로 보기 때문이다. 그러나 기업은 자기자본을 제공하는 주주의 가치(shareholders' wealth)를 최대로 하는 것을 목표로 할 수 있다. 왜냐하면 기업의 궁극적인 주인은 바로 주주이기 때문이다. 주주만을 기업의 진정한 소유주로 간주하는 이유는 부채와 자기자본이 근본적으로 그 성격을 달리하기 때문이다.

채권자는 기업에 제공한 자금에 대해 약속된 기일에 이자와 원금을 상환받을 권리를 가지며, 이 권리는 기업의 성과가 나쁜 경우에도 유효하다. 반면에 주주는 기업이 벌어들이는 수익 중에서 채권자의 몫을 지급하고 난 이후의 나머지 잔여분에 대해 권리를 행사할 수 있을 뿐이다. 따라서 수익이 많으면 유리하나, 수익이 적을 경우에는 돌아오는 몫이 없을 수 있다. 즉, 채권자의 몫은 기업가치에 관계없이 일정하나 주주의 몫은 기업가치에 따라 변동한다. 따라서 기업의 미래경영성과에 대한 위험을 궁극적으로 부담하는 자본제공자인 주주를 기업의 소유주로 보는 것이 타당할 수 있다. 이럴 경우 재무관리의 목표는 기업의 진정한 소유주인 주주의 몫인 자기자본가치, 즉 주주가치를 최대화하는 것이어야 한다.

주주의 권리는 주식의 형태로 거래되므로 주주가치의 극대화는 곧 주식가치의 극대화이다. 주식가치는 시장에서 거래되는 주가에 의해 쉽게 파악할 수 있으므로 주주가치의 극대화는 곧 주가의 극대화를 의미하게 된다.

---

5) 식 1·2는 기업에 자본을 제공한 채권자와 주주를 기업가치에 대해 청구권을 갖는 이해관계자로 파악한다. 기업에 대한 이해관계자를 보다 포괄적으로 파악하면 자본제공자인 채권자와 주주뿐만 아니라 임직원, 거래기업, 정부, 소비자, 경쟁기업, 지역사회 등 기업과 직간접적으로 관련된 모두를 포함하며, 재무관리(기업경영)의 목표인 기업가치의 극대화는 이들 모두의 가치, 즉 사회적 가치를 극대화하는 관점에서 이루어져야 한다고 할 수 있다. 이러한 주장을 이해관계자자본주의(stakeholder capitalism)라고 부른다. 한편, 기업의 이해관계자로 기업의 소유주인 주주만을 들고 기업경영의 목표는 주주가치를 극대화하는 방향으로 이루어져야 한다는 주장을 주주자본주의(shareholder capitalism)라고 부른다.

기업가치의 극대화 목표와 주주가치의 극대화 목표는 각기 나름대로의 논리적 근거를 갖고 있다. 그러나 이 두 가지 목표가 항상 일치하는가에 대해 의문이 제기될 수 있다. 그러나 부채의 가치가 기업의 미래수익에 관계없이 안정적이고 또 주주가 여러 수단을 통해 경영자로 하여금 주주가치를 극대화하도록 통제할 수 있다면, 두 목표는 서로 상반되지 않고 일치할 수 있다.

이윤, 기업규모, 또는 시장점유율의 극대화

기업은 가치극대화 목표의 대안으로 수익과 비용의 차이로 정의되는 이익(이윤)이나, 기업규모 또는 시장점유율의 극대화를 목표로 할 수 있다. 이윤극대화를 목표로 하는 경우 한계수익과 한계비용이 일치하는 점에서 최적생산수준을 결정함으로써 기업의 총이익은 극대화된다. 그러나 이윤극대화 목표는 기업이 실현하는 이익의 시간의 차이와 미래이익의 불확실성을 반영하지 못한다는 비판을 받는다. 또 경쟁적인 시장에서 기업은 장기이윤의 극대화를 목표로 함으로써 지속가능성을 확보할 수 있으며, 이 경우 이윤극대화 목표는 가치극대화 목표로 수렴될 수 있다.

한편 기업은 기업규모의 극대화나 시장점유율의 극대화를 목표로 할 수도 있다. 이러한 목표는 기업이 처한 특수한 상황을 타개하기 위한 단기 목표로 이용될 수 있다. 그러나 가치를 창출하지 못하는 기업규모나 시장점유율의 극대화는 기업의 생존과 성장을 가져오지 못한다. 따라서 장기적인 관점에서 기업의 지속가능성을 확보하기 위해서는 가치의 극대화가 필수적이다.

1.4 기업의 사회적 책임과 기업지배구조

기업의 지속가능성과 사회적 책임

주주자본주의 체제에서 경영자는 법과 제도의 틀 내에서 주주가치(또는 기업가치)를 극대화할 수 있도록 기업을 경영하는 것으로 자신의 책임을 다하게 된다. 자유시장경제(free market system)에서 이러한 논리는 1970년대 이후 지금까지 오랫동안 기업활동의 중요한 기준이 되어 왔다.[6] 그러나 2008년 글로벌 금융위기를 계기로 주주가치 극대화를 목표로 하는 경영이 기업의 단기성과를 과도하게 추구하게 함으로써 장기성장의 기반을 약화시키고 소득불균형 등 사회문제를 심화시켰다는 비판이 크게 대두되었고, 이에 대한 대안으로 기업활동에 기업의 지속가능성과 사회적 책임이 고려되어야 한다는 논리가 힘을 얻고 있다. 법과 제도가 완전무결하게 갖추어져 있는 시장에서는 기업(경영자)은 법과 제도의 틀 내에서 경제적 책임(예를 들어 주주가치의 극대화)을 다함으로써 기업과 사회의 발전을 함께 달성할 수 있다. 그러나 불완전한 현실시장에서 주주가치를 우선하는 기업활동은 기업의 다른 이해관계자나 사회에 의도하지 않은 피해를 줄 수 있으며, 이러한 문제의 해결을 위해서는 사회적으로 합의된 윤리적인 목표가 기업활동에 반영될 필요가 있다는 것이다.

기업의 지속가능성(sustainability)은 기업이 추구하는 경제적 목표와 사회가 제시하는 윤리적 목표의 조화를 통해 기업과 사회가 함께 발전할 수 있을 때 확보될 수 있으며, 기업의 사회적 책임(corporate social responsibility: CSR) 수행은 이를 달성하기 위한 활동이라고 할 수 있다. 여러 논란이 있지만, 기업의 사회적 책임은 대개 환경과 사회 문제를 해결하는 데 공헌하는 형태로 이루어지며, 이는 곧 기업이 주주가치뿐만 아니라 기업과 관련된 이해관계자 모두의 가치, 즉 사회적 가치(social wealth)의 극대화를 목표로 기업활동을 하여야 함을 의미한다.[7] 사회

---

6) 기업의 사회적 책임은 주주이익이 극대화되도록 경영을 하는 것이라고 주장하는 프리드먼(Milton Friedman)은 주주자본주의의 논리를 대변한다. 그는 자유시장경제의 우월성을 옹호한 저서 *Capitalism and Freedom*(University of Chicago Press, 1962)에서 다음과 같이 주장한다. "자유시장경제에서 기업이 지는 유일한 사회적 책임은 경영자가 게임의 규칙을 준수하는 틀 내에서 기업의 이익극대화를 위해 자원을 활용하고, 이를 가능하게 할 수 있도록 속임수나 사기행위 없이 공개적이고 자유로운 경쟁에 전념하는 것이다." 이와 같은 프리드먼의 주장의 배경은 첫째, 사회에 대한 책임은 국가가 지는 것이지 기업이 지는 것이 아니며, 둘째 소유와 경영이 분리된 상황에서 경영자가 자의적인 판단으로 기업의 자원을 사회적 책임 활동에 사용하는 것은 자원의 낭비로 자신을 고용한 주주들에 대한 도덕적 해이에 해당한다는 것이다.

7) 대표적으로 지난 2019년 8월 19일에 미국을 대표하는 대기업의 경영자들의 모임인 Business Roundtable(BRT)은 181명의 경영자들이 서명한 "새로운 기업의 목적에 관한 성명서"를 발표했다. 1972년에 출범한 BRT는 1997년에는 기업의 목적은 주주가치 극대화에 있다는 성명

적 가치의 극대화는 추상적인 개념으로 이를 구체적으로 어떻게 실행할 수 있을 것인가에 대해서는 넘어야 할 과제가 많다. 사회가 요구하는 윤리적 목표가 무엇인지, 사회적 가치의 측정을 어떻게 할 것인지, 사회적 책임 활동에 대해 어떤 기준으로 자원을 배분할 것인지, 장기적인 관점에서 다양한 이해관계자들의 가치를 어떤 방법으로 조정할 수 있는지 등에 대해 보다 많은 고민이 필요하다.

기업의 지배구조

기업지배구조(corporate governance)는 기업목표가 달성될 수 있도록 주주, 채권자, 경영자, 그리고 기업과 관련된 다양한 이해관계자들 간의 상호작용관계를 규율하는 메커니즘을 의미한다. 이는 기업이 목표에 부합하여 운영될 수 있도록 설계한 경영통제와 이를 규율하는 제도적 장치, 그리고 동기부여에 관한 제반 시스템을 포함한다. 좁은 의미로는 기업의 주인(주주, 채권자)이 경영자에 의한 기업경영을 감시, 견제하고 규율하는 메커니즘을 말한다.

주주와 채권자가 왜 경영자를 규율하고 감독해야 할까? 이는 소유와 경영(지배)이 분리되면서 정보비대칭 상황에서 본인-대리인 문제가 발생하게 되고, 이에 따른 비용(대리비용)을 최소화하기 위해 본인(예를 들어 주주)이 대리인(경영자)을 규율하는 장치가 필요하기 때문이다. 주주가 기업에 대한 완전한 정보를 얻을 수 없는 현실상황에서 경영자는 기업의 경영과 자산의 운용 및 처분에 대한 재량권을 가질 수밖에 없으며, 결국 기업지배구조는 이러한 경영자의 재량권 행사를 어떻게 제한함으로써 주주의 권익을 보호할 것인가의 문제로 귀착된다. 이에는 크게 다음과 같은 두 가지의 방법이 제시된다. 하나는 기업의 지분을 상당부분 보유

을 발표하기도 했다. BRT는 새로운 성명서에서 "기업의 이해관계자들 하나하나는 모두 중요하다. 우리는 기업, 공동체, 그리고 국가의 성공을 위해 이들 모두에게 가치를 제공할 것을 약속한다."고 선언하였다. 보다 구체적으로 BRT가 발표한 새로운 기업의 목적에는 다음과 같은 내용들이 담겨 있다. • 소비자들에게 가치를 제공한다. • 종업원들에게 투자한다. • 납품업자들을 공정하고 윤리적으로 대한다. • 기업이 속해 있는 공동체를 지원한다. • 기업에 자본을 제공한 주주들을 위해 장기적 가치를 창출한다. 이러한 내용은 기업이 주주가치만을 추구하는 경영에서 벗어나 이해관계자 모두의 가치, 즉 사회적 가치를 추구하는 경영을 하여야 한다고 선언한 것으로 볼 수 있다.

하는 대주주가 존재하도록 하는 것이다. 대주주는 경영성과와 밀접한 이해관계를 가지며 경영자에게 효과적으로 압력을 행사할 수 있기 때문에 대리문제가 해결된다는 것이다. 또 다른 방법은 주주의 권리를 보장해 줄 수 있는 법적 · 제도적 장치를 마련함으로써 주주의 이해관계가 기업경영에 관철될 수 있도록 하는 것이다.

어떤 형태의 기업지배가 최선인지에 대해서는 많은 논란이 있으며 정답은 없다. 각 기업마다 경영환경이 다르고 성장배경과 조직문화, 특성이 다르므로 각 기업에 적합한 지배구조는 기업마다 다를 수 있다. 전문경영자시스템을 채택하고 있는 영미계의 세계적인 대기업들이 좋은 성과를 내고 있는 것과 마찬가지로, 가족기업이나 소유경영자시스템을 채택하고 있는 유럽과 아시아의 기업들 역시 영미계 대기업 못지않게 좋은 성과를 내고 있는 것이 그 예이다.

한편, 1990년대 중반 이후 건전한 기업지배구조가 기업경쟁력의 원천이며 장기적인 경제성장의 기본요건이라는 인식이 세계적으로 확산되면서 기업지배구조에 대한 국제규범의 필요성이 제기되었다. 경제협력개발기구인 OECD(Organization for Economic Cooperation and Development)는 1999년 '기업지배구조의 기본원칙'을 제정하였으며, 기업환경의 변화를 반영하여 2004년과 2015년에 이를 개정하였다. 이에는 주주자본주의를 중심으로 이해관계자자본주의 내용을 더해 주주이익의 보호, 이사회의 활성화, 자본시장과 기관투자자의 역할 제고, 성장을 위한 투자의 뒷받침, 포용성과 지속가능한 성장, 금융 안전성 등을 강조하는 내용으로 구성되어 있다.

1.5 재무관리를 위한 중요개념들

기업의 재무관리를 담당하는 경영자는 기업의 가치가 극대화되도록 여러 재무기능을 적절히 조화시킬 임무가 있다. 경영자는 투자대상이 되는 자산이 가져다줄 미래의 수익과 불확실성을 고려하여 합리적인 투자결정을 하고, 필요자금을 타인자본과 자기자본으로 적절히 배분하여 조달하게 된다. 또 영업활동이 원활하게 이루어질 수 있도록 필요한 현금의 유입과 유출을 적절히 관리하여야 한다.

이러한 재무활동을 이해하기 위하여 재무관리에서는 많은 재무이론과 기법들을 다루고 있다. 다음에서는 재무관리에서 다루는 내용들을 잘 이해하기 위하여 필요한 기본적인 개념들에 대하여 간략히 살펴본다.

화폐의 시간가치

투자활동이나 자금조달활동 등의 재무활동은 현재와 미래의 여러 기간에 걸쳐서 현금흐름(cash flow)을 발생시킨다. 재무활동에 따라 기업내부로 들어오는 현금흐름을 현금수입 또는 현금유입(cash inflow)이라 하고, 나가는 현금흐름을 현금지출 또는 현금유출(cash outflow)이라 한다. 기업이 설비투자를 하면 오늘은 현금지출이 발생하나 앞으로 여러 기간에 걸쳐 현금수입이 발생한다. 또 기업이 은행에서 대출을 받으면 오늘은 현금수입이 발생하나 미래 여러 기간에는 현금지출이 발생한다. 이렇듯 현재와 미래의 여러 기간에 현금흐름을 발생시키는 투자결정과 자금조달결정을 합리적으로 하기 위해서는 서로 다른 시점에서 발생하는 현금흐름은 서로 다른 가치를 갖는다는 점을 고려하여야 한다. 같은 금액이라고 하더라도 현금흐름이 실현되는 시점에 따라 현금흐름의 가치가 서로 다르게 평가되는데 이를 화폐의 시간가치(time value of money)라 한다. 가까운 장래에 발생하는 현금흐름이 보다 큰 가치로 평가되고, 먼 미래에 발생하는 현금흐름은 작은 가치로 평가되는데, 이를 '재무관리의 제1원리(the first principle of finance)'라 한다.

시장에서 거래되는 어떤 자산의 오늘의 가치는 그 자산이 가져다줄 미래현금흐름이 발생하는 시기에 따라 화폐의 시간가치를 반영하여 평가된다. 미래의 매 시점에 발생하는 현금흐름을 오늘시점의 가치로 환산한 크기를 현재가치(present value) 또는 간단히 현가라 하며, 자산의 가치를 이 자산으로부터 미래에 발생하는 현금흐름의 현재가치로 표현하는 모형을 현재가치평가모형(present value model), 간단히 현가모형이라 한다. 이러한 현재가치평가모형은 재무관리의 바탕을 형성하는 기본모형이다.

생 · 각 · 의 · 전 · 당

'시간은 돈이다'라는 격언이 있다. 이 격언은 재무관리를 이해하기 위하여 필요한 '화폐의 시간가치' 개념을 잘 나타낸다. 현재의 1만 원은 1년 후의 1만 원보다 가치가 크다. 지금 당장 만족스럽게 먹는 것이 몇 달 뒤에 만족스럽게 먹는 것보다 가치가 크다. 행복 또한 시간가치와 관계가 있음을 알 수 있다. 가치평가에서 화폐의 시간가치를 반영하지 않으면 심각한 선택의 오류가 발생한다.

위험-수익의 상충관계

어떤 자산에 투자했을 때, 그 자산이 가져다주는 미래현금흐름은 불확실한 경우가 일반적이다. 예를 들어, 은행에서 취급하는 1년짜리 정기예금에 가입을 하면 1년 후에 얼마를 받을 것인지 확실하게 알 수 있다. 그러나 기업이 새로운 기계를 산 경우에는 이 기계를 이용하여 미래에 얼마를 벌게 될 것인지 확실하지가 않다. 이와 같이 불확실한 현금흐름을 갖는 자산의 가치평가에는 현금흐름의 불확실성(또는 위험)이 반영되어야 한다.

재무관리에서는 시장에 참여하고 있는 투자자들이 위험을 싫어한다고 가정한다. 즉, 투자자들은 불확실한 1원보다는 확실한 1원을 선호한다고 가정하는데, 이를 '재무관리의 제2원리(the second principle of finance)'라 한다. 위험을 싫어하는 투자자들은 미래현금흐름의 불확실성이 커지면 커질수록 위험부담에 대한 대가(이를 위험프리미엄이라 한다)로 더욱 많은 수익을 요구하게 된다. 이러한 관계를 위험-수익의 상충관계(risk-return trade-off)라 한다. 위험-수익의 상충관계란 높은 위험을 부담하면 높은 수익률을 요구하게 되며 낮은 위험을 부담하면 낮은 수익률을 보상받게 된다는 것이다. 위험-수익의 상충관계를 정형화한 대표적 이론이 뒤에서 공부할 자본자산가격결정모형(capital asset pricing model)인데, 이 모형은 재무관리에서 가장 널리 쓰이는 모형이다.

생 · 각 · 의 · 전 · 당

큰 수익을 얻으려면 큰 위험을 감수해야 한다. 이것은 PGA투어 선수에게도 마찬가지이다. 양용은 선수가 커다란 위험을 감수하고 홀을 직접 겨냥한 장거리 이글 어프로치를 시도하지 않았다면 골프황제 타이거 우즈를 꺾고 아시아인 최초로 PGA챔피언십의 승자가 되는 사건은 결코 일어나지 않았을 것이다. 이런 원리는 투자의 세계에도 통한다. '합리적으로 계산된 위험의 감수'—그것은 사실 성공적인 삶의 기본원리이기도 하다.

차익거래와 가격결정

위험과 수익이 같은 자산 A와 B가 시장에서 서로 다른 가격에 거래되고 있다 하자. 이 경우 투자자는 비싸게 거래되고 있는 자산을 빌려서 팔고[8] 싸게 거래되는 자산을 매입함으로써 자신의 자금과 위험을 전혀 부담하지 않고 A와 B의 가격차이만큼을 이익으로 얻을 수 있다. 이러한 투자전략을 차익거래(arbitrage)라 한다. 그런데 시장이 매우 경쟁적이라면 많은 투자자들이 기회가 오면 즉시 차익거래를 할 수 있을 것이다. 이 경우 비싸게 거래되는 자산은 공급증가로 가격이 하락하고 싸게 거래되는 자산은 수요증가로 가격이 상승하여 차익거래의 기회는 오래 지속되지 않게 된다. 결국 위험과 수익이 같은 자산 A와 B가 같은 가격에 거래될 때 차익거래는 없게 되고 시장은 균형상태에 도달한다. 이러한 원리를 무차익원리(no arbitrage principle) 혹은 일물일가의 법칙(law of one price)이라 하며, 이 간단한 원리가 여러 재무이론을 탄생시키는 데 핵심적인 역할을 담당하여 왔다.

자본시장의 효율성

기업은 주식이나 채권을 발행하여 외부자금을 조달한다. 주식과 채권 같은 상품이 거래되는 시장을 자본시장(이에 대해서는 제3장에서 살펴본다)이라 하는데,

8) 어떤 자산을 빌려서 파는 것을 공매(short sale *or* short selling)라고 한다. 공매자는 공매시점에서 자산의 매각대금을 받게 되고 미래의 일정한 시기에 해당 자산을 그때의 가격에 사서 갚게 된다.

자본시장에서는 기업 · 주주 · 채권자 · 금융회사 등이 시장참가자로 활동한다. 재무관리이론에서는 시장참가자가 합리적(rational)이며, 자본시장은 효율적(efficient)이라 가정한다.

시장참가자가 합리적이라 함은 각 시장참가자가 자신의 목적을 달성하기 위하여 최적의 활동을 행하는 것을 말한다. 기업, 주주, 채권자, 금융회사 등은 자신에게 주어진 여건하에서 가장 효과적인 방법으로 목적을 달성하기 위하여 노력한다. 자본시장이 효율적이라 함은 시장에서 형성되는 자산의 가격이 그 자산과 관련된 모든 정보를 신속하고 충분히 반영하고 있는 상태를 말한다. 효율적 자본시장에서 자산의 시장가격은 그 자산과 관련된 모든 정보를 충분히 반영하고 있으므로 자산의 진실한 가치를 나타내는 가장 좋은 척도가 된다. 예를 들어, 효율적 자본시장에서 거래되는 삼성전자(주)의 주식가격은 이 주식과 관련된 모든 정보를 반영하고 있기 때문에, 현재의 시장가격은 삼성전자(주)의 진정한 가치를 나타내고 있다는 것이다. 이와 같은 자본시장의 효율성은 여러 재무이론을 개발하는 데 있어 주요 전제가 되고 있다.

생 · 각 · 의 · 전 · 당

슈퍼컴퓨터가 즉각적으로 정보를 처리하듯, 효율적 시장에서는 '모든 정보가 발생 즉시 완전하게' 가격에 반영된다. 과거 정보나 공개된 정보는 주가(가격)에 영향을 미칠 수 없다. 완전히 효율적인 시장에서는 모든 정보가 주가에 반영되어 있을 테니 정보를 가지고 투자하나 정보 없이 투자하나 결과에 차이가 없다. 오직 아무도 예상치 못한 새로운 정보만이 주가를 움직일 수 있다. 만일 여러분이 주가의 예측이 불가능하다고 생각하고 주가예측을 포기했다면 여러분은 시장이 효율적이라고 믿게 된 셈이다. 효율적 시장에서는 포트폴리오 구성을 통해, 만족을 최대화할 수 있는 위험과 수익률의 조합을 찾는 것이 최선의 투자전략이다. 그동안의 연구결과는 현실의 시장이 완전히 효율적이지는 않더라도 상당히 효율적임을 보여준다.

중요용어

- 재무학 finance
- 기업재무론 corporate finance
- 투자결정 investment decision
- 자본조달결정 financing decision
- 순운전자본 net working capital
- 개인회사 sole proprietorship
- 합명회사 general partnership
- 유한회사 limited liability company
- 주식회사 corporation
- 대리문제 agency problem
- 소유와 경영의 분리 separation of ownership and control
- 기업가치 firm value
- 부채 liability
- 자기자본 equity
- 주식 shares *or* stocks
- 주주 shareholder *or* stockholder
- 유한책임 limited liability
- 주주가치 극대화 maximization of shareholders' wealth
- 지속가능성 sustainability
- 기업가치 극대화 maximization of firm value
- 기업의 사회적 책임 corporate social responsibility: CSR
- 주주자본주의 shareholder capitalism
- 이해관계자자본주의 stakeholder capitalism
- 기업지배구조 corporate governance
- 화폐의 시간가치 time value of money
- 위험-수익의 상충관계 risk-return trade-off
- 차익거래 arbitrage
- 무차익원리 no arbitrage principle
- 자본시장의 효율성 capital market efficiency

연 | 습 | 문 | 제

1-1 넓은 의미에서의 재무관리와 좁은 의미에서의 재무관리를 구별하여 설명하라.

1-2 재무관리에서 다루는 주요 내용을 설명하라.

1-3 재무관리의 목표에서 기업가치의 극대화와 주주가치의 극대화가 같은 의미로 쓰일 수 있는 조건은 무엇인지 말해 보라.

1-4 주식회사의 형태로 기업을 조직할 때의 장점과 단점을 설명하라.

1-5 주식회사에서 소유와 경영의 분리가 어떻게 발생할 수 있는지 설명하라.

1-6 대리문제에 대해 설명하라.

1-7 기업의 지속가능성과 사회적 책임에 대해 설명하라.

1-8 기업이 사회적 가치의 극대화를 목표로 할 때 발생할 수 있는 문제점에 대해 설명하라.

1-9 기업지배구조에 대해 설명하라.

1-10 OECD가 제정한 기업지배구조원칙에 대해 조사해 보고 그 내용을 설명하라.

1-11 재무관리의 바탕을 이루는 중요개념들에 대해 설명하라.

1-12 무차익원리(no arbitrage principle)에 대해 설명하라.

1-13 1기 후의 경제상황은 '좋음'과 '나쁨'의 두 가지로 구분된다. 두 증권의 현재가격과 1기 후 상황에서의 수익은 다음과 같다.

증권	현재가격	1기 후 수익	
		좋음	나쁨
증권 1	85,000원	100,000원	80,000원
증권 2	41,000원	50,000원	40,000원

① 차익거래의 기회가 있는지 평가하고, 가능하다면 그 과정을 보여라.

② 두 증권의 가격이 어떻게 변동할 것인지 설명하라.

제 2 장

재무제표와 현금흐름

재무제표는 기업의 재무상태와 경영성과를 나타내는 보고서로 기업의 성적표라 할 수 있다. 재무제표 중에서 대표적인 것이 재무상태표(대차대조표)와 포괄손익계산서(손익계산서), 그리고 현금흐름표이다. 재무제표는 재무의사결정을 위해 재무관리자가 손쉽게 이용할 수 있는 정보원천이다. 재무제표에 대해 공부한 후 현금흐름에 대해 살펴본다. 현금흐름은 재무의사결정에 있어 가장 중요하고 자주 사용된다.

생·각·의·전·당

포괄손익계산서는 기업의 경영성과가 이해관계자들에게 어떻게 배분되는지를 보여준다. 이해관계자들은 자기 몫의 일부는 소비하고 일부는 투자하는데 이것이 금융시장과 금융중개기관을 통해 기업에 공급된다. 기업에 공급된 자금은 재무상태표에 부채 또는 자기자본의 형태로 나타난다. 이 자금은 기업의 자산구입에 쓰이고 경영활동의 성과는 다시 포괄손익계산서에 나타난다. 이렇듯 재무제표는 서로 긴밀하게 연관되어 있다.

2.1 재무상태표(대차대조표)

재무제표(financial statements)란 기업의 활동을 측정 · 기록하여 작성되는 회계 보고서로 기업의 경영성과와 재무상태 등을 나타낸다. 경영자는 매기 일정한 회계기준에 따라 작성된 재무제표를 중심으로 기업의 주요 재무정보를 기업 내외의 이해관계자들에게 보고하는데, 이를 재무보고(financial reporting)라 한다. 재무제표는 여러 이해관계자가 기업과 관련한 다양한 정보를 손쉽게 얻을 수 있는 정보원천이다. 기업의 재무관리자 역시 재무의사결정에 필요한 정보를 재무제표로부터 손쉽게 얻을 수 있다. 재무관리자는 과거의 재무제표뿐만 아니라, 미래에 예상되는 추정재무제표를 작성하고 이로부터 의사결정에 필요한 정보를 얻을 수 있다. 재무제표에 포함되어야 할 보고서는 나라마다 다르다.

우리나라의 회계기준은 재무상태표(대차대조표), 포괄손익계산서(손익계산서), 자본변동표, 그리고 현금흐름표 등을 재무제표로 규정하고 있다. 이 중 재무관리자가 자주 이용하는 재무제표는 재무상태표, 포괄손익계산서, 그리고 현금흐름표이다. 이 절에서는 여러 재무제표 중에서 재무상태표를 설명한다.

재무상태표(statement of financial position)는 일정시점에서 기업의 재무상태를 나타내는 보고서이다. 기업의 재무상태라 함은 자산과 부채 · 자본의 구성을 말한다. 재무상태표의 왼쪽(차변)은 자산의 구성상태를 나타내며, 오른쪽(대변)은 부채 · 자본의 구성상태를 나타낸다. 자산은 기업이 소유하고 있는 자원을 나타내며, 부채 · 자본은 기업이 필요한 자금을 외부채권자로부터 조달한 자금(부채 또는 타인자본)과 기업의 소유주인 주주로부터 조달한 자금(자본 또는 자기자본)을 나타낸다. 자산과 부채 · 자본 간에는 다음과 같은 균형이 항상 성립한다.

$$\text{자산} = \text{부채} + \text{자본(자기자본)} \qquad (2 \cdot 1)$$

식 2·1을 재무상태표등식 또는 회계등식이라 한다. 식 2·1에서 자본(자기자본)보다 부채를 앞에 놓는 이유는 기업자산에 대한 기업소유주의 소유권보다 외부채권자의 소유권이 우선하기 때문이다. 따라서 자기자본은 자산에서 부채를 뺀 값이다.

$$\text{자기자본} = \text{자산} - \text{부채} \qquad (2 \cdot 2)$$

취득원가와 공정가치

다음의 〈표 2-1〉의 재무상태표는 2020년 12월 31일과 2021년 12월 31일 시점의 백두주식회사의 자산과 부채 · 자본의 구성을 보여주고 있다. 재무상태표와 같은 회계보고서는 '국제회계기준(International Financial Reporting Standards : IFRS)'과 같은 일반적으로 인정된 회계원칙(Generally Accepted Accounting Principles : GAAP)에 기초해 작성된다. IFRS는 재무상태표에 나타나는 장부가치(book value)를 취득원가에 기초한 역사적 원가(historical cost)나 작성시점의 시장상황을 잘 반영하는 공정가치(fair value)로 기록하도록 하고 있다. K-IFRS(Korea IFRS)에 의한 재무제표 작성은 2011년부터 의무화되었다.[1)]

재무상태표 항목과 유동성

〈표 2-1〉의 재무상태표에서 왼쪽은 자산을 구성하는 항목들을 나타내는데, 이 항목들은 위로부터 유동성이 큰 순서대로 기록된다. 현금, 외상매출금, 재고자산,

---

1) K-IFRS의 적용에 따라 상장기업의 경우 K-IFRS에 맞추어 재무보고가 이루어진다. 비상장기업의 경우 별도의 일반기업회계기준에 따라 재무보고가 이루어진다. 이 책에서는 재무상태표와 대차대조표, 포괄손익계산서나 손익계산서를 구분하지 않고 혼용하기로 한다.

표 2-1 재무상태표(대차대조표)

백두주식회사 (단위 : 천 원)

자 산	2021.12.31.	2020.12.31.	부채 · 자본	2021.12.31.	2020.12.31.
Ⅰ. 유동자산	773,000	707,000	Ⅰ. 유동부채	486,000	455,000
1. 현금과 예금	152,000	107,000	1. 매 입 채 무	213,000	197,000
2. 매 출 채 권	294,000	270,000	2. 단기차입금	50,000	53,000
3. 재 고 자 산	269,000	280,000	3. 미지급비용	223,000	205,000
4. 기타유동자산	58,000	50,000			
			Ⅱ. 비유동부채	588,000	562,000
Ⅱ. 비유동자산	1,118,000	1,035,000	1. 장기차입금	117,000	104,000
1. 유 형 자 산	1,423,000	1,274,000	2. 사 채	471,000	458,000
(감가상각누계액)	(550,000)	(460,000)			
	873,000	814,000	Ⅲ. 자 본	817,000	725,000
2. 무 형 자 산	245,000	221,000	1. 자 본 금*	94,000	71,000
			2. 자본잉여금*	347,000	327,000
			3. 이익잉여금	376,000	327,000
자산총계	1,891,000	1,742,000	부채 · 자본 총계	1,891,000	1,742,000

* 자본금과 자본잉여금의 증가는 신주발행에 따른 것이다. 2021년 12월 31일 현재 백두주식회사의 총발행주식수는 188,000주이다.

건물의 순으로 정상적인 기업경영에서 현금화가 빠른 것, 즉 유동성이 큰 것부터 먼저 나타낸다. 현금, 외상매출금, 재고자산 등을 유동자산(current assets)이라 하는데, 이것은 정상적인 기업경영에서 단기간(보통 1년) 내에 현금화될 수 있는 것들이다. 재무상태표에 나타난 자산 중에서 건물과 기계설비 등은 기업의 영업활동에 사용되어 미래수익을 창출하는 자산들로서 정상적인 경영활동에서 1년 이내에 현금화가 어려운 것들이다. 이들을 비유동자산(non-current assets)이라 부른다.

재무상태표의 오른쪽은 부채와 자본을 나타내는 것으로, 갚아야 할 시기가 빠른 것부터 먼저 기록된다. 외상매입금, 지급어음, 미지급비용, 장기차입금, 사채의 순으로 기록된다. 장기차입금은 은행 등에서 차입을 통해 조달한 자금이며, 사채는 채권(회사채)을 발행하여 조달한 자금이다. 자본에 있어서는 우선주, 보통주 그리고 잉여금의 차례로 기록하는 것이 일반적이다.

부채와 자기자본

식 2·2에서 설명한 것처럼 기업자산에 대한 주주의 소유권보다 채권자의 소유권이 우선한다. 기업은 부채를 조달할 때 자본제공자인 채권자에게 부채사용의 대가로 미래의 일정기간에 걸쳐 정해진 금액을 상환할 것을 약속한다. 이 약속을 지키지 못하는 경우 기업은 파산하며, 기업의 소유권은 주주에게서 채권자에게로 넘어간다. 기업가치에 대해 채권자는 자신의 몫을 우선적으로 챙길 수 있는 권리를 가지며, 주주의 몫은 기업가치에서 채권자 몫을 먼저 상환하고 난 후의 잔여가치이다.

앞의 〈표 2-1〉에서 2021년 12월 31일 현재 백두주식회사의 자산가치는 총 1,891,000천 원이며, 이 중 채권자에게 지급되어야 할 몫은 유동부채와 비유동부채를 합한 1,074,000(=486,000+588,000)천 원이고, 기업소유주인 주주의 몫은 자산에서 부채를 뺀 817,000(=1,891,000−1,074,000)천 원이다.

순운전자본

재무상태표에서 유동항목 간의 차이를 보여주는 개념으로 순운전자본(net working capital)이 있다. 순운전자본은 유동자산에서 유동부채를 뺀 값이며, 이는 앞으로 1년 이내에 현금화될 수 있는 자산이 1년 이내에 갚아야 할 부채보다 얼마나 더 큰가를 나타낸다. 따라서 순운전자본의 크기는 기업의 단기 유동성을 평가하는 지표로 이용된다.

앞의 〈표 2-1〉의 백두주식회사의 재무상태표에서 순운전자본을 계산하면 다음과 같다.

$$\text{유동자산} - \text{유동부채} = \text{순운전자본} \qquad (2\cdot3)$$

$$\text{2020년: } 707{,}000 - 455{,}000 = 252{,}000(\text{천 원})$$

$$\text{2021년: } 773{,}000 - 486{,}000 = 287{,}000(\text{천 원})$$

백두주식회사의 2021년 말의 순운전자본은 287,000천 원이다. 이는 앞으로 1년 이내에 현금화될 수 있는 유동자산이 1년 이내에 갚아야 될 유동부채보다 287,000천 원만큼 크다는 것을 나타낸다.

2.2 포괄손익계산서(손익계산서)

포괄손익계산서(statement of comprehensive income)는 일정기간 동안의 기업의 경영성과를 나타내는 보고서로, 그 기간 동안에 발생한 수익과 비용을 기록하고 이로부터 해당 기간의 이익을 계산한 표이다. 즉, 수익과 비용, 그리고 이익 사이에는 다음과 같은 등식이 성립한다.

$$\text{수익} - \text{비용} = \text{이익} \tag{2·4}$$

재무상태표가 일정시점에서 기업의 재무상태를 보여주는 데 비해 포괄손익계산서는 일정기간 동안에 일어난 경영활동의 성과를 나타낸다. 〈표 2-2〉는 백두주식회사의 2021년 1월 1일부터 2021년 12월 31일까지 1년 동안의 경영활동을 기

표 2-2 포괄손익계산서(손익계산서)

백두주식회사 : 2021.1.1.~2021.12.31.	(단위 : 천 원)
Ⅰ. 매 출 액	2,262,000
Ⅱ. 매출원가	(1,655,000)
Ⅲ. 매출총이익	607,000
Ⅳ. 판매비와 관리비	(417,000)
1. 판매비와 일반관리비	(327,000)
2. 감가상각비	(90,000)
Ⅴ. 영 업 이 익	190,000
Ⅵ. 영업외비용	(50,000)
이 자 비 용	(50,000)
Ⅶ. 법인세비용 차감전 순이익	140,000
Ⅷ. 법인세비용(법인세율 30%)	(42,000)
Ⅸ. 당기순이익	98,000
배 당 : 49,000	
유 보 이 익 : 49,000	

록한 포괄손익계산서이다.[2)]

영업활동과 영업외활동의 수익과 비용

〈표 2-2〉의 포괄손익계산서에서, 매출액에서 영업이익까지의 계산에 이르는 부분은 기업의 정상적인 영업활동에 관련된 수익과 비용에 대한 정보를 알려준다. 영업이익의 아랫부분은 주된 영업활동과 관련되지 않은 기업활동으로부터 발생한 수익과 비용을 나타내며, 특히 비용 부문은 영업활동에서 얻어진 성과를 기업과 관련된 이해관계자들에게 어떻게 배분했는지를 나타낸다. 영업외비용 부문의 이자비용은 기업이 부채를 사용한 대가로 채권자에게 지급한 금액을 나타내며, 법인세비용은 기업이 국가에 납부한 세금을 나타낸다. 당기순이익은 기업이 한 해 동안 벌어들인 수익에서 영업활동과 부채사용에 관련된 모든 비용과 세금을 공제한 후에 기업의 소유주인 주주에게 돌아갈 수 있는 몫을 나타낸다.

백두주식회사의 경우 부채사용의 대가로 2021년 한 해 동안 외부채권자에게 지급한 이자비용은 50,000천 원이며, 주주에게 돌아갈 수 있는 몫인 당기순이익은 98,000천 원이다. 주주의 몫인 당기순이익은 배당의 형태로 주주에게 실제로 지급되거나 미래의 기업활동을 위해 기업내부에 유보될 수 있다. 백두주식회사의 경우 당기순이익 중 절반인 49,000천 원이 배당으로 지급되었으며, 나머지 반인 49,000천 원은 기업내부에 유보되었다. 이 유보이익은 자기자본 중 이익잉여금항목에 포함되게 된다. 앞의 〈표 2-1〉의 재무상태표에서 이익잉여금의 증가분이 49,000(=376,000−327,000)천 원임을 확인할 수 있다.

주당순이익과 주당배당금

기업의 발행주식수를 알면 포괄손익계산서에 나타나는 당기순이익과 배당금에 관한 정보를 이용하여 주식 1주당 얻은 순이익과 배당금의 크기를 계산할 수 있다.

---

2) K-IFRS에서는 재무제표 작성 시 사용되는 계정과목의 종류나 명칭 등에 대해 기업이 자율적으로 결정하도록 하고 있다. 따라서 실제 기업들이 보고하는 재무상태표나 포괄손익계산서의 형태와 내용은 〈표 2-1〉이나 〈표 2-2〉와는 다를 수 있다. 〈표 2-2〉의 포괄손익계산서는 내용설명을 위해 전통적으로 사용되어 온 기능별 분류기준에 따라 작성된 것이다.

2021년 말 현재 백두주식회사의 총발행주식수가 188,000주이므로 주식 1주당 순이익과 배당금은 다음과 같이 521원과 260.5원이다.

$$\text{주당순이익(earnings per share : } EPS) = \frac{98,000\text{천 원}}{188,000\text{주}} = 521\text{원}$$

$$\text{주당배당금(dividend per share : } DPS) = \frac{49,000\text{천 원}}{188,000\text{주}} = 260.5\text{원}$$

주당순이익과 주당배당금은 주주의 투자성과를 측정하는 지표로 자주 이용된다.

2.3 회계이익, 순운전자본, 현금흐름

재무의사결정을 하는 데 있어서 가장 기초적인 작업 중의 하나는 현금흐름을 정확하게 파악하는 것이다. 재무의사결정의 결과로 나타나는 현금흐름을 모르면 합리적인 의사결정을 할 수가 없다.

현금흐름을 설명할 때 현금유입 또는 현금유출이란 용어들이 사용된다. 기업에 현금이 들어오는 것을 현금유입(cash inflow) 또는 현금수입이라 하고 기업에서 현금이 나가는 것을 현금유출(cash outflow) 또는 현금지출이라 한다. 이 현금수입과 현금지출의 차이를 현금흐름(cash flow)이라 부른다. 재무의사결정을 위한 현금흐름의 구체적인 계산방법에 대해서는 제 2.5 절에서 자세히 설명하기로 하고 여기서는 먼저 회계이익, 순운전자본, 그리고 현금흐름의 관계에 대해 살펴보기로 한다.

회계이익과 현금흐름

기업의 포괄손익계산서를 보면 보통 영업이익이나 당기순이익이 강조된다. 포괄손익계산서에서 계산되는 영업이익과 당기순이익을 회계이익(accounting income)이라 한다. 그러나 이러한 회계이익은 현금흐름과는 차이가 있다. 예를 들어 유형자산의 구입과 처분에 따라 발생하는 현금지출과 현금수입은 포괄손익계산서의 계산과정에서 수익과 비용으로 포함되지 않는다. 또 이익의 계산과정에 포함된 수익과 비용 중에도 실제 현금유입이 없는 수익항목과 현금유출이 없는 비용항목이 포함되어 있다. 따라서 포괄손익계산서의 회계이익으로부터 기업이 창출해 낸 현금흐름을 계산하려면 이러한 차이가 조정되어야 한다.

현금유출이 없는 비용으로는 감가상각비, 퇴직급여충당금과 같은 부채성충당금의 증가비용 등이 있으며, 현금유입이 없는 수익으로는 외화환산이익, 유가증권 평가이익 등이 있다. 이 중 감가상각비와 유가증권 평가이익에 대하여 살펴보자.

감가상각비(depreciation expense)는 이미 구입한 유형자산의 취득원가를 자산의 사용기간에 걸쳐 매기의 비용으로 배분하는 과정에서 발생한다. 감가상각은 구입시점에서 이미 현금유출이 발생한 것을 매기에 나누어 비용으로 인식하는 것이므로 특정 기간에 인식된 감가상각비는 실제로는 해당 기간에 현금유출이 없는 비용이다. 예를 들어 〈표 2-2〉의 백두주식회사의 2021년도의 포괄손익계산서에서 감가상각비 90,000천 원은 2021년에 실제로 현금이 지출된 비용이 아니다. 따라서 포괄손익계산서로부터 현금흐름을 계산할 때에는 회계이익에 감가상각비를 더하여 구해야 한다.

기업이 시장성 있는 유가증권에 투자하였을 때 구입가격(장부가액)과 회계연도 말의 시장가격이 차이가 나는 경우 그 차액만큼을 유가증권 평가손실이나 유가증권 평가이익으로 포괄손익계산서에 반영하게 된다. 기말의 시장가격이 구입가격보다 큰 경우 유가증권 평가이익이 영업외수익으로 포괄손익계산서에 반영된다. 그러나 유가증권의 가격상승분은 실제로 매각되어야 현금유입이 발생한다. 따라서 현금흐름을 계산할 때에는 회계이익에서 이 유가증권 평가이익만큼을 빼 주어야 한다.

순운전자본과 현금흐름

앞서 식 2·3에서 살펴보았듯이 순운전자본은 기업이 보유하고 있는 유동자산과 유동부채의 차이이다. 순운전자본의 크기는 기업의 단기지급능력을 나타내는 좋은 지표이지만 그 자체가 현금흐름을 나타내는 것은 아니다.

순운전자본이 현금흐름에 영향을 주는 경우는 현금과 예금을 제외한 순운전자본의 크기가 전년도와 비교하여 증가하거나 감소했을 때이다. 즉, 순운전자본의 변동액만큼이 현금의 유입과 유출을 발생시켜 현금흐름에 영향을 준다. 이를 살펴보기 위해 2021년 중의 백두주식회사의 현금과 예금을 제외한 순운전자본의 변동을 앞의 〈표 2-1〉에서 계산하면 다음과 같다.

$$\text{유동자산(현금과 예금 제외)의 변동} - \text{유동부채의 변동} = \text{순운전자본의 변동}$$
$$21{,}000 - 31{,}000 = -10{,}000\text{(천 원)} \qquad (2\cdot5)$$

식 2·5에 의해 백두주식회사의 2021년의 현금과 예금을 제외한 순운전자본의 변동은 −10,000천 원이다. 이는 2021년 1년 동안 현금과 예금을 제외한 유동자산은 21,000천 원 증가했고 유동부채는 31,000천 원 증가하여 순운전자본이 10,000천 원 감소했음을 나타낸다. 유동자산이 증가할 때에는 유동자산 구입에 따른 추가적인 현금유출이 발생하고, 유동부채가 증가할 때에는 부채증가에 따른 추가적인 현금유입이 발생한다. 예를 들어 영업활동과 관련하여 매출채권이 증가하면 손익계산서에 기록된 매출액보다 적은 현금이 유입된다. 반대로 영업활동과 관련하여 외상매입금이 증가하면 포괄손익계산서에 기록된 매출원가보다 현금지출이 적게 발생한다.

순운전자본이 증가한 경우는 유동부채에 비하여 유동자산이 더 많이 증가하였으므로 추가적인 현금유출이 발생한다. 반대로 순운전자본이 감소한 경우에는 현금의 유입이 발생한다. 백두주식회사는 10,000천 원만큼의 순운전자본이 감소하였으므로 이에 따라 10,000천 원만큼의 현금유입이 발생한 것이다.

2.4 현금흐름표

현금흐름표(statement of cash flows)는 일정기간 동안 기업에서 발생한 현금유입과 현금유출에 대한 정보를 나타내는 보고서이다. 여기서 현금은 단순히 현금

그 자체만을 의미하는 것이 아니라 예금의 형태로 보유하는 것을 포함한다.[3)]현금흐름표는 현금의 변동내역을 유입과 유출로 구분하여 보여주며, 유입의 경우는 조달된 현금의 원천별로, 유출의 경우는 사용된 현금의 용도별로 세분하여 나타낸다.

현금흐름표의 구성

현금흐름표가 어떻게 구성되어 있고 여기서 어떤 정보를 얻을 수 있는지 백두주식회사의 현금흐름표를 이용하여 살펴보자. 다음의 〈표 2-3〉에 백두주식회사의 2021년 중의 현금의 변동을 나타내는 현금흐름표를 나타내었다.

〈표 2-3〉에서와 같이 현금흐름표에서는 현금의 유입과 유출을 크게 영업활동과 투자활동, 그리고 재무활동의 세 가지로 분류하고 있다. '영업활동으로 인한 현금흐름'은 기업의 정상적이고 주된 경영활동에서 발생하는 현금흐름을 말하며, '투자활동으로 인한 현금흐름'은 비유동자산의 구입이나 처분과 관련한 현금흐름이다. '재무활동으로 인한 현금흐름'은 부채의 차입이나 신주의 발행, 또는 부채의 상환, 배당금의 지급 등 기업의 자금조달과 관련한 현금흐름이다. 백두주식회사의 경우 2021년 중에 영업활동과 관련하여 198,000천 원의 현금유입이 발생하였으며, 투자활동과 관련해서는 173,000천 원의 현금유출이, 그리고 재무활동과 관련해서는 20,000천 원의 현금유입이 발생하여 기업 전체적으로는 2021년 중에 45,000천 원의 현금의 순증가가 이루어졌다.

영업활동으로 인한 현금흐름

다음의 〈표 2-3〉의 현금흐름표에서 영업활동으로 인한 현금흐름의 계산과정을 보면 당기순이익에 현금의 유출이 없는 비용을 가산하고 여기에 영업활동으로 인한 자산 · 부채의 변동을 조정하여 계산하고 있다. 이를 좀 더 자세히 살펴보자. 손익계산서상의 당기순이익에서 출발하여 영업활동으로 인한 현금흐름을 계산하

3) 보다 구체적으로는 재무상태표상의 현금과 예금은 물론 단기간의 자금운용을 위해 보유하고 있는 시장성유가증권과 같은 현금성자산을 포함한다.

표 2-3 **현금흐름표**

백두주식회사 : 2021.1.1.~2021.12.31.			(단위 : 천 원)
Ⅰ. 영업활동으로 인한 현금흐름			198,000
1. 당기순이익		98,000	
2. 현금의 유출이 없는 비용 가산		90,000	
감가상각비	90,000		
3. 영업활동으로 인한 자산 · 부채의 변동		10,000	
외상매출금의 증가	(24,000)		
재고자산의 감소	11,000		
기타 유동자산의 증가	(8,000)		
외상매입금의 증가	16,000		
지급어음의 감소	(3,000)		
미지급어음의 증가	18,000		
Ⅱ. 투자활동으로 인한 현금흐름			(173,000)
1. 투자활동으로 인한 현금유입액		0	
2. 투자활동으로 인한 현금유출액		(173,000)	
건물 및 기계설비 취득	(149,000)		
무형자산 취득	(24,000)		
Ⅲ. 재무활동으로 인한 현금흐름			20,000
1. 재무활동으로 인한 현금유입액		69,000	
장기차입금의 차입	13,000		
사채의 발행	13,000		
신주의 발행	43,000		
2. 재무활동으로 인한 현금유출액		(49,000)	
배당금의 지급	(49,000)		
Ⅳ. 현금의 증가(Ⅰ+Ⅱ+Ⅲ)			45,000
Ⅴ. 기초의 현금			107,000
Ⅵ. 기말의 현금			152,000

기 위해 조정되는 항목은 다음과 같다.

첫째, 현금의 수입이 없는 수익과 지출이 없는 비용항목이다. 앞에서 살펴본 것처럼 손익계산서의 당기순이익 계산과정에서 수익이나 비용으로 포함되었으나 실제 현금 유입과 유출이 없는 항목은 당기순이익에 빼 주거나 더해 주어야 한다. 〈표 2-3〉에서 감가상각비를 더한 것이 좋은 예이다.

둘째, 영업활동으로 인한 자산과 부채의 변동이다. 이는 현금과 예금을 제외한 유동자산과 유동부채 항목 중 영업활동과 관련하여 증가하거나 감소한 항목들이 있는 경우 이에 따라 나타나는 현금흐름의 변동을 조정해 주는 작업이다. 앞서 설명한 것처럼 유동자산의 증가는 현금의 지출을 의미하며 유동부채의 증가는 현금의 유입을 의미한다. 따라서 현금흐름을 계산하기 위해서는 당기순이익에서 유동자산의 증가를 빼 주고 유동부채의 증가는 더해 주어야 한다. 〈표 2-3〉의 현금흐름표에 영업활동으로 인한 자산 · 부채의 변동 10,000천 원이 나타나 있다. 이는 앞서 식 2·5를 이용하여 계산된 현금과 예금을 제외한 순운전자본의 변동액과 같다.

2.5 현금흐름의 구분과 잉여현금흐름

현금흐름표는 기업의 현금흐름에 관한 정보를 얻을 수 있는 유용한 정보원천이다. 재무관리자는 과거의 기업활동에서 발생한 현금흐름 정보를 보여주는 현금흐름표에서도 유용한 정보를 얻기도 하지만, 재무의사결정을 위해 미래에 발생할 현금흐름 정보가 필요한 경우 미래의 추정현금흐름표를 작성하고 이로부터 필요한 현금흐름 정보를 얻을 수 있다. 다음에서는 앞서 살펴본 백두주식회사의 재무제표를 이용하여 재무의사결정을 위한 현금흐름 항목을 어떻게 구분하고 계산할 수 있는지 살펴본다.

앞서 제 2.3 절에서 살펴본 것과 같이 현금흐름은 회계이익이나 순운전자본과 다르다. 기업이 경영활동에서 벌어들이는 현금흐름이 어디에서 발생되고 어떻게 사용되는지를 보기 위해 식 2·1의 재무상태표등식을 생각해 보자. 재무상태표등식은 다음과 같았다.

$$자산 = 부채 + 자본$$

위 식에서 자산의 가치는 부채의 가치와 자본(자기자본)의 가치를 더한 것과 언제나 같다. 따라서 기업이 보유자산을 경영활동에 이용함으로써 얻는 현금흐름은 부채를 제공한 채권자와 자기자본을 제공한 주주에게 귀속되는 현금흐름의 합과 항상 같다. 즉, 다음의 등식이 성립한다.

$$자산의 현금흐름 = 채권자의 현금흐름 + 주주의 현금흐름 \tag{2·6}$$

식 2·6에서 주주의 현금흐름은 주주에게 직접 조달/지급한 부분과 기업의 자산 중 '현금과 예금' 항목의 변동분을 포함한다.

현금흐름의 구분

식 2·6의 자산의 현금흐름은 어떤 항목들로 구성되어 있는지 자세히 살펴보자. 기업이 보유자산을 이용하여 얻는 현금흐름은 한 해 동안의 정상적인 영업활동에서 발생하는 영업현금흐름과 비유동자산의 처분과 취득 활동, 즉 투자활동으로 인한 현금흐름, 그리고 순운전자본의 변동에 따른 현금흐름으로 구분할 수 있다.[4] 이를 하나씩 살펴보자.

영업현금흐름

영업현금흐름(operating cash flow)은 기업의 정상적인 영업활동에서 발생하는 현금흐름으로 기업이 자금조달을 어떻게 했느냐에는 영향을 받지 않는 현금흐름이다. 영업현금흐름은 앞서의 현금흐름표에서 살펴본 '영업활동으로 인한 현금흐름'과는 다소 차이가 있다. 현금흐름표에서 계산되는 '영업활동으로 인한 현금흐름'은 이자비용 지급 후의 당기순이익에서 출발하여 계산되므로 기업이 자금조달을 어떻게 했느냐에 영향을 받게 되나 영업현금흐름은 기업이 자금조달을 어떻게 했느냐에 영향을 받지 않는 현금흐름이다. 즉, 영업현금흐름은 자기자본으로만

4) 기업이 부채를 사용하는 경우 부채사용에 따라 추가적인 현금흐름이 발생할 수 있다. 이에 대해서는 제 V 편에서 살펴본다.

자금을 조달한 경우를 가정하여 현금흐름을 계산한 것이다. 영업현금흐름은 다음과 같이 계산된다.

$$\begin{aligned} \text{영업현금흐름} &= \text{영업이익} \times (1 - \text{법인세율}) \\ &\quad + \text{현금지출이 없는 비용} \\ &\quad - \text{현금수입이 없는 수익} \end{aligned} \tag{2·7}$$

식 2·7에서 세후영업이익을 기준으로 하는 이유는 기업의 정상적인 영업활동에서 실현되는 회계이익이 영업이익이며 법인세는 이에 대한 세금으로 현금지출이기 때문이다. 현금지출이 없는 비용과 현금수입이 없는 수익을 조정해 주는 이유는 앞에서 설명하였다. 기업의 경영활동에서 현금수입이 없는 수익항목은 그리 크지 않으므로 이를 무시하고 현금지출이 없는 비용항목으로 감가상각비만을 고려한다면 식 2·7은 다음의 식 2·8과 같이 대략적으로 나타낼 수 있다.

$$\text{영업현금흐름} \approx \text{영업이익} \times (1 - \text{법인세율}) + \text{감가상각비} \tag{2·8}$$

대체로 기업에서는 현금유입이 없는 수익항목이 적으며, 현금지출이 없는 비용항목으로는 감가상각비가 대표적이므로 식 2·8은 영업현금흐름을 대략적으로 계산할 때 가장 자주 쓰이는 식이다.

식 2·7과 식 2·8에서 주의할 것은 영업현금흐름을 계산할 때 빼 주는 법인세비용은 포괄손익계산서상의 법인세비용이 아니라, 영업이익에 법인세율을 곱해 준 값이라는 것이다. 즉, 법인세비용은 기업이 타인자본을 쓰지 않고 자기자본으로만 자금을 쓰고 있다면 지출될 법인세비용이다.

〈표 2-2〉의 포괄손익계산서를 이용하여 백두주식회사의 2021년의 영업현금흐름을 계산해 보자. 영업이익이 190,000천 원, 감가상각비가 90,000천 원, 법인세율이 30%이므로 식 2·8을 이용하면 백두주식회사의 2021년의 영업현금흐름은 다음과 같이 223,000천 원으로 계산된다.

$$\text{영업현금흐름} = 190{,}000 \times (1 - 0.3) + 90{,}000 = 223{,}000(\text{천 원})$$

투자활동으로 인한 현금흐름

투자활동으로 인한 현금흐름(cash flow from capital expenditures)은 기업의 새로운 투자와 기존자산의 처분과 관련된 현금흐름을 말한다. 이러한 현금흐름은 기초와 기말의 재무상태표에서 비유동자산의 증가(또는 감소)분을 살펴보거나 현금흐름표에 나타난 정보를 보면 알 수 있다. 앞에서 보여준 〈표 2-1〉의 백두주식회사의 재무상태표나 〈표 2-3〉의 현금흐름표를 살펴보면 백두주식회사의 2021년의 투자활동으로 인한 현금흐름은 다음의 〈표 2-4〉와 같다.

표 2-4 백두주식회사의 2021년의 투자활동으로 인한 현금흐름

(단위 : 천 원)

	건물 및 기계설비*	무형자산	비유동자산 합계
2021.12.31.	1,423,000	245,000	1,668,000
2020.12.31.	1,274,000	221,000	1,495,000
비유동자산 증가	149,000	24,000	173,000

* 감가상각누계액을 뺀 순액으로 증감분을 계산한 후 감가상각누계액의 변화분을 더해 줘도 같은 계산을 할 수 있다.

백두주식회사의 2021년의 투자활동으로 인한 현금흐름은 173,000천 원의 현금 지출이다.

순운전자본의 변동에 따른 현금흐름

순운전자본(현금과 예금 제외)의 변동에 따른 현금흐름은 앞의 식 2·5에서 살펴보았듯이 유동자산과 유동부채 항목의 증감에 따른 것이다. 백두주식회사의 2021년의 순운전자본의 변동에 따른 현금흐름은 10,000천 원의 현금유입이다.

잉여현금흐름

기업이 보유자산을 활용하여 최종적으로 얻은 현금흐름은 영업활동과 투자활동, 그리고 순운전자본의 변동에 따른 현금흐름을 모두 충족한 후의 잉여현금흐름(free cash flow)으로 다음과 같이 계산된다.

잉여현금흐름 = 영업현금흐름 + 투자활동으로 인한 현금흐름
+ 순운전자본(현금과 예금 제외) 변동에 따른 현금흐름 (2·9)

식 2·9를 이용하여 백두주식회사의 2021년의 잉여현금흐름을 계산하면 다음과 같다. 식 2·8에서 영업현금흐름은 223,000천 원으로 계산되었으며, 앞서 순운전자본의 변동에 따른 현금흐름은 10,000천 원, 그리고 투자활동으로 인한 현금흐름은 −173,000천 원으로 계산되었다.

백두주식회사의 2021년의 잉여현금흐름	(단위 : 천 원)
영업현금흐름	223,000
투자활동으로 인한 현금흐름	(173,000)
순운전자본의 변동에 따른 현금흐름	10,000
잉여현금흐름	60,000

백두주식회사의 2021년의 잉여현금흐름은 60,000천 원이다. 잉여현금흐름은 기업이 보유자산을 사용하여 창출해 낸 현금흐름으로 기업가치를 평가하는 기본요소로 이용된다.

이자의 감세효과

한편, 부채를 사용하는 기업은 법인세 계산에서 이자비용만큼 과세표준이 줄어들게 되어 부채를 사용하지 않는 기업에 비해 (이자비용×법인세율) 만큼의 법인세를 덜 내게 된다(이에 대해서는 제3.5절과 제14장에서 자세히 살펴본다). 이를 이자의 감세효과라고 한다. 따라서 부채를 사용하여 이자비용을 50,000천 원만큼 부담하는 백두주식회사의 경우 이자의 감세효과로 50,000천 원×0.3 = 15,000천 원만큼의 추가적인 현금유입을 얻게 된다. 이를 반영한 백두주식회사의 2021년의 잉여현금흐름은 60,000천 원 + 15,000천 원 = 75,000천 원이 된다.

잉여현금흐름의 배분

앞서 계산된 잉여현금흐름은 식 2·6에서와 같이 자본제공자인 채권자와 주주

의 몫으로 배분된다. 백두주식회사의 경우 잉여현금흐름 75,000천 원이 어떻게 배분되는지 살펴보자. 먼저 채권자에게 배분된 현금흐름은 다음과 같다.

이자비용	(50,000) 천 원
장기차입금의 증가	13,000
사채의 증가	13,000
채권자에게 배분된 현금흐름	(24,000) 천 원

다음에 주주에게 배분된 현금흐름은 다음과 같다.

배당금 지급	(49,000) 천 원
신주발행에 자기자본 증가	43,000
주주에게 직접 배분된 현금흐름	(6,000)
기업의 현금 · 예금의 증가	(45,000)
주주에게 배분된 현금흐름	(51,000) 천 원

결국, 백두주식회사가 2021년 중에 보유자산을 경영활동에 사용하여 창출한 잉여현금흐름 75,000천 원은 채권자에게 24,000천 원, 주주에게 6,000천 원, 그리고 기업의 현금 · 예금 항목에 45,000천 원씩 배분된 것을 확인할 수 있다.

중요용어

- 재무제표 financial statements
- 재무상태표 statement of financial position
- 포괄손익계산서 statement of comprehensive income
- 현금흐름 cash flow
- 현금흐름표 statement of cash flows
- 일반적으로 인정된 회계원칙 GAAP
- 비유동자산 non-current assets
- 감가상각비 depreciation expense
- 부채 debt
- 자기자본 equity
- 이자의 감세효과 interest tax shield
- 회계이익 accounting income
- 순운전자본 net working capital
- 역사적 원가 historical cost
- 공정가치 fair value
- 유동자산 current assets
- 국제회계기준 IFRS
- 주당순이익 earnings per share : *EPS*
- 주당배당금 dividend per share : *DPS*
- 영업현금흐름 operating cash flow
- 잉여현금흐름 free cash flow

연 | 습 | 문 | 제

2-1 포괄손익계산서상의 당기순이익과 현금흐름표상의 영업활동으로 인한 현금흐름 중 어떤 것이 기업의 경영성과를 더 잘 반영하는지 설명하라.

2-2 다음의 항목들이 기업의 당기순이익과 현금흐름표상의 현금흐름(영업활동, 투자활동, 재무활동으로 구분하여)에 어떠한 변화를 가져오는지 설명하라.

① 기초에 비해 매출채권이 증가하였다.

② 기초에 비해 재고자산이 증가하였다.

③ 종업원들에게 임금을 지급하기로 하였으나 아직 지급하지 않은 상태이다.

④ 은행으로부터 설비구입에 필요한 자금을 3년간 대출받았다.

⑤ 특허출원을 위한 등록비를 지급하였다.

⑥ 신주를 무상으로 발행하였다.

⑦ 주주들에게 배당금을 지급하였다.

⑧ 보유하고 있던 현금으로 주식을 매입하였다.

2-3 한라주식회사의 재무제표자료가 다음과 같다.

재무상태표(대차대조표)

한라주식회사 (단위 : 천 원)

자 산	2021.12.31.	2020.12.31.	부채 · 자본	2021.12.31.	2020.12.31.
Ⅰ. 유동자산	861,000	807,000	Ⅰ. 유 동 부 채	586,000	555,000
Ⅱ. 비유동자산	1,118,000	1,035,000	Ⅱ. 비유동부채	588,000	562,000
1. 건물 및 기계설비	1,423,000	1,274,000	Ⅲ. 자 본	805,000	725,000
(감가상각누계액)	(550,000)	(460,000)			
	873,000	814,000			
2. 무형자산	245,000	221,000			
자 산 총 계	1,979,000	1,842,000	부채 · 자본 총계	1,979,000	1,842,000

포괄손익계산서(손익계산서)

한라주식회사 : 2021.1.1.~2021.12.31. (단위 : 천 원)

매출총이익	707,000
판매비와 관리비	(417,000)
1. 판매비와 관리비	(327,000)
2. 감가상각비	(90,000)
영 업 이 익	290,000
영업외비용	(150,000)
이 자 비 용	(150,000)
법인세 차감전 순이익	140,000
법인세비용(법인세율 50%)	(70,000)
당기순이익	70,000
배 당 : 50,000	
유보이익 : 20,000	

① 한라주식회사의 2021년의 영업현금흐름을 계산하라.

② 한라주식회사의 2021년의 투자활동으로 인한 현금흐름을 계산하라.

③ 한라주식회사의 2021년의 순운전자본의 변동에 따른 현금흐름을 계산하라. 유동자산 항목 중 현금 · 예금의 변동은 없다고 가정한다.

④ 한라주식회사의 2021년의 잉여현금흐름을 이자의 감세효과를 반영하기 전과 후로 나누어 계산하라.

⑤ 2021년 말 현재 한라주식회사의 발행주식수는 161,000주이다. 한라주식회사의 주당순이익과 주당배당금을 계산하라.

2-4 관악기업은 올해 50억 원의 영업이익을 실현하였다. 감가상각비는 5억 원이었고, 이자비용은 10억 원이다. 재고자산은 기초에 비해 10억 원 증가하였고 매출채권은 20억 원 증가하였다. 이 기업에 적용되는 법인세율은 40%라 한다. 다른 조건이 일정하다고 가정하고 다음을 추정하라.

① 올해의 당기순이익

② 순운전자본의 변동에 따른 현금흐름

③ 영업현금흐름

④ 잉여현금흐름

2-5 대표적인 재무제표 이용자들을 열거하고 각각의 이용자가 관심을 갖는 재무정보가 무엇인지 설명하라.

제 3 장

재무관리환경

경영자는 보다 저렴한 비용으로 필요자금을 조달하여 이를 기업가치를 보다 높일 수 있는 곳에 투자하려고 한다. 이를 위해서 경영자는 자신의 기업이 활동하고 있는 환경, 즉 투자와 자금조달이 이루어지는 환경에 대해서 충분한 이해를 하고 있어야 한다. 기업이 어디서 어떻게 자금조달을 할 수 있는지, 자금조달수단인 주식과 채권 등의 거래는 어떻게 이루어지는지, 그리고 투자와 자금조달과정에서 도움을 받을 수 있는 기관들에는 어떤 것들이 있는지 등이 경영자가 이해해야 할 주요 환경들이다. 이를 재무관리환경(financial environment)이라고 부르며, 이 장에서는 이에 대해서 살펴본다. 더불어 이자율과 세금에 대해서도 설명한다.

생·각·의·전·당

기업은 투자를 위해 필요한 자금을 금융시장과 금융중개기관을 이용하여 조달한다. 시장에는 금융중개기관을 포함하여 다양한 참여자들이 활동하고 있으며, 기업은 필요자금을 조달하기 위해 차입, 채권발행, 주식발행 등 다양한 수단을 이용한다. 다양한 참여자들은 각기 어떤 역할을 하며, 기업이 이용할 수 있는 자금조달수단들은 각각 어떤 특성을 가지고 있을까?

3.1 재무관리환경의 구성요소

현대자동차(주)가 새로운 수소엔진을 개발하기 위하여 5,000억 원이 필요한 신규투자를 계획하고 있는데 이 자금을 어떻게 마련할 수 있을까? 또 LG전자(주)가 운영자금 500억 원을 조달하려고 하는데 이를 어떻게 구할 수 있을까? 기업이 이와 같은 필요자금을 어디에서 어떤 방법으로 조달할 수 있는지에 대한 대답은 [그림 3-1]에서 나타낸 증권, 금융시장, 금융중개기관 등에서 찾을 수 있는데, 이

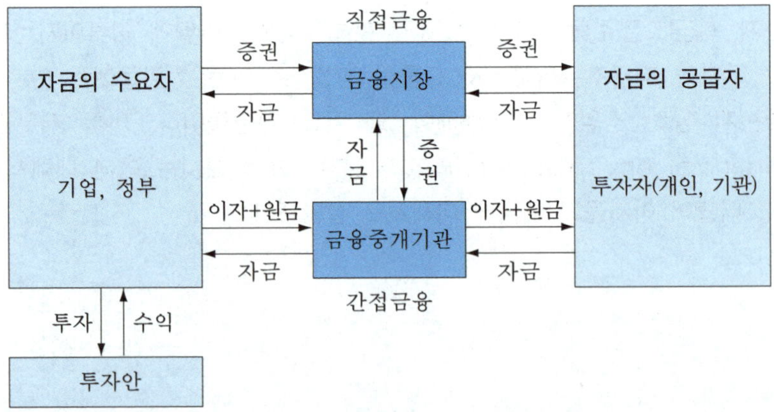

그림 3-1 재무관리환경

들을 재무관리환경을 구성하는 3대 요소라고 한다. 이에 대해 살펴보자.

증권

기업은 미래의 수익 창출을 위해 실물자산(비유동자산)에 투자하고, 투자에 필요한 자금조달을 위해 금융자산을 발행한다. 실물자산(real asset)은 토지 · 건물 · 기계 · 원자재 등과 같이 재화와 용역을 생산하는 데 이용할 수 있는 유형자산과 재화와 용역의 생산에 활용되는 지식재산권 · 기술 · 인적 자원의 숙련도 등의 무형자산을 말한다. 금융자산(financial asset) 또는 증권(securities)은 그 자체가 재화와 용역을 생산하는 데 직접 사용되는 자산이 아니고 실물자산의 이용으로부터 얻어질 미래소득에 대한 청구권(claims)을 나타내는 자산이다.[1] 주식과 채권이 대표적인 금융자산이다. 어느 회사의 주식을 50% 갖고 있다면 이 기업이 경영활동에서 창출하는 순이익 중 50%를 받을 권리를 갖는다. 또 일정액의 채권을 보유하고 있다면 그 채권에 대해 약속된 금액을 채권발행기업으로부터 받을 권리를 갖는다. 기업은 증권인 주식과 채권(회사채)을 발행하여 자금을 조달하고 그 자금을 실물자산에 투자한다. 따라서 증권은 미래에 발생하는 수익에 대한 권리를 나타내는 법적 증서로 정의될 수 있다.

증권의 종류는 매우 많지만 이들은 크게 ① 채권 · 채무관계를 나타내는 부채증권(debt securities), ② 소유지분을 나타내는 자본증권(equity securities), ③ 앞의 두 가지 성격을 모두 지닌 혼합증권(hybrid securities), ④ 기초자산의 수익에 따라 그 수익형태가 결정되는 파생증권(derivative securities) 등으로 분류된다. 이들을 좀 더 세분화하면 다음의 〈표 3-1〉과 같다.

---

1) 넓은 의미에서 금융자산은 시장에서 불특정다수의 투자자 간에 자유롭게 거래되는 주식, 채권 등의 증권뿐만 아니라 예금, 보험증서 등 시장성이 없는 상품을 포함한다. 그러나 금융산업이 발전하면서 시장성이 없는 상품들을 유동화시켜 시장성을 갖는 새로운 상품으로 변환시키는 증권화(securitization) 혹은 자산유동화(asset securitization)가 널리 활용되고 있다. 이 책에서는 특별한 구분이 필요한 경우 외에는 금융자산과 증권을 같은 의미로 사용한다.

표 3-1 다양한 증권의 종류

부채증권	단기부채증권	기업어음(CP), 양도성예금증서(CD), 신용장(L/C) 등
	채　　권	국채, 공채, 회사채, 자산유동화증권
자본증권	우선주, 보통주	
혼합증권	전환사채, 신주인수권부사채	
파생상품	선도·선물, 옵션, 스왑	

금융시장

주식이나 채권과 같은 금융자산 혹은 증권이 발행·거래되고 또 그 가격이 형성되는 시장을 금융시장(financial markets) 또는 증권시장(securities markets)이라고 한다. 자금의 수요자가 발행한 주식과 채권 등의 증권을 자금의 공급자인 투자자가 매입함으로써 자금이 투자자로부터 수요자에게로 직접 흘러가는 방식을 직접금융(direct financing)이라고 하는데, 금융시장은 직접금융이 일어나는 곳이다.[2)]

금융시장은 거래되는 증권의 만기에 따라 화폐시장(money market)과 자본시장(capital market)으로 분류된다. 화폐시장에서는 만기가 1년 이하인 단기채권들이 거래되는데 단기채권은 유동성이 높고 현금화가 쉽기 때문에 때로는 현금성자산(또는 현금등가물)으로 불린다. 기업은 화폐시장에서 기업어음(CP)과 같은 단기채권을 발행하여 단기자금을 조달한다. 자본시장은 장기증권이 거래되는 곳인데 이는 다시 채권시장(bond market)과 주식시장(stock market)으로 분류된다. 채권시장에서는 기업이나 정부가 장기자금을 조달하기 위해 발행하는 만기 1년 이상의 채권이 거래되며, 주식시장에서는 기업의 소유지분(equity)을 나타내는 보통주와 우선주 등의 주식이 거래된다.

한편, 금융시장은 발행시장(primary market)과 유통시장(secondary market)으로도 분류된다. 이에 대한 자세한 설명은 뒤에서 다루도록 한다.

2) 증권화, 핀테크(fintech) 등 금융기법의 발전에 따라 직접금융과 간접금융을 구분하는 것은 점점 의미가 없어지고 있다.

금융중개기관

금융자산의 거래는 자금의 공급자와 수요자가 직접 만나 거래조건을 정하고 그에 따라 금융자산과 자금을 교환하는 것이 가장 기본적인 방법일 것이다. 그러나 자금의 공급자와 수요자가 직접 만나서 거래를 한다면 여러 가지 문제가 발생할 수 있다. 자금의 수요자와 공급자가 거래상대방을 직접 찾는다는 것은 매우 어려운 일이며 많은 시간과 비용이 든다. 상대방을 찾았다고 하더라도 그 상대방의 신뢰성을 직접 확인하여야 하는데, 이 또한 정보수집의 제약과 분석능력의 부족으로 쉬운 일이 아니다. 전문적인 지식이 없는 경우 거래조건을 직접 정해야 하는 것 역시 어려운 일이다. 이에 따라 금융에 관한 전문성을 갖춘 제3자가 자금의 공급자로부터 자금을 예치받아 이를 자금의 수요자에게 공급해 줌으로써 직접거래에 따른 문제점을 해결하게 되는데 이러한 금융방식을 간접금융(indirect financing)이라 하고, 간접금융에서 중개인 역할을 하는 기관을 금융중개기관(financial intermediaries)이라고 한다. 금융중개기관은 자금거래에서 중간자 역할을 전문적으로 수행함으로써 대량거래에 따른 규모의 경제(economy of scale) 효과를 얻을 수 있으며, 정보의 수집과 분석에 따른 비용을 절약할 수 있다. 은행, 보험회사 등이 우리에게 익숙한 금융중개기관이다. 금융시장과 금융중개기관을 합쳐 금융기관(financial institution)이라고도 하는데, 좁은 의미에서 금융기관은 금융중개기관만을 의미한다.

표 3-2 금융중개기관의 유형

예금기관	시중은행(commercial bank) 특수은행(special bank) 협동조합(credit union)
계약형 저축기관	연금기관(pension fund) 생명보험회사(life insurance company) 손해보험회사(fire & casualty insurance company)
투자기관	종합금융회사(merchant bank) 투자회사(investment company *or* mutual fund) 할부금융회사(finance company)

기업은 금융중개기관으로부터 차입(금융중개기관은 기업에게 대출)을 통해 필요한 자금을 조달하게 되는데 이 경우도 만기가 1년 이하인 단기차입과 1년 이상의 장기차입으로 구분할 수 있다. 단기대출에서는 은행과 종합금융회사들이, 장기대출에서는 은행이나 보험회사들이 중요한 역할을 한다. 금융중개기관은 ① 예금기관(depository institutions) ② 계약형 저축기관(contractual savings institutions) ③ 투자기관(investment intermediaries) 등으로 구분되며, 각각은 다시 앞의 〈표 3-2〉와 같이 세분된다.

3.2 증권의 발행시장과 증권발행의 형태

증권의 발행시장

새로이 발행된 증권이 거래되는 시장을 발행시장(primary market *or* new issues market)이라고 한다. 증권의 발행시장은 기업, 정부, 또는 공공기관 등의 발행자, 즉 발행주체가 새로운 증권을 발행하여 장기적인 자본을 조달하는 시장이다.

증권을 발행하는 방법에는 두 가지가 있다. 발행주체가 중개기관을 거치지 않고 직접 일반투자자에게 증권을 팔아 자금을 조달할 수 있는데 이를 직접발행이라고 한다. 반면에 증권발행에 관한 전문지식을 활용하고 증권의 판매를 쉽게 하기 위하여 발행기관을 개입시키는 방법이 간접발행이다. 대부분의 증권발행에는 간접발행방법이 이용되며, 이 방법에 의한 발행시장의 구조를 살펴보면 다음의 [그림 3-2]와 같다.

발행기관은 발행자에게 조언을 하거나 사무적인 발행절차를 대행하는 일도 하지만 제일 큰 기능은 인수 기능이다. 인수(underwriting)란 발행자가 발행하는 유가증권을 매입하고, 이를 투자자에게 판매함으로써 필요한 자금을 조달하는 기능이다. 이러한 인수기능을 수행하는 발행기관을 보통 투자은행(investment bank)이라고 부르는데, 증권회사와 은행 등이 주로 투자은행의 역할을 담당한다. 증권

그림 3-2 발행시장의 구조

을 발행하고 판매하는 방법에 대해서는 제 13장에서 보다 자세히 다루도록 한다.

발행시장에 참가하는 투자자는 기관투자자(institutional investors)와 개인투자자(individual investors)로 구분된다. 기관투자자는 대부분 법인형태를 취하고 있는데 연금(pension fund), 기금(endowment fund), 은행, 보험회사, 투자신탁회사(mutual fund) 등 금융중개기관이 주류를 이루고 있다. 기관투자자는 많은 자금을 동원할 수 있으며 개별증권이나 시장상황을 분석하기 위한 전문적인 인력을 가지고 있기 때문에, 기관투자자의 투자행위는 증권시장에 큰 영향을 미친다.

증권발행의 형태와 기업공개(IPO)

기업은 주식과 회사채를 발행하여 필요한 장기자금을 조달할 수 있다. 기업이 주식을 발행하여 자금을 조달하는 것을 중심으로 증권발행의 형태를 살펴보자. 주식회사의 주식발행을 통한 자금조달은 신규설립 시의 주식발행, 기업공개에 의한 주식발행, 증자에 의한 주식발행 등으로 구분할 수 있다.

신규로 주식회사를 설립하는 경우 우선 발기인이 정관을 작성하고 설립등기를 하여야 한다. 이때 발기인의 수에는 제한이 없다. 주식회사의 설립은 발기설립과 모집설립으로 나누어진다. 발기설립은 주식회사의 발기인이 발행되는 주식 모두를 인수하여 회사를 설립하는 방법으로 소수의 발기인이 주식을 인수함과 동시에 회사의 설립이 이루어지는 비교적 간단한 방법이다. 모집설립은 발행되는 주식 중 일부는 발기인이 인수하고 나머지 부분은 발기인 이외의 주주로부터 모집하는 방법이다. 이때 발행주식의 전부를 발기인이나 연고자 등 특정 이해관계자들에게만 인수시키는 경우를 비공모발행이라 하고, 불특정다수의 일반투자자를 대상으로 인수시키는 경우를 공모발행이라고 한다.

기업공개(going public *or* initial public offering : IPO)에 의한 주식발행은 소수

의 대주주에게 집중되어 있던 주식을 일반대중에게 널리 분산시키기 위하여 매출하는 것을 말한다. 기업공개가 이루어짐으로써 기업의 소유권이 일반투자자들에게 널리 분산소유되며 대규모의 자금을 원활하게 조달할 수 있다. 회사는 기업공개를 통하여 많은 주주들로부터 대규모의 장기자본을 직접 조달할 수 있고, 공개 후 주식이 거래소에 상장되면 경영활동의 결과를 이해관계자에게 공시하고 이에 대한 평가를 받아야 하기 때문에 경영합리화를 도모할 수 있다. 기업공개는 또한 기업의 대외신용도를 높이고 소유와 경영의 분리를 촉진할 수 있을 뿐 아니라 주식의 대중화를 통하여 모든 국민이 기업성장의 혜택을 직접적으로 향유할 수 있게 하여 거시경제적으로는 소득분배의 기능을 수행하게 된다. 기업공개를 위하여 주식을 널리 분산시키는 방법에는 ① 신주공모에 의한 방법 ② 기존주주가 보유하고 있는 주식(구주)을 매출하는 방법 ③ 신주공모와 구주매출을 병행하는 방법 등이 보통 사용된다.

증자에 의한 주식발행은 기업이 정관에 허용되어 있는 발행가능주식 수의 범위 내에서 미발행주식의 일부 또는 전부를 이사회의 결의에 의해서 발행하는 것이다. 이러한 증자에는 주식대금을 납입하는 실질적 증자인 유상증자(seasoned equity offering: SEO)와 주식대금을 납입하지 않고 잉여금을 자본전입함으로써 신주를 발행하는 형식적 증자인 무상증자로 분류할 수 있다.

자본시장을 통한 자금조달 추이

우리나라의 자본시장에서 기업이 주식과 회사채를 발행하여 조달한 자금의 규모를 〈표 3-3〉에 나타내었다. 이 표에서 보는 것처럼 기업공개가 많았던 1978년까지는 주식과 회사채가 비슷한 비율을 점하고 있으나, 1980년 이후에는 사채에 의한 자금조달의 비중이 압도적으로 크게 증가하였다. 2000년 이후 총자금조달의 약 80% 이상을 회사채 발행이 차지하고 있으며, 2015년 이후에는 90%를 훨씬 상회하고 있다.

표 3-3 자본시장을 통한 자금조달 추이

(단위 : 조 원)

연도 \ 구분	주식(비율 : %)	회사채(비율 : %)	전체(비율 : %)
1978	0.33(50.0)	0.33(50.0)	0.66(100)
1980	1.7(15.1)	9.6(84.9)	11.3(100)
1990	2.9(20.8)	11.1(79.2)	14.0(100)
2000	14.4(19.7)	58.6(80.3)	73.0(100)
2005	6.8(12.3)	48.1(87.7)	54.9(100)
2010	10.3(11.0)	83.6(89.0)	93.9(100)
2015	8.0(6.1)	123.0(93.9)	131.0(100)
2017	10.4(6.7)	144.0(93.3)	154.4(100)
2019	5.2(3.0)	170.0(97.0)	175.2(100)
2020	10.9(5.6)	183.6(94.4)	194.5(100)

자료 : 금융감독원 전자공시시스템(DART), e-나라지표.

3.3 증권의 유통시장

유통시장

기존에 발행된 증권이 거래되는 시장을 유통시장(secondary market)이라고 한다. 유통시장에서는 이미 발행된 증권이 현재와 미래 소유주 사이에서 거래되는 것이므로 증권을 발행한 회사와는 관계가 없다. 유통시장의 대표적인 예가 조직화된 증권거래소이다. 증권의 거래가 이루어지는 유통시장은 거래소시장(on-board market)과 장외시장(off-board market)으로 나누어진다. 발행시장이 자금공급자의 유휴자금을 자금이 필요한 수요자에게로 이전시켜 생산성이 높은 곳에의 투자를 가능하게 하는 등 국가경제적으로 중요한 기능을 한다면 유통시장은 발행시장에서 발행된 증권의 유동성(liquidity)을 높여준다. 그뿐만 아니라 이로 인해 증권을 담보로 하여 자금을 빌리거나 빌려주는 일을 쉽게 한다. 또 유통시장에서는 치열한 경쟁과 철저한 정보분석을 통하여 증권가격이 결정되기 때문에 여기에서 결정된 증권의 가격은 많은 사람들이 합의한 적정가격(fair price)이라고 할 수 있다.

거래소시장의 구조

우리나라의 경우 거래소시장은 한국거래소(Korea Exchange)가 개설하는 '유가증권시장'과 '코스닥시장', '코넥스시장' 그리고 '파생상품시장'으로 구분된다. '유가증권시장'과 '코스닥시장'에서는 주식과 채권 등이 거래되며, '코넥스시장'은 초기단계의 중소기업과 벤처기업의 성장을 지원하고 모험자본의 선순환체계 구축을 지원하기 위해 개설된 시장이다. '파생상품시장'은 선물과 옵션 등의 파생증권 거래를 위하여 한국거래소가 개설한 시장이다.

우리나라에서는 한국거래소의 유가증권시장, 미국에서는 뉴욕증권거래소(NYSE)가 대표적인 거래소시장이다. 거래소에서 거래가 이루어지도록 증권을 등록시키는 것을 상장(listing)이라 한다. 일반투자자들이 증권의 매매를 원할 때는 증권회사를 통하여 거래소시장에서 사거나 판다. 여기에 관계되는 기관들을 보다 구체적으로 살펴보면 다음의 [그림 3-3]과 같다.

금융위원회는 증권의 발행, 관리, 공정한 거래, 그리고 증권관계기관의 감독에 관한 사항을 심의 · 의결하기 위한 기관이다. 금융감독원은 위원회의 지시를 받아 유가증권의 발행을 촉진하고, 그 관리와 공정한 거래를 위하여 증권관계기관의 감독과 검사를 담당하는 기관이다.

한국거래소는 증권의 대량거래가 가능하도록 일정한 설비를 갖추고, 공정한 거래가 이루어질 수 있게 일정한 규칙에 의하여 거래를 형성시키는 조직화된 시장이다. 한국거래소는 증권이 거래되도록 시장을 개설함과 동시에 모든 매매거래업무에 대하여 책임을 지며, 증권회사에 대한 감독 · 통제도 하게 된다.

증권회사는 증권업을 영위하는 기업이다. 증권회사는 발행시장에서는 증권을 인수 · 모집 · 매출하는 업무를 하며, 유통시장에서는 증권의 위탁매매를 하게 된다. 투자자들이 거래소시장에서 매매를 하려면 증권회사를 통해야만 하는데, 이

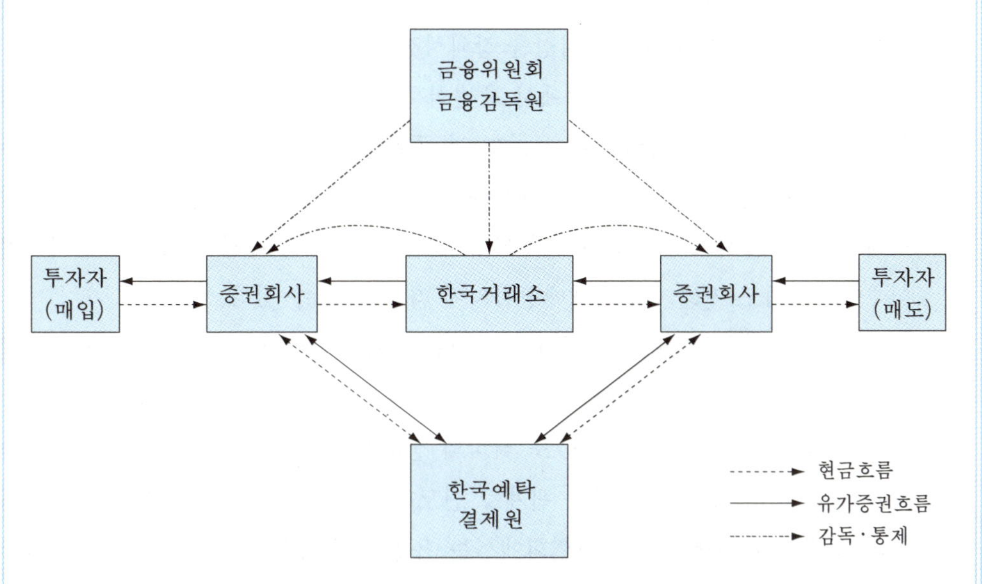

그림 3-3 한국거래소 유가증권시장의 구조

는 한국거래소의 업무처리상 회원(member)이라고 불리는 증권회사만이 거래소 시장 내에서 매매업무에 종사할 수 있도록 되어 있기 때문이다.

증권거래에 대한 결제는 거래소를 통한다. 그러나 각 증권회사 간에 빈번한 거래가 있을 때는 서로 간에 대체결제를 하는 것이 더 쉽다. 대체결제는 거래 때마다 현금과 증권이 서로 교환되지 않고, 여러 번의 거래 후에 그 증권회사 계좌 사이에서 차이가 나는 금액이나 증권을 결제하는 방법이다. 각 증권회사가 계좌를 설정하여 거래원 간의 거래를 계좌 간에 대체결제하게 되는데, 이를 담당하는 곳이 한국예탁결제원이다.

장외시장

장외시장(off-board market)이란 거래소 밖에서 증권의 매매가 이루어지는 시장을 말한다. 거래소시장에서는 상장된 증권만을 제한된 시간에 매매할 수 있는데 반하여 장외시장에서는 비상장증권을 포함하여 거래시간의 제약 없이 언제든지 매매가 이루어진다. 우리나라의 경우 한국거래소가 유일한 거래소이므로, 한국거래소가 개설하는 시장 외에서 이루어지는 모든 매매거래가 장외거래이며, 이러한 장외거래가 이루어지는 시장을 장외시장이라고 할 수 있다.

장외시장은 증권회사의 점두에서 증권회사와 고객 간에 거래가 이루어지는 점두시장(over-the-counter market : OTC)과 증권회사를 거치지 않고 거래당사자 간에 직접 증권을 매매하는 직접거래시장으로 분류할 수 있다. 장외거래는 거래당사자 간에 자율적으로 거래가 이루어지므로 동일종목에 대해 동일시간에 거래가 이루어지더라도 거래가격은 매매당사자에 따라 다를 수 있다.

장외시장은 기본적으로 조직적인 시장인 거래소시장과 상호보완의 관계를 가지나 최근 들어 정보통신기술의 발달과 더불어 다양한 대안적인 거래시스템을 통한 거래가 크게 증가하고 있다. 또 각국의 장외시장은 조직적인 관리체계를 갖춤으로써 거래소시장과 경쟁하는 관계로 변모하고 있다. 우리나라에서도 코스닥시장의 성장과 더불어 금융투자협회에서는 유망 중소기업과 벤처기업들의 자금조달을 원활히 하고 이들 기업이 발행한 주식의 유동성을 높이기 위하여 K-OTC (Korea Over-The-Counter)시장을 개설하여 운영하고 있다. 이 시장에서는 유가증권시장이나 코스닥시장, 그리고 코넥스시장에 상장되지 않은 주식 중 금융투자협회에 등록된 종목을 거래하고 있다.

상장주식의 추이

한국거래소의 유가증권시장에 상장되어 있는 기업은 2021년 초 현재 약 800개 사에 달하고 있다. 1965년 이후 5년단위로 유가증권시장에 상장되어 있는 상장회사 수, 주식 수, 상장주식의 시가 등이 〈표 3-4〉에 나타나 있다. 우리나라의 자본시장은 1968년 「증권거래법」, 「자본시장육성에 관한 법률」, 1972년 「기업공개촉진법」, 2009년 2월 「자본시장과 금융투자업에 관한 법률」 등이 제정되어 제도적으로 정비되고 육성되어 왔으며, 그 결과 유가증권시장의 상장기업 수는 1965년에는 17개 사에 불과하였으나 1973년에는 104개 사, 2020년 말 현재에는 800개 사로 증가하였다. 상장주식 수도 크게 증가하였다. 증권시장에 상장되어 있는 주식의 시가총액은 주식투자자의 부를 나타내는 동시에 국가의 부를 나타내는 것으로도 볼 수 있다. 유가증권시장에 상장되어 있는 주식의 시가총액은 1965년에

표 3-4 유가증권시장 상장주식의 총괄표

구분 / 연도	상장회사 수 (개)	상장주식 수 (천 주)	상장회사의 자본금 (백만 원)	상장주식의 시가총액(백만 원)
1965	17	28,933	23,162	14,566
1970	48	158,965	134,292	97,922
1975	189	824,983	643,414	916,054
1980	352	3,875,641	2,421,416	2,526,552
1985	342	7,955,343	4,665,387	6,570,403
1990	669	4,796,327	23,981,636	79,019,675
1995	721	7,609,405	38,047,028	141,151,399
2000	704	19,638,667	84,929,875	188,041,490
2005	702	23,235,743	80,586,911	655,074,594
2010	777	33,706,254	98,411,509	1,141,885,458
2015	770	38,278,300	103,574,708	1,242,832,099
2019	799	55,322,618	114,868,148	1,475,909,365
2020	800	56,609,043	117,389,895	1,980,543,162

자료 : 한국거래소(www.krx.co.kr).

는 146억 원, 1995년 말에는 141조 1천억 원이었으며, 2020년 말 현재 약 1,980조 원에 달하고 있다.

상장채권의 추이

우리나라에서 1972년도까지는 국채와 금융기관이 발행한 금융채만 거래소에 상장하여 거래할 수 있었으나, 1972년 이후 일반기업의 회사채가 상장되어 거래되기 시작하면서 상장채권의 종류가 다양해지고 상장규모도 급증하였다. 〈표 3-5〉를 보면 1976년 말에 국공채 254종목, 회사채 180종목에 불과하던 상장채권은 2020년 말 현재 국공채 5,659종목, 회사채 9,055종목에 이르고 있다. 상장잔액 역시 급속히 증가하여 액면가기준으로 2020년 말 현재 국공채 1,538조 원, 회사채 510조 원에 달하고 있다.

표 3-5 상장채권의 추이

구분 / 연도	국공채		회사채		
	종목 수	상장잔액(백만 원)	회사 수	종목 수	상장잔액(백만 원)
1976	254	280,098	105	180	118,430
1980	230	895,389	434	1,004	1,649,280
1985	979	4,737,782	1,213	2,749	7,263,250
1990	2,648	29,049,113	1,603	4,243	22,068,214
1995	4,671	69,542,162	2,024	8,050	56,455,874
2000	5,030	296,805,999	727	2,436	127,877,600
2005	3,726	552,109,729	788	4,618	168,045,933
2010	4,583	844,990,262	672	4,931	269,833,956
2015	5,341	1,201,990,786	601	7,021	357,154,906
2019	5,371	1,353,312,346	560	8,561	467,869,524
2020	5,659	1,538,449,113	586	9,055	510,628,698

자료 : 한국거래소(www.krx.co.kr).

펀드

증권에 투자하는 방법으로 직접투자와 간접투자를 들 수 있다. 전자는 투자자가 유통시장에서 원하는 주식이나 채권을 직접 사거나 파는 것을 말하며, 후자는 외부의 전문기관이나 전문가에게 투자를 맡기는 방법이다. 세계적으로 자본시장의 발달과 함께 다양한 간접투자상품이 개발되고 투자규모가 꾸준히 증가하고 있다. 지난 1970년대 이후 미국 시장을 중심으로 투자전문회사인 뮤추얼펀드(mutual fund) 산업이 크게 성장하였으며, 우리나라도 1990년대 이후 자산운용업의 성장과 함께 펀드시장의 규모가 크게 증가하였다.

펀드(fund) 또는 투자신탁(investment trust)이란 투자회사(또는 투자신탁회사)가 불특정다수의 일반투자자로부터 자금을 모아, 투자자를 대신하여 여러 증권에 분산투자하고 그 수익을 투자자에게 배분하는 제도이다. 투자회사는 전문적인 투자대행회사로서 특정 기업의 지배나 통제를 목적으로 증권에 투자하지 않고, 분산투자를 통한 위험의 분산과 수익의 극대화를 추구한다.

투자신탁은 조직형태에 따라 계약형과 회사형으로 구분한다. 계약형(contractual type) 투자신탁은 주로 영국에서 발전된 제도로 신탁계약에 근거하여 조직 · 운영되는 형태이다. 계약형 투자신탁에서는 투자신탁회사가 일반투자자에게 수익증권(beneficiary certificate)을 발행하여 투자기금을 모집한다. 수익증권을 보유하는 일반투자자는 투자신탁의 운용으로부터 발생한 이익에 대하여 분배청구권을 가지며 신탁기간의 만기 후에는 투자성과에 따른 상환을 받는다. 회사형(corporate type) 투자신탁은 주로 미국에서 발전된 제도로 증권투자를 목적으로 하는 주식회사 형태의 투자회사를 설립하고 투자회사가 발행한 주식을 일반투자자에게 파는 형태이다. 투자신탁의 운용에서 얻어지는 이익은 이익배당의 형식으로 주주들에게 분배된다. 계약형 투자신탁에서는 수익증권만이 발행되며 신탁재산이 계약에 따라 운용되는 데 비하여, 회사형 투자신탁은 신탁계약에 의하지 않고 회사조직을 보통의 주식회사의 경우와 같이 구성하며 회사는 보통주, 우선주 및 사채 등을 발행하여 자금을 조달하고 정관에 따라 자산을 운용한다. 뮤추얼펀드는 회사형 투자신탁의 일종이다.

3.4 이자율

은행의 정기예금 이자율(수익률)이 3%라든가 특정 기업이 발행한 채권의 이자율(수익률)이 5%라든가 하는 말을 자주 듣게 된다. 여기서 3% 또는 5%는 무엇을 의미하는 것일까? 이자율을 결정하는 경제적 요인에 대해 살펴보자.

대출 · 차입과 실질이자율

금융시장에서는 시장참가자 간에 자금을 빌려주고 빌리는 활동이 계속 발생한다. 자금을 빌려주는 행위를 대출(lending)이라 하고, 자금을 빌리는 행위를 차입(borrowing)이라고 한다. 이러한 대출 · 차입과정에서 이자율이 어떻게 결정되는지 예를 통해 살펴보자.

L 씨와 B 씨는 각각 오늘과 1년 후 각 시점에서 쓸 수 있는 예산이 500만 원이다. L 씨는 소문난 구두쇠로 미래의 소비를 위하여 현재의 소비를 줄이려 하며, B 씨는 씀씀이가 헤픈 사람으로 미래의 소비를 줄이고 현재의 소비를 늘리려고 한다. L 씨가 원하는 오늘의 소비는 4백만 원이며 B 씨가 원하는 현재의 소비는 600만 원이라 가정하고, L 씨와 B 씨 사이에 어떤 거래가 이루어질지 살펴보자.

B 씨가 L 씨에게 "오늘 100만 원을 빌려주면 1년 후에 110만 원을 갚겠다."는 제의를 했다고 하자. 이 제의에 따른 현금흐름이 [그림 3-4]에 나타나 있다. L 씨가 이 제의를 받아들인다면 그는 오늘 100만 원을 빌려주고 그 대신 1년 뒤에 원금 100만 원과 '자금을 빌려준 대가'로 10만 원을 받는다. 이 대가를 원금에 대한 비율로 표시하면 10%가 되며 이를 이자율(interest rate)이라고 한다. 특히 두 사람 사이의 계약이 지켜질 것이 확실하고, 오늘과 1년 후의 물가수준이 같다는 가정하에서 이때의 이자율을 실질무위험이자율(real risk-free interest rate) 혹은 단순히 실질이자율이라고 한다.

그렇다면 실질이자율은 어떠한 요인들에 의해 결정되는 것일까? 우선, 주관적인 것으로 시장참여자들의 '시점간 소비배분에 대한 선호(intertemporal substitution)'를 들 수 있다. L 씨는 오늘 100만 원을 포기하는 대신 1년 후에 108만 원을 더 소비함으로써 원래 주어진 예산대로 소비하는 것과 같은 수준의 만족을 얻을 수 있다고 하자. 또 B 씨는 1년 후 112만 원을 포기하는 대신 오늘 100만 원을 더 소비하는 것이 주어진 예산대로 소비하는 것과 같은 만족을 얻을 수 있다고 하자. 시점간 소비배분에 대한 선호는 개인마다 다르다. 시장에서 결정되는 이자율은 이러한 선호도의 평균적 수준을 반영하게 된다. L 씨가 현재소비

		시점 : 0	1
L 씨의 현금흐름	주어진 예산 :	+500만 원	+500만 원
	대출 :	−100만 원	+110만 원
B 씨의 현금흐름	주어진 예산 :	+500만 원	+500만 원
	차입 :	+100만 원	−110만 원

그림 3-4 L 씨와 B 씨 사이의 현금흐름

를 100만 원 줄이는 대가로 1년 후에 108만 원의 소비를 요구할 때 이자율 10%는 그의 욕구를 만족시킨다. 또 B 씨는 현재소비를 100만 원 늘리는 대가로 1년 후 소비를 최대 112만 원까지 포기할 수 있기 때문에 이자율 10%는 B 씨의 욕구도 만족시킬 수 있다. 일반적으로 현재소비를 포기하는 대가로 요구하는 미래소비의 크기(또는 현재소비를 늘리는 대가로 포기할 수 있는 미래소비의 크기)가 커질수록 시장의 이자율은 높아지게 된다.

또 다른 이자율의 결정요인으로 투자기회(investment opportunity)를 들 수 있다. 앞의 L 씨와 B 씨의 얘기를 계속해 보자. B 씨가 L 씨와의 거래 외에도 은행으로부터 이자율 10%로 100만 원을 차입할 수 있다고 하자. 그리고 이 자금으로 팝콘기계를 매입하여 팝콘장사를 하면 1년 후에 120만 원을 벌 수 있다고 하자. 이때 B 씨가 추가적으로 얻게 되는 20만 원(원금의 20%)은 팝콘장사라는 투자기회에서 얻는 것이다. 투자기회에서 추가적으로 얻는 수익이 은행에 지급해야 할 이자 10만 원보다 많기 때문에 B 씨는 당연히 자금을 은행에서 차입하여 팝콘장사에 투자하는 것을 원할 것이다. 또 팝콘장사에서 얻는 수익이 많을수록 기꺼이 더 높은 이자율을 지급할 것이다.

일반적으로 투자기회는 한 국가의 경제성장률에 의해 영향을 받게 된다. 또 경제성장을 결정하는 중요한 요소로는 노동력과 노동시간, 그리고 생산성을 들 수 있다. 그리고 생산성을 결정하는 데 중요한 역할을 하는 것이 기술과 지식이다. 이와 같은 논리를 적용하면 경제가 이미 성숙한 선진국에서는 대체로 이자율이 낮고, 경제가 성장 중인 개발도상국에서는 이자율이 높은 현상을 설명할 수 있다.

예상인플레이션과 명목이자율

앞의 L 씨와 B 씨의 예에서 L 씨는 1년 후의 물가가 변하지 않는다는 전제하에 10%의 이자를 받아들였다. 물가수준이 변하지 않는다면 자금이 10% 증가하는 것은 곧 재화의 소비를 10% 증가시킨다는 의미이다. 그런데 L 씨와 B 씨를 포함한 모든 사람들이 1년 후의 물가가 5% 오르리라고, 즉 인플레이션율(inflation rate)이 5%라고 예상한다면 L 씨는 어떻게 할까? 만약 L 씨가 여전히 10%의 이자를 받아들인다면 1년 후의 재화의 소비는 약 5(= 10 − 5)%밖에 증가하지 않는다. 따라서 인플레이션이 예상되는 경우 L 씨는 인플레이션에 대한 추가적인 보상을 요구하게 된다. 이 경우 예상인플레이션율이 반영되어 결정된 이자율을 명목무위험이자율(nominal risk-free interest rate) 혹은 간단히 명목이자율이라 하며, 정확히는 다음과 같은 관계에 의하여 결정된다.[3)]

$$r_N = (1 + r_R)(1 + l) - 1 \approx r_R + l \tag{3·1}$$

여기서 r_N은 명목무위험이자율, r_R은 실질무위험이자율, l은 예상인플레이션율을 나타낸다. 식 3·1의 관계를 피셔의 등식(Fisher equation)이라고 부른다.

시장여건과 균형이자율

실질이자율에 예상인플레이션율이 더해져 명목이자율의 수준이 결정되는 것을 보았다. 그렇다면 실제로 시장이자율이 식 3·1에 의해서만 결정되는 것일까? 이자율에 대한 과거자료들을 보면 실제 이자율은 식 3·1이 예측하는 것보다 훨씬 불안정하게 움직인다. 이는 명목이자율이 예상인플레이션율 외의 또 다른 요인에 의해 영향을 받기 때문이다. 명목이자율을 결정하는 또 다른 요인으로 흔히 금융시장의 수급여건(financial market condition)을 든다. 자금에 대한 수요가 공급보다 많은 경우 시장의 이자율은 올라가며, 반대로 공급이 수요보다 많은 경우 이자율은 떨어진다. 예를 들어 8% 수준에서 자금에 대한 수요가 공급을 초과하면 자금을 차입하려는 사람들은 더 높은 이자율을 지불하려고 할 것이고, 그 결과 시장의 이자율은 올라간다. 이자율이 올라가면 자금의 공급이 늘어나는 반면 수요는 줄게 된다. 결국 자금에 대한 수요와 공급이 균형을 이루는 수준에서 이자율은 안정된다. 한편 12% 이자율수준에서 자금의 공급이 수요보다 많다면 이와는 반대의 현상이 일어난다. 이렇게 결정된 이자율을 균형이자율(equilibrium interest rate)이라고 한다.

시장수급여건의 변화는 주로 정부의 통화정책이나 재정정책에 영향을 받는데, 정부정책의 효과는 보통 단기간에 그칠 수 있다. 예를 들어 중앙은행이 통화량을

---

3) $r_N = (1 + r_R)(1 + l) - 1 = 1 + l + r_R + r_R \cdot l - 1$에서 r_R과 l은 작은 값이므로 $r_R \cdot l$은 무시해도 될 만큼 매우 작아진다. 따라서 본문의 식 3·1의 결과가 얻어진다.

감축하면 금융시장에서 자금의 공급이 감소하여 단기적으로는 이자율이 올라간다. 하지만 이자율의 상승은 저축을 증가시키고 기업의 자금수요를 감소시켜 결국은 장기적인 균형점으로 되돌아오게 되는데, 이때 균형이자율은 장기적인 경제성장률과 예상인플레이션에 의해 결정된다. 따라서 시장이자율의 움직임은 단기적으로는 식 3·1이 예측하는 것과 상당한 차이가 있을 수 있지만, 장기적으로는 그 차이가 훨씬 작아질 수 있다.

다양한 금융자산의 수익률과 위험프리미엄

지금까지 살펴본 명목무위험이자율은 시장의 전체적인 상황을 반영하여 결정되므로 시장에서 거래되는 다양한 증권들의 개별적인 특성에는 영향을 받지 않는다. 즉, 시장에서 거래되는 특정 채권이나 주식에 관계없이 명목무위험이자율은 모든 증권의 수익률에 공통적으로 영향을 미친다. 그러나 시장에서 거래되는 금융자산들의 수익률은 저마다 다르다. 이는 어떻게 설명할 수 있을까? 각 금융자산이 가져다주는 미래수익의 변동양상은 금융자산의 특성에 따라 각기 다르다. 따라서 특정 금융자산 또는 증권의 수익률은 시장 전체적인 상황을 반영해서 결정된 명목무위험이자율에 해당 자산의 미래수익의 불확실성(또는 위험)을 반영해서 결정된다. 불확실성을 싫어하는 투자자들은 불확실성이 클수록 이에 대해 더 많은 보상(이를 위험프리미엄(risk premium)이라 한다)을 요구한다. 따라서 특정 금융자산의 기대수익률은 다음의 식 3·2와 같이 결정된다.

$$\text{금융자산의 기대수익률} = \text{명목무위험이자율} + \text{위험프리미엄} \qquad (3\cdot 2)$$

결국 시장에서 거래되는 다양한 금융자산들의 수익률이 각기 다른 것은 그 자산들이 갖는 미래수익의 불확실성이 서로 다르고 이에 따라 각각의 위험프리미엄이 서로 다르기 때문이라고 할 수 있다. 국가가 발행한 국채와 같은 상품은 미래수익의 불확실성이 없으므로 그 수익률이 시장의 명목무위험이자율과 같으나 특정 기업이 발행한 주식은 미래수익이 불확실하므로 그 기대수익률은 명목무위험이자율보다 더 크게 결정된다. 이에 대해서는 제 10 장 이후에서 다루기로 한다.

3.5 세금

기업의 재무활동에 영향을 미치는 빼놓을 수 없는 중요한 요소 중의 하나가 세금(tax)이다. 기업이 벌어들인 소득에 대해 부과되는 법인세(corporate income tax)는 비중이 매우 큰 현금유출항목이다. 기업에 자본을 제공하고 있는 주주와 채권자가 부담하는 개인소득세(individual income tax) 역시 기업의 재무의사결정에서 필수적으로 고려해야 할 요소이다. 이 절에서는 세금문제를 개인소득세와 법인세로 나누어 살펴본다.

개인소득세

개인은 자신의 경제활동에서 얻는 소득(예 : 급여, 배당소득, 이자소득, 사업소득 등)에 대해 일정 세금을 납부해야 한다. 이때 세금을 계산하는 기준이 되는 소득 금액을 과세소득(taxable income)이라 한다. 과세소득은 개인이 경제활동에서 얻은 총소득에서 세법에서 허용하는 소득공제(deduction)항목과 비과세(exemption)항목 등을 뺀 값이다.

개인의 소득에 대해 부과되는 개인소득세는 소득이 커짐에 따라 세율이 누진적으로 올라가는 누진세(progressive tax)제도를 택하고 있다. 따라서 소득이 많은 개인일수록 자신의 소득에서 더 높은 비율의 세금을 부담한다. 이와 같은 누진세 제도하에서는 한 개인의 소득구간에 따라 서로 다른 세율이 적용된다. 이때 최종 구간의 소득에 대해 부과되는 세율을 한계세율(marginal tax rate)이라 하며 과세 소득에 대해 부담한 총소득세의 비율을 평균세율(average tax rate)이라고 한다.

예를 들어 과세소득이 1억 1천만 원인 사람이 부담한 총 소득세가 2,500만 원이라고 하자. 또 개인소득세율 체계상 1억 원에서 1억 5천만 원까지의 소득에 대해 40%의 세율이 적용된다고 하자. 이때 이 사람의 한계세율은 40%이다. 그러나 평균세율은 22.73%(=2,500/11,000)가 된다.

기업의 재무의사결정에서 기업에 자본을 제공한 주주와 채권자의 개인소득세율이 어떠한가는 매우 중요한 사항이다. 채권자는 기업으로부터 부채를 제공한 대가로 이자를 지급받고 주주는 자기자본을 제공한 대가로 배당을 지급받는다. 주주와 채권자는 또한 구입한 주식과 채권의 가격상승에 따른 이득을 얻는다. 이를 자본이득(capital gain)이라 한다. 주주와 채권자가 기업으로부터 받는 이자와 배당은 개인의 과세소득에 포함되어 과세대상이 된다. 따라서 주주와 채권자가 얻는 세후수익률은 세전수익률에서 부담해야 되는 한계세율을 뺀 것이다.

$$\text{세후수익률} = \text{세전수익률} \times (1 - \text{한계세율}) \qquad (3 \cdot 3)$$

예를 들어 한계세율이 40%인 갑돌이가 삼성전자(주) 주식을 구입한 후, 삼성전자(주)가 주가의 15%를 배당으로 지급하였다면 갑돌이가 얻을 수 있는 세후수익률은 9%[= 15 × (1 − 0.4)]이다. 이자와 배당 소득에 대해 과세하는 것과는 달리 우리나라의 세법에서는 소액주주의 상장주식 투자나 개인의 채권투자에서 발생하는 자본이득에 대해서는 세금을 부과하지 않고 있다.

법인세

개인이 개인소득세를 부담하는 것과 마찬가지로 기업도 영업활동에서 얻은 소득에 대해 법인세를 부담한다. 법인세를 내야 하는 과세소득의 계산은 개인의 경우와 마찬가지로 총소득에서 각종 공제항목과 비과세항목을 차감하여 계산한다. 그러나 개인소득세가 누진세인 데 비해 법인세는 대부분의 국가에서 소득규모와 관계없이 일정한 비율의 세금을 부과하는 단일세율제도를 택하고 있다. 우리나라의 경우는 2021년 초 현재 2억 원 이하의 소득에 대해서는 10%, 2억 원 초과 200억 원 이하에 대해서는 20%, 200억 원 초과 3,000억 원 이하에 대해서는 22%, 그리고 3,000억 원 초과분에 대해서는 25%의 법인세를 부과하고 있다.

법인세는 기업의 중요한 현금지출항목이므로 재무의사결정에 이를 정확히 반영하는 것은 대단히 중요하다. 부채를 사용하는 기업의 경우 채권자에게 부채사용의 대가로 이자를 지급한다. 이때 지급하는 이자비용은 과세소득계산에서 비용(손금)으로 인정되므로 이자지급이 없는 경우에 비해 과세소득은 줄게 되고 결과적으로 법인세를 덜 내게 된다. 이를 이자의 감세효과(interest tax shield)라고 한다. 따라서 감세효과를 고려한 후의 이자율은 법인세율만큼 작아지게 된다.

$$세후이자율 = 세전이자율 \times (1 - 법인세율) \quad (3 \cdot 4)$$

예를 들어 25%의 법인세율을 부담하는 삼성전자(주)가 6%의 세전이자율을 약속하고 부채를 조달했다면 이때 삼성전자(주)가 부담하는 세후이자율은 4.5% [= 6 × (1 − 0.25)]이다.

이자비용이 감세효과를 갖는 것과는 달리, 자기자본을 사용한 대가로 주주에게 지급되는 배당은 과세소득을 계산하는 과정에서 비용(손금)으로 인정받지 못해 법인세를 줄이는 효과가 없다. 이자의 감세효과에 대한 자세한 내용은 제14장에서 다뤄진다.

중요용어

- 재무관리환경 financial environment
- 직접금융 direct financing
- 금융자산 financial assets
- 증권 securities
- 금융시장 financial market
- 자본시장 capital markets
- 금융중개기관 financial intermediaries
- 발행시장 new issues market
- 기업공개 IPO
- 주식 stocks
- 채권 bonds
- 인수 underwriting
- 상장 listing
- 유통시장 secondary market
- 한국거래소 Korea Exchange
- 펀드 fund
- 대출 lending
- 차입 borrowing
- 실질이자율 real interest rate
- 명목이자율 nominal interest rate
- 인플레이션 inflation
- 시점간 소비배분에 대한 선호 intertemporal substitution
- 피셔의 등식 Fisher s equation
- 위험프리미엄 risk premium
- 개인소득세 personal income tax
- 한계세율 marginal tax rate
- 법인세 corporate income tax
- 이자의 감세효과 interest tax shield

연 | 습 | 문 | 제

3-1 금융시장과 금융중개기관을 통한 자금의 수요와 공급에 대해 설명하라.

3-2 한국거래소에 상장되어 거래되고 있는 증권들에는 어떤 것들이 있는지 조사해 보라.

3-3 기업이 필요한 자금을 금융시장과 금융중개기관을 이용하여 어떻게 조달할 수 있는지 설명하라.

3-4 우리나라의 장외시장에 대해 조사해 보라.

3-5 상장회사(public company)와 비상장회사(private company)의 차이점을 설명하라.

3-6 증권회사는 어떤 역할을 하는지 설명하라.

3-7 이자율의 크기를 결정하는 요인들에 대하여 설명하라.

3-8 관악경제연구소는 2021년 1년 동안 관악전자 주식의 예상투자수익률이 15%로 추정된다고 발표하였다. 같은 기간 동안 정기예금 이자율은 10%이고 기대인플레이션율은 5%로 예상된다. 그러면 관악전자 주식의 위험프리미엄은 얼마인가?

3-9 실질무위험이자율을 결정하는 경제적 요인에 대해 설명하라.

3-10 명목무위험이자율이 어떻게 결정되는지를 장기와 단기로 나누어서 설명하라.

3-11 개인소득세를 납부할 때, 한계세율과 평균세율이 무엇을 의미하는지 설명하라.

3-12 기업이 법인세를 납부할 때, 이자의 감세효과란 무엇인지 설명하라.

3-13 25%의 법인세율을 부담하는 (주)UOS는 A은행에 8%의 세전이자율을 약속하고 1,000억 원의 부채를 1년 후 상환조건으로 조달했다. 이때 (주)UOS가 얻을 수 있는 이자의 감세효과를 구하고, 세후차입이자율이 얼마인지 계산하라.

3-14 은행 A는 대출과 예금 모두 5%의 무위험이자율을 적용하며, 은행 B는 6%의 무위험이자율을 적용한다.

① 대출과 예금에 대한 수요가 늘어날 은행은 각각 어느 곳인지 대답하라.

② 이 두 은행이 제공하는 이자율은 어떻게 변화할 것인지 설명하라.

Financialmanagement

제 II 편

재무분석과 레버리지분석

제 4 장

재무분석

재무제표는 기업의 재무상태와 경영성과를 나타내는 보고서로 기업의 성적표라 할 수 있다. 재무제표에서 얻을 수 있는 여러 유형의 재무비율과 현금흐름을 이용하여 기업의 성과를 평가하고 기업가치를 높이기 위한 개선책을 찾을 수 있다. 재무분석은 재무관리의 두 기능인 투자결정과 자본조달결정을 위한 기초적 분석이라 할 수 있으며, 여러 이해관계자는 재무분석을 통하여 자산의 의사결정에 필요한 정보를 얻을 수 있다. 이 장에서는 재무분석에 필요한 중요개념들을 설명하고 재무분석의 유용성과 문제점을 살펴본다. 또한 종합적인 분석방법으로 ROI와 ROE를 이용한 분석에 대해 설명한다.

생·각·의·전·당

기업의 재무상태와 경영성과에 대한 이해—이는 재무의사결정의 첫 단추이다. 경영 전반에 대한 분석 이전에 재무제표를 이용하여 손쉽게 기초적인 분석을 해 볼 수 있다. 이런 좁은 의미의 작업을 재무분석이라 한다. 재무분석은 분석 범위가 작지만 결코 무시할 수 없으며 심층분석을 위한 단서를 제공해 준다.

4.1 재무분석의 의의

재무관리의 목표는 기업가치의 극대화에 있으며, 이를 위해서는 기업의 수익성을 높이고 위험을 줄여야 한다. 기업의 목표를 달성하기 위하여 경영자는 적절한 자본조달방법을 선택하여 최소의 비용으로 필요자금을 조달하고, 이를 최대의 수익을 올릴 수 있도록 투자를 하여야 한다. 이러한 재무기능을 효과적으로 수행하기 위해서는 먼저 기업의 현재상태가 어떠하며 문제점이 무엇인가를 분석해야 하는데, 이러한 분석을 재무분석(financial analysis)이라 한다.

재무분석이란 용어는 다음과 같은 의미로 사용된다.

첫째, 넓은 의미에서의 재무분석은 기업의 재무활동 전반에 걸친 분석을 뜻한다. 즉, 자금흐름과 관련된 모든 기업활동을 평가하고, 기업의 운영을 위한 의사결정에 도움을 주기 위한 분석이라고 할 수 있다. 이렇게 넓은 의미로 본다면, 재무분석이란 이 책에 서술되어 있는 모든 내용은 물론 기업경영의 전반적인 활동에 대한 분석이 된다.

둘째, 좁은 의미로 재무분석이라 할 때에는 기업의 현재와 과거의 재무상태와 경영성과를 파악하여 미래의 기업경영에 필요한 기초자료를 얻는 재무활동을 말한다. 이러한 목적을 위해서는 재무제표를 비롯하여 과거의 시장점유율, 원가, 주가 등에 대한 자료가 분석된다.

이 장에서는 좁은 의미에서의 재무분석, 그중에서도 재무제표분석을 주로 다루고자 한다. 재무제표분석을 위하여 가장 많이 이용되는 방법으로서 재무비율분석

(financial ratio analysis)이 있는데, 이 장에서는 주로 이 방법에 관한 내용을 다룰 것이다.[1)]

4.2 재무비율분석

재무비율과 재무제표

재무비율(financial ratio)은 재무제표상에 표기된 한 항목의 수치를 다른 항목의 수치로 나눈 것으로, 기업의 재무상태나 경영성과를 파악하는 데 사용되는 비율이다. 재무비율을 이용할 때는 사용목적에 적합한 비율을 구성하여 기준이 되는 수치와 비교하게 된다.

재무제표의 의미와 내용에 대해서는 이미 제 2 장에서 설명하였으므로 여기서는 앞으로의 비율분석의 기초가 될 회사로 가상의 회사인 미래전자의 재무상태표(대차대조표)와 포괄손익계산서(손익계산서)를 제시하고 이를 이용하여 재무비율을 설명하기로 하자.

재무상태표(대차대조표)

다음의 〈표 4-1〉은 반도체 및 전자제품을 생산 · 판매하는 미래전자의 2020년 12월 31일과 2019년 12월 31일 시점의 재무상태표이다. 이 표는 간략하게 나타낸 것이며, 세분화하면 훨씬 복잡한 항목들로 구성된다. 이 표는 미래전자의 자산과 부채 · 자본의 가치를 보여주고 있는데, 이것은 현재가치가 아니고 취득원가를 중심으로 계산된 장부상의 가치이다.

---

1) 재무분석에서는 재무비율분석과 같은 수치에 의한 양적 분석도 중요하지만, 경영자의 능력이나 산업의 전망 등과 같은 계량화하기가 어려운 질적 요인의 분석도 매우 중요하다. 이 책에서는 질적 분석에 관한 내용은 다루지 않는다. 관심 있는 독자는 박정식 · 신동령 저, 「경영분석」 제 6 판(다산출판사, 2016), 제 Ⅱ 편을 참고하기 바란다.

표 4-1 **재무상태표(대차대조표)**

제40기 2020년 12월 31일 현재
제39기 2019년 12월 31일 현재

미래전자주식회사 (단위 : 백만 원)

과 목	제40기 말	제39기 말
자산		
Ⅰ. 유동자산	17,790,813	16,621,081
(1) 당좌자산	13,973,062	13,283,209
현금및현금성자산	2,360,190	2,026,791
단기금융상품	3,306,326	4,862,869
단기매도가능증권	982,067	992,833
매출채권	3,089,840	1,780,507
기타당좌자산	4,234,639	3,690,209
(2) 재고자산	3,817,751	3,337,872
Ⅱ. 비유동자산	54,728,407	48,604,171
(1) 투자자산	21,653,050	17,121,525
(2) 유형자산	31,249,823	29,777,382
(3) 무형자산	653,059	568,316
(4) 기타비유동자산	1,172,475	1,136,948
자산총계	72,519,220	65,225,252
부채		
Ⅰ. 유동부채	11,721,362	10,802,346
(1) 매입채무	2,388,014	1,935,663
(2) 미지급금	3,787,431	2,958,521
(3) 미지급비용	3,836,708	3,764,628
(4) 유동성사채	6,009	4,470
(5) 기타유동부채	1,703,110	2,139,064
Ⅱ. 비유동부채	2,684,368	2,862,282
(1) 사채	108,170	83,815
(2) 기타비유동부채	2,576,198	2,778,467
부채총계	14,405,730	13,664,628
자본		
Ⅰ. 자본금	897,514	897,514
보통주자본금	897,514	897,514

Ⅱ. 자본잉여금	6,589,580	6,574,996
(1) 주식발행초과금	4,403,893	4,403,893
(2) 기타자본잉여금	2,185,687	2,171,103
Ⅲ. 자본조정	−8,597,013	−8,747,381
Ⅳ. 기타포괄손익누계액	3,807,357	1,872,818
Ⅴ. 이익잉여금(결손금)	55,416,052	50,962,677
자본총계	58,113,490	51,560,624
부채와 자본총계	72,519,220	65,225,252

표 4-2 포괄손익계산서(손익계산서)

제40기 2020년 01월 01일부터 2020년 12월 31일까지
제39기 2019년 01월 01일부터 2019년 12월 31일까지

미래전자주식회사 (단위 : 백만 원)

과 목	제40기 연간	제39기 연간
Ⅰ. 매출액	72,952,991	63,175,968
Ⅱ. 매출원가	55,380,601	46,846,546
Ⅲ. 매출총이익(손실)	17,572,390	16,329,422
Ⅳ. 판매비와관리비	13,438,320	10,386,567
Ⅴ. 영업이익(손실)	4,134,070	5,942,855
Ⅵ. 영업외수익	7,609,996	4,162,084
이자수익	400,985	278,731
외환차익	4,049,633	347,061
지분법이익	2,165,729	2,627,165
유형자산처분이익	105,868	101,605
기타영업외수익	887,781	807,522
Ⅶ. 영업외비용	5,835,845	1,474,935
이자비용	49,972	47,829
외환차손	4,201,938	457,020
외화환산손실	629,941	46,048
지분법손실	373,539	262,284
유형자산처분손실	37,064	55,685
기타영업외비용	543,391	606,069
Ⅷ. 법인세비용차감전순이익(손실)	5,908,221	8,630,004
Ⅸ. 법인세비용	382,317	1,204,988
Ⅹ. 당기순이익(손실)	5,525,904	7,425,016

포괄손익계산서(손익계산서)

앞의 〈표 4-2〉는 미래전자의 2020년과 2019년의 경영성과를 나타낸 포괄손익계산서이다. 이 표도 간략하게 작성된 것이지만, 중요항목은 모두 포함하고 있기 때문에 독자들은 기본윤곽을 잘 기억해 둘 필요가 있다.

재무비율의 분류기준

재무제표에서 두 항목을 선택하여 나타낼 수 있는 비율은 수없이 많은데, 이 많은 비율들은 여러 가지 방법으로 분류되어 사용된다. 여기서는 가장 자주 사용되는 분류방법인 비율의 의미를 기준으로 다음과 같은 네 가지로 분류하였다.

- 유동성비율(liquidity ratio): 짧은 기한(보통 1년) 내에 갚아야 되는 채무를 지급할 수 있는 기업의 능력을 측정하는 비율들
- 레버리지비율(leverage ratio): 부채성비율이라고도 하며, 기업의 타인자본의 존도와 타인자본이 기업에 미치는 영향을 측정하는 비율들
- 활동성비율(activity ratio): 자산의 물리적인 이용도를 측정하는 비율들
- 수익성비율(profitability ratio): 경영의 총괄적인 효율성의 결과를 매출에 대한 수익이나 투자에 대한 수익으로 나타내는 비율들

위에 제시한 네 가지 비율과 더불어 재무제표항목들 간의 관계를 나타내는 것은 아니지만 기업활동의 능률을 측정하는 생산성비율과 주식가격을 이용한 시장가치비율이 자주 이용된다.

- 생산성비율(productivity ratio): 기업이 생산활동에 사용하고 있는 인적 · 물적 자원의 능률 및 업적을 평가하는 비율들
- 시장가치비율(market value ratio): 주식가격과 관련된 비율들

시장가치비율은 주식가격과 재무제표에 나타나는 다른 재무요인과의 관계를 나타내는 비율이다. 자본시장의 발달과 더불어 주식가격은 주주의 부를 나타내는 척도가 되고 기업의 가치평가에 있어 주식가격이 매우 중요한 의미를 가지므로 시장가치비율은 재무분석에서 매우 중요하게 이용된다.

표준비율의 설정

어느 한 기업의 재무상태와 경영성과를 분석하기 위하여 재무비율을 계산한 후에 계산된 재무비율을 평가하기 위해서는 그 재무비율을 비교 · 평가할 기준이 필요하다. 예를 들어 어느 기업에서 총자본순이익률이 14%라고 할 때, 이 비율이 좋으냐 나쁘냐를 알아보기 위해서는 판단기준이 필요하다. 이때에 그 기준이 되는 비율을 표준비율(standard ratio *or* benchmark ratio)이라 하는데, 비율분석에서 표준으로 삼는 비율은 대체로 다음과 같은 세 가지이다.

첫째, 비율분석의 대상이 되는 기업의 과거비율을 표준비율로 하는 것이다. 과거비율을 표준비율로 이용할 때에는 지난 해의 비율을 이용하거나, 과거 수년간의 비율을 평균하여 이용할 수 있다.

둘째, 그 기업과 동일한 산업에 속해 있는 많은 기업들의 평균비율, 즉 산업평균비율을 비율분석의 표준으로 하는 것이다. 이 방법은 가장 많이 쓰는 방법이다. 우리나라 각 산업의 평균비율은 매년 출간되는 한국은행의 「기업경영분석」에서 찾을 수 있다.

셋째, 기업이 당면하고 있는 여러 가지 환경요인 · 재무요인 · 경제요인 등을 분석하고, 그 기업이 처해 있는 상황에서 최적의 비율을 계량적으로 산출하여 그 비율을 표준으로 하는 것이다. 이론적인 면에서는 이 방법이 최선이라 하겠으나, 실제에서는 최적비율을 계산하기가 매우 어렵기 때문에 현실적으로 이용하는 데에는 여러 가지 문제점이 있다.

실제 가장 많이 쓰이는 표준비율은 산업평균비율이지만 이것은 어느 기업이나 이용할 수 있는 절대적 최선의 비율은 아니다. 다만 하나의 기준으로 생각하면 족하다.

이 책에서는 미래전자를 분석하기 위하여 다음의 〈표 4-3〉에 나타낸 제조업평균비율을 기준으로 삼았으며, 미래전자의 분석자료는 앞에서 보여준 2020년도의 재무상태표와 포괄손익계산서를 이용하였다.

표 4-3 산업평균

성장성에 관한 지표(Indicators concerning Growth)

단위 : % Unit : %

Code No.	내역(Contents)	2019	2020
501	총자산증가율	13.59	19.13
502	유형자산증가율	4.89	15.47
503	유동자산증가율	14.36	18.94
504	재고자산증가율	14.00	23.92
505	자기자본증가율	14.10	10.52
506	매출액증가율	9.32	20.43

손익의 관계비율(Relationship Ratios of Income and Expenses)

단위 : % Unit : %

Code No.	내역(Contents)	2019	2020
601	총자산세전순이익률	7.31	3.78
602	총자산순이익률	5.59	2.85
603	기업세전순이익률	8.74	5.45
604	기업순이익률	7.03	4.51
605	자기자본세전순이익률	14.49	8.15
606	자기자본순이익률	11.09	6.13
607	자본금세전순이익률	77.29	40.48
608	자본금순이익률	59.13	30.47
609	매출액세전순이익률	6.24	3.22
610	매출액순이익률	4.82	2.42
611	매출액영업이익률	5.87	5.89
612	매출원가대매출액	82.48	83.07
613	변동비대매출액	66.75	68.07
614	고정비대매출액	31.08	36.92
615	연구개발비대매출액	1.82	1.71
616	인건비대매출액	10.18	9.13
617	인건비대영업총비용	11.56	10.38
618	재료비대매출액	53.72	55.17
619	재료비대영업총비용	61.00	62.75
620	순외환손익대매출액	−0.08	−1.16
621	EBIT대매출액	7.58	4.63
622	EBITDA대매출액	11.60	8.20
623	감가상각률	14.64	13.74
624	금융비용대부채	2.90	3.11
625	차입금평균이자율	6.35	6.50
626	금융비용대총비용	1.38	1.35
627	금융비용대매출액	1.35	1.42
628	순금융비용대매출액	0.78	0.82
629	이자보상비율	435.29	415.79
630	순이자보상비율	747.60	722.13
631	손익분기점률	81.25	89.93
632	사내유보율	90.73	92.72
633	배당률	15.31	9.54
634	배당성향	20.90	17.23

식음료품, 담배, 섬유, 의복 · 모피, 가죽, 신발, 목재, 종이, 인쇄, 코크스 · 석유정제품, 화학제품, 의약품, 고무제품 및 플라스틱, 비금속광물, 1차 금속, 금속가공제품, 전자부품 · 컴퓨터 · 영상 · 음향 및 통신장비, 의료 · 정밀 · 광학기기 및 시계, 전기장비, 기계 및 장비, 자동차, 기타 운송장비, 기구, 기타 제품 제조업

자산 · 자본의 관계비율(Relationship Ratios of Assets, Liabilities and Stockholders' Equity)

단위 : % Unit : %

Code No.	내역(Contents)	2019	2020
701	자기자본비율	48.29	44.80
702	유동비율	119.76	112.77
703	당좌비율	88.67	82.27
704	현금비율	14.33	14.54
705	비유동비율	118.45	127.83
706	비유동장기적합률	89.01	92.21
707	부채비율	107.10	123.23
708	유동부채비율	74.02	84.60
709	비유동부채비율	33.08	38.63
710	차입금의존도	24.88	26.30
711	차입금대매출액	23.26	24.33
712	매출채권대매입채무	153.78	161.17
713	순운전자본대총자본	7.06	4.84

자산 · 자본의 회전율(Turnover Ratios of Assets, Liabilities and Stockholders' Equity)

단위 : 회 Unit : times

Code No.	내역(Contents)	2019	2020
801	총자산회전율	1.15	1.18
802	자기자본회전율	2.28	2.53
803	자본금회전율	12.15	12.59
804	경영자산회전율	1.44	1.45
805	비유동자산회전율	1.98	2.05
806	유형자산회전율	3.08	3.18
807	재고자산회전율	10.71	10.35
808	상(제)품회전율	22.91	22.58
809	매출채권회전율	7.47	7.81
810	매입채무회전율	10.92	12.30

생산성에 관한 지표(Indicators concerning Productivity)

단위 : 백만 원, % Unit : In million won, %

Code No.	내역(Contents)	2019	2020
901	노동장비율	133.84	129.53
902	자본집약도	387.51	382.63
903	종업원1인당부가가치	77.07	85.12
904	총자본투자효율	23.05	22.24
905	설비투자효율	66.75	65.71
906	기계투자효율	183.88	196.95
907	부가가치율	22.97	21.37
908	노동소득분배율	62.79	59.91

부가가치의 구성(Composition of Gross Value Added)

단위 : % Unit : %

Code No.	내역(Contents)	2019	2020
1001	영업잉여	22.99	24.78
1002	인건비	49.97	48.23
1003	금융비용	6.62	7.49
1004	조세공과	1.56	1.54
1005	감가상각비	18.86	17.97

주 : 산업평균은 한국은행에서 발간한 「기업경영분석」에 제시된 과거기간의 제조업 평균비율을 토대로 예시를 위하여 작성한 것이다. 「기업경영분석」은 매년 7월에 전년도 것이 발표된다.

재무비율의 종류와 분석

재무제표를 구성하는 여러 항목 중에서 두 항목을 비교하여 비율들을 구하기 때문에 재무비율은 수없이 많을 수 있으나 이 절에서는 그중에서 중요한 경제적 의미를 갖는 것만 골라 미래전자의 예로써 설명하기로 한다.

유동성비율

비율분석에서 유동성(liquidity)은 보통 기업이 단기부채를 상환할 수 있는 능력으로 정의된다. 엄밀히 말하자면 유동성이란 기업이 현금을 동원할 수 있는 능력이라 할 수 있다. 이러한 유동성을 보여주는 비율들을 유동성비율(liquidity ratio)이라 하며, 기업에 돈을 빌려준 채권자들이 가장 중요시하는 비율이다. 유동성비율로는 유동비율과 당좌비율이 대표적이다.

유동비율

유동비율(current ratio)은 재무상태표에 있는 유동자산을 유동부채로 나눈 값이다. 유동자산에는 현금, 시장성 있는 유가증권, 외상매출금과 재고자산 등이 포함되며, 유동부채에는 비유동부채 중 1년 내에 만기가 되는 부분과 외상매입금 등 단기부채, 그 밖에 미지급비용(accrued expenses) 등이 포함된다.

유동비율은 기업의 유동성을 측정하는 데 가장 많이 사용되는 비율이다.

2020년 말의 미래전자의 유동비율은 151.8%이다.

$$유동비율 = \frac{유동자산}{유동부채} \times 100 = \frac{17,790,813}{11,721,362} \times 100 = 151.8\%$$

$$산업평균 = 112.7\%$$

미래전자의 유동비율은 앞의 〈표 4-3〉에 제시된 제조업의 평균비율 112.7%보다 현저히 높다. 유동비율이 높다는 것은 무슨 의미를 갖는 것일까? 이것은 한국시장의 다른 기업들보다 미래전자의 단기부채 지급능력이 높다는 것을 뜻한다. 이것은 단기부채를 제공한 채권자의 입장에서는 매우 바람직한 것이다. 그러나 경영자의 입장에서는 얘기가 다를 수 있다. 유동자산은 일반적으로 비수익성 자산으로 구성되기 때문에 유동자산이 많을수록 수익성이 낮아질 염려가 있다. 예를 들어, 유동자산 중의 하나인 현금을 너무 많이 가지고 있다는 것은 현금을 다른 곳에 투자하여 수익을 올릴 기회를 잃고 있다는 의미일 수 있다. 그러므로 어떤 비율이 높다거나 낮다는 것은 누구에게나 좋거나 나쁜 것이 아니라 보는 입장에 따라 달라질 수 있다는 것을 명심해야 한다.

당좌비율

당좌비율(quick ratio)은 산성시험비율(acid test ratio)이라고도 하는 것으로, 유동자산 중에서 재고자산을 뺀 부분을 유동부채로 나눈 것이다. 유동자산 중에서 재고자산은 유동성이 가장 낮은 항목일 뿐만 아니라 처분할 때에도 손실을 입을 가능성이 있다. 그러므로 기업이 재고자산을 처분하지 않고서도 단기부채를 갚을 수 있는가가 중요하다. 이런 의미에서 당좌비율은 유동비율보다 더 엄격히 유동성을 측정하는 비율이다.

$$\text{당좌비율} = \frac{\text{유동자산} - \text{재고자산}}{\text{유동부채}} \times 100 = \frac{17{,}790{,}813 - 3{,}817{,}751}{11{,}721{,}362} \times 100 = 119.2\%$$

$$\text{산업평균} = 82.3\%$$

산업평균 당좌비율은 82.3%이므로 미래전자는 다른 기업에 비하여 당좌비율이 매우 높은 편이다. 산업평균보다 유동비율과 당좌비율이 높다는 것은 미래전자의 단기지급능력이 높다는 것을 나타낸다. 만약 산업평균보다 유동비율은 높으나 당좌비율이 낮은 기업이 있다면, 이 기업은 재고자산 관리에 실패하고 있을 가능성이 있다.

레버리지비율

레버리지비율(leverage ratio)은 부채성비율이라고도 하며 기업이 타인자본에 의존하고 있는 정도를 나타내는 비율이다. 레버리지비율은 특히 장기부채 상환능력을 측정하는 것이다. 이와 관련된 비율에는 여러 가지가 있으나 여기서는 두 가지만 살펴보자. 하나는 재무상태표에서 볼 수 있는 비율로서 자기자본에 비하여 타인자본이 얼마나 되는가 하는 정적 개념의 성격을 지니는 것이며, 다른 하나는 포괄손익계산서에서 찾을 수 있는 비율로서 기업의 영업이익이 부채로 인한 금융비용의 지출을 어느 정도 감당할 능력이 있느냐 하는 동적 개념의 성격을 지니는 것이다. 이 두 레버리지비율은 서로 보완적이므로, 재무분석을 할 때에는 두 비율을 모두 살펴보는 것이 바람직하다.

부채비율

부채비율(debt to equity ratio) 또는 부채-자기자본 비율은 총자본을 구성하고 있는 자기자본과 타인자본의 비율을 말한다. 부채비율 계산 시 타인자본은 사용목적에 따라 장기차입금과 사채 등의 비유동부채만을 이용하거나 또는 유동부채와 비유동부채를 모두 포함하는 총부채를 이용한다. 다음에는 타인자본으로 총부채를 이용하여 부채비율을 구하였다.

$$\text{부채비율} = \frac{\text{타인자본}}{\text{자기자본}} \times 100 = \frac{14{,}405{,}730}{58{,}113{,}490} \times 100 = 24.8\%$$

$$\text{산업평균} = 123.2\%$$

미래전자의 부채비율은 제조업의 평균비율 123.2%보다 훨씬 낮은 24.8%로 나타나고 있다. 이는 미래전자의 매우 안정적인 자본구조를 잘 보여준다. 채권자의 입장에서는 부채비율이 낮을수록 좋다. 그러나 주주의 입장에서 보면 높은 부채비율이 언제나 나쁜 것만은 아니다. 예를 들어, 미래의 경기전망이 좋아서 부채사용에 따른 비용보다 큰 수익이 예상될 경우 부채비율을 높이면 주주에게 돌아가는 이익이 커질 수 있다. 또 기업이 새로운 자금조달을 할 때 보통주를 발행하면 기존주주들의 기업지배권이 약화될 우려가 있기 때문에 타인자본으로 조달할 수도 있다. 이는 과거 우리나라 기업의 부채비율이 높았던 원인의 하나이기도 하다.

이자보상비율

이자보상비율(times interest earned *or* interest coverage ratio)은 타인자본의 사용으로 발생하는 금융비용, 즉 이자가 기업활동에 어느 정도의 압박을 가져오는가를 보기 위한 것이다. 기업의 영업이익이 매년 지급해야 할 금융비용의 몇 배에 해당하는가를 나타내는 비율이 바로 이자보상비율이다.[2)] 이자비용은 법인세비용

---

2) 영업이익 대신에 '영업현금흐름'을 이용하여 이자보상비율을 측정하기도 한다.

차감전 이익에서 지출되므로 이자지급능력은 세금의 영향을 받지 않는다. 미래전자의 이자보상비율은 다음과 같다.

$$\text{이자보상비율} = \frac{\text{영업이익}}{\text{이자비용}} \times 100 = \frac{4,134,070}{49,972} \times 100 = 8,272.8\%$$

$$\text{산업평균} = 415.8\%$$

산업평균에 비해 미래전자의 이자보상비율이 현저히 높음을 알 수 있다. 이는 미래전자의 영업이익에 비하여 금융비용의 지출에 따른 압박이 산업평균보다 매우 작다는 것을 뜻한다.

활동성비율

활동성비율(activity ratio)이란 기업이 소유하고 있는 자산들을 얼마나 효율적으로 이용하고 있는가를 측정하는 비율이다. 이와 같은 비율들은 매출액에 대한 각 중요자산의 회전율로 표시되는 것이 보통이다.

재고자산회전율

재고자산회전율(inventory turnover)은 매출액을 재고자산으로 나눈 값으로, 재고자산이 한 회계연도, 즉 1년 동안에 몇 번이나 당좌자산(현금 또는 매출채권)으로 전환되었는가를 측정하는 것이다. 재고자산회전율이 낮다는 것은 매출액(영업능력)에 비하여 과다한 재고를 소유하고 있다는 것이며, 높다는 것은 적은 재고자산으로 생산과 판매 활동을 효율적으로 수행하고 있다는 뜻이다.

미래전자의 재고자산회전율은 19.11회로 산업평균보다 훨씬 높아, 미래전자가 적은 재고자산으로 효율적인 영업활동을 수행하고 있음을 알 수 있다. 만약 이 비율이 너무 작다면 영업능력이 부족하거나 진부화된 재고자산을 지나치게 많이 보유하고 있을 가능성이 있다.

$$\text{재고자산회전율} = \frac{\text{매출액}}{\text{재고자산}} = \frac{72,952,991}{3,817,751} = 19.11(\text{회})$$

$$\text{산업평균} = 10.35(\text{회})$$

재고자산회전율을 계산하여 분석할 때에는 두 가지 점에 유의하여야 한다. 첫째로 매출액은 시장가치(market value)로 계산된 반면, 재고자산은 역사적 원가(historical cost)에 의하여 기록된다는 점이다. 따라서 양쪽의 항목을 원가 또는 시가로 통일시키는 것이 바람직하다. 예를 들어, 분자를 매출액 대신 매출원가로 대체하면 분모와 분자가 원가기준으로 통일된다. 둘째로 매출활동은 1년 동안 계속 일어나는 반면에 재고자산은 일정시점의 값이므로, 재무상태표상의 재고자산을 쓰는 것보다 연평균의 재고자산을 쓰는 것이 더 낫다. 특히 매출액이나 재고수준의 계절적 변동이 심한 기업에서는 이와 같은 조정이 꼭 필요하다.

매출채권회전율과 매출채권회수기간

매출채권회전율(receivables turnover)은 매출액을 매출채권으로 나눈 값이다. 같은 매출액에 비하여 매출채권이 적을수록 매출채권관리를 잘하고 있다고 볼 수 있으므로, 매출채권회전율은 클수록 좋다.

$$\text{매출채권회전율} = \frac{\text{매출액}}{\text{매출채권}} = \frac{72{,}952{,}991}{3{,}089{,}840} = 23.61(\text{회})$$

$$\text{산업평균} = 7.81(\text{회})$$

미래전자의 매출채권회전율이 산업평균보다 매우 높으므로, 매출채권관리가 매우 효율적으로 이루어지고 있다고 볼 수 있다.

매출채권회전율과 관계되는 것으로서 매출채권회수기간(receivables collection period)이 있다. 매출채권회수기간은 판매 후 그 금액이 며칠 만에 회수되는가를 보여주는 값으로 이를 계산하기 위하여는 ① 1일평균매출액을 구하고, ② 외상매출금을 1일평균매출액으로 나누면 된다.

$$\text{1일평균매출액} = \frac{\text{매출액}}{365} = \frac{72{,}952{,}991}{365} = 199{,}871(\text{백만 원})$$

$$\text{매출채권회수기간} = \frac{\text{매출채권}}{\text{1일평균매출액}} = \frac{3{,}089{,}840}{199{,}871} = 15.5(\text{일})$$

$$\text{산업평균} = 49.2(\text{일})$$

미래전자는 산업평균보다 매우 짧은 매출채권회수기간을 보인다. 미래전자는 매출 후 약 2주일 만에 판매대금이 회수되는, 매출채권관리가 매우 효율적으로 이루어지는 기업임을 알 수 있다.

매출채권회수기간을 간단히 계산하는 방법으로는 매출채권회전율의 역수에 365를 곱하면 된다. 여기에서 유의할 점이 있다. 매출액이 모두 외상으로 거래된다면 별 문제가 없으나, 일부는 현금으로 거래되며 일부가 외상일 때에는 1일평균매출채권을 계산하여, 매출채권을 1일평균매출채권으로 나누어야 매출채권회수기간이 된다. 그러므로 매출채권만 분리하여 생각하면 실제 매출채권에 대한 회수기간은 훨씬 길어질 것이다. 또한, 매출을 증가시키기 위해 신용정책을 느슨하게 가져가면 매출채권회수기간이 길어진다.

총자산회전율(총자본회전율)

총자산회전율(total assets turnover)은 매출액을 총자산으로 나눈 값이다. 총자본은 자기자본과 타인자본을 합한 것으로서 총자산과 같은 크기를 가지므로 총자산회전율은 총자본회전율이라고도 한다. 이 비율은 기업의 총자본(또는 총자산)이 1년에 몇 번이나 회전하였는가를 나타내므로 기업이 사용한 총자산의 효율적인 이용도를 종합적으로 표시하는 지표이다. 미래전자의 총자산회전율은 다음과 같다.

$$\text{총자산회전율} = \frac{\text{매출액}}{\text{총자산}} = \frac{72{,}952{,}991}{72{,}519{,}220} = 1.01(\text{회})$$

$$\text{산업평균} = 1.18(\text{회})$$

총자산회전율이 높으면 유동자산 · 비유동자산 등이 효율적으로 이용되고 있다는 것을 뜻하며, 이 회전율이 낮으면 과잉투자와 같은 비효율적인 투자를 하고 있음을 의미한다. 미래전자의 총자산회전율이 산업평균에 비해 낮은 것에 대해서는 해석에 유의할 필요가 있다. 즉, 미래전자의 모든 지표가 산업평균에 비해 우수한데 총자산회전율만 그보다 못한 것은 총자산회전율의 분모(총자산)가 분자(매출액)에 비해 크다는 것을 의미하는데 이는 자동화설비투자 등을 많이 하여 비유동자산이 많은 경우에 나타나는 현상이다. 이처럼 재무지표를 해석할 때는 얻어진 숫자만 보고 해석하기보다는 '왜?' 라는 질문을 한 번 더 해 보는 신중함이 필요하다.

수익성비율

기업의 수익성은 기업의 여러 가지 의사결정의 종합적 결과로서 나타나는 것이다. 앞에서 설명한 비율들은 기업이 어떻게 운영되고 있는가를 부분적으로 고려하고 있는 데 반하여, 수익성비율(profitability ratio)은 기업의 모든 활동이 종합적으로 어떤 결과를 나타내는가를 측정한다.

총자본순이익률

총자본순이익률(net profit to total assets)은 순이익과 총자본(총자산)의 관계를 나타내는 것으로서 기업의 수익성을 대표하는 비율이다. 이 비율은 총자본 1원에 대한 순이익이 얼마인가를 보여준다. 이 비율은 투자수익률(return on investment)이라고도 하며, 간단히 ROI로도 쓰인다. 이 ROI를 이용하여 재무통제를 하는 방법이 널리 이용되기 때문에 이를 강조하기 위하여 제 4.3 절에서 다시 살펴본다. 미래전자의 총자본순이익률은 8.15%이다.

$$\text{총자본순이익률} = \frac{\text{세전순이익}}{\text{총자본(총자산)}}^{3)} \times 100 = \frac{5{,}908{,}221}{72{,}519{,}220} \times 100 = 8.15\%$$

$$\text{산업평균} = 3.78\%$$

제조업 전체적으로 볼 때 총자본순이익률이 3.78%인 데 비해 미래전자의 총자본순이익률은 8.15%로 투자의 수익성이 우수한 상태임을 보여주고 있다.

매출액순이익률

매출액순이익률(net profit to sales)은 순이익을 매출액으로 나눈 것으로 매출액 1원에 대한 순이익이 얼마인가를 나타낸다. 보통 매출마진(margin on sales)이라는 용어를 많이 쓴다. 이 비율은 기업의 영업활동의 성과를 총괄적으로 파악하는

---

3) 세후순이익을 쓰는 것이 보통이나, 우리나라에서 발표된 자료가 거의 세전으로 되어 있기 때문에 세전순이익을 사용하였다. 그러나 ROI는 세후순이익을 총자산으로 나눈 것으로 사용하는 경우가 더 일반적이다.

비율이라 할 수 있다. 미래전자의 매출액순이익률은 7.57%가 된다.

$$\text{매출액순이익률} = \frac{\text{순이익}}{\text{매출액}} \times 100 = \frac{5,525,904}{72,952,991} \times 100 = 7.57\%$$

$$\text{산업평균} = 2.42\%$$

산업평균 2.42%에 비하여 미래전자의 매출액순이익률은 7.57%로 매우 높아 영업활동의 수익성이 매우 높음을 보여준다.

자기자본순이익률

자기자본순이익률(net profit to equity)은 순이익을 자기자본으로 나눈 것으로, 1원의 자기자본으로 순이익을 얼마만큼 발생시켰는가를 나타낸다. 이 비율은 ROE(return on equity)라고도 하며 주주가 가장 관심을 갖는 비율이다. 미래전자의 자기자본순이익률은 다음과 같다.

$$\text{자기자본순이익률} = \frac{\text{순이익}}{\text{자기자본}} \times 100 = \frac{5,525,904}{58,113,490} \times 100 = 9.51\%$$

$$\text{산업평균} = 6.13\%$$

산업평균의 1.5배 정도의 자기자본순이익률을 가지고 있다는 것은 미래전자가 매우 효율적인 경영을 하여 주주에게 높은 투자성과를 제공하고 있으며, 타인자본을 적절히 활용하고 있음을 나타낸다.

생산성비율

생산성비율(productivity ratio)은 기업활동의 능률을 측정 · 평가하는 비율이다. 최근 부가가치에 의한 생산성측정이 일반화되고 있는데, 이는 기업이 과거의 판매실적 위주의 경영으로부터 능률 · 임금 · 순이익 · 고용 등의 조화를 통해 기업경영을 합리화하는 방향으로 전환하고 있음을 의미한다. 생산성비율을 분석하기 위하여 미래전자의 종업원 수를 100,000명으로 가정한다.

노동생산성

노동생산성(labor productivity)은 종업원 1인당 부가가치생산액(value added per

employee)을 말한다. 이 수치가 높다는 것은 그만큼 노동력이 효율적으로 이용되어 부가가치를 보다 많이 산출했다는 뜻으로서, 부가가치생산액은 한 기업의 장래는 물론 국가경제 전반의 장래성을 측정하는 데에도 이용된다.

미래전자의 총부가가치를 29,181,196백만 원이라 가정하여 미래전자의 노동생산성을 구해 보면 다음과 같다.[4)]

$$\text{노동생산성} = \frac{\text{부가가치}}{\text{종업원 수}} = \frac{29,181,196}{100,000} = 291.8(\text{백만 원})$$

$$\text{산업평균} = 85.1(\text{백만 원})^{5)}$$

산업평균 노동생산성에 비해 미래전자의 1인당 부가가치생산액은 약 3.4배로 매우 높아 미래전자의 노동력이 매우 효율적으로 활용되었음을 알 수 있다.

자본생산성(총자본투자효율)

자본생산성(capital productivity)은 기업에 투하된 자본을 운영한 결과로 얻어진 부가가치액이 얼마인가를 나타내는 비율이므로, 이 비율로서 자본이 부가가치생산에 어느 정도 이바지했는가를 알 수 있다. 새로운 투자가 없고 이 비율이 커지면 노동생산성도 높아진다. 이 자본생산성은 노동생산성과 함께 기업의 생산성을 측정하는 대표적인 척도이다.

$$\text{자본생산성} = \frac{\text{부가가치}}{\text{총자본}} = \frac{29,181,196}{72,519,220} = 0.40(\text{원})$$

$$\text{산업평균} = 0.22(\text{원})$$

---

4) 부가가치에는 납세전순이익, 금융비용, 임차료, 조세공과, 감가상각, 대손상각, 인건비 등이 속한다. 앞에서 제시한 재무상태표와 포괄손익계산서에서는 정확히 계산할 수 없기 때문에 여기서는 29,181,196백만 원으로 가정하였다. 부가가치는 보는 관점에 따라서 여러 가지로 다르게 정의될 수 있다.

5) 노동생산성 $= \frac{\text{부가가치}}{\text{종업원 수}} = \frac{\text{총자본}}{\text{종업원 수}} \times \frac{\text{부가가치}}{\text{총자본}}$로 나타낼 수 있다. $\frac{\text{총자본}}{\text{종업원 수}}$은 자본집약도를 나타내며, $\frac{\text{부가가치}}{\text{총자본}}$는 총자본투자효율을 나타낸다. 이 관계를 이용하여 산업평균 노동생산성을 구할 수 있다.

미래전자의 자본 1원당 부가가치액은 0.4원으로, 산업평균 0.22원에 비해 상당히 높다. 이는 미래전자가 산업평균에 비해 자본을 효율적으로 사용하고 있음을 나타낸다.

시장가치비율

지금까지 설명한 유동성 · 부채성 · 수익성 · 활동성 등 재무제표상에 나타나는 항목들의 평가와 생산성비율의 분석도 중요하지만, 주식가격과 관계된 여러 가지 비율도 기업을 분석하는 데 있어 매우 중요하다. 시장가치비율(market value ratio)은 투자자가 기업의 과거 성과와 미래 전망에 대해 어떻게 평가하고 있는지를 알 수 있게 하는 지표이다. 여기에서는 자주 이용되는 몇 가지 지표만을 설명하기로 한다. 여기서의 시장가치란 주식가격과 같은 용어로서 시장가치비율은 주가와 관련된 비율을 의미한다. 이 비율들의 산업평균들은 앞에서 보여준 한국은행의 「기업경영분석」에서는 찾아볼 수 없고, 한국거래소의 공시자료나 경제신문 또는 각 증권회사의 웹사이트에서 이에 관계되는 자료를 찾아볼 수 있다.

주당순이익과 주당배당금

주당순이익(earnings per share : *EPS*)은 주식을 평가할 때 가장 기본이 되는 자료로서, 발행주식 1주당 순이익이 얼마인가를 보여주는 수치이다. *EPS*가 클수록 그 기업의 주식가격이 높은 것이 보통이다.

2020년 말 현재 미래전자가 발행한 보통주의 총수는 약 147백만 주이다. 이 경우 이 회사 주식의 *EPS*는 37,591원이 된다.

$$\text{주당순이익} = \frac{\text{순이익(백만 원)}}{\text{발행주식 수(백만 주)}} = \frac{5{,}525{,}904}{147} = 37{,}591(\text{원})$$

이와 같은 방법으로 주당배당금(dividend per share : *DPS*)을 계산할 수 있다. 2020년도 당기순이익 중 1,072,529백만 원을 현금배당으로 지급하기로 하였다면 주당배당금은 다음과 같이 7,296원이다.

$$\text{주당배당금} = \frac{\text{현금배당액(백만 원)}}{\text{발행주식 수(백만 주)}} = \frac{1{,}072{,}529}{147} = 7{,}296(\text{원})$$

주가이익배수(주가이익비율)

주가이익배수(price earnings ratio : *PER*)는 주가를 주당순이익으로 나눈 것으로서, *P/E*비율 또는 *PER*라고 하며, 그 단위는 배가 된다. 이것은 주당순이익의 몇 배가 주식가격으로 형성되는가를 보여준다. 높은 성장이 기대되는 기업은 이 비율이 높게 나타나며, 성장이 낮을 것이라고 생각되는 기업은 이 비율이 낮다.

2020년 12월 31일에 미래전자의 주가가 451,000원이라 하자. 이때 이 회사 주식의 *PER*는 12배이다.[6] *PER*를 투자지표로 이용할 때는 *PER*가 유사한 특성의 주식에 비해 지나치게 높으면 주가가 과대평가되었을 가능성이 있다고 판단한다.

$$\text{주가이익배수} = \frac{\text{주가}}{\text{주당순이익}} = \frac{451{,}000}{37{,}591} = 12(\text{배})$$

주식가격은 시간에 따라 변하기 때문에 *PER*는 언제나 일정하지는 않다.

주가장부가치배수(주가장부가치비율)

주가장부가치 배수(price book-value ratio : *PBR*)는 주식가격을 주당장부가치로 나눈 수치이다. 주식가격은 시장에서 평가된 가치이므로 주가 대 장부가치 비율을 시장가치 대 장부가치 비율이라고도 한다. 이는 장부상으로 본 소유주지분과 시장에서 평가되는 가치를 비교한 것이다. 높은 수익률을 내는 기업은 장부가격보다 높게 주가가 형성되기 때문에, 이 비율에 의해 기업의 수익성을 평가할 수 있다. 먼저 장부상에서 주당 소유주지분을 보기 위하여 〈표 4-1〉 재무상태표의 자기자본을 발행주식 수로 나눈다. 미래전자의 주당장부가치는 345,330원이다.

$$\begin{aligned}\text{주당장부가치} &= \frac{\text{자기자본}}{\text{발행주식 수}} \\ &= \frac{58{,}113{,}490(\text{백만 원})}{147(\text{백만 주})} = 345{,}330(\text{원})\end{aligned}$$

6) 정확하게는 *PER*는 현재주가를 다음 기의 예상주당순이익으로 나누어 계산한 값이다. 여기서는 편의상 실현된 주당순이익을 기준으로 계산하였다.

2020년 말 현재 주식의 시장가치는 451,000원이라 하였으므로, 주가장부가치배수는 1.31배가 되어, 시장가치가 장부가치에 비해 30% 이상 높게 형성되고 있다.

$$\text{주가장부가치배수} = \frac{\text{주가}}{\text{주당장부가치}} = \frac{451{,}000}{345{,}330} = 1.31(\text{배})$$

주가장부가치배수는 산업이나 기업에 따라 커다란 차이가 있다. 높은 성장이 기대되는 회사는 주식의 장부가치보다 훨씬 높게 시장가치가 형성되며, 성장이 크지 않은 기업들에 있어서는 이 비율이 아주 낮을 수도 있다. *PBR*을 투자지표로 이용할 때는 *PER*와 같은 식으로 해석한다. 즉, 다른 조건이 비슷하다면 *PBR*이 낮은 주식은 주가가 저평가되었을 수 있다.

토빈의 q비율

토빈의 q비율(Tobin's q-ratio)은 주식시장에서 평가된 기업의 시장가치, 즉 기업의 자산에 대한 시장가치를 그 자산의 대체원가(replacement cost)로 나눈 값이다. 기업의 대체원가는 기업이 보유하고 있는 자산과 동등하거나 동일한 특성을 갖는 자산을 취득하는 데 소요되는 금액을 말한다.

$$q = \frac{\text{기업의 시장가치}}{\text{기업의 대체원가}}$$

이 q는 시장가치 대 장부가치비율과 비슷하지만 같은 것은 아니다. 분자에는 보통주만 고려하는 것이 아니라 회사의 총자본, 즉 자기자본과 부채를 모두 분석대상으로 한다. 분모에서도 기업의 순자산만을 고려하지 않고 모든 자산을 다 고려하고 있다. 더욱이 이들 자산에 대한 취득 당시의 장부가치를 기준으로 하지 않고, 현재 이들 자산을 대체하는 입장에서 대체원가를 사용하고 있다. 물가상승이 있을 경우 취득원가는 대체원가에 못 미친다.

토빈의 주장에 의하면, q비율이 1보다 크면(자산의 가치가 대체원가보다 크면) 그 기업은 실물자산에의 투자를 촉진할 것이다. 이와는 반대로 q비율이 1보다 작으면, 그 기업은 신규투자를 할 유인이 없는 것이다. q비율이 높다는 것은 그 기업이 좋은 조건의 신규사업을 벌일 가능성이 높다는 사실을 말해 주는 것이라 할 수 있다. 반면에 이 비율이 낮은 회사는 일반적으로 경쟁이 극심한 사양업종일 가능성이 크다.

한편, q비율을 투자지표로 이용할 때는 다음과 같이 해석한다. 분모의 대체원가는 기업을 새로 설립하는 데 들어가는 비용을 뜻하고 분자의 시장가치는 시장에서 주식과 채권을 매입하는 방법으로 기업을 취득하는 데 필요한 비용을 나타낸다. 따라서 q비율이 1보다 작으면 시장에서 M&A를 통하여 기업을 취득하는 것이 더 유리한 전략이 되고 그 반대의 경우는 기업을 새로 설립하는 것이 더 유리한 전략이 된다.

비율분석의 유용성과 문제점

재무비율분석 또는 비율분석은 일반기업은 물론 은행, 보험회사, 증권회사 등에서도 많이 이용하고 있다. 다른 분석방법이 많이 개발되어 있지만 비율분석을 많이 사용하는 첫째 이유는 간단하며 이해가 쉬워 경영학이나 재무관리를 공부하지 않은 사람도 쉽게 사용할 수 있기 때문이다. 둘째로 의사결정을 위한 자료수집이 거의 필요 없기 때문이다. 단순히 이미 작성된 재무제표를 사용함으로써 많은 시간과 비용을 절약할 수 있다. 셋째로 구체적이고 복잡한 기업분석을 하기 이전의 예비분석으로서의 가치가 있기 때문이다. 재무분석의 기초단계에서 비율분석을 통해 재무상의 문제점을 쉽게 발견할 수 있으며, 그 문제점을 정밀하게 분석·평가할 때는 좀 더 고차원적인 분석방법을 적용함으로써 효과적이고 능률적인 분석을 할 수 있는 것이다.

그러나 비율분석에 지나치게 의존하는 것은 매우 위험한 태도이다. 그 이유는 여러 가지를 들 수 있는데, 중요한 문제점을 몇 가지 살펴보자.

첫째, 재무분석의 근본목적은 기업이 앞으로의 의사결정을 하는 데 도움을 받기 위한 것인데, 비율분석은 과거의 회계정보에 의존하고 있다. 시간에 따라 경제상황이 변하고, 생산방식이 달라지며, 경영기법들이 날로 발전하는 사회에서 과거자료를 기준으로 미래를 예측한다는 것은 많은 한계점이 있다. 의사결정에 중요한 것은 미래의 상태이지 과거의 상태가 아니다.

둘째, 비율분석은 재무제표를 중심으로 계산되어 평가되는데, 재무제표는 일정시점(회계기간 말)과 한 회계기간을 기준으로 작성되므로 회계기간 동안의 계절적인 변화를 나타내지 못하고 있다. 예를 들어, 회계기간이 11월에 끝나는 의류업체의 재고는 다른 항목과 비교하여 볼 때 재무상태표상에서 엄청난 비중을 차지할 것이다. 이는 크리스마스와 신년을 대비하여 많은 완제품, 반제품, 원료가 준비되어 있기 때문이다. 이때의 재고량을 기준으로 재고자산회전율을 계산한다면 이 기업의 활동성을 바르게 측정하지 못할 것이다. 또한 이 의류업체를 3월에 회계기간이 끝나는 같은 업종의 기업과 비교한다면 커다란 차이가 있을 것이다.

셋째, 한 기업의 회계처리방법은 다른 기업의 회계처리방법과 다를 수 있다. 회계처리방법이 어느 기업에나 동일한 것은 아니며, 일반적으로 인정된 회계원칙하에서는 똑같은 현상에 대해 여러 가지 다른 회계처리방법이 사용될 수 있음을 기억해야 한다. 이렇게 서로 다른 회계처리방법이 적용되어 작성된 재무제표에서 얻은 재무비율들을 비교하는 것은 올바른 비교가 되지 못한다.

넷째, 같은 산업에 속하는 기업들 사이에도 그 경영방침이나 기업의 성격에 따라 재무비율에는 커다란 차이가 생긴다. 예를 들어 고급품을 취급하는 의류상은 신용거래가 많으며 저급품을 취급하는 곳은 현금거래가 많으므로, 두 기업 간의 외상매출금의 회수기간을 비교하여 우열을 평가할 수 없는 것은 너무나 당연하다.

다섯째, 표준비율을 설정하는 데 어려움이 있다. 어떤 기업이 비율을 정확하게 계산하여 이것을 산업평균비율과 비교한다 하더라도 산업평균비율이 그 기업의 특성에 맞는 최선의 비교기준이라고 단언할 수는 없다. 즉 표준되는 비율이 진정한 의미의 기준이 될 수 있는가 하는 것이다. 단순히 한 산업에 속하는 여러 기업의 비율의 평균치가 표준이 될 수는 없다. 특정 기업에 맞는 표준비율이 이론상으로는 있을 수 있으나, 실제로 그 비율의 객관적인 계산이 거의 불가능하기 때문에 비율분석의 평가기준에 대하여는 회의적일 수밖에 없다.

4.3 ROI와 ROE 분석

단편적인 비율분석에는 많은 문제점과 한계점이 있음을 지적하였다. 재무비율을 이용한 보다 나은 분석방법들이 발전되어 사용되고 있는데, 이 절에서는 ROI와 ROE를 이용한 분석에 관하여 설명하기로 한다.[7)]

ROI 분석

ROI 분석의 내용

듀퐁(du Pont)사에서 개발되어 1930년대부터 사용되기 시작한 ROI 기법은 기업의 목표를 투자수익률로 하여 이를 결정하는 재무요인을 체계적으로 관찰해서 문제가 발생되는 재무요인을 중점적으로 통제하는 방법이다.

ROI란 Return on Investment의 약자로 투자수익률이라고 한다. 투자수익률은 순이익을 총투자액으로 나눈 것이다. 총투자액은 재무상태표상의 총자산의 금액과 같고 이것은 다시 총자본과 같기 때문에 총자산순이익률 또는 총자본순이익률도 투자수익률과 같은 의미로 쓰인다. 총자본순이익률은 다음 식과 같이 수익성을 나타내는 매출액순이익률과 활동성을 표시하는 총자산회전율의 곱으로 표시된다.

$$\begin{aligned}\text{총자본순이익률(투자수익률)} &= \frac{\text{순이익}}{\text{총자본}} \\ &= \frac{\text{순이익}}{\text{매출액}} \times \frac{\text{매출액}}{\text{총자산}} \\ &= \text{매출액순이익률} \times \text{총자산회전율} \qquad (4\cdot1)\end{aligned}$$

7) 단편적인 재무비율분석의 단점을 보완하기 위해서 추세분석과 지수법, 평점제도 등의 방법 또한 자주 이용된다. 이러한 방법에 대해서는 박정식 · 신동령 저, 「경영분석」 제 6 판(다산출판사, 2016), 제 3 장과 제 4 장을 참조할 수 있다.

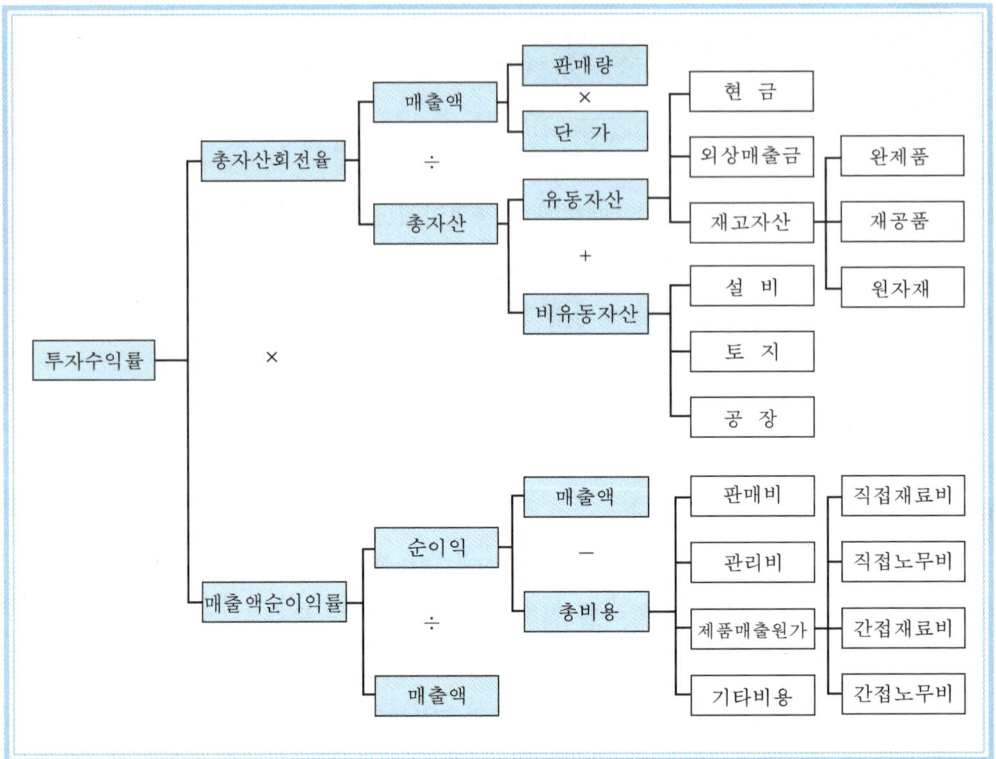

그림 4-1 ROI 차트

또한 매출액순이익률과 총자산회전율은 [그림 4-1]에서 볼 수 있는 것같이 비율분석에서 사용되는 각 항목들의 결합으로 표시된다. 이 그림과 같이 투자수익률에 관련된 재무요인들의 관계를 나타낸 표를 ROI 차트라고 하며, 듀퐁사에서 개발했다 하여 듀퐁차트라고도 한다. 결국 ROI 기법이란 투자수익률의 증대를 목표로 하여 이에 영향을 미치는 여러 요인들과 이들의 관계를 파악 · 분석하고 통제하는 기법이다.

ROI 기법은 기업의 경영성과와 그 효율을 투자수익률과 관계된 재무요인을 중심으로 체계적으로 분석 · 통제하는 것이므로, 재무비율들을 기업 전체적 입장에서 유기적으로 파악하는 종합적인 비율분석의 하나이다.

ROI 분석의 유용성과 한계점

투자수익률의 증대를 목표로 하는 ROI 기법의 유용성 중에서 몇 가지를 살펴보면 다음과 같다. 첫째, ROI 기법은 활동성비율인 총자산회전율과 수익성비율인 매출액순이익률을 결합한 것으로서 자산관리와 영업활동의 양 측면을 동시에 분석할 수 있다. ROI 기법은 총자산회전율과 매출액순이익률에 관련된 여러 재무요인들을 분석함으로써 기업의 경영성과와 문제점을 기업 전체적인 입장에서 종합적으로 평가할 수 있다. 둘째, 투자수익률은 기업의 총투자액에 대한 성과를 나타내는 비율이므로 기업의 경영자나 종업원의 업적평가 및 통제를 하는 데 있어서 다른 의미로 정의한 수익률의 개념보다 타당성이 있다. 셋째, 각 부서에 종사하는 경영자나 종업원들에게 그들 부서의 업무와 ROI의 극대화라는 기업목표와의 관계를 명확하게 인식시킴으로써 각 부문활동이 기업의 목표와 직결되도록 한다. 넷째, 투자수익률과 이에 관계된 모든 재무요인을 하나의 그림으로 표현해 주므로 재무제표에 대한 지식이 없는 사람도 한눈에 쉽게 이해할 수가 있다.

한편 ROI 기법은 다음과 같은 한계를 지니고 있다.

첫째, 투자수익률(ROI)이 기업목표로서 간주될 수 있느냐 하는 문제이다. 기업경영의 효율성을 측정하는 방법에는 자기자본순이익률, 매출액총이익률 등과 같이 여러 가지가 있다. 이 중 투자수익률의 증대가 기업의 유일한 목표로서 과연 타당한가 하는 문제점이 있다는 것이다. 둘째, 기업의 ROI는 그 기업이 사용하고 있는 회계처리방법에 의해 영향을 받는다. 따라서 똑같은 성과를 낸 기업이라도 회계처리방법이 다를 경우 ROI가 달라지게 되므로 서로 간에 비교하기가 어려워진다. 셋째, ROI는 시장가치가 아닌 장부가치를 기준으로 계산을 한 수치이므로 오래된 설비를 많이 보유하고 있는 기업이 오히려 ROI가 크게 평가될 수 있다. 넷째, ROI는 경영자의 경영능력 외에도 많은 요인들에 영향을 받는다. 예를 들어, 특정 기업이 속한 산업 내에서의 경쟁의 정도가 심할수록 그 기업이 얻을 수 있는 수익이 작아질 것이므로 ROI는 낮아질 것이다. 또 기업의 장기적인 전략이 시장점유율을 높이는 데 있다면 이런 기업의 ROI 역시 낮게 나타날 것이다. 따라서 ROI를 이용하여 기업의 경영성과와 경영자의 업적을 평가하고자 할 때는 이러한 점들을 고려하여야 한다. 다섯째, 타인자본의 사용으로 인해 투자수익률이 증대되었을 때, ROI 기법은 타인자본과 자기자본의 합계인 총자본만을 고려하므로 ROI 기법으로는 부채사용에 따른 위험의 증가를 파악할 수 없다는 한계를 지닌다.

ROE 분석

ROE의 의미

앞서의 ROI 분석과 더불어 자기자본순이익률을 분석하는 방법이 자주 이용된다. 자기자본순이익률(return on equity : ROE)은 순이익을 자기자본으로 나눈 값으로 ROI에 총자본 대비 자기자본의 비율을 곱한 값이다.

$$\text{ROE} = \frac{\text{순이익}}{\text{자기자본}} = \text{ROI} \times \frac{\text{총자본}}{\text{자기자본}} \qquad (4 \cdot 2)$$

ROE는 기업의 실질적 소유주인 주주들이 투자한 자본이 벌어들이는 수익성을 나타내 주는 지표로서 주주들의 입장에서 볼 때 가장 중요한 재무비율이라고 할 수 있다.

ROE는 이익과 배당의 성장률을 결정짓는 기본요인이다. 즉, 일정조건하에서 성장률은 ROE와 이익의 내부유보율의 곱으로 결정된다.[8] 기업의 ROE가 계속해서 높게 평가된다는 것은 기업이 수익성이 좋은 새로운 투자기회들을 계속 확보한다는 것을 의미하며, ROE가 떨어진다는 것은 좋은 투자기회를 갖고 있지 못함을 나타낸다.

ROE와 재무위험

앞서 ROI 분석의 문제점으로 부채사용에 따른 영향을 파악할 수 없음을 지적하였다. 부채사용 정도에 따른 영향은 ROE를 분석하는 경우 손쉽게 파악될 수 있다.

예를 들어 설명해 보자. 올레(주)는 자기자본만으로 구성된 기업이며 총자산가치는 100억 원, 법인세율은 40%라 하자. 반면에 팡코스(주)는 다른 조건은 모두 같으나 100억 원의 자산 중 40%인 40억 원을 이자율 8%의 부채를 차입하여 매입하였다고 하자.

〈표 4-4〉는 미래 경제상황에 따른 올레(주)의 매출액, 영업이익, 총자산영업이

---

8) 이에 대해서는 박정식 · 박종원 · 조재호 저, 「현대재무관리」 제 8 판(다산출판사, 2015) 제 5 장 참조.

익률, 순이익, 그리고 자기자본순이익률의 크기를 보여준다.

표 4-4 경제상황에 따른 올레(주)의 경영성과

경제상황	매출액 (억 원)	영업이익 (억 원)	총자산영업이익률 (%)	순이익 (억 원)	자기자본순이익률 (%)
불 황	80	5	5*	3**	3
보 통	100	10	10	6	6
호 황	120	15	15	9	9

* 총자산영업이익률 $= \frac{\text{영업이익}}{\text{총자산}} = \frac{5}{100} = 5\%$

** 순이익 = 영업이익(1 − 법인세율) = 5(1 − 0.4) = 3(억 원)

부채를 사용하는 경우 기업의 경영성과가 어떻게 달라지는지를 살펴보자. 다음의 〈표 4-5〉에는 부채를 사용하고 있는 팡코스(주)의 자료가 제시되어 있다.

표 4-5 경제상황에 따른 팡코스(주)의 경영성과

경제상황	매출액 (억 원)	영업이익 (억 원)	총자산영업이익률 (%)	순이익 (억 원)	자기자본순이익률 (%)
불 황	80	5	5	1.08*	1.8**
보 통	100	10	10	4.08	6.8
호 황	120	15	15	7.08	11.8

* 순이익 = (영업이익 − 이자비용)(1 − 법인세율) = (5 − 40 × 0.08)(1 − 0.4) = 1.08(억 원)

** 자기자본순이익률 $= \frac{\text{순이익}}{\text{자기자본}} = \frac{1.08}{60} = 1.8\%$

〈표 4-4〉와 〈표 4-5〉의 결과를 보면 기업의 매출액과 영업이익, 그리고 총자산영업이익률은 부채사용의 정도와 아무런 관련이 없다. 그러나 순이익과 자기자본순이익률은 자기자본만으로 구성된 올레(주)와 부채를 사용하는 팡코스(주)가 서로 다른 크기를 가진다. 이는 기업의 부채사용의 정도, 즉 재무위험이 순이익과 자기자본순이익률에 영향을 미치기 때문이다. 기업의 재무위험과 총자산영업이익률, 그리고 자기자본순이익률의 관계는 다음의 식 4·3과 같이 나타낼 수 있다.[9)]

$$\text{ROE} = \left[\text{ROA} + (\text{ROA} - r)\frac{B}{S}\right](1 - T) \qquad (4\cdot3)$$

ROE : 자기자본순이익률
T : 법인세율
ROA : 총자산영업이익률
r : 이자율
B/S : 부채비율(=부채/자기자본)

식 4·3을 살펴보면 다음과 같은 점들을 알 수 있다.

첫째, 부채를 사용하지 않는 기업의 경우에는 ROE는 ROA에서 법인세율을 차감한 것과 같다. 〈표 4-4〉의 올레(주)의 경우를 보면 ROE = ROA$(1-T)$가 성립한다.

둘째, 부채를 사용하는 기업의 경우 ROA가 이자율보다 크다면 부채비율이 커질수록 자기자본만 사용하는 기업에 비해 ROE가 커진다. 그리고 이 증가하는 크기는 ROA와 이자율의 차이에 부채비율을 곱한 값과 같다. 예를 들어 경제상황이 보통인 경우에 자기자본사용기업인 올레(주)의 ROE는 6%이다. 그러나 부채를 40억 원 사용하고 있는 팡코스(주)는 ROA$(1-T)$에 $(\text{ROA}-r)\frac{B}{S}(1-T)$를 더한 값인 $6+(10-8)\frac{40}{60}(1-0.4)=6.8\%$로 올레(주)에 비해 0.8%포인트 증가하였다.

셋째, 부채를 사용하는 기업에 투자하는 주주들은 자기자본만을 사용하는 기업에 투자하는 경우에 비해 더 큰 위험을 부담한다. 〈표 4-4〉와 〈표 4-5〉의 자기자본순이익률의 변동을 보면 경제상황이 변동할 때 부채를 사용하는 기업의 자기자본순이익률이 더욱 큰 폭으로 변동함을 알 수 있다. 그리고 이러한 변동은 부채비율이 높아질수록 커진다. 이를 재무레버리지효과(financial leverage effect)라 부르는데 이에 대해서는 제 5 장에서 자세히 설명한다. 따라서 부채비율의 증가에 의해 ROE가 더 커진다는 것은 반드시 주식가치의 상승을 가져오는 것은 아니다. 왜

---

9) 식 4·3의 도출과정은 다음과 같다.

$$\text{ROE} = \frac{\text{순이익}}{\text{자기자본}} = \frac{(\text{영업이익}-\text{이자비용})(1-\text{법인세율})}{S} = \frac{[\text{ROA}(S+B) - r \cdot B](1-T)}{S}$$

$$= \frac{[\text{ROA}\cdot\text{S} + (\text{ROA}-r)B](1-T)}{S} = \left[\text{ROA} + (\text{ROA}-r)\frac{B}{S}\right](1-T)$$

냐하면 재무레버리지효과에 의해 주주들의 위험이 증가하고 이에 따라 주가의 하락을 가져올 수 있기 때문이다.

ROE와 재무비율분석

앞서의 ROI 분석에서와 마찬가지로 ROE를 분해해 봄으로써 기업의 성과를 결정짓는 여러 요인들을 총괄적으로 분석할 수 있다. ROE를 분해하면 기업의 성과를 결정짓는 요인들을 수익성을 나타내는 매출액영업이익률과 자산이용의 효율성을 나타내는 총자산회전율, 그리고 자기자본의 구성비율 및 세금부담률 등으로 구분할 수 있다. 식 4·4에 이러한 분해과정이 나타나 있다.

$$ROE=\underset{①}{\frac{\text{순이익}}{\text{납세전순이익}}}\times\underset{②}{\frac{\text{납세전순이익}}{\text{영업이익}}}\times\underset{③}{\frac{\text{영업이익}}{\text{매출액}}}\times\underset{④}{\frac{\text{매출액}}{\text{총자산}}}\times\underset{⑤}{\frac{\text{총자산}}{\text{자기자본}}} \quad (4\cdot4)$$

식 4·4는 5가지의 항목으로 구성되어 있다. 항목 ①에서 기업의 세금부담률의 크기를 측정할 수 있다. 즉, [1−(순이익/납세전순이익)]의 크기는 바로 기업의 세금부담률을 나타낸다. 항목 ②에서 기업의 이자부담률의 크기를 추정할 수 있다. 즉, [1−(납세전순이익/영업이익)]의 크기는 바로 영업이익에서 이자비용이 차지하는 비율의 크기를 나타낸다. 항목 ③은 영업활동의 수익성을 나타내 주는 매출액영업이익률이며, 항목 ④는 자산이 얼마나 효율적으로 활용되었는가를 측정해 주는 총자산회전율이다. 항목 ⑤는 총자산에서 자기자본이 차지하는 비율의 역수로, 이를 다시 정리하면 [(총자산/자기자본)=(자기자본+부채)/자기자본=(1+부채비율)]이므로 항목 ⑤의 크기는 바로 부채사용의 정도를 나타내 준다.

따라서 식 4·3은 기업의 세금부담률과 이자부담률이 낮을수록, 그리고 수익성과 자산이용의 효율성 및 부채비율이 높을수록 ROE가 커짐을 보여준다.

앞서 살펴본 〈표 4-5〉의 팡코스(주)의 ROE를 식 4·4를 이용하여 분해해 보자. 경제상황이 보통인 경우 팡코스(주)의 ROE는 6.8%인데, 이는 다음과 같이 분해된다.

$$ROE = \frac{순이익}{납세전순이익} \times \frac{납세전순이익}{영업이익} \times \frac{영업이익}{매출액} \times \frac{매출액}{총자산} \times \frac{총자산}{자기자본}$$

$$= (1-세금부담률) \times (1-이자부담률) \times \frac{영업이익}{매출액} \times \frac{매출액}{총자산} \times (1+부채비율)$$

$$= \left(1-\frac{2.72}{6.8}\right) \times \left(1-\frac{3.2}{10}\right) \times \frac{10}{100} \times \frac{100}{100} \times \left(1+\frac{40}{60}\right)$$

$$= (1-0.4) \times (1-0.32) \times 0.1 \times 1 \times (1+0.66) = 6.8\%$$

위에서 보는 것처럼 팡코스(주)의 세금부담률은 40%이며, 영업이익에서 이자비용이 차지하는 비율은 32%, 매출액영업이익률은 10%, 총자산회전율은 1회, 그리고 부채비율은 40/60이다. 이러한 5가지 요소가 결합되어 6.8%의 ROE를 실현하고 있다.

중요용어

- 재무분석 financial analysis
- 재무비율 financial ratio
- 표준비율 standard ratio, benchmark ratio
- 토빈의 q비율 Tobin's *q*-ratio
- 유동비율 current ratio
- 부채비율 debt to equity ratio
- 이자보상비율 interest coverage ratio
- 투자수익률 return on investment : ROI
- 자기자본순이익률 return on equity : ROE
- 주가이익배수 price earnings ratio : *PER*
- 주가장부가치배수 price book-value ratio : *PBR*
- 총자산회전율 total asset turnover
- 자본생산성 capital productivity
- 주당순이익 *EPS*
- 주당배당금 *DPS*
- 재무레버리지효과 financial leverage effect

연 | 습 | 문 | 제

4-1 다음을 간략히 설명하라.

① 유동성의 의미와 이를 측정하기 위한 수단에는 어떤 것들이 있는지 설명하라.

② K기업의 2020년도의 이자보상비율은 0.9이다. 그 의미를 설명하라.

③ 2020년 말 현재 Q기업의 Tobin's q비율은 1.5이다. 의미를 설명하라.

4-2 재무비율을 의미별로 구분하고, 비율분석의 장점과 단점을 설명하라.

4-3 산업평균비율을 표준비율로 쓰는 데 있어서의 문제점에 대하여 설명하라.

4-4 ROI 분석의 내용과 장단점에 대해 설명하라.

4-5 ROE 분석의 내용과 중요성에 대해 설명하라.

4-6 다음은 관악기업의 2020년 재무제표이다. 이 자료를 바탕으로 다음 물음에 답하라.

재무상태표(대차대조표)

자 산	금 액	부채 · 자본	금 액
현금	77,500	매입채무	129,000
매출채권	336,000	지급어음	84,000
재고자산	241,500	기타유동부채	117,000
비유동자산	292,500	장기차입금	256,500
		자기자본	361,000
자산총계	947,500	부채 · 자본 총계	947,500

포괄손익계산서(손익계산서)

매 출 액	1,607,500
매출원가	1,351,000
감가상각비	41,500
판매비와 관리비	145,000
영업이익	70,000
이자비용	24,500
법인세(40%)	18,200
당기순이익	27,300

① 관악기업의 다음의 재무비율을 구하라.

재무비율	관악기업	산업평균
유동비율		200%
당좌비율		150%
재고자산회전율		6.7회
총자산회전율		3.0회
매출액순이익률		1.2%
총자본순이익률		3.6%
자기자본순이익률		9.0%
부채비율		100%
노동생산성	10,000,000원	12,000,000원

② 산업평균과 비교하여 관악기업의 재무적 건전성을 평가하라.

4-7 다음의 재무비율을 바탕으로 재무상태표의 빈 칸을 채우라.

유동비율 : 120%

당좌비율 : 60%

총자산회전율 : 0.73회

매출채권회전율 : 4.0회

부채비율 : 214%

재무상태표(대차대조표)

자 산	금 액	부채 · 자본	금 액
현금 및 유가증권	200	유동부채	
매출채권		장기차입금	
재고자산			
비유동자산		자기자본	
자산총계	2,200	부채 · 자본 총계	

4-8 다음은 한라주식회사와 태백주식회사의 재무자료이다. 이를 이용하여 다음 물음에 답하라.

(단위 : 억 원)

	한라주식회사	태백주식회사
매출액	2,000	2,000
영업이익	500	500
이자비용	50	0
세전이익	450	500
법인세	90	100
당기순이익	360	400
총자산	1,500	1,500
총부채	500	0
자기자본	1,000	1,500

① 한라주식회사와 태백주식회사의 ROA와 ROE를 구하라.

② 한라주식회사와 태백주식회사의 ROE를 ROA와 이자비용, 부채비율, 그리고 법인세율의 함수로 분해해 보고 이들 변수들이 가지는 관계에 대해 설명하라.

제 5 장

레버리지분석

기업이 영업활동에 장기간 사용하는 비유동자산을 소유하거나 타인자본을 사용할 때는 고정비를 부담하게 된다. 기계, 설비 등의 비유동자산을 소유할 때는 감가상각비, 그리고 타인자본을 사용할 때는 이자비용이 고정비가 된다. 감가상각비와 이자비용은 영업활동의 수준과 관계없이 발생한다. 고정비는 마치 지렛대처럼 이익의 변동성을 확대시키는 효과가 있기 때문에 이러한 고정비의 부담을 레버리지(leverage)라 한다. 비유동자산에 대한 투자 때문에 발생하는 레버리지를 영업레버리지라 하며, 타인자본의 사용에 따라 발생하는 레버리지를 재무레버리지라 한다. 이 장에서는 두 레버리지의 정도를 계산하는 방법을 설명하고, 각각의 레버리지가 재무의사결정에 어떤 영향을 미치는지를 설명한다. 또한 두 레버리지가 결합하여 일어나는 결합레버리지에 대하여 설명한다.

생·각·의·전·당

기업은 다양한 형태의 위험에 노출되어 있다. 경영활동에서 발생하는 대표적인 위험이 사업위험(또는 영업위험)과 재무위험이다. 기업은 고정영업비용의 관리를 통해 사업위험을 관리하고 고정재무비용의 관리를 통해 재무위험을 관리할 수 있다. 위험에 노출된 현금흐름을 측정하고 이를 금융시장을 통해 관리할 수도 있다. 위험관리에 실패하면 계속기업으로 살아남기가 어렵다.

5.1 레버리지분석의 의의

기업이 타인자본을 사용하면 경기사정이 좋든 나쁘든 고정적으로 이자를 지급하여야 한다. 또한 기업은 영업활동이 활발하든 활발하지 않든 고정적으로 발생하는 영업비용을 부담한다. 이런 고정적인 성격의 비용이 있을 때 매출액이 증가하고 감소함에 따라 영업이익이나 순이익은 어떻게 변동할까? 재무의사결정을 위해서는 미래의 매출액 예측도 중요하지만, 매출액의 변화에 따른 이익의 변화양상을 분석하는 일도 중요하다. 이러한 분석을 레버리지분석(leverage analysis)이라 한다.

일반적으로 레버리지를 기업의 타인자본의존도로 간단히 정의하고 있다. 그러나 이는 재무상태표에 나타나는 부채의 크기를 말하는 정태적 의미의 레버리지 개념이고, 매출액의 변화에 따른 경영성과의 변화양상을 분석하기 위해서는 레버리지를 동태적 개념으로 포괄손익계산서상에서 정의할 필요가 있다. 포괄손익계산서상에서 레버리지는 다음과 같은 세 가지 개념이 있다.

① 영업레버리지(operating leverage) : 유형자산이나 무형자산을 보유함으로써 고정영업비용을 부담하는 것.

② 재무레버리지(financial leverage) : 타인자본을 사용함으로써 고정재무비용을 부담하는 것.

③ 결합레버리지(combined leverage) : 영업레버리지와 재무레버리지를 결합한

것으로서 유·무형자산과 타인자본의 사용으로 인해 고정비용을 부담하는 것.

결국 포괄손익계산서상에서 레버리지를 정의한다면 "고정비용을 발생시키는 자산이나 자금의 사용"을 의미한다고 할 수 있다. 따라서 레버리지분석이란 유·무형자산의 사용으로 인한 고정영업비용이나 타인자본의 사용으로 인한 이자비용이 기업의 영업이익이나 순이익에 미치는 영향을 분석하는 것을 말한다.

이를 좀 더 자세히 살펴보자. 다음의 〈표 5-1〉은 포괄손익계산서에서 매출액으로부터 순이익이 계산되는 과정을 간단하게 나타낸 것이다. 이 표에서 이익의 계산과정은 크게 두 가지로 나누어 볼 수 있다. 하나는 매출액으로부터 영업이익이 계산되기까지의 과정이다. 영업이익은 이자비용과 법인세비용 차감전의 이익(earnings before interests and taxes : *EBIT*)이다. 또 하나는 영업이익에서 주주에게 돌아가는 세후순이익까지의 계산과정이다. 영업이익에서 이자비용을 뺀 이익을 세전이익(earnings before taxes : *EBT*)이라 하며, 이 세전이익에서 법인세비용을 뺀 것이 세후순이익(earnings after taxes : *EAT*)이다.

첫 번째 과정에 대한 분석이 영업레버리지분석에서 다루어지게 된다. 이 분석은 매출액의 변화가 영업이익에 미치는 영향을 분석하는 것으로서, 분석의 초점은 매출액과 영업이익의 관계에 커다란 영향을 미치는 고정적인 영업비용, 즉 고정비의 역할에 있다.

표 5-1 포괄손익계산서(손익계산서)와 레버리지

구분	항목	구분
Ⅰ. 영업레버리지	매출액	Ⅲ. 결합레버리지
	(−)매출원가	
	매출총이익	
	(−)판매비와 관리비	
	영업이익(*EBIT*)	
Ⅱ. 재무레버리지	(−)이자비용	
	세전이익(*EBT*)	
	(−)법인세	
	세후순이익(*EAT*)	

두 번째 과정에 대한 분석이 재무레버리지분석이다. 재무레버리지분석은 영업이익의 변화가 주주의 이익에 미치는 영향에 관한 분석이며, 이때에는 고정재무비용인 이자비용의 역할이 분석의 초점이 된다.

세 번째는 결합레버리지분석이다. 영업레버리지와 재무레버리지를 독립적으로 분석하는 것만으로는 충분하지 않다. 손익계산서의 전체적인 변화, 즉 매출액 변화가 고정영업비용의 지출과 이자비용의 지출 정도에 따라 주주에게 돌아가는 세후순이익에 어떠한 영향을 미치는지를 분석하여야 한다.

5.2 손익분기점과 영업레버리지분석

영업레버리지의 의미와 효과

영업레버리지(operating leverage)란 유형자산이나 무형자산을 보유함으로써 고정영업비용을 부담하는 것을 말한다. 영업레버리지분석의 핵심은 매출액의 증감과 관계없이 일정하게 발생하는 고정영업비용이 매출액의 변화에 따른 영업이익의 변동에 어떤 영향을 미치는지를 분석하는 데 있다. 〈표 5-1〉의 영업레버리지 부분을 〈표 5-2〉와 같이 다시 정리한 후, 다음의 예를 통해 살펴보자.

표 5-2 고정비와 변동비의 구분

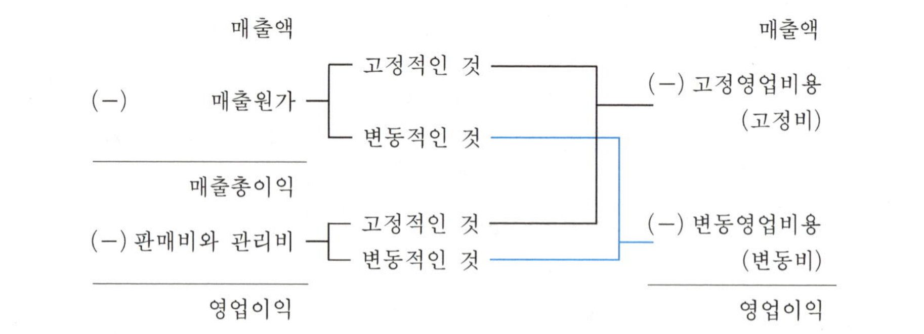

표 5-3 **영업레버리지와 영업이익의 변화**

(단위 : 억 원)

항 목	10% 감소	현 재	10% 증가
매출액	450	500	550
(−)고정비	290	290	290
(−)변동비	180	200	220
영업이익	−20	10	40

300% 감소　　300% 증가

어느 회사의 매출액이 500억 원이고 고정비가 290억 원이며 변동비는 매출액의 40%를 차지한다고 하자. 그러면 이때의 변동비는 200(=50×0.4)억 원이며 영업이익은 10(=500−200−290)억 원이다. 이 회사의 매출액이 10% 변동하면 영업이익은 얼마나 변동할까?

매출액이 10% 증가하여 550억 원이 될 때 영업이익은 40억 원으로서 300%가 증가한다. 매출액이 10% 감소하여 450억 원이 되면 영업이익은 −20억 원으로서 300%가 감소하게 된다. 이 계산과정은 〈표 5-3〉에 정리되어 있다.

〈표 5-3〉에서 보는 것과 같이 매출액의 변화율과 영업이익의 변화율이 같지 않고, 영업이익의 변화율이 더 크게 나타나는 현상은 매출액의 증가나 감소에 관계없이 일정하게 지출되어야 하는 고정비 때문에 일어난다. 즉, 고정비가 지렛대 역할을 하여 매출액의 증감에 따라 영업이익의 증감폭이 확대되어 나타난다. 이러한 현상을 영업레버리지효과(operating leverage effect)라 한다. 고정비를 부담하지 않는 기업에서는 영업레버리지효과가 나타나지 않는다.

영업레버리지분석은 앞의 예에서와 같이 매출액, 고정영업비용 그리고 영업이익의 변화 사이에 나타나는 영향의 관계를 분석하는 것이다. 이 분석을 위하여 우선 매출액, 영업비용, 영업이익이 서로 어떤 관계에 있는지를 밝히는 손익분기점분석을 이해하여야 한다.

손익분기점분석

손익분기점(break-even point : BEP)은 기업의 생산 및 판매 활동에서 총수익과 총비용이 같게 되어 순이익이 0이 되는 점을 말하기도 하나, 여기에서는 매출액과 영업비용이 같게 되어 영업이익이 0이 되는 점을 손익분기점으로 하여 설명한다. 손익분기점분석은 기업의 경영활동과정에서 발생하는 원가(cost), 매출액(또는 매출량, volume), 이익(profit)의 상호관계를 분석하기 때문에 이것을 CVP 분석(cost-volume-profit analysis)이라고도 한다.

매출액과 영업비용의 유형

기업에서 발생하는 모든 영업비용이 제품의 매출량에 비례하는 변동비라면 손익분기점의 문제가 일어날 수 없다. 제품의 판매가격이 단위당 변동비보다 크다면 기업은 언제나 이익을 낼 것이며, 판매가격이 단위당 변동비보다 작다면 기업은 항상 손해를 볼 것이다. 그러나 기업활동에서는 고정영업비용이 발생하기 때문에 판매가격이 단위당 변동비보다 큰 경우에도 매출량이 어느 정도까지 이르지 못하면 손실이 발생한다. 손익분기점분석은 총영업비용과 매출액의 관계를 분석하는 방법으로서 매출액이 어느 정도 되어야 총영업비용을 보상하고도 영업이익이 발생하는가를 알아보기 위한 것이다. 이것을 규명하기 위해서는 먼저 영업비용을 고정영업비용과 변동영업비용으로 구분하여 살펴보아야 한다.

고정영업비용은 기업의 매출량에 관계없이 일정하게 발생하는 비용이며, 변동영업비용은 매출량에 비례하여 발생하는 비용이다. 이러한 분류에 따라 기업의 영업비용을 고정영업비용과 변동영업비용으로 나누어 보면 〈표 5-4〉와 같다.

고정영업비용, 변동영업비용, 총영업비용과 매출량과의 관계를 그려보면 다음의 [그림 5-1]과 같다.

[그림 5-1]에서 보는 것과 같이 고정영업비용(*FC*)은 매출량에 관계없이 일정하며, 변동영업비용(*VC*)은 매출량에 정비례한다. 그러므로 제품 한 단위당 소요

표 5-4 고정영업비용과 변동영업비용

고정영업비용	변동영업비용
건물과 기계의 감가상각비	직접노무비
임차료	직접재료비
경영진의 보수	판매수수료
기타	기타

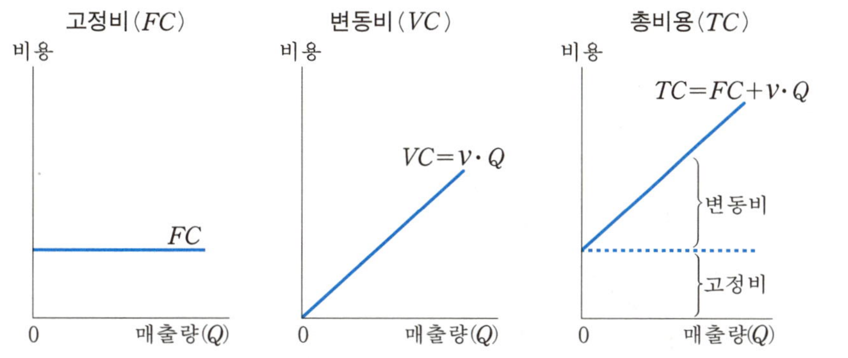

그림 5-1 매출량과 비용 간의 관계

되는 변동비를 v라고 하면, 변동영업비용은 단위당 변동비에 매출량(Q)을 곱하면 된다.

$$VC = v \cdot Q$$

총영업비용(TC)은 고정영업비용과 변동영업비용을 합한 것이 된다.

$$TC = FC + VC = FC + v \cdot Q$$

반면에 매출액, 즉 총수익(TR)은 단위당 제품가격(p)과 매출량(Q)을 곱한 것으로서 매출액과 매출량과의 관계를 그려보면 다음의 [그림 5-2]와 같다.

매출량의 손익분기점

손익분기점은 총수익과 총영업비용이 일치하는 점으로서 이때 기업의 영업이익은 0이 된다. 이 손익분기점은 매출량 또는 매출액의 두 가지로 나타낼 수 있다. 즉 몇 개를 생산해서 팔아야 영업이익이 0이 되는가 또는 얼마의 매상을 올려야 영업이익이 0이 되는가 하는 두 가지로 관찰할 수 있다. 우선 매출량의 손익분기점을 살펴보자.

매출액과 영업비용이 일치할 때의 매출량을 앞에서 사용한 기호를 써서 나타내면 식 5·1과 같다.

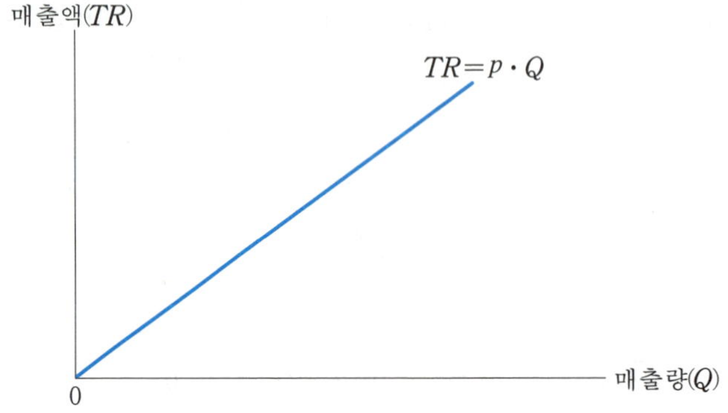

그림 5-2 매출액과 매출량의 관계

$$p \cdot Q^* = FC + v \cdot Q^* \qquad (5 \cdot 1)$$

p : 단위당 판매가격
Q^* : 손익분기점의 매출량
FC : 고정영업비용
v : 단위당 변동비

식 5·1에서 Q^*를 구하면 이것이 손익분기점 매출량으로 식 5·2와 같이 나타난다.

$$Q^* = \frac{FC}{p-v} = \frac{\text{고정영업비용}}{\text{단위당 공헌이익}} \qquad (5 \cdot 2)$$

단위당 판매가격에서 단위당 변동비를 뺀 $(p-v)$를 단위당 공헌이익(contribution margin)이라 한다. 따라서 손익분기점 매출량은 고정영업비용을 단위당 공헌이익으로 나눈 값이다.

| 예 1 | 장난감을 취급하는 아리랑상사는 장난감을 6,000원에 사서 10,000원에 판매한다. 점포를 빌리는 데 한 달에 60만 원이 들며, 감가상각비로 20만 원이 들어서 고정비는 80만 원이 소요된다. 이런 경우에 재고가 전혀 없다고 가정할 때 한 달에 몇 개를 팔아야 영업손실을 면할 수 있겠는가?

$$Q^* = \frac{FC}{p-v} = \frac{800{,}000}{10{,}000-6{,}000} = 200(\text{개})$$

단위당 공헌이익$(p-v)$은 4,000원이고, 손익분기점은 200개이다.

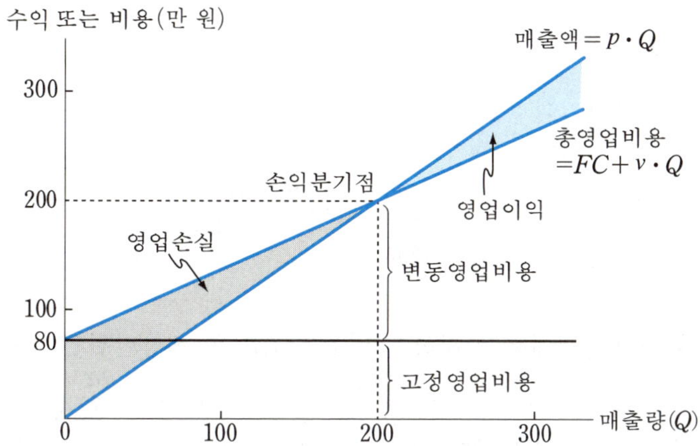

그림 5-3 아리랑상사의 손익분기점

예제에서 든 아리랑상사의 문제를 그림으로 그려보면 위의 [그림 5-3]과 같다.

[그림 5-3]에서 보는 것과 같이 손익분기점은 200개이다. 즉, 200개를 팔면 매출액이 200만 원이고 총영업비용 또한 200만 원(=600,000 + 200,000 + 6,000원 × 200개)이므로 영업손실도 없고 영업이익도 없게 된다. 200개 이상을 팔 때에는 영업이익이 발생하며, 이 이하를 팔 때에는 영업손실이 발생한다.

매출액의 손익분기점

매출량으로 계산하거나, 매출액으로 계산하거나 손익분기점의 성격에 차이가 있는 것은 아니다. 단순히 같은 점을 매출량으로도 나타내고 매출액으로도 나타낸다는 것에 지나지 않는다. 손익분기점의 매출량이 결정되면 [매출량 × 판매가격]으로써 매출액을 구할 수 있다. 그러나 때로는 단위당 판매가격과 단위당 변동비가 주어지지 않아 손익분기점의 매출량(Q^*)을 구할 수 없는 경우가 있다. 이 경우는 다음에 설명할 식 5·4를 이용하여 손익분기점 매출액을 구할 수 있다.

손익분기점에서의 매출액을 TR^*라고 하고 이때의 변동영업비용을 VC^*라고 하면, 다음과 같은 식이 성립된다.

$$TR^* = FC + VC^* \tag{5·3}$$

변동비가 매출액에서 차지하는 비율은 매출액의 크기와 관계없이 언제나 일정하므로 이를 이용하면, 식 5·3을 식 5·4와 같이 나타낼 수 있다.[1)]

$$TR^* = \frac{FC}{1 - \frac{VC}{TR}} = \frac{\text{고정영업비용}}{\text{공헌이익률}} \tag{5·4}$$

총변동비가 총매출액에서 차지하는 비율(VC/TR)은 제품단위당 변동비가 판매가격에서 차지하는 비율(v/p)과 같으므로 식 5·4는 $TR^* = \frac{FC}{1-(v/p)}$로 나타낼 수도 있다. 여기서 $1-(v/p)$를 공헌이익률(contribution margin ratio)이라 하며, 이는 공헌이익($p-v$)을 단위당 판매가격(p)으로 나눈 것이다. 공헌이익률은 일정액을 판매했을 때 그 판매액 중에서 변동영업비용을 보상하고 난 후에 기업의 이익에 공헌하게 되는 부분의 비율을 나타낸다. 즉, 매출액 1원 중에서 기업의 이익으로 귀속되는 부분을 나타내는 것이다. 미래의 계획을 수립하는 데는 매출액의 손익분기점을 구하는 식 5·4가 매출량의 손익분기점을 구하는 식 5·2보다 훨씬 유용하다. 그 이유는 기업에서 발표하는 손익계산서에는 매출량은 표시되지 않고 비용과 매출액만 표시되기 때문이다.

| 예 2 | 태평양회사의 손익계산서에 나타난 매출액과 비용이 다음과 같다. 이 회사의 손익분기점을 구하라.

매출액	500,000(만 원)
고정영업비용	300,000
변동영업비용	400,000
영업손실	(200,000)(만 원)

이 문제를 풀기 위하여는 앞에서 설명한 매출액의 손익분기점을 구하는 식 5·4를 이용하여야 한다.

1) 식 5·3에서 변동영업비용은, $VC^* = \frac{VC^*}{TR^*} \cdot TR^* = \frac{VC}{TR} \cdot TR^*$로 쓸 수 있다.

$VC^* = \frac{VC}{TR} \cdot TR^*$의 식을 식 5·3에 대입해 정리하면 식 5·4가 도출된다.

$$TR^* = \frac{FC}{1-\frac{VC}{TR}} = \frac{300,000}{1-\frac{400,000}{500,000}} = 1,500,000(\text{만 원})$$

즉, 150억 원의 매출액을 달성해야 영업손실을 면할 수 있다. 이 경우, 태평양회사의 손익계산서는 다음과 같다.

매출액	1,500,000(만 원)
고정영업비용	300,000
변동영업비용	1,200,000
영업이익	0원

변동영업비용 120억 원은 150억 원×(400,000/500,000)으로 계산된 것이다.

목표이익과 손익분기점

손익분기점은 영업이익이 0일 때의 매출량 또는 매출액으로 나타낸다. 그러나 기업은 영업이익이 0이 되는 것에 관심이 있기보다 일정한 기대이익 또는 목표이익에 도달할 수 있는 매출량이나 매출액에 관심을 보인다. 앞의 아리랑상사의 예에서와 같이 손실을 면한다는 소극적인 계획이 아니라, 보다 적극적으로 투자액의 40%의 영업이익을 얻기 위하여는 어느 정도의 생산과 매출이 필요한지, 또는 5만 원의 영업이익을 얻기 위하여는 어느 정도의 매출을 올려야 하는지에 경영자는 관심을 갖는다. 이러한 경우에도 손익분기점분석을 이용할 수가 있다. 목표이익(target profit)을 고려한 손익분기점 공식은 다음과 같다.

① 목표영업이익의 매출량(Q^{**})= $\frac{\text{고정영업비용+목표영업이익}}{\text{단위당 공헌이익}}$

② 목표영업이익의 매출액(TR^{**})= $\frac{\text{고정영업비용+목표영업이익}}{\text{공헌이익률}}$

[예 1]에서 살펴본 아리랑상사의 예를 들어 보자. 최소한 50만 원의 영업이익이 발생해야 한다고 가정하면, 이때 매출량은 325개여야 하며 매출액은 325만 원이어야 한다.

$$Q^{**} = \frac{800,000 + 500,000}{10,000 - 6,000} = 325\text{(개)}$$

$$TR^{**} = \frac{800,000 + 500,000}{0.4} = 3,250,000\text{(원)}$$

이와 같이 손익분기점분석은 단순히 영업이익이 0인 점만을 분석할 수 있는 것이 아니라 기업이 원하는 영업이익을 실현할 수 있는 매출수준도 분석할 수 있으므로 미래의 이익계획에 유용하게 이용할 수 있다.

영업레버리지효과의 계산 : 영업레버리지도

영업레버리지는 고정자산을 사용함에 따른 고정영업비용의 부담 정도를 말하며, 영업레버리지분석은 영업레버리지가 있을 때 매출액 변화에 대한 영업이익 변화의 관계를 분석하는 것이다. 매출액 변화와 영업이익 변화와의 관계는 영업레버리지도(degree of operating leverage : *DOL*)를 이용하여 측정할 수 있다.

영업레버리지도는 매출액의 변화율에 대한 영업이익의 변화율의 비율을 말하는 것으로서 판매가격이 일정한 경우 매출액의 변화율은 매출량의 변화율과 같으므로 식 5·5와 같이 나타낸다.

$$\text{영업레버리지도}(DOL) = \frac{\text{영업이익의 변화율}(\Delta EBIT/EBIT)}{\text{매출량의 변화율}(\Delta Q/Q)} \qquad (5\cdot5)$$

$\Delta EBIT$: 영업이익의 변화분
$EBIT$: 영업이익
ΔQ : 매출량의 변화분
Q : 매출량

식 5·5에서 영업이익($EBIT$)은 매출액에서 변동영업비용과 고정영업비용을 뺀 값이므로 다음과 같이 나타낼 수 있다.

$$\begin{aligned} EBIT &= p \cdot Q - v \cdot Q - FC \\ &= Q(p - v) - FC \end{aligned} \qquad (5\cdot6)$$

식 5·6에서 $Q(p-v)$는 총공헌이익을 나타내므로 영업이익은 총공헌이익에서 고정영업비용을 뺀 값이다. 매출량이 현재 Q에서 $(Q+\Delta Q)$로 ΔQ개만큼 변동할 때 영업이익의 변화분은 ΔQ에 단위당 공헌이익인 $(p-v)$를 곱한 값이다. 왜냐하면 매출량이 변화하더라도 고정영업비용은 변화하지 않고 변동비만 매출량의 변화에 비례해서 발생하기 때문이다.

$$\Delta EBIT = \Delta Q(p-v) \tag{5·7}$$

따라서 영업이익(식 5·6)과 영업이익의 변화분(식 5·7)을 식 5·5에 대입하면 식 5·8을 얻는다.[2)]

$$\text{영업레버리지도} = \frac{\text{영업이익의 변화율}}{\text{매출량의 변화율}} = \frac{\text{공헌이익}}{\text{영업이익}}$$

$$DOL = \frac{\Delta EBIT/EBIT}{\Delta Q/Q} = \frac{Q(p-v)}{EBIT} \tag{5·8}$$

식 5·8과 같이 영업레버리지도는 ① 제품가격(p), ② 제품단위당 변동비(v), ③ 고정영업비용(FC), ④ 매출량(Q)에 따라 그 크기가 달라진다. 이러한 영업레버리지도를 결정하는 여러 변수들의 영향을 보기 위하여 다음의 [그림 5-4]에 동일업종에 속하는 두 기업의 손익분기점을 나타내었다.

A회사는 고정영업비용이 비교적 작으며, 생산활동을 노동력 등의 변동영업비용에 주로 의존하고 있기 때문에 총비용을 나타내는 직선의 기울기가 비교적 크게 나타난다. 즉, 단위당 변동비가 높다. B회사는 최신식의 설비투자 등으로 인하여 고정영업비용이 큰 반면 노동력 등의 변동비가 작게 들기 때문에 변동비선의 경사가 완만함을 볼 수 있다. A회사의 손익분기점이 40,000개인 반면, B회사는 손익분기점은 60,000개로 크지만 손익분기점 이후에는 이익이 급격히 상승하게 되는 이점이 있다. 두 회사의 매출량의 변화와 영업이익의 변화의 관계를 영업레버리지도로 계산하여 보자.

식 5·8을 이용하여 생산량이 100,000개일 때의 두 회사의 영업레버리지도를 계산하면 다음과 같다.

---

2) $DOL = \frac{\Delta EBIT/EBIT}{\Delta Q/Q} = \frac{[\Delta Q(p-v)]/[Q(p-v)-FC]}{\Delta Q/Q}$

$= \frac{Q(p-v)}{Q(p-v)-FC} = \frac{Q(p-v)}{EBIT}$

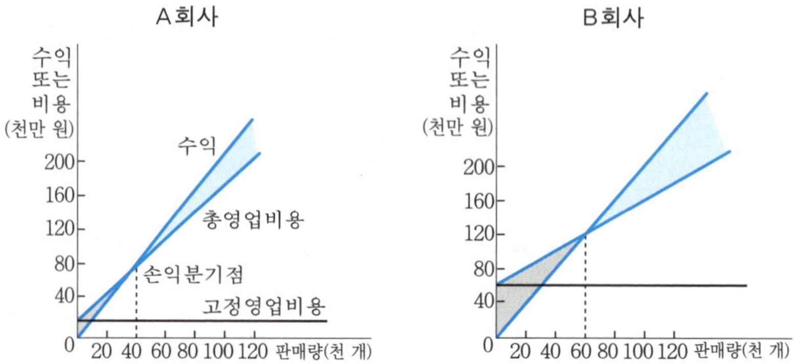

단 가=2만 원
고정비=2억 원
변동비=1.5만 원

단 가=2만 원
고정비=6억 원
변동비=1만 원

판매량(Q)	매출액 (만 원)	비 용 (만 원)	이 익 (만 원)
20,000	40,000	50,000	−10,000
40,000	80,000	80,000	0
60,000	120,000	110,000	10,000
80,000	160,000	140,000	20,000
100,000	200,000	170,000	30,000
120,000	240,000	200,000	40,000

판매량(Q)	매출액 (만 원)	비 용 (만 원)	이 익 (만 원)
20,000	40,000	80,000	−40,000
40,000	80,000	100,000	−20,000
60,000	120,000	120,000	0
80,000	160,000	140,000	20,000
100,000	200,000	160,000	40,000
120,000	240,000	180,000	60,000

그림 5-4 영업레버리지

$$DOL_A = \frac{100,000(20,000-15,000)}{100,000(20,000-15,000)-200,000,000} = \frac{500,000,000}{300,000,000} = 1.67$$

$$DOL_B = \frac{100,000(20,000-10,000)}{100,000(20,000-10,000)-600,000,000} = \frac{1,000,000,000}{400,000,000} = 2.50$$

B회사의 영업레버리지도가 2.5라는 것은 매출량이 100,000개인 현 수준에서 매출량이 변화할 때 영업이익변화율은 매출량변화율의 2.5배로 나타난다는 것을 의미한다. 즉, 매출량이 100,000개에서 20% 증가하면 이때의 영업이익은 매출량이 100,000개일 때의 영업이익보다 50% 증가한다는 뜻이다. [그림 5-4]에 표시된 것과 같이 B회사의 매출량이 100,000개에서 20% 증가한 120,000개가 되면, 이때의 영업이익은 4억 원에서 50%가 증가한 6억 원이 된다.

매출량이 100,000개일 때의 A회사의 영업레버리지도는 1.67이며, B회사의 영업레버리지도는 2.5이다. 매출량 변화에 대해서 B회사의 영업이익의 변화가 A회사의 영업이익의 변화에 비해 민감한 반응을 보인다. 즉, 다른 조건이 같다면 고정비를 많이 지출하는 회사일수록 영업레버리지도가 크다.

매출량이 120,000개일 때의 A, B 회사의 영업레버리지도를 구해 보면 앞의 경우와 다르게 나타난다.

$$DOL_A = \frac{120,000(20,000-15,000)}{120,000(20,000-15,000)-200,000,000} = 1.50$$

$$DOL_B = \frac{120,000(20,000-10,000)}{120,000(20,000-10,000)-600,000,000} = 2.00$$

앞에서 매출량이 100,000개일 때의 A회사의 영업레버리지도는 1.67, B회사는 2.5였으나, 매출량이 120,000개일 때의 영업레버리지도는 A, B 회사 각각 1.5, 2.0으로 줄어들고 있다. 즉, 기업에서 매출량이 커지면 영업레버리지도는 작아지게 된다. 다음의 식을 통해 보다 자세히 살펴보자.

$$DOL = Q(p-v)/[Q(p-v)-FC]$$
$$= \text{총공헌이익}/(\text{총공헌이익} - \text{고정영업비용})$$

이다. 따라서 영업레버리지도(*DOL*)는 총공헌이익과 고정영업비용의 차이가 작을수록 크게 나타난다. 즉, 민감도가 커진다. 이를 그림으로 나타내면 다음의 [그림 5-5]에서 보듯이 총공헌이익이 고정영업비와 같은 종축에 대해 쌍곡선이 된다. 영업레버리지는 모든 수준의 영업활동에서 일정하게 나타나는 것이 아니다.

또 한 가지 알아두어야 할 것은 영업레버리지도가 높다는 것이 그 기업의 영업이익이 크다는 것을 나타내는 것은 아니며, 또한 기업의 경영성과가 좋다는 것을 나타내는 것도 아니라는 점이다. 그것은 다만 매출액이 증가하면 영업이익이 빠르게 증가하며, 또한 매출액이 감소하면 영업이익이 빠르게 감소한다는 것을 나타낸다. 대체로 자본집약적 산업은 영업레버리지도가 높게 되는데, 이것은 자본집약적 산업의 경우 유형자산 투자가 많고 이에 따라 높은 고정영업비용을 부담하기 때문이다.

따라서 기업은 미래의 경기상황을 예측하고 이에 따른 영업레버리지효과를 고

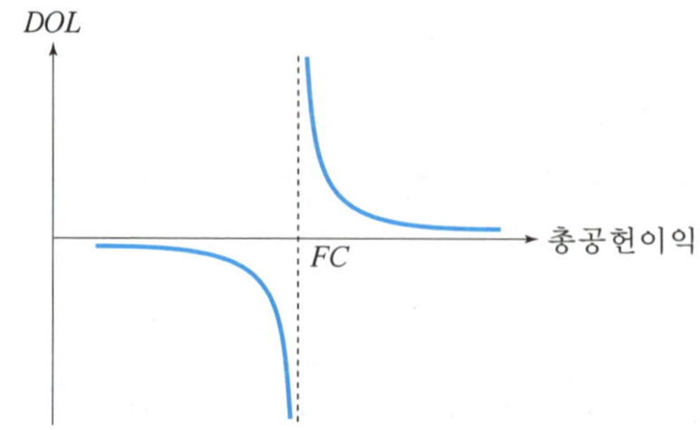

그림 5-5 공헌이익과 영업레버리지도의 관계

려하여, 높은 고정영업비용을 부담하는 자본집약적인 생산형태를 취할 것인지 아니면 높은 변동영업비용을 부담하는 노동집약적인 생산형태를 취할 것인지를 결정할 수 있다. 예를 들어 미래의 경기상황이 아주 좋아져서 매출량이 크게 늘어날 것으로 예측되는 경우에는 고정영업비용을 증가시키는 자본집약적인 생산형태를 취함으로써 영업이익을 크게 증가시킬 수 있다. 반대로 미래에 경기침체가 예상되는 경우에는 변동영업비용을 증가시키는 노동집약적인 생산형태를 취함으로써 매출감소에 따른 영업이익의 감소폭을 줄일 수 있다.

5.3 재무레버리지분석

재무레버리지의 의미와 효과

재무레버리지(financial leverage)란 타인자본을 이용함으로써 고정재무비용(이자비용)을 부담하는 것을 말하며, 재무레버리지분석은 손익계산서에서 영업이익으로부터 세후순이익이 결정되는 부분의 분석을 의미한다. 〈표 5-1〉의 Ⅱ에서 보았듯이, 타인자본을 사용하게 되면 영업이익의 증가나 감소에 관계없이 일정금액의 이자비용이 지불되고 그 나머지가 주주에게 돌아간다. 이와 같이 타인자본사용에 따라 발생하는 고정적인 이자비용이 지렛대 역할을 하여 주주에게 돌아가는 세후순이익의 변화율은 영업이익변화율에 비하여 확대되어 나타나는데, 이를 재무레버리지효과(financial leverage effect)라 한다. 법인세는 세전이익에 비례하여 변하는 것으로 고정비용이 아니므로, 기업의 재무레버리지분석에 영향을 주지 않는다. 그러므로 법인세에 대하여는 따로 분석할 필요가 없다. 재무레버리지의 효과를 예를 들어 설명하여 보자.

어느 기업의 영업이익(*EBIT*)이 1억 원이며, 현재 매년 지불하여야 하는 이자비용이 2,000만 원이다. 법인세율을 50%라고 가정하여 보면, 세후순이익은 4,000 (=(10,000−2,000)×(1−0.5))만 원이 된다. 이와 같은 상황에서 영업이익이 40% 증가하는 경우와 40% 감소하는 경우에 이자비용이 세후순이익에 미치는 영향을 〈표 5-5〉에 나타내었다.

영업이익이 40% 증가하여 1억 4,000만 원이 될 때 소유주에게 돌아가는 세후순이익은 50% 증가한 6,000만 원이 되며, 영업이익이 40% 감소하여 6,000만 원이 되면 세후순이익은 50% 감소한 2,000만 원이 된다. 이와 같이 영업이익의 변화율보다 세후순이익의 변화율이 큰 것은 타인자본을 사용한 결과 발생하는 고정적인 재무비용, 즉 이자비용 때문이다. 타인자본의존도가 크면 클수록 재무레버리지효과는 더욱 커진다.

표 5-5 **재무레버리지와 세후순이익의 변화**

(단위 : 만 원)

항목	40% 감소	현재	40% 증가
영업이익	6,000	10,000	14,000
이자비용	2,000	2,000	2,000
세전이익	4,000	8,000	12,000
법인세	2,000	4,000	6,000
세후순이익	2,000	4,000	6,000

50% 감소 50% 증가

재무레버리지효과의 계산 : 재무레버리지도

영업이익의 변화에 따라 세후순이익 또는 주당순이익의 변화가 확대되는 재무레버리지효과의 크기는 재무레버리지도(degree of financial leverage : *DFL*)로 측정할 수 있다. 재무레버리지도는 영업이익변화율과 세후순이익변화율의 비율 또는 영업이익변화율과 주당순이익변화율의 비율로써 나타낼 수 있다. 즉, 주당순이익은 세후순이익을 발행주식수로 나눈 값이므로 세후순이익의 변화율과 주당순이익의 변화율은 같게 된다.

$$\text{재무레버리지도}(DFL) = \frac{\text{주당순이익의 변화율}(\Delta EPS/EPS)}{\text{영업이익의 변화율}(\Delta EBIT/EBIT)} \tag{5·9}$$

식 5·9가 재무레버리지도의 정의이다. I를 이자비용이라 하고 n을 발행주식수라 하면, 주당순이익(EPS)의 변화율은 다음과 같다.

$$\frac{\Delta EPS}{EPS} = \frac{\Delta EBIT(1-T)}{n} \Big/ \frac{(EBIT-I)(1-T)}{n}$$

$$= \frac{\Delta EBIT}{EBIT-I}$$

즉, 주당순이익의 변화율은 영업이익의 변화분을 세전이익으로 나눈 값과 같다. 이를 식 5·9에 대입하면 식 5·10을 얻는다.

$$\text{재무레버리지도} = \frac{\text{주당순이익의 변화율}}{\text{영업이익의 변화율}} = \frac{\text{영업이익}}{\text{세전이익}}$$

$$DFL = \frac{\Delta EBIT}{EBIT-I} \Big/ \frac{\Delta EBIT}{EBIT} = \frac{EBIT}{EBIT-I} \tag{5·10}$$

식 5·10을 이용하여 〈표 5-5〉에 제시된 기업의 재무레버리지도를 계산하여 보자.

$$DFL = \frac{10,000}{10,000-2,000} = 1.25$$

이 기업의 재무레버리지도는 1.25이다. 이는 영업이익의 변화율에 비해 주당순이익(또는 세후순이익)의 변화율은 1.25배로 확대된다는 것을 의미한다. 따라서 이 기업의 영업이익이 40% 변화하면 주당순이익은 50%(=40%×1.25)가 변동한다.

이자비용의 차이가 재무레버리지도에 미치는 영향을 좀 더 자세히 살펴보기 위해 다음의 예를 보자. 현재 자기자본만으로 구성된 신라기업이 5억 원의 자본을 어떻게 조달할 것인지를 고려하고 있다 하자. 제 1 안은 보통주를 주당 10,000원에 5만 주 발행하는 것이고, 제 2 안은 이자율 10%에 5억 원을 차입하는 것이다. 신라기업의 영업이익이 1억 원이라 할 때 각 방법으로 자본을 조달할 경우 영업이익의 변화에 따라 주당순이익의 변화가 어떻게 확대되는지를 분석해 보자. 식 5·10을 이용하면 각 방법하에서의 재무레버리지도는 다음과 같다.

$$\text{제 1 안}: \ DFL = \frac{EBIT}{EBIT - I} = \frac{10,000}{10,000 - 0} = 1.0$$

$$\text{제 2 안}: \ DFL = \frac{EBIT}{EBIT - I} = \frac{10,000}{10,000 - 5,000} = 2.0$$

제 1 안의 재무레버리지도는 1.0이 나오고, 제 2 안은 2.0이 나왔다. 이것은 영업이익이 변화할 때 제 1 안의 주당순이익은 영업이익의 변화율과 동일하게 변하며, 제 2 안의 주당순이익은 영업이익변화율의 두 배로 변하게 된다는 것이다. 예를 들어, 영업이익이 1억 원에서 1억 1,000만 원으로 10% 증가한다면, 제 1 안의 주당순이익은 500원에서 550원으로 10% 증가하며, 제 2 안의 주당순이익은 500원에서 600원으로 20%가 증가한다는 것이다. 따라서 미래의 경제상황이 좋아서 영업이익이 크게 증가할 것으로 예상될 때는 기업은 부채를 많이 사용하는 방법으로 자본을 조달하여 주당순이익을 크게 증가시킬 수 있다. 반대로 미래의 영업이익이 감소할 것으로 예상될 때는 자기자본으로 자본을 조달하여 주당순이익의 감소폭을 줄일 수 있다.

이제 영업이익이 1억 5,000만 원일 때의 재무레버리지도를 계산하여 보자.

$$\text{제 1 안}: \ DFL = \frac{15,000}{15,000 - 0} = 1.0$$

$$\text{제 2 안}: \ DFL = \frac{15,000}{15,000 - 5,000} = 1.5$$

제 1 안의 재무레버리지도는 역시 1.0이 되지만, 제 2 안은 1.5로 감소하였다. 타인자본을 사용하지 않는 제 1 안에서는 재무레버리지효과가 발생하지 않으므로

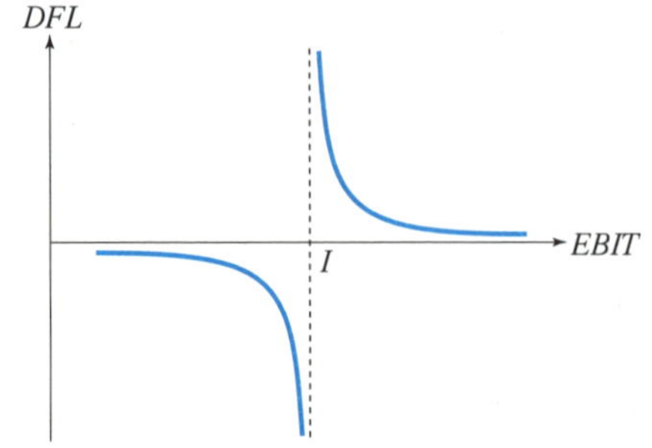

그림 5-6 영업이익과 재무레버리지도의 관계

영업이익의 변화율과 주당순이익의 변화율은 항상 같게 되고 따라서 재무레버리지도는 1.0이 된다. 반면에 타인자본을 사용하는 제 2 안에서는 재무레버리지효과가 발생하여 재무레버리지도는 1보다 크게 되는데, 이 재무레버리지도는 영업이익이 커질수록 낮아진다. [그림 5-6]에서 보듯이 영업이익이 이자비용과 비슷할 때 재무레버리지도는 매우 크게 나타나고 이자비용에 비해 영업이익이 클수록 재무레버리지도는 작아진다. 재무레버리지도가 이자비용을 중심으로 영업이익에 대한 쌍곡선으로 나타나는 것은 이 때문이다.

어느 기업의 재무레버리지도가 크다는 것은 그 기업의 타인자본의존도가 높아서 영업이익이 조금만 변하더라도 주주에게 돌아가는 주당순이익이 크게 변하게 된다는 의미이다. 따라서 주주들은 재무레버리지도가 높은 기업에 대하여는 위험을 크게 느끼고 높은 수익률을 요구하게 된다.

5.4 결합레버리지분석

지금까지는 손익계산서에서의 항목들을 두 가지로 구분하여, 영업레버리지분석에서는 매출액과 영업이익과의 관계, 재무레버리지분석에서는 영업이익과 순이익과의 관계를 설명하였다. 이러한 관계가 관심대상이 되는 이유는 영업레버리지에 있어서는 고정영업비용, 재무레버리지에 있어서는 고정재무비용 때문이었음을 다시 한번 강조한다.

그러면 매출액과 순이익과의 관계는 어떻게 될까? 이는 매출액 → 영업이익 → 순이익의 관계를 동시에 고려한 것으로서, 영업레버리지의 효과와 재무레버리지의 효과를 결합하여 보는 것이기 때문에 이를 분석하는 것을 결합레버리지분석(combined leverage analysis)이라 한다. 결합레버리지분석의 초점은 매출액의 변화에 따른 순이익(또는 주당순이익)의 변화관계를 분석하는 것이다. 영업레버리지의 효과를 영업레버리지도로 나타내었고, 재무레버리지의 효과를 재무레버리지도로 나타내었듯이, 결합레버리지의 효과도 결합레버리지도(degree of combined leverage : *DCL*)로 나타낼 수 있다.

결합레버리지도는 단순히 영업레버리지도와 재무레버리지도의 합이 아니라, 두 레버리지도의 곱으로 얻어진다. 왜냐하면 영업레버리지효과로 인하여 매출액의 변화가 *DOL*만큼 확대되어 영업이익으로 나타나고, 재무레버리지효과로 인하여 그 영업이익의 변화가 다시 *DFL*만큼 확대되어 순이익으로 나타나기 때문이다. 이것은 결합레버리지도를 나타낸 다음 식에서도 볼 수 있다.[3)]

$$\text{결합레버리지도} = \frac{\text{주당순이익의 변화율}}{\text{매출액(매출량)의 변화율}}$$

$$= \frac{\text{영업이익의 변화율}}{\text{매출량의 변화율}} \times \frac{\text{주당순이익의 변화율}}{\text{영업이익의 변화율}}$$

$$= \text{영업레버리지도} \times \text{재무레버리지도} = \frac{\text{공헌이익}}{\text{세전이익}}$$

$$DCL = \frac{\Delta EPS/EPS}{\Delta Q/Q} = DOL \cdot DFL = \frac{Q(p-v)}{EBIT-I} \tag{5·11}$$

식 5·11에서 보면 결합레버리지도는 $Q(p-v)$, 즉 총공헌이익을 세전이익으로

---

3) $DCL = DOL \cdot DFL$

$$= \frac{Q(p-v)}{Q(p-v)-FC} \cdot \frac{Q(p-v)-FC}{Q(p-v)-FC-I}$$

$$= \frac{Q(p-v)}{Q(p-v)-FC-I} = \frac{Q(p-v)}{EBIT-I}$$

표 5-6 **동해기업의 결합레버리지효과**

(단위 : 만 원)

매출액	40,000	48,000
(−)변동영업비용(50%)	20,000	24,000
(−)고정영업비용	10,000	10,000
영업이익	10,000	14,000
(−)이자비용	4,000	4,000
세전이익	6,000	10,000
(−)법인세(40%)	2,400	4,000
세후순이익	3,600	6,000

나눈 것이다.

위의 식 5·11을 이용하는 예를 들어 보자. 동해기업은 현재 매출액이 4억 원, 변동비는 매출액의 50%이다. 고정비는 1억 원이고, 4,000만 원의 이자를 지급하고 있으며, 순이익은 3,600만 원이라고 하자. 이에 대한 자세한 내용은 〈표 5-6〉에 정리하였다. 이 동해기업의 매출액이 4억 8,000만 원으로 증가할 때 순이익에 미치는 영향은 어떠한가?

예에서 매출액이 4억 원에서 4억 8,000만 원으로 20% 증가할 때 순이익은 3,600만 원에서 6,000만 원으로 66%의 증가를 보이고 있다. 이 결합레버리지의 효과를 영업레버리지도와 재무레버리지도로 구분하여 보자.

$$\text{영업레버리지도} = \frac{\text{공헌이익}}{\text{영업이익}} = \frac{40{,}000-20{,}000}{40{,}000-20{,}000-10{,}000} = \frac{20{,}000}{10{,}000} = 2$$

$$\text{재무레버리지도} = \frac{\text{영업이익}}{\text{세전이익}} = \frac{10{,}000}{10{,}000-4{,}000} = \frac{5}{3}$$

결합레버리지도는 $2\times\frac{5}{3}=3.3$배가 된다. 이는 매출액이 1% 증가함에 따라 순이익은 3.3% 증가한다는 것으로서, 이를 식 5·11에 대입하면 간단히 계산된다.

$$DCL = \frac{\text{공헌이익}}{\text{세전이익}} = \frac{40{,}000-20{,}000}{10{,}000-4{,}000} = 3.3$$

레버리지와 위험

고정영업비용이 커지면 영업레버리지도가 커진다. 또 이자비용이 커질수록 재무레버리지도도 커진다. 영업레버리지도가 커진다는 것은 매출액 변화에 따라 영업이익의 변화폭이 커진다는 것을 뜻하며, 재무레버리지도가 커진다는 것은 영업이익의 변화에 따라 주당순이익의 변동이 커진다는 것을 뜻한다. 따라서 미래에 매출액이 어떻게 될지 모르는 불확실한 상황에서 영업레버리지도와 재무레버리지도가 커질수록 주당순이익의 불확실성은 확대된다. 이를 그림으로 그려보면 [그림 5-7]과 같다.

[그림 5-7]은 매출액의 불확실성에 따르는 위험은 두 레버리지효과 때문에 확대되어, 주당순이익의 위험이 더욱 커진다는 것을 잘 보여준다. 그림에서 보는 것과 같이 매출액이 불확실한 상황에서 레버리지가 크면 클수록 주당순이익의 위험은 증가한다. 주주들은 주당순이익의 위험이 커질수록 더 큰 보상을 요구하게 된다.

예를 들어, 새로운 시설투자로 영업레버리지가 증가할 때 기대영업이익이 종전보다 증가하지 않는다면 주주들은 새로운 시설투자에 나서지 않을 것이다. 또 타인자본의 이용으로 재무레버리지가 증가할 때, 미래의 주당순이익이 증가하지 않는다면 주주들은 그 주식을 팔 것이고, 결국 주가는 하락하게 될 것이다.

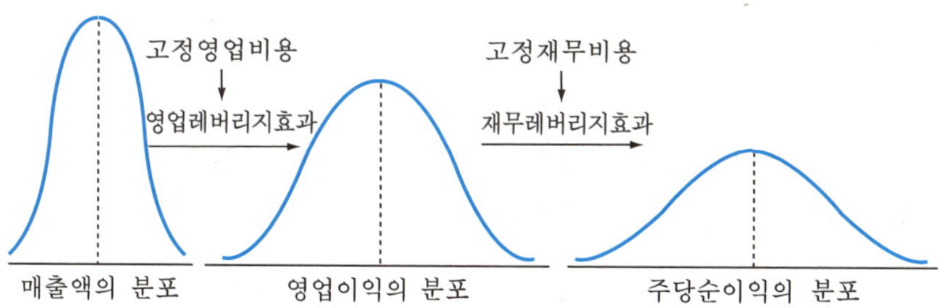

그림 5-7 레버리지와 위험

중요용어

- 영업레버리지 operating leverage
- 재무레버리지 financial leverage
- 공헌이익 contribution margin
- 손익분기점 break-even point
- 고정비 fixed cost
- 변동비 variable cost
- 결합레버리지효과 combined leverage effect
- 영업레버리지도 degree of operating leverage : *DOL*
- 재무레버리지도 degree of financial leverage : *DFL*
- 주당 순이익의 불확실성 uncertainty of *EPS*

연 | 습 | 문 | 제

5-1 영업레버리지효과에 대하여 설명하라.

5-2 재무레버리지효과에 대하여 설명하라.

5-3 영업레버리지효과와 재무레버리지효과가 주당 순이익의 변동과 주식의 위험프리미엄에 어떻게 영향을 미칠지 설명하라.

5-4 관악기업은 탁상시계를 제조하여 8,000원에 팔고 있으며, 현재 월간 생산능력이 40,000대이고, 이에 대한 고정비가 2,000만 원이다. 탁상시계 1대 생산에 변동비가 4,000원이 든다.

① 5,000대를 생산하여 판매하는 경우, 관악기업의 영업이익은 얼마인가?

② 관악기업의 손익분기점을 구하라.

③ 판매가격이 하락하여 7,500원이 되고 원자재의 가격상승으로 단위당 변동비가 4,300원으로 인상되었다면 이때의 손익분기점은 얼마인가?

5-5 백두기업은 현재 매출액이 90억 원이며, 세후순이익은 2.4억 원이다. 이 회사가 생산하고 있는 우산은 개당 10,000원에 팔리고 있으며, 변동비는 우산 1개당 7,500원이다. 법인세율은 20%이다.

① 이 회사의 고정비는 얼마인가?

② 이 회사의 손익분기점을 매출량과 매출액으로 각각 구하라.

5-6 서울주식회사는 1,000억 원의 기존시설을 가지고 있는데 500억 원 상당의 시설확장을 계획하고 있다. 이 회사의 현재 영업이익은 140억 원이며, 확장 후의 기대영업이익은 200억 원이다. 법인세율은 50%이다. 보통주 2,000만 주가 이미 발행되었으며, 새로운 투자를 위해서는 주당 5,000원으로 1,000만 주의 주식을 추가로 발행해야 한다.

① 500억 원을 보통주로 조달할 경우와 부채로 조달할 경우의 주당 순이익을 구하라(이자율은 10%이다).

② 현재 예상되는 영업이익하에서 어떤 방법으로 자본을 조달하는 것이 주주에게 유리한가?

③ 부채로 500억 원을 조달할 경우에 확장 후의 이 기업의 재무레버리지도는 얼마인가?

5-7 한라주식회사는 생수를 생산 · 판매하고 있다. 이 회사가 생산하는 생수는 한 병당 500원에 판매되고 있으며, 생수 한 병을 생산 · 판매하는 데 들어가는 변동비는 300원이다. 한편 이 생수의 생산과 판매를 위한 설비투자에서 발생하는 고정비는 1,000만 원이다. 한라주식회사는 이자율 10%로 4,000만 원의 부채를 사용하고 있다. 다음 물음에 답하라.

① 한라주식회사의 올해의 매출량은 20만 병이다. 현재의 매출수준에서의 영업레버리지도를 구하고 그 의미를 설명하라.

② 현재의 매출수준에서의 재무레버리지도를 구하고 그 의미를 설명하라.

③ 현재의 매출수준에서의 결합레버리지도를 구하고 그 의미를 설명하라.

Financialmanagement

제 III 편

가치평가와 자본예산

제 6 장

화폐의 시간가치

사람들은 같은 현금 만 원이라도 오늘 받는 만 원을 한달 뒤에 받을 만 원보다 더 가치 있게 생각한다. 기업의 현금흐름은 한 시점에서만 발생하는 것이 아니라 시간차이를 두고 여러 기간에 걸쳐 발생하는 것이 보통이다. 예를 들면 어떤 기업에서는 올해 20억 원, 내년에 40억 원의 현금흐름이 발생한다. 이처럼 서로 다른 시점에서 발생하는 현금흐름을 비교 · 평가하기 위해서는 어떤 한 시점에서 바라보는 통일된 현금흐름의 가치계산이 우선적으로 필요하다. 이 장에서는 서로 다른 시점에서 발생하는 현금흐름을 일정한 기준하에서 비교할 수 있도록 하는 여러 가지 기법을 다루게 된다. 화폐의 시간가치를 고려하는 것은 모든 재무의사결정의 바탕이 된다.

생·각·의·전·당

화폐의 시간가치에 대한 인식은 재무의사결정의 출발점이다. 이는 다이아몬드의 원석과도 같다. 이 원리를 무시하면 절대로 올바른 결론을 얻을 수 없다. 원석은 당장에는 빛이 나지 않지만 그것이 없으면 다이아몬드의 아름다움을 구현할 수가 없는 것과 마찬가지이다.

6.1 단일시점의 현금흐름 평가

미래가치와 복리

오늘 100만 원을 은행에 예금하면 1년 후에는 얼마를 받을 수 있을까? 이와 같이 현재의 일정금액을 미래 특정 시점의 가치로 환산한 금액을 미래가치(future value: FV)라고 한다. 미래가치의 계산은 복리(compound interest)와 단리(simple interest) 계산이 있는데, 단리계산은 거의 사용되지 않기 때문에 여기서는 복리계산을 중심으로 설명한다. 복리계산이란 이자가 발생하면 그것이 재투자되어 이자에 대한 이자가 반복하여 발생한다고 가정하고 미래가치를 구하는 방법이다.

현재의 원금을 C_0, 향후 1년간의 이자율을 r_1이라고 하자. 원금 C_0원을 1년간 예금하였을 때 받게 되는 1년 후의 미래가치 FV_1은 원금 C_0와 이에 대한 이자를 더한 값이다. 이자는 원금 C_0에 연간 이자율 r_1을 곱한 값이므로 FV_1은 다음과 같이 쓸 수 있다.

$$FV_1 = C_0 + C_0 \cdot r_1 = C_0 \cdot (1 + r_1) \tag{6·1}$$

| 예 1 | 원금 10,000원을 연간 이자율 10%로 1년간 빌려주었을 때 1년 후에 받는 미래가치는 얼마인가?

$$FV_1 = 10,000\,(1 + 0.1) = 11,000\,(\text{원})$$

C_0원을 2년간 예금하면 2년 후의 미래가치 FV_2는 얼마가 될까? C_0의 2년 후 미래가치를 구하기 위해서는 앞으로 2년 동안에 적용될 연간 이자율을 알아야 한다. 향후 2년 동안에 적용될 연간 이자율은 시장에서 쉽게 확인할 수 있다. 2년만기 정기예금에 가입했을 때 얻을 수 있는 이자율이 바로 그것이다. 앞으로 2년간의 예금에 적용될 연간 이자율을 r_2라 하면 2년 후의 미래가치 FV_2는 원금 C_0를 처음 1년간 r_2의 이자율로 예금하여 얻은 1년 후의 미래가치 FV_1을 다음 1년 동안 이자율 r_2로 다시 예금하여 얻은 값이므로 다음과 같이 계산된다.

$$FV_2 = FV_1(1 + r_2) = C_0(1 + r_2)(1 + r_2) = C_0(1 + r_2)^2 \tag{6·2}$$

| 예 2 | 원금 10,000원을 연간 이자율 10%로 2년간 빌려주었을 때 2년 후에 받는 미래가치는 얼마인가?

$$FV_2 = 10,000(1 + 0.1)^2 = 12,100(\text{원})$$

같은 방법으로 일반화하면, 앞으로 n년 동안에 적용될 연간 이자율이 r_n인 경우 n년 후의 미래가치 FV_n은 다음과 같이 나타낼 수 있다.

$$FV_n = C_0(1 + r_n)(1 + r_n) \cdots (1 + r_n) = C_0(1 + r_n)^n \tag{6·3}$$

| 예 3 | 원금 10,000원을 연간 이자율 10%로 5년간 정기예금하였을 때 5년 후의 미래가치는 얼마인가?

$$FV_5 = 10,000(1 + 0.1)^5 = 16,105(\text{원})$$

식 6·3의 복리계산법은 원금 C_0에 대하여 매 기간 일정한 금액($C_0 \cdot r_n$)의 가치가 증가하는 단리계산과 구분되어야 한다. [예 3]에서의 미래가치를 단리계산법으로 구하면 다음과 같다.

$$FV_5 = 10,000(1 + 0.1 \times 5) = 15,000(\text{원})$$

단리계산에 의한 미래가치 15,000원이 복리계산에 의한 미래가치 16,105원과 차이가 나는 이유는 단리계산의 경우 원금에 대한 이자만이 고려되었을 뿐, 매기마다 붙는 이자에 대한 이자가 계산되지 않았기 때문이다. 따라서 정확한 의미의

표 6-1 [예 3]의 복리계산과정

(단위 : 원)

년	기초가치	이자금액	기말가치
1	10,000	1,000	11,000
2	11,000	1,100	12,100
3	12,100	1,210	13,310
4	13,310	1,331	14,641
5	14,641	1,464	16,105

미래가치는 식 6·3과 같은 복리계산을 통해 구해진 값이다. 〈표 6-1〉은 [예 3]의 복리계산을 통한 미래가치가 계산되는 과정을 보여주고 있다.

미래가치요소와 복리표

n기간 동안에 적용될 연간 이자율이 r_n일 때 현재의 1원은 n기간 후에는 $(1+r_n)^n$원이 된다. 이 $(1+r_n)^n$을 복리가치요소(compound value factor : *CVF*) 혹은 미래가치요소(future value factor : *FVF*)라 하는데 매번 계산하는 불편함을 없애기 위해 미리 계산한 표를 만들어 사용하고 있다. 부록에 나타낸 〈표 1〉이 그것인데 이를 복리표라 한다. 복리표의 일부를 〈표 6-2〉에 옮겨놓았다.

표 6-2 기간과 이자율 변화에 따른 미래가치요소(*FVF*)

$$FVF(r_n, n) = (1+r_n)^n$$

기간(n) \ 이자율(r_n)	0%	5%	10%	15%
1	1.0000	1.0500	1.1000	1.1500
2	1.0000	1.1025	1.2100	1.3225
3	1.0000	1.1576	1.3310	1.5209
4	1.0000	1.2155	1.4641	1.7490
5	1.0000	1.2763	1.6105	2.0114
6	1.0000	1.3401	1.7716	2.3131
7	1.0000	1.4071	1.9487	2.6600
8	1.0000	1.4775	2.1436	3.0590
9	1.0000	1.5513	2.3579	3.5179
10	1.0000	1.6289	2.5937	4.0456

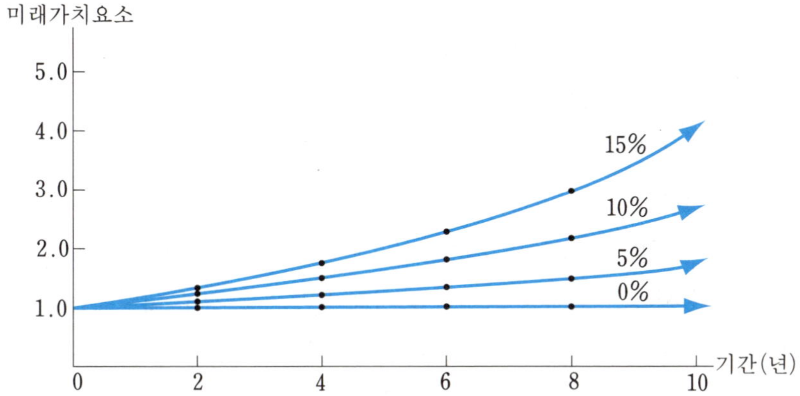

그림 6-1 기간과 이자율의 변화에 따른 미래가치요소의 변화

| 예 4 | 원금 10,000원을 연리 10%에 9년 동안 예금할 때, 9년 후의 미래가치를 복리표를 사용하여 계산하라.

〈표 6-2〉에서 $FVF(10\%, 9년) = 2.3579$이므로

$$FV_9 = 10,000 \times 2.3579 = 23,579 \text{ (원)}$$

72의 법칙

〈표 6-2〉를 보면 이자율이 10%인 경우 약 7년이 경과하면 미래가치가 원금의 2배가 되고 15%인 경우는 약 5년 후에 원금의 2배가 된다. 실무적으로는 미래가치가 원금의 2배가 되는 이자율과 기간과의 관계를 나타내는 '72의 법칙(rule of 72)'을 통해 대략적인 미래가치를 손쉽게 계산하기도 한다. 이는 미래가치가 원금의 2배가 되는 이자율과 기간의 조합들은 그 곱이 대략 72로 일정하다는 것이다. 예컨대 6%의 이자율일 경우 약 12년 후에 미래가치가 원금의 2배가 되고, 10년 후의 미래가치가 원금의 2배가 되도록 하는 이자율은 7.2%로 보면 된다는 것이다. '72의 법칙'은 이자율이 5~20% 범위를 벗어나면 오차가 크게 되어 그 유용성이 떨어진다.

[그림 6-1]은 기간과 이자율의 변화에 따른 미래가치요소의 변화를 나타낸 그림이다. 복리계산에 적용되는 이자율이 커질수록, 기간이 길어질수록 미래가치요소는 점점 커지고 있음을 볼 수 있다.

현재가치와 할인

미래가치가 현재의 일정금액을 일정기간 후의 가치로 환산한 것이라면, 현재가치 또는 현가(present value : *PV*)는 미래에 발생하게 될 현금흐름을 현재시점의 가치로 환산한 금액을 말한다. 1년 후에 받게 될 100만 원을 오늘의 가치로 환산하면 얼마가 될까? '많으면 많을수록 좋다'는 경제학의 기본가정하에서는 모든 사람이 내일의 1원보다 오늘의 1원을 선호할 것이다. 왜냐하면, 오늘 1원을 은행에 예금하거나 확실한 이익을 가져다줄 사업에 투자할 경우 내일에는 1원보다 더 큰 금액을 얻을 수 있기 때문이다. 따라서 오늘의 1원이 내일의 1원보다 더 큰 가치를 가지는데 이를 '재무관리의 제1원리(the first principle of finance)'라고 한다.

현가계산을 위한 공식은 미래가치의 계산식인 식 6·3으로부터 도출할 수 있다. 미래가치의 계산에서는 현재의 현금흐름(C_0)과 이자율 r_n을 알고 n기간 후의 미래가치(FV_n)를 계산하는 데 반하여, 현가계산에서는 미래의 현금흐름(C_n)과 이자율 r_n을 알 경우 그것의 현재가치(PV)를 계산하고자 하는 것이므로 식 6·3을 다음과 같이 변형한 것이 현가를 계산하는 공식이 된다.

$$PV = \frac{C_n}{(1+r_n)^n} = C_n(1+r_n)^{-n} \qquad (6\cdot4)$$

이 내용을 예를 들어 자세히 살펴보자. (주)백두가 1년 후에 100만 원의 수익을 가져다줄 것이 확실한 투자안을 가지고 있다 하자. 만일 (주)백두가 이 투자안을 현 시점에서 다른 회사에 매각한다면 얼마의 가격을 요구할 수 있을까? (주)백두가 투자안의 매각대금을 안전한 은행에 1년간 예금할 경우 연 10%의 이자를 받을 수 있다고 한다.

이 문제에 대한 대답은 결국 투자안의 현재가치를 구하는 일이다. 투자안을 구입하려는 회사는 현재가치 이상을 지불하려고 하지 않을 것이며, (주)백두는 현재가치 이하에 팔 이유가 없다. '재무관리의 제1원리'에 의하면 1년 후 발생할 100만 원의 현가는 100만 원보다 작으며, 식 6·4를 이용하여 다음과 같이 현가를 계산할 수 있다.

$$PV = 100 \times \frac{1}{1.1} = 90.9\,(\text{만 원})$$

여기서 1/1.1을 할인요소(discount factor : *DF*), 이자율 10%를 할인율(discount rate)이라고 부른다. (주)백두가 투자안의 현재가치를 평가하기 위해 사용한 할인율은 (주)백두가 이 투자안을 보유할 경우 포기하여야 하는 대체투자안(투자안 매각대금을 은행에 예금하는 일)의 이자율(수익률)이다. 이런 의미에서 할인율은 자본의 기회비용(opportunity cost)의 의미를 갖는다. 결국 위 예가 말해 주는 것은 이자율이 연 10%일 때 1년 후의 100만 원과 현 시점의 90.9만 원은 같은 가치를 가진다는 것이다.

순현가

투자안의 현가가 90.9만 원이라고 해서 (주)백두가 얻는 순이득이 90.9만 원이라는 의미는 아니다. 이 투자안에 투자하는 데 들어간 투자비용을 고려해야 하기 때문이다. 만약 투자비용이 70만 원이라면 순이득은 90.9 − 70 = 20.9(만 원)가 되며 투자비용이 100만 원이라면 90.9 − 100 = −9.1(만 원)이 되는데, 이러한 순이득을 투자안의 순현가(net present value : *NPV*)라고 한다. 순현가를 구하는 식은 다음과 같다.

$$\text{순현가}(NPV) = \text{투자안의 현가} - \text{투자비용} \qquad (6 \cdot 5)$$

순현가가 양(+)이면 투자를 하고 음(−)이면 투자를 하지 말아야 할 것이다. 순현가에 대해서는 제 8 장에서 상세히 다루어진다.

현가요소와 현가표

이자율이 r_n일 때 $(1+r_n)^{-n}$은 n기간 후의 1원이 현재 얼마의 가치가 있는지를 계산한 할인요소 또는 현가요소(present value factor : *PVF*)로 흔히 $DF(r_n, n)$ 혹은 $PVF(r_n, n)$으로 나타낸다. 부록에 나타낸 〈표 2〉는 매번 계산하는 불편함을 없애기 위하여 할인율 r_n과 기간 n에 따른 현가요소의 값을 미리 계산한 것인데, 이를 현가표(present value table)라 한다.

미래가치계산에 사용되는 미래가치요소(*FVF*)와 현가계산에 사용되는 현가요

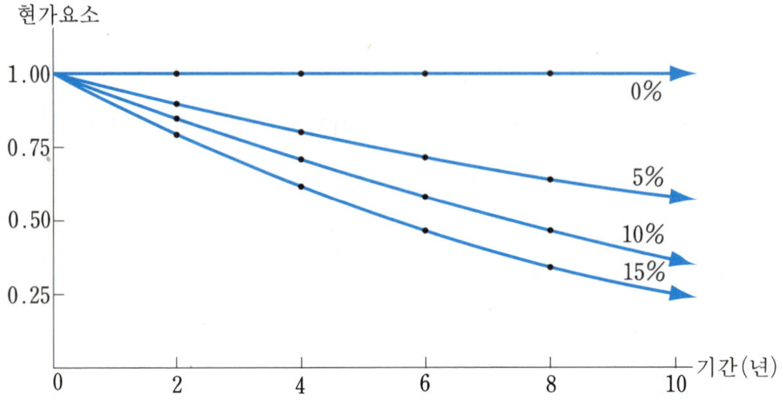

그림 6-2 기간과 할인율의 변화에 따른 현가요소의 변화

소(*PVF*) 사이에는 역수의 관계가 성립한다.

$$PVF = \frac{1}{FVF} \tag{6·6}$$

| 예 5 | 4년 후 500만 원을 받을 수 있는 투자안의 현재가치는 얼마인가? 기간 중 이자지급은 없으며 할인율은 연 20%라고 한다.

$$PV = \frac{C_n}{(1+r_n)^n} = \frac{500}{(1+0.2)^4} = 241.125\,(\text{만 원})$$

| 예 6 | [예 5]를 복리표 및 현가표를 이용하여 각각 계산하라.

부록 〈표 1〉의 복리표로부터 *FVF*(20%, 4년) = 2.0736이므로

$$PV = \frac{C_n}{FVF(r_n, n)} = \frac{500}{2.0736} = 241.125\,(\text{만 원})$$

또는 부록 〈표 2〉의 현가표로부터 *PVF*(20%, 4년) = 0.48225이므로

$$PV = C_n \cdot PVF(r_n, n) = 500 \times 0.48225 = 241.125\,(\text{만 원})$$

[그림 6-2]는 기간과 할인율의 변화에 따른 현가요소의 변화를 나타낸 것이다. 현가요소는 기간과 이자율이 커짐에 따라 점점 작아지고 있음을 알 수 있다.

6.2 여러 시점의 현금흐름 평가와 현가모형

지금까지는 현금흐름이 단 한 번 일어나는 경우의 미래가치와 현재가치의 계산에 관련된 기초개념들을 살펴보았다. 다음에 살펴볼 문제는 현금흐름이 여러 기간에 걸쳐 일어나는 경우이다. 이러한 현금흐름의 현재가치를 먼저 계산해 보고 또 이를 미래가치로 환산해 보자.

현재가치의 계산

1년 후에 C_1, 2년 후에 $C_2, \cdots, n$년 후에 C_n의 확실한 현금흐름을 가져다주는 투자안이 있다고 하자. 이 투자안의 현재시점에서의 가치는 어떻게 계산할 수 있을까? 여러 기간에 걸쳐 발생하는 크기가 서로 다른 현금흐름의 현재가치는 각각의 현금흐름의 현재가치를 계산하고 그 값들을 합하여 총현재가치를 구하면 된다.[1)]각 기간 동안에 적용되는 연간 이자율을 $r_i(i=1, 2, \cdots, n)$라고 하면, 앞의 현금흐름의 현가를 구하는 과정은 다음의 [그림 6-3]과 같다.

[그림 6-3]에서 1년 후의 현금흐름 C_1의 현재가치는 $C_1/(1+r_1)$이고, 2년 후의 현금흐름 C_2의 현재가치는 $C_2/(1+r_2)^2$ 등과 같으므로, 총현재가치는 다음과 같다.

현가모형(present value model) 또는
할인현금흐름모형(discounted cash flow formula):

$$PV = \frac{C_1}{(1+r_1)} + \frac{C_2}{(1+r_2)^2} + \cdots + \frac{C_n}{(1+r_n)^n}$$
$$= C_1 \times PVF_1 + C_2 \times PVF_2 + \cdots + C_n \times PVF_n \qquad (6\cdot7)$$

1) 이는 같은 시점의 가치로 평가된 현금은 서로 더하고 빼는 것이 허용되는 가치의 가산원칙(value additivity principle)이 적용되기 때문이다. 서로 다른 시점의 가치로 평가된 현금들은 시간가치가 서로 다르기 때문에 주어진 상태로 단순히 더하고 뺄 수 없다는 점에 주의해야 한다.

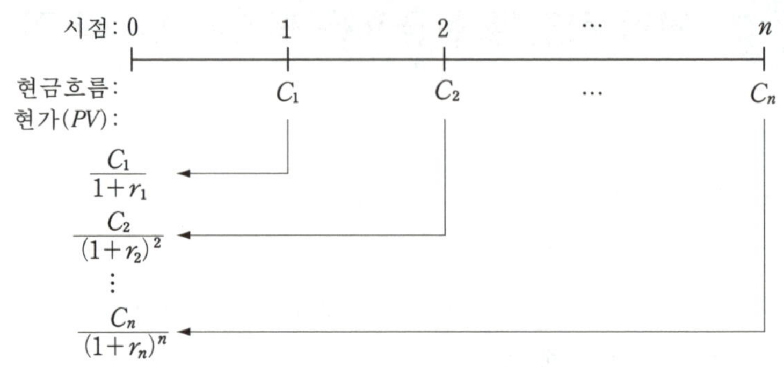

그림 6-3 여러 시점에서 발생하는 현금흐름의 현가 계산

식 6·7은 현가모형(present value model) 또는 할인현금흐름(discounted cash flow : *DCF*)모형이라고 불리며 재무관리에서 가장 기본이 되고 흔히 사용되는 가치평가모형이다. 만일 기간 i $(i = 1, 2, \cdots, n)$에 관계없이 연간 이자율 r이 일정할 경우 식 6·7은 다음과 같이 쓸 수 있다.

$$PV = \frac{C_1}{(1+r)} + \frac{C_2}{(1+r)^2} + \cdots + \frac{C_n}{(1+r)^n} \qquad (6\cdot7)'$$

| 예 7 | 앞으로 1년 동안은 5%의 연간 이자율이, 2년 동안에는 6%의 연간 이자율이 적용되는 경우 다음과 같은 현금흐름의 현가를 구하라.

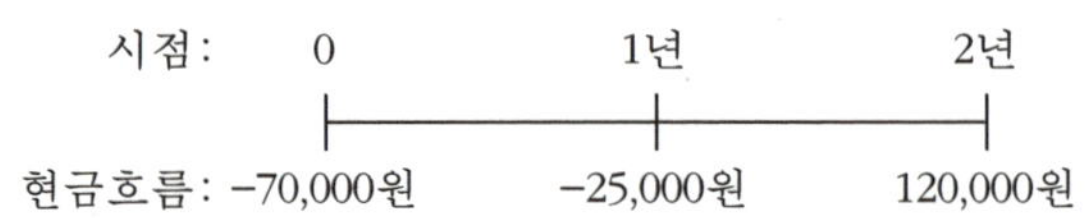

식 6·7을 이용하여 각 현금흐름의 현가를 계산하여 총현가를 구하면 아래 표와 같다.

시점	현금흐름	$PVF[= 1/(1+r_n)^n]$	현가
0	−70,000	1	−70,000
1	−25,000	1/1.05 = 0.9524	−23,810
2	120,000	$1/(1.06)^2$ = 0.8900	+106,800
총현가			12,990

위의 현금흐름이 사업안으로부터 발생하는 현금흐름을 나타낸 것이라면 첫 두 시점에서 발생하는 음(−)의 현금흐름은 이 사업에 소요되는 투자비용으로 해석될 수 있다. 이 경우 위에서 구한 현가 12,990원은 사업안의 순현가(*NPV*)가 될 것이다.

미래가치의 계산

정기예금이 아닌 일반예금에 가입할 때 개인의 현금사정에 따라 예금액이 커지거나 작아질 수 있다. 이런 식의 예금에 대해 일정기간 후의 미래가치를 계산하려면 어떻게 해야 할까? 1년 후에 C_1, 2년 후에 $C_2, \cdots$, n년 후에 C_n의 금액을 예금할 때 n년 후의 예금의 가치는 얼마인가를 계산해 보자. 향후 각 기간 동안에 적용되는 연간 이자율을 $r_i (i = 1, 2, \cdots, n)$라고 하면, [그림 6-3]의 현금흐름의 n기간 후의 미래가치를 구하는 과정은 다음의 [그림 6-4]와 같다. 모든 예금의 n년 후 미래가치는 각 시점에서의 예금의 현재가치를 계산하고 그 값들을 모두 더한 후 이것을 n년 후 미래가치로 환산한 값이다.

[그림 6-4]에서 1년 후 예금 C_1의 현재가치는 $1/(1+r_1)$이고, 2년 후 예금 C_2의 현재가치는 $1/(1+r_2)^2$ 등과 같으므로 총미래가치는 각각의 현재가치를 더한 후 이것에 미래가치 요소를 곱하여 다음과 같이 구할 수 있다.

$$FV_n = \left[\frac{C_1}{(1+r_1)} + \frac{C_2}{(1+r_2)^2} + \cdots + \frac{C_n}{(1+r_n)^n}\right] \cdot (1+r_n)^n \qquad (6\cdot 8)$$

만일 앞의 현금흐름의 3년 후 시점에서의 미래가치를 알고 싶다면 식 6·8을 이용하여 다음과 같이 구할 수 있다.

$$FV_3 = \left[\frac{C_1}{(1+r_1)} + \frac{C_2}{(1+r_2)^2} + \cdots + \frac{C_n}{(1+r_n)^n}\right] \cdot (1+r_3)^3 \qquad (6\cdot 9)$$

| 예 8 | 투자자 김 씨는 1년 후에 400만 원, 2년 후에 600만 원, 3년 후에 700만 원의 투자수익을 회수할 것이 확실하다. 1년, 2년, 3년 동안의 연간 이자율이 각각 4%, 5%, 6%일 경우 이 현금흐름의 2년 후와 3년 후의 미래가치를 구하라.

투자수익의 현재가치 *PV*는 다음과 같다.

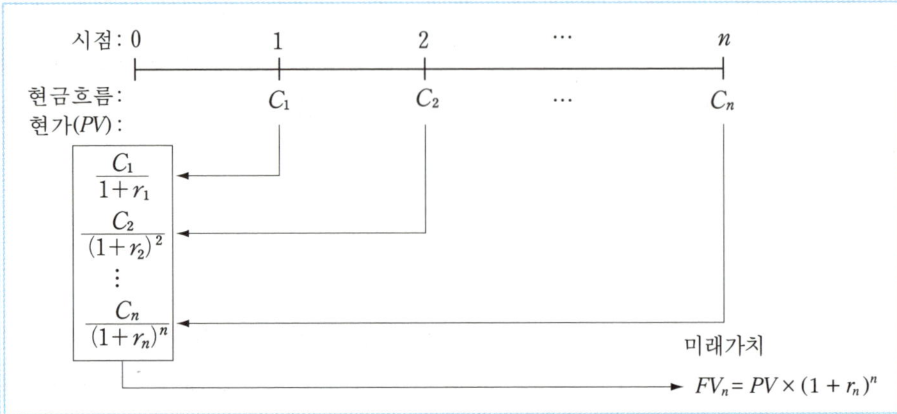

그림 6-4 여러 시점에서 발생하는 현금흐름의 미래가치 계산

$$PV = \frac{400}{1.04} + \frac{600}{(1.05)^2} + \frac{700}{(1.06)^3} = 1,516,57\,(\text{만 원})$$

이를 2년 및 3년 후의 가치로 환산하면 각각 다음과 같다.

$$FV_2 = 1,516.57 \times (1.05)^2 = 1,672.02(\text{만 원})$$
$$FV_3 = 1,516.57 \times (1.06)^3 = 1,806.26(\text{만 원})$$

6.3 특수형태의 현금흐름 평가

화폐의 시간가치에 관한 한 기본적으로 식 6·7을 이용하면 많은 문제를 해결할 수 있다. 하지만 많은 경우 계산에 소요되는 시간이나 노력이 엄청날 수 있다. 예를 들어, 20년 동안 매월 같은 금액을 지불해야 할 채무가 있다고 하자. 이 채무의 현가를 구하는 일은 개념적으론 단순하지만 240(=12×20)회의 상당한 양의 계산을 필요로 한다. 하지만 이 경우 아래에서 소개될 특수한 현금흐름의 평가는 공식을 통하여 비교적 간편하게 계산할 수 있다. 단, 매 기간에 적용될 연간 이자율이 같다는 가정이 필요하다.

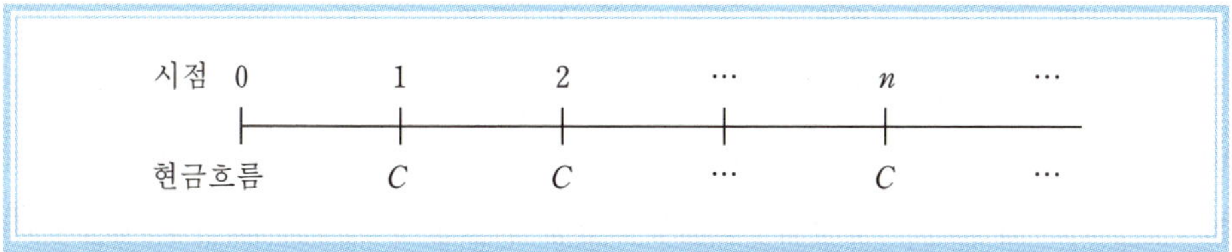

그림 6-5 영구연금의 현금흐름

영구연금

영구연금(perpetuity)이란 매 기간 일정금액을 영속적으로 지급하는 현금흐름을 말한다. 영원한 현금흐름이란 말이 비현실적으로 들릴 수 있으나, 영국 정부가 발행했던 'consol'이라는 만기가 없는 채권이 잘 알려진 예이다. 이 채권을 구입하면 원금의 상환 없이 매 기간마다 일정금액의 이자를 영구히 지급받게 된다. 영구연금의 현금흐름형태는 위의 [그림 6-5]와 같다.

식 6·7′를 적용하면 영구연금의 현가는 다음과 같이 구해진다.

$$PV = \frac{C}{1+r} + \frac{C}{(1+r)^2} + \cdots + \frac{C}{(1+r)^n} + \cdots \qquad (6 \cdot 10)$$

식 6·10의 오른편은 등비급수로서 무한히 많은 항을 가지고 있지만 이들의 합은 다음 공식에 의하여 간단히 계산된다.[2)]

$$PV(\text{영구연금}) = \frac{C}{r} \qquad (6 \cdot 11)$$

영구연금이 무한개수의 현금흐름을 가지면서도 유한한 값의 현가를 가지는 이유는 현금흐름의 실현시점이 멀어질수록 할인 정도가 커져 아주 먼 미래에 발생

---

2) 식 6·10에서 $C/(1+r) = a$, 그리고 $1/(1+r) = x$라고 하면,

$$PV = a + ax + ax^2 + \cdots \qquad (\text{i})$$

가 된다. 양변에 x를 곱하면

$$xPV = ax + ax^2 + \cdots \qquad (\text{ii})$$

가 되고, 식 (i)에서 식 (ii)를 빼면

$$PV(1-x) = a$$

가 되며, 여기에 x와 a를 다시 대입하여 정리하면 $PV = C/r$를 얻는다.

하는 현금흐름의 현가는 거의 영에 가깝기 때문이다.

식 6·11의 결과를 직관적으로 설명하여 보자. 영구연금의 현가는 어떤 사람이 매년 C원을 영구히 지출한다고 할 때 총지출액의 현가와 같다. 그렇다면, 이자율이 r 일 때 매년 C원을 영구히 지출하기 위해서는 현재 은행에 얼마를 예금해야 할까? 이 문제는 식 6·11의 영구연금의 현가를 구하는 것과 같다. 따라서 예금액 $\times r = C$가 되어야 하므로 필요한 예금액은 C/r가 된다.

| 예 9 | 할인율이 연 10%일 때, 매년 500만 원의 현금흐름을 벌어들이는 기업의 가치를 계산하라.

$$\text{기업가치} = \frac{C}{r} = \frac{500}{0.1} = 5,000\,(\text{만 원})$$

| 예 10 | 이자율이 6%일 때, 1년 후부터 매년 200만 원의 장학금을 영구히 지급하고자 하는 장학재단은 현재시점에서 얼마의 기금을 조성해야 하는가?

$$\text{필요기금} = \frac{200}{0.06} = 3,333(\text{만 원})$$

성장형 영구연금

성장형 영구연금(growing perpetuity)은 현금흐름이 영구적으로 발생하는 점에서는 영구연금과 유사하나, 매 기간 실현되는 현금이 일정성장률(g)로 증가하는 점이 다르다. 이러한 현금흐름의 형태는 다음의 [그림 6-6]과 같다.

이 경우 현금흐름의 현가는

$$PV = \frac{C}{1+r} + \frac{C(1+g)}{(1+r)^2} + \cdots + \frac{C(1+g)^{n-1}}{(1+r)^n} + \cdots \qquad (6\cdot12)$$

이 되고, 각주 2에서와 같은 방식으로 이를 간단히 하면 다음과 같은 공식을 얻는다.

$$PV(\text{성장형 영구연금}) = \frac{C}{r-g}\ (\text{단, } r>g) \qquad (6\cdot13)$$

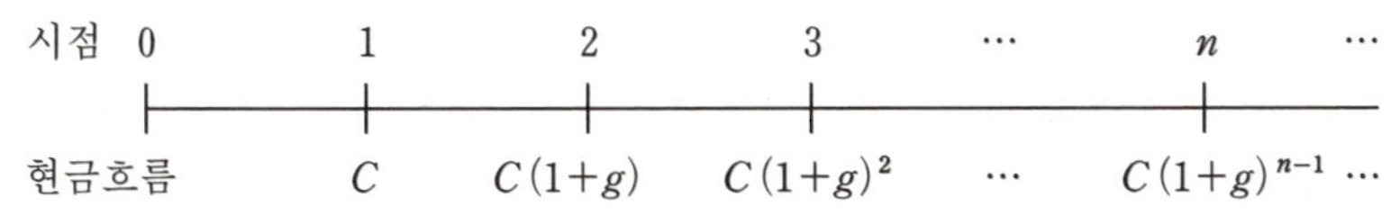

그림 6-6 성장형 영구연금의 현금흐름

식 6·13은 성장률 g가 할인율 r보다 작은 경우에만 적용되어야 한다. 만약 현금흐름이 할인율보다 빠르게 성장한다면($r<g$) 이 영구연금의 현재가치는 무한대가 될 것이다. 이 공식을 적용하기 전에 또 하나 주의할 사항은 현금흐름이 시점 1부터 발생하고 이 금액이 시점 2부터 일정률로 성장하는 경우에만 적용된다는 점이다.

| 예 11 | [예 10]에서 장학재단이 매년 연평균 물가상승률 3%만큼 증가한 금액을 지급하고자 한다면 얼마의 기금을 조성해야 하는가?(단, 장학금지급은 1년 후 200만 원으로 시작된다.)

$$\text{필요기금} = \frac{200}{0.06 - 0.03} = 6,667\,(\text{만 원})$$

연금

연금의 현재가치

미래의 일정기간 동안 매년 일정금액을 지급하는 현금흐름의 형태를 연금(annuity)이라 한다. 매년 일정금액을 지급하는 면에서는 영구연금과 유사하나 현금흐름이 영구적이지 않고 어느 시점에서 그친다는 점이 다르다. 일반적인 연금의 현금흐름형태는 다음의 [그림 6-7]과 같다.

이러한 연금의 현가는 다음과 같이 계산된다.

$$PV = \frac{C}{1+r} + \frac{C}{(1+r)^2} + \cdots + \frac{C}{(1+r)^n} \qquad (6\cdot14)$$

식 6·14의 계산을 위하여 다음과 같은 두 가지 형태의 영구연금 A와 B를 고려

시점	0	1	2	⋯	n
현금흐름		C	C	⋯	C

그림 6-7 연금의 현금흐름

하여 보자.

영구연금 A :

시점	0	1	2	⋯	n	$n+1$	$n+2$	⋯
현금흐름		C	C	⋯	C	C	C	⋯

영구연금 B :

시점	0	1	2	⋯	n	$n+1$	$n+2$	⋯
현금흐름		0	0	⋯	0	C	C	⋯

A는 시점 1부터, B는 시점 $(n+1)$부터 현금흐름이 시작되는 영구연금이다. 그렇다면 [그림 6-7]의 연금의 현금흐름은 영구연금 A와 B의 차이로 볼 수 있으며, 식 6·14에서 연금의 현가 역시 A와 B의 현가차이로 구해질 수 있다.

영구연금 A의 현가는 단순히 다음과 같다.

$$PV(A) = \frac{C}{r} \tag{6·15}$$

영구연금 B는 시점 $(n+1)$부터 현금흐름이 시작되므로 시점 n에서 B의 가치는 $\frac{C}{r}$가 될 것이다. 이 금액의 시점 0에서의 현가를 구하기 위해서는 $\frac{1}{(1+r)^n}$만큼의 할인이 필요하다. 즉, B의 가치는 다음과 같다.

$$PV(B) = \frac{C}{r} \cdot \frac{1}{(1+r)^n} \tag{6·16}$$

따라서 식 6·15와 식 6·16의 차이를 구하면 다음과 같은 연금의 현가 공식이 얻어진다.

$$
\begin{aligned}
PV(\text{연금}) &= PV(A) - PV(B) \\
&= C \cdot \left[\frac{1}{r} - \frac{1}{r(1+r)^n}\right] \\
&= C \cdot PVFA(r, n) \qquad (6 \cdot 17)
\end{aligned}
$$

위의 식 오른편의 두 번째 항목 $\left[\frac{1}{r} - \frac{1}{r(1+r)^n}\right]$은, 이자율 또는 할인율이 r일 때 1년 후부터 매년 1원씩 n년간 받는 연금의 현가이며, 이를 연금의 현가요소(present value factor for annuity : *PVFA*)라 한다. 연금의 현가요소를 미리 계산하여 놓은 표를 연금현가표라 하며 부록의 〈표 3〉에 나타나 있다.

| 예 12 | 매년 말에 50,000원씩 3년간 받게 되는 연금을 현재 일시불로 받으려 한다면 얼마를 받을 수 있는지 연금의 현가요소를 이용하여 계산하라. 할인율은 연 6%라고 한다.

$$PV = 50,000 \times PVFA\,(6\%,\ 3\text{년}) = 50,000 \times 2.6730 = 133,650\,(\text{원})$$

| 예 13 | 주택구입을 위하여 은행에서 5,000만 원을 빌리려고 한다. 은행이 5년에 걸쳐 6개월마다 원리금균등상환을 요구할 경우, 매 6개월마다 은행에 지불해야 할 금액을 계산하라. 연간 이자율은 6%이며, 6개월간의 이자율은 3%이다.

$$5,000\text{만} = C \cdot PVFA(3\%,\ 10\text{기간}) = C \times 8.5302$$

따라서

$$C = 5,000\text{만}/8.5302 = 586.15(\text{만 원})$$

이상에서 살펴본 연금의 현금흐름은 연금의 표준형태로서 일상생활에서 일어나는 많은 금융거래에 자주 적용되고 있다.

연금의 미래가치

연금의 미래가치는 어떻게 계산하는지 살펴보자. [그림 6-7]에서와 같은 현금흐름의 n시점에서의 미래가치는 식 6·17에서 구한 연금의 현가에다 미래가치요소 $FVF(r, n)$을 곱해 주면 쉽게 구해진다.

$$FV_n(\text{연금}) = C \cdot \left[\frac{1}{r} - \frac{1}{r(1+r)^n}\right] \cdot (1+r)^n = C \cdot \left[\frac{(1+r)^n - 1}{r}\right]$$

$$= C \cdot CVFA(r, n) \tag{6·18}$$

식 6·18 오른편의 두 번째 항목 $\left[\frac{(1+r)^n - 1}{r}\right]$은, 이자율 또는 할인율이 r일 때 1년 후부터 매년 1원씩 n년간 받는 연금의 n년도 말의 미래가치이며, 이를 연금의 복리가치요소(compound value factor for annuity : *CVFA*) 혹은 연금의 미래가치요소(future value factor for annuity : *FVFA*)라 한다. 연금의 미래가치요소를 미리 계산하여 놓은 표를 연금복리표라 하며 부록의 〈표 4〉에 나타나 있다.

| 예 14 | 매년 말 60만 원씩 납입하는 정기적금에 가입하여, 20년 후에 원금과 연리 8%의 이자를 상환받는다면, 이때 받을 금액은 얼마인가? 연금복리표를 이용하여 계산하라.

$r = 8\%$이며 $n = 20$이므로, 부록의 〈표 4〉에서 *CVFA* (8%, 20년)을 찾으면 45.762이다. 따라서 $FV_{20} = 60 \times 45.762 = 2{,}745.72$(만 원)이다.

6.4 이자지급횟수의 변경과 복리계산

지금까지 설명한 복리계산모형에서는 이자가 단위기간 동안 한 번만 지급된다고 가정하였다. 일반적으로 이자율은 1년을 단위로 하므로 현금흐름도 1년마다 발생하고 또 이에 맞춰 복리계산을 하였다. 만일 이자가 단위기간 동안 여러 번에 걸쳐 지급된다면 어떻게 될 것인가? 즉, 주어진 이자율의 단위기간보다 짧은 기간을 주기로 하여 현금흐름이 발생한다면 이때의 복리계산은 어떻게 이루어질 것인가를 다음과 같은 예를 통해서 생각해 보자.

오늘 1,000만 원을 은행에 연간 이자율 6%로 예치하였을 경우 연간 이자지급횟수가 변화함에 따라 1년 후의 미래가치가 어떻게 달라질 것인가를 계산해 보자.

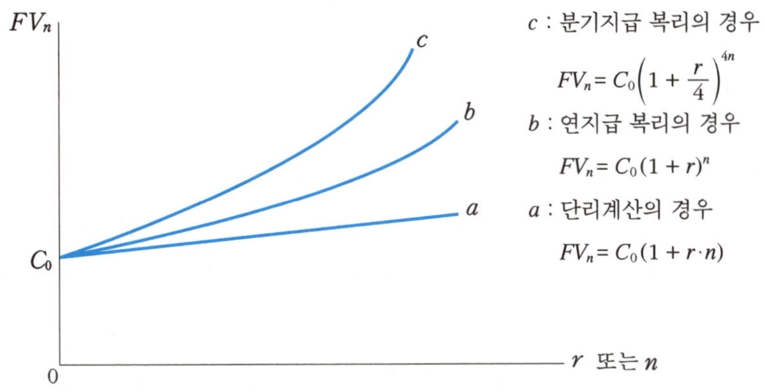

그림 6-8 이자계산 방법에 따른 미래가치의 비교

① 이자가 1년에 한 번 지급되는 경우 : 이때에는 앞서 설명한 미래가치의 계산공식을 그대로 적용할 수 있다.

$$FV_1 = C_0(1+r) = 1,000(1+0.06) = 1,060\,(\text{만 원})$$

② 이자가 6개월에 한 번 지급되는 경우 : 1년 이자율이 6%이고 1년 동안 2회 이자가 지급되므로 6개월 동안의 이자율은 0.06/2 = 0.03이며,

$$FV_1 = C_0\left(1+\frac{r}{2}\right)^2 = 1,000\left(1+\frac{0.06}{2}\right)^2 = 1,060.9\,(\text{만 원})$$

이다. 이는 1년 동안 6.09%의 이자율로 1회 이자가 지급되는 경우와 같다.

③ 이자가 3개월에 한 번 지급되는 경우 : 1년 이자율이 6%이고 1년 동안 4회 이자가 지급되므로 3개월 동안의 이자율은 0.06/4 = 0.015이며,

$$FV_1 = C_0\left(1+\frac{r}{4}\right)^4 = 1,000\left(1+\frac{0.06}{4}\right)^4 = 1,061.36\,(\text{만 원})$$

이다. 이는 1년 동안 6.136%의 이자율로 1회 이자가 지급되는 경우와 같다.

④ 이자가 1개월에 한 번 지급되는 경우 : 1년 이자율이 6%이고 1년 동안 12회 이자가 지급되므로 1개월 동안의 이자율은 0.06/12 = 0.005이며,

$$FV_1 = C_0\left(1+\frac{r}{12}\right)^{12} = 1,000\left(1+\frac{0.06}{12}\right)^{12} = 1,061.68\,(\text{만 원})$$

이다. 이는 1년 동안 6.168%의 이자율로 1회 이자가 지급되는 경우와 같다.

이와 같이 단위기간 동안의 이자지급횟수가 늘어날수록 미래에 받을 수 있는 금액과 실질적인 이자율은 커진다. 이자지급횟수가 늘어난다는 것은 곧 이자의 이자가 발생되는 기회가 그만큼 많아진다는 것을 뜻한다. 앞의 [그림 6-8]이 이를 보여준다.

일반적으로 원금 C_0원에 대하여 연 r의 이자율로 연간 k회 이자를 지급하는 경우 1년 후의 미래가치는 다음과 같다.

$$FV_1 = C_0\left(1+\frac{r}{k}\right)^{k} \tag{6·19}$$

그리고 미래가치 FV_1을 가져다주는 1년 1회 지급되는 이자율을 r_e라고 하면 이는 다음과 같이 계산될 수 있다.

$$r_e = \frac{FV_1}{C_0} - 1 = \left(1+\frac{r}{k}\right)^{k} - 1 \tag{6·20}$$

이 r_e를 유효이자율 또는 실효이자율(effective interest rate)이라고 한다. 그리고 이처럼 n년 동안 계속 이자지급을 할 경우 n년 후의 미래가치는 다음과 같이 계산하면 된다.

$$\begin{aligned} FV_n &= C_0\left[\left(1+\frac{r}{k}\right)^{k}\right]^{n} = C_0\left(1+\frac{r}{k}\right)^{kn} \\ &= C_0 \cdot (1+r_e)^{n} \end{aligned} \tag{6·21}$$

| 예 15 | 연 이자율이 6%이며 분기마다 이자를 지급하는 경우 원금 500만 원의 5년 후 미래가치는 얼마인가? 또 연간 실효이자율은 얼마인가?

$$FV_5 = 500 \times \left(1+\frac{0.06}{4}\right)^{4\times5} = 673.43\,(\text{만 원})$$

$$r_e = \left(1+\frac{0.06}{4}\right)^{4} - 1 = 0.06136 \text{ 또는 } 6.136\%$$

6.5 엑셀을 이용한 현금흐름의 평가

지금까지 다룬 현금흐름의 평가는 수작업이나 계산기를 이용해서 할 수 있지만 엑셀(Excel)과 같은 스프레드시트 프로그램을 이용해서 손쉽게 수행될 수 있다. 이를 살펴보자.

미래가치의 계산

엑셀에서 함수 'FV'를 이용하여 미래가치를 계산할 수 있다. 함수 FV는 FV(Rate, Nper, Pmt, PV, Type)의 형식을 갖는데, 여기서 Rate는 이자율, Nper은 복리로 가치증식이 되는 기간, Pmt는 각 기간의 이자지급액(현금흐름), PV는 현재시점의 예금액, Type는 현금흐름 지급시기(기초이면 1, 기말이면 0)를 나타낸다. 다음의 〈표 6-3〉은 함수 'FV'를 이용하여 [예 1]의 5년 예금을 하는 경우의 미래가치를 계산한 것이다. 미래가치 계산에서 주의할 것은 현재시점의 예금액은 현금지출이므로 (–)의 부호로 기록된다는 점이다.

표 6-3 엑셀 함수 'FV'를 이용한 미래가치의 계산

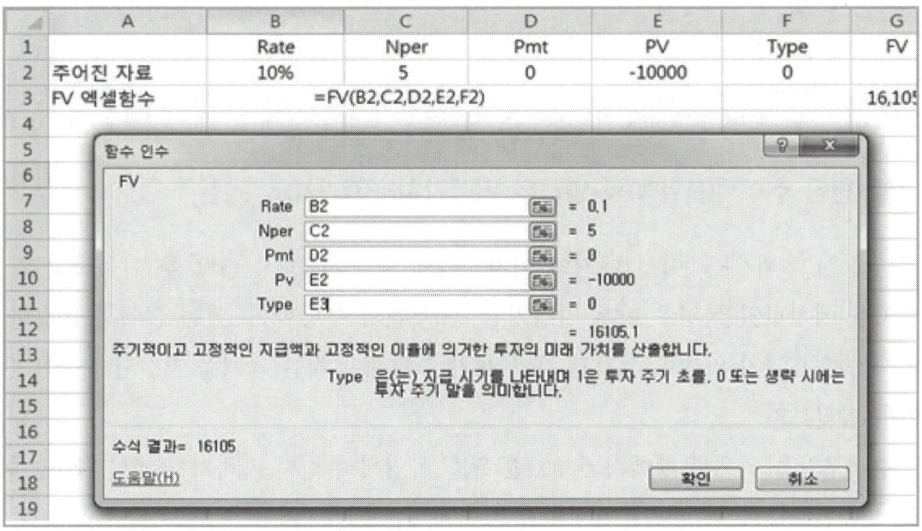

현재가치의 계산

한편, 엑셀에서 함수 'PV'를 이용하여 현재가치를 계산할 수 있다. 함수 PV는 PV(Rate, Nper, Pmt, FV, Type)의 형식을 갖는데, Rate는 할인율(이자율), Nper은 현금흐름이 발생하는 기간, FV는 미래의 현금흐름을 나타낸다. 다음의 〈표 6-4〉는 할인율이 10%일 때 5년 후에 발생하는 현금흐름 10,000원의 현재가치를 함수 'PV'를 이용하여 계산한 내용이다. 주의할 것은 미래시점의 현금흐름 FV가 -10,000원으로 기록되었다는 것이다. 이는 이자율이 10%일 때 5년 후에 10,000원을 상환하기로 하는 경우 오늘 6,209원을 차입할 수 있다는 것이다.

표 6-4 함수 'PV'를 이용한 현재가치의 계산

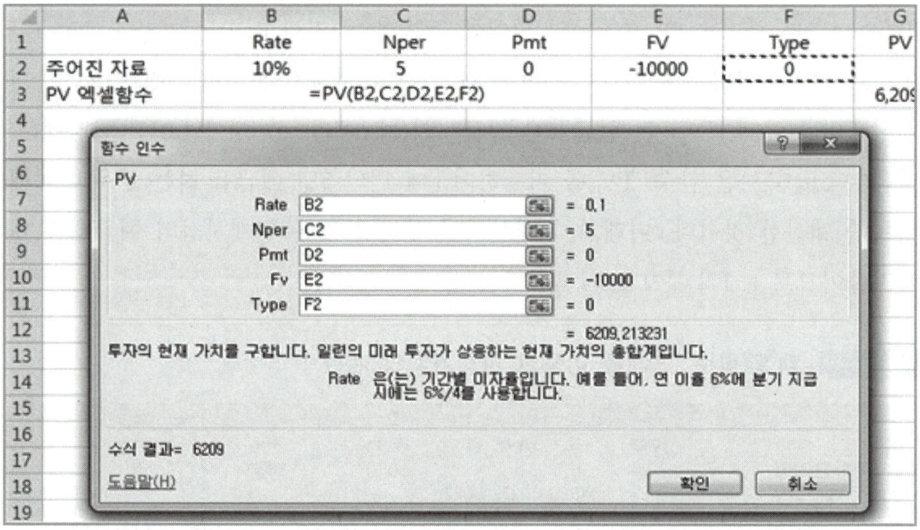

	A	B	C	D	E	F	G
1		Rate	Nper	Pmt	FV	Type	PV
2	주어진 자료	10%	5	0	-10000	0	
3	PV 엑셀함수	=PV(B2,C2,D2,E2,F2)					6,209

연금 수령액(불입액)과 연금의 미래가치(현재가치)의 계산

함수 'FV'와 'PV'에서 매기의 이자수령액(또는 지급액) 'Pmt'를 이용하면 일정액을 예치하였을 경우 향후 일정기간 동안 매기 수령할 수 있는 금액과 특정한 미래가치를 얻기 위해 일정기간 동안 매기 불입해야 하는 금액을 계산할 수 있다. 이를 살펴보자.

주택구입을 위해 은행에서 5,000만 원을 차입하려 한다고 하자. 은행은 10년에 걸쳐 매년 원리금의 균등분할상환을 요구하며, 연간 이자율은 6%이다. 〈표 6-5〉

는 함수 Pmt를 이용하여 매년 상환해야 할 금액을 구한 것이다. 표에서 보듯이 오늘 5,000만 원을 이자율 6%에 차입하고 이를 향후 10년 동안 매년 균등분할상환하는 경우의 상환금액을 함수 Pmt를 이용하여 구하면 6,793,398원이다.

표 6-5 함수 'Pmt'를 이용한 매기의 상환액 계산

	A	B	C	D	E	F	G
1		Rate	Nper	Pmt	PV	FV	Type
2	주어진 자료	6%	10		50000000	0	0
3	Pmt 함수	=Pmt(B2,C2,E2,F2,G2)		-6793398			

〈표 6-6〉은 위의 자료에서 10년 후에 1억 원을 만들기 위해 매년 불입해야 하는 금액을 함수 Pmt를 이용하여 구한 것이다.

표 6-6 함수 'Pmt'를 이용한 특정 미래가치를 얻기 위해 필요한 매기의 불입액 계산

	A	B	C	D	E	F	G
1		Rate	Nper	Pmt	PV	FV	Type
2	주어진 자료	6%	10		0	100000000	0
3	Pmt 함수	=Pmt(B2,C2,E2,F2,G2)		-7586796			

한편, 함수 PV(또는 FV)를 이용하여 연금의 현재가치(또는 미래가치)를 구할 수 있다. 다음의 〈표 6-7〉은 연간이자율이 4%일 때 매년 60만 원씩 19년간 불입하는 연금(정기적금)의 미래가치와 현재가치를 함수 'FV'와 'PV'를 이용하여 구한 내용이다.

표 6-7 함수 'FV'와 'PV'를 이용한 연금의 미래가치와 현재가치의 계산

	A	B	C	D	E	F	G
1		Rate	Nper	Pmt	PV	FV	Type
2	주어진 자료	0.04	19	-600000	0		0
3	FV엑셀함수	=FV(B2,C2,D2,E2,G2)				16602738	
4							
5		Rate	Nper	Pmt	PV	FV	Type
6	주어진 자료	0.04	19	-600000		0	0
7	PV엑셀함수	=PV(B2,C2,D2,F2,G2)			7880364		

순현가의 계산

엑셀의 함수를 이용하여 순현가를 구할 수 있다. 엑셀 내에는 순현가를 계산할 수 있는 함수 'NPV'가 내장되어 있다. 함수 'NPV'는 NPV(Rate, Value1, Value2, …)의 형식을 갖는데, 여기서 'Rate'는 가치평가에 적용되는 할인율이며, 'Value1', 'Value2', …는 매 시점의 현금흐름을 나타낸다.

다음의 〈표 6-8〉은 [예 7]에서 2년간의 연간 이자율이 10%로 일정하다고 가정한 경우에 순현가의 계산을 엑셀의 함수를 이용하여 수행한 내용을 보여준다. 주의할 것은 NPV 함수는 첫 현금흐름이 시점 1에 발생한다고 가정한다는 것이다. 즉, NPV 함수는 [예 7]에서와 같이 시점 0에 발생하는 현금흐름을 고려하지 않으므로 별도로 반영해 주어야 한다. 따라서 〈표 6-8〉에서 순현가를 엑셀을 이용하여 구하는 식은 다음과 같다.[3]

엑셀을 이용한 〈표 6-8〉의 순현가 = B3+NPV(B1, C3:D3)

〈표 6-8〉 내의 작은 상자는 위 식의 오른쪽 둘째 항 NPV(B1, C3:D3)의 계산을 보인 것이다.

표 6-8 엑셀의 'NPV 함수'를 이용한 순현가 계산

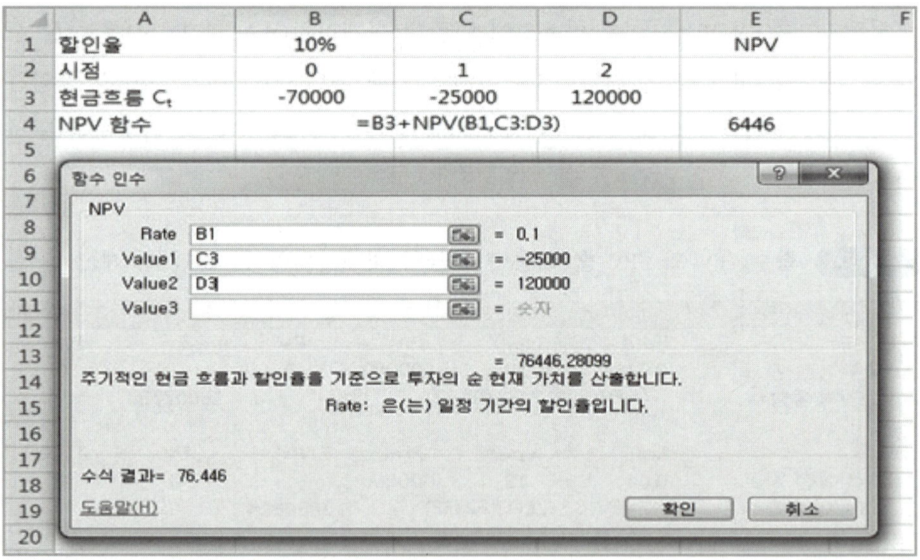

3) 현금흐름이 발생하지 않는 시점의 경우 엑셀 시트에 반드시 '0'의 값으로 기록해야 한다. '0'의 값을 주지 않고 공란으로 두는 경우 NPV 함수는 마치 이 시점이 없는 것처럼 처리한다. 따라서 이럴 경우 NPV 함수는 잘못된 순현가를 계산하게 된다.

내부수익률(IRR)의 계산

엑셀 함수를 이용하여 연평균 투자수익률인 내부수익률(이에 대해서는 제8장 참조)을 구할 수 있다. 먼저 투자에서 실현되는 현금흐름이 매기 일정한 경우의 연평균 투자수익률은 앞서 살펴본 함수 'PV' 또는 'FV'를 변수 Rate에 대하여 풀면 된다. 이를 살펴보자. 예를 들어 향후 3년간 매년 말에 50,000원의 현금수입을 가져다주는 어떤 투자안의 투자비용이 105,325원이라고 하자. 이 투자안의 내부수익률을 구해 보자. 투자에서 실현되는 현금유입의 현재가치와 투자비용을 같게 만드는 할인율인 내부수익률은 다음의 〈표 6-9〉와 같이 함수 'PV'에서 'Rate'를 미지수로 놓고 구하면 된다.

표 6-9 엑셀 함수 'Rate'를 이용한 내부수익률의 계산

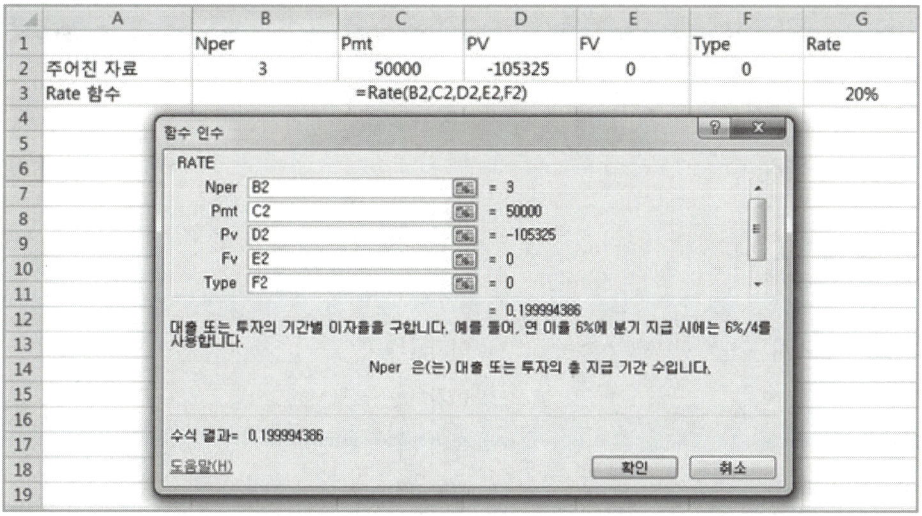

	A	B	C	D	E	F	G
1		Nper	Pmt	PV	FV	Type	Rate
2	주어진 자료	3	50000	-105325	0	0	
3	Rate 함수		=Rate(B2,C2,D2,E2,F2)				20%

한편, 투자에서 실현되는 현금흐름이 매기 다른 경우 엑셀 내의 함수 'IRR'을 이용하면 된다. 함수 IRR은 IRR(Values, Guess)의 형식을 갖는다, Values는 앞서 함수 'NPV'에서 보았듯이 매기의 현금흐름을 나타내며, Guess는 투자자가 내부수익률이라고 추정하는 임의의 값이다. 〈표 6-10〉에 [예 7]의 현금흐름에 대한 내부수익률을 함수 'IRR'을 이용하여 구한 내용을 나타내었다. 표에서 보듯이 [예 7]의 연평균 투자수익률, 즉 내부수익률은 14.29%이다.

표 6-10 함수 'IRR'을 이용한 내부수익률의 계산

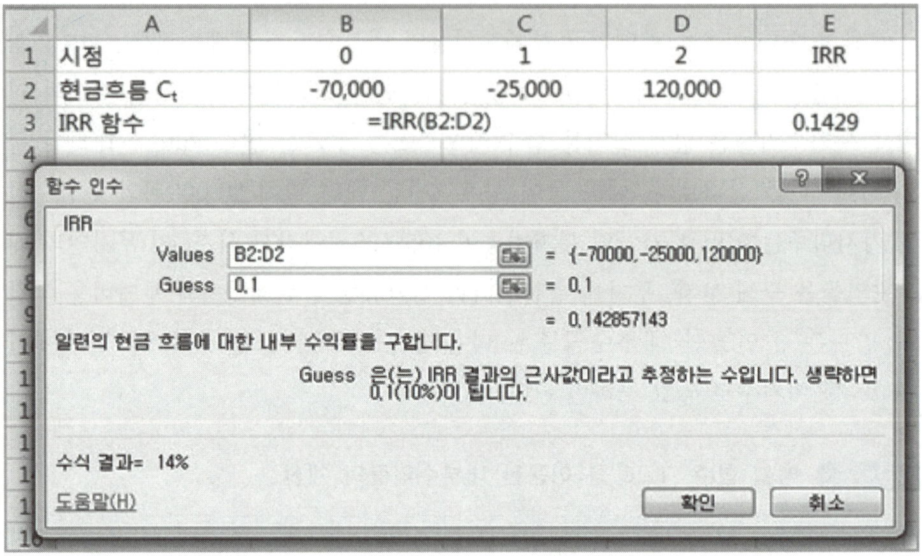

	A	B	C	D	E
1	시점	0	1	2	IRR
2	현금흐름 C_t	-70,000	-25,000	120,000	
3	IRR 함수	=IRR(B2:D2)			0.1429

중요용어

- 화폐의 시간가치 time value of money
- 이자율 interest rate
- 할인율 discount rate
- 현가 present value
- 미래가치 future value
- 복리 compound interest
- 72의 법칙 rule of 72
- 현가모형 present value model
- 연금 annuity
- 실효이자율 effective interest rate
- 기회비용 opportunity cost
- 영구연금 perpetuity
- 성장형 영구연금 growing perpetuity
- 순현가 net present value : *NPV*

연 | 습 | 문 | 제

6-1 연 이자율이 6%일 때 현재의 1억 원과 12년 후의 2억 원은 어느 것이 더 큰 가치를 가지고 있나? 비교하라.

6-2 퀴즈당첨의 상금으로 다음과 같은 것들이 있을 때 어느 것을 선택할 것인가? 할인율은 12%이다.

- 5년 후에 180,000원을 받는다.
- 19,000원을 10년 동안 받는다.
- 100,000원을 지금 받는다.
- 11,400원의 영구연금을 받는다.

6-3 연간 이자율은 10%이나, 월복리로 이자계산이 될 때 연간 실효이자율은 얼마인가?

6-4 어느 투자안에 투자하면, 처음 10년 동안은 현금흐름이 매년 600만 원, 그 후에는 5년 동안 매년 400만 원의 현금흐름이 있다. 할인율을 8%로 하면 현가는 얼마인가?

6-5 매년 100만 원씩 5년 동안 이자율 10%로 적금하여 5년 후에 받을 금액을 현가로 계산해 보니 300만 원이었다. 이 사람은 얼마의 할인율을 쓰고 있는가?

6-6 영구적으로 매년 100만 원을 연금으로 받을 때 적절한 할인율이 10%라 하면 이 영구연금의 현가는 얼마인가?

6-7 어느 은행에서 고객이 5년 동안 10,000원씩 매월 적금하면 연평균 12%의 수익률을 제공하겠다고 제안을 했다. 5년 후에 받을 수 있는 미래가치는 얼마인가? 현금흐름은 매월 말에 발생한다.

6-8 위 문제 6-7에서 5년 후에 받을 수 있는 미래가치를 받기 위하여 매월 10,000원씩 적

금하는 대신 오늘 X원을 은행에 예치하려 한다. 얼마를 예치해야 할까?

6-9 B생명보험사가 새로이 출시한 연금상품은 은퇴시점에 일시금으로 1억 5천만 원을 납입할 시 가입자가 사망할 때까지 매년 2천만 원씩을 지급하도록 되어 있다. 이 상품의 가입자가 최소한 납입한 금액만큼의 연금을 지급받기 위해서 걸리는 시간은 얼마인지 계산하라. 연 이자율은 4.5%이다.

6-10 현수는 4억 2천만 원짜리 아파트를 매입하려고 한다. 현수는 현재 가진 6천만 원을 오늘 지급하고 나머지 금액은 주택담보대출로 충당하고자 한다. 은행에서는 연이율 8%로 25년짜리 주택담보대출을 제공한다고 할 때, 현수가 매년 상환해야 할 금액을 결정하라.

제 7 장

채권과 주식의 가치평가

제 6 장에서는 미래현금흐름의 현재가치를 계산하는 방법을 중점적으로 설명하였다. 이 장에서는 현재가치의 개념을 이용하여 채권과 주식의 가치를 계산하는 방법을 설명한다. 채권과 주식은 기업이 자금조달을 하기 위하여 발행하는 대표적인 증권이며 기업이 벌어들일 미래현금흐름의 특성에 따라 그 가치가 결정된다.

채권과 주식의 가치평가를 공부하기에 앞서 채권과 주식의 종류와 특성, 그리고 이들 증권의 발행방법 등에 대해 먼저 살펴보는 것이 좋겠으나, 편의상 이 부분에 관한 설명은 제 13 장 '장기자본조달'에서 다루기로 하고 여기서는 가치평가를 주로 설명한다. 먼저 채권의 가치가 어떻게 평가될 수 있는지를 살펴보고 이후에 주식의 가치평가에 대해 설명한다.

생·각·의·전·당

기업은 채권(회사채)이나 주식을 발행하여 필요 자금을 조달한다. 채권자는 미래의 정해진 기일에 미리 약속된 이자와 원금을 상환받게 되나, 주주의 몫인 순이익은 기업의 경영성과에 따라서 변동한다. 그러나 영업활동이 정상적으로 이루어지지 못하는 기업의 경우 채권자는 약속된 원리금을 상환받지 못할 수 있다. 채권이나 주식을 발행하여 조달할 수 있는 자금은 어떻게 평가할 수 있을까? 역으로 채권이나 주식 매입을 위해 투자자가 지불할 수 있는 가격은 어떻게 평가할 수 있을까? 그리고 이들 증권의 가격에 영향을 미치는 요인에는 어떤 것들이 있을까?

7.1 채권의 가치평가

채권(bond)은 발행자가 자금을 조달하기 위하여 발행한 유가증권으로, 일정한 이자를 지급함과 동시에 일정기간 후에는 약속한 금액을 상환할 것을 표시한 증서이다. 채권은 발행자가 누구냐에 따라 국·공채, 회사채, 그리고 특수채 등으로 구분된다.

국·공채는 국가나 지방자치단체가 재정적자를 보전할 목적이나 특정 사업에 필요한 자금을 조달하기 위하여 발행하는 채권이다. 우리나라에서 거래되는 국·공채의 대표적인 예로는 국고채권, 국민주택채권 등이 있다. 회사채(corporate bond)는 간단히 사채라고도 하는 것으로, 기업이 발행한 채권을 말한다. 특수채는 특별한 법률에 의해 설립된 법인이 발행하는 채권을 말한다. 예를 들어 산업은행이 발행하는 산업금융채권이 이에 속한다.

재무관리에서 주된 관심의 대상이 되는 채권은 기업이 발행한 회사채이지만 가치평가의 방법은 국·공채나 회사채, 특수채 등이 차이가 없으므로 여기에서 다루어지는 내용은 이들 모두에 적용된다.

채권의 기초용어

일반적으로 채권의 소유자는 만기일 이전에는 정해진 날에 일정한 금액의 이자를 받고 만기일에는 마지막 기간의 이자와 함께 약속한 금액(액면금액)을 받게 된다.

채권의 이자와 액면금액을 마지막으로 지급하기로 한 날을 만기일(maturity date)이라 한다. 우리나라의 경우 발행되는 채권의 만기는 보통 1년에서 10년 정도이다. 채권의 만기는 시간이 지남에 따라 줄어든다. 처음 발행했을 때 만기가 5년이었던 채권은 발행 후 1년이 지나면 만기가 4년이 된다.

만기일에 지급하기로 증서에 기재된 금액을 액면금액이나 표면금액 또는 액면가(face value *or* par value)라 한다. 액면금액은 앞으로 지급할 이자를 계산하는 기준이 된다.

채권증서에는 액면금액뿐만 아니라 만기일까지 매 기간 지급하기로 약속한 이자율이 표시되어 있다. 이 이자율을 표면이자율(coupon rate)이라 하고, 지불하게 되는 이자금액을 표면이자(coupon) 또는 액면이자라 한다. 표면이자는 [액면금액×표면이자율]이다. 채권에 따라 표면이자는 1년에 한 번 지급되는 경우도 있고 두 번 또는 네 번 지급되는 경우도 있다. 다음의 [그림 7-1]에 삼성전자(주)가 발행한 사채를 견본으로 나타내었다.

채권은 이자지급 유무와 만기에 따라 다음의 세 종류로 구분된다. 첫째는 무이표채(zero coupon bond) 또는 순수할인채권(pure discount bond)으로 만기까지 이자지급이 전혀 없고 만기일에 액면금액을 지급받는 채권이다. 둘째는 이표채(coupon bond)로 만기까지 매 기간 일정액의 이자를 지급받고 만기일에 마지막 기의 이자와 액면금액을 받는 채권이다. 셋째는 영구채권(perpetual bond)으로 만기가 없이 영원히 이자만 받는 채권이다.

채권의 가치평가

현가모형과 채권가치

채권의 소유자는 보유기간 동안 약속된 현금흐름을 받는다. 그렇다면, 특정한

그림 7-1 삼성전자(주)의 채권

현금흐름을 발생시키는 채권의 적정한 가격은 어떻게 구할까? 이에 대한 해답은 제6장에서 배운 현가모형에서 구할 수 있다. 채권으로부터 발생할 현금흐름을 현재시점에서 평가한 가치가 바로 채권의 가치인 것이다. 그러므로 채권의 가치 (B_0)는 다음의 현가식에 의해 구할 수 있다.

$$B_0 = \frac{C_1}{(1+r_1)} + \frac{C_2}{(1+r_2)^2} + \cdots + \frac{C_T}{(1+r_T)^T} \qquad (7\cdot1)$$

	현재	1년 후	2년 후	3년 후	…	T년 후	$T+1$년 후	$T+2$년 후	…
무이표채		0	0	0	…	F			
이 표 채		C	C	C	…	$C+F$			
영 구 채		C	C	C	…	C	C	C	…

그림 7-2 여러 채권의 미래현금흐름

여기서 B_0는 채권의 현재가치, C_i는 $i(i=1, 2, \cdots, T)$기간 후의 현금흐름, r_t는 t기간 동안에 적용될 할인율, T는 채권의 만기를 나타낸다. 식 7·1은 제6장에서 살펴본 현가모형인 식 6·7을 채권의 가치평가에 적용한 것이다. 채권의 가치평가식을 단순화시키기 위해서 미래의 매 기간 동안에 적용되는 할인율이 r로 일정하다고 가정하면(즉, $r_1 = r_2 = \cdots = r_T = r$) 식 7·1은 다음과 같이 쓸 수 있다.

$$B_0 = \frac{C_1}{(1+r)} + \frac{C_2}{(1+r)^2} + \cdots + \frac{C_T}{(1+r)^T} \qquad (7\cdot 1)'$$

채권으로부터 발생할 현금흐름은 약속된 표면이자와 액면금액이다. 앞서 설명한 무이표채와 이표채, 그리고 영구채의 미래현금흐름을 그림으로 나타내면 [그림 7-2]와 같다. 이 그림에서 F는 액면가를, 그리고 C는 표면이자를 나타낸다.

채권의 가치평가에 사용되는 할인율은 채무불이행위험이나 상환조건 등 채권의 특성에 따라 다른 값이 적용된다. 그러나 이러한 차이를 무시한다면 모든 채권으로부터 발생하는 현금흐름은 확정적이고, 이때 동일한 기간에는 모든 채권의 평가에 적용될 할인율이 동일하다고 가정할 수 있다. 또 이와 같이 미래현금흐름이 확실한 상황을 가정하면 할인율은 무위험이자율과 같게 된다. 할인율인 무위험이자율은 채권에 정해져 있는 표면이자율과는 달리 시장에서 결정되는 시장이자율이다. 다음에서는 채권으로부터 발생하는 현금흐름이 확정적이라는 가정하에서 채권의 가치평가를 설명한다.

무이표채의 평가

무이표채(zero coupon bond)는 가장 간단한 형태의 채권으로, 중간에 이자지급없이 만기에 액면가만 한 번 지급하는 채권이다. T기간 동안에 적용될 연간 할인율이 r인 상황에서, 액면가가 F이고 만기가 T인 무이표채가 있다면 이 채권의 가치 B_0는 다음과 같은 식으로 계산할 수 있다.

$$B_0 = \frac{F}{(1+r)^T} \tag{7·2}$$

| 예 1 | 시장이자율이 8%일 때 액면가가 100만 원이고 만기가 5년인 무이표채의 시장가치(현재가치)는 얼마일까?

식 7·2를 이용하면 다음과 같이 68.06만 원이다.

$$B_0 = \frac{100}{(1+0.08)^5} = 68.06\,(\text{만 원})$$

이표채의 평가

이표채(coupon bond)는 가장 일반적인 채권의 형태로 [그림 7-2]에서 보는 것과 같이 만기 이전에는 매 기간마다 일정액의 이자를 지급하고 만기에는 마지막 기의 이자와 액면금액을 함께 지급하는 채권이다. 따라서 현금흐름은 T기간 동안 매기 일정한 이자가 발생하는 연금형태의 현금흐름과 T기 말에 액면금액이 발생하는 단일현금흐름의 결합으로 이루어진다.

식 7·1′를 이용하여 이표채의 현금흐름을 평가하면 다음과 같다.

$$\begin{aligned} B_0 &= \frac{C}{(1+r)} + \frac{C}{(1+r)^2} + \cdots + \frac{C}{(1+r)^T} + \frac{F}{(1+r)^T} \\ &= C \times PVFA(r, T) + F \times PVF(r, T) \end{aligned} \tag{7·3}$$

식 7·3에서 C는 매 기간 지급되는 표면이자를 나타내며, $PVFA$는 연금의 현가요소, PVF는 단일현금흐름의 현가요소를 나타낸다(제6장의 식 6·17 및 식 6·4 참조).

| 예 2 | 액면가가 100만 원이고 만기가 10년이며 표면이자율이 10%인 채권이 있다고 하자. 그러면 매년 지급되는 이자는 10만 원이 된다. 현재 시장이자율이 8%라면 이 채권의 가격은 얼마로 평가될까?

식 7·3을 이용하면 다음과 같이 113.421만 원이 된다.

$$B_0 = 10 \times PVFA\,(8\%,\ 10\text{년}) + 100 \times PVF\,(8\%,\ 10\text{년})$$
$$= 10 \times 6.7101 + 100 \times 0.4632 = 113.421\,(\text{만 원})$$

채권의 가격을 결정하는 변수 중에서 액면가, 표면이자율, 만기는 채권의 발행과 동시에 결정되는 변수이다. 그러나 할인율인 시장이자율은 시장상황에 따라서 계속해서 변하므로 이자율이 변하면 채권가격도 변화한다. 이자율과 채권가격은 역의 관계를 가지므로, 이자율이 올라가면 채권가격은 떨어지고 이자율이 내려가면 채권가격은 올라간다.

영구채권의 평가

영구채권(perpetual bond *or* consol)은 만기가 없이 매 기간마다 일정한 금액의 이자를 영원히 지급하는 채권이다. 영구채권은 일반적인 형태의 채권은 아니며 18세기에 영국의 중앙은행이 발행한 'British Consol'이 대표적인 예이다. 기업에서 영구채권을 발행하지는 않지만[1] 기업이 발행한 주식 중에는 영구채권과 비슷한 특성을 지닌 것이 있다. 우선주가 그러한 주식으로, 기업은 우선주의 소유자에게 영원히 일정한 금액의 배당을 보통주에 대한 배당에 우선하여 지급하는 조건의 우선주를 발행할 수 있다. 이러한 우선주의 가치는 영구채권을 계산하는 방법으로 계산할 수 있다.

영구채권의 평가는 제 6 장에서 다룬 영구연금의 현재가치를 계산하는 방식과 같다.

$$B_0 = \frac{C}{(1+r)} + \frac{C}{(1+r)^2} + \cdots + \frac{C}{(1+r)^{\infty}} = \frac{C}{r} \tag{7·4}$$

| 예 3 | 매년 15만 원을 지급하는 영구채권이 있고 현재 시장이자율이 8%라면, 이 채권의 가치는 187.5만 원이 된다.

---

1) 만기가 없는 영구채는 아니지만 아주 긴 만기를 갖는 장기채권은 일반기업에서도 종종 발행된다. 이들 장기채권의 가치도 식 7·4를 이용하여 대략적으로 평가할 수 있다.

$$B_0 = \frac{15}{0.08} = 187.5\,(\text{만 원})$$

만기수익률과 채권가치

지금까지는 채권으로부터 발생하는 현금흐름을 적절한 할인율로 할인하여 채권의 가치를 계산하였다. 이와는 반대로 채권가격이 이미 시장에서 형성되어 있을 때 이 채권의 수익률을 계산할 경우가 자주 있다. 채권의 가격을 알고 있을 때 채권의 수익률을 구하려면 다음 식을 이용하면 된다.

$$B_0 = \frac{C}{(1+y)} + \frac{C}{(1+y)^2} + \cdots + \frac{C}{(1+y)^T} + \frac{F}{(1+y)^T} \qquad (7\cdot 5)$$

위의 식에서 B_0, C, F가 알려져 있고, y를 계산하는 것만이 남아 있다. 이 y를 채권의 만기수익률(yield to maturity : YTM)이라고 하며, 채권을 현재가격에 사서 만기까지 보유할 경우에 얻을 수 있는 연평균 투자수익률을 나타낸다. 우리가 보통 채권의 수익률이라고 하는 것은 바로 채권의 만기수익률 y를 가리키는 것이다. 만기수익률은 기본적으로 제 8 장과 제 9 장에서 설명하게 될 내부수익률과 같은 개념이다. 이자율이 변화하면 채권가격도 변동하게 되므로 채권의 만기수익률도 이자율이 변할 때마다 달라진다.

| 예 4 | 액면가 1,000원이며, 표면이자율 10%, 그리고 만기 2년인 채권이 있다고 하자. 이 채권은 920원에 거래된다고 하자. 이 채권의 만기수익률을 구해 보자.

식 7·5를 이용하여 이 채권의 만기수익률을 나타내면 다음과 같다.

$$920 = \frac{100}{(1+y)} + \frac{100}{(1+y)^2} + \frac{1,000}{(1+y)^2}$$

이 식을 풀면, 이 채권의 만기수익률은 y=14.91%가 된다. 이는 이 채권을 현재시점에서 920원에 매입하여 만기까지 소유하면 연평균 수익률이 14.91%가 된다는 의미이다.

채권의 만기가 2년인 경우의 만기수익률은 2차방정식의 근이지만, 그 이상의 만기가 되면 차수가 높아져 방정식을 풀기가 어려워진다. 이때에는 시행착오법

(trial and error)에 의한 반복추측 연산을 통해 y의 근삿값을 구할 수 있다.

7.2 이자율의 기간구조와 채권가격

이자율의 기간구조

지금까지 채권분석에서는 매 기간마다 이자율이 일정하다고 가정하였다. 그러나 실제로 시장에서는 여러 가지 이유로 인하여 이자율이 기간마다 다르게 나타난다. 은행이 1년 동안의 예금에 대해서는 7%의 연 이자율을 적용하고 2년 동안의 예금에 대해서는 9%의 연 이자율을 적용하는 현상 등이 좋은 예이다. 시간의 흐름에 따른 예상인플레이션율의 차이는 기간에 따라 이자율을 다르게 하는 중요한 이유 중의 하나이다. 실질이자율이 같더라도 예상인플레이션율이 다르면 명목이자율이 달라지기 때문이다.

만기가 서로 다른 무이표채의 수익률을 현물이자율(spot interest rate)이라 하는데,[2] 만기와 현물이자율의 관계를 이자율의 기간구조(term structure of interest rates)라고 부른다. 쉽게 말하면, 이는 단기이자율과 장기이자율의 관계를 나타낸다. 이자율의 기간구조는 흔히 수익률곡선(yield curve)으로 나타내는데 다음의 [그림 7-3]에서 몇 가지 전형적인 형태를 보여주고 있다. 수익률곡선은 만기와 이에 따른 현물이자율의 관계를 그림으로 나타낸 것이다. 수익률곡선이 우상향이면 장기이자율이 단기이자율보다 높고, 우하향이면 그 반대이며, 수평이면 기간에 관계없이 이자율이 일정함을 나타낸다.[3]

현물이자율이나 수익률곡선은 현실적으로 어떻게 얻을 수 있을까? 이는 시장

---

2) 무이표채의 경우 만기수익률과 현물이자율은 동일하게 된다. 현물이란 말은 제 17 장에서 다루게 될 선물과 대응되는 개념으로 우리가 보통 사용하는 이자율이라는 용어는 현물이자율을 의미한다.

3) 이자율의 기간구조에 대한 자세한 내용은 박정식 · 박종원 저, 「현대투자론」 제 4 판(다산출판사, 2016), 제 11 장을 참조하라.

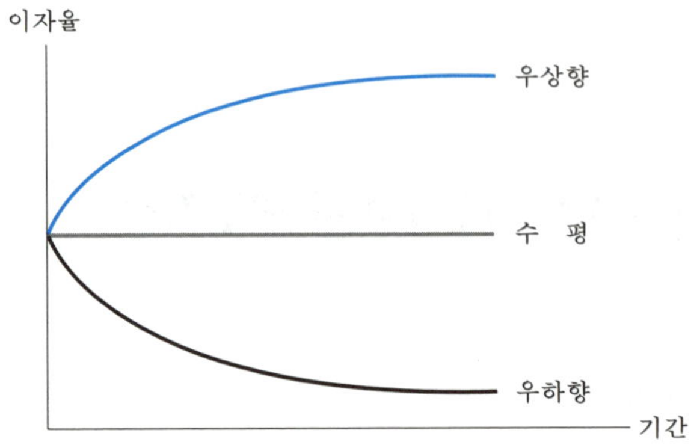

그림 7-3 수익률곡선의 형태

에서 거래되는 무이표채의 가격을 관찰함으로써 식 7·6에 의해 계산해 낼 수 있다. 물론 채권이 시장에서 적정가격에 거래된다는 전제가 필요하다. T기간 동안에 적용될 연간 현물이자율을 r_T라 하면

$$B_0 = \frac{F}{(1+r_T)^T} \tag{7·6}$$

가 되는데, 여기서 B_0와 F를 알고 있으므로 r_T를 계산할 수 있다.

| 예 5 | 액면이 100만 원이고 만기가 서로 다른 무이표 국채가 현재 〈표 7-1〉에서와 같은 가격에 거래되고 있다고 하자. 각 기간에 적용될 현물이자율을 구해 보라.

〈표 7-1〉에서 5년 현물이자율은 5년만기 채권 D의 가격으로부터 다음과 같이 구해진다.

$$68.06 = \frac{100}{(1+r_5)^5} \text{ 에서 } r_5 = 8\%$$

표 7-1 만기가 다른 무이표 국채의 가격

(단위 : 만 원)

국채	만기(년)	가격	국채	만기(년)	가격
A	1	94.34	D	5	68.06
B	2	85.73	E	8	58.20
C	3	77.22	F	10	50.83

같은 방법으로 나머지 채권가격들로부터 각각의 현물이자율을 구하면 〈표 7-2〉와 같다.

표 7-2 만기에 따른 현물이자율

만기(년)	현물이자율(%)	만기(년)	현물이자율(%)
1	6	5	8
2	8	8	7
3	9	10	7

〈표 7-2〉의 내용을 이용하면 [그림 7-4]와 같은 수익률곡선을 도출할 수 있다.

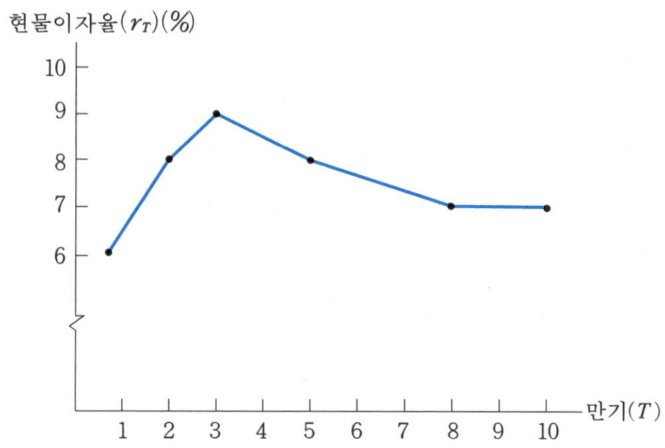

그림 7-4 〈표 7-1〉 국채의 수익률곡선

기간구조와 채권가격

기간에 따라 이자율이 다를 경우, 다시 말해 수익률곡선이 수평이 아닐 경우 미래현금흐름의 현재가치를 구하기 위해서는 식 7·1을 이용한다. 즉, 1년 후의 현금흐름은 1년만기 현물이자율로, 2년 후의 현금흐름은 2년만기 현물이자율로 할인하여야 한다.

| 예 6 | 〈표 7-2〉에서 구한 현물이자율을 이용하여 표면이자율이 5%이고 액면금액이

100만 원이며, 만기가 2년인 이표채의 적정가격을 계산하라.

〈표 7-2〉에서 1년만기 현물이자율은 6%, 2년만기 현물이자율은 8%이므로 이표채의 가격은 다음과 같다.

$$\frac{5}{(1+0.06)}+\frac{105}{(1+0.08)^2}=4.72+90.02=94.74\,(\text{만 원}) \tag{7·7}$$

시장에서 채권이 위에서 계산한 적정가격에 거래된다면 이 이표채의 만기수익률은 다음과 같다.

$$94.74=\frac{5}{(1+y)}+\frac{105}{(1+y)^2}\text{에서 } y=7.94\%$$

무차익원리와 채권가격

지금까지의 분석에서 채권의 적정가격 혹은 이론가격은 채권으로부터 발생하는 미래현금흐름의 현가와 같아야 한다고 하였는데 그렇다면 이 논리의 이론적 배경은 무엇일까? 식 7·3이나 식 7·4의 채권가격결정모형은 근본적으로 제1.4절에서 소개한 무차익원리(no arbitrage principle)에 이론적 근거를 두고 있다. 즉, 채권시장이 효율적이어서 차익거래의 기회가 존재하지 않으려면 식 7·3이나 식 7·4의 좌변과 우변이 같아야 하며, 그렇지 않을 경우 차익거래가 가능하다는 것이다.

앞서 분석한 [예 6]의 만기가 2년이고 표면이자율이 5%인 이표채의 예를 통해 살펴보자. 식 7·7은 채권을 매입하는 대신 4.72만 원을 앞으로 1년간 6%의 이자율로, 그리고 90.02만 원을 현재로부터 2년간 8%의 이자율로 은행에 예금하면 채권의 미래현금흐름을 얻는 것과 같은 효과를 거둘 수 있다는 것을 말해 준다. 따라서 이 채권을 살 때 치러야 할 값은 은행에 예금하여야 할 금액과 같아야 한다. 만약 시장에서 이 채권이 90만 원에 거래된다면 어떻게 할까? 상대적으로 채권이 과소평가되고 예금이 과대평가된 것이므로 채권을 매입하고 예금의 반대거래인 차입을 통해 차익거래를 할 수 있다. 〈표 7-3〉은 이러한 거래에서 발생하는 현금흐름을 나타내고 있다.

〈표 7-3〉에서와 채권 매입과 차입을 결합한 차익거래를 통하여 자기자금과 미

표 7-3 채권 매입과 차입을 통한 차익거래의 현금흐름

(단위 : 만 원)

거래	현금흐름		
	시점 0	시점 1	시점 2
• 채권 1단위 90에 매입	−90	5	105
• 1년간 4.72 차입(이자율 6%)	4.72	−5	0
• 2년간 90.02 차입(이자율 8%)	90.02	0	−105
합계	4.74	0	0

래에 위험을 부담하는 것 없이 현재시점에서 4.74(만 원)의 이익을 얻을 수 있다. 이는 바로 공짜이익(arbitrage profit)이다. 그렇다면 시장에서 채권가격이 90만 원인 상태가 오래 지속될 수 있을까? 시장에서 다수의 투자자들이 위와 같은 거래를 한다면 채권에 대한 수요증가로 채권가격은 올라가고, 차입에 대한 수요증가는 이자율을 높이게 된다. 이 경우, 1기에 5만 원, 2기에 105만 원을 갚기로 되어 있는 차입으로부터 현재 받는 금액이 적어지게 된다. 이런 과정이 반복되면서 채권가격과 차입금액의 차이가 없어지게 되어 결국은 차익거래기회가 사라지게 된다.

7.3 수익률스프레드와 등급평정

아래의 〈표 7-4〉에서는 같은 만기를 가지나 발행자가 다른 여러 채권의 2021년 1월 13일의 수익률을 보여주고 있다.

표 7-4 여러 채권의 수익률

2021. 1. 13.

	국고채	산업금융채권	한국전력채권	무보증회사채
만기(년)	3	3	3	3
수익률(%)	0.98	1.09	1.47	2.16

자료 : 금융투자협회(www.kofia.or.kr).

〈표 7-4〉에서 보듯이 같은 만기를 갖는 채권이라 하더라도 발행자가 다르면 각각의 채권수익률도 다르게 된다. 이러한 차이는 채권의 발행조건이나 발행자의 위험수준의 차이 때문에 발생한다.

채권의 발행조건이나 발행자가 가지고 있는 위험수준의 차이로 인해 채권의 수익률에 체계적인 차이가 나타나는 것을 채권수익률의 위험구조(risk structure of interest rates)라 한다. 채권은 미래현금흐름인 이자와 액면금액이 계약에 의해 확정되어 있다는 점에서 주식과는 달리 현금흐름의 불확실성이 거의 없다. 그러나 그렇다고 해서 채권에 투자하는 투자자가 위험을 전혀 부담하지 않는 것은 아니다. 채권을 발행한 기업은 미래의 영업실적에 따라 이자와 액면금액을 약속대로 지급하지 못할 수도 있으며, 때로는 발행조건에 따라 미래현금흐름에 불확실성이 존재하기도 한다.[4)]

채무불이행위험프리미엄과 위험프리미엄

채권의 발행자가 약속한 이자와 액면금액을 상환하지 못할 위험이 있을 수 있는데 이를 채무불이행위험(default risk) 또는 지급불능위험이라고 한다. 예를 들어 채권을 발행하여 자금을 조달한 기업은 미래의 영업실적에 따라 약속된 채무를 갚지 못할 가능성이 있다. 따라서 채권을 발행할 때 기업이 투자자에게 약속했던 수익률보다 실제로 실현될 수 있는 수익률의 기댓값은 낮게 된다. 이때 채무불이행위험의 가능성을 고려하여 실제로 실현될 수 있는 수익률의 기댓값을 구한 것을 채권의 기대수익률(expected yield)이라 한다. 채무불이행위험에 따른 프리미엄(default premium)은 약속된 원리금이 정상적으로 지급될 경우의 만기수익률, 즉 약속수익률(promised yield)과 기대수익률의 차이로 계산할 수 있다.

위험채권에 투자하여 얻을 수 있는 기대수익률은 같은 만기와 표면이자율을 갖는 무위험채권의 수익률과 비교될 수 있다. 위험채권의 기대수익률과 무위험채권의 수익률의 차이를 위험채권이 갖는 위험프리미엄(risk premium)이라 한다.

---

4) 예를 들어 기업은 때에 따라서는 만기 이전에 채권을 일정한 가격으로 조기상환할 수 있는 권리가 첨부된 채권을 발행하기도 한다. 이를 수의상환채권이라 하는데 이 채권에 투자한 투자자는 미래에 조기상환될 위험을 부담한다.

채무불이행위험에 따른 채무불이행위험프리미엄과 미래수익률의 불확실성에 따른 위험프리미엄을 합쳐 채권의 수익률스프레드(yield spread)라 한다. 예를 들어 살펴보자. A기업이 만기 1년, 표면이자율 12%, 액면금액 10,000원의 채권을 10,000원의 시장가격에 발행했다 하자. 이때 약속된 만기수익률은 12%이다. 그러나 채권발행 후 기업의 경영상태가 악화되어 기말에 약속된 원리금을 지급할 수 있는 가능성이 다음의 표와 같이 평가된다 하자.

상 황	확률(%)	원리금 상환액(원)	수익률(%)
경영상태 호전	75	11,200	12
경영상태 악화	25	10,000	0

즉, A기업은 경영상태가 악화되는 경우 지급해야 할 원리금 11,200원 중에서 10,000원밖에 지급하지 못하게 되고 이때 A기업 채권을 구입한 투자자가 얻을 수 있는 수익률은 0%이다. 따라서 이러한 채무불이행 상황을 고려할 때 채권자가 A기업 채권에 투자하여 얻을 수 있는 기대수익률은 다음과 같이 9%이다.

$$\text{기대수익률} = 12\% \times 0.75 + 0\% \times 0.25 = 9\%$$

A기업 채권의 예에서 약속수익률은 12%이지만 실제로 실현가능한 수익률의 기댓값은 9%이다. 한편 같은 만기와 표면이자율을 갖고 있는 무위험채권의 만기

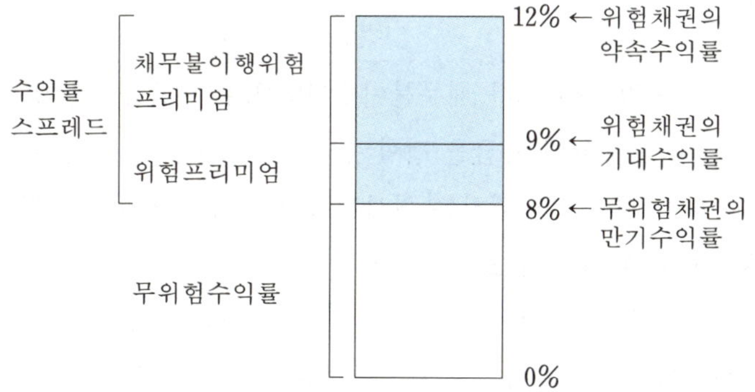

그림 7-5 채무불이행위험프리미엄과 위험프리미엄

수익률이 8%라 하자. 그러면 A기업 채권의 채무불이행위험에 따른 프리미엄과 위험프리미엄은 앞의 [그림 7-5]와 같이 나타낼 수 있다.

결국 채권의 약속된 만기수익률은 다음과 같이 세 요소의 합으로 구성된다.

$$y = r_f + dp + \pi \quad (7 \cdot 8)$$

r_f : 무위험수익률
dp : 채무불이행위험프리미엄
π : 위험프리미엄

수익률스프레드의 결정요소

수익률스프레드가 발생하는 원인으로는 여러 가지가 있을 수 있다. 앞서 살펴보았듯이 채권의 발행자가 약속한 이자나 액면금액을 지급하지 못할 가능성인 채무불이행위험은 수익률스프레드에 가장 큰 영향을 미친다. 이 외에도 채권을 단시일 내에 적절한 가격으로 매각할 수 없는 유동성위험과, 이자나 가격상승분에 대해 적용되는 세금의 차이, 그리고 수의상환조건이나 전환조건 등 발행조건의 차이 등이 수익률스프레드에 영향을 미칠 수 있다. 이와 같이 채권의 수익률스프레드가 발생하는 원인에는 여러 가지가 있을 수 있으나 이 중에서도 채권의 채무불이행위험이 수익률스프레드 결정에 가장 큰 역할을 한다. 따라서 채권의 수익률스프레드는 보통 채무불이행위험프리미엄, 즉 약속수익률과 기대수익률의 차이로 정의되어 사용된다.

등급평정

위험채권의 경우 각 채권마다 채무불이행위험(또는 지급불능위험)이 서로 다르므로 이 위험에 따라 채권의 등급을 정할 수가 있다. 이를 채권의 등급평정(bond rating)이라고 한다. 기업이 발행하는 회사채를 평가하기 위해서는 발행기업의 여러 가지 재무요인과 비재무적 요인, 그리고 경영진의 능력 · 태도 등도 고려해야 하므로 과학적이면서도 누구나 인정할 수 있는 객관적인 평가를 내리기는 어렵다. 그러나 채권발행을 통한 자금조달이 활발해짐에 따라 채무불이행위험을 평가하는 등급평정제도가 오래전부터 시행되어 오고 있다. 여러 신용평가회사에서 회사채의 평정결과를 등급을 매겨 발표하는데 우리나라의 경우 한국신용평가(주), NICE신용평가(주), 한국기업평가(주) 등이 회사채평정을 담당하고 있으며, 외국의 경우에는 무디스사(Moody's Investors Service)와 스탠다드 · 푸어스사(Standard & Poor's Corporation), 피치사(Fitch Ratings) 등이 대표적이다.

장기회사채의 등급평정

장기회사채에 대한 등급평정을 살펴보면, 무디스는 회사채들 중에 가장 최상급이라고 고려되는 것을 Aaa로 하고 Aa, A, Baa, Ba, B, Caa, Ca, C로 분류하여 9등급으로 하고 있으며, 스탠다드 · 푸어스와 피치의 등급은 AAA, AA, A, BBB, BB, B, CCC, CC, C와 D로서 10등급으로 평가하고 있다. 높은 등급의 회사채일

표 7-5 장기회사채의 평정등급과 그 내용

신용등급	등급의 정의
AAA	원리금 지급확실성이 최고 수준이며, 예측 가능한 장래의 환경변화에 영향을 받지 않을 만큼 안정적이다.
AA	원리금 지급확실성이 매우 높으며, 예측 가능한 장래의 환경변화에 영향을 받을 가능성이 낮다.
A	원리금 지급확실성이 높지만, 장래의 환경변화에 영향을 받을 가능성이 상위등급에 비해서는 높다.
BBB	원리금 지급확실성은 있으나, 장래의 환경변화에 따라 지급확실성이 저하될 가능성이 내포되어 있다.
BB	최소한의 원리금 지급확실성은 인정되나, 장래의 안정성 면에서는 투기적 요소가 내포되어 있다.
B	원리금 지급확실성이 부족하며, 그 안정성이 가변적이어서 매우 투기적이다.
CCC	채무불이행이 발생할 가능성이 높다.
CC	채무불이행이 발생할 가능성이 매우 높다.
C	채무불이행이 발생할 가능성이 극히 높고, 합리적인 예측범위 내에서 채무불이행 발생이 불가피하다.
D	현재 채무불이행 상태에 있다.

자료 : 한국기업평가(주)(www.ratings.co.kr).

수록 채무불이행위험이 작고 이에 따라 채무불이행위험프리미엄이 작은 값을 가지므로 수익률이 낮다. 반대로 회사채의 등급이 낮을수록 채무불이행위험이 크고 투자자들이 높은 수익률을 요구하게 된다.

앞의 〈표 7-5〉에 한국기업평가(주)에서 사용하는 장기회사채의 평정등급과 그 내용을 나타내었다. 일반적으로 채권시장에서는 〈표 7-5〉의 등급분류 중 AAA에서 BBB까지의 등급을 받은 회사채들을 채무불이행 가능성이 낮은 안정적인 채권, 즉 투자적격채권(investment grade bond)으로 분류한다. BB 이하의 등급은 채무불이행위험이 높은 채권, 즉 투자부적격채권(disinvestment grade bond *or* speculative grade bond)으로 분류하며, 이런 채권들을 정크본드(junk bond)라고도 부른다.

단기회사채의 등급평정

한편, 기업은 단기 운영자금을 조달하기 위하여 만기가 짧은(보통의 경우 1년 이내) 전자단기사채와 기업어음(CP)을 발행하기도 한다. 신용평가회사는 전자단기사채와 기업어음을 발행하는 기업의 단기간의 영업상황과 유동성 위험 등 단기

표 7-6 전자단기사채와 기업어음의 평정등급과 그 내용

신용등급	등급의 정의
A1	단기적인 채무상환능력이 매우 우수하며, 예측 가능한 장래의 환경변화에 영향을 받을 가능성이 낮다.
A2	단기적인 채무상환능력이 우수하지만, 장래의 환경변화에 의해 영향을 받을 가능성이 상위등급에 비해서는 높다.
A3	단기적인 채무상환능력은 있으나, 장래의 환경변화에 따라 저하될 가능성이 내포되어 있다.
B	최소한의 단기적인 채무상환능력은 인정되나, 그 안정성은 가변적이어서 투기적이다.
C	단기적인 채무상환능력이 의문시되며, 채무불이행이 발생할 가능성이 높다.
D	현재 채무불이행 상태에 있다.

자료 : 한국기업평가(주)(www.ratings.co.kr)

채무상환능력을 평가하여 신용등급을 부여한다. 이때 등급평정은 장기회사채의 평정에 이용되는 기호와 구분하여 보통 A1~D까지의 등급으로 구분한다. 앞의 〈표 7-6〉은 한국기업평가(주)에서 전자단기사채와 기업어음의 신용평가에 사용되는 등급과 내용을 나타낸 것이다.

채권의 신용등급과 수익률스프레드

회사채의 등급평정은 기업과 투자자 모두에게 매우 중요하다. 왜냐하면 등급평정결과가 채무불이행위험을 나타내는 지표로서의 역할을 하기 때문이다. 평정등급은 회사채의 수익률에 직접적인 영향을 미친다. 또한 대부분의 회사채는 기관투자자에 의해 구입되는데, 이들 기관투자자가 투자할 수 있는 회사채의 등급은 일반적으로 제한되어 있어서, 낮은 등급의 회사채는 시장에서 팔리기가 어렵다. 투자자들은 낮은 등급의 회사채를 위험이 큰 것으로 인식하기 때문에 높은 등급의 회사채보다 높은 수익률을 요구하게 된다.

〈표 7-7〉은 우리 시장에서 거래된 만기 3년의 국채와 AA등급과 BBB등급 회사채를 대상으로 하여 각각의 수익률과 각 등급 회사채의 수익률스프레드를 구해 나타낸 것이다.

표 7-7 채권의 신용등급과 수익률, 그리고 수익률스프레드

(단위 : %)

	수익률			수익률스프레드	
	국채	AA	BBB	AA	BBB
2015년 1월 2일	2.098	2.434	8.274	0.336	6.176
2021년 1월 12일	0.977	1.303	6.035	0.326	5.058

자료 : 금융투자협회(www.freesis.or.kr).

〈표 7-7〉에서 보는 것과 같이 BBB등급을 받은 회사채의 수익률이 AA등급의 수익률보다 높게 나타나고 있으며 수익률스프레드도 훨씬 크다. 수익률스프레드는 각 회사채의 수익률에서 무위험채권의 수익률인 국채의 수익률을 뺀 것이다. 회사채의 평정등급이 낮을수록 채무불이행위험이 크므로 그 위험에 대한 프리미엄인 수익률스프레드가 커지는 것을 볼 수 있다. 2015년 1월 2일에는 BBB등급 회사채의 수익률스프레드는 6.176%였으며, 2021년 1월 12일에는 5.058%였다.

수익률스프레드는 경제여건에 따라 다르게 나타나는데, 경기가 불안한 시기에는 안정된 시기보다 수익률스프레드가 커지는 것이 보통이다.

7.4 주식가격과 배당평가모형

주식(stocks)은 채권과 더불어 시장에서 거래되는 증권의 대부분을 이루고 있다. 기업이 발행할 수 있는 주식의 종류는 이익배당과 잔여재산의 분배에 관한 권리의 순서에 따라 보통주, 우선주, 후배주, 혼합주로 구분된다. 보통주를 표준이 되는 주식이라 할 때, 우선주는 이익배당이나 잔여재산분배에 관한 우선적 지위가 인정되는 주식이며, 후배주는 열등한 지위를 가지는 주식, 그리고 혼합주는 이익배당에는 우선하지만 잔여재산분배에 있어서는 열등한 주식을 말한다. 이 중 대표적인 것이 보통주이므로 여기에서는 보통주를 중심으로 가치평가에 대해 설명한다. [그림 7-6]에 CJ제일제당(주) 주식의 견본을 나타내었다. 이 주식은 1주의 권리를 가지는 일주권으로 액면금액은 5,000원인 기명식 보통주이다. 주식의 종류와 특성에 대해서는 제 13 장 '장기자본조달'에서 자세히 설명한다.

그림 7-6 CJ제일제당(주)의 주식

배당평가모형

주식의 가치를 평가하는 방법도 채권의 경우와 마찬가지로 주식으로부터 발생하는 미래의 수익을 적절한 할인율로 할인하는 것이나, 주식의 평가에는 채권의 평가보다는 어려운 점이 따른다. 그 이유는 먼저 주식으로부터 발생하는 현금흐름은 채권의 경우처럼 확실하지가 않기 때문이다. 주식투자에서 매년 받게 되는 배당금은 항상 일정한 것이 아니라 기업의 성장성이나 배당결정 등에 따라 달라질 수 있다. 또한 채권 평가를 위한 할인율은 비교적 쉽게 시장에서 구할 수 있는데 비하여 주식의 할인율은 시장에서 바로 구하기가 쉽지 않다. 따라서 주식의 가치를 평가하기 위해서는 일정한 가정이 필요하고, 서로 다른 가정에 따라 평가모형도 달라지게 된다. 그러나 여기서는 주식을 보유할 때 받게 되는 미래배당의 크기와 적절한 할인율이 주어졌다고 가정하고 주식을 평가하는 데 가장 자주 사용되는 배당평가모형(dividend discount model : DDM)에 대해 살펴본다.

주식을 소유하고 있는 사람이 얻게 되는 미래의 수익은 두 가지이다. 하나는 기업이 지급하는 배당금이다. 주식의 소유자는 주주총회나 이사회에서 결정되는 배당금을 매년(또는 일정기간마다) 받게 된다. 다른 하나는 보유하고 있던 주식을 팔았을 때 받게 되는 주식매각대금이다. 어떤 투자자가 주식을 1년만 보유하고 1년 후에는 판다고 하면, 이때의 주식의 가치 S_0는 다음과 같다.

$$S_0 = \frac{D_1}{(1+k)} + \frac{S_1}{(1+k)} \tag{7·9}$$

D_1 : 1년 후의 예상배당금
S_1 : 1년 후의 예상주식가격
k : 할인율

여기서 할인율 k는 자기자본비용(cost of equity)이라고도 하며, 위험수준이 같은 다른 주식에 투자했을 때 얻을 수 있는 기대수익률로 해석한다(자본비용에 대해서는 제12장에서 설명한다). 할인율 k는 주식의 미래수익이 확실한 경우라면 무위험이자율과 같게 되고, 미래수익이 불확실하다면 무위험이자율보다 커야 할 것이다.

그러면 1년 후의 주식가격 S_1은 어떻게 결정될까? 1년 후에 주식을 사서 그 주식을 1년만 보유하고 2년 말에 판다고 하면 1년 후의 주식의 가치 S_1은 2년 말에 예상되는 수익을 할인한 값이다.

$$S_1 = \frac{D_2}{(1+k)} + \frac{S_2}{(1+k)} \tag{7·10}$$

D_2 : 2년 후의 예상배당금
S_2 : 2년 후의 예상주식가격

식 7·10을 식 7·9에 대입하면 현재의 주식가격 S_0는 다음과 같이 결정된다.

$$S_0 = \frac{D_1}{(1+k)} + \frac{D_2}{(1+k)^2} + \frac{S_2}{(1+k)^2} \tag{7·11}$$

마찬가지 방법으로 S_2는 3년 후 예상수익을 할인한 값이 되며, 이를 식 7·11에 대입하는 등 이러한 과정을 계속적으로 반복하면 결국에는 다음과 같이 미래에 예상되는 배당흐름의 현재가치로 표현되는 현재의 주식가격 계산공식을 얻게 된다.

$$S_0 = \frac{D_1}{(1+k)} + \frac{D_2}{(1+k)^2} + \frac{D_3}{(1+k)^3} + \cdots + \frac{D_\infty}{(1+k)^\infty} \tag{7·12}$$

식 7·12는 주식을 평가하기 위해 가장 널리 사용하는 배당평가모형의 일반적인 형태로 미래에 기대되는 배당흐름의 형태에 관계없이 적용할 수 있는 모형이다. 미래의 배당이 변동할 때, 증가할 때, 또는 변함없이 일정할 때에도 언제든지 적용할 수 있다. 그러나 실제로 미래의 배당흐름을 정확하게 예측하는 것은 매우 어렵기 때문에 식 7·12를 현실적으로 이용하는 데 문제가 있다. 따라서 미래의 배당흐름에 대한 일정한 가정을 하여 이 모형을 사용한다. 즉 여러 가정에 기초하여 보다 단순한 모형들을 만들어 주식가격결정에 사용한다. 미래의 배당흐름에 대한 가정은 ① 성장이 없는 경우와 ② 성장이 일정한 경우, 두 가지로 요약할 수 있다.

두 가지 가정에 기초한 주식평가모형을 차례로 설명하여 보자.

성장이 없는 경우

매 기간 배당이 일정하여 1년 후 배당금이 계속적으로 지급된다는 가정을 하여 보자($D_2 = D_3 = \cdots = D_1$). 이는 가장 간단한 형태로 이때의 주식가격 S_0는 다음과 같이 구할 수 있다.

$$S_0 = \frac{D_1}{(1+k)} + \frac{D_1}{(1+k)^2} + \frac{D_1}{(1+k)^3} + \cdots + \frac{D_1}{(1+k)^\infty} = \frac{D_1}{k} \qquad (7 \cdot 13)$$

식 7·13은 단순히 제6장에서 살펴본 식 6·11의 영구연금 계산공식을 적용한 것이다.

| 예 7 | 1년 후부터 매년 1,500원의 배당을 영구히 지급하는 기업이 있다고 하자. 이때 할인율이 연 15%라면 주식가격은 얼마로 평가될까?

식 7·13을 이용하면 주식의 가격은 10,000원이 될 것이다.

$$S_0 = \frac{1,500}{0.15} = 10,000\,(\text{원})$$

일반적으로 매년 배당이 일정한 경우는 예외적인 경우이다. 주식을 발행한 기업이 성장이 전혀 없어서 이익이 매년 일정하며, 이 이익을 모두 배당하는 경우에나 가능할 것이다. 그리고 이러한 경우 매년 받게 되는 주당배당금은 주당순이익(EPS)과 같아질 것이므로 식 7·13은 다음의 식 7·14와 같이 나타낼 수 있다.

$$S_0 = \frac{EPS_1}{k} \qquad (7 \cdot 14)$$

성장이 일정한 경우

매 기간 지급되는 배당이 일정한 비율로 증가한다는 가정을 하여 보자. 1기의 배당을 D_1, 이후 배당의 증가율을 g라 하면 t기의 배당금 D_t는

$$D_t = D_1(1+g)^{t-1}(t = 2, 3, 4, \cdots)$$

이 되고 이때의 주식가격 S_0는 다음과 같다.[5]

---

5) 이 경우 g는 k보다 작은 경우만을 생각한다. g가 k와 같거나 크면 기업의 가치는 무한히 커지게 된다.

$$S_0 = \frac{D_1}{(1+k)} + \frac{D_1(1+g)}{(1+k)^2} + \frac{D_1(1+g)^2}{(1+k)^3} + \cdots = \frac{D_1}{k-g} \quad (7\cdot15)$$

이는 제 6 장에서 살펴본 식 6·13의 성장형 영구연금의 계산공식을 적용한 것이다. 식 7·15를 항상배당성장모형(constant dividend growth model) 혹은 고든모형(Gordon model)이라고 한다.

| 예 8 | 기업 A는 1년 후에 1,500원의 배당을 지급한다. 그리고 이 배당은 앞으로 영원히 10%의 비율로 성장한다고 한다. 또 이 배당에 대한 할인율이 15%라고 한다면, A기업의 주식가격은 얼마로 평가될까?

A기업의 주가는 식 7·15를 이용하여 다음과 같이 30,000원으로 평가된다.

$$S_0 = \frac{1,500}{0.15 - 0.10} = 30,000\,(\text{원})$$

성장이 없는 경우의 예와 비교하면 주식가격 S_0가 성장률 g의 값에 크게 영향을 받는다는 것을 알 수 있다. 이 모형에서 배당성장률이 일정하고 영원히 지속된다는 것은 현실적으로 매우 엄격한 가정이지만 주식가격을 분석하는 데 있어서 매우 유용한 틀을 제공하여 준다.

할인율과 성장률의 추정

배당평가모형을 실제 적용하기 위해서는 미래배당의 예측치, 할인율, 배당성장률의 값이 필요하다. 그러면 이러한 변수들의 값은 어떻게 얻을 수 있을까? 아래에서는 미래배당의 예측치와 현재의 주식가격이 주어졌다고 가정하고 할인율과 배당성장률을 어떻게 얻을 수 있는지를 살펴본다.

성장이 없는 경우

식 7·14에서 살펴보았듯이 성장이 없는 경우 주당배당금은 주당순이익(EPS)과 같아지며 주가는 $S_0 = EPS_1/k$가 된다. 이를 할인율 k에 대해 정리하면 다음과 같다.

$$k = \frac{EPS_1}{S_0} = \frac{1}{S_0 / EPS_1} = \frac{1}{PER} \tag{7·16}$$

여기서 S_0/EPS_1을 주가이익배수 또는 주가이익비율(price earnings ratio: *PER or P/E* ratio)이라고 하였다. 제2장에서 살펴보았듯이 주가이익배수는 주가를 기업이 벌어들일 주당순이익으로 나눈 값으로, 기업이 벌어들이는 회계상의 이익 1원을 시장에서 얼마의 가치로 평가하는지를 나타내는 지표이다. 보통 기업의 성장률이 높을수록 주가이익배수는 큰 값을 갖는다. 식 7·16은 성장이 없는 경우 할인율은 *PER*의 역수로 추정될 수 있다는 것을 보여준다.

일부에서 주식가격은 주당순이익을 할인율로 나눈 것이며, 할인율은 *PER*의 역수라고 주장하는 것을 볼 수 있다. 그러나 이는 올바른 주장이 아니다. 이러한 주장은 배당의 성장이 전혀 없고 이익을 모두 배당으로 지급하는 특수한 기업에 대한 주식평가에만 해당되는 것이다.

성장이 일정한 경우

배당의 성장이 일정한 경우 주식가격은 식 7·15와 같이 구할 수 있기 때문에 식 7·15를 할인율 k에 대하여 정리하면 다음과 같다.

$$k = \frac{D_1}{S_0} + g \tag{7·17}$$

D_1/S_0를 배당수익률(dividend yield)이라고 하는데 1년 후의 배당 D_1은 예측이 비교적 용이하므로 배당수익률을 추정하는 일은 그리 어렵지 않다. 성장이 일정한 경우 주식가치 평가를 위한 할인율은 배당수익률과 배당성장률의 합으로 구해진다. 식 7·17에서 배당성장률 g를 추정하는 것은 쉬운 일이 아니다. 여러 방법이 있을 수 있으나 가장 널리 쓰이는 방법 하나를 아래에서 소개한다.

기업이 성장하기 위해서는 투자가 필수적이다. 기업은 현재 벌어들인 이익을 모두 배당으로 지급하는 것이 아니라 그중의 일부는 투자하기 위하여 사내에 유보하게 된다. 기업이 미래의 성장을 위하여 유보하는 이익을 유보이익(retained earnings)이라고 하며, 외부로부터 자금조달이 없다면 성장에 필요한 투자자금은 모두 유보이익으로 조달된다. 유보이익이 총이익에서 차지하는 비율을 유보율

(retention ratio)이라고 한다. 기업이 벌어들인 이익 중 일부를 유보하여 미래의 성장을 위하여 투자한다고 할 때, 이익에 대한 유보율이 b로 일정하고 성장기회의 투자수익률도 일정하여 과거의 투자성과를 나타내는 자기자본이익률(return on equity: ROE)과 같다고 하자. 이때 시점 t에서의 주당배당금 D_t는 주당순이익 EPS_t에 [1−유보율(b)]을 곱하여 다음과 같이 결정된다.

$$D_t = EPS_t \times (1-b) \quad (t=1, 2, 3, \cdots) \tag{7·18}$$

여기서 $(1-b)$를 배당성향(payout ratio)이라고 하는데 유보율이 일정한 경우 이는 항상 일정하므로 배당성장률은 이익성장률과 같게 된다.

한편 t시점에서의 주당순이익 EPS_t는 전기의 주당순이익에 전기의 주당순이익 중 유보된 금액이 재투자되어 얻은 재투자수익을 더한 것과 같으므로 다음과 같이 쓸 수 있다.

$$EPS_t = EPS_{t-1} + b \cdot EPS_{t-1} \cdot ROE = EPS_{t-1}(1 + b \cdot ROE) \tag{7·19}$$

식 7·19의 양변을 EPS_{t-1}로 나누면 다음의 관계를 얻게 된다.

$$\frac{EPS_t}{EPS_{t-1}} = \frac{D_t}{D_{t-1}} = 1 + g = 1 + b \cdot ROE \tag{7·20}$$

따라서 배당성장률 혹은 이익성장률 g는 유보율(b)에 자기자본이익률(ROE)을 곱하여 추정할 수 있다.

$$g = b \times ROE \tag{7·21}$$

예를 들어 A기업은 매년 당기순이익의 50%를 유보한다고 하자. 이 기업의 과거 자기자본이익률이 20%였다면, 이 기업의 성장률은 $g = 0.1 (= 0.5 \times 0.2)$, 즉 10%로 추정할 수 있다.

이렇게 하여 배당성장률의 추정치를 구하면 식 7·17을 이용하여 할인율을 결정할 수 있다.

| **예 9** | (주)TK는 1년 후 1,200원의 배당을 지급할 예정이며, 이 회사 주식에 대한 할

인율은 10%이다. 투자자 김 씨는 (주)TK 주식에 대한 배당이 매년 4%씩 증가할 것이라고 믿고 있으나, 이에 대해서 확신은 없다. 현재 (주)TK 주식이 시장에서 18,000원에 거래된다면 투자자 김 씨가 배당성장률을 어떻게 수정할지를 분석하라.

항상배당성장모형에 의하면 성장률이 4%일 경우 주가는 $S_0 = 1{,}200/(0.1 - 0.04) = 20{,}000$원이 되어야 한다. 그러나 현재주가가 이보다 낮은 18,000원이라는 것은 시장에서 배당성장률을 이것보다 낮게 생각하고 있다는 것을 의미한다. 배당성장률이 여전히 일정하다는 가정하에 이를 식 7·17에 의해 추정하면 다음과 같다.

$$g = k - D_1/S_0 = 0.1 - 1,200/18,000 = 3.33\%$$

[예 9]에서와 같이 시장에서 주식이 적정하게 평가되고 있다는 전제하에 시장가격을 이용하여 배당에 대한 기대를 수정할 수 있다.

7.5 주가배수를 이용한 주식평가

지금까지의 주식평가모형에서는 미래의 예상배당에 바탕을 두고 주식의 절대적인 가치를 구하려고 하였다. 주식을 평가하는 또 다른 방법은 유사기업(comparable firms)의 주가를 이용하여 평가하고자 하는 주식의 상대적 가치를 계산해 내는 것이다. 현금흐름의 특성이 동일한 주식이 있다면 이 주식의 가격을 이용하여 평가하고자 하는 주식의 가격을 구할 수 있다. 그러나 현실적으로 모든 것이 똑같은 주식은 찾아보기 힘들다. 기대현금흐름과 위험이 같더라도 기업규모가 다를 수 있다. 이럴 경우 시장에서 실무적으로 흔히 이용하는 방법은 대상주식의 예상 주당순이익에 기업규모와는 무관하게 결정되는 유사기업의 주가배수(price multiples)를 적용하여 주식가치를 구해 내는 것이다. 자주 이용되는 주가배수에는 주가이익배수(*PER*), 주가장부가치배수(price-book value ratio: *PBR*)나 주가현금흐름비율(price-cash flow ratio: *PCR*) 등이 있으며, 이러한 평가방법을 상대가치평가 또는 주가배수방법이라고 부른다. 주가배수를 이용한 평가는 비교할 수 있는 유사기업들이 존재하며, 시장이 효율적이어서 유사기업들의 주가와 회계자료를 신뢰할 수 있을 때 주식평가를 위한 방법으로 손쉽게 이용할 수 있다.

주가이익배수를 이용하여 주식가격을 평가하는 방법을 살펴보자. 항상배당성장모형을 이용할 경우 유사기업의 주가는 $S_0 = D_1/(k-g)$와 같이 결정된다. $D_1 = (1-b) \cdot EPS_1$을 여기에 대입하고 양변을 EPS_1으로 나누면 다음의 식을 얻는다.

$$\frac{S_0}{EPS_1} \equiv PER = \frac{1-b}{k-g} \qquad (7 \cdot 22)$$

식 7·22는 두 주식의 배당성향$(1-b)$, 성장률(g), 그리고 위험(즉, 할인율)이 같다면 PER가 같다는 것을 의미한다. 따라서 평가대상주식의 가치는 그 주식의 주당순이익(EPS_1)에 식 7·22에서 구한 유사주식의 주가이익배수를 곱하여 구할 수 있다.

| 예 10 | 철강회사인 (주)HM의 1년 후 주당순이익은 3,000원이 될 것으로 예상된다. 철강산업에 속하는 기업 중 (주)HM과 배당성장률, 배당성향, 그리고 주식위험이 비슷한 회사들의 평균 주가이익배수는 15이다. 이 비율을 사용하여 (주)HM 주식의 가치를 추정하라.

$$S_0 = 3,000 \times 15 = 45,000\,(\text{원})$$

중요용어

- 무이표채 zero coupon bond
- 영구채권 perpetual bond
- 현물이자율 spot interest rate
- 채무불이행위험 default risk
- 주식 stocks
- 만기수익률 yield to maturity
- 항상배당성장모형 constant dividend growth model
- 배당성장률 dividend growth rate
- 이자율의 기간구조 term structure of interest rates
- 주가배수 price multiples
- 이표채 coupon bond
- 회사채 corporate bond
- 수익률곡선 yield curve
- 수익률스프레드 yield spread
- 등급평정 bond rating
- 무차익원리 no arbitrage principle
- 배당평가모형 dividend discount model
- 정크본드 junk bond
- 상대가치평가 relative valuation
- 주가이익배수 *PER*

연 | 습 | 문 | 제

7-1 이자지급 유무와 만기에 따라 채권을 어떻게 분류할 수 있는지 설명하라.

7-2 액면금액이 10,000원이며 만기가 2년인 무이표채가 있다. 이 채권의 현재 시장가격이 7,561원이라면 이 채권의 만기수익률은 얼마인가?

7-3 산업은행에서 발행하는 액면 10,000원, 만기 3년의 산업금융채권(무이표채)이 있다. 시장이자율이 10%라고 할 때 이 채권의 현재가격은 얼마인가?

7-4 만기별로 다음과 같이 네 가지 종류의 무이표채가 거래된다고 하자. 만기가 4년, 표면이자율 6%, 액면금액 100,000원의 이표채가 새로 발행된다면 이 채권의 적정한 가격은 얼마인지 계산하라.

만기(년)	만기수익률(r_t)(%)
1	4.0
2	5.0
3	6.0
4	6.5

7-5 서울시 지하철채권의 발행조건은 다음과 같다. 이 채권의 현재가격은 얼마인가? 적절한 시장이자율은 10%이다.

액　　면	: 10,000원, 5년 말부터 5년간 분할상환	
만　　기	: 9년	
표면이자율	: 6%	
상 환 금 액	5년차	: 5,382원
	6년차	: 2,480
	7년차	: 2,360
	8년차	: 2,240
	9년차	: 2,120

7-6 다음은 2015년 2월 말에 거래된 채권들의 수익률자료이다. 이를 이용하여 다음 물음에 답하라.

만기(년)	국채(무이표채) 수익률(%)	회사채수익률(%)			
		AAA	AA	A	BBB
1	5.45	5.65	5.70	5.80	6.05
3	5.80	6.20	6.30	6.45	6.75
5	6.15	6.75	6.85	7.10	7.50
10	6.20	6.90	6.90	7.20	8.00

① 2015년 2월 말 현재 시장에서 형성되는 국채의 수익률곡선을 그려보라.

② AAA 회사채와 BBB 회사채의 수익률스프레드를 구해 보고 수익률스프레드 간에 차이가 나는 이유를 설명하라.

7-7 1년 말의 배당이 550원, 2년 말 배당이 580원으로 예상되며, 2년째 배당을 받은 직후 9,100원에 팔 수 있는 주식이 있다. 2년 동안의 시장이자율이 10%로 일정하다면, 이 주식의 현재가치는 얼마인가?

7-8 매년 2,400원의 배당을 영구히 지급하는 주식이 있다. 할인율이 15%라고 하면, 이 주식의 가치는 얼마인가?

7-9 관악기업의 주식가치평가에 적용되는 할인율은 20%이고 첫해의 주당배당은 100원으로 예상된다. 관악기업은 배당을 매년 10%씩 증가시키기로 하고 있다. 관악기업 주식의 현재가격을 구하라.

7-10 D회사의 배당수익률은 2.1%이고, 자기자본비용은 7%라고 한다. 또한 배당은 일정 비율로 성장할 것이라고 한다.

① 항상배당성장모형을 이용하여 D사의 배당성장률을 추정하라.

② D사의 예상 주가상승률을 구하라.

7-11 배터리 제조업체인 (주)한라의 주당장부가치는 30,000원이다. (주)한라가 속한 배터리 제조업을 영위하는 기업들의 평균 주가장부가치배수는 1.3배라 할 때 이를 이용하여 (주)한라의 적정주가를 평가하라.

제 8 장

자본예산의 기초

기업의 재무관리자에게 투자결정은 가장 큰 관심사이다. 어떤 투자안에 얼마를 투자하느냐에 따라 기업의 성장과 가치가 결정되기 때문이다. 이 장에서는 투자결정을 하는 데 있어서 분석대상이 되는 투자안의 경제성분석방법을 중심으로 설명한다. 투자안의 경제성분석방법으로서는 회수기간법, 회계적 이익률법, 내부수익률법, 순현가법을 설명한다. 이 네 가지 분석방법 중에서 가장 과학적이라고 할 수 있는 내부수익률법과 순현가법을 중점적으로 다루게 된다.

생·각·의·전·당

순현가가 0이 되도록 해 주는 할인율이 내부수익률이다. 순현가법과 내부수익률법은 대표적인 투자의 경제성 분석방법이지만, 내부수익률법은 순현가법에 비해 여러 문제점을 가지고 있다. 순현가는 투자로 인한 부(wealth)의 직접적인 증분을 금액으로 보여주는 장점이 있다. 순현가법은 투자의 타당성을 평가하는 여러 방법들 중 기업가치의 극대화라는 재무관리의 목표에 가장 잘 부합되는 방법이다.

8.1 자본예산의 의의와 중요성

자본예산의 의의

회사를 새로 설립할 때는 물론 기존기업을 확장할 때도 기업은 자산을 취득하게 된다. 자산의 취득은 기업의 미래수익뿐만 아니라 위험에도 영향을 주어 기업의 가치를 변화시킨다. 자산을 취득한다는 것은 곧 투자를 말하는데, 기업의 투자결정은 기업의 성장에 직접적인 영향을 준다. 특히 그 효과가 장기적으로 나타나는 투자는 더욱 큰 영향을 주게 되는데, 투자효과가 장기적으로 나타나는 투자의 총괄적인 계획을 일컬어서 자본예산(capital budgeting)이라 한다.

장기적이라는 것은 일반적으로 1년 이상을 의미하나, 이는 임의적이라 할 수 있다. 자산을 유동자산과 비유동자산으로 분류하였을 때 비유동자산에 속하는 토지 · 건물 · 설비 등에 대한 투자계획을 자본예산으로 보기도 하며, 보다 넓은 의미로는 투자의 영향이 비교적 장기에 걸쳐 나타나는 광고 · 연구개발 등을 위한 투자계획도 자본예산의 범주에 포함된다.

투자를 위한 총괄적인 계획은 합리적인 투자를 하기 위해 필요한 투자목적의 설정, 투자대상의 선정, 현금흐름의 측정, 자금조달의 계획, 투자안의 경제성분석 등과 같은 여러 활동을 포함한다. 이러한 작업을 위해서는 투자목표를 설정하고 적정한 투자규모를 결정하는 기업 내부적인 요인과 함께 경제전망, 경쟁환경의 분석, 소비자의 욕구분석 등 기업 외부환경에 대한 분석이 같이 이루어져야 한다. 그러나 보통 자본예산은 좁은 의미로 사용되는데 이때에는 투자대상에 대한 현금흐름과 위험을 측정하고 투자안의 경제성분석을 통해 최적투자결정을 내리는 과정을 말한다.

자본예산의 중요성

자본예산은 기업의 재무관리에서 가장 큰 비중을 차지하는 중요한 주제이다. 자본예산이 갖는 중요성은 기업을 둘러싸고 있는 재무환경의 특성을 살펴봄으로써 분명해진다.

첫째, 현대 기업의 투자규모는 매우 크다. 대규모의 자금을 생산시설에 투자함에 따라 기업은 유동성을 상실할 위험이 크다. 또 산업별 · 생산제품별로 전문화된 투자를 하는 것도 현대 기업의 특징이다. 이러한 경우 일단 설치한 시설을 다른 목적으로 전환할 수 있는 융통성이 떨어진다. 이 때문에 투자가 실패할 경우 엄청난 손실을 입게 되며, 기업의 존립과 성장에 큰 영향을 미치게 된다. 따라서 자본예산은 기업의 장기적인 경영전략과 자금조달계획, 그리고 미래경제상황에 대한 분석을 토대로 신중하게 이루어져야 한다.

둘째, 자본예산의 투자안은 투자결정이 내려졌다고 해서 바로 제품이 생산되는 것이 아니라, 실제로 생산이 이루어지기까지에는 오랜 시간을 필요로 한다. 또한, 투자대상의 사용기간이 길어짐에 따라 미래의 기업활동은 한번 내려진 투자결정으로 인하여 큰 제약을 받게 된다. 이런 이유로 자본예산은 미래의 자금수요와 투자효과에 대한 합리적인 예측을 바탕으로 이루어져야 한다.

셋째, 자본예산은 단순한 투자안의 선정뿐만이 아니라 투자자금의 지출 규모와 시기에 맞추어 자금을 적시에 조달하기 위한 면밀한 계획을 필요로 한다. 특히 자금의 초과수요가 있는 경제환경에서는 필요자금을 필요한 시기에 조달하는 것이 투자의 성패를 좌우하게 되므로 다각적이고 광범위한 자금수급계획을 세우는 것이 매우 중요하다.

넷째, 현대 기업사회는 치열한 경쟁사회이다. 임기응변적인 투자결정은 비효율적인 투자결과를 초래하기 쉬우므로 다른 기업과의 경쟁에서 뒤떨어지게 된다.

현대 기업의 경쟁력은 설비의 현대화를 통한 품질의 향상과 가격경쟁력에 따라 좌우되기 때문에 기업은 자본예산과정에서 경제환경의 변화, 소비자취향의 변화, 기술의 변화, 국가정책의 변화 등 여러 요인을 분석하여 투자결정을 하여야 한다.

8.2 자본예산의 과정

자본예산을 실제로 수행하는 과정은 매우 복잡하며 많은 시간과 노력을 필요로 한다. 자본예산의 과정과 방법은 기업이 처해 있는 상황에 따라서 조금씩 다르지만 대체로 다음과 같이 정리해 볼 수 있다.

① 투자목적의 설정
② 투자안의 선정과 성격에 따른 분류
③ 각 투자안들로부터 예상되는 현금흐름의 측정
④ 각 투자안의 경제성 평가
⑤ 투자의 결정 및 실행

위와 같은 자본예산의 수행과정 중 특히 중요한 것은 좁은 의미의 자본예산범위라 할 수 있는 ③ 투자안들로부터 예상되는 현금흐름의 측정과 ④ 투자안의 경제성 평가이다. 이에 대한 설명은 다음으로 넘기고 이 절에서는 좁은 의미의 자본예산을 실행하기 전 단계인 투자목적의 설정과 투자안의 선정 및 그 분류방법에 대하여 설명하기로 한다.

투자목적의 설정

자본예산의 첫 단계는 기업 내부와 외부의 투자환경을 분석하여 기업가치를 증가시킬 수 있는 투자기회를 발견하는 것이다. 물론 이는 기업의 목적이나 상황에 따라 달라질 수 있다.

기존의 시설이나 건물의 교체를 위한 투자가 있을 수 있으며, 기존제품의 생산을 확대하기 위하여 시설을 확장하는 투자도 있다. 신제품의 생산을 위한 새로운 투자나 새로운 공정과 새로운 기술개발을 위한 연구개발(R&D)투자도 기업활동에서 자주 이루어진다. 또 광고나 공해방지시설에 대한 투자도 기업에 장기적으로 영향을 미치게 된다.

투자안의 선정과 분류

투자목적이 설정되면 이 목적을 달성하기 위한 여러 가지 투자안이 선정되어야 한다. 그리고 이들 투자안은 그 성격에 따른 체계적인 분류를 필요로 한다. 왜냐하면 투자안의 성격에 따라 투자안의 경제성을 평가하는 방법의 적용방식이 달라지기 때문이다. 투자안을 분류하는 방법에는 여러 가지가 있을 수 있으나, 투자안의 평가방법에 직접적으로 영향을 미치는 것은 "특정 투자안의 채택이 다른 투자안에 어떠한 영향을 미치는가?" 하는 투자안들 사이의 상호 관련성 여부이다. 이를 기준으로 투자안을 분류하면 다음과 같다.

독립적 투자

독립적 투자(independent investment)란 어떤 투자안으로부터 기대되는 현금흐름이 다른 투자안의 채택 여부와 아무런 관련이 없는 경우를 말한다. 예를 들어 자동차공장에서의 제품조립라인과 성능시험설비는 공정에서 반드시 필요로 하지만 서로 관련되어 있지 않은 독립적 투자이다. 어떤 투자안들이 독립적이면 이 투자안들을 각각 별개의 투자안으로 보고 그에 대한 평가를 하게 된다.

종속적 투자

종속적 투자(dependent investment)는 한 투자안을 선택하는 것이 다른 투자안의 채택 여부에 영향을 주는 경우를 말한다. 종속적 투자안은 상호 배타적 투자와 상호 인과적 투자로 분류할 수 있다.

상호 배타적 투자(mutually exclusive investment)는 같은 목표를 달성할 수 있는 투자안들이 여러 개 있을 때 특정 투자안이 채택되면 다른 투자안들은 자동적으로 기각되어 채택될 수 없는 투자들을 말한다. 예를 들어, 어떤 공장에서 제품생산시설을 설치하려고 할 때 완전자동화된 설비를 설치할 것인지 반자동화된 설비를 설치할 것인지의 문제이다. 둘 중 하나가 선택되면 다른 대안은 자연히 탈락된다.

상호 인과적 투자(contingent investment)는 한 투자안이 선택되면 이와 더불어 다른 투자안에 대한 투자가 필연적으로 따르게 되어 있는 경우를 말한다. 예를 들어 제품생산을 위한 공장을 건설하는 투자안과 이 공장까지의 연결도로를 건설하는 투자안과의 관계이다. 이러한 경우 상호 관련이 되어 있는 투자안들을 같이 묶어서 투자의 타당성을 평가하여야 한다.

보완적 투자

보완적 투자(complementary investment)란 한 투자안의 선택이 다른 투자안에 대해 보완적 · 보충적 성격을 갖는 경우를 말한다. 예컨대 커피제조회사에서 특수설탕제조공장을 건설한다거나 생수회사에서 생수용기제조공장을 세우는 것이 이에 해당된다. 보완적 투자는 필수적인 것은 아니지만 주력제품의 생산 및 판매에 도움이 되는 투자이다.

8.3 투자안의 경제성분석

자본예산에서 가장 중요한 과정은 투자안에서 예상되는 현금흐름을 측정하고 측정된 현금흐름을 바탕으로 투자의 경제성을 평가하는 것이다. 현금흐름 측정에 대해서는 다음 장에서 살펴보기로 하고, 이 절에서는 투자안의 경제성을 평가하는 방법을 먼저 설명한다.

분석대상이 되는 투자안의 현금흐름이 측정되었다면, 그 다음 단계로 측정된 현금흐름이 기업가치에 어느 정도 공헌할 수 있는가를 분석하여야 한다. 이러한 분석을 투자안의 경제성분석이라 한다. 자본예산기법(capital budgeting technique)이라고도 불리는 투자안의 경제성분석방법에는 여러 가지 방법이 있으나, 이상적인 평가방법이 되기 위해서는 아래에서 열거하는 세 가지 조건을 갖추고 있어야만 한다.

① 측정된 모든 현금흐름이 고려되어야 한다.

투자에 따른 현금흐름은 장기간에 걸쳐서 발생한다. 만일 어떤 분석방법이 투자안의 평가과정에서 앞으로 발생할 모든 현금흐름을 반영하지 못한다면 이는 투자안이 갖는 정보 가운데서 일부만을 고려한 것이므로 바람직한 평가방법이라고 볼 수 없다.

② 적절한 할인율을 사용하여 화폐의 시간가치를 반영하여야 한다.

같은 크기의 현금흐름이라고 하더라도 현금흐름이 발생하는 시점이 언제인가에 따라서 그 가치는 달라진다. 따라서 장기간에 걸쳐서 현금흐름을 가져오는 투자안을 올바르게 평가하기 위해서는 어느 한 시점을 기준으로 하여 발생시점이 서로 다른 현금흐름의 가치를 통일시킬 필요가 있다. 현금흐름의 가치를 통일시키는 방법에는 현재 시점을 기준으로 하는 방법과 특정한 미래 시점을 기준으로 하는 방법이 있으나, 가급적이면 투자안평가가 이루어지는 현재 시점을 기준시점으로 하는 것이 바람직하다. 이때 사용되는 할인율은 투자안의 특성을 잘 반영시킨 것이어야 함은 물론이다. 그러나 이 장에서는 모든 자본은 자기자본으로 조달하며, 투자로부터의 현금흐름은 확실하다는 가정하에 무위험이자율을 할인율로 사용한다.

③ 기업의 가치를 극대화할 수 있는 투자안을 선택할 수 있어야 한다.

기업의 목표인 기업가치의 극대화를 위해서는 무엇보다도 투자안으로부터 발생하는 현금흐름의 크기가 중요하다. 따라서 바람직한 투자안의 평가는 무엇보다도 현금흐름을 많이 발생시키는 투자안을 정확히 선택할 수 있어야 한다.

투자안의 경제성분석에는 다음과 같은 네 가지 기법이 자주 이용된다.

① 회수기간법(payback period method)
② 회계적 이익률법(accounting rate of return method)
③ 순현가법(net present value method)
④ 내부수익률법(internal rate of return method)

회수기간법과 회계적 이익률법은 화폐의 시간가치를 고려하지 않은 방법이며,

표 8-1 **네 투자안의 현금흐름**

(단위 : 만 원)

년(t) \ 투자안	A	B	C	D	$PVF(t, 10\%)$
0	−1,500	−1,500	−1,500	−1,500	1.000
1	150	0	150	300	0.909
2	1,350	0	300	450	0.826
3	150	450	450	750	0.751
4	−150	1,050	600	750	0.683
5	−600	1,950	1,875	900	0.621

순현가법과 내부수익률법은 화폐의 시간가치를 고려한 방법으로 할인현금흐름법(discounted cash flow method: *DCF*법)이라 한다. 이들 네 가지 기법을 차례로 살펴보자. 각 기법의 특성에 대한 비교를 위하여 〈표 8-1〉에서 보는 것처럼 투자규모와 투자수명이 같은 네 가지의 투자안을 공통적인 자료로 사용하기로 하며, 네 투자안 모두 자기자본만으로 자금을 조달하고 미래현금흐름은 확실하게 알고 있다고 가정한다.

회수기간법

의의와 계산

회수기간(payback period)이란 투자시점에서 발생한 비용을 회수하는 데에 걸리는 기간을 말하는 것으로 보통 연단위로 표시한다. 예를 들어 〈표 8-1〉의 투자안 A의 경우 1,500만 원의 투자비용은 투자로 인한 현금흐름의 누적합계가 1,500만 원 이상이 되는 2년이 지나야 모두 회수된다(150+1,350=1,500). 따라서 투자안 A의 회수기간은 2년이다. 〈표 8-1〉의 예에서 각 투자안에 대한 회수기간을 계산하면 다음과 같다.

투자안	A	B	C	D
회수기간(년)	2	4	4	3

의사결정기준

회수기간법에 의한 의사결정에서는 상호 배타적인 투자안들이라면 회수기간이 가장 짧은 것을 선택하게 된다. 위의 계산에서는 투자안 A가 회수기간 2년으로 가장 우수한 투자안이다. 그러나 독립적인 투자안의 경우에는 각각의 회수기간이 기업 자체에서 정한 기준기간보다 짧으면 투자가치가 있다고 판단한다. 위의 예에서 각각의 투자안을 독립적인 것이라 하고, 이 기업에서는 3년 이내의 회수기간을 갖는 투자안을 선택하기로 하였다면 투자안 A와 투자안 D가 경제성이 있는 것이 된다.

문제점

회수기간법은 쉽고 간편하지만 커다란 문제점들이 있다. 첫째, 회수기간 이후의 현금흐름을 고려하지 않는다. 앞의 예에서 투자안 A는 회수기간 2년으로 가장 우수하지만, 회수기간이 지난 이후의 현금흐름인 4차연도의 −150만 원과 5차연도의 −600만 원은 투자결정에 있어서 고려하여야 할 중요한 현금흐름임에도 불구하고 고려대상에서 제외되고 있다. 회수기간법은 투자안의 가치를 현금흐름에 따른 수익성에 두는 것이 아니라 시간성에 두고 있기 때문에 이러한 현상이 나타난다. 즉, 모든 현금흐름을 고려하지 않는다는 문제를 갖는다.

둘째, 화폐의 시간가치를 무시하고 있다. 다음의 〈표 8-2〉에 있는 두 투자안을 비교하여 보자. 투자안 E와 F는 회수기간이 2년으로 똑같으나 현금흐름의 양상이 매우 다르다. 회수기간을 기준으로 의사결정을 하는 경우에 두 투자안은 차이가 없지만, 화폐의 시간가치를 고려하는 투자자들은 초기에 많은 현금유입을 가져다주는 F를 선호할 것이다.

셋째, 독립적인 투자안에 있어서 투자결정의 기준이 되는 기준기간의 선정이 주관적이다. 각 기업마다 나름대로의 기준기간을 정하여 의사결정을 할 수 있으나, 얼마의 회수기간을 기준으로 하여 투자결정을 해야 하는지에 대한 객관적이고 과학적인 근거를 찾기가 어렵다.

유용성

회수기간법은 많은 단점을 가지고 있으나 경영기법이 발달된 선진국에서도 아

표 8-2 투자안 E와 F의 회수기간

년	현금흐름	
	E	F
0	−1,000	−1,000
1	100	900
2	900	100
3	150	150
4	100	100
회수기간(년)	2	2

직 많이 사용되고 있다. 선진국의 중소기업은 물론 대기업에서도 투자결정기법으로 이 회수기간법을 사용하고 있는 이유는 무엇일까?

첫째, 방법이 매우 간단하여 이해하기 쉽다는 점이다. 그러나 큰 자금을 투자하는 경우에 있어서 단순히 이해하기 쉽다는 이유로 회수기간법을 사용하여 투자결정을 내려서는 안 된다.

둘째, 회수기간법은 경영자에게 투자위험에 대한 정보를 제공하고 있다는 점이다. 회수기간이 짧을수록 미래의 현금흐름에 대한 불확실성이 빨리 제거되므로 위험이 작다. 투자로 인한 미래의 현금흐름을 예측할 때, 먼 미래일수록 예측의 불확실성이 높다. 즉, 투자의 내용연수가 길어질수록 미래 경제상황의 변화, 기업간의 경쟁, 소비자취향의 변화 등으로 인해 투자의 위험이 높아지기 때문에 빠른 시일 내에 투자액을 회수하는 것이 바람직하다.

셋째, 수익성이 기업가치를 결정하는 중요요인이지만 이와 함께 중요한 것은 기업의 현금보유를 중심으로 하는 유동성이다. 회수기간법은 투자로 인한 기업의 유동성을 간접적으로 나타내 준다. 투자액이 같은 여러 투자대상 중에서 회수기간이 짧을수록 현금유입이 일찍 이루어지는 것이므로, 이러한 투자안은 기업의 유동성을 높이게 된다.

넷째, 투자규모의 대형화, 그리고 과학기술의 급격한 발달 등은 장기적 이익을 목표로 투자한 설비에 대하여 예측하지 못한 진부화(obsolescence)를 가져올 위험이 따르게 마련인데, 짧은 회수기간에 의한 투자결정은 이러한 시설 및 생산품의 진부화위험을 덜어주는 장점이 있다.

회수기간법은 이상과 같은 장점이 있으나, 이미 설명한 것과 같이 투자의 수익성을 합리적으로 분석하는 것이 아니기 때문에 회수기간법에만 의존하여 투자를 결정하는 경우는 적으며, 회수기간법과 함께 여러 가지 다른 분석기법을 동시에 고려하는 것이 보통이다.

회계적 이익률법

의의와 계산

회계적 이익률법(accounting rate of return method)은 평균이익률법이라고도 하며, 회계적 이익률을 계산하여 투자결정을 하는 방법이다. 회계적 이익률은 ① 투자로 인하여 나타나는 장부상의 연평균 순이익과 연평균 투자액의 비율로 계산하는 방법과, ② 연평균 순이익과 전체투자액의 비율로 계산하는 방법이 함께 쓰이고 있다. 그러나 이 두 가지 방법에 근본적인 차이가 있는 것은 아니다.

투자의 내용연수가 다한 후 잔존가치가 없다면, 연평균 순이익과 연평균 투자액의 비율로써 회계적 이익률을 계산하는 경우 다음의 식을 이용한다.

$$\text{회계적 이익률} = \frac{\text{연평균 순이익}}{\text{연평균 투자액}} = \frac{\text{연평균 순이익}}{\text{총투자액}/2} \qquad (8\cdot1)$$

감가상각이 매년 일정하고 잔존가치가 없다고 가정하는 경우, 연평균 투자액은 총투자액의 1/2이 된다. 예를 들어, 어느 회사가 4,000만 원을 투자하였는데, 투자의 수명은 4년이고 이후의 잔존가치는 없다고 한다. 정액법으로 감가상각을 하는 경우 첫해 초의 장부상의 투자액은 4,000만 원이며, 첫해 말의 장부상의 투자액은 1,000만 원의 감가상각이 있으므로 3,000만 원이 되어 첫해의 연평균 투자액은 3,500만 원이다. 둘째 해 초에 순투자액이 3,000만 원, 둘째 해 말에는 2,000만 원이므로 둘째 해의 평균투자액은 2,500만 원이 된다. 이와 같이 하여 셋째 해의 장부상의 평균투자액은 1,500만 원, 넷째 해에는 500만 원이 된다. 따라서 4년간의 연평균 투자액은 2,000만 원이고, 이는 총투자액 4,000만 원의 1/2이 된다.

$$\frac{3,500+2,500+1,500+500}{4}=2,000\,(\text{만 원})$$

또 투자의 수명이 10년간 계속된다고 하여도 결과는 마찬가지이다. 가령 어느 기업에서 1,500만 원을 투자하여 10년간 매년 150만 원씩의 순이익을 얻는다면 회계적 이익률은 다음과 같다.

$$\text{회계적 이익률}=\frac{150}{1,500/2}=20\%$$

연평균 순이익과 연평균 투자액을 비교하지 않고 연평균 순이익과 총투자액의 비율을 사용하기도 하는데, 이 경우의 회계적 이익률은 연평균 투자액을 이용한 경우의 반이 된다.

$$\text{회계적 이익률}=\frac{150}{1,500}=10\%$$

회계적 이익률법은 회계학에서 쓰고 있는 투자결정기법이라는 뜻은 아니며, 단순히 회계장부상의 수치를 기초로 계산되기 때문에 이렇게 불리고 있다. 투자 후 잔존가치가 있는 경우에 이에 알맞게 변형하여 계산할 수 있으며, 투자의 수익성을 대충 어림하는 데 사용된다.

의사결정기준

투자결정을 위하여 회계적 이익률법을 이용할 때에는 투자대상의 회계적 이익률이 기업에서 기준으로 내정하여 둔 회계적 이익률보다 높으면 투자안을 채택하며, 여러 투자안 중 하나를 선택하는 경우에는 가장 높은 회계적 이익률을 가진 투자안을 채택한다.

장점과 한계점

회계적 이익률법을 투자안평가에 사용하는 데 가장 큰 장점은 간단하고 이해하기 쉬우며, 회계장부상의 자료를 그대로 사용할 수 있다는 점이다. 그러나 이 분석방법은 앞서 살펴본 회수기간법과 마찬가지로 화폐의 시간가치를 고려하고 있지 않다는 단점이 있다. 이러한 의미에서 회계적 이익률법은 회수기간법과 함께 화폐의 시간가치를 고려하지 않는 전통적 투자결정기법에 속한다. 또한 회계적 이익률법은 앞에서 예로 든 현금흐름을 직접 고려하지 않고 장부상의 이익을 분석대상으로 한다는 근본적인 문제점이 있다.

화폐의 시간가치를 고려하여 분석하는 할인현금흐름법(discounted cashflow method)에는 순현가법과 내부수익률법이 있다. 다음에서는 이들 양자의 개념과 의사결정기준에 대해 살펴본다.

순현가법

의의와 계산

순현가법(net present value method)은 투자로 인하여 발생할 미래의 모든 현금흐름을 적절한 할인율로 할인하여 현가로 나타내어 투자결정에 이용하는 기법이다. 할인율이 기간에 관계없이 일정한 경우 순현가(NPV)는 다음과 같다.

$$NPV = \left[\frac{CF_1}{(1+r)^1} + \frac{CF_2}{(1+r)^2} + \cdots + \frac{CF_n}{(1+r)^n}\right] - I_0 \qquad (8 \cdot 2)$$

CF_t: t시점의 현금흐름
I_0: 최초의 투자액
r: 할인율
n: 투자안의 내용연수

〈표 8-1〉에 나타낸 투자안 C의 순현가는 다음의 〈표 8-3〉과 같이 계산한다. 앞서 말한 것처럼 여기에서는 자기자본만으로 자금을 조달하고 미래현금흐름을 확실하게 안다고 가정하였으므로, 적절한 할인율은 무위험이자율이 된다. 할인율 r을 10%로 가정하자. 같은 방법으로 〈표 8-1〉에서 열거한 투자안들의 순현가를 계산하면 다음과 같다.

투자안	A	B	C	D
순현가	-610.95	766.05	796.28	778.80

표 8-3 투자안 C의 순현가계산

년	현금흐름	×	현가요소	=	현재가치
0	−1,500		1(=1.000)		−1,500.00
1	150		$\frac{1}{1.1}$(=.909)		136.35
2	300		$\frac{1}{(1.1)^2}$(=.826)		247.80
3	450		$\frac{1}{(1.1)^3}$(=.751)		337.95
4	600		$\frac{1}{(1.1)^4}$(=.683)		409.80
5	1,875		$\frac{1}{(1.1)^5}$(=.621)		1,164.38
					순현가(*NPV*)=796.28

의사결정기준

투자안들이 상호 배타적인 경우 순현가가 가장 큰 투자안을 선택하면 된다. 위의 계산에서는 투자안 C가 가장 우수한 투자안이다. 그러나 독립적인 투자안의 경우에는 투자안의 순현가가 0보다 큰 모든 투자안을 경제성이 있는 것으로 평가한다. 위의 예에서 각각의 투자안을 독립적인 것이라고 한다면 투자안 B, C 그리고 D가 경제성이 있다.

내부수익률법

의의와 계산

내부수익률(internal rate of return: *IRR*)이란 미래현금흐름의 순현가를 0으로 만드는 할인율을 말하며, 이를 달리 표현하면 미래의 현금유입의 현가와 현금유출의 현가를 동일하게 만드는 할인율이다. 이를 식으로 표현하면 다음과 같다.

$$\left[\frac{CF_1}{(1+IRR)^1}+\frac{CF_2}{(1+IRR)^2}+\cdots+\frac{CF_n}{(1+IRR)^n}\right]-I_0=0 \qquad (8\cdot3)$$

식 8·3을 순현가의 계산식과 비교해 보면, 순현가의 계산식에서 구하고자 했던 값인 순현가를 0으로 놓고 반대로 계산에 앞서 주어졌던 값인 할인율 *r*을 *IRR*로 이름붙여서 이를 구하려는 것임을 알 수 있다. 이처럼 순현가법과 내부수익률법은 본질적으로 현금흐름을 할인한다는 점에서 동일한 맥락에 놓여 있으므로 양자는 매우 밀접한 관계에 놓이게 된다.

식 8·3의 내부수익률 공식을 보면 *n*이 커짐에 따라서 복잡한 고차방정식의 형태가 됨을 알 수 있다. 즉, *n*이 2 이하이면 수식으로 간단히 해결되지만 *n*이 그 이상이 되면 수식으로 풀기 어렵기 때문에 현금흐름의 순현가가 0에 근접하리라고 생각되는 할인율을 대입해 가면서 만족스러운 결과를 얻을 때까지 반복계산해 나가는 방법을 사용하게 된다. 이를 시행착오법(trial and error method)이라 하는데, 이러한 반복적 계산은 컴퓨터를 사용하여 쉽게 해결할 수 있다. 〈표 8-1〉에 나타낸 투자안 D의 내부수익률을 구하는 과정을 정리하여 보면 〈표 8-4〉와 같다.

표 8-4 투자안 D의 내부수익률 계산

년(*t*)	현금흐름	*PV*(*t*, 10%)		*PV*(*t*, 20%)		*PV*(*t*, 25%)		*PV*(*t*, 25.4%)	
0	−1,500	1.000	−1,500.00	1.000	−1,500.00	1.000	−1,500.00	1.000	−1,500.00
1	300	.909	272.70	.833	249.90	.800	240.00	.797	239.10
2	450	.826	371.70	.694	312.30	.640	288.00	.636	286.20
3	750	.751	563.25	.579	434.25	.512	384.00	.507	380.25
4	750	.683	512.25	.482	361.50	.410	307.50	.404	303.00
5	900	.621	558.90	.402	361.80	.328	295.20	.322	289.80
순현가(*NPV*)			778.80		291.75		14.70		−1.65

〈표 8-4〉에서 보면, 할인율이 25.4%일 때 현금흐름의 순현가가 0에 근접함을 볼 수 있다. 이 할인율을 내부수익률의 근사치로 사용할 수 있다. 같은 방법으로 〈표 8-1〉에서 열거한 투자안들의 내부수익률을 계산한 결과는 다음과 같다.

투자안	A	B	C	D
내부수익률(%)	−200	20.9	22.8	25.4

의사결정기준

투자안들이 상호 배타적인 경우 내부수익률이 가장 큰 투자안을 선택하면 된다. 앞의 계산에서는 투자안 D가 가장 우수한 투자안이다. 그러나 독립적인 투자안의 경우에는 투자안의 내부수익률이 무위험이자율(투자의 할인율)보다 큰 모든 투자안을 경제성이 있는 것으로 평가한다. 앞의 예에서 각각의 투자안이 독립적이며 무위험이자율이 10%라고 한다면, 투자안 B, C, D가 경제성이 있는 것이 된다.

분석방법의 비교

지금까지 투자안의 경제성을 평가하는 네 가지 방법을 살펴보았다. 투자안들이 상호배타적이라 가정하고 그 결과를 정리한 〈표 8-5〉를 보면, 각각의 방법마다 서로 다른 최적투자안을 내세우고 있음을 알 수 있다. 따라서, 이 가운데 어느 방법이 진실로 기업의 가치를 극대화할 수 있는 투자안을 선택하게 할 것인가 하는 문제가 당연히 제기된다.

표 8-5 각 분석방법에 따른 투자안 평가결과

분석방법	투자안 A	투자안 B	투자안 C	투자안 D
회수기간법	2년*	4년	4년	3년
회계적 이익률법	−8%	26%*	25%	22%
순현가법	−610.95	766.05	796.28*	778.80
내부수익률법	−200%	20.9%	22.8%	25.4%*

* 각 분석방법하에서의 최적투자안.

이에 대한 해답은 앞서 처음 문제를 제기하면서 설정하였던 이상적인 투자안 분석방법이 갖추어야 할 조건을 각 방법마다 살펴봄으로써 얻을 수 있을 것이다. 〈표 8-6〉에 그 결과를 요약하였다.

표 8-6 경제성분석방법의 평가결과

분석방법 \ 조건	모든 현금흐름 고려	화폐의 시간가치	기업가치의 극대화
회수기간법	×	×	×
회계적 이익률법	×	×	×
내부수익률법	○	○	×
순현가법	○	○	○

주 : '×'는 각 조건을 반영하지 못하거나 부분적으로만 반영하는 것을 나타낸다.

분석방법이 갖추어야 할 조건들을 다시 적어보면 다음과 같다.

① 측정된 모든 현금흐름이 고려되어야 한다.

② 적절한 할인율을 사용하여 화폐의 시간가치를 반영하여야 한다.

③ 기업가치를 극대화할 수 있는 투자안을 선택할 수 있어야 한다.

투자안분석에 있어서 순현가법과 내부수익률법은 모두 투자안과 관련된 모든 현금흐름을 고려하여 화폐의 시간가치를 반영하는 방법이기 때문에 회수기간법이나 회계적 이익률법에 비하면 이론적으로 우수한 방법들이다. 그러나 내부수익률법은 기업가치를 극대화하는 투자결정을 내리지 못할 수 있다. 따라서 결론적으로 모든 경제성분석방법 가운데 가장 우월한 방법은 순현가법이다. 다음 절에서는 순현가법과 내부수익률법에 의한 투자결정을 비교해 보고 순현가법이 갖는 우위에 대해 살펴본다.

8.4 순현가법과 내부수익률법의 비교

순현가법과 내부수익률법의 관계

내부수익률(*IRR*)은 현금유입의 현가와 현금유출의 현가를 같게 하는 할인율로, 이를 순현가법의 관점에서 정의하면 순현가를 0으로 만드는 할인율이다.

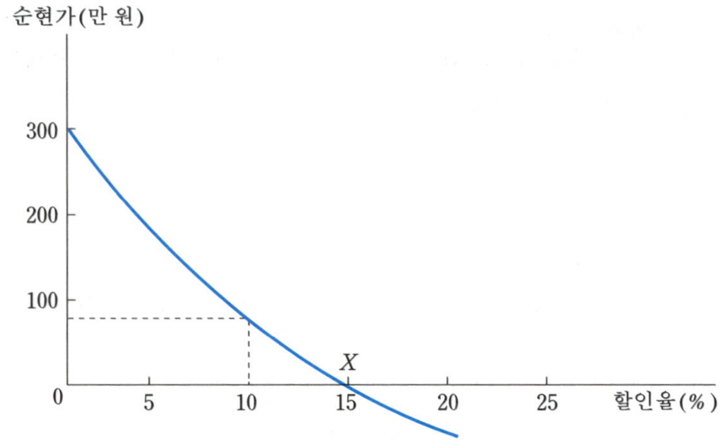

그림 8-1 순현가와 할인율의 관계

$$\text{순현가} = \text{현금유입의 현가} - \text{현금유출의 현가} = 0$$

$$NPV = \sum_{t=0}^{n} \frac{CI_t}{(1+IRR)^t} - \sum_{t=0}^{n} \frac{CO_t}{(1+IRR)^t} = 0 \qquad (8 \cdot 4)$$

CI_t: t기의 현금유입

CO_t: t기의 현금유출

앞서 살펴본 식 8·3의 순현가식은 현금유출이 투자시점에 한 번 발생하는 경우를 가정하여 만든 식이고, 식 8·4는 현금유출이 투자기간 내에 여러 번 발생할 수 있는 경우를 가정하여 만든 일반식이다. 식 8·4에서와 같이 순현가를 0으로 만들어 주는 할인율이 바로 내부수익률이다.

순현가와 내부수익률의 관계를 예를 들어 설명하여 보자. 1,000만 원을 투자한 후 첫해에 500만 원, 둘째 해에 400만 원, 셋째 해에 300만 원, 마지막 해인 넷째 해에 100만 원의 현금유입을 가져오는 투자안이 있다고 하자. 투자분석에 사용되는 할인율이 4, 10, 15, 20%로 변함에 따라 이 투자안의 순현가가 어떻게 변화하는지를 살펴보면 〈표 8-7〉과 같다. 이 관계를 그림으로 나타낸 것이 [그림 8-1]이다. 할인율과 순현가의 관계는 [그림 8-1]에서 보는 것과 같이 곡선으로 나타나며, 순현가가 0이 되게 하는 할인율 X가 바로 내부수익률이다. 〈표 8-7〉에서 내부수익률은 약 15%(정확히는 14.9%)가 된다.

표 8-7 할인율의 변화와 순현가의 계산

(단위 : 만 원)

년	현금흐름	현 재 가 치			
		4%	10%	15%	20%
0	−1,000	−1,000	−1,000	−1,000	−1,000
1	500	480	455	435	415
2	400	368	332	304	276
3	300	267	225	198	174
4	100	86	68	57	48
순현가		201	80	−6	−87

순현가법에서는 할인율을 이용하여 순현가를 구하는 반면, 내부수익률법에서는 순현가를 0으로 하여 그 조건이 충족되는 할인율을 구한다. 물론 순현가법에서 순현가를 산출할 때 사용되는 할인율은 내부수익률법에 있어서도 투자평가를 위한 비교대상으로 이용되지만 내부수익률을 계산하는 과정에 직접적으로 필요하지는 않다.

독립적 투자안(또는 단일투자안)에 대한 투자평가

순현가법과 내부수익률법에 의한 투자평가의 결과가 서로 다르게 나타난다면 두 평가방법 중 하나를 택해야 하는 문제가 생긴다. 그러나 독립적 투자안 또는 하나의 투자안을 평가할 때는 이러한 문제가 발생하지 않는다. 서로 독립적인 투자안들을 각각 평가하는 투자분석에 있어서나 하나의 투자안에 대하여 경제성이 있느냐 없느냐를 평가하는 문제에 있어서는 순현가법을 이용하거나 내부수익률법을 이용하거나 같은 결과를 얻게 된다.

예를 들어 설명해 보자. 〈표 8-7〉에서 예로 든 투자안의 내부수익률은 약 15%였다. 내부수익률법에 따라 투자결정을 한다면 할인율이 15%보다 작은 경우에는 이 투자안이 경제성이 있다는 결론을 내리며, 할인율이 15%보다 큰 경우에는 경제성이 없다는 결론을 내리게 된다. 이를 순현가법의 관점에서 보면 할인율이 내부수익률보다 작은 경우에는 순현가가 0보다 큰 값을 가지므로 경제성이 있게 되며, 할인율이 내부수익률보다 큰 경우에는 순현가가 0보다 작은 값을 가지므로 경제성이 없게 된다. 이와 같이 순현가법과 내부수익률법은 단일투자안에 대해서는 같은 평가를 한다.

〈표 8-7〉에서 보면 할인율이 10%인 경우에 순현가법에서는 순현가가 80만 원이므로 경제성이 있으며, 내부수익률법을 이용하면 내부수익률 15%가 할인율 10%보다 크므로 경제성이 있다고 같은 결론을 내리게 된다.

또 할인율이 20%인 경우 순현가법에서는 순현가가 −87만 원이므로 경제성이 없다는 결론을 내리며, 내부수익률법에서는 내부수익률 15%가 할인율 20%보다 작으므로 역시 같은 결론을 내리게 된다.

종속적 투자안에 대한 비교평가

독립적 투자안이나 단일투자안에 대한 투자평가에 있어서 순현가법과 내부수익률법은 같은 결론을 내린다. 그러나 둘 또는 그 이상의 투자안들 중에서 어느 것에 우선적으로 투자할 것인가를 결정하는 우선순위결정문제라든가, 한 투자안의 채택이 다른 투자안의 포기를 의미하는 상호 배타적인 투자안들에 대한 평가에 있어서는 순현가법과 내부수익률법에 의한 투자평가결과가 서로 다를 수 있다. 두 평가방법은 같은 결과를 가져오는 경우가 많으나, 두 투자안의 투자규모가 크게 차이가 나거나 투자수명이 다르거나 또는 두 투자안으로부터 예상되는 미래현금흐름의 양상이 많이 다를 때 서로 다른 평가결과가 나타날 수 있다.

두 투자안으로부터 예상되는 미래현금흐름의 양상이 다른 경우를 예로 들어 설명해 보자. 상호배타적인 두 투자안 A, B로부터 예상되는 현금흐름이 〈표 8-8〉과 같다고 하자. 투자안 A는 투자 후 4년간 매년 똑같은 현금흐름이 들어오지만 투자안 B는 투자 초기에 비해 투자의 말기에 큰 현금흐름이 들어온다. 각 투자안의 내부수익률을 계산해 보면 투자안 A가 26%, 투자안 B가 23%이다. 한편 할인율이 10%라고 가정하여 두 투자안의 순현가를 계산하면 각각 8,700원과 10,963원이다.

두 투자안의 순현가는 모두 0보다 크며 내부수익률도 할인율 10%보다 크다. 따라서 두 투자안을 각각 독립적으로 평가할 경우 모두 경제성이 있다고 결론을 내릴 수 있다. 그러나 두 투자안의 비교평가에 있어서는 내부수익률법과 순현가

표 8-8 순현가법과 내부수익률법의 차이

(단위 : 원)

년	구 분	투자안 A	투자안 B
0	투자금액	−23,000	−23,000
1	현금유입	10,000	0
2	현금유입	10,000	5,000
3	현금유입	10,000	10,000
4	현금유입	10,000	32,675
순현가(할인율 10%)		8,700	10,963
내부수익률		26%	23%

법은 서로 다른 결론을 내린다. 순현가법에 의하면 투자안 B의 순현가가 투자안 A의 순현가보다 크므로 투자안 B가 보다 우월하지만, 내부수익률법에 있어서는 투자안 A의 내부수익률이 투자안 B의 내부수익률보다 크므로 투자안 A가 우월하다.

이 관계는 순현가와 할인율의 관계를 나타낸 다음의 [그림 8-2]에서도 알 수 있다. [그림 8-2]에서 할인율이 두 순현가곡선이 교차할 때의 할인율 16.65%보다 작은 경우에 순현가는 투자안 B가 투자안 A보다 크지만, 내부수익률은 투자안 A가 더 크므로 순현가법과 내부수익률법이 서로 다른 평가를 하게 된다. 반면 할인율이 16.65%보다 큰 경우에는 투자안 A의 순현가와 내부수익률이 모두 투자안 B보다 크므로 두 방법의 평가결과는 같게 나타난다.

차이발생의 원인 : 재투자에 대한 가정

앞서 살펴본 것과 같이 상호배타적인 두 투자안의 현금흐름의 특성이 다른 경우 순현가법과 내부수익률법이 서로 다른 결과를 가져오는 결정적인 원인은 투자안으로부터 발생하는 현금유입을 어떤 수익률로 재투자하느냐에 대한 가정이 서로 다르기 때문이다. 순현가법에서는 투자로부터 발생하는 현금유입이 계속해서 투자안평가에 사용되는 할인율로 재투자될 수 있다고 가정하는 반면, 내부수익률법에서는 투자안의 내부수익률로 재투자될 수 있다고 가정한다.

예를 들어 〈표 8-8〉에서 투자안 A로부터 1년 후 발생하는 10,000원을 재투자

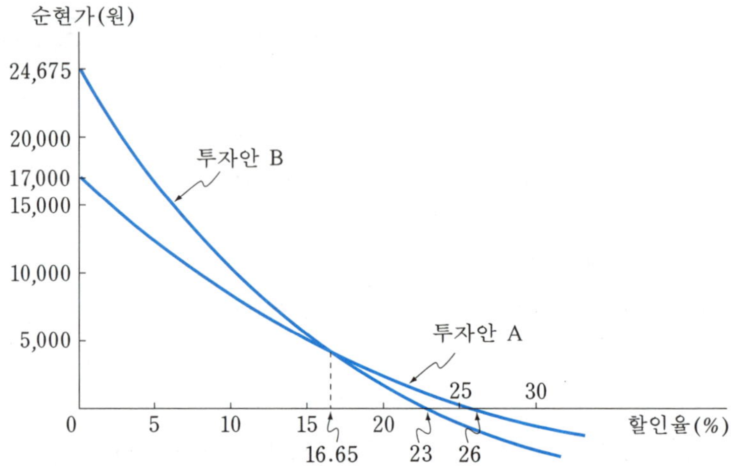

그림 8-2 투자안 A, B의 순현가와 할인율의 관계

할 때 내부수익률법에서는 내부수익률 26%로 재투자한다고 가정하며, 순현가법에서는 할인율 10%로 재투자한다고 가정하는 것이다.[1)]

---

1) 두 방법의 재투자수익률에 대한 가정이 서로 다르다는 점을 수식을 통해 살펴보자. 첫 해에 I_0를 투자하면 n년 동안에 $CF_1, CF_2 \cdots, CF_n$의 현금유입을 발생시키는 투자안이 있다고 하자. 할인율을 r이라 하면 이 투자안의 순현가는 다음과 같다.

$$NPV = \frac{CF_1}{(1+r)} + \frac{CF_2}{(1+r)^2} + \cdots + \frac{CF_n}{(1+r)^n} - I_0 \qquad \text{(i)}$$

식 (i)에서 오른쪽의 $-I_0$를 왼쪽으로 넘기고 양변에 $(1+r)^n$을 곱하여 정리하면 다음과 같다.

$$(I_0 + NPV)(1+r)^n = CF_1(1+r)^{n-1} + CF_2(1+r)^{n-2} + \cdots + CF_n \qquad \text{(ii)}$$

식 (ii)의 왼쪽을 보자. I_0는 투자원금이며 NPV는 투자를 통해서 얻을 수 있는 가치의 순증가분이므로 $(I_0 + NPV)$는 바로 투자안의 가치를 나타낸다. 따라서 $(I_0 + NPV)(1+r)^n$은 투자안의 현재가치 $(I_0 + NPV)$를 수익률 r로 n년간 재투자했을 때 얻을 수 있는 n연도 말의 미래가치이다.

식 (ii)의 오른쪽은 미래가치 $(I_0 + NPV)(1+r)^n$을 얻는 것은 매기의 현금유입을 n연도 말까지 수익률 r로 재투자하는 것과 같음을 나타낸다. 1기의 현금유입 CF_1은 r의 수익률로 n기까지 $(n-1)$년간 재투자되어 미래가치가 $CF_1(1+r)^{n-1}$이 되었으며, 2기의 현금유입 CF_2도 마찬가지로 재투자되어 $CF_2(1+r)^{n-2}$를 얻었다.

반면에 내부수익률은 다음 식을 만족시키는 할인율 IRR이다.

$$I_0 = \frac{CF_1}{(1+IRR)} + \frac{CF_2}{(1+IRR)^2} + \cdots + \frac{CF_n}{(1+IRR)^n} \qquad \text{(iii)}$$

식 (iii)의 양변에 $(1+IRR)^n$을 곱하여 정리하면 다음과 같다.

재투자수익률에 대한 가정이 다른 경우 투자안들에 대한 평가결과가 다르게 나타나는 이유는 무엇일까? 그것은 복리효과에 의해 재투자수익률을 높게 가정하는 경우는 재투자수익률을 낮게 가정하는 경우보다 시기가 빠른 현금유입이 상대적으로 더욱 높게 평가되고 시기가 늦은 현금유입은 상대적으로 더욱 낮게 평가되기 때문이다. 따라서 어떤 투자안의 내부수익률이 투자안의 할인율보다 큰 경우에는 내부수익률법이 시기가 빠른 현금유입을 더 높게 평가한다. 〈표 8-8〉의 두 투자안을 보면 투자안 A는 투자안 B보다 시기가 빠른 현금유입을 갖고 있으므로, 내부수익률법을 사용하는 경우 투자안 A를 투자안 B보다 좋게 평가하게 된다. 이를 보다 자세히 살펴보자. 투자안 A와 B의 매기의 현금흐름을 내부수익률과 할인율로 4차연도 말까지 각각 재투자하였을 경우에 4차연도 말의 미래가치가 어떻게 되는지를 살펴보자.

할인율 10%로 재투자한 경우

투자안 A의 미래가치 :

$$10,000 \times (1.1)^3 + 10,000(1.1)^2 + 10,000(1.1) + 10,000 = 46,410(\text{원})$$

투자안 B의 미래가치 :

$$0 \times (1.1)^3 + 5,000(1.1)^2 + 10,000(1.1) + 32,675 = 49,725(\text{원})$$

내부수익률 26%로 재투자한 경우

투자안 A의 미래가치 :

$$10,000(1.26)^3 + 10,000(1.26)^2 + 10,000(1.26) + 10,000 = 58,480(\text{원})$$

투자안 B의 미래가치 :

$$0 \times (1.23)^3 + 5,000(1.23)^2 + 10,000(1.23) + 32,675 = 52,540(\text{원})$$

$$I_0(1 + IRR)^n = CF_1(1 + IRR)^{n-1} + CF_2(1 + IRR)^{n-2} + \cdots + CF_n \qquad \text{(iv)}$$

식 (iv)의 왼쪽은 투자원금 I_0를 수익률 IRR로 n년 동안 투자하여 얻을 수 있는 미래가치를 나타낸다. 식 (iv)의 오른쪽은 n연도 말에 미래가치 $I_0(1 + IRR)^n$을 얻는 것은 투자기간 중에 발생하는 매기의 현금유입을 n연도 말까지 투자안의 내부수익률로 계속해서 재투자하는 것과 같음을 나타낸다.

위의 계산에서 보는 것처럼 내부수익률로 재투자할 경우에 투자의 초기에 많은 현금흐름을 가져오는 투자안 A의 미래가치가 투자안 B에 비해 보다 큰 값을 갖는다. 왜냐하면 투자의 초기에 큰 현금흐름이 들어올수록 높은 내부수익률로 오랜 기간 재투자할 수 있기 때문이다. 그러나 할인율로 재투자하는 경우는 할인율이 내부수익률보다 작은 값을 가지므로 이러한 재투자효과가 크게 발생하지 않는다.

순현가법의 우수성

투자안분석에서 순현가법과 내부수익률법이 서로 다른 평가결과를 내린다면, 이때는 두 방법 중에서 우월한 한 방법을 택하여 투자결정을 해야 할 것이다. 두 방법 중에서 어느 것이 더 우월한 방법인가? 결론부터 말한다면 순현가법이 이론적인 면에서나 기술적인 면에서 우월한 투자분석방법이라고 할 수 있다. 그 이유를 알아보자.

재투자수익률의 가정

경쟁적인 시장에서는 할인율로 재투자한다고 보는 순현가법의 가정이 보다 합리적이다. 앞에서 지적한 것과 같이 순현가법에서는 투자로부터 발생되는 현금흐름을 할인율로 재투자하며, 내부수익률법에서는 내부수익률로 재투자한다고 가정한다. 기업은 기업의 가치를 증가시키는, 즉 순현가가 0보다 큰 투자대상에 한해 투자를 할 것이며, 그러한 투자는 순현가가 큰 투자안부터 행해질 것이다. 그 결과 자금이 풍부한 사회에서는 기업은 순현가가 0보다 큰 모든 투자안에 투자함으로써 기업가치를 극대화하게 되고, 이때 투자의 한계수익률은 바로 순현가가 0이 되는 점의 수익률로 할인율과 같게 된다.

내부수익률로 재투자할 수 있다는 가정은 현재와 같은 내부수익률을 지니는 투자기회가 미래에도 계속 존재한다는 가정을 하는 것과 같다. 그런데 현재 기업이 경제성이 있다고 판단한 투자안의 내부수익률은 할인율보다 크므로, 이 가정은 미래에도 현재처럼 유리한 투자기회가 계속 존재한다는 의미가 된다. 그러나 치열한 경쟁을 해야 하는 기업환경을 생각하면, 그처럼 유리한 투자기회가 앞으로도 계속 존재한다는 가정은 너무나 낙관적인 견해이다.

내부수익률이 없는 경우와 복수해의 존재

투자안을 평가할 때 투자안으로부터 예상되는 현금흐름의 양상이 일반적인 경우와는 달리 현금유입이 먼저 발생하고 나중에 현금지출이 발생하거나 또는 현금지출과 유입이 여러 번에 걸쳐 나타나는 경우 내부수익률법을 적용하여 투자안평가를 할 수가 없다.

예를 들어 〈표 8-9〉와 같은 현금흐름을 갖는 두 투자안 X와 Y가 있다고 하자. 투자안 X는 먼저 현금유입이 발생하고 나중에 현금지출이 발생하며, Y는 현금지출, 현금유입, 현금지출의 양상을 갖는 투자안이다. 투자안 X와 투자안 Y의 순현가와 할인율의 관계를 나타낸 [그림 8-3]의 (a)와 (b)에서 보면 투자안 X의 경우 순현가를 0으로 하는 할인율이 존재하지 않으며, 투자안 Y의 경우 순현가를 0으로 하는 할인율이 두 개이다. 투자안 X와 같이 내부수익률을 구할 수 없는 경우

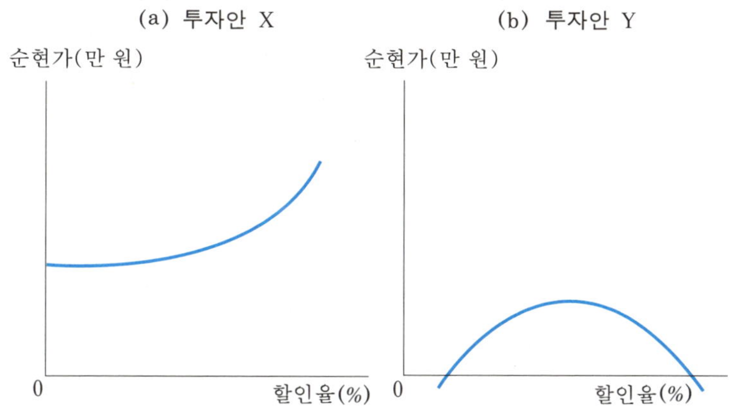

그림 8-3 내부수익률이 없는 경우와 복수인 경우

표 8-9 내부수익률이 없는 경우와 복수해의 예

(단위 : 원)

년	구분	투자안 X	투자안 Y
0	현금흐름	1,000	−1,000
1	현금흐름	−2,000	2,300
2	현금흐름	3,000	−1,320

에는 투자안을 내부수익률법에 의해 평가할 수 없다. 또한 투자안 Y와 같이 현금흐름의 (+)(-)부호가 많이 변동하면 여러 개의 내부수익률이 존재하게 되는데, 다수의 내부수익률이 나타나면 그 내부수익률은 경제적인 의미가 없으므로 투자결정에 사용할 수 없다.

이자율의 기간구조와 내부수익률

투자안평가에 사용되는 할인율은 언제나 일정한 것이 아니라, 시장의 이자율변동에 따라 달라진다.

내부수익률법에 따라서 투자결정을 하는 경우에는 투자안의 현금흐름을 대상으로 산출한 내부수익률과 할인율을 비교하여 투자의 타당성을 살펴보게 되는데, 각 기간마다의 할인율이 다를 경우에 비교기준을 어떤 것으로 하여야 할 것인가 하는 문제가 발생한다. 그러나 순현가법에는 이러한 문제점이 없이 매년 다른 할인율을 다음과 같이 적용할 수 있다. 즉 현재 I_0만큼 투자하여 3년 동안 CF_1, CF_2, CF_3의 현금흐름이 발생하고 각 기간의 현금흐름에 적용되는 할인율이 r_1, r_2, r_3로서 서로 다르다고 하면, 이 투자의 순현가는 다음과 같다.

$$NPV = \frac{CF_1}{(1+r_1)} + \frac{CF_2}{(1+r_2)^2} + \frac{CF_3}{(1+r_3)^3} - I_0$$

그런데 내부수익률법에서는 이 투자대상으로부터 계산된 내부수익률을 어느 기간의 할인율과 비교할 것인가 하는 문제가 있게 된다.

가치의 가산원칙

여러 투자대상을 결합시킨 투자평가를 할 때에 순현가법을 이용하면 개별투자안에 대하여 독립적으로 분석하여도 문제가 없으나, 내부수익률법을 이용하면 개별투자안을 독립적으로 분석해서는 투자결정을 못한다.

여러 투자대상에 투자할 때 이 투자의 순현가는 단순히 개별투자의 순현가의 합이다. 즉, 투자안 X_i의 순현가를 $NPV(X_i)$라 할 때, n개의 투자안을 결합할 경우 총투자의 순현가 NPV는 식 8·5와 같다.

$$NPV = NPV(X_1) + NPV(X_2) + \cdots + NPV(X_n) \qquad (8 \cdot 5)$$

이와 같은 원칙을 가치의 가산원칙(value additivity principle)이라 한다. 그러나 내부수익률법에서는 이러한 가치의 가산원칙을 적용할 수 없다. 예를 들어 보자.

〈표 8-10〉과 같은 세 투자안이 있다 하자. 투자안 E와 투자안 F는 서로 배타적이며, 투자안 G는 독립적인 성격을 지니고 있다고 하자. 이때 각 투자안의 내부수익률이 모두 할인율보다 크고 순현가가 0보다 크므로, 모두 경제성이 있다.

순현가법을 이용하여 투자안 E와 F 중에서는 순현가가 큰 투자안 E를 택하고 이와 함께 투자안 G를 택하게 되면, 이 총투자의 순현가는 $NPV(E)+NPV(G)$ =663.63이 된다. 이 투자는 투자안 F와 G에 동시에 투자한 것보다 순현가가 더 크다. 그러나 내부수익률법에서는 투자안 E와 투자안 F 중에서는 투자안 E가 우월하다고 평가하지만, 투자안 G를 함께 고려하는 경우에는 평가결과가 달라진다. 즉, 투자안 (E+G)의 내부수익률이 투자안 (F+G)의 내부수익률보다 낮다.

그러므로 여러 투자안을 동시에 고려할 때 순현가법을 이용하면 개별투자의 순현가를 계산하여 순현가가 큰 순서대로 택하면 되지만, 내부수익률법을 이용할 때는 모든 가능한 투자의 조합을 찾아서 투자분석을 다시 하여야 한다.

표 8-10 가치의 가산원칙의 예

(할인율 10%, 단위 : 만 원)

년	투자안 E	투자안 F	투자안 G	투자안(E+G)	투자안(F+G)
0	−100	−100	−100	−200	−200
1	0	225	450	450	675
2	550	0	0	550	0

투자안	순현가(만 원)	내부수익률(%)
E	354.54	134.5
F	104.54	125.0
G	309.09	350.0
E+G	663.63	212.8
F+G	413.63	237.5

8.5 현업에서 이용하는 투자안의 경제성분석방법

여기에서는 지금까지 살펴본 경제성분석방법들이 기업의 실제 투자결정과정에서 어떻게 이용되고 있는지를 미국과 한국의 기업들을 대상으로 조사한 결과를 통해 살펴본다.

다음의 〈표 8-11〉은 2001년에 미국과 한국 기업의 재무관리자들을 대상으로 투자결정 시에 어떤 경제성분석방법을 사용하는지를 설문조사한 결과이다. 미국 자료의 경우 392명을 대상으로 조사한 결과이며, 한국 자료는 161명을 대상으로 조사한 결과이다. 표에 제시된 비율은 각 경제성분석방법을 투자안평가 시 항상 사용하고 있다고 대답한 응답자의 수를 전체 조사대상자 수로 나누어 구한 것이다.

〈표 8-11〉을 보면, 미국 기업의 경우 조사대상 재무관리자의 75%가 투자안평가 시 내부수익률법을 항상 사용하며, 74%가 순현가법을 항상 사용한다. 한국 기업의 경우 내부수익률법과 순현가법을 항상 사용한다는 비율은 각기 54%와 51%이다. 이러한 결과는 여러 경제성분석방법들 중에서 현실의 기업들이 투자안평가 시 사용하는 주된 방법은 내부수익률법과 순현가법임을 보여주는 것이며, 대부분의 기업이 투자결정에 하나의 방법만을 사용하는 것이 아니라 복수의 분석방법을 사용하고 있음을 나타낸다.

〈표 8-11〉은 많은 기업이 회수기간법을 투자안평가에 사용하고 있음을 보여준다. 이는 앞서 설명하였던 여러 문제점에도 불구하고 회수기간법이 투자안의 위험도를 대략적으로 나타내 준다는 것과 기업의 유동성확보 측면에서 회수기간이 짧을수록 유리하다는 점 등이 의사결정에 반영된 때문으로 보인다.

〈표 8-11〉에서 흥미로운 점은 내부수익률법을 사용한다고 대답한 비율이 순현가법을 사용한다고 대답한 비율보다 작은 차이지만 높다는 것이다. 이는 재무관리자들이 투자안평가 시 한 방법만을 사용하는 것이 아니라 복수의 방법을 사용한다는 점과, 내부수익률을 이용하는 경우 상대적인 투자수익성을 쉽게 파악할 수 있다는 점, 단일투자안을 평가할 때는 두 방법이 같은 결과를 가져다준다는

표 8-11 미국과 한국 기업의 재무관리자가 사용하는 투자안의 경제성분석방법(복수응답)

(단위 : %)

구 분 / 경제성분석방법	미국	한국
내부수익률법	75.0	54.0
순현가법	74.0	51.0
회계적 이익률법	20.0	15.0
회수기간법	56.0	32.0

자료 : John R. Graham and Campbell R. Harvey, "The Theory and Practice of Corporate Finance : Evidence from the Field," *Journal of Financial Economics*(May 2001), pp.187~243; 이한득 · 박상수 · 최수미, "한국기업의 재무활동역량서베이," LG경제연구원(2001.9.).

점, 그리고 순현가계산을 위해 필요한 투자안의 할인율을 추정하기가 현실적으로 어렵다는 점 등이 반영된 것으로 생각할 수 있다.

중요용어

- 자본예산 capital budgeting
- 할인율 discount rate
- 할인현금흐름법 DCF method
- 내부수익률 *IRR*
- 회계적 이익률 accounting rate of return
- 상호 배타적 투자 mutually exclusive investment
- 이자율의 기간구조 term structure of interest rates
- 가치의 가산원칙 value additivity principle
- 재투자수익률 reinvestment rate
- 가치의 가산원칙 value additivity principle
- 순현가 *NPV*
- 회수기간 payback period
- 독립적 투자 independent investment
- 보완적 투자 complementary investment

연 | 습 | 문 | 제

8-1 자본예산이 기업의 재무의사결정에서 중요시되는 이유를 설명하라.

8-2 자본예산에서 이용되는 네 가지 경제성분석방법을 설명하고, 각 방법을 이용할 때의 장단점을 설명하라.

8-3 순현가법과 내부수익률법이 투자안에 대해 서로 다른 평가를 하는 경우는 어떤 경우인가?

8-4 순현가법과 내부수익률법을 비교 · 설명하고, 어느 방법이 우수한 투자결정기법인가를 설명하라.

8-5 재투자수익률에 대한 가정이 다를 경우 투자안의 평가가 다르게 되는 이유를 설명하라.

8-6 한라기업은 다음과 같은 세 투자안을 고려하고 있다. 투자안에 대한 할인율은 15%이다.

(단위 : 만 원)

연도	현금흐름		
	투자안 A	투자안 B	투자안 C
0	−6,000	−10,000	−4,000
1	3,000	2,000	1,000
2	3,000	4,000	4,000
3	3,000	8,000	6,000
4	3,000	6,000	0
5	0	1,000	0

① 각 투자안의 회수기간을 계산하라.

② 각 투자안의 순현가를 계산하라.

③ 각 투자안의 내부수익률은 얼마인가?

④ 어느 투자안이 가장 경제성이 크다고 보는가? 그 타당성을 설명하라.

8–7 어떤 투자안으로부터 예상되는 현금흐름이 다음과 같다.

연도	현금흐름(만 원)
0	−16,000
1	4,000
2	18,000

① 할인율이 0, 10, 30, 50, 70%로 변할 때 투자안의 순현가는 어떻게 달라지는가?

② 투자안의 내부수익률은 얼마인가?

③ 할인율이 10%일 때 이 투자안은 경제성이 있는가? 순현가와 내부수익률을 이용하여 평가하라.

8–8 상호 배타적인 투자안 A와 B가 있다. 다음 물음에 답하라.

(단위 : 만 원)

연도	투자안 A	투자안 B
0	−10,000	−10,000
1	8,000	5,000
2	5,000	5,000
3	1,000	5,000

① 투자안 A와 B의 순현가와 내부수익률을 구하라.

② 어느 투자안이 우월한가? 순현가법과 내부수익률법을 이용하여 평가하라.

③ ②에서 두 방법은 다른 결과를 가져다준다. 어느 방법을 따르는 것이 바람직한지 설명하라.

제 9 장

순현가법과 자본예산의 실제적용

제8장에서는 투자안의 경제성을 분석하는 방법인 순현가법, 내부수익률법. 회수기간법, 회계적 이익률법에 대해 살펴보았고, 이들 평가방법 가운데 순현가법이 가장 합리적이라고 평가하였다. 이 장에서는 순현가법을 실제로 적용할 때 접하게 되는, 특히 순현가 공식의 분자항목인 현금흐름을 측정하는 것과 관련한 여러 가지 문제를 다룬다. 회계이익으로부터 영업현금흐름을 어떻게 측정하는지, 증분현금흐름을 측정할 때 어떤 사항들이 고려되어야 하는지를 설명한 후, 증분현금흐름을 측정하고 순현가를 구하는 종합적인 예를 다룬다. 또 투자안을 평가할 때 투자규모의 차이와 인플레이션은 어떻게 반영하는지에 대해 설명하고 투자수명에 큰 차이가 나는 경우에 대해서도 분석한다.

생·각·의·전·당

성공적인 투자의 첫 단계는 좋은 투자기회를 찾는 것이다. 성공적인 투자란 기업가치를 증가시킬 수 있는 투자를 말한다. 투자수익이 자본비용을 초과할 때 기업가치가 증가된다. 이런 초과수익을 얻기란 쉬운 일이 아니다. 많은 노력과 창의성과 기업가정신이 초과수익을 만들어 낸다. 여유자금이 있으니까 투자를 하는 것이 아니라 기업가치를 증가시킬 수 있는 투자를 하여야 한다.

9.1 현금흐름의 측정

자본예산에서 무엇보다 중요한 것은 분석대상인 투자안으로부터 발생하는 현금흐름을 측정하는 것이다. 규모가 크고 수명이 긴 투자안으로부터 예상되는 현금의 유입과 유출을 정확히 측정한다는 것은 쉽지 않은 일이다. 현금흐름의 측정은 재무관리자뿐만 아니라 마케팅 · 생산 · 회계 담당자들 간의 유기적인 협조 속에서 이루어지게 된다.

다음에서는 분석의 편의를 위해 자기자본으로만 필요자금을 조달하는 경우를 가정하여 투자안을 평가한다. 부채사용에 따른 문제는 이 책의 제 12 장과 제 14 장, 그리고 제 15 장에서 다루어진다. 또한 현금흐름을 투자시점에서 지출되는 현금흐름과 투자 후에 실현되는 현금흐름으로 나누어 분석한다. 투자시점에서 지출되는 현금흐름은 기계장치의 구입이나 공장의 건설 등과 같이 새로운 투자에 따라 추가적으로 발생하는 현금흐름으로, 이에 대한 개념은 제 2 장에서 '투자활동으로 인한 현금흐름'의 내용으로 이미 살펴보았다. 투자 후에 실현되는 현금흐름은 투자 후 정상적인 영업활동에서 발생하는 현금흐름과 순운전자본의 변동에 따른 현금흐름, 그리고 잔존가치의 회수 등 기타의 현금흐름으로 구분된다. 정상적인 영업활동에서 발생하는 현금흐름을 영업현금흐름(operating cash flow: *OCF*)이라고 부르며 이는 투자안 평가를 위한 현금흐름 측정에서 가장 기본이 되는 항목이다. 여기에 자본적 지출과 순운전자본의 변동, 그리고 잔존가치 등 기타 현금흐름을 반영한 것이 잉여현금흐름(free cash flow: *FCF*)이다.

투자시점이나 투자 후에 발생하는 현금흐름을 측정할 때 재무관리자는 다음과 같은 두 가지 기본원칙을 명심해야 한다.

① 투자안의 분석에서 중요한 것은 오직 현금흐름이다.
② 현금흐름은 증분기준(incremental basis)으로 측정해야 한다.

증분기준의 적용에 대해서는 다음 절에서 살펴보고, 여기에서는 첫 번째 기본원칙에 대해 살펴본다.

오직 현금흐름만이 중요하다

재무관리자가 현금흐름을 측정할 때 가장 먼저 접하는 것이 재무제표이다. 그러나 제 2 장에서 살펴본 것처럼 재무제표상의 회계이익은 자본예산에서의 평가대상인 현금흐름과는 다음의 식 9·1에서 보는 것과 같이 차이가 있다.

• 회계이익 = 수익 − 비용
• 현금흐름 = 현금유입 − 현금유출 (9·1)

즉 회계상의 수익과 현금유입이 항상 일치하지는 않으며, 비용과 현금유출도 항상 일치하지는 않으므로 매년의 회계이익과 현금흐름 사이에 차이가 발생한다. 자본예산에서 중요한 것은 오직 현금흐름이므로, 최적투자를 위한 의사결정을 위해서는 투자시점의 현금지출을 계산하고 재무제표상의 회계이익을 적절한 방법으로 조정하여 투자분석에 필요한 현금흐름을 계산해야 한다.

대표적으로 영업현금흐름을 계산하기 위해서는 영업이익에 영업활동의 수익항목 중 현금유입이 수반되지 않는 항목은 빼 주고 영업활동의 비용항목 중 현금지출을 수반하지 않는 항목은 더해 주어야 한다. 이러한 조정항목은 투자안마다 다를 것이나 가장 대표적인 것은 감가상각비이다. 감가상각비는 손익계산서상에서 비용항목이지만 실제로 현금지출이 발생하는 항목은 아니므로 현금흐름을 계산할 때는 현금유출로 보아서는 안 된다. 따라서 영업현금흐름을 계산할 때 영업이익에 감가상각비를 더해 주어야 한다. 또 반드시 기억해야 할 사항은 항상 납세 후 현금흐름을 측정해야 한다. 왜냐하면 주주들의 주머니에 들어가는 것은 기업의 납세 후 현금흐름이기 때문이다. 그리고 현금흐름이 실제로 일어났을 때에만 기록하고, 현금흐름을 수반하지 않는 제품이나 용역의 판매나 부채가 발생할 때에는 이를 현금흐름으로 인식해서는 안 된다. 다음에서는 현금유입과 현금유출을 수반하지 않는 수익과 비용 항목으로 감가상각비만을 고려하고 영업현금흐름을 어떻게 추정할 수 있는지를 살펴본다.[1)]

영업현금흐름

영업현금흐름(*OCF*)은 정상적인 영업활동에서 실현되는 현금흐름이며, 자금조달활동에 따른 이자비용의 지급 여부에 영향을 받지 않는다. 따라서 새로운 투자의 결과 발생하는 영업현금흐름은 투자에 필요한 자금을 자기자본으로 조달하든 부채로 조달하든 관계없이 같은 값을 갖게 된다. 부채사용이 없는 경우를 가정하고 투자안의 평가에서 가장 기본이 되는 현금흐름인 영업현금흐름(*OCF*)을 측정하는 방법을 예를 통해 살펴보자. ㈜하나의 지난 1년간 매출액, 현금지출 영업비용 및 감가상각비, 그리고 법인세율에 대한 자료가 다음과 같다고 하자.[2)]

(단위 : 억 원)

매출액	현금비용	감가상각비	법인세율
50	25	15	25%

---

1) 제2장의 식 2·7에서 살펴본 것과 같이 영업현금흐름은 다음과 같이 계산된다.

영업현금흐름 = 세후영업이익 − 현금유입이 수반되지 않는 수익
+ 현금유출이 수반되지 않는 비용

이 식에서 현금유입이 수반되지 않는 수익항목과 감가상각비를 제외한 현금유출이 수반되지 않는 비용항목을 무시할 수 있다고 하면 대략적으로 영업현금흐름은 다음과 같이 추정할 수 있다.

영업현금흐름 ≈ 세후영업이익 + 감가상각비

2) 새로운 투자의 결과 기대되는 영업현금흐름을 추정하기 위해서는 투자의 효과를 반영하는 미래기간의 추정재무제표를 먼저 작성하고 이로부터 영업현금흐름을 추정하여야 할 것이다.

위 자료를 이용하여 우선 영업이익(earnings before interest and tax: *EBIT*)을 구하면 다음과 같다.

$$영업이익 = 매출액 - 현금비용 - 감가상각비 = 50 - 25 - 15 = 10(억\ 원)$$

또, 부채사용이 없어 이자지급이 없기 때문에 법인세비용은 다음과 같다.

$$법인세 = 영업이익 \times 법인세율 = 10 \times 0.25 = 2.5(억\ 원)$$

따라서 (세후)순이익은 7.5억 원(=10억−2.5억)이다. 이럴 경우 (주)하나의 영업현금흐름은 다음과 같은 세 가지 방법으로 계산될 수 있다.

방법 1:

$$\begin{aligned} 영업현금흐름 &= 세후영업이익 + 감가상각비 \\ &= 10 - 2.5 + 15 = 22.5(억\ 원) \end{aligned} \tag{9·2}$$

방법 2:

$$\begin{aligned} 영업현금흐름 &= 매출액 - 현금비용 - 법인세비용 \\ &= 50 - 25 - 2.5 = 22.5(억\ 원) \end{aligned} \tag{9·3}$$

방법 3:

$$\begin{aligned} 영업현금흐름 &= (매출액 - 현금비용) \times (1 - 법인세율) + 감가상각비 \times 법인세율 \\ &= (50 - 25)(1 - 0.25) + 15 \times 0.25 = 22.5(억\ 원) \end{aligned} \tag{9·4}$$

계산결과에서 보듯이 세 방법은 모두 같은 결과를 가져온다. 방법 1은 일반적으로 사용되는 식으로서 영업이익에서 출발하여 영업현금흐름을 구하기 때문에 이자비용의 유무와 관계없이 적용할 수 있다. 방법 2는 영업활동과 관련한 비용을 현금비용과 현금유출이 없는 비용으로 분명하게 구분할 수 있을 경우에 손쉽게 사용될 수 있다. 이 방법 역시 매출액에서부터 출발하여 영업현금흐름을 구하기 때문에 이자비용의 유무와 관계없이 영업현금흐름을 계산할 수 있다. 주의할 것은 법인세비용은 영업이익에 대해 계산한 법인세비용이라는 점이다. 한편, 영업이익의 계산에서 감가상각비는 현금유출이 없는 비용이지만 비용으로 처리되어 과세대상 소득을 줄여주므로 기업이 부담해야 할 법인세비용을 줄여주게 된다. 즉, 감가상각비×법인세율만큼의 법인세를 절약하게 된다. 이를 감가상각비의 감세효과(tax shield of depreciation expenses)라고 한다. 방법 3은 감가상각비의 감세효과를 구분하여 영업현금흐름을 계산하기 때문에 감가상각방법에 따른 감세효과의 크기를 잘 파악할 수 있도록 해 준다. (주)하나는 15억 원의 감가상각비를 비용으로 계상함에 따라 3.75(=15×0.25)억 원의 법인세 감세효과를 얻었다.

잉여현금흐름

투자안의 평가에서 최종적으로 할인의 대상이 되는 것은 잉여현금흐름(FCF)이다. 왜냐하면 투자자(부채사용이 없는 경우에는 주주)에게 최종적으로 지급될 수 있는 금액은 잉여현금흐름이기 때문이다. 잉여현금흐름은 제2장의 식 2·9에서 살펴본 것처럼 다음과 같이 정의된다.

$$\begin{aligned}\text{잉여현금흐름} &= \text{영업현금흐름} - \text{자본적 지출} \\ &\quad - \text{순운전자본의 변동분} + \text{기타 현금흐름} \qquad (9\cdot5)\end{aligned}$$

위 식에서 자본적 지출은 새로운 투자안에 소요되는 투자비용이다. 잉여현금흐름을 적절한 할인율로 할인하여 현가를 계산하면 투자안의 순현가를 얻게 된다.

9.2 증분현금흐름

자본예산에서 필요로 하는 모든 현금흐름은 증분기준에 따라 계산하여야 한다. 어떤 투자안의 증분현금흐름(incremental cash flow)은 그 투자안을 선택한 결과 직접적으로 발생하는 기업의 현금흐름의 변화를 말하는 것으로 증분잉여현금흐름은 다음과 같이 정의된다.

$$\Delta \text{잉여현금흐름} = \Delta \text{영업현금흐름} - \Delta \text{자본적 지출} - \Delta \text{순운전자본의 변동분} + \Delta \text{기타 현금흐름} \quad (9 \cdot 6)$$

여기서 Δ는 증분을 나타내며 이는 어떤 투자안을 선택하는 경우와 선택하지 않는 경우의 현금흐름의 차이이다. 이처럼 증분현금흐름은 새로운 투자의 결과로 발생하는 현금흐름의 변동분을 의미하는 것으로 그 개념은 간단하지만 실제 투자안에 적용할 경우 다음과 같은 점을 주의하여야 한다.

증분기준의 원칙

모든 부수효과를 포함시켜라

사업의 다른 부분에서 발생할지도 모르는 모든 부수효과(side effect *or* incidental effect)를 포함시켜야 한다. 예를 들어 가수 BTS가 콘서트를 계획하고 있을 때 콘서트가 양(+)의 순현가를 가지는지 알고 싶다면, 입장권 판매 외에 고려해야 할 사항이 부수효과이다. 콘서트가 음원판매에 미치는 영향과 티셔츠 판매 등을 고려할 수 있다. 또 프로야구팀을 창단할 것을 고려할 때 주된 현금수입원은 입장권 판매가 되겠지만, 그 외에 유니폼이나 야구용품의 판매, 야구장에서의 음료와 스낵 등의 판매로부터 발생하는 수입도 무시 못할 비중을 차지하는 부수효과이다.

매몰비용은 잊어버려라

매몰비용(sunk cost)은 이미 지출한 비용으로서 컵에서 엎질러진 물과 같다. 이 비용은 되돌릴 수 없는 것이기 때문에 현금흐름에 포함시키지 말아야 한다. 매몰비용에 대해서는 그냥 내버려 두고, 일단 돈을 지출하였으니 고려대상에서 제외시켜야 한다. 예를 들어 어떤 기업이 신제품을 생산하기 위한 새로운 사업안을 고려하고 있는데, 작년에 이 제품의 시장성을 분석한 용역에 대한 대가로 컨설팅 회사에 3억 원을 지불하였다고 하자. 이 3억 원은 새로운 사업의 채택 여부에 관계없이 이미 지출된 비용이다. 따라서 이 비용은 현재의 투자결정에 영향을 미치지 말아야 한다.

기회비용을 포함시켜라

어떤 기업이 프로젝트에 사용하기 위한 토지를 이미 소유하고 있었다고 하자. 이 경우 토지를 매각한 자금을 다른 곳에 투자하여 수익을 창출할 수도 있었다는 것을 고려해야 한다. 즉 기회비용(opportunity cost)을 고려해야 한다는 것이다. 올바른 비교는 시간상 전후 문제가 아니라 다른 투자기회의 존재유무이다.

평균과 증분 개념을 혼동하지 말자

많은 경우 경영자들은 과거에 실적이 좋지 않았던 사업에 투자하기를 꺼려한다. 그러나 비록 상황이 좋지 못하여 현재 손실을 기록하고 있는 사업이라도 앞으로 상황이 반전되어 좋은 투자기회가 된다면 추가로 자금을 투자할 가치가 있을 수 있다. 신약개발사업이 현재는 시장이 좋지 않지만 가까운 미래에 훌륭한 투자대상으로 돌아설 수 있다면 현 상황이 나쁘더라도 사업을 확장해 나가야 한다. 또 과거에 실적이 좋았던 사업이라고 하여 여기에 계속 투자하는 것은 옳지 않다. 아무리 좋았던 사업이라도 가까운 미래에 그 사업이 사양사업으로 전락할 수 있다. 이 경우 기존사업을 계속하기로 하는 것은 무모한 결정이 되고 말 것이다.

간접비용의 배분에 주의하자

간접비용(overhead costs)은 기업이 수행하는 여러 활동에 공통적으로 관련되어 발생하는 비용이다. 간접비용은 특정한 경영활동에 직접적으로 관련을 짓기가 어려우므로 대개 일정한 배분기준을 만들어 여러 활동에 비용을 배분하게 된다. 그러나 이 경우 주의해야 할 것은 새로운 투자 여부와 관계없이 비용발생이 확정되어 있는 고정간접비용(fixed overhead costs)은 투자안의 현금흐름에 포함시켜서는 안 된다는 것이다. 즉 고정간접비용은 신규투자 여부와 관계없이 이미 지출된 매몰비용의 성격을 갖는다. 배분의 대상이 되는 것은 새로운 투자의 결과 추가적으로 발생하는 간접비용이다.

자본적 지출, 순운전자본의 변동과 기타 고려할 사항

자본적 지출

새로운 투자에서 추가로 발생하는 자본적 지출(capital expenditure)은 바로 투자에 소요되는 비용이다. 이 투자비용은 초기에 집중해서 나타날 수도 있고, 또 여러 기간에 걸쳐 장기적으로 발생할 수도 있다.

순운전자본의 변동과 현금흐름

대부분의 새로운 투자안은 기계설비와 같은 비유동자산에 대한 투자뿐만 아니라 외상매출금이나 재고자산 같은 운전자본(유동자산)에 대한 추가적인 투자를 필요로 한다. 새로운 투자에 따라 유동자산에서 유동부채를 뺀 순운전자본이 증가하였다면 이 증가분은 새로운 투자로 인한 추가적인 투자금액으로 보아야 한다. 반대로 새로운 투자에 따라 순운전자본이 감소하였다면 감소분만큼 추가적인 현금유입으로 파악하여야 한다. 유동자산의 증가는 그만큼의 현금지출을 의미하며 유동부채의 증가는 그만큼의 현금유입을 의미하기 때문이다.

기타 고려할 사항

현금흐름을 측정할 때 고려해야 할 사항은 지금까지 살펴본 것 외에도 투자의 상황에 따라서 여러 가지가 있을 수 있다. 예를 들어 사용하고 있던 기존의 설비를 새로운 설비로 바꿀 때 기존기계의 처분과정에서 나타나는 세금효과와 새로운 설비의 구입 시에 얻을 수 있는 투자세액공제를 살펴보자.

기존기계를 새 기계로 바꿀 때 기존기계의 장부가치는 앞서 살펴본 매몰비용으로 새 기계에 대한 투자결정과 직접적인 관련이 없다. 그러나 기존기계를 처분하게 될 때 처분가격이 장부가치와 다르다면 주의해야 할 점이 있다. 즉, 기존기계의 처분손실은 세법에서 과세소득을 줄여주는 비용(손금)으로 처리되며, 처분이익은 과세소득을 증가시키는 수익(익금)으로 처리된다. 이에 따라 법인세효과가 나타난다. 따라서 기존기계를 처분할 때 기업이 실제로 얻게 되는 현금흐름은 처분손익에 따른 세금효과를 반영해서 다음과 같이 결정된다.

$$기존기계의\ 처분에\ 따른\ 현금유입 = 처분가격 - (처분가격 - 장부가치) \times 법인세율 \quad (9 \cdot 7)$$

위 식에서 [(처분가격 − 장부가치) × 법인세율]은 기계의 처분손익에 따른 세금효과이다.

투자세액공제(investment tax credit)도 현금흐름에 영향을 미친다. 투자세액공제는 기업의 설비투자를 장려하기 위해 투자비용의 일부를 기업이 납부해야 할 법인세에서 빼 주는 제도이다. 따라서 기업이 새로운 투자에서 투자세액공제를 받게 되는 경우에는 이 금액만큼을 투자세액공제를 받는 시점에서 현금유입으로 계산하여야 한다.

9.3 증분현금흐름 측정과 순현가 계산의 예

지금까지 살펴본 내용들을 바탕으로 사례를 이용하여 새로운 투자의 현금흐름을 측정해 보자. 앞서 설명한 것과 같이 현금흐름의 측정은 분석을 쉽게 하기 위하여 투자시점에서의 증분투자비용, 투자의 내용연수 동안 발생하는 증분영업현금흐름, 그리고 순운전자본의 변동에 따른 증분현금흐름과 기타의 현금흐름으로 구분하여 측정한다.

기초자료

지민문화사는 국내외의 디지털지도 제작을 전문으로 하는 출판사이다. 지금까지 디지털지도의 제작은 반자동 기계에 의존하여 왔으나, 지난 해부터 5,000만 원의 자료조사비를 들여 기획 · 제작한 새로운 디지털 도로교통안내도가 좋은 반응을 얻자 완전히 자동화된 제작기계의 구입이 논의되기 시작하였다. 이에 따라서 지민문화사의 재무관리자는 다음과 같은 자료를 수집하였다.

기존 제작기계에 대한 자료

지민문화사의 기존 제작기계는 5년 전 5억 원에 구입한 것으로 10년의 내용연수에 잔존가치는 없으리라는 가정하에 정액법을 이용하여 매년 5,000만 원씩 감가상각을 해 왔다. 따라서 현재의 장부가액은 2.5억 원이다. 시장조사결과 만일 이 기계를 지금 매각한다면 중고시장에서 2억 원을 받을 수 있다고 한다.

새로운 제작기계에 대한 자료

완전히 자동화된 새 제작기계의 구입원가는 6.5억 원이지만, 정밀한 설비이므로 이를 설치하여 운전을 시작할 때까지 5,000만 원의 추가비용이 든다고 한다. 또한, 기존기계와는 달리 새로운 기계는 전력수급상의 문제로 현재의 사옥에는 설치하기 힘들다고 한다. 마침 전력사정이 비교적 용이한 곳에 지민문화사 소유의 창고가 하나 있는데, 얼마 전 새로 지은 관계로 신규설비의 설치 · 운영에는 문제가 없다. 근처의 부동산업자에 따르면 창고를 5년간 다른 회사에 임대하여 줄 경우 1억 원을 받을 수 있다고 한다. 새 기계의 내용연수는 5년이고, 5년 후에는 2억 원을 받고 처분할 수 있을 것으로 예상된다.

새 기계 구입의 효과

새 제작기계를 이용할 경우 〈표 9-1〉에서와 같이 도로교통안내도의 판매부수는 늘어나고 영업비용은 줄어들 것이 예상된다. 편의상 가격은 어느 경우에나 같

표 9-1 예상영업자료(기말자료)

항목 \ 시점	1	2	3	4	5
1부당 판매가격(원)	10,000	10,500	11,000	11,500	12,000
판매부수(부): 구기계	100,000	120,000	100,000	90,000	80,000
신기계	120,000	140,000	125,000	120,000	100,000
1부당 현금비용(원): 구기계	7,000	7,500	8,000	9,000	10,000
신기계	6,000	6,300	6,700	7,000	7,200
운전자본(만 원): 구기계	20,000	25,000	30,000	25,000	0
신기계	30,000	38,000	47,000	40,000	0

으며, 매년 500원씩의 가격인상이 있는 것으로 가정한다. 새로운 기계설비와 이에 따르는 매출액의 증가는 필연적으로 외상매출금, 재고자산 등 운전자본의 증가를 가져온다. 기존기계를 사용할 경우와 새 기계를 사용할 경우에 기말재무상태표에 나타날 운전자본총액을 〈표 9-1〉의 아랫부분에 나타내었다.

기타자료

지민문화사의 법인세율은 25%이고, 이 투자에 대한 할인율은 10%이다.

증분현금흐름의 측정

앞의 예는 전형적인 시설대체문제이다. 주어진 자료를 이용하여 현금흐름을 하나하나 측정해 보자.

증분투자비용

새로 도입하려는 기계의 구입원가는 6.5억 원이나, 이를 설치하여 운전할 때까지 5,000만 원의 추가비용이 든다. 따라서 새 기계를 이용하기 위하여 추가로 지출하여야 할 총투자비용은 7억 원이 된다. 한편, 지민문화사는 지난 해에 5,000만 원의 자료조사비를 사용한 바 있으나, 이는 매몰비용으로 신·구기계의 교체에 대한 의사결정에 아무런 영향을 주지 못하므로 투자비용에 포함해서는 안 된다.

새로운 투자로 인한 증분영업현금흐름

우선 앞서 설명한 증분기준에 따른 현금흐름 측정원칙에 따라서 기계교체 후 첫 해의 증분영업현금흐름을 계산해 보기로 하자. 식 9·2를 이용하면 기계교체에 따라 영업활동에서 발생하는 증분영업현금흐름은 다음과 같이 계산된다.

$$\text{증분영업현금흐름} = \text{증분세후영업이익} + \text{증분감가상각비}$$

위의 식에 따라 지민문화사의 1차연도 증분영업현금흐름을 계산한 것이 〈표 9-2〉이다. 각 연도마다 이와 같은 방법으로 증분영업현금흐름을 계산하면 〈표 9-3〉과 같은 결과를 얻게 된다.

표 9-2 1차연도 증분영업현금흐름의 계산

(단위 : 만 원)

	신기계 사용 시 (A)	구기계 사용 시 (B)	증분 (A-B)
매출액	120,000	100,000	20,000
현금비용	-72,000	-70,000	-2,000
감가상각비	-10,000[1)]	-5,000	-5,000
영업이익	38,000	25,000	13,000
세후영업이익	28,500[2)]	18,750	9,750
감가상각비	10,000	5,000	5,000
영업현금흐름	38,500	23,750	14,750

주: 1) (70, 000 − 20, 000)/ 5 = 10, 000, 2) 38, 000 × (1 − 0.25) = 28, 500

표 9-3 연도별 증분영업현금흐름

(단위 : 만 원)

시점	1	2	3	4	5
Δ매출액	20,000	21,000	27,500	34,500	24,000
Δ현금비용	-2,000	1,800	-3,750	-3,000	8,000
Δ감가상각비	-5,000	-5,000	-5,000	-5,000	-5,000
Δ영업이익	13,000	17,800	18,750	26,500	27,000
Δ세후영업이익	9,750	13,350	14,063	19,875	20,250
Δ감가상각비	5,000	5,000	5,000	5,000	5,000
Δ영업현금흐름	14,750	18,350	19,063	24,875	25,250

순운전자본의 변동에 따른 증분현금흐름

앞서 설명한 대로 새로운 투자에 따른 순운전자본의 변동은 추가적인 투자이다. 지민문화사의 경우, 〈표 9-1〉을 보면 첫해 말의 재무상태표로부터 계산될 순운전자본이 구기계를 사용할 경우에는 2억 원이지만 새 기계를 도입할 경우 3억 원으로 증가하리라는 예상을 하고 있다. 이는 새 기계를 구입한 결과 매출액이 증가하게 되면 이에 따라 재고자산이나 외상매출금 등에 대한 투자가 증가할 것으로 보고 있기 때문이다. 그러나 운전자본에 대한 투자는 비유동자산에 대한 투자와는 달리 그 성격상 1년을 주기로 반복된다. 즉, 올해에 투자된 금액은 다음 해에는 회수가 되고 그 다음 해의 영업을 위해 재투자되는 과정이 반복되어 마지막 해에 앞 해에서 투자된 현금유출이 회수된다. 즉, 재고자산은 판매를 통하여 현금화가 가능하며 외상매출금도 회수가 가능할 것이기 때문이다. 이와 같은 점을 고려하여 지민문화사의 향후 순운전자본의 변동에 따른 증분현금흐름을 구한 것이 〈표 9-4〉이다. 편의상 순운전자본의 변동에 따른 현금흐름은 매기 말에 발생하는 것으로 간주한다.

표 9-4 순운전자본의 변동에 따른 증분현금흐름

(단위 : 만 원)

시점	1	2	3	4	5
순운전자본: 신기계	30,000	38,000	47,000	40,000	0
구기계	20,000	25,000	30,000	25,000	0
순운전자본의 증분	10,000	13,000	17,000	15,000	0
증분현금흐름	−10,000[1)]	−3,000[2)]	−4,000	+2,000	+15,000

주: 1) 순운전자본이 증가하였다는 것은 그에 따른 현금유출이 증가하였음을 나타낸다.
2) 전년 말에 비해 순운전자본이 3,000(=13,000−10,000)만 원만큼 증가했다는 것은 3,000만 원의 추가적인 현금유출이 있었다는 것을 의미한다.

기타의 증분현금흐름

① 기존기계의 처분에 따른 현금흐름과 처분손실의 감세효과

신기계로 기존기계를 교체하는 경우 기존기계는 처분한다. 투자시점에서 기존기계의 장부가치는 2.5억 원이지만 이를 매각할 경우 매각대금은 2억 원이다. 따라서 지민문화사는 기존기계의 처분에 따라 2억 원의 현금유입과 5,000만 원의 처분손실을 얻게 된다. 이 처분손실은 세법에서 과세소득을 줄여주는 비용으로 처리되므로, 처분손실에 따른 감세효과라는 새로운 현금흐름이 창출된다. 지민문화사는 5,000만 원의 손실을 통해 1,250(=5,000×0.25)만 원만큼의 법인세절약이라는 현금흐름을 만든 셈이다. 편의상 매각대금은 투자시점에서 즉시 실현되며 처분손실에 따른 세금효과는 1기 말에 발생하는 것으로 가정한다.

② 창고의 기회비용

지민문화사가 새 기계를 설치할 창고는 기계를 설치하지 않고 임대할 경우 1억 원을 받을 수 있으므로 이를 기회비용으로 반영해야 한다. 즉 투자시점에서 창고의 임대를 포기하는 것에 따라 1억 원의 현금유출이 발생한다.

③ 신기계의 잔존가치

옛날 기계는 잔존가치가 없으나 새로 도입할 기계는 내용연수가 끝나게 되면 잔존가치가 2억 원이 될 것으로 추정되며 이는 5년 후의 장부가치와 같을 것으로 판단되었다. 현 시점에서 볼 때 5년 후에 무난히 현금화가 될 것으로 기대한다면 이를 추가적인 현금흐름에 포함시켜야 한다.

이상의 내용을 종합하여 지민문화사의 기계교체에 따라 발생하는 기타의 현금흐름을 정리하면 〈표 9-5〉와 같다.

표 9-5 기타의 증분현금흐름

(단위 : 만 원)

시점	0	1	2	3	4	5
기존기계의 매각대금	20,000	–	–	–	–	–
처분손실의 세금효과	–	+1,250	–	–	–	–
창고의 기회비용	−10,000	–	–	–	–	–
신기계의 잔존가치	–	–	–	–	–	20,000
기타의 증분현금흐름	+10,000	+1,250	0	0	0	+20,000

증분잉여현금흐름

지금까지 분석한 투자비용과 증분영업현금흐름, 순운전자본의 변동에 따른 증분현금흐름, 그리고 기타의 증분현금흐름을 모두 포함시켜 새로운 투자에 따른 전 기간의 증분잉여현금흐름을 구한 것을 다음의 〈표 9-6〉에 나타내었다.

투자안의 순현가

〈표 9-6〉에서 추정된 증분잉여현금흐름을 바탕으로 지민문화사는 투자안의 순현가를 계산하여 새로운 기계의 구입 여부를 결정하게 된다. 즉, 제 8 장의 식 8·2에서 투자안의 순현가는 투자안의 현가(가치)와 투자비용의 차이로 정의되었다.

표 9-6 증분잉여현금흐름과 현가

(단위 : 만 원)

시점	0	1	2	3	4	5
투자비용	−70,000	0	0	0	0	0
증분영업현금흐름[1)]	−	14,750	18,350	19,063	24,875	25,250
순운전자본의 변동[2)]	−	−10,000	−3,000	−4,000	2,000	15,000
기타의 증분현금흐름[3)]	10,000	1,250	0	0	0	20,000
증분잉여현금흐름	−60,000	6,000	15,350	15,063	26,875	55,250
현가(할인율 10%)	−60,000	5,455	12,686	11,317	18,356	34,306

주: 1) 〈표 9-3〉 참조. 2) 〈표 9-4〉 참조. 3) 〈표 9-5〉 참조.

투자안의 가치는 투자에서 발생하는 현금유입액의 현가이므로 투자 이후 발생하는 매년의 증분잉여현금흐름의 현재가치이며, 투자비용은 새 디지털지도 제작기계 구입을 위한 증분현금지출로 현재시점의 증분잉여현금흐름으로 파악할 수 있다. 따라서 투자의 순현가는 다음 식과 같이 투자에 따른 매년의 증분잉여현금흐름의 현가로 계산할 수 있다.

$$\text{투자안의 } NPV = \frac{FCF_1}{(1+r)} + \frac{FCF_2}{(1+r)^2} + \cdots + \frac{FCF_n}{(1+r)^n} - FCF_0 \qquad (9\cdot 8)$$

〈표 9-6〉의 맨 아랫줄에 나타난 매년의 증분잉여현금흐름의 현가를 모두 더해 순현가를 계산해 보면 새 기계 구입의 순현가는 2억 2,120만 원이며, 따라서 지민문화사는 새 디지털지도 제작기계를 구입해야 한다는 결론이 따른다.

$$\begin{aligned}\text{새 기계 구입의 순현가} &= (5,455+12,686+11,317+18,356+34,306) - 60,000 \\ &= 22,120\,(\text{만 원})\end{aligned}$$

9.4 투자규모의 차이, 자본제약, 수익성지수

투자규모가 다른 투자안들의 분석

순현가는 절대치로 나타나기 때문에 투자규모가 다른 여러 투자안이 있을 때 각 투자안의 상대적인 성과를 비교하기가 어렵다. 이러한 단점을 보완하기 위하여 수익성지수(profitability index : *PI*)가 자주 사용된다. 예를 들어 상호배타적인 투자안 H와 I의 현금흐름이 〈표 9-7〉과 같다 하자.

표 9-7 투자규모가 다른 두 투자안의 현금흐름

(단위 : 만 원)

년	구분	투자안 H	투자안 I
0	투자비용	−1,000	−2,000
1	현금유입	500	1,000
2	현금유입	400	800
3	현금유입	300	600
4	현금유입	100	100
순현가(할인율 10%)		78.8	89.3

순현가법에 의할 경우, 투자안 H의 순현가가 78.8만 원, 투자안 I의 순현가가 89.3만 원이므로 투자안 I가 투자안 H보다 유리하다. 그러나 두 투자안은 투자규모가 서로 다르므로, 투자규모의 차이를 무시하고 단순히 순현가의 크기만을 기준으로 의사결정을 하는 것은 바람직하지 못할 수 있다. 이러한 경우에 수익성지수를 사용하여 투자액의 단위당 순현가를 계산하면 서로 규모가 다른 투자안의 상대적 투자성과를 비교할 수 있다. 수익성지수는 다음과 같이 나타낸다.

$$PI = \frac{\text{투자안의 가치}}{\text{투자비용의 현가}} \tag{9·9}$$

투자안의 가치는 현금유입의 현재가치로 [투자비용 + 순현가]와 같다. 식 9·9

를 이용하여 투자안 H와 I의 수익성지수를 구하면 다음과 같다.

$$\text{투자안 H의 } PI = \frac{1,078.8}{1,000} = 1.0788$$

$$\text{투자안 I의 } PI = \frac{2,089.3}{2,000} = 1.0446$$

투자안 H는 투자원금 1원당 1.0788원의 현가를 가져오고, 투자안 I는 투자원금 1원당 1.0446원의 현가를 가져온다. 투자액 단위당 현금유입의 현가는 투자안 H가 더 크기 때문에 투자안 H의 상대적인 효율성이 더 크다. 단일투자안이나 독립적인 투자안을 평가할 경우, 수익성지수가 1보다 클 때 그 투자안은 투자가치가 있다고 평가하는데, 이러한 평가결과는 순현가법에 의한 평가결과와 동일하다.[3)]

이처럼 수익성지수를 이용하여 투자안을 비교 · 평가하는 것은, 각 투자안에 동일한 투자금액을 중복하여 투자할 수 있다는 가정하에서 평가하는 것과 같다. 위의 예에서 두 투자대상의 투자액을 같게 하기 위하여 투자안 I에 2,000만 원을 투자하고, 투자안 H에 동시에 두 번 투자하기로 하였다면, 그 현금흐름과 순현가는 〈표 9-8〉과 같다.

표 9-8 투자안 H에 두 번 투자할 때의 현금흐름과 순현가

(단위 : 만 원)

년	H의 현금흐름	(2×H)의 현금흐름
0	−1,000	−2,000
1	500	1,000
2	400	800
3	300	600
4	100	200
순현가(할인율 10%)	78.8	157.6

투자안 I에 2,000만 원을 투자할 때의 순현가는 89.3만 원이고 투자안 H에 두 번 투자하는(투자비용 2,000만 원) 경우의 순현가는 157.6만 원이므로 투자안 H에

3) 순현가는 투자안의 가치와 투자비용의 차이이므로 수익성지수 *PI*가 1보다 크다는 것은 *NPV*가 0보다 크다는 것을 의미한다.

두 번 투자하는 것이 유리하며, 이는 수익성지수를 이용하여 선택한 결과와 같다.

그러나 만일 투자기회에 제한이 있어서 한 번밖에 투자할 수 없다면 어떻게 될 것인가? 이러한 경우에는 여유자금을 투자하였을 때 발생하는 추가적인 현금흐름을 반영하여 분석한 후 투자결정을 해야 한다. 결국, 수익성지수를 기준으로 투자안을 평가하는 방법은 똑같은 투자기회가 여러 번 있을 경우에만 타당한 것이다. 그런데 투자기회에 제한이 있는 경우에는 순현가를 이용한 평가와 같은 결과를 보여주므로 수익성지수 자체로는 큰 유용성이 없다. 또한 기업도 투자액 1원당의 효율성보다는 기업가치의 증가액에 더 큰 관심을 가지므로, 순현가법의 사용이 더욱 강조된다. 그러나 기업이 여러 개의 투자안에 대하여 투자의 우선순위를 정할 때에는, 투자의 효율성을 나타내는 수익성지수를 이용하여 순위를 결정하는 것이 바람직하다.

자본제약과 수익성지수

기업이 자주 당면하는 문제 중의 하나는 투자할 자금이 한정되어 있다는 것이다. 투자에 필요한 자금을 기업 내부에서 조달하려는 경우에는 자금의 제약이 더욱 문제가 된다. 이론적으로는 자금조달의 제한이 없는 한 순현가가 양(+)인 모든 투자대상에 투자함으로써 기업의 가치를 최대로 할 수 있다. 그러나 현실적으로는 기업의 자본이 한정되어 있기 때문에 이 한정된 자본으로 기업가치를 최대로 할 수 있도록 적절히 분배하여 투자하는 자본배분(capital rationing)이 문제가 된다.

자본에 제약이 있는 경우 기업은 어떻게 투자결정을 하여야 할까? 자본제약이 완전자본시장의 가정을 크게 위배하지 않는다면 주주의 부를 극대화하는 방법은 여전히 *NPV*의 극대화이다. 다음의 예를 통해 살펴보자.

〈표 9-9〉는 상호독립적인 네 투자안 X, Y, W, Z의 현금흐름, 수익성지수, 그리고 순현가를 보여주고 있다.

표 9-9 **투자안 X, Y, W, Z의 현금흐름, 수익성지수, 그리고 순현가**

투자안	현금흐름 C_t(억 원)			*PV*(억 원) @10%	수익성지수 (*PI*)	*NPV*(억 원) @10%
	C_0	C_1	C_2			
X	−20	55	15	62.40	3.12	42.40
Y	−10	15	35	42.56	4.26	32.56
W	−10	10	30	33.88	3.39	23.88
Z	0	−75	120	30.99	0.45*	30.99

* $PI = 30.99/(75/1.1)$

위의 표에서 보면 모든 투자안이 순현가가 양(+)이므로 매력적이라고 할 수 있다. 그러나 투자에 사용할 수 있는 자금이 20억 원으로 제한되어 있는 상황이라면 X안이나 또는 (Y+W)안을 선택할 수 있다. Y안과 W안이 개별적으로는 X안보다 못하지만 두 안의 *NPV*를 합한 것은 X안의 *NPV*보다 크다.

자본제약이 있는 경우 순현가법에 전적으로 의존해서는 안 되고 상대적인 투자성과를 측정해 주는 수익성지수를 함께 고려할 필요가 있다. 왜냐하면 사용 가능한 자본에 대해 최대한의 *NPV*를 얻도록 투자결정을 하여야 하는데, 수익성지수가 이를 반영하기 때문이다. 표에서 보면 Y의 수익성지수가 가장 높고, W가 다음이다. 따라서 20억 원을 투자할 경우 두 투자안을 선택하는 것이 투자의 효율성을 가장 높여준다.

그러나 투자자금이 시점 0과 시점 1에서 각각 20억 원씩 주어질 경우 사정은 달라질 수 있다. 시점 0에서 (Y+W)안에 투자하는 것이 유리해 보이지만 이 경우 시점 1에서 투자안 Z를 수용할 수 없다. 반면 X안을 수용하면 1년 후 Z안을 수용할 수 있고 또 이렇게 하는 것이 *NPV*도 크게 한다.[4)]

4) 투자의 상대적인 성과를 나타낼 수 있는 측정치로 *IRR*을 이용할 수도 있다. 따라서 자본제약이 있는 경우 *IRR*이 높은 순으로 투자안에 자본배분을 함으로써 순현가를 극대화하는 결과를 얻을 수도 있다.

9.5 인플레이션과 자본예산

인플레이션(inflation)은 물가상승에 따라 재화를 구입하기 위한 화폐의 가치가 떨어지는 현상이다. 건물과 기계설비 등 자본예산의 대상인 비유동자산은 그 내용연수가 길기 때문에 투자의 내용연수 동안 예상되는 인플레이션을 현금흐름과 할인율에 적절하게 반영하여 투자안의 평가를 하는 것이 중요하다. 이를 위해서는 우선 명목과 실질을 구분하는 것이 중요하다. 명목현금흐름(nominal cash flow)이란 미래의 어느 시점에 실제로 나타나는 금액, 즉 인플레이션이 반영된 현금흐름을 말하며, 실질현금흐름(real cash flow)이란 투자시점에서의 구매력으로 조정된 현금흐름, 즉 인플레이션의 영향이 제거된 현금흐름이다. 명목할인율(nominal discount rate)은 인플레이션이 반영된(포함된) 할인율을 말하며 실질할인율(real discount rate)은 인플레이션이 반영되지 않은 할인율을 말한다. 명목할인율과 실질할인율의 관계는 제3장의 식 3·1을 이용하면 다음과 같다.

$$\begin{aligned}\text{명목할인율} &= (1+\text{실질할인율}) \times (1+\text{기대인플레이션율}) - 1 \\ &\approx \text{실질할인율} + \text{기대인플레이션율} \qquad (9\cdot10)\end{aligned}$$

명목기준평가와 실질기준평가는 둘 다 같은 것을 바라보는 대체적인 방법이다. 중요한 점은 어떤 한 방법을 선택하더라도 일관성을 유지해야 한다는 것이다. 명목현금흐름은 명목할인율로 할인해야 하고, 실질현금흐름은 실질할인율로 할인해야 한다. 이 사실만 명심하면 어느 방법을 선택하더라도 무관하다. 두 가지 방법이 같은 결과를 가져다주고, 또 한 가지 방법을 다른 방법으로 변환시키는 방법을 다음의 예를 통해 살펴보자.

| 예 1 | 어떤 사업안의 명목현금흐름이 다음과 같고 명목이자율이 10%, 그리고 기대인플레이션율이 5%일 때 명목기준과 실질기준에 의해 이 사업안의 순현가를 구해 보자.

명목현금흐름(억 원)

C_0	C_1	C_2
−10	9	5

① 명목기준평가에 의하면 단순히 명목현금흐름을 명목할인율로 할인하면 된다.

$$NPV = -10 + 9/1.1 + 5/(1.1)^2 = 2.31\ (\text{억 원})$$

② 실질기준평가에 의하면 우선 명목현금흐름을 실질현금흐름으로 바꾸어 주어야 한다.

명목현금흐름	−10	9	5
현금흐름변환	−10/1	9/1.05	$5/(1.05)^2$
실질현금흐름	−10	8.5714	4.5351

그리고 식 9·10을 이용해 명목할인율을 실질이자율로 환산해야 한다.

실질할인율 = (1 + 명목할인율)/(1 + 기대인플레이션율) − 1 = 1.1/1.05 − 1 = 4.762%

따라서 순현가 NPV는 다음과 같이 계산된다.

$$NPV = -10 + \frac{8.5714}{1.04762} + \frac{4.5321}{(1.04762)^2} = 2.31\ (\text{억 원})$$

위의 예에서 보는 것처럼 명목기준과 실질기준 중 어느 방법을 사용하느냐에 관계없이 인플레이션을 다루는 데 일관성을 유지한다면 같은 값의 순현가를 얻게 된다. 단지 두 방법을 혼용하지 않으면 된다.

9.6 수명이 다른 투자안의 분석

현실에서 보면 같은 종류의 사업에 대한 투자일지라도 투자안들의 수명이 같은 경우는 드물고, 각각의 투자수명이 다른 것이 더 일반적이다. 이처럼 투자수명이 서로 다른 상호배타적 투자의 경우에 어떻게 투자결정을 내릴 것인지에 대해 살펴보기로 하자.

기계 A와 B는 동일한 작업을 수행할 수 있으나 서로 다른 내용연수를 가지고 있다. 기계 A와 기계 B의 내용연수는 각각 2년과 1년이다. 두 기계로부터 발생하는 수익의 현가는 같으나 소요되는 비용은 다음과 같다고 하자.

기계	비용(억 원)			PV @10%
	C_0	C_1	C_2	
A	18	6	4	26.76
B	10	5		14.55

이럴 경우 기계 B에 소요되는 비용의 현가가 더 작다고 해서 기계 A 대신 B를 선택해야 할까? 반드시 그렇지는 않다. 왜냐하면 기계 B는 1년 일찍 교체해야 하기 때문이다. 또한 위의 계산은 기계 B를 계속 사용할 경우 1년 후에 발생할 추가적인 비용을 고려하지 않고 있다. 만약 두 기계가 동일한 내용연수를 가지고 있다면, 이와 같은 문제는 발생하지 않을 것이다.

투자수명이 서로 다른 투자안들을 비교 · 평가하기 위해서는, 투자안의 현금흐름을 동일한 투자수명을 가지는 현금흐름으로 조정해야 한다. 현금흐름을 조정하는 방법에는 다음의 두 가지가 있다.

반복투자법

반복투자법(overlapping method)은 투자안들이 동일한 조건으로 반복하여 투자되는 것을 가정하는 방법이다. 앞서의 기계 A와 B의 경우, 기계 A는 2년 단위로 동일조건으로 반복투자되며, 기계 B는 1년 단위로 반복투자되는 것을 가정하여 두 투자안의 수명이 일치되는 기간을 구한 후 총비용의 현가가 작은 것을 선택한다. 투자수명이 2년이 되는 경우 두 기계가 동일한 내용연수를 갖게 되므로, 기계 A는 1회 투자되며, 기계 B는 1년 단위로 두 번 반복투자된다. 이때 각 기계의 총비용의 현가는 다음과 같다.

기계 A의 2년간의 총비용의 현가 = 26.76(억 원)

$$기계\ B의\ 2년간의\ 총비용의\ 현가 = 14.55 + 14.55/(1.1) = 27.78(억\ 원)$$

위의 결과에 의하면 기계 A에 투자하는 것이 더 낫다. 내용연수가 짧은 경우에 반복투자법은 쉽게 이용할 수 있다. 그러나 내용연수가 긴 경우에는 지루하고 많은 계산이 필요하다. 예를 들면, 내용연수가 8년과 9년의 문제인 경우 8×9 = 72기간 동안의 현금흐름의 현가를 계산하여야 한다. 이보다 훨씬 간단한 계산방법이 연간균등비용법이다.

연간균등비용법

연간균등비용(equivalent annual cost : *EAC*)법은 소요되는 비용이 기계의 내용연수 동안 균등하게 발생한다는 가정하에 연평균비용을 계산하여 비교하는 방법이다. 여기서 연간균등비용은 연금(annuity)과 같은 현금흐름의 형태를 갖게 되고, 이것의 현가와 총비용의 현가가 동일하도록 결정된다. 예를 들어 A기계에 지출되는 비용의 현가 26.76억 원과 동등한 2년 동안의 연간균등비용은 다음과 같이 연금의 현가요소를 이용하여 쉽게 구할 수 있다.

$$PV = 연간균등비용(EAC) \times 연금의\ 현가요소(PVFA:\ 2년,\ 10\%)$$
$$EAC = 26.76/1.736 = 15.41$$

즉 A기계를 이용하는 경우 부담하는 비용의 현가는 2년간 매년 균등하게 15.41억 원의 비용을 부담하는 것과 같다. 같은 방법으로 B기계의 연간균등비용을 계산하면 다음과 같이 16.005억 원이다.

$$14.55 = EAC \times PVFA\ (1년,\ 10\%) \Rightarrow EAC = 14.55/0.909 = 16.005$$

A기계의 연간균등비용(15.41억 원)이 B기계의 연간균등비용(16.005억 원)보다 작기 때문에 A기계를 선택해야 한다는 결론이 따른다. 연간균등비용법은 기술적 변화가 크지 않아 기계를 구입하는 비용이 계속 유지된다는 가정을 전제로 한다. 기술진보로 인해 제품가격이 지속적으로 하락하는 컴퓨터와 같은 장비를 유지하는 비용을 계산할 때에는 이 방법이 적절하지 않을 수 있다. 만약 급속한 기술적 변화가 있을 경우에는 반복투자법을 사용하는 것이 더 합리적이다.

중요용어

- 회계이익 accounting income
- 증분기준 incremental basis
- 영업현금흐름 operating cash flow
- 잉여현금흐름 free cash flow
- 기회비용 opportunity cost
- 명목현금흐름 nominal cash flow
- 실질할인율 real discount rate
- 반복투자법 iterative investment method
- 현금흐름 cash flow
- 순운전자본 net working capital
- 감가상각비 depreciation expenses
- 매몰비용 sunk cost
- 인플레이션 inflation
- 순현가 *NPV*
- 수익성지수 profitability index
- 연간균등비용 equivalent annual cost: *EAC*

연 | 습 | 문 | 제

9-1 영업현금흐름을 측정하는 방법에 대해 설명하라.

9-2 잉여현금흐름을 구하는 방법에 대해 설명하라.

9-3 회계이익과 현금흐름의 차이가 발생하는 원인에 대해 설명하라.

9-4 인플레이션을 고려할 때 현금흐름과 할인율은 어떻게 적용하여야 하는지 설명하라.

9-5 투자안의 수명이 다른 경우 투자안평가를 하는 방법에 대해 설명하라.

9-6 A피자회사는 콜레스테롤이 낮은 건강한 피자를 만들려고 계획 중이다. A회사는 이 피자를 판매함으로써 연간 10억 원의 매출액 증가를 기대하고 있다. 이 중에 약 30%는 기존에 A회사에서 판매하던 오리지널 피자 대신 새로 나온 피자를 시켜 먹는 고객으로부터 올 것으로 기대하고 있고, 나머지는 새로운 고객으로부터 기대하고 있다.

① 고객들이 오리지널 피자와 새로운 피자에 같은 금액을 소비할 것으로 가정하고 새로운 피자가 판매된 후에 기대할 수 있는 증분매출액을 구하라.

② 만일 A회사에서 새로운 피자가 판매되지 않는다면, 오리지널 피자에서 새로운 피자를 시켜 먹을 것으로 예상되었던 고객의 50%가 A회사에서 B회사로 옮길 것이라는 예측이 나왔다. 이 경우, 새로운 피자가 판매된 후에 기대할 수 있는 증분매출액을 구하라.

9-7 (주)BTS의 전년도의 당기순이익은 2,000억 원이었다. 이 기업의 감가상각비는 800억 원이었으며, 자본적 지출은 1,500억 원이고 이자비용은 없었다고 한다. 운전자본은 지난 기에 비에 200억 원 증가하였다. 이 회사의 전년도의 영업현금흐름(*OCF*)과 잉여현금흐름(*FCF*)을 구하라.

9-8 헬스케어제품 생산기업인 D기업은 최근 늘어나는 수요에 발맞춰 생산시설의 증대를 고민 중에 있다. 다음은 생산시설을 증대시켰을 때 앞으로 2년 간의 D기업의 예상 현금흐름이다.

(단위 : 억 원)

	1년	2년
매출액	140	200
현금지출 매출원가 및 영업비용	51	65
감가상각비	30	38
순운전자본 증가분	6	9
자본적 지출	37	41
법인세율	30%	30%

① 생산시설 증대에 따른 증분세후영업이익을 구하라.

② 매년의 증분잉여현금흐름을 각각 구하라.

③ 할인율이 10%일 때 D기업은 생산시설을 증대할 것인가? 평가하라.

9-9 (주)패기건설은 다음과 같은 현금흐름을 갖는 상호배타적인 두 투자안을 고려하고 있다.

(단위 : 만 원)

년	0	1	2	3
A	−50,000	40,000	15,000	15,000
B	−100,000	20,000	40,000	80,000

투자안 A는 실질현금흐름으로, 투자안 B는 명목현금흐름으로 표시되었다. 명목이자율이 15%이고 인플레이션율이 4%라고 한다면 어느 투자안을 선택해야 할지 결정하라.

9-10 한강기업에서는 현재 사용 중인 생수 제조기계를 새 기계로 교체하려고 한다. 기존기계의 유지비용은 매년 증가하고 현재 사용 중인 기계의 매각가격은 매년 감소할 것으로 예상되고 있으며, 그 비용과 가격은 다음과 같다.

(단위 : 만 원)

시점	0	1	2	3	4	5
유지비용	0	200	275	325	450	500
매각가격	900	850	775	700	600	500

또한 한강기업은 기능 면에서 기존기계와 차이가 없는 내용연수가 6년인 새 기계를 3,000만 원에 구입할 수 있다. 이 기계는 매년 20만 원의 유지비용이 들고 6년 후에 1,200만 원에 팔 수 있을 것으로 예상하고 있다. 세금은 없으며, 할인율이 10%라고 할 때 기존기계의 교체시기를 결정하라.

9-11 (주)광속인쇄는 사업확장을 위해 새로운 기종인 모델 A와 모델 B의 두 가지 중에서 하나를 구입하고자 한다. 각각의 구입원가와 유지비용에 대한 실질현금흐름은 다음과 같이 예상된다.

(단위 : 만 원)

기종	0	1	2	3	4	5
모델 A	1,800	200	200	200	−	−
모델 B	1,400	220	220	220	220	220

인플레이션율은 5%이고, 명목이자율은 14%이다. 선택된 기종에 관계없이 매출액이 같다면 어떤 기종을 구입하여야 하는가? 단, 세금과 감가상각은 무시한다.

9–12 상호배타적인 투자안 A와 B의 현금흐름이 다음과 같다.

(단위 : 만 원)

연도	투자안 A	투자안 B
0	−2,000	−10,000
1	1,100	5,000
2	1,100	5,000
3	1,100	5,000

할인율이 10%라고 할 때 다음 물음에 답하라.

① 두 투자안의 수익성지수를 구하고 그 의미를 설명하라.

② 시장에는 투자규모와 관계없이 10%의 수익률을 얻을 수 있는 투자기회(예금)가 존재한다. 이때 1억 원을 투자안 B에 투자하는 것과 2,000만 원은 A에 투자하고 8,000만 원을 예금하는 경우에 어느 투자안이 유리한지 분석하라.

Financial management

제 IV 편

위험과 가격결정모형

제 10 장

위험과 수익률

기업의 투자결정은 많은 경우에 불확실한 상태에서 이루어진다. 어떤 기업이 새로운 기계를 구입하였을 경우 그 기계를 이용하여 생산되는 제품의 수량과 질을 확실하게 알 수 없다. 실물자산에 투자할 때와 같이 금융자산에 투자할 때도 불확실성이 따른다. 예를 들어 주식시장에서 주식을 산 경우에도 미래에 얼마만큼의 배당을 받을지 불확실하다. 투자의 성과를 수익이라 하고 수익의 불확실성을 위험이라고 한다. 위험을 정확히 측정하고 그 위험을 줄일 수 있는 방법을 찾는 것은 기업의 재무활동에서 매우 중요하다.

이 장에서는 수익과 위험을 어떻게 정의하고 측정할 수 있는지에 대해 설명한다. 또 위험이 있는 투자대상을 선택할 때 기준으로 삼는 평균-분산 모형을 설명하고, 여러 대상에 분산투자하는 포트폴리오를 구성함으로써 위험이 줄어드는 현상을 설명한다.

생·각·의·전·당

투자의 위험이 작다면 기대수익률이 작더라도 선택될 수 있다. 반면에 투자의 기대수익률이 충분히 크다면 위험이 크더라도 선택될 수 있다. 투자자들은 위험의 정도를 고려하여 수익률을 요구한다. 합리적인 기대수익률은 위험부담이 없어도 기대할 수 있는 수익률(무위험이자율)에 위험부담의 대가(위험프리미엄)를 더한 값이다. 위험을 무시하고 기대수익률만 고려한다든지, 위험프리미엄이 충분하지 않은데도 위험이 큰 투자를 선택한다든지 하는 행동은 합리적인 투자자의 행동이 아니다.

10.1 개요

할인율과 위험프리미엄

제 8 장과 제 9 장에서 투자안의 경제성을 분석하는 여러 방법 중에서 순현가법이 가장 바람직한 방법이라는 것을 살펴보았다. 투자기간이 1기간인 경우 순현가는 다음과 같이 계산하였다.

$$NPV = \frac{CF_1}{1+r} - I_0$$

여기서 I_0는 투자금액, CF_1은 1년 후의 현금흐름, r은 할인율로 정의하였다. 순현가를 계산하기 위해서는 첫 단계로 미래현금흐름을 측정하여야 하고, 다음 단계에서는 적정할인율을 결정하여야 한다. 미래현금흐름의 측정에 관해서는 이미 제 2 장과 제 9 장에서 많은 내용을 다루었으나 적정할인율에 관해서는 아직 자세한 설명을 하지 않았다. 단지 미래의 현금흐름이 확실하다면 할인율로 무위험이자율을 사용한다는 사실을 설명했을 뿐이다.

그렇다면 미래현금흐름이 불확실한 경우에는 어떤 할인율을 사용하여야 할까? 미래의 현금흐름이 다음과 같은 투자안 A와 B를 예로 하여 할인율을 설명하여 보자.

미래상태	확 률	1년 후 현금흐름(억 원)	
		투자안 A	투자안 B
불경기	0.5	110	80
호경기	0.5	110	140

투자안 A는 미래상태에 관계없이 110억 원을 가져다주는 확실한 투자안이고, 투자안 B는 미래상태에 따라 현금흐름이 불확실한 또는 위험한 투자안이다. 현 시점에서 지출할 투자비용은 두 투자안 모두 98억 원이고 무위험이자율은 10%라고 가정하자.

투자안 A의 경우 미래현금흐름이 확실하므로 순현가를 구하기 위해 무위험이자율인 10%를 할인율로 사용하는 데 문제가 없다. 따라서 순현가는 2(=−98+110/(1+0.1))억 원이 되어 투자안을 수용할 것이다. 미래현금흐름이 불확실한 투자안 B의 경우에도 10%의 할인율을 적용하는 것이 적절한 것일까? 만일 10%의 할인율을 적용한다면 투자안 B의 현금흐름이 투자안 A의 현금흐름과 평균적으로 같으므로 순현가도 같게 될 것이다.[1] 그러나 투자비용이 같다면 대부분의 사람들이 위험한 투자안 B보다는 투자안 A를 선택한다. 왜 그럴까? 이는 사람들이 불확실한 현금흐름보다는 확실한(또는 안전한) 현금흐름을 선호하기 때문이다. 다시 말해 "안전한 1원이 위험한 1원보다 더 높은 가치를 가진다."는 사실 때문인데 이를 '재무관리의 제 2 원리(the second principle of finance)'라 한다.

따라서 사람들을 투자안 B와 같이 위험이 있는 투자안에 투자하도록 유치하기 위하여는 무위험이자율보다는 높은 수익률을 제시하여야 할 것이다. 다시 말해 투자안 B를 공정하게 평가하기 위해서는 무위험이자율보다 높은 할인율을 사용하여야 한다. 그 결과 위험이 있는 투자안의 할인율 k는 다음과 같이 무위험이자율(r_f)에 위험프리미엄(π_i)을 더한 것으로 표현할 수 있다.

$$k_i = r_f + \pi_i \quad (\text{단}, \pi_i > 0)$$

1) 여기서 평균적으로 같다는 말은 미래현금흐름의 기댓값이 같다는 의미로, 기댓값에 대해서는 제 10.2 절에서 다룬다.

여기서 π_i를 투자안 i의 위험프리미엄이라 하며, 이것의 크기는 투자안의 위험 정도나 사람들의 위험에 대한 태도에 의해 결정된다. 투자안의 위험이 크면 위험프리미엄이 커지며, 또한 사람들이 위험을 싫어하는 정도가 크면 위험프리미엄이 커진다. 제 10 장과 제 11 장에서는 이러한 위험프리미엄을 결정하는 데 이용될 이론적 모형을 단계적으로 설명할 것이다.

수익과 수익률

실물자산에 투자한 기업이나 금융자산에 투자한 개인들은 투자를 통해 자신들이 기대하는 성과를 얻기를 원한다. 제품이나 서비스의 생산 또는 이자, 배당, 증권가격의 상승 등이 투자자가 얻는 성과의 형태이다. 투자자가 투자에서 얻는 이러한 성과를 수익(return *or* payoff)이라 한다. 경제상황에 따라 투자의 수익은 이득(gain)이 될 수도 있고 손실(loss)이 될 수도 있다. 수익은 투자에 대하여 얼마나 많은 성과를 얻었는지를 나타내는 절대액의 개념으로 사용된다. 이에 비하여 수익률(rate of return)은 투자액 1원에 대하여 어느 정도의 성과를 얻었는지를 나타내는 상대적인 개념으로 사용된다. 즉, 수익률은 투자에 의해 얻은 수익과 투자한 금액의 비율로 나타낸다.

수익률은 투자에서 얻은 모든 수익을 투자금액으로 나누어 계산한 조수익률(gross rate of return)과 투자에서 얻은 모든 수익에서 투자금액을 뺀 값을 투자금액으로 나누어 계산한 순수익률(net rate of return)로 구분할 수 있다.

$$\text{조수익률} = \frac{\text{총수익}}{\text{투자금액}} \tag{10·1}$$

$$\text{순수익률} = \frac{\text{총수익} - \text{투자금액}}{\text{투자금액}} = \frac{\text{총수익}}{\text{투자금액}} - 1 \tag{10·2}$$

식 10·2의 오른쪽은 (조수익률 − 1)이므로 조수익률은 (1 + 순수익률)로 나타낼 수 있다.

$$\text{조수익률} = 1 + \text{순수익률} \tag{10·3}$$

재무관리에서는 일반적으로 순수익률을 수익률의 개념으로 사용하므로 다음에서는 구별이 필요한 경우를 제외하고는 수익율은 순수익률을 의미하는 것으로 간주한다.

수익률의 계산

투자의 수익률 계산은 어떻게 하는지 살펴보자.[2)] 주식투자의 경우를 예로 들어보자. 주식을 사서 1년간 보유한 후에 다시 팔기로 할 때 투자자가 얻는 수익에는 기업의 이익을 주주에게 배분하는 과정에서 발생하는 배당과 1년 후에 주식을 판 대금이 있다. 현재가격이 P_0인 주식 1주를 구입하고, 이 주식의 1년 후의 배당이 D_1, 1년 후의 가격이 P_1인 경우 식 10·2의 정의를 이용하여 주식의 수익률을 구해 보자.

$$수익률 = \frac{D_1 + P_1 - P_0}{P_0} = \frac{D_1}{P_0} + \frac{P_1 - P_0}{P_0} \tag{10·4}$$

주식가격의 변동분 $(P_1 - P_0)$를 자본이득(capital gain) 또는 자본손실(capital loss)이라 한다. 식 10·4에서 오른쪽의 첫 번째 항은 예상되는 배당금과 현재주가의 비율로서 배당수익률이라 하고, 두 번째 항은 자본이득의 현재주가에 대한 비율로서 자본이득률이라 한다. 주식투자의 수익률은 배당과 자본이득에 의해 결정된다.

채권투자의 수익률도 식 10·4와 유사하게 정의되는데, 이표채의 경우 표면이자가 배당을 대신하게 되며 무이표채의 경우는 배당에 해당하는 수익은 없고 자본이득이나 자본손실만이 있을 뿐이다.

| 예 1 | 어떤 투자자가 A회사 주식을 주당 6,000원에 매입하여 1년 후에 주당 500원의 배당을 받은 후 7,000원에 팔았다고 하자. 이 경우 1년 동안의 수익률은 얼마인가?

---

2) 투자기간이 단일기간인 경우와 여러 기간인 경우의 투자수익률은 다르게 계산된다. 여기에서는 투자기간이 1기간인 경우만을 설명한다. 여러 기간 투자를 하는 경우 투자수익률을 계산하는 방법으로 제8장에서 내부수익률을 살펴보았다. 보다 다양한 여러 기간 투자의 수익률 계산에 대해서는 박정식 · 박종원 저, 「현대투자론」 제4판(다산출판사, 2016) 제5장을 참조하기 바란다.

$$수익률 = \frac{500 + (7,000 - 6,000)}{6,000} = \frac{500}{6,000} + \frac{1,000}{6,000}$$

$$= 8.33\% + 16.67\% = 25\%$$

10.2 위험

위험의 의의

투자결정은 대부분 미래가 불확실한 상태에서 이루어진다. 기업이 여유자금을 은행의 정기예금이나 국가가 발행한 국채 등에 투자한다면 미래에 어떤 결과를 얻을지를 거의 확실하게 알 수 있다. 그러나 기업이 새로운 기계를 구입하거나 신제품 생산을 위한 공장을 건설하는 경우에는, 이러한 설비투자로부터 미래에 어떤 성과를 얻을지 확실하게 알 수 없다. 또한 주식시장에서 주식에 투자한 경우에도 미래에 얼마만큼의 배당을 받을 수 있는지 현재시점에서는 확실히 알 수 없으며, 회사채를 구입한 경우에도 약속된 이자와 액면금액을 제대로 받을 수 있을지 불확실하다. 이와 같이 어떤 투자로부터 미래에 얻을 수 있는 결과를 확실하게 알지 못하는 상황을 불확실성(uncertainty) 또는 위험(risk)이 있는 상황이라 한다. 불확실성과 위험이라는 말은 재무관리에서 같은 의미로 사용된다.

투자의 불확실성이 클수록 투자로부터 실현되는 미래현금흐름은 넓은 범위에 걸쳐 분포하게 된다. 예를 들어 10%의 확실한 수익률을 가져다주는 정기예금에 100만 원을 투자하면, 1년 후에 얻는 현금흐름은 어떤 상황하에서도 110만 원이 된다. 그러나 앞으로의 기업성과에 따라서 40%의 수익률을 얻거나 0%의 수익률을 얻을 수 있는 주식 A에 100만 원을 투자한다면, 1년 후에 얻는 현금흐름은 140만 원이 되거나 100만 원이 된다. 또 미래의 경제상황에 따라서 70%의 수익률이나 0%의 수익률 또는 −20%의 수익률을 얻는 투자안 B에 100만 원을 투자한다면, 1년 뒤의 현금흐름은 170만 원이나 100만 원 또는 80만 원 중의 하나가 실현된다. 정기예금은 미래현금흐름이 확실한 것이지만, 미래경제상황에 따라 현금흐름이 변동하는 투자안은 불확실한 것이다. 정기예금보다는 주식 A가 위험이 큰 것이며, 주식 A보다는 투자안 B가 위험이 더욱 크다. 투자의 불확실성 또는 위험이 커질수록 미래현금흐름은 넓은 범위에 걸쳐 분산되게 된다. 이러한 의미에서 재무관리에서는 위험을 '미래수익(또는 수익률)의 변동 정도'로 정의한다.

위험하에서의 수익률과 위험의 계산

주식에 투자했을 때 얻게 되는 수익률은 미래에 어떠한 상태가 발생하느냐에 따라 여러 가지 다른 값을 갖게 된다. 이와 같이 미래에 어떤 상태가 발생하느냐에 따라 서로 다른 값을 갖는 변수를 확률변수(random variable)라고 한다. 주식수익률뿐 아니라 우리가 일상생활에서 접하는 수많은 불확실한 것들을 확률변수로 나타낼 수 있다. 예를 들면 지금 시점에서 한달 후의 강우량이 얼마가 될지는 아무도 확실하게 알 수가 없다. 20㎜가 될 수도 있고 3㎜ 혹은 100㎜가 될 수도 있다. 하지만 경험에 의하여 20㎜가 될 가능성이 3㎜나 100㎜가 될 가능성보다 클 수 있다.

확률변수의 특성은 확률분포(probability distribution)에 의해 나타낸다. 확률분포는 미래에 발생할 상태와 각 상태가 발생할 가능성을 나타내는 확률, 그리고 각 상태가 발생할 때 확률변수가 취하는 값을 그 내용으로 하는데, 표나 그림 또는 함수의 형태로 나타낼 수 있다. 〈표 10-1〉은 주식 A와 B에 대한 미래수익률 r_A와 r_B의 확률분포를 나타낸 것이다.

표 10-1 주식 A와 B에 대한 수익률의 확률분포

미래상태	확 률	주식수익률(%)	
		r_A	r_B
불 황	1/4	6	−4
정 상	1/2	10	8
호 황	1/4	14	28

〈표 10-1〉은 미래의 상태와 각각의 상태가 발생할 확률, 그리고 각각의 상태가

발생할 때 실현되는 수익률에 관한 정보를 제공하고 있다. 각각의 상태가 발생할 확률은 항상 0보다 커야 하며, 각각의 확률을 모두 합하면 반드시 1이 되어야 한다. 〈표 10-1〉에서 투자자는 미래에 어떠한 상태가 발생할지를 모를 따름이며, 미래에 발생할 상태를 알기만 한다면 그 상태에 실현될 수익률은 알고 있다고 가정한다.

미래주식수익률과 같은 확률변수에 관한 정보는 기본적으로 〈표 10-1〉과 같은 확률분포를 통해 얻을 수 있다. 그렇지만 미래상태의 수가 매우 많거나 연속적일 경우 확률변수의 특성을 매번 표나 그림 혹은 함수에 의해 나타내야 한다면 이는 매우 불편한 일이다. 따라서 많은 경우에 있어 확률변수에 관한 정보를 요약하는 통계치를 대신 사용하게 되는데, 이 중 많이 쓰이는 몇 가지를 〈표 10-1〉을 예로 삼아 살펴보기로 하자. 이 내용들은 불확실성하의 재무문제를 다루는 데 있어 필수적으로 알아야 할 기본지식이므로 명확히 이해하여야 한다.

기댓값(기대수익률)

일반적으로 확률변수 X의 기댓값(expectation)은 $E(X)$로 표시하며, 기댓값 $E(X)$는 식 10·5에 나타낸 것과 같이 각 상태가 발생할 확률에다 각 상태가 발생할 경우에 실현되는 값을 곱한 결과를 모두 더해서 구해진다.

$$E(X) = p_1 \cdot x_1 + p_2 \cdot x_2 + \cdots + p_S \cdot x_S$$
$$= \sum_{j=1}^{S} p_j x_j \qquad (10 \cdot 5)$$

여기서 E는 기댓값을 나타내는 연산자(operator)이며, $p_j\,(j = 1, 2, \cdots, S)$는 상태 j가 발생할 확률, x_j는 상태 j가 발생할 때 실현되는 X의 값, S는 상태의 수를 나타낸다.

식 10·5에서와 같이 구한 확률변수의 기댓값을 평균(mean)이라고 부르며, 이는 확률변수가 평균적으로 어느 정도의 값을 가질 것인지를 하나의 값으로 나타낸 것이다.

〈표 10-1〉에서 주식 A와 주식 B의 기대수익률 $E(r_A)$와 $E(r_B)$를 계산하면 다음과 같다.

$$E(r_A) = (1/4) \times 6 + (1/2) \times 10 + (1/4) \times 14 = 10\%$$

$$E(r_B) = (1/4) \times (-4) + (1/2) \times 8 + (1/4) \times 28 = 10\%$$

즉, 주식 A와 주식 B에 투자하면 미래상태에 따라 서로 다른 수익률이 실현되나 평균적으로는 10%의 수익률을 얻을 것으로 기대할 수 있다.

분산(위험)

확률변수 X의 분산(variance)은 σ_X^2 혹은 Var(X)로 표시하며 재무관리분야에서 위험의 정도를 측정하기 위하여 흔히 사용된다. 분산은 각 상황이 발생했을 때 실현되는 값과 기댓값의 차이(이를 편차라고 한다)를 제곱하여 이를 각 상태가 발생할 확률로 곱해서 모두 더한 값으로서 다음과 같이 정의된다.

$$\begin{aligned}\sigma_X^2 &\equiv \text{Var}(X) \equiv E[X - E(X)]^2 \\ &= p_1 \cdot [x_1 - E(X)]^2 + p_2 \cdot [x_2 - E(X)]^2 + \cdots + p_S \cdot [x_S - E(X)]^2 \\ &= \sum_{j=1}^{S} p_j \cdot [x_j - E(X)]^2 \end{aligned} \qquad (10 \cdot 6)$$

〈표 10-1〉에서 주식 A와 주식 B에 대한 수익률의 분산 σ_A^2과 σ_B^2을 계산하면 다음과 같다.

$$\sigma_A^2 = (1/4) \times (6-10)^2 + (1/2) \times (10-10)^2 + (1/4) \times (14-10)^2 = 8\%^2$$

$$\sigma_B^2 = (1/4) \times (-4-10)^2 + (1/2) \times (8-10)^2 + (1/4) \times (28-10)^2 = 132\%^2$$

주식 B가 주식 A보다 높은 분산값을 가지는데 이는 주식 B의 위험이 주식 A의 위험보다 크다는 것을 의미한다. 〈표 10-1〉에서 보면 주식 B의 수익률이 훨씬 넓은 범위에 걸쳐 분포되어 있음을 볼 수 있는데, 이는 주식 B의 위험성이 높다는 것을 의미하며 이러한 위험의 정도는 수익률의 분산으로 계산된다.

분산의 단위는 확률변수 자체 단위의 제곱이 된다는 점을 주의하여야 한다. 수익률을 %로 표시하면 수익률 분산의 단위는 $\%^2$이 된다. $1\%^2$을 소수로 전환하면 $1\%^2 = (1\%) \times (1\%) = 0.0001$이 된다.

표준편차

분산을 위험의 측정치로 사용하면 그 단위가 확률변수 자체의 단위와 일치하지 않아 불편을 겪을 때가 많다. 이럴 경우 분산의 양(+)의 제곱근을 구하여 확률변수의 단위와 같도록 표준화한 값을 사용한다. 이를 표준편차(standard deviation)라 하고 다음과 같이 정의한다.

$$\sigma_X \equiv \sqrt{\mathrm{Var}(X)} \tag{10·7}$$

〈표 10-1〉에서 주식 A와 주식 B에 대한 수익률의 표준편차 σ_A와 σ_B는 다음과 같다.

$$\sigma_A = \sqrt{8\%^2} = 2.83\%$$

$$\sigma_B = \sqrt{132\%^2} = 11.49\%$$

표준편차는 분산을 사용할 때 나타나는 단위적용의 어려움을 해결해 줄 수 있어 분산 대신 위험의 측정치로 많이 이용된다.

10.3 평균-분산 모형

위험에 대한 인간의 태도와 위험하의 투자결정

앞서 투자의 위험을 분산이나 표준편차로 측정하는 것을 살펴보았다. 미래수익(또는 수익률)의 분산(또는 표준편차)이 큰 투자안은 위험이 큰 것이며, 분산이 작을수록 투자안의 위험은 작다. 그러면 위험이 있는 투자안들에 대한 투자선택은 어떻게 이루어질 수 있을까? 미래수익이 확실한 투자안들에 대한 투자결정은 간단하다. 가장 큰 수익을 가져다주는 투자안에 투자함으로써 가치를 극대화할 수 있다. 그러나 위험이 있는 상태에서는 이와 같은 방법으로는 합리적인 투자결정을 할 수 없다.

예를 들어 〈표 10-1〉에서 살펴본 주식 A와 B의 경우 미래에 어떤 수익률이 실현될지 알 수가 없다. 또 두 주식의 기대수익률이 10%로 같다고 해서 두 주식에 대한 투자가 무차별하지도 않다. 두 주식의 투자위험이 서로 다르기 때문이다.

위험이 있는 투자안들에 대한 투자결정은 투자의 수익과 위험을 고려하여 이루어져야 한다. 즉, 위험이 있는 투자안의 가치는 그 투자안의 수익과 위험의 함수이며, 이는 구체적으로 수익의 크기를 나타내는 기대수익률과 위험을 평가하는 분산(또는 표준편차)의 함수로 나타낼 수 있다.[3)]

$$\text{투자안의 가치}(V) = f[\text{수익, 위험}] = f[E(r), \sigma^2] \qquad (10\cdot8)$$

$E(r)$: 기대수익률
σ^2 : 수익률의 분산

식 10·8과 같이 기대수익률과 분산의 함수로 투자안의 가치를 나타낼 수 있을 때 투자결정은 어떻게 이루어질 수 있을까? 여러 투자안의 기대수익률이 같다면 이 투자안들의 가치는 위험을 나타내는 분산의 크기에 따라 결정된다. 이때 분산의 크기와 투자안의 가치는 어떤 관계를 가질까? 이를 이해하기 위해서는 위험(분산)에 대한 인간의 태도를 먼저 살펴보아야 한다.

사람들은 위험이 큰 투자안을 좋아할까? 아니면 위험이 작은 투자안을 좋아할까? 이는 위험에 대한 사람들의 주관적인 태도에 달려 있다. 어떤 사람들은 위험이 커질수록 투자안이 더 큰 가치를 갖는 걸로 평가한다. 이런 사람들을 위험선호형(risk lover)이라 한다. 또 어떤 사람들은 위험의 크기와 관계없이 기대수익률만을 투자결정의 요소로 생각한다. 즉, 위험은 투자안의 가치를 결정하는 것과 관계가 없다고 생각한다. 이런 사람들을 위험중립형(risk neutralist)이라 한다.

그러나 위험선호형이나 위험중립형의 특성을 갖는 사람들은 현실적으로 거의 없다. 대부분의 사람들은 위험을 싫어한다. 투자안의 위험이 커질수록 투자안이 더 작은 가치를 갖는 것으로 평가하며 꼭 위험부담을 해야 한다면 그에 대한 대가

3) 식 10·8과 같이 위험이 있는 투자안의 가치를 기대수익률과 분산의 함수로 표현하기 위해서는 투자안의 수익률이 정규분포를 이룬다는 가정이 전제되어야 한다. 정규분포는 평균(기대수익률)과 분산만으로 분포가 결정된다.

를 원한다. 이런 특성을 가진 사람들을 위험회피형(risk averter)이라 한다. 재무관리에서는 이러한 위험회피적인 태도가 합리적인 인간의 태도라고 본다. 이 책에서도 위험회피를 가정하여 투자결정에 관한 이론들을 전개한다.

위험회피형을 가정하면 이제 식 10·8에 기초하여 투자결정의 기준을 마련할 수 있다. 사람들은 누구나 기대수익률이 크면 클수록 투자안의 가치를 크게 평가한다. 또 사람들은 위험의 측정치인 분산이 작으면 작을수록 투자안이 더 큰 가치를 갖는 것으로 평가한다. 따라서 이제 모든 투자안들을 기대수익률과 분산의 조합으로 나타낸 후 보다 큰 기대수익률과 작은 분산을 갖는 투자안을 선택함으로써 투자결정을 할 수 있다. 이를 평균-분산 모형(mean-variance model: *M*-*V* model)이라 한다. 따라서 앞서 〈표 10-1〉의 주식 A와 B의 경우 기대수익률은 10%로 두 주식이 같지만, 위험을 나타내는 분산은 주식 A가 주식 B에 비해 훨씬 작은 값을 가지므로 위험회피형 투자자는 주식 A를 선택하게 될 것이다. 이에 대해 보다 자세히 살펴보자.

지배원리와 증권선택의 예

투자자가 투자안을 선택할 때 앞에서 배운 평균-분산 모형을 어떻게 이용할 수 있는지 예를 통해 살펴보자. 어떤 투자자가 투자대상으로서 D, E, F, G의 네 가지 주식을 고려하고 있으며, 이들에 대한 기대수익률과 표준편차로 나타낸 위험은 다음의 〈표 10-2〉와 같다고 하자.

〈표 10-2〉의 각 주식의 기대수익률과 표준편차를 [그림 10-1]과 같은 평균-표준편차의 2차원 평면에 나타낼 수 있음이 평균-분산 모형의 큰 장점이다.

표 10-2 개별주식의 기대수익률과 표준편차

(단위 : %)

주 식	기대수익률	표준편차
D	10	10
E	10	13
F	12	15
G	16	15

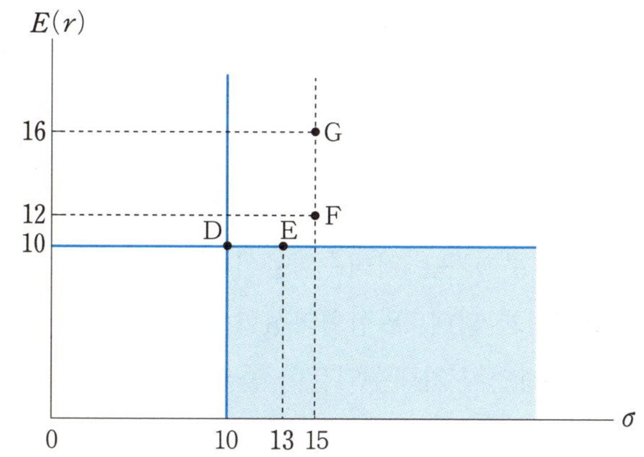

그림 10-1 개별주식의 기대수익률과 위험

투자안의 선택에 있어 우선 주식 D와 E를 비교하여 보자. 주식 D와 E는 기대수익률이 모두 10%이나, 표준편차는 D가 10%이고 E가 13%이므로 위험을 싫어하는 투자자는 주식 D를 선호하게 된다. 즉 주식 D가 주식 E를 지배한다. 주식 F와 G를 비교하면 표준편차는 15%로서 동일하지만, 기대수익률은 G가 크므로 주식 G는 주식 F를 역시 지배하게 된다. 기대수익률이 같다면 위험이 낮은 투자안을 선택하고, 위험이 같다면 기대수익률이 높은 투자안을 선택하는 투자안의 선택기준을 지배원리(dominance principle)라고 한다.

지배원리는 결국 평균-분산 모형에 입각하여 위험을 회피하는 투자자들의 선호체계를 나타내는 투자안의 선택기준이라고 할 수 있다. [그림 10-1]을 보면 주식 D를 중심으로 하는 직교축(그림의 청선)을 그었을 때 직교축을 포함하는 4사분면(파란 부분)에 놓이는 모든 투자안이 주식 D에 의해 지배당하게 된다. 어떤 투자안이 다른 투자안에 의해서 지배된다면 그 투자안은 투자선택에서 제외된다. 위의 예에서 주식 E는 주식 D에 지배당하고 주식 F는 주식 G에 지배당하나, 주식 D와 G는 어느 주식으로부터도 지배를 받지 않는다. 따라서 투자선택대상은 주식 D와 주식 G로 좁혀진다.

그러나 주식 D와 G 중에서 어느 것이 더 좋다고 간단하게 결론을 내릴 수는 없다. 투자자가 위험을 회피하는 정도에 따라 선호대상이 달라지게 되기 때문이다.

예를 들어 위험회피의 정도가 덜한 어떤 투자자는 주식 G가 기대수익률이 높아서 좋다고 할 수 있다. 그러나 위험을 매우 싫어하는 다른 투자자는 기대수익률이 낮더라도 주식 D를 선택할 수 있다. 위험을 싫어하는 사람들은 지배원리에 따라서 투자안 D와 G 가운데 어느 하나를 선택하는 것에는 동의하지만 투자자 개인의 위험회피성향에 따라 투자안의 최종선택은 달라지게 된다는 것이다. 즉, 위험회피성향이 강한 보수적인 투자자는 기대수익률이 다소 낮더라도 상대적으로 위험이 적은 주식 D를 선택하게 되며, 위험회피성향이 약한 공격적인 투자자는 어느 정도의 위험까지는 감수하면서 기대수익률이 높은 주식 G를 선택하게 된다.

위험프리미엄과 샤프비율

위험자산에 투자할 때 얻을 것으로 예상하는 기대수익률과 무위험이자율의 차이인 초과수익률은 해당 자산의 투자위험을 부담하는 대가로 얻는 위험에 대한 보상, 즉 위험프리미엄(risk premium)이다. 평균-분산 모형에서 투자자의 위험회피성향이 동일하다고 가정하면, 투자자는 위험 1단위당 얻는 위험프리미엄이 가장 큰 투자안을 선택하는 방법으로 평균-분산 모형을 단순화할 수 있다. 위험단위당 보상은 특정 투자안의 위험프리미엄을 해당 투자안의 표준편차로 나눈 비율로 측정할 수 있는데 이를 개발자의 이름을 따서 샤프비율(Sharpe ratio)이라고 부른다.

$$\text{투자안 } i\text{의 샤프비율} = \frac{\text{투자안 } i\text{의 기대수익률} - \text{무위험이자율}}{\text{투자안 } i\text{의 표준편차}} \tag{10·9}$$

식 10·9로 측정되는 샤프비율은 부담하는 위험(표준편차) 한 단위당 얻는 위험프리미엄을 나타낸다. 이 비율이 높을수록 투자에서 얻는 위험단위당 보상이 큼을 의미하므로 효율적인 투자를 했다고 할 수 있다.

다음의 표는 앞의 〈표 10-2〉에서 살펴보았던 네 주식의 기대수익률과 표준편차, 무위험이자율을 5%라고 하였을 경우의 각 주식의 초과수익률과 샤프비율을 나타낸 것이다.

(단위 : %)

주식	기대수익률	표준편차	무위험이자율	초과수익률	샤프비율
주식 D	10	10	5	5	5/10=0.5
주식 E	10	13	5	5	5/13=0.38
주식 F	12	15	5	7	7/15=0.47
주식 G	16	15	5	11	11/15=0.73

표를 보면 주식 D는 샤프비율이 0.5이며, 주식 E는 샤프비율이 0.38이다. 즉, 주식 D는 표준편차 1단위를 부담하는 대가로 0.5%의 보상이 기대되며, 주식 E는 표준편차 1단위당 0.38%의 보상이 기대된다. 주식 F의 샤프비율은 0.47이며, 주식 G의 샤프비율은 0.73이다. 따라서 주식 G에 투자할 때 기대되는 위험단위당 보상이 가장 크고 투자의 효율성이 가장 높음을 알 수 있다.

위 표에서 계산된 각 주식의 위험프리미엄의 크기는 각각의 위험수준을 고려할 때 과연 적정한 것일까? 이에 대한 대답, 즉 위험의 적정한 가격을 규명하는 것은 현대 재무관리의 중요한 관심사이며 이 책의 제11장에서 다룬다.

10.4 포트폴리오의 구성과 위험분산효과

생·각·의·전·당

계란을 몽땅 한 바구니에 넣어서 옮기다 보면 어떤 일이 벌어질까? 한 번의 실수로 바구니 속의 계란이 모두 깨지는 일이 발생할 수 있을 것이다. 이것을 막는 좋은 방법은 계란을 여러 개의 바구니에 나누어 담는 것이다. 그러면 한꺼번에 계란을 모두 잃는 일은 없을 것이다. 이것이 바로 분산투자의 원리이다.

포트폴리오의 기대수익률과 위험

일반적으로 기업이나 개인은 하나의 자산만을 보유하는 것이 아니라 여러 유형의 자산을 동시에 보유한다. 시장에는 많은 투자대상이 있는데, 투자자는 자신의 선호에 따라 투자목적에 알맞은 여러 투자대상을 소유하게 된다. 이와 같은 여러 투자대상의 집합을 포트폴리오(portfolio)라고 한다. 포트폴리오는 넓은 의미로는 여러 개의 자산이 결합된 자산군을 말하며, 좁은 의미로는 증권시장에서 거래되는 주식 · 사채 등의 금융자산(financial asset)의 집합을 말한다.

투자자의 기대효용을 극대화시키는 최적포트폴리오를 선택하기 위해서는, 최적개별자산의 선택을 위하여 앞서 배운 평균-분산 모형(*M*-*V* model)을 그대로 이용할 수 있다. 즉, 포트폴리오 수익률의 확률분포로부터 포트폴리오의 기대수익률과 분산을 구하고, 지배원리를 적용하여 선택대상이 되는 포트폴리오의 범위를 좁힌 다음, 위험회피정도를 반영하여 최적포트폴리오를 결정한다.

이 절에서는 여러 자산이 결합된 포트폴리오의 기대수익률과 위험을 어떻게 계산하는지를 살펴보고 포트폴리오를 구성하는 경우에 위험이 어떻게 줄어드는지를 설명한다.

에어컨회사와 난방기회사의 주식을 예로 들어 보자. 날씨가 더우면 에어컨의 판매량이 증가하고 날씨가 추우면 난방기의 판매량이 증가한다. 〈표 10-3〉은 기후상태에 따른 에어컨회사 주식과 난방기회사 주식의 미래수익률 r_1과 r_2의 확률분포를 나타내었다.

표 10-3 에어컨회사와 난방기회사 주식수익률의 확률분포

상 태	확 률	에어컨회사(r_1)	난방기회사(r_2)
더운 날씨	0.2	50%	−20%
보통 날씨	0.7	10	20
추운 날씨	0.1	−40	60

〈표 10-3〉과 같은 수익률의 확률분포가 주어지면 우선 두 회사 주식에 대한 수익률의 기댓값, 분산, 표준편차를 다음과 같이 계산할 수 있다.

$$E(r_1) = 0.2 \times 50 + 0.7 \times 10 + 0.1 \times (-40) = 13\%$$
$$E(r_2) = 0.2 \times (-20) + 0.7 \times 20 + 0.1 \times 60 = 16\%$$

$$\sigma_1^2 = 0.2 \times (50 - 13)^2 + 0.7 \times (10 - 13)^2 + 0.1 \times (-40 - 13)^2 = 561\%^2$$

$$\sigma_1 = \sqrt{561\%^2} = 23.69\%$$

$$\sigma_2^2 = 0.2 \times (-20-16)^2 + 0.7 \times (20-16)^2 + 0.1 \times (60-16)^2 = 464\%^2$$

$$\sigma_2 = \sqrt{464\%^2} = 21.54\%$$

〈표 10-4〉에서는 앞의 내용을 요약하였다.

표 10-4 에어컨회사와 난방기회사의 주식수익률의 통계치

통계치 \ 주식수익률	에어컨회사(r_1)	난방기회사(r_2)
기 댓 값(%)	13	16
분 산($\%^2$)	561	464
표준편차(%)	23.69	21.54

한편, 어떤 투자자가 〈표 10-3〉과 같은 특성을 가진 에어컨회사 주식과 난방기회사 주식으로 포트폴리오를 구성하였을 경우 포트폴리오 수익률은 다음과 같이 구해진다.

$$r_P = w_1 r_1 + w_2 r_2 \tag{10·10}$$

여기서 w_1과 w_2는 포트폴리오 구성비율, 즉 전체투자금액에서 각 주식에 투자할 금액이 차지하는 비중을 나타내며, 구성비율의 합은 항상 1이어야 한다.

$$w_1 + w_2 = 1 \tag{10·11}$$

w_1과 w_2가 각각 50%라는 것은 투자금액의 반을 주식 1에, 나머지 반을 주식 2에 투자한다는 의미이다.

포트폴리오의 기대수익률

포트폴리오를 구성하고 있는 개별투자안의 기대수익률 $E(r_i)(i=1, 2)$와 각각의 구성비율 w_i가 주어지면, 식 10·10에서 구성한 포트폴리오의 기대수익률은 기댓값의 연산법칙을 이용하여 다음과 같이 계산할 수 있다.

$$E(r_P) = E(w_1 r_1 + w_2 r_2) = w_1 E(r_1) + w_2 E(r_2) \tag{10·12}$$

| 예 2 | 식 10·10에서 투자자가 각 주식에 투자금액의 절반씩을 투자하는 경우(w_1= 0.5, w_2= 0.5) 포트폴리오의 기대수익률은 얼마인가?

$$E(r_P) = (0.5)(13) + (0.5)(16) = 14.5\%$$

포트폴리오의 위험

포트폴리오를 구성하고 있는 개별자산의 분산 σ_i^2(i=1, 2)과 각각의 구성비율 w_i가 주어지면 식 10·10에서 구성한 포트폴리오의 분산은 분산의 연산법칙을 이용하여 다음과 같이 구할 수 있다.

$$\sigma_P^2 \equiv \text{Var}(r_P) = \text{Var}(w_1 r_1 + w_2 r_2)$$
$$= w_1^2 \sigma_1^2 + w_2^2 \sigma_2^2 + 2 w_1 w_2 \sigma_{12} \qquad (10 \cdot 13)$$

$$\sigma_1^2 \equiv \text{Var}(r_1) = E[r_1 - E(r_1)]^2$$
$$\sigma_1^2 \equiv \text{Var}(r_2) = E[r_2 - E(r_2)]^2$$
$$\sigma_{12} \equiv \text{Cov}(r_1, r_2) = E[\{r_1 - E(r_1)\}\{r_2 - E(r_2)\}]$$

식 10·13에서 σ_{12}를 두 주식의 수익률의 공분산(covariance)이라 부르고 $\text{Cov}(r_1, r_2)$로도 나타낸다. 공분산은 두 주식의 수익률이 상호 관련되어 있는 정도를 측정해 주는 척도로, 각 주식의 실현가능한 수익률과 기대수익률의 차이인 편차의 곱을 발생확률로 곱하여 모두 더한 값이다.

두 주식의 수익률의 상관관계를 나타내 주는 척도로 공분산도 많이 이용되지만 공분산으로는 수익률 간에 갖는 상관관계의 정도를 구체적으로 나타낼 수가 없어, 공분산을 표준화한 값인 상관계수(correlation coefficient)가 자주 이용된다. 두 주식의 수익률의 상관계수는 ρ(rho)라고 나타내며 다음과 같이 정의된다.

$$\rho_{12} \equiv \frac{\sigma_{12}}{\sigma_1 \cdot \sigma_2} \qquad (10 \cdot 14)$$

상관계수는 공분산을 각 투자안의 표준편차로 나누어 두 투자안의 수익률의 상관관계를 보다 분명하게 측정할 수 있도록 나타낸 것으로 −1에서 +1 사이의 값을 갖는다. 상관계수가 +1의 값을 갖는 경우 두 투자안의 수익률은 양(+)의 기울기를 갖는 완전한 직선관계로 나타낼 수 있고, 이 값이 −1인 경우에는 음(−)의 기울기를 갖는 완전한 직선관계로 나타낼 수 있다.

상관계수의 정의에 따라 공분산, 표준편차, 그리고 상관계수 사이에는 $\sigma_{12}=\rho_{12}\cdot\sigma_1\cdot\sigma_2$의 관계가 성립하므로 식 10·13은 다음과 같은 형태로도 쓸 수 있다.

$$\sigma_P^2 = w_1^2\sigma_1^2 + w_2^2\sigma_2^2 + 2w_1w_2\cdot\rho_{12}\cdot\sigma_1\cdot\sigma_2 \qquad (10\cdot13)'$$

이제 〈표 10-4〉에서 예로 든 에어컨회사 주식과 난방기회사 주식의 수익률 간의 공분산과 상관계수를 계산하면 다음과 같다.

$$\begin{aligned}\sigma_{12} &= E[\{r_1 - E(r_1)\}\{r_2 - E(r_2)\}] \\ &= 0.2\times(50-13)(-20-16) + 0.7\times(10-13)(20-16) \\ &\quad + 0.1\times(-40-13)(60-16) = -508\%^2\end{aligned}$$

$$\rho_{12} = \frac{\sigma_{12}}{\sigma_1\cdot\sigma_2} = \frac{-508\%^2}{(23.69\%)(21.54\%)} = -0.996$$

위 계산에서 보는 것처럼 공분산의 단위는 분산과 마찬가지로 $\%^2$이나, 상관계수는 단위와 상관이 없는 값으로 나타난다.

공분산을 알면 이제 식 10·13을 이용하여 포트폴리오의 분산을 구할 수 있다.

| 예 3 | [예 2]에서 구성한 포트폴리오의 분산과 표준편차를 계산하라.

$$\sigma_P^2 = (0.5)^2(561) + (0.5)^2(464) + 2(0.5)(0.5)(-508) = 2.25\%^2$$

$$\sigma_P = \sqrt{2.25\%^2} = 1.5\%$$

[예 3]에서 에어컨회사와 난방기회사 주식에 절반씩을 투자하여 포트폴리오를 구성한 경우 개별주식 각각에 전액을 투자하는 경우에 비해 투자 위험이 크게 줄어든 것을 확인할 수 있다.

식 10·13을 이용하여 포트폴리오의 분산을 계산하는 과정은 다음의 [그림 10-2]와 같은 행렬을 통하여 쉽게 이해할 수 있다. [그림 10-2]에서 네 칸 속의 수치를 모두 더한 것이 포트폴리오의 분산이다. 각 칸 속의 수치는 자산 간의 공분산을 두 구성비율로 곱한 것이다. ①의 칸은 $w_1w_1\sigma_{11}$으로 나타낼 수 있는데, σ_{11}은 $\rho_{11}\sigma_1\sigma_1$이며, ρ_{11}은 자신과의 상관계수로서 1이므로 결국 분산은 자신과의 공분산으로 해석할 수 있다. 즉, 다음과 같은 식이 성립한다.

	투자안 (1) w_1	투자안 (2) w_2
투자안 (1) w_1	$w_1 w_1 \sigma_{11}$ ① $= w_1^2 \sigma_1^2$ $(0.5)^2(561)$	$w_1 w_2 \sigma_{12}$ ② $= w_1 w_2 \rho_{12} \sigma_1 \sigma_2$ $(0.5)(0.5)(-508)$
투자안 (2) w_2	$w_1 w_2 \sigma_{12}$ ③ $= w_1 w_2 \rho_{12} \sigma_1 \sigma_2$ $(0.5)(0.5)(-508)$	$w_2 w_2 \sigma_{22}$ ④ $= w_2^2 \sigma_2^2$ $(0.5)^2(464)$

$$\sigma_P^2 = (0.5)^2(561) + (0.5)^2(464) + 2(0.5)(0.5)(-508) = 2.25$$

그림 10-2 포트폴리오의 분산계산

$$w_1 w_1 \sigma_{11} = w_1 w_1 \rho_{11} \sigma_1 \sigma_1 = w_1 w_1 \sigma_1^2 = w_1^2 \sigma_1^2$$

[그림 10-2]에서 대각선상의(diagonal) 칸 ①과 ④는 개별자산의 위험(분산)과 관계된 부분이고, 나머지 부분인 대각선 외의(off-diagonal) 칸 ②와 ③은 두 자산 간의 공분산과 관계된 부분이며 서로가 대칭관계를 가진다. [그림 10-2]를 분산-공분산 행렬(variance-covariance matrix) 또는 단순히 공분산 행렬(covariance matrix)이라고 부른다.

다수의 투자안으로 포트폴리오를 구성하는 경우에도 [그림 10-2]와 같은 공분산 행렬을 이용하여 포트폴리오의 위험을 계산할 수 있다.[4)]

포트폴리오의 위험분산효과

분산투자와 포트폴리오의 위험

여러 위험자산에 분산투자하면 포트폴리오의 위험은 어떻게 될까? 앞에서 두 개의 투자안에 분산투자된 포트폴리오의 위험이 줄어드는 현상을 보았다. 이러한 현상을 좀 더 구체적으로 살펴보자.

예를 들어, LG전자 주식 한 종목에만 투자하는 경우를 생각해 보자. 이 투자로

4) 다수의 투자안으로 구성된 포트폴리오의 경우 자세한 계산과정은 박정식 · 박종원 저, 「현대투자론」 제 4 판(다산출판사, 2016) 제 6 장을 참조할 수 있다.

부터 발생하는 위험의 원천은 어떤 것일까? 두 종류의 투자위험으로 구분할 수 있다. 첫째는 경기변동, 인플레이션, 이자율, 그리고 환율 등의 변동과 같은 경제 전체의 불확실성으로부터 발생하는 위험이다. 이러한 경제요인들의 변동은 정확하게 예측될 수 없으며, 모두 LG전자 주식의 수익률에 영향을 미친다. 또 다른 하나는 LG전자 경영진의 변동, R&D의 성공 여부, 그리고 부채수준 등과 같은 LG전자 고유의 요인이다. 이러한 고유요인의 변동 또한 LG전자 주식의 수익률에 영향을 미친다.

그러나 투자구성을 바꾸어 현대자동차 주식과 LG전자 주식에 각각 반씩을 투자하는 포트폴리오를 구성한다면, 이 포트폴리오의 위험은 어떠할까? 경제 전체의 불확실성에 따른 위험은 LG전자와 현대자동차에 공통적으로 영향을 미친다. 그러므로 LG전자와 현대자동차로 구성된 포트폴리오의 수익률은 경제요인의 변동에 여전히 영향을 받는다. 그러나 LG전자의 고유요인과 현대자동차의 고유요인은 해당 기업에만 독특한 요인이므로 LG전자에 좋은 요인이 현대자동차에는 나쁠 수도 있고, 그 반대의 경우도 있을 수 있다. 그러므로 포트폴리오를 구성하면 개별주식 고유요인에 따른 위험은 서로 상쇄되는 효과가 나타날 것이다.

더 나아가 한국 주식시장에 존재하는 모든 주식으로 포트폴리오를 구성하면 포트폴리오의 위험은 어떻게 될까? 포트폴리오를 구성하는 주식수가 늘어날수록 각 주식의 고유요인에 따른 위험은 서로 상쇄되어 무시할 수 있을 만큼 작은 수준이 될 것이나, 포트폴리오를 구성하는 주식수가 아무리 크다 해도 모든 주식에 공통적으로 영향을 미치는 경제요인에 따른 위험은 없어지지 않을 것이다.

이와 같이 분산투자를 하여 제거할 수 있는 각 주식들의 위험을 고유위험(firm-specific risk), 비체계적 위험(nonsystematic risk) 또는 분산가능위험(diversifiable risk)이라 부르며, 분산투자를 하여도 제거되지 않는 위험을 시장위험(market risk), 체계적 위험(systematic risk) 또는 분산불가능위험(nondiversifiable risk)이라 부른다. 그러므로 투자자가 많은 수의 주식에 분산투자하여 포트폴리오를 구성하였을 때 부담하는 위험은 다음의 [그림 10-3]에서 보듯이 개별주식의 고유위험에 관계된 부분은 무시할 수 있을 만큼 작은 수준이 되며, 궁극적인 위험은 결국 분산불가능한 시장위험이 된다.

포트폴리오를 구성하는 종목의 수가 늘어날수록 개별주식의 비체계적 위험은

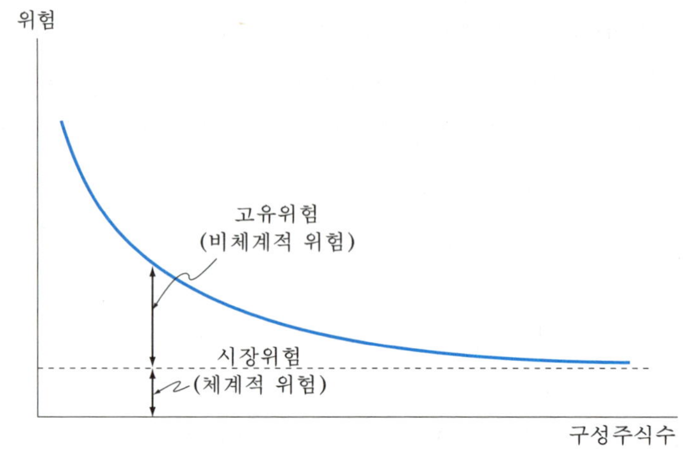

그림 10-3 분산투자와 포트폴리오의 위험

사라지고 체계적 위험만 남게 되는 현상을 식으로 나타내 보면 다음의 식 10·15와 같다.[5)]

$$\sigma_P^2 = \frac{1}{N}(\overline{\sigma}_i^2 - \overline{\sigma}_{ij}) + \overline{\sigma}_{ij} \qquad (10\cdot15)$$

$\overline{\sigma}_i^2$: 포트폴리오를 구성하는 주식들의 수익률 분산의 평균
$\overline{\sigma}_{ij}$: 포트폴리오를 구성하는 주식수익률 간의 공분산의 평균
N : 포트폴리오를 구성하는 주식 수

식 10·15는 N개의 주식에 같은 비율로 투자하여 포트폴리오를 구성한 경우에 포트폴리오의 분산이 어떻게 계산될 수 있는지를 나타내 주는 식이다.

식 10·15는 포트폴리오의 위험분산효과를 잘 보여주고 있다. 포트폴리오를 구성하는 종목의 수 N이 커질수록 식 10·15의 오른쪽의 $[\frac{1}{N}(\overline{\sigma}_i^2 - \overline{\sigma}_{ij})]$는 점점 작아져 N이 아주 큰 수가 되면 0에 가깝게 된다. 따라서 포트폴리오를 구성하는 종목 수를 충분히 크게 하면 포트폴리오의 위험은 주식의 수익률 간에 갖는 공분산들의 평균값($\overline{\sigma}_{ij}$)에 접근하게 된다. 즉, 포트폴리오를 구성하는 경우에 회피가 불

5) 이 식의 도출과정에 관심이 있는 독자들은 박정식 · 박종원 공저, 「현대투자론」 제 4 판(다산출판사, 2016)제 6 장 제 3 절을 참조하기 바란다.

가능한 위험은 바로 주식들 간에 갖는 공분산의 평균이며, 개별주식에 고유한 위험은 모두 사라지게 된다. 공분산의 평균은 포트폴리오를 구성하는 주식의 수익률 간에 갖는 공분산에 의해 결정되고 이는 결국 [그림 10-3]에서 살펴본 경제 전체에 영향을 미치는 요인들에 의해 영향을 받는다.

포트폴리오의 위험분산효과의 예

앞에서 살펴본 포트폴리오의 위험이 구성주식 수의 증가에 따라 감소하는 현상을 예를 들어 설명하여 보자.

〈표 10-5〉는 미국 뉴욕증권거래소에 상장된 주식들에 대해 동일한 투자비율로 포트폴리오를 구성하였을 때, 구성주식의 수에 따라 포트폴리오의 위험이 평균적으로 얼마인가를 본 것이다.[6] 기대수익률과 분산은 월별 수익률을 이용하여 계산했다. 개별주식들(1개의 주식으로 구성된 포트폴리오들)의 수익률의 분산의 평균은

표 10-5 포트폴리오의 위험분산효과(미국 뉴욕증권거래소의 예)

구성주식 수	포트폴리오의 분산의 평균(%²)	구성주식 수	포트폴리오의 분산의 평균(%²)
1	46.619	35	8.188
2	26.839	40	8.047
4	16.948	45	7.937
6	13.615	50	7.849
8	12.003	75	7.585
10	11.013	100	7.453
14	9.883	200	7.255
16	9.530	300	7.190
20	9.036	400	7.157
25	8.640	500	7.137
30	8.376	1,000	7.097
		∞	7.058

6) E. J. Elton and M. J. Gruber, *Modern Portfolio Theory and Investment Analysis*, 4th ed., New York: Wiley & Sons Inc.(1991), p.32.

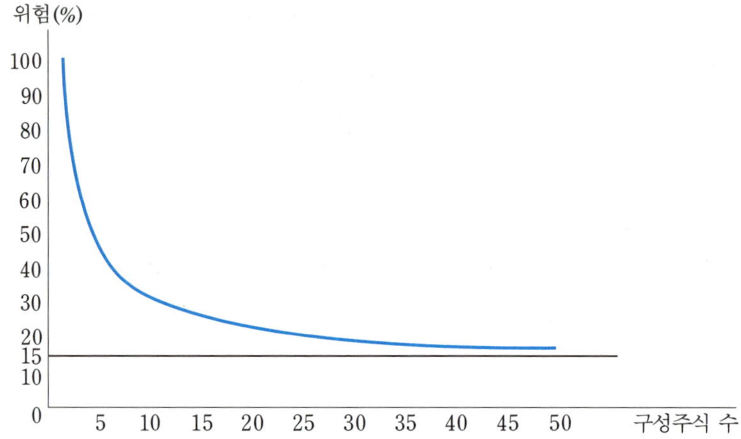

그림 10-4 포트폴리오의 위험분산효과(미국 뉴욕증권거래소의 예)

46.619였으며, 2개의 주식으로 구성된 포트폴리오의 분산의 평균은 26.839, 그리고 무한대의 주식으로 구성된 포트폴리오들의 분산의 평균은 7.058이었다. 구성주식 수가 증가함에 따라 포트폴리오의 위험이 크게 감소하고 있음을 볼 수 있다. 식 10·15에서 $N \to \infty$일 때는 $\overline{\sigma}_{ij} = \sigma_P^2$이므로, 7.058은 모든 주식들 사이의 공분산의 평균임을 알 수 있다.

〈표 10-5〉를 [그림 10-4]와 같이 그림으로 나타내면 포트폴리오의 위험분산효과를 쉽게 알 수 있다. 구성주식의 수를 1개에서 2개로 증가시키면 위험은 거의 반으로 줄어들며, 구성주식 수가 커질수록 위험은 줄어든다. 〈표 10-5〉와 [그림 10-4]에서 보면 미국의 뉴욕증권거래소에 상장된 주식들에 투자할 때, 구성주식 수를 크게 증가시키면 약 85%의 위험감소효과를 가져온다. 개별주식의 평균위험이 46.619였으나 $N \to \infty$이면 7.058이므로, 39.561(=46.619−7.058)만큼이 줄어든 부분이다. 그러나 N을 무한대로 증가시켜도 줄어들지 않는 부분이 있다. 즉, 아무리 효율적으로 분산투자하여도 위험을 공분산의 평균 이하로는 줄일 수 없다. 〈표 10-5〉에서는 개별주식의 위험을 100%로 보았을 때, 줄어들지 않는 부분인 체계적 위험은 약 15%(=(7.058/46.619)×100) 정도임을 보여주고 있다.

중요용어

- 위험 risk
- 기대수익률 expected rate of return
- 확률분포 probability distribution
- 공분산 covariance
- 포트폴리오 portfolio
- 평균-분산 모형 mean-variance model
- 지배원리 dominance principle
- 위험분산효과 diversification effect
- 비체계적 위험 unsystematic risk
- 수익률 rate of return
- 분산 variance
- 표준편차 standard deviation
- 샤프비율 Sharpe ratio
- 위험회피형 투자자 risk averter
- 위험프리미엄 risk premium
- 상관계수 correlation coefficient
- 체계적 위험 systematic risk

연 | 습 | 문 | 제

10-1 위험을 어떻게 측정할 수 있는지에 대해 설명하라.

10-2 공분산과 상관계수의 의미에 대해 설명하라.

10-3 포트폴리오의 위험분산효과가 발생하는 원인에 대해 설명하라.

10-4 어떤 주식의 다음 1년간의 수익률이 다음과 같은 확률분포를 갖는다. 이 주식에 투자했을 때 얻을 수 있는 수익률의 기댓값과 분산, 표준편차를 구하라.

확률	수익률(%)
0.2	−10
0.3	−5
0.3	3
0.2	15

10-5 기말의 가치가 50,000원이 될 확률과 150,000원이 될 확률이 각각 1/2인 위험자산을 가정하자. 시장에서 거래되는 무위험자산의 수익률은 5%이다.

① 만일 어떤 투자자가 위험부담의 대가로 10%의 보상을 원한다면, 이 투자자가 이 자산을 구입하기 위해 지불해야 할 가격을 계산하라.

② 질문 ①에서 산출된 가격으로 위의 자산에 투자했다고 하자. 이 투자로부터 기대되는 기대수익률은 얼마인지 계산하라.

③ 이 투자자가 15%의 위험프리미엄을 원한다고 하면, 자산가격은 얼마가 될지 계산하라.

④ 위 ①과 ③의 결과를 보고 위험자산의 가격과 위험프리미엄 사이에는 어떠한 관계가 있는지 설명하라.

10-6 두 투자안 A, B의 확률분포가 다음과 같다. 두 투자안의 수익률의 분산과 공분산을 구하라.

확률	투자안 A의 수익률(%)	투자안 B의 수익률(%)
0.1	−18	−14
0.3	33	22
0.2	15	30
0.2	−10	−7
0.2	27	26

10-7 백두기업과 한라기업의 각 상황에 따른 수익률 및 그 확률이 다음과 같이 주어져 있다. 평균-분산 모형을 적용하여 두 기업 중 어느 기업이 우월한지 분석해 보라.

수익률(%) \ 확률	0.2	0.2	0.2	0.2	0.2
백두	4	5	6	7	8
한라	3	5	7	9	11

10-8 다음의 표는 1991년부터 2015년까지 한국 자본시장에서 거래되었던 대표적 금융자산인 주식(종합주가지수, KOSPI)과 3년만기 국채, 3년만기 AA등급 회사채의 연평균 수익률과 표준편차, 무위험이자율의 대용치인 6개월~1년만기 정기예금의 연평균 금리, 그리고 무위험이자율을 초과하는 각 자산의 연평균 초과수익률을 나타낸 것이다.

(단위 : %)

자산	연평균 수익률	표준편차	무위험이자율	초과수익률
주식	10.79	32.12	6.18	4.61
회사채(3년)	8.25	4.73	6.18	2.07
국채(3년)	7.35	4.48	6.18	1.17

자료 : 금융투자협회(www.kofia.or.kr)

① 평균-표준편차 평면에 주식, 회사채, 국채, 무위험자산을 나타내라.

② 각 자산의 샤프비율을 구하고 이에 기초하여 어떤 자산에 투자하는 것이 위험대비 성과가 가장 우월한지 설명하라.

10-9 주식 A의 기대수익률은 15%, 수익률의 표준편차는 40%, 주식 B의 기대수익률은 20%, 수익률의 표준편차는 60%라고 할 때, 두 주식에 반씩 투자한 포트폴리오의 기대수익률과 표준편차는 얼마인가? 두 주식의 수익률 간의 상관계수는 0.5라고 한다.

10-10 우리나라 주식시장에 상장되어 있는 주식들의 수익률분산의 평균은 32.4%^{2}이다. 두 주식에 $\frac{1}{2}$씩 투자하여 구성한 포트폴리오들의 분산의 평균은 18.4%^{2}이다. 100개의 주식들에 1/100씩 투자하여 구성한 포트폴리오들의 분산의 평균은 얼마인가? 또 우리나라 주식들의 수익률 간의 공분산의 평균은 얼마인가?

제 11 장

자본자산가격결정모형

위험하에서 투자자들은 기대수익률과 분산(또는 표준편차)이라는 두 가지 척도를 이용하여 자신의 만족을 극대화시켜 주는 투자안을 선택한다. 모든 투자자들이 이러한 선택원리에 따라 행동할 경우 전체시장의 균형은 어떻게 이루어질까? 그리고 그런 과정에서 자산의 균형가격은 어떻게 결정될까? 균형상태에서 위험자산의 가격이 어떻게 결정되는지를 규명하려는 이론을 자산가격결정이론이라고 부르는데 대표적인 것으로 자본자산가격결정모형(Capital Asset Pricing Model : CAPM)이 있다. 이 모형은 재무관리의 많은 부분에서 이용되고 있는데, 이 장에서는 이 모형의 내용과 그 이용에 대해 살펴본다.

생·각·의·전·당

테슬라나 삼성전자에 투자할 때 얼마만큼의 수익률을 기대하여야 할까? 투자의 기대수익률은 무위험이자율에 각 자산의 위험프리미엄을 더하여 결정된다. 따라서 테슬라나 삼성전자의 위험프리미엄을 적정하게 평가할 수 있으면 투자의 기대수익률을 구할 수 있다. 모든 시장참여자가 투자결정의 합리적인 기준으로 이용할 수 있는 위험프리미엄 평가모형이 있을까? 기준이 되는 모형이 있다면 그 모형을 어떻게 이용할 수 있을까?

11.1 시장포트폴리오와 체계적 위험

1960년대에 샤프(Sharpe), 린트너(Lintner), 모신(Mossin) 등은 시장이 균형을 이룰 때 자산의 기대수익률과 위험 사이에 어떤 관계가 성립하는지를 보여주었다.[1] 이들이 제시한 모형을 자본자산가격결정모형(capital asset pricing model : CAPM)이라 부른다. CAPM은 균형상황에서 자산의 가격이 어떻게 결정되는가를 보여주는 매우 간단한 모형으로 재무관리의 많은 부분에서 유용하게 이용되고 있다.

시장포트폴리오

위험자산의 기대수익률과 위험 간의 균형관계를 보여주는 CAPM을 이해하기 위해서는 먼저 시장포트폴리오와 체계적 위험의 의미를 이해하여야 한다. 앞 장에서 여러 위험자산에 분산투자하여 포트폴리오를 구성함으로써 개별자산의 고

1) W. Sharpe, "Capital Asset Prices : A Theory of Market Equilibrium under Conditions of Risk," *Journal of Finance*, Vol. 19, No. 3(Sept. 1964), pp. 425~442 ; J. Mossin, "Equilibrium in a Capital Asset Market," *Econometrica*, Vol. 20, No. 4(Oct. 1966), pp. 768~783 ; J. Lintner, "Security Prices, Risk and Maximal Gains from Diversification," *Journal of Finance*, Vol. 20, No. 4(Dec. 1965), pp. 587~615.

유위험(또는 비체계적 위험)을 없앨 수 있음을 살펴보았다.

설명을 쉽게 하기 위하여 모든 투자자들이 시장에서 거래되는 자산들의 수익률 분포에 대하여 똑같은 예상을 하며,[2] 시장은 세금과 거래비용 등 거래를 제약하는 요소와 정보수집비용이나 장애요소가 없는 완전자본시장(perfect capital market)이라 하자. 이런 상황에서는 모든 투자자가 자산의 미래수익률분포에 대해 똑같은 정보를 갖게 되므로 동일한 포트폴리오를 구성하게 된다.

분산투자를 하면 위험을 줄일 수 있으므로 투자자는 시장에서 거래되는 모든 위험자산에 분산투자하여 위험을 최소화할 수 있다. 거래가능한 모든 위험자산에 분산투자된 포트폴리오는 개별자산들의 고유한 위험은 모두 제거되고 분산투자를 해도 없앨 수 없는 위험인 시장위험(또는 체계적 위험)만을 부담하는 포트폴리오이다. 즉, 포트폴리오를 구성하는 데 아무런 제약이 없는 시장에서는 누구나 시장에서 거래되는 모든 위험자산에 분산투자를 하여 개별자산의 고유위험(비체계적 위험)을 없앨 수 있으므로, 궁극적으로 문제가 되는 위험은 분산불가능한 시장위험(체계적 위험)이다.

그러면 모든 투자자가 동일하게 구성하는 위험자산 포트폴리오 내에서 개별자산들은 어떤 비율로 구성되어 있을까?

이를 이해하기 위해 시장은 균형상황이라고 가정해 보자. 균형시장에서는 거래되는 모든 자산들의 수요와 공급은 일치하며, 어떤 자산도 초과수요와 초과공급을 갖지 않는다. 따라서 포트폴리오 내에서 각 자산들은 해당 자산의 수요와 공급이 일치되도록 하는 균형시장가치의 비율대로 구성되어 있다. 이와 같이 시장에서 거래되는 모든 위험자산들이 수요와 공급이 일치하는 균형시장가치의 비율대로 구성되어 있는 포트폴리오를 시장포트폴리오(market porfolio : m)라 부른다.

예를 들어 증권시장에서 거래되는 위험자산으로 주식만을 생각하고 주식의 시장가격이 균형가격이라면, 시장포트폴리오는 각 주식의 총시장가치, 즉 [주가 × 발행주식 수]의 비율대로 구성된다. 따라서 균형상태에서 시장포트폴리오를 구성하는 주식 i의 구성비율 w_i는 다음과 같다.

---

2) 이러한 가정을 동질적 기대(homogeneous expectation)의 가정이라 한다.

$$w_i = \frac{\text{주식 } i\text{의 총시장가치}}{\text{모든 주식의 총시장가치}} \tag{11·1}$$

간단한 예를 하나 들어보자. 시장에 두 기업의 주식만이 거래되고 있다고 하자. 주식 A는 주당시장가격이 10,000원이며 총발행주식 수는 10만 주이다. 주식 B는 주당시장가격이 5,000원이며 총발행주식 수는 50만 주이다. 주식 A의 총시장가치는 10억 원이며, 주식 B의 총시장가치는 25억 원이다. 이러한 상황에서 시장포트폴리오는 주식 A와 주식 B를 10 : 25의 비율로 구성하고 있는 포트폴리오이다. 어떤 투자자가 350만 원을 투자한다면, 100만 원은 주식 A에, 250만 원은 주식 B에 투자하여야 시장포트폴리오를 갖게 된다. 이렇게 각 주식의 시장가치비율대로 포트폴리오가 구성될 때 시장의 수요와 공급은 균형을 이루게 된다.

체계적 위험

시장에서 거래되는 위험자산으로 주식만을 생각해 보자. 투자자가 시장에서 거래되는 모든 주식에 분산투자할 수 있을 때, 위험을 회피하는 투자자들은 누구나 시장포트폴리오를 구성하여 위험을 줄이려 한다. 이때 투자자에게 의미가 있는 개별주식의 위험은 어떤 것일까? 시장포트폴리오는 완전한 분산투자가 이루어진 포트폴리오로, 분산 가능한 위험은 포함하고 있지 않은 포트폴리오이다. 따라서 분산 가능한 위험까지 포함하는 개별주식의 총위험(σ^2)은 해당 주식에 대한 적절한 위험의 척도가 될 수 없다.

총위험 = 분산이 불가능한 위험 + 분산이 가능한 위험

개별주식의 위험 중에서 의미를 갖는 것은, 시장포트폴리오를 구성하여도 없앨 수가 없는 위험이다. 즉, 더 이상 분산이 불가능한 시장포트폴리오의 위험 중에서 각 개별주식들이 차지하고 있는 부분이 바로 개별주식들의 적절한 위험척도이다.

시장포트폴리오의 위험에서 개별주식 i가 차지하는 위험의 크기는 시장포트폴리오와 개별주식 i 사이의 공분산(σ_{im})으로 측정될 수 있다.[3)] 시장포트폴리오와

3) 도출과정에 대한 설명은 생략한다. 관심이 있는 독자들은 박정식 · 박종원 · 조재호 저, 「현대

개별주식 i의 공분산(σ_{im})은 분산 불가능한 위험으로서 체계적 위험의 척도로 적절하다. 그런데 우리가 일반적으로 개별주식 i의 체계적 위험을 정의할 때에는 σ_{im}을 시장포트폴리오의 위험인 σ_m^2으로 나누어 나타낸다. 즉, 시장포트폴리오의 위험 중에서 개별주식 i와 관계된 위험의 크기를 시장포트폴리오의 위험에 대한 상대적인 비율로 나타내고, 이를 베타(beta : β)라 부른다.

$$\text{개별주식 } i\text{의 체계적 위험}(\beta_i) = \frac{\sigma_{im}}{\sigma_m^2} \qquad (11 \cdot 2)$$

식 11·2가 베타를 나타내는 식이며, 이는 시장포트폴리오의 위험을 기준으로 했을 때 개별주식의 위험(σ_{im})이 얼마나 되는가를 나타낸 것이다. 어떤 주식의 베타가 2라면 이 주식의 위험은 시장 전체위험의 두 배라는 것이며, 또 다른 주식의 베타가 0.5라면 이 주식의 위험은 시장 전체위험의 반임을 의미한다.

식 11·2로 정의되는 체계적 위험을 베타(β)로 부르는 이유는 식 11·2의 결과가 시장포트폴리오의 기대수익률 $E(r_m)$과 개별주식 i의 기대수익률 $E(r_i)$의 관계를 식 11·3과 같은 직선관계로 추정할 경우의 기울기 β_i와 같기 때문이다.

$$E(r_i) = \alpha_i + \beta_i \cdot E(r_m) \qquad (11 \cdot 3)$$

식 11·3에서의 기울기 β_i와 식 11·2의 체계적 위험이 서로 같다는 것은 체계적 위험의 개념을 명확히 하는 데 큰 도움을 준다. 식 11·3에서 보는 것과 같이 기울기 β_i는 시장포트폴리오의 기대수익률 $E(r_m)$의 변화에 대한 개별주식 i의 기대수익률 $E(r_i)$의 변화 정도가 얼마나 민감한가를 보여준다. 예를 들어 어떤 주식의 베타가 2라는 것은 $E(r_m)$이 1단위 변할 때 이 주식의 기대수익률은 2단위 변한다는 것이며, 또 다른 주식의 베타가 0.9라는 것은 $E(r_m)$이 1단위 변할 때 이 주식의 기대수익률은 0.9단위 변한다는 것이다. 베타가 클수록 시장의 변화에 보다 민감하게 반응함을 나타낸다. 베타가 1보다 큰 주식을 공격적 주식(aggressive stock)이라 하고, 베타가 1보다 작은 주식을 방어적 주식(defensive stock)이라 한다.

재무관리」 제 8 판(다산출판사, 2015), 제 10.2 절을 참조할 수 있다.

체계적 위험(베타)의 추정

앞에서 설명한 베타를 실제로 계산하는 방법에 대하여 살펴보자. 개별주식의 베타는 개별주식과 시장포트폴리오의 미래수익률에 대한 확률분포로부터 개별주식과 시장포트폴리오 간의 공분산과 시장포트폴리오의 분산을 계산하고 이를 이용하여 추정할 수 있다. 이러한 방법으로 계산된 베타를 사전적 베타(ex ante β) 또는 미래베타라고 한다.

그러나 미래수익률의 확률분포를 추정하는 것은 현실적으로 대단히 어려운 일이기 때문에 그 대신 과거의 수익률 자료를 이용하여 이를 미래수익률의 대용치로 보고 베타를 계산하는 방법이 자주 사용된다. 이렇게 계산된 베타를 사후적 베타(ex post β) 또는 과거베타라고 한다.

미래베타(사전적 베타)의 추정

개별주식과 시장포트폴리오의 미래수익률의 확률분포를 추정하였을 때 베타를 어떻게 계산하는지 살펴보자. 〈표 11-1〉은 예상되는 미래경제상황의 변화에 따른 주식 A와 B, 그리고 시장포트폴리오의 미래수익률의 확률분포를 나타낸 것이다. 미래경제상황은 세 가지 다른 상황이 나타날 수 있고 각 상황이 나타날 확률과 그 때의 수익률을 기록하였다.

표 11-1 미래수익률의 확률분포

경제상황	확률	수익률(%)		
		주식 A(r_A)	주식 B(r_B)	시장포트폴리오(r_m)
불 황	0.2	−5	5	0
보 통	0.5	15	11	14
호 황	0.3	25	15	20

| 예 1 | 〈표 11-1〉의 자료를 이용하여 두 주식의 베타를 구하라.

〈표 11-1〉의 자료로부터 베타를 계산하기 위해서는 각 주식의 기대수익률, 시장포트폴리오와의 공분산, 그리고 시장포트폴리오 수익률의 분산을 알아야 한다.

주식 A, 주식 B, 그리고 시장포트폴리오의 기대수익률을 계산하면 다음과 같다.

$$E(r_A) = (-5) \times 0.2 + 15 \times 0.5 + 25 \times 0.3 = 14$$

$$E(r_B) = 5 \times 0.2 + 11 \times 0.5 + 15 \times 0.3 = 9$$

$$E(r_m) = 0 \times 0.2 + 14 \times 0.5 + 20 \times 0.3 = 13$$

시장포트폴리오 수익률의 분산을 계산하면 다음과 같다.

$$\sigma_m^2 = (0-13)^2 \times 0.2 + (14-13)^2 \times 0.5 + (20-13)^2 \times 0.3 = 49$$

주식 A와 시장포트폴리오, 그리고 주식 B와 시장포트폴리오의 공분산을 계산하는 과정을 〈표 11-2〉에 나타내었다.

표 11-2 주식 A, B와 시장포트폴리오 수익률 간의 공분산

주식 A와 시장포트폴리오 수익률 간의 공분산

경제상황	확률	r_A	r_m	$r_A-E(r_A)$	$r_m-E(r_m)$	$\{r_A-E(r_A)\}\{r_m-E(r_m)\}$
불 황	0.2	−5	0	−19	−13	247
보 통	0.5	15	14	1	1	1
호 황	0.3	25	20	11	7	77

$$\sigma_{Am} = 247 \times 0.2 + 1 \times 0.5 + 77 \times 0.3 = 73$$

주식 B와 시장포트폴리오 수익률 간의 공분산

경제상황	확률	r_B	r_m	$r_B-E(r_B)$	$r_m-E(r_m)$	$\{r_B-E(r_B)\}\{r_m-E(r_m)\}$
불 황	0.2	5	0	−4	−13	52
보 통	0.5	11	14	2	1	2
호 황	0.3	15	20	6	7	42

$$\sigma_{Bm} = 52 \times 0.2 + 2 \times 0.5 + 42 \times 0.3 = 24$$

지금까지 계산한 자료를 식 11·2의 베타계산식에 대입하여 주식 A와 B의 베타를 계산하면 다음과 같다.

$$\beta_A = \frac{\sigma_{Am}}{\sigma_m^2} = \frac{73}{49} = 1.49, \qquad \beta_B = \frac{\sigma_{Bm}}{\sigma_m^2} = \frac{24}{49} = 0.49$$

시장포트폴리오의 베타가 1이므로[4] 주식 A의 체계적 위험은 시장 전체위험에 비해 1.49배만큼 크며, 주식 B의 체계적 위험은 시장 전체위험의 0.49배이다.

시장모형과 과거베타(역사적 베타)의 추정

거래 가능한 모든 위험자산을 시장가치비율대로 포함하고 있는 시장포트폴리오는 현실의 시장에서 관찰하기가 쉽지 않다. 따라서 시장포트폴리오 대신에 자본시장에 존재하는 포트폴리오 중 시장포트폴리오와 비슷한 속성을 가지면서 관찰 가능한 포트폴리오를 시장포트폴리오의 대용치로 자주 이용하게 된다. 우리나라의 경우 KOSPI(종합주가지수)나 KOSPI 200과 같은 주가지수가 자주 사용된다.

시장포트폴리오의 대용치로 사용되는 주가지수가 정해지고 나면, 베타가 시장포트폴리오에 대한 개별주식의 민감도를 나타낸다는 사실은 시장모형(market model) 또는 단일지수모형(single index model)이라고 불리는 다음과 같은 회귀식을 통해서 쉽게 확인될 수 있다.

$$r_i = \alpha_i + \beta_i r_m + e_i \qquad (11 \cdot 4)$$

$$\text{단, } E(e_i) = 0, \text{Cov}(r_m, e_i) = 0, \text{Cov}(e_i, e_j) = 0\ (i \neq j).$$

여기서 r_i는 주식 i의 수익률, r_m은 시장수익률(주가지수의 수익률), e_i는 잔차항을 나타낸다.[5] 식 11·4에 의하면, 주식 i의 가격은 두 가지 이유로 변동한다. 첫째, 주식시장의 변동(r_m) 때문이고, 둘째, 주식을 발행한 기업에 고유한 사건(잔차항 e_i) 때문이다. 그리고 주식마다 시장움직임에 반응하는 정도(β_i)가 다를 수 있으며, 주가변동은 두 가지 불확실성의 원천과 선형관계로 연계되어 있다는 것이다. 식 11·4의 기울기 β_i를 구하면, 그 결과는 σ_{im}/σ_m^2이 된다.[6] 이는 식 11·2

---

4) 시장포트폴리오의 베타는 $\beta_m = \sigma_{mm}/\sigma_m^2 = (\rho_{mm} \cdot \sigma_m \cdot \sigma_m)/\sigma_m^2$, $\rho_{mm} = 1$이므로 $\beta_m = 1$이 된다.

5) 식 11·4에서 $E(e_i) = 0$의 가정은 특정 시점에서 잔차항은 0보다 크거나 작은 값을 가질 수 있으나 평균적으로는 0의 값을 갖는다는 것이다. $\text{Cov}(r_m, e_i) = 0$의 가정은 주식수익률의 잔차항은 시장수익률과는 관계가 없는 기업고유의 특성에 따라 발생한다는 것이며, $\text{Cov}(e_i, e_j) = 0$의 가정은 개별주식수익률의 잔차항은 해당 기업의 고유한 특성에 따른 것으로 다른 기업의 고유한 요인과는 관련이 없다는 것을 나타낸다.

6) 이는 다음과 같이 계산된다.

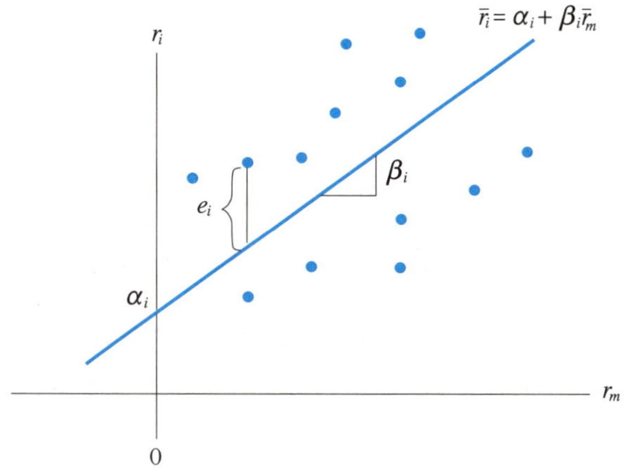

그림 11-1 시장모형과 베타

의 베타와 일치한다. 따라서 식 11·4의 기울기 β_i는 체계적 위험의 측정치이며, 시장수익률 r_m의 변화에 대해 개별주식의 수익률 r_i가 얼마나 민감하게 변화하는가를 나타내는 값이다.

식 11·4에서 베타는 기본적으로 미래에 나타날 수익률 간의 관계에서 추정할 수 있다. 그러나 앞서 말한 것과 같이 미래수익률 분포를 예측하는 어려움으로 인해 실무적으로 베타의 추정은 보통 과거 수익률자료를 이용한다. 개별주식과 시장포트폴리오의 대용치인 주가지수의 과거 수익률자료를 구한 후, 이를 입력자료로 하는 단순회귀분석에서 기울기를 구하면 이것이 곧 베타의 추정치가 된다.[7)]

식 11·4의 시장모형을 그림으로 나타내면 [그림 11-1]과 같다. [그림 11-1]의 각 점들은 매기에 실현된 주식 i의 수익률을 해당 기의 주가지수의 수익률에 대응하여 나타낸 것이다. 이와 같은 산포도로부터 주식 i의 수익률 r_i와 시장포트폴리오의 수익률 r_m의 관계를 가장 잘 나타내 주는 평균적인 관계식을 다음과 같이 얻

$$\begin{aligned}\text{Cov}(r_i, r_m) &= \text{Cov}(\alpha_i + \beta_i r_m + e_i, r_m) = \text{Cov}(\alpha_i, r_m) + \text{Cov}(\beta_i r_m, r_m) + \text{Cov}(e_i, r_m) \\ &= \beta_i \text{Cov}(r_m, r_m) = \beta_i \text{Var}(r_m).\end{aligned}$$

따라서 $\beta_i = \text{Cov}(r_i, r_m) / \text{Var}(r_m) = \sigma_{im} / \sigma_m^2$ 이다.

7) 회귀분석을 이용하여 회귀식을 추정하는 방법에 대해서는 통계학 서적을 참조하기 바란다.

을 수 있다.

$$\bar{r}_i = \alpha_i + \beta_i \bar{r}_m \qquad (11 \cdot 5)$$

식 11·5에서 추정한 절편 α_i는 주식 i가 주식시장의 움직임과 관계없이 얻을 수 있는 평균적인 수익률을 나타내며, 기울기인 β_i를 추정한 값이 바로 체계적 위험의 추정치이며 그 계산식은 앞서 살펴본 식 11·2와 같다.

| 예 2 | 주식 1 및 주식 2와 시장포트폴리오의 대용치인 주가지수의 과거 수익률자료, 평균수익률, 그리고 분산이 다음의 표와 같이 주어졌다고 한다. 두 주식의 베타를 추정하라.

표 11-3 주식 1 및 주식 2와 주가지수의 과거 수익률자료

기간	수익률(%)		
	주식 1	주식 2	주가지수
1	10	−6	11
2	8	18	7
3	−4	4	−2
4	22	−5	8
5	8	32	9
6	−11	−7	−5
7	14	24	12
8	12	−17	11
9	−9	2	3
10	12	27	10
평균수익률(%)	6.20	7.20	6.40
분산($\%^2$)	114.40	283.73	34.27
표준편차(%)	10.70	16.84	5.85

베타를 추정하려면, 주식 1 및 2와 주가지수 간의 공분산(σ_{1m}과 σ_{2m})을 추정해야 한다.

$$\sigma_{1m} = \frac{1}{10-1}[(10-6.2)(11-6.4)+(8-6.2)(7-6.4)+\cdots+(12-6.2)(10-6.4)] = 52.58\%^2$$

$$\sigma_{2m} = \frac{1}{10-1}[(-6-7.2)(11-6.4)+(18-7.2)(7-6.4)+\cdots+(27-7.2)(10-6.4)] = 27.91\%^2$$

그리고 각 주식과 주가지수 간의 상관계수 ρ_{1m}과 ρ_{2m}을 구하면 다음과 같다.

$$\rho_{1m} = \sigma_{1m} / \sigma_1 \sigma_m = 52.58/(10.70)(5.85) = 0.84$$

$$\rho_{2m} = \sigma_{2m} / \sigma_2 \sigma_m = 27.19/(16.84)(5.85) = 0.28$$

위의 계산결과를 이용하여 주식 1 및 주식 2에 대한 베타(β_1과 β_2)를 구하면 다음과 같다.

$$\beta_1 = \sigma_{1m} / \sigma_m^2 = 52.58/34.27 = 1.53 \text{ 또는 } \beta_1 = \rho_{1m}\sigma_1 / \sigma_m = (0.84)(10.70)/5.85 = 1.53$$

$$\beta_2 = \sigma_{2m} / \sigma_m^2 = 27.19/34.27 = 0.81 \text{ 또는 } \beta_2 = \rho_{2m}\sigma 2 / \sigma_m = (0.28)(16.84)/5.85 = 0.81$$

[예 2]에서 주식 1과 주식 2의 표준편차(또는 분산)와 베타를 비교해 보자. 표준편차는 주식 2가 주식 1보다 훨씬 크다(16.84 대 10.70). 즉, 총위험은 주식 2가 주식 1보다 크다는 것이다. 그러나 체계적 위험인 베타는 주식 2가 주식 1보다 작다(0.81 대 1.53). 왜 이런 현상이 나타날까? 베타의 계산식을 보면 의문에 대한 답은 자명해진다. 주식 1과 주식 2의 베타는 각 주식의 총위험인 표준편차뿐 아니라 각 주식과 주가지수 간의 상관계수(또는 공분산)에 의해 결정된다. 주식 1과 주가지수와의 상관계수는 0.84이지만, 주식 2와 주가지수와의 상관계수는 0.28에 불과하다. 주식 2는 이와 같이 주가지수와의 상관계수가 낮기 때문에 변동성이 커도 분산투자를 통해 총위험의 많은 부분을 없앨 수 있고, 결국 나머지 체계적 위험은 작은 값을 갖게 된다.

포트폴리오의 베타

앞에서 개별주식의 베타를 계산하는 방법을 살펴보았다. 여러 주식으로 포트폴리오를 구성하는 경우 포트폴리오의 베타는 어떻게 구할 수 있을까? 포트폴리오의 베타는 포트폴리오를 구성하는 개별주식의 베타에 그 주식의 구성비율을 곱한 것을 모두 더하여 간단히 계산할 수 있다. 즉, *N*개의 주식으로 구성한 포트폴리오의 베타 β_P는 다음과 같다.

$$\beta_P = w_1 \cdot \beta_1 + w_2 \cdot \beta_2 + \cdots + w_N \cdot \beta_N \qquad (11 \cdot 6)$$

w_i: 주식 i의 구성비율
β_i: 주식 i의 베타

예를 들어서 어느 투자자가 세 개의 투자안에 투자하였다고 하자. 각 투자안의 체계적 위험은 0.9, 2.1, 2.4였으며 각 투자안에 대한 투자금액이 같다고 하면, 이 포트폴리오의 체계적 위험은 다음과 같다.

$$\beta_P = \frac{1}{3} \times 0.9 + \frac{1}{3} \times 2.1 + \frac{1}{3} \times 2.4 = 1.8$$

다른 예를 들어보자. 어느 투자자가 [예 2]의 주식 1에 80%를 투자하고 20%를 정기예금에 투자하였다. 이 사람이 부담하는 체계적 위험은 얼마일까? 정기예금은 시장포트폴리오(종합주가지수)의 수익률 변화와 관련 없이 일정한 수익률을 얻는 투자안이다. 따라서 체계적 위험은 0이다. [예 2]의 주식 1의 β는 1.53이므로, 이 포트폴리오의 체계적 위험은 다음과 같다.

$$\beta_P = 0.8 \times 1.53 + 0.2 \times 0 = 1.22$$

자산의 구성을 달리하면 투자자가 원하는 베타를 갖는 포트폴리오를 쉽게 가질 수 있다. 예를 들어, 베타가 0.5인 포트폴리오를 갖기를 원한다고 하자.

주식 1에 대한 투자비율을 w_D라 하고 정기예금에 대한 투자비율을 $(1-w_D)$라 하면, 베타가 0.5가 되도록 하는 포트폴리오는 다음 식을 풀어 구할 수 있다.

$$0.5 = w_D \times 1.53 + (1 - w_D) \times 0$$

여기서 w_D를 구하면 0.327이다. 따라서 주식 1에 32.7%를 투자하고 나머지 67.3%를 정기예금에 투자하면 원하는 포트폴리오를 구성할 수 있다.

11.2 증권시장선

증권시장선의 의의

지금까지 설명한 시장포트폴리오와 베타에 대한 지식을 바탕으로 균형상태에서의 기대수익률과 위험의 관계를 나타내는 증권시장선(security market line : *SML*)을 설명해 보자.

거래비용과 세금 등이 없는 완전시장하에서 투자자는 위험자산으로는 시장포트폴리오를 선택하게 된다. 시장포트폴리오는 시장에서 거래되는 모든 위험자산을 시장가치비율대로 구성하고 있는 잘 분산된 포트폴리오로, 시장포트폴리오의 위험은 분산투자를 통하여 없앨 수 없는 위험이다. 이때 투자자들이 개별자산에 투자할 때 부담하는 적절한 위험은 체계적 위험인 베타가 된다.

균형상태에서 개별자산 i의 기대수익률과 베타는 일정한 함수관계를 갖게 되는데, 이를 정리하면 다음과 같은 식으로 표현할 수 있다.[8)]

$$E(r_i) = r_f + [E(r_m) - r_f] \cdot \beta_i \tag{11·7}$$

$E(r_i)$: 자산 i의 기대수익률
r_f : 무위험이자율
$E(r_m)$: 시장포트폴리오의 기대수익률
β_i : 자산 i의 체계적 위험인 베타

식 11·7이 바로 균형상태에서 개별주식 또는 포트폴리오의 체계적 위험과 기대수익률 간의 관계를 나타내는 증권시장선 식이다. 이 식은 재무관리의 많은 부분에서 아주 유용하게 이용되는 식이므로 독자들은 식 11·7을 꼭 기억해 둘 필요가 있다.

한편 식 11·7의 개별주식 i의 베타 β_i 대신에 식 11·2를 대입하면 증권시장선은 다음과 같이 나타낼 수 있다.

---

8) 식 11·7이 도출되는 과정에 대한 설명은 생략한다. 관심이 있는 독자들은 박정식 · 박종원 저, 「현대투자론」 제 4 판(다산출판사, 2016) 제 7 장을 참고하기 바란다.

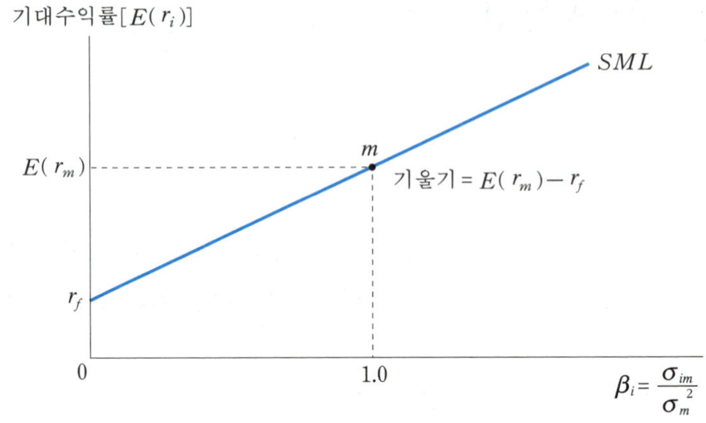

그림 11-2 증권시장선

$$E(r_i) = r_f + [E(r_m) - r_f] \cdot \frac{\sigma_{im}}{\sigma_m^2}$$

$$= r_f + \left[\frac{E(r_m) - r_f}{\sigma_m^2}\right] \cdot \sigma_{im} \qquad (11 \cdot 7)'$$

식 11·7′는 개별주식 i와 시장포트폴리오의 수익률 간의 공분산 σ_{im}과 기대수익률 간의 관계를 나타내고 있다. 식 11·7과 식 11·7′가 모두 증권시장선을 나타내는 식이다.

식 11·7의 증권시장선은 시장이 균형을 이룰 때 어떤 자산의 기대수익률은 그 자산의 체계적 위험인 β의 선형함수로 결정됨을 보여준다. 어떤 자산에 투자했을 때 기대할 수 있는 수익률은 무위험이자율 r_f에 위험프리미엄 $[E(r_m)-r_f] \cdot \beta_i$를 더한 값이며, 이때 위험프리미엄은 시장의 초과수익률인 $[E(r_m)-r_f]$에 체계적 위험인 β를 곱한 값이다. 즉, 시장에서 보상되는 위험은 체계적인 위험인 β뿐이다.

[그림 11-2]는 증권시장선을 그림으로 나타낸 것이다. 시장포트폴리오의 β는 1의 값을 가지므로, β_i와 $E(r_i)$ 사이에는 그림과 같은 관계가 성립한다.

식 11·7과 [그림 11-2]에서 $[E(r_m)-r_f]$는 시장포트폴리오의 기대수익률이 무위험이자율을 초과하는 부분으로서, 시장포트폴리오의 초과수익률 또는 시장위험프리미엄(market risk premium)이라 부른다.

증권시장선은 시장포트폴리오의 초과수익률이 결정되었을 때 개별주식의 체계적 위험인 β에 따라 개별주식(또는 포트폴리오)의 초과수익률이 얼마가 되는지를 보여주는 식이라고도 할 수 있다. 식 11·7을 다음과 같이 변형시켜 보자.

$$E(r_i) - r_f = [E(r_m) - r_f] \cdot \beta_i \tag{11·8}$$

식 11·8의 $[E(r_i)-r_f]$는 개별주식의 기대수익률 중에서 무위험이자율을 초과하는 부분이다. 이를 개별주식의 위험프리미엄 또는 간단히 초과수익률이라고 부른다. 따라서, 증권시장선을 식 11·8과 같이 나타낼 경우, 이는 β_i가 주어졌을 때 시장의 위험프리미엄 $[E(r_m)-r_f]$와 개별주식의 위험프리미엄 $[E(r_i)-r_f]$의 관계를 설명해 주는 식으로 해석할 수 있다.

증권시장선의 추정

증권시장선을 이용하여 특정 자산의 기대수익률을 추정하려면 그 자산의 베타와 무위험이자율, 그리고 시장포트폴리오의 기대수익률을 추정하여야 한다. 베타의 추정방법에 대해서는 이미 제1절에서 살펴보았다. 무위험이자율을 추정하는 것은 비교적 쉬운 일이다. 현실의 금융시장에서 만기가 짧은 정기예금이자율이나 국채의 수익률을 무위험이자율의 대용치로 이용할 수 있다. 시장포트폴리오의 기대수익률은 이론적으로는 시장포트폴리오의 미래수익률의 확률분포로부터 계산할 수 있으나 현실적으로는 주가지수와 같이 시장포트폴리오를 대신할 수 있는 포트폴리오의 기대수익률을 예측하여 추정한다. 예를 들어 종합주가지수의 기대수익률이 15%이고 1년만기 정기예금이자율이 5%로 추정되면 증권시장선은 다음과 같다.

$$E(r_i) = 5 + (15 - 5) \cdot \beta_i$$

이와 같이 증권시장선이 추정되고 어떤 자산의 베타가 추정되고 나면 그 자산의 베타에 대응하는 기대수익률을 쉽게 구할 수 있다. 예를 들어 어느 주식의 베타가 2로 추정되면 그 주식의 기대수익률은 25(= 5 + (15 − 5) × 2)%가 된다.

그러나 이렇게 증권시장선을 추정하는 데 있어 시장포트폴리오의 기대수익률을 예측하는 것은 매우 어려운 일이다. 따라서 실무적으로는 과거 일정기간 동안의 무위험이자율과 종합주가지수의 수익률 자료를 이용하여 증권시장선을 구하는 방법이 자주 사용된다. 예를 들어 과거 5년 동안의 평균수치가 앞으로 기대되는 수익률이라고 가정하고 무위험이자율의 평균이 5%이며, 종합주가지수 수익률의 평균이 15%였다 하자. 식 11·7을 이용하여 증권시장선을 구하면 다음과 같다.

$$E(r_i) = 5 + (15 - 5) \cdot \beta_i$$

증권시장선이 추정되었으므로 개별주식의 베타를 알면 개별주식의 베타에 대응하는 기대수익률을 계산할 수 있다. 예를 들어 앞서 [예 2]에서 살펴본 주식 1의 베타가 1.53이므로 이 주식의 기대수익률은 다음과 같다.

$$E(r_i) = 5 + (15 - 5) \times 1.53 = 20.3\%$$

위 식에 따르면 투자자는 주식투자에서 부담하는 체계적 위험이 1.53일 때 20.3%만큼의 수익률을 기대한다.

11.3 증권시장선의 이용

CAPM의 핵심모형인 증권시장선은 재무관리의 많은 부분에 이용된다. 증권시장선을 이용하여 어떤 주식에 투자했을 때 얻을 것으로 예상되는 수익률을 계산할 수 있으며, 특정 자산의 가치평가를 위한 적정한 할인율 역시 증권시장선을 이용하여 계산할 수 있다. 또 증권시장선을 이용하여 시장에서 비싸게 거래되거나 싸게 거래되고 있는 자산들을 식별할 수도 있다. 이를 살펴보자.

주식의 가치평가를 위한 적정할인율의 결정

제7장 '채권과 주식의 가치평가'에서 주식의 가치는 주식을 소유했을 때의 미래현금흐름을 이에 대한 적절한 할인율로 할인한 현가로 결정됨을 살펴본 바 있다. 이때 미래현금흐름을 할인하는 데 이용되는 적절한 할인율은 바로 주식투자의 위험을 고려한 기대수익률이며, 이는 증권시장선을 이용하여 계산할 수 있다.

예를 들어보자. 시장의 무위험이자율이 5%이며 시장포트폴리오의 기대수익률이 15%라 할 때 베타가 2인 어떤 주식이 있다 하자. 이 주식에 투자할 때의 기대수익률은 증권시장선을 이용하여 계산하면 다음과 같이 25%이다.

$$E(r_i) = 5 + (15 - 5) \times 2 = 25\%$$

이 주식을 1년간 소유하였을 때 기말에 지급되는 배당이 1,250원이며 기말의 주식가격이 25,000원으로 예상된다면, 이 주식의 현재가격(P_0)은 다음과 같이 21,000원으로 계산할 수 있다.

$$P_0 = \frac{1,300}{(1+0.25)} + \frac{26,000}{(1+0.25)} = 21,000\text{원}$$

과대평가주식과 과소평가주식의 식별

주식에 투자를 하려고 할 때 문제가 되는 것은 단순히 주식의 위험이 큰가 작은가 또는 주식의 수익률이 높으냐 낮으냐 하는 것뿐만이 아니라, 어떤 주식이 그 주식의 위험에 상응하는 적절한 수익률을 제공하고 있느냐 하는 것이다. 여기서 적절하다는 의미는 CAPM이 성립하는 상황에서는 주식의 기대수익률이 증권시장선상에서 결정된다는 의미이다. 그러므로 증권시장선을 이용하여 주식의 가치평가를 할 수 있으며, 과소 또는 과대 평가 여부를 살펴볼 수 있다.

[그림 11-3]은 주식의 과대평가 또는 과소평가 여부를 결정하는 데 있어 증권시장선이 어떻게 이용될 수 있는지를 보여주고 있다. 이 그림에서 주식 X는 증권시장선 위쪽에 위치하고 있고, 주식 Z는 증권시장선 아래쪽에 위치하고 있다. 그리고 주식 Y는 증권시장선상에 위치하고 있다. 주식 X는 베타가 0.80이고, 주식 Y는 베타가 1.00, 그리고 주식 Z는 베타가 1.20이다. CAPM이 성립하는 균형상

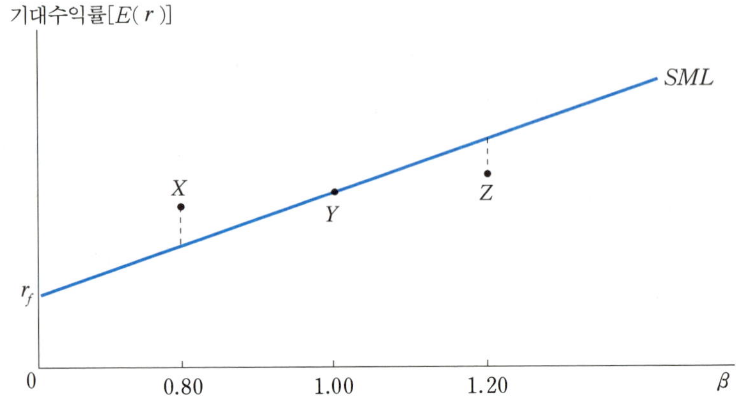

그림 11-3 증권시장선과 주식의 평가

황에서는 모든 주식들은 각 주식의 체계적 위험인 β에 대응하는 기대수익률을 얻을 수 있으며, 이러한 균형관계는 증권시장선으로 나타난다. 따라서 증권시장선을 기준으로 생각하면 증권시장선상에 위치하는 주식은 적정하게 평가된 주식이다. 즉, 주식 Y는 현재 적정하게 평가된 주식이다. 한편, 이 직선 위쪽에 위치하는 주식들은 과소평가된 주식이다.[9] 그 이유는 β에 대응하는 기대수익률보다 더 높은 수익률을 얻을 수 있기 때문이다. 따라서 주식 X는 과소평가된 주식이다. 반면에 증권시장선 아래쪽에 위치하는 주식은 과대평가된 주식이다. 왜냐하면 β에 대응하는 기대수익률보다 더 낮은 수익률을 얻기 때문이다. 따라서 주식 Z는 과대평가된 주식이다.

과소평가된 주식에 대한 수요는 늘어나서 이 주식의 가격은 상승하고 수익률은 떨어지게 된다. 주가의 상승은 이 주식의 기대수익률이 증권시장선상에서 결정될 때까지 계속된다. 반대로 과대평가된 주식에 대한 수요는 줄어들어 이 주식의 가격은 하락하고 수익률은 올라가게 된다. 주가의 하락은 이 주식의 기대수익률이 증권시장선상에서 결정될 때까지 계속된다.

9) 과소평가되었다는 것은 주식의 가격이 *SML*상에서의 균형가격보다 낮다는 의미이다. 주식의 균형가격은 *SML*상에서 구한 기대수익률로 미래의 현금흐름을 할인한 현재가치이므로 기대수익률과 주식의 가격은 반비례관계가 성립한다. 따라서 기대수익률이 *SML*상에서 결정되는 것보다 높으면 주식의 시장가격은 균형가격보다 낮은 것이다.

자본예산에의 적용

자본예산의 핵심은 현금흐름의 측정과 순현가를 계산하기 위한 적절한 할인율 또는 자본비용을 구하는 것인데, 자본비용을 결정하기 위하여 CAPM이 유용하게 쓰일 수 있다. 자본비용에 대하여는 제 12 장에서 자세히 설명할 것이나 여기에서 간단히 소개하여 보자. 주식의 β가 주어지면 증권시장선을 이용하여 그 주식의 기대수익률을 찾을 수 있는데 이것이 자기자본비용이다. 왜냐하면 투자자들이 주식투자에서 적절한 수익률을 기대한다는 말은 그만큼의 수익률을 요구한다는 의미이며, 기업이 주식으로 자금을 조달하기 위해서는 그만큼의 대가를 지불하여야 하기 때문이다. 이 자기자본비용과 타인자본비용을 시장가치에 따라 비중을 결정하여 가중평균자본비용을 계산할 수 있다. 가중평균자본비용을 간단히 자본비용이라고 한다.

투자성과분석

이론적으로 증권시장선은 미래의 기대수익률과 체계적 위험의 관계를 나타내는 사전적(ex ante) 모형이다. 이 사전적 모형을 이용하여 앞에서 설명한 투자의 할인율을 결정하고, 과대 또는 과소 평가된 주식을 찾을 수 있다. 그러나 과거의 투자성과를 분석할 때는 사후적인 자료를 이용하여 추정된 증권시장선을 이용할 수 있다. 사후적인 증권시장선을 이용하여 투자성과를 분석하면 투자성과에 대응하는 위험부담을 알 수 있다. 같은 값이면 큰 위험을 부담하여 얻은 투자성과는 그다지 매력적이라고 할 수 없다.

11.4 다요인모형

CAPM이 성립하는 세계에서는 자산의 기대수익률을 결정하는 데 있어 오직 시장포트폴리오에 대한 베타만이 중요하다. 다시 말해 CAPM은 공통위험이 하나인 단일베타 모형이다. 현실에서의 자산수익률이 과연 시장베타에 의해서만 설명될 수 있을까? 다음에서는 대안적인 모형으로 자주 사용되는 다요인모형에 대해 살펴본다.

차익거래가격결정이론

로스(Ross)는 CAPM에 비해 보다 일반적인 가격결정모형인 차익거래가격결정이론(arbitrage pricing theory: APT)을 제시하였다.10) 여기서 일반적이란 베타가 여럿이라는 것을 뜻한다. APT는 다음과 같은 세 가지 핵심적인 가정에 그 논리적 기반을 두고 있다. 첫째, 자산수익률은 여러 가지의 공통요인에 의해 영향을 받는다. 즉 자산수익률의 생성과정은 다요인모형(multi-factor model)을 따른다는 것이다. 둘째, 시장에는 충분히 많은 수의 자산이 거래되고 있어 분산투자를 통해 비체계적 위험을 제거할 수 있다. 즉 대수의 법칙(law of large numbers)이 작동될 수 있도록 많은 투자대상이 존재해야 한다는 것이다. 셋째, 시장이 매우 경쟁적이어서 차익거래의 기회가 있을 수 없다. 즉 균형에서 자산의 기대수익률은 단순히 무차익원리(no arbitrage principle)에 의해 결정된다는 것이다.

다음의 식 11·9는 공통요인이 K개인 경우에 자산의 기대수익률이 이들 공통요인과 관련된 K개의 베타위험의 함수로 결정되는 것을 보여주는 APT 모형이다.

$$E(r_i) = \lambda_0 + \lambda_1 \beta_{i1} + \lambda_2 \beta_{i2} + \cdots + \lambda_K \beta_{iK} \qquad (11 \cdot 9)$$

λ_0 : 모든 공통요인에 대한 베타가 0인 포트폴리오의 기대수익률

λ_k : 요인포트폴리오 k의 위험프리미엄($= E(r_{Fk}) - \lambda_0$)

β_{ik} : 공통요인 k에 대한 자산 i의 베타

$E(r_{Fk})$: k번째 공통요인에 대해서만 1의 베타값을 갖고 다른 모든 공통요인에 대해서는 0의 베타값을 갖는 요인포트폴리오 k의 기대수익률

| 예 3 | 주식수익률이 2요인모형에 의해 설명된다고 가정하자. 두 요인에 대한 베타가 모두 0인 자산(무위험자산)의 수익률이 2%이고, 주식 A와 B는 2요인 차익거래가격결정이론에 의해 평가되는 균형가격으로 거래되고 있다. 주식 A와 B의 각 요인에 대한

---

10) Stephen A. Ross, "The Arbitrage Theory of Capital Asset Pricing," *Journal of Economic Theory*(Dec. 1976).

베타(β_{ik})와 기대수익률이 다음 표와 같다고 할 때 두 요인 각각의 위험프리미엄을 구하라.

주식	β_{i1}	β_{i2}	기대수익률(%)
A	1.0	1.0	15
B	1.5	1.2	20

2요인 APT가 성립하는 경우 주식의 주식 A와 B의 기대수익률과 요인베타 사이에는 다음의 식이 성립하여야 한다.

$$E(r_i) = \lambda_0 + \lambda_1 \beta_{i1} + \lambda_2 \beta_{i2}$$

따라서 주식 A와 B의 기대수익률과 요인베타 사이에는 다음의 관계식이 성립한다.

$$\text{주식 A} : 15 = \lambda_0 + \lambda_1(1.0) + \lambda_2(1.0)$$
$$\text{주식 B} : 20 = \lambda_0 + \lambda_1(1.5) + \lambda_2(1.2)$$

두 식에 $\lambda_0 = 2\%$를 대입하고 연립하여 풀면, $\lambda_1 = 8\%$, $\lambda_2 = 5\%$를 얻을 수 있다.

APT는 CAPM에서와 같은 시장포트폴리오의 특별한 역할을 필요로 하지 않는다. 따라서 현실에서 시장포트폴리오를 구성할 수 없더라도 APT는 성립할 수 있다. 또 APT는 여러 개의 공통요인을 허용하기 때문에 자산수익률을 설명할 수 있는 많은 경제변수들의 움직임을 위험의 원천으로 수용할 수 있다는 장점이 있다. 그러나 APT는 이용과정에서 다음과 같은 문제점을 갖고 있다. 먼저, APT는 자산수익률에 영향을 미치는 공통요인이 K개라고만 하였지 구체적으로 몇 개인지에 대한 언급이 없다. 이 문제를 해결하기 위해 많은 경우 공통요인들은 요인분석(factor analysis)이라는 통계적 기법을 이용하여 파악된다. 그러나 요인분석에 의해 도출된 공통요인들의 경제적 내용이 무엇인지를 설명하기란 여전히 어렵고, 이럴 경우 요인위험프리미엄의 부호나 크기도 알 수 없다는 근본적인 문제점이 노출된다. 또한 자산의 수가 많을수록 공통요인의 수가 증가한다는 사실에 대해서도 그 이유를 설명하기 어렵다.

파마-프렌치의 3-요인모형

파마(Fama)와 프렌치(French)는 주식수익률에 영향을 미치는 공통요인으로 인한 위험프리미엄을 기업의 특성과 관련하여 규명하였다. 이들은 과거기간 동안에 높은 수익률을 보여준 기업들의 특성을 기초로 하여 위험프리미엄을 설명하는 공통요인으로 시장포트폴리오, 기업규모, 그리고 주식의 장부가-시가비율 등 세 요인을 선정하고 다음과 같은 가격결정모형을 제시하고 있다.[11)]

$$E(r_i) = r_f + [E(r_m) - r_f]\beta_{im} + [E(SMB)]\beta_{iSMB} + [E(HML)]\beta_{iHML} \quad (11 \cdot 10)$$

식 11·10에서 *SMB*는 여러 주식들을 시장가치에 따라 분류하여 포트폴리오를 구성할 때 소기업 주식포트폴리오와 대기업 주식포트폴리오의 수익률의 차이이며, *E*(*SMB*)는 소규모기업이 대규모기업에 갖는 시장의 평균적인 위험프리미엄을 나타낸다. *HML*은 여러 주식들을 장부가-시가비율에 따라 분류하여 크기 순으로 포트폴리오를 구성할 때, 그 비율이 가장 높은 주식포트폴리오와 가장 낮은 주식포트폴리오의 수익률의 차이를 나타낸다. *E*(*HML*)은 장부가-시가비율이 높은 기업이 낮은 기업에 대해 갖는 시장의 평균적인 위험프리미엄을 나타낸다.

기업특성을 나타내는 이들 두 변수는 과거기간 동안에 높은 수익률을 보여준 기업들의 특성을 관찰한 결과 얻어진 것이며, 파마와 프렌치는 장부가-시가비율이 높은 기업이 평균적으로 재무적 곤경(financial distress)에 빠질 가능성이 높으며, 소규모기업이 대규모기업에 비해 경기변동에 더욱 민감하게 영향을 받는다고 주장한다. 즉, 이들 두 변수는 시장포트폴리오의 수익률에 대한 체계적 위험인 베타가 측정하지 못하는 재무적 곤경과 경기변동에 대한 추가적인 위험을 나타낸다는 것이다.

---

11) E. Fama and K. French, "Multi-factor Explanations of Asset Pricing Anomalies," *Journal of Finance* 51(1996), pp. 55-84.

중요용어

- 시장포트폴리오 market portfolio
- 체계적 위험 systematic risk
- 자본자산가격결정모형 CAPM
- 베타 β
- 시장모형 market model
- 미래베타 ex ante beta
- 과거베타 historical beta
- 차익거래가격결정이론 APT
- 공격적 주식 aggressive stock
- 방어적 주식 defensive stock
- 증권시장선 security market line : *SML*
- 위험프리미엄 risk premium
- 파마-프렌치 3요인모형 Fama-French 3-factor model

연 | 습 | 문 | 제

11-1 자산가격결정이론 가운데 대표적이라 할 수 있는 CAPM에 대해 설명하라.

11-2 시장포트폴리오의 의미에 대해 설명하라.

11-3 체계적 위험의 측정치인 베타(β)를 구하는 방법에 대해 설명하라.

11-4 i회사에 대한 자료가 다음과 같이 주어져 있다. 무위험이자율은 6%라고 가정하고, 다음 물음에 답하라.

상태	확률	예상수익률(%)	
		i회사 (r_i)	시장포트폴리오 (r_m)
1	0.1	−30	−15
2	0.3	0	5
3	0.4	20	15
4	0.2	50	20

① $E(r_i), \sigma_i^2, \sigma_i$를 구하라.

② $E(r_m), \sigma_m^2, \sigma_m$을 구하라.

③ σ_{im}과 β_i를 구하라.

④ ①에서 구한 $E(r_i)$와 SML로부터의 균형수익률을 비교하여 보고, i회사 주식의 주가가 앞으로 어떻게 변화할지에 대해 설명하라.

11-5 서울(주)는 두 가지 투자안 A와 B에 대한 투자결정을 하려고 한다. 서울(주)의 두 투자안 및 자본시장에 관하여 아래와 같은 자료가 주어져 있다.

	서울(주)	투자안 A	투자안 B
기대수익률(%)	20.0	20.0	30.0
표준편차(%)	20.0	40.0	60.0
시장포트폴리오와의 상관계수	0.5	0.7	0.2

* 무위험이자율=12%
  시장포트폴리오의 기대수익률=20%
  시장포트폴리오 수익률의 표준편차=20%

① 투자안의 표준편차가 같으면 그 기대수익률 역시 같은 크기여야 한다는 주장이 있다. 이러한 주장은 타당한가? 설명하라.

② 증권시장선(SML)의 식을 구하라.

③ 투자안 A와 B의 베타와 증권시장선상에서 결정되는 균형수익률을 계산하고, 각 투자안의 채택 여부를 결정하라.

④ 투자안 A와 B에 반씩 투자하는 포트폴리오의 베타를 구하라.

11-6 주식 A와 B, 그리고 종합주가지수의 과거 5년간 수익률이 다음과 같다.

기간	수익률(%)		
	주식 A	주식 B	종합주가지수
1	14	13	12
2	19	7	10
3	−16	−5	−12
4	3	1	1
5	20	11	15

* 무위험이자율=4%

① 주식 A와 B의 베타를 구하라.

② 과거 5년간의 평균수치가 앞으로도 계속된다고 가정하고 증권시장선을 구하라.

③ ②에서 구한 증권시장선을 이용하여 주식 A와 B의 기대수익률을 구하라.

④ 주식 A와 B에 8 : 2로 투자하는 포트폴리오의 기대수익률을 구하라.

11-7 다음 자료를 이용하여 물음에 답하라. 현재 시장에서 거래되는 위험자산은 오직 주식 A와 주식 B만이 있다 하자. 두 종목의 총시장가치는 각기 2,000억 원과 3,000억 원이다. 다음 1년간의 투자에서 기대되는 수익률의 표준편차는 주식 A와 주식 B가 각기 20%, 30%이며 두 주식수익률 간의 상관계수는 0이다.

① 똘똘이는 500만 원을 투자하여 시장포트폴리오와 동일한 성과(기대수익률과 표준편차)를 얻기를 원한다. 똘똘이가 원하는 포트폴리오를 구성하라.

② 시장포트폴리오의 위험(표준편차)을 구하라.

③ 위 자료에서 주식 A와 시장포트폴리오 수익률 간의 공분산을 구하면 160($\%^2$)이며 주식 B와 시장포트폴리오 수익률 간의 공분산을 구하면 540($\%^2$)이다. 두 주식의 베타(β)를 구하라.

11-8 갑기업이 발행한 주식의 베타는 1.2로 추정되며, 시장의 무위험이자율은 5%, 시장포트폴리오의 기대수익률은 10%로 추정된다. 어떤 투자자가 이 주식에 투자할 때 기대하는 수익률을 CAPM을 이용하여 구하라.

11-9 [문제 11-8]의 갑기업은 1년 후에 주당 1,100원의 배당금을 지급할 계획을 갖고 있다. 또 배당 지급 후 예상되는 주식가격은 12,100원이다. 갑기업은 현재 100만 주의 신주를 발행하여 자금을 조달하려고 한다. 갑기업이 신주발행을 통하여 조달할 수 있는 자금액을 구하라.

11-10 다음 자료를 이용하여 물음에 답하라. 현재 시장의 무위험이자율은 5%이며 시장의 기대수익률은 10%이다. 서울기업과 평양기업이 발행한 주식의 베타는 각기 1.0과 1.6이며, 시장의 분석가들이 추정하는 1년 후 주가는 각기 22,000원과 13,000원이다.

① 똘똘이는 서울기업의 현재 주식가격이 18,000원인 것을 확인하였다. 똘똘이가 서

울기업 주식을 사야 하는가? 아니면 공매(short sale)를 해야 하는가?

② 평양기업의 현재 주가가 11,000원으로 형성되었다 하자. 평양기업 주식에 대한 투자전략을 설명하라.

③ ①과 ②에서 두 주식의 가격이 어떻게 조정될지 설명하라.

제 12 장

자본비용과 위험을 고려한 자본예산

제Ⅲ편에서는 투자안의 미래현금을 확실히 안다고 가정하는 위험이 없는 투자결정에 대하여 설명하였다. 제 10 장과 제 11 장에서는 위험의 개념과 측정방법, 그리고 위험자산에 투자할 때 적정한 위험프리미엄을 어떻게 구할 수 있는지에 대해 살펴보았다. 이 장에서는 앞에서 배운 내용들을 기초로 하여 위험을 고려한 투자안 평가, 즉 미래현금흐름이 불확실한 경우 투자안의 평가방법을 살펴보기로 한다. 미래현금흐름이 불확실할 때 투자안 평가를 위한 할인율(자본비용)을 어떻게 계산할 수 있는지와 필요한 자금을 부채를 이용하여 조달하는 경우에는 자본비용에 어떤 영향을 미치는지를 살펴본다. 또 자본비용을 어떻게 이용할 수 있는지에 대해서도 살펴본다.

생·각·의·전·당

SK하이닉스가 새로운 사업으로 치매예방을 위한 신약개발에 투자하려 한다 하자. 이 신사업의 평가에 기존기업의 자본비용을 적용하는 것이 바람직할까? 자기자본만으로 사업을 영위하던 화이자가 자본구조를 부채와 자기자본을 각기 50:50으로 변경하려 한다면, 화이자의 주주가 부담하는 위험과 기대수익률은 어떻게 될까?

12.1 현금흐름의 불확실성과 투자안 평가

제Ⅲ편의 자본예산분석에서는 투자에서 실현되는 미래현금흐름을 확실히 알고 있다는 가정하에 투자안을 평가하는 과정을 살펴보았다. 그러나 현실에서는 새로운 투자에서 얻게 될 미래현금흐름을 확실히 예측할 수 있는 경우가 거의 없다. 예를 들어, 어느 석유회사가 유전개발에 참여하려고 할 때 유전개발로부터 기대되는 현금흐름은 석유의 부존량과 유가수준 등 여러 요인에 의해 변하게 되므로 정확한 예측이 불가능하다. 이와 같이 미래현금흐름에 불확실성이 존재하는 경우, 투자안의 가치를 합리적으로 평가하기 위해서는 이러한 불확실성, 즉 투자위험을 투자안의 평가에 적절하게 반영하여야 한다. 미래현금흐름에 불확실성이 없는 경우 투자안 평가를 위한 할인율은 무위험이자율이었으나, 위험이 있는 경우 무위험이자율은 적절한 할인율이 될 수 없다.

위험을 고려하여 투자안을 분석하는 경우 해결해야 할 두 가지의 기본적인 문제가 있다. 첫째, 투자안의 위험을 어떻게 정의할 것인가 하는 문제이다. 개별투자안의 위험은 총위험 또는 시장의 공통요인과 관련된 체계적 위험으로 구분할 수 있다. 이들 중 어느 것을 투자안의 평가에 사용할 것인지를 결정해야 한다. 둘째, 투자안을 평가할 때 투자안의 위험을 어떻게 반영할 것인가에 대한 문제이다. 투자안의 경제성분석에 있어 위험을 고려하는 기술적인 방법을 찾아야 한다. 다음에서는 위의 기본적인 두 가지 문제에 대해 간략히 살펴보기로 한다.

총위험과 체계적 위험

투자안의 위험(risk)은 투자안으로부터 예상되는 미래현금흐름의 불확실성을 의미하는 것으로 이를 계량화하기 위해서는 미래현금흐름의 분산 또는 표준편차를 이용하는 것이 보통이다. 그러나 투자대상이 되는 개별투자안의 위험(이를 총위험이라고 하자) 중에는 분산투자로 없앨 수 있는 분산 가능한 위험(diversifiable risk), 즉 비체계적인 위험(unsystematic risk)이 있는 반면, 포트폴리오를 구성하여도 없어지지 않는 분산 불가능한 위험(undiversifiable risk), 즉 체계적 위험(systematic risk)이 있다.

$$총위험 = 체계적\ 위험 + 비체계적\ 위험 \tag{12·1}$$

특정 투자안의 비체계적 위험을 분산투자를 통해 없앨 수 있다면 이 위험은 투자안 평가에서 중요한 역할을 못한다. 따라서 분산투자가 가능한 경우에 투자안의 평가에서 고려대상이 되는 위험은 체계적 위험이다.

할인율을 조정하는 방법과 현금흐름을 조정하는 방법

투자로부터 발생하는 미래현금흐름을 할인하는 할인율이 일정한 경우 투자의 순현가를 구하는 식은 다음과 같다.

$$NPV = \frac{CF_1}{(1+r)} + \frac{CF_2}{(1+r)^2} + \cdots + \frac{CF_n}{(1+r)^n} - I_0 \tag{12·2}$$

NPV : 투자안의 순현가
CF_t : t기의 현금흐름
I_0 : 초기의 투자비용
r: 할인율
n : 현금흐름이 실현되는 기간

위의 식 12·2에서 미래현금흐름이 불확실한 경우 이를 반영하는 방법에는 두 가지가 있다. 하나는 식 12·2의 분모를 조정하는 방법으로 현금흐름의 불확실성을 고려하여 할인율을 높게 잡는 방법이다. 현금흐름이 확실할 때에는 현재가치를 계산하기 위하여 무위험이자율을 할인율로 사용하였다. 그러나 위험 있는 투자안의 가치를 계산하기 위해서는 미래의 기대현금흐름을 위험에 따라 조정된 할인율(또는 자본비용, cost of capital)로 할인하게 된다. 이와 같은 방법을 위험조정할인율법(risk adjusted discount rate method)이라고 부른다. 위험조정할인율법은 식 12·2에서 분모에 있는 r을 투자안의 위험에 따라 조정하는 방법이다. 위험이 큰 투자대상으로부터 예상되는 현금흐름은 높은 할인율을, 위험이 작은 투자대상으로부터 예상되는 현금흐름은 낮은 할인율을 사용하게 된다.

위험을 고려하여 투자안을 평가하는 또 다른 방법으로는 식 12·2의 분자부분을 조정하는 방법으로 위험이 있는 미래현금흐름을 위험이 없는 확실한 현금흐름에 해당되도록 조정하고 이 확실한 현금흐름을 무위험이자율로 할인하여 투자안의 가치를 계산하는 방법이다. 이를 확실성등가법(certainty equivalent method)이라고 부른다. 확실성등가법보다는 위험조정할인율법이 일반적으로 사용되므로 여기에서는 이를 중심으로 설명한다.

12.2 위험조정할인율법과 자본비용

위험조정할인율법의 개념

위험조정할인율법은 투자안에서 기대되는 현금흐름을 투자위험을 반영한 위험조정할인율(risk adjusted discount rate)로 할인하여 순현가를 계산하고 투자안을 평가하는 방법이다. 위험조정할인율은 앞서 공부한 CAPM 등의 균형가격결정모형으로부터 계산될 수 있다. 위험조정할인율은 필요자금을 제공한 자본제공자의 입장에서 보면 제공한 자본에 대해 요구하는 최소한의 요구수익률이며, 기업 입장에서는 자본사용의 대가로 지급하는 자본비용의 의미를 갖는다. 위험조정할인율을 적용하는 경우 식 12·2의 순현가의 계산식은 다음과 같이 나타낼 수 있다.

$$NPV = \frac{E(CF_1)}{(1+k)} + \frac{E(CF_2)}{(1+k)^2} + \cdots + \frac{E(CF_n)}{(1+k)^n} - I_0 \qquad (12\cdot2)'$$

$E(CF_t)$: t기의 기대현금흐름

k : 위험조정할인율(자본비용)

위험조정할인율(자본비용)의 계산

위험조정할인율은 무위험이자율에 투자안의 위험을 반영한 위험프리미엄을 더해 결정된다.

$$\text{위험조정할인율} = \text{무위험이자율} + \text{위험프리미엄} \qquad (12\cdot3)$$

식 12·3에서 위험프리미엄은 투자안의 위험의 크기에 따라 결정된다. 위험이 클수록 위험프리미엄이 커질 것이므로 위험조정할인율이 커지게 된다.

설명을 간단히 하기 위해 자기자본만으로 필요자금을 조달한 경우를 먼저 생각해 보자. 부채를 사용할 때의 위험조정할인율에 대하여는 뒤에서 설명한다. CAPM이 성립한다면 투자안의 적절한 위험조정할인율은 제 11.2 절에서 살펴본 증권시장선을 통해서 구할 수 있다. 증권시장선에서 주주의 요구수익률은 무위험이자율에 체계적 위험 부담의 대가인 위험프리미엄을 더한 값이고 이 값이 투자안의 위험조정할인율이다.

$$\text{증권시장선} : E(r_i) = r_f + [E(r_m) - r_f] \cdot \beta_i \qquad (12\cdot4)$$

식 12·4의 증권시장선에서 r_f는 무위험이자율, $[E(r_m) - r_f]$는 시장의 위험프리미엄, β_i는 투자안의 체계적 위험을 나타낸다. 이들 중 무위험이자율은 투자안이 채택되는 시점에서 무위험채권의 가격을 관찰함으로써 얻을 수 있으며, 시장 위험프리미엄은 시장포트폴리오의 미래의 수익률을 예측하거나 과거 평균치를 구하여 추정할 수 있다. 체계적 위험의 척도인 베타를 추정하는 방법에 대하여는 이미 제 11 장 '자본자산가격결정모형'에서 설명하였다. 다음 예를 통하여 위험조정할인율을 계산하는 과정을 살펴보자.

식품회사인 진선미주식회사의 주식의 베타는 0.5이다. 이 회사는 타인자본을 전혀 사용하지 않고 있으며, 자기자본만으로 회사를 두 배로 증설하려고 한다. 따라서 새로운 투자안의 베타도 종전회사의 베타와 같게 된다. 증설로 인한 투자로부터 예상되는 현금흐름을 몇 %로 할인하여 현가를 계산할 것인가? 단, 무위험이자율은 7%, 시장포트폴리오의 수익률은 15%로 예상된다고 하자.

위의 자료로부터 증권시장선을 구하여 기대수익률을 계산하면 다음과 같다.

$$E(r_i) = 7\% + (15\% - 7\%) \times 0.5 = 11\%$$

이 회사의 기대수익률은 11%이며, 이는 새로운 투자대상에도 적용된다. 즉, 새로운 투자안의 평가를 위해 사용될 위험조정할인율은 바로 11%이다.

증설에 따라 다음 해에 1,000억 원의 추가적인 현금흐름이 기대되며, 이를 위한 현재의 투자액이 850억 원이라면, 할인율 11%를 사용한 증설투자안의 순현가는 약 50.9억 원이므로 진선미주식회사는 이 증설투자안을 채택하게 될 것이다.

$$NPV = \frac{1,000}{1.11} - 850 = 50.9\,(\text{억 원})$$

그러나 앞의 문제설정에서도 나타나 있듯이 진선미주식회사가 새로운 투자에 적용할 위험조정할인율을 위와 같이 계산하여 사용한다는 것은 다음과 같은 전제하에서만 타당한 것이다. 첫째, 새로운 사업의 위험은 기존회사의 위험과 동일하다. 즉, 신규투자안의 특성이 기존회사의 사업내용과 차이가 없다. 둘째, 이 회사는 타인자본의 사용이 전혀 없이 100% 자기자본으로 조달된 회사라는 점이다. 타인자본을 사용할 때의 투자안 평가에 대해서는 뒤에서 설명될 것이다.

위험조정할인율 계산 시 고려해야 할 사항

기업이 투자를 할 때에 부담하는 위험을 위험의 원천에 따라 분류하면 사업위험과 재무위험으로 나눌 수 있다. 자기자본만으로 투자에 필요한 자금을 조달하는 기업은 사업위험만을 부담하나, 기업이 타인자본을 사용할 때에는 사업위험과 재무위험을 동시에 갖게 된다. 사업위험(business risk)은 기업마다 가지고 있는 영업활동의 특성과 자산의 성격에 따라 발생하는 위험을 말한다. 여기서 영업활동의 특성과 자산의 성격에 의하여 결정되는 사업위험은 타인자본의 사용 여부와 무관하게 결정되는 기업의 위험이다. 예컨대 원양어업의 위험이 크며 식료품사업의 위험이 작다는 것은 영업활동의 특성과 자산의 성격에 따라 결정되는 위험인 사업위험에 기초를 두고 하는 말이다. 바로 앞에서 제시한 두 가지 전제 가운데 첫 번째 전제의 내용을 다른 말로 바꾸면, 신규투자안의 사업위험이 기존사업의 사업위험과 같다는 것이다.

재무위험(financial risk)은 타인자본을 사용하기 때문에 발생하는 위험이다. 기업이 영업활동에서 벌어들인 이익은 우선적으로 타인자본에 대한 이자지급에 사용되므로, 주주의 입장에서 본다면 타인자본을 사용한다는 것은 그만큼 자신이 가져갈 수 있는 몫의 불확실성을 크게 한다는 말이 된다. 이때의 위험이 바로 재무위험이다. 앞서 말했던 전제 가운데 두 번째는 이러한 재무위험이 존재하지 않는다는 의미이다.

결국 진선미주식회사가 기존주식의 베타를 이용하여 새로운 투자안의 위험조정할인율을 구한 것은 ① 새로운 투자대상의 사업위험이 기존회사의 사업위험과 같고 ② 재무위험이 존재하지 않는 경우의 위험조정할인율을 계산하는 것이라고 볼 수 있다. 사업위험과 재무위험은 체계적 위험인 β에 영향을 미치므로, 만일 새로운 투자안에 대한 상황이 이 두 전제와 부합되지 않는다면 위험조정할인율은 다른 방법으로 계산되어야만 한다. 그 내용을 살펴보기로 하자.

기존기업과 새로운 투자안의 사업위험이 다른 경우

기존기업의 사업위험은 새로운 투자안의 사업위험과는 차이가 날 수 있다. 식품업을 하는 진선미주식회사에서 자동차부품공장을 설립한다면, 기존회사와 새 투자안의 사업위험은 같다고 볼 수 없다. 이에 따라 양자의 체계적 위험도 달라진다. 앞의 예에서 진선미주식회사의 베타는 0.5였으며, 이를 이용하여 증권시장선상에서 구한 진선미주식회사 주식의 기대수익률은 11%였다. 이 기대수익률을 새로운 투자인 자동차부품업의 평가를 위한 할인율로 그대로 쓸 수 없는 이유는, 식품업의 사업위험과 자동차부품업의 사업위험이 다르기 때문이다. 예컨대 자동차부품업의 체계적 위험인 β가 1.3이라고 하자. 새로운 사업의 기대수익률을 증권시장선을 이용하여 구하면 $7 + (15 - 7) \times 1.3 = 17.4\%$이다. 이때는 진선미주식회사가 투자주체가 되지만, 자동차부품업에 투자할 때의 할인율은 진선미주식회사

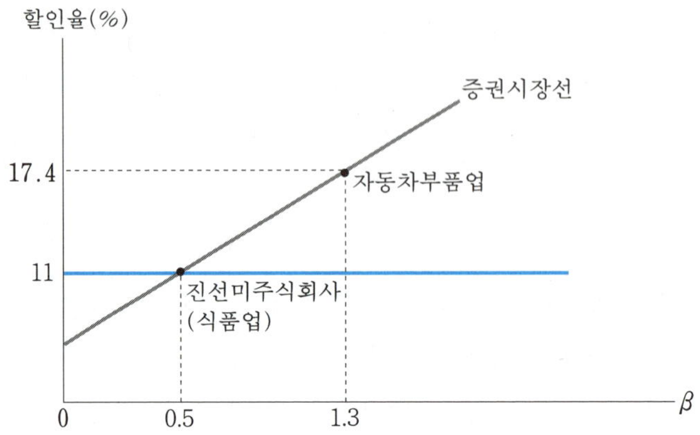

그림 12-1 진선미주식회사의 기대수익률과 자동차부품업의 할인율

주식의 기대수익률인 11%가 아니라 자동차부품업의 기대수익률인 17.4%가 이용되어야 한다. 따라서 투자안을 평가할 때 사용하는 할인율은 투자결정을 하는 주체의 할인율이 아닌 투자대상의 위험을 적절하게 반영한 기대수익률이다. 이를 그림으로 나타내면 위의 [그림 12-1]과 같다.

[그림 12-1]은 증권시장선상에서 자동차부품업의 할인율은 17.4%, 그리고 진선미주식회사의 기대수익률은 11%임을 보여주고 있다. 즉, 투자대상으로부터 예상되는 현금흐름을 할인할 때는 그 투자안의 체계적 위험이 얼마냐에 따라 할인율이 달라진다. 이와 같이 기업마다, 또 투자내용마다 서로 달라질 수 있는 사업위험 때문에 기업이나 투자안의 β가 달라지는데, 사업위험을 결정하는 요인에는 다음과 같은 것들이 있다.

첫째, 미래수익의 변화양상이다. 기업마다 경기변화에 따라 매출액(수익)의 변화가 다르게 나타난다. 소매점이나 자동차판매사업의 수입은 경기주기와 같은 방향으로 움직이는 반면, 식료품사업의 매출액은 경기주기와 거의 무관하게 안정적이다. 매출액의 변화가 경기상황의 변화와 밀접하게 관련되어 있는 기업의 베타는 크고, 그렇지 않은 기업의 베타는 작다.

둘째, 고정영업비용의 부담에 따른 영업레버리지효과(operating leverage effect)이다. 기업에서 발생하는 비용은 매출액 변화와 관계없이 일정하게 발생하는 고정비와 매출액에 비례하여 발생하는 변동비로 구분할 수 있다. 제 5 장에서 살펴본 것처럼 고정비의 비중이 클수록 매출액이 변화할 때 영업이익의 변화폭이 더 커지는 영업레버리지효과가 나타난다. 따라서 다른 조건이 같다면 고정비의 비중이 큰 기업일수록 베타가 크게 나타난다.

부채를 사용함으로써 재무위험이 존재하는 경우

영업활동에서 발생하는 고정비의 비중이 클수록 기업의 베타에 미치는 영향이 커진다. 마찬가지로 부채사용에 따른 재무위험도 고정비 때문에 커진다. 즉 부채의 사용에 따라 채권자에게 지급하는 이자비용은 주주의 입장에서 보면 일종의 고정비가 되므로, 고정영업비용이 경기변동에 따른 영업이익의 변동폭을 크게 했듯이, 이자비용이라는 고정비 역시 주주에게 돌아가는 이익의 불확실성을 증가시킨다. 이러한 효과를 재무레버리지효과(financial leverage effect)라고 하였다. 이러한 재무레버리지효과는 이자비용이 커질수록 커지며, 따라서 다른 조건이 같다면 부채비율이 높아질수록 베타값이 커지게 된다. 재무레버리지효과에 대해서는 제 5 장에서 살펴보았다.

예를 들어 식품회사인 진선미주식회사의 자본구성이 자기자본만으로 구성되어 있던 앞의 예에서 베타가 0.5였다면, 이 회사가 부채를 50% 이용하였을 때 진선미주식회사 주식의 베타는 이보다 훨씬 큰 값을 갖게 되는 것이다. 따라서 부채를 전혀 사용하지 않고 있는 진선미주식회사가 부채를 사용하여 재무레버리지의 변화를 가져왔다면, 이후의 투자대상 평가에 있어서는 더 이상 기존의 위험조정할인율을 할인율로 사용해서는 안 된다. 그러면 부채의 사용에 따른 적절한 베타의 측정은 어떻게 할 수 있을까? 이에 대한 설명은 뒤에서 살펴보기로 하자.

비상장기업의 할인율결정 : 대용베타

지금까지 베타를 이용하여 투자로부터 예상되는 현금흐름의 현가계산을 위한 위험조정할인율을 계산하는 과정을 설명하였다. 베타는 주식수익률이 시장상황에 따라 얼마나 민감하게 변화하는가를 나타내는 것이다. 상장기업의 주식가격은 언제나 증권시장을 통하여 알 수 있으나, 비상장기업은 그 주식가격의 변화를 알아볼 수 없기 때문에 베타를 계산할 수 없다. 이런 상황에서는 비상장기업이나 새로운 투자안의 평가를 위한 할인율계산에 유사한 업종에 속하는 상장기업의 베타를 대신 이용할 수 있다. 이 기업을 대용회사(proxy company)라 하고, 이 회사 주식의 베타를 대용베타(proxy beta)라 한다.

예를 들어 보자. 비상장기업인 천지건설이 사업다각화를 위해 라면공장을 설립하려고 한다. 이 계획의 타당성을 평가하기 위하여는 라면사업으로부터 예상되는 현금흐름을 할인하여 현가를 계산해야 하는데 그 할인율을 어떻게 구할 것인가?

천지건설은 비상장기업이므로 증권시장에서 베타를 구할 수 없다. 또 천지건설의 할인율을 구했다 해도 이 할인율을 라면사업의 평가를 위한 할인율로 사용할 수 없다. 왜냐하면 천지건설과 라면사업의 사업위험이 다르기 때문이다. 천지건설이 대용회사로 농심(주)을 선택했다 하자. 대용회사가 될 농심(주)은 부채를 전혀 사용하고 있지 않으며, 천지건설도 모두 자기자본으로 라면사업에 진출하려고 한다. 증권시장에서 구한 농심(주)의 주식의 베타는 1.0이며, 증권시장선은 $E(r_i) = 7 + (15 - 7) \times \beta_i$라고 한다면 농심(주)의 주식으로부터 기대되는 수익률은 15%$(= 7 + (15 - 7) \times 1.0)$이다. 따라서 천지건설에서 라면사업에 투자한다면 그 투자분석에 사용되는 할인율은 15%이다.

부채사용과 위험조정할인율

지금까지는 자기자본으로만 필요한 자금을 조달하는 경우를 가정하고 사업위험을 반영한 위험조정할인율을 어떻게 계산하는지 살펴보았다. 그러나 현실적으로 부채를 사용하지 않는 기업들은 거의 없다. 타인자본, 즉 부채를 사용하는 경우 재무레버리지효과의 발생으로 주주가 부담하는 위험은 자기자본만 사용하는 경우에 비해 더 커진다. 이에 따라 체계적 위험인 베타도 커지게 되어 할인율도 달라지게 된다.

부채의 사용과 베타

어떤 기업이 기존사업과 다른 새로운 투자안을 계획하면서 투자안의 베타로 대용회사의 베타를 이용한다고 하자. 그러면 새로운 투자안의 사업위험을 적절히 베타에 반영시킬 수 있다. 그러나 그 대용회사의 타인자본의존도가 50%인데 이

기업은 새로운 투자안에 필요한 자금의 30%만을 타인자본으로 조달하려고 한다면, 이때는 대용회사의 베타를 새로운 투자의 베타로 사용할 수 없다. 재무위험이 다르기 때문에 주식들의 베타가 다르며, 따라서 기대수익률(할인율)도 달라지기 때문이다. 이처럼 기업이 부채를 이용하여 필요자본을 조달하거나 대용회사와 투자안의 타인자본의존도가 다른 경우 어떤 방법으로 투자안의 베타를 결정하는지를 알아보자.

부채의 사용에 따른 베타의 계산은 기본적으로 포트폴리오의 베타계산과 같은 방법으로 할 수 있다. 기업의 재무상태표에서 자산의 총크기는 부채(또는 타인자본)와 자기자본을 합한 것과 같다.

$$\text{자산} = \text{부채} + \text{자기자본}$$

위 등식을 포트폴리오적인 관점에서 해석하면 어느 기업의 자산이란 그 기업이 사용하고 있는 타인자본과 자기자본의 포트폴리오로 볼 수 있다. 따라서 부채의 베타를 β_B, 자기자본의 베타를 β_S라고 한다면 자산의 베타 β_A는 부채의 베타 β_B와 자기자본의 베타 β_S의 가중평균으로 구할 수 있다.

$$\beta_A = \beta_B \cdot \frac{B}{B+S} + \beta_S \cdot \frac{B}{B+S} \qquad (12\cdot5)$$

B : 부채(타인자본)의 가치
S : 자기자본의 가치

식 12·5에서 β_S는 기업이 부채를 사용하는 경우의 주식에 대한 체계적 위험을 나타낸다. 이러한 의미에서 β_S를 재무위험이 반영된 베타(levered β)라고 부르며, β_L로 표현하기도 한다. 이제 식 12·5를 이용하여 부채를 전혀 사용하지 않는 경우의 주식의 베타를 도출해 보자. 부채를 사용하지 않는 경우는 식 12·5에서 $B=0$인 경우이다.

$$\beta_A = \beta_B \times 0 + \beta_S \times \frac{S}{0+S} = \beta_S$$

즉, 부채를 사용하지 않는 기업에 있어서 주식의 베타는 바로 자산의 베타 β_A가 된다. 이때의 주식베타는 재무위험이 없는 베타(unlevered β), 즉 사업위험만

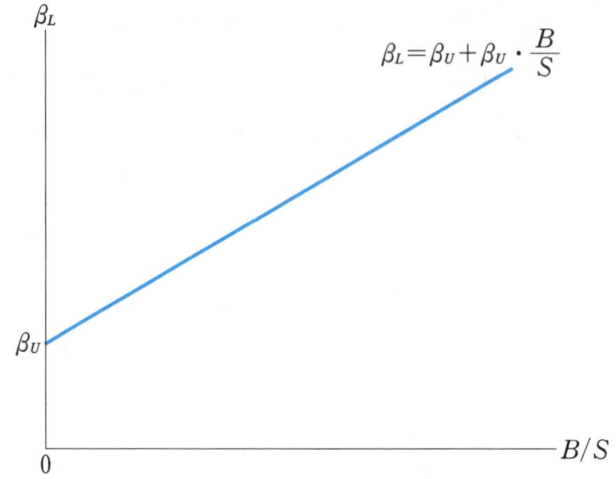

그림 12-2 β_L과 부채비율의 관계

을 반영한 베타이며, 이를 β_U로 나타내기로 한다.

이제 식 12·5에서의 β_A를 β_U로, β_S를 β_L로 표기하고, 부채의 베타 β_B는 미래 현금흐름의 불확실성이 없어 0으로 보면 식 12·6과 같은 관계식을 도출할 수 있고, 다시 식 12·6을 β_L에 관해 정리하면 식 12·7을 얻을 수 있다.

$$\beta_U=\frac{S}{B+S}\cdot\beta_L \tag{12·6}$$

$$\beta_L=\left(1+\frac{B}{S}\right)\cdot\beta_U$$

$$=\beta_U+\beta_U\cdot\frac{B}{S} \tag{12·7}$$

식 12·7을 그림으로 나타낸 것이 [그림 12-2]이다. [그림 12-2]에서와 같이 부채를 사용하는 기업의 주식베타 β_L은 부채비율 B/S가 커짐에 따라 정비례하여 커진다.

식 12·6과 12·7을 이용하는 예를 들어 보자. LG전자 주식의 β는 2.4이며, 이 회사는 총자본 중에서 타인자본을 50% 사용하고 있다 하자. 즉 $B/S=1$이다. 이 회사가 타인자본을 전혀 사용하지 않는 경우의 베타는 식 12·6을 이용하면 1.2가

된다.

$$\beta_U = \frac{S}{B+S} \cdot \beta_L = \frac{1}{2} \times 2.4 = 1.2$$

만일 LG전자가 총자본의 40%를 타인자본으로 사용하면 이 회사의 주식의 베타는 얼마나 될까? $\beta_U = 1.2$이므로 이를 기준으로 하여 β_L을 구하려면 식 12·7을 이용한다. 타인자본(B)과 자기자본(S)의 비율이 40 : 60이므로 β_L은 다음과 같이 2.0으로 계산된다.

$$\begin{aligned}\beta_L &= \beta_U + \beta_U \cdot \frac{B}{S} = 1.2 + 1.2 \times \frac{40}{60} \\ &= 1.2 + 0.8 = 2.0\end{aligned}$$

법인세를 고려하는 경우

앞에서는 법인세가 없는 경우를 설명하였으나, 보다 일반적으로 법인세가 있는 현실을 고려한다면 식 12·7은 다음과 같이 변형된다. 이에 대한 자세한 증명과 설명은 생략하기로 하고 여기서는 결과만 이용하기로 하자.

$$\beta_L = \beta_U \left[1 + \frac{B}{S}(1-T)\right] \qquad (12 \cdot 8)$$

T : 법인세율

식 12·8이 법인세가 있는 경우에 무위험부채를 이용할 경우의 주식 베타를 구하는 일반적인 식이다. 위의 식을 β_U에 대하여 정리하면 다음과 같다.

$$\beta_U = \frac{\beta_L}{1 + \frac{B}{S}(1-T)} \qquad (12 \cdot 9)$$

앞서 살펴본 LG전자의 예를 계속해서 살펴보자. 자기자본만 이용하는 경우 이 회사 주식의 베타가 1.2라 하고, 이 회사의 법인세율이 40%라면 총자본의 40%를 부채로 사용하는 경우 주식의 베타는 다음과 같이 1.68이다.

$$\beta_L = \beta_U\left[1 + \frac{B}{S}(1-T)\right] = 1.2\left[1 + \frac{40}{60}(1-0.4)\right] = 1.68$$

부채사용에 따른 재무위험이 반영된 주식의 베타가 구해지고 나면 증권시장선을 이용하여 주주의 요구수익률, 즉 자기자본의 자본비용을 구할 수 있다. 시장에서 기대되는 증권시장선 식이 $E(r_i) = 7\% + 8\% \times \beta_i$라면 LG전자의 자기자본비용은 다음과 같이 20.44%이다.

$$E(r_i) = 7\% + 8\% \times 1.68 = 20.44\%$$

그러나 이와 같이 자기자본비용이 구해졌다고 해서 이것이 투자안 평가를 위한 할인율로 사용될 수 있는 것은 아니다. 타인자본을 사용하는 기업의 경우 투자된 자본은 자기자본과 타인자본의 합이기 때문이다. 따라서 적절한 할인율은 투자된 자본 전체의 평균자본비용이다. 이에 대해서는 다음 절에서 살펴본다.

12.3 가중평균자본비용과 이용

원천별 자본비용과 가중평균자본비용

새로운 투자를 위한 자본조달원천에는 타인자본, 우선주, 자기자본 등이 있다. 원천별 자본비용은 이 중 특정 원천으로 자본을 조달하였을 때 부담하는 자본비용을 말한다. 타인자본으로 조달하였을 때 부담하는 비용은 타인자본비용, 우선주로 조달하였을 때는 우선주자본비용, 그리고 자기자본으로 조달하였을 때의 비용은 자기자본비용이라고 한다. 가중평균자본비용(weighted average cost of capital : *WACC*)은 원천별 자본비용을 각 원천별 자본이 총자본에서 차지하는 구성비율로 가중평균한 값을 말한다. 원천별 자본의 제공자인 채권자, 우선주주, 주주(보통주주)들은 부담하는 위험이 다르므로 이들의 요구수익률인 자본비용 또한 서로 다르다. 따라서 기업이 여러 원천으로부터 자본을 조달하는 경우 기업의 자본비용은 원천별 자본비용의 가중평균값인 가중평균자본비용을 의미한다.

어떤 기업이 투자에 필요한 자금을 타인자본으로 B만큼 그리고 자기자본으로 S만큼을 조달하고 있다 하자. 이 기업은 타인자본을 조달할 때 k_B의 타인자본비용을 부담하며, 자기자본을 조달할 때는 k_S의 자기자본비용을 부담한다고 하자. 법인세는 없다고 하자. 이때 이 투자를 위한 할인율, 즉 자본비용은 어떻게 측정할 수 있을까? 이 기업은 k_B의 비용으로 B만큼의 타인자본을 사용하며 k_S의 비용으로 S만큼의 자기자본을 사용한다. 따라서 이 투자를 위해 사용하는 총자본의 기회비용인 할인율은 k_B와 k_S를 총자본에서 B와 S가 차지하는 비율로 곱하여 더해줌으로써 계산된다. 이를 식으로 나타내면 다음과 같다.

$$\text{투자안의 자본비용}: k_0 = k_B \cdot \frac{B}{B+S} + k_S \cdot \frac{S}{B+S} \qquad (12 \cdot 10)$$

k_0 : 투자안의 자본비용(=가중평균자본비용)
k_B : 타인자본비용
k_S : 자기자본비용
B : 타인자본의 가치
S : 자기자본의 가치

식 12·10으로 측정되는 자본비용은 바로 원천별 자본비용을 총자본에서 각 원천별 자본이 차지하는 비율로 가중하여 계산된 가중평균자본비용(*WACC*)이다. 이 가중평균자본비용은 투자안의 미래현금흐름을 평가하는 할인율로 사용된다.

원천별 자본비용의 계산

자본비용의 계산에서 한 가지 명심해야 할 것은 기업 또는 투자안의 자본비용은 기업이 과거에 조달한 자본들의 역사적인 비용이 아니라 '지금 자본을 조달한다면'이란 현재의 개념으로 자본비용을 계산해야 한다는 것이다. 이와 같이 현재의 개념으로 계산된 자본비용을 이용해야 기업의 현재가치나 투자대상에 대한 진정한 평가가 이루어진다. 여기에서는 가중평균자본비용을 계산하기 위한 첫 단계로서 각 원천별 자본비용을 측정하는 방법을 살펴본다.

타인자본비용의 계산

타인자본비용(cost of debt)은 기업이 타인자본, 즉 부채를 사용할 때 지급하여야 하는 대가이다. 부채로 자본을 조달할 때에는 사용기간 동안 매년 이자를 지급하고 만기일(부채의 상환일)에 원금을 지급하여야 한다. 이러한 경우 타인자본비용은 매년 지급하는 이자비용의 원금(타인자본사용액)에 대한 비율로 간단히 계산할 수 있다. 이는 바로 타인자본의 사용에 따르는 이자율이다. 먼저 이자의 감세효과를 고려하기 전의 타인자본비용을 계산하면 식 12·11과 같다.

$$k_B = \frac{I}{B} \qquad (12 \cdot 11)$$

I : 매년의 이자지급액
B : 타인자본사용액

그러나 타인자본에 대한 이자는 법인세계산의 기준이 되는 과세소득을 줄여주는 항목이므로 법인세 감세효과를 가져온다. 이자비용을 I만큼 부담하는 기업은 법인세율이 T인 경우 $I \cdot T$만큼의 세금을 덜 내게 되어 기업이 실제로 부담하는 이자비용은 $I(1-T)$가 되며, 실제이자율은 $k_B(1-T)$가 된다. 이자의 감세효과(interest tax shield)를 고려한 후의 타인자본의 비용을 보통 타인자본비용이라고 하며, 이를 식 12·12와 같이 나타낸다.

$$\begin{aligned} \text{세후타인자본비용} &= \text{세전타인자본비용} - \text{이자의 감세효과} \\ &= k_B(1-T) \qquad (12 \cdot 12) \end{aligned}$$

감세효과 고려 후의 타인자본비용은 세금을 고려하지 않았을 때보다 훨씬 작아진다. 예를 들어, 어떤 회사가 1,000만 원의 타인자본을 15%의 이자율로 사용하고 있으며, 그 회사의 영업이익이 500만 원이라고 하자. 법인세율이 40%라고 한다면 이때의 감세효과는 〈표 12-1〉과 같다.

이자는 과세소득에서 빼주게 되므로 이자비용의 부담에 따른 세후현금지출은 이자 150만 원이 아니라 150만 원×(1－0.4)＝90만 원이다. 〈표 12-1〉에서 보는 것과 같이 이자가 감세대상이 안 된다면 법인세액은 200만 원이지만, 감세대상이 되는 경우에는 법인세액이 140만 원으로 60만 원이 절약되는 것이다. 그러므로 법인세를 고려하면 이 회사의 타인자본비용은 9%이다.

표 12-1 이자의 감세효과

(단위 : 만 원)

이자가 감세대상이 안 될 때		이자가 감세대상이 될 때	
영업이익	500	영업이익	500
법 인 세	200	이자비용	150
세후영업이익	300	세전이익	350
이자비용	150	법 인 세	140
세후순이익	150	세후순이익	210

$$k_B(1-T) = 15 \times (1-0.4) = 9\%$$

그런데 법인세 감세효과는 실제 법인세를 부담하는 경우에만 얻을 수 있는 이익이므로, 법인세를 면제받는 기업이나 적자로 인하여 법인세 과세대상소득이 아예 없는 기업의 타인자본비용은 단순히 이자율 k_B와 같다.

자기자본비용

자기자본비용(cost of equity)은 주식(보통주)을 발행하여 자금을 조달하는 대가로 지급하는 비용을 말한다. 자기자본비용은 앞서 살펴본 타인자본비용에 비해 그 계산이 쉽지가 않다. 기업이 주식을 발행하여 자금을 조달할 때 자본사용의 대가로 얼마를 지급할 것인지가 명확하게 결정되지 않아 보통주주들이 주식투자의 대가로 얻을 수 있는 배당과 자본이득은 미래기업의 경영성과에 따라 변동하기 때문이다. 따라서 자기자본비용에는 이러한 불확실성을 부담하는 대가인 위험프리미엄이 포함되게 되며, 자기자본비용의 계산은 이 위험프리미엄을 계산하는 것이 가장 기본적인 과제가 된다. 자기자본비용을 구하는 데에는 제 7 장에서 살펴본 배당평가모형과 제 11 장에서 살펴본 자본자산가격결정모형을 이용하는 것이 보통이다.[1)]

---

1) J. R. Graham and C. R. Harvey, "The Theory and Practice of Corporate Finance : Evidence from the Field," *Journal of Financial Economics*, 60(2001), pp. 187~244. 이들의 연구결과에 의하면 조사대상 경영자(CFO) 중 약 75%가 CAPM을 이용하여 자기자본비용을 추정하며, 약 15%가 배당평가모형을 이용하는 것으로 나타났다.

CAPM을 이용한 자기자본비용의 계산

자기자본비용을 계산하는 데에는 자본자산가격결정모형을 이용한 방법이 가장 보편적으로 사용된다. 이에 대한 기본적인 골격은 제 11 장과 제 1 절에서 이미 설명되었다.

개별주식의 체계적 위험 β_i를 알고 있다면, 앞서 살펴본 식 12·4의 증권시장선에서 균형상태에서 얻을 수 있는 해당 주식에 대한 기대수익률을 찾을 수 있다.

$$\text{증권시장선} : E(r_i) = r_f + [E(r_m) - r_f]\beta_i$$

증권시장선은 미래의 기대수익률과 체계적 위험의 관계를 나타내므로 증권시장선에서 얻을 수 있는 기대수익률은 현재의 개념으로 본 자본비용이 된다.

예를 들어 과거의 평균수치가 앞으로 기대되는 수익률이라고 가정하고 증권시장에서 과거 10년 동안의 무위험이자율과 종합주가지수 수익률의 평균이 각각 $\bar{r}_f = 5\%$와 $\bar{r}_m = 15\%$라고 하자. 이를 이용하여 증권시장선을 구하면 다음과 같다.

$$E(r_i) = 5 + (15 - 5) \times \beta_i$$

과거 10년 동안의 주식 i와 시장포트폴리오의 수익률 자료를 가지고 구한 주식 i의 베타가 1.2라 하면, 이 회사의 주식에 대한 기대수익률, 즉 자기자본비용은 다음과 같이 17%이다.

$$E(r_i) = 5 + (15 - 5) \times (1.2) = 17\,(\%)$$

배당평가모형을 이용한 자기자본비용의 계산

CAPM을 이용하여 자기자본비용을 계산하려면 CAPM의 여러 가정이 성립하여야 한다. 그러나 배당평가모형을 이용하면 이러한 여러 가정의 성립 여부와 관계없이 자기자본비용을 계산할 수 있다. 투자자가 주식으로부터 기대하는 현금흐름을 적절한 할인율로 할인한 것이 현재의 주가이므로, 주주가 얻을 것으로 기대하는 미래 배당흐름이 적절하게 할인된 현가가 현재의 주식가격이다. 그리고 이때의 할인율이 자기자본비용이다.

제7장의 식 7·13에서 살펴본 것과 같이 만약 미래의 배당이 D로서 매년 일정하다면, 주식의 가치는 다음과 같다.

$$S_0 = \frac{D}{(1+k_S)} + \frac{D}{(1+k_S)^2} + \cdots + \frac{D}{(1+k_S)^\infty} = \frac{D}{k_S}$$

따라서

$$k_S = \frac{D}{S_0} \tag{12·13}$$

이므로 자기자본비용은 배당수익률(dividend yield)과 일치한다.

그러나 미래의 배당이 매년 g만큼의 비율로 성장을 하고, g가 자기자본비용 k_S보다 작다면($k_S > g$), 식 7·15에서 살펴본 것과 같이 현재의 주가 S_0는 다음과 같이 평가된다.

$$S_0 = \frac{D_1}{k_S - g}$$

이러한 모형을 항상배당성장모형(constant dividend model growth)이라고 하였다. 위 식을 k_S에 대해 정리하면 식 12·14가 얻어진다.

$$k_S = \frac{D_1}{S_0} + g \tag{12·14}$$

식 12·14에서 보는 것과 같이 배당이 항상 성장하는 경우 자기자본비용(k_S)은 배당수익률에 성장률을 더한 것과 같다.

예를 들어 2021년 1월 현재 삼일주식회사의 주가는 20,000원이며, 2021년 말에는 2,800원의 배당이 예상된다고 하자. 과거 10년간의 자료로부터 배당의 평균성장률을 계산하여 본 결과, 평균성장률이 6%였다. 이를 삼일주식회사의 배당의 항상성장률로 사용하여 자기자본비용을 구하면 다음과 같다.

$$k_S = \frac{2,800}{20,000} + 0.06 = 20\,(\%)$$

유보이익의 자본비용

순이익 중에서 배당을 지급하고 남은 유보이익도 기업의 운영에 필요한 자금을 조달하는 수단이다. 이 유보이익은 기업에서 볼 때 비용이 없는 자본조달로 생각하기 쉬우나, 유보이익의 이용에도 기회비용이 수반된다.

유보이익은 주주에게 배당으로 지급하는 대신 기업의 재투자를 위하여 유보시킨 것이므로, 주주들은 이 유보이익에 대하여 최소한 이 유보이익을 이 기업과 동일한 투자기회에 투자하였을 때 얻을 수 있는 수익만큼을 요구하게 된다. 즉, 유보시키는 대신 배당을 지급하였다면 그 배당으로 주주들은 최소한 해당 기업의 주식을 매입할 수 있었을 것이다. 그러므로 기업은 유보이익에 대하여도 주주들이 보유주식에 대하여 기대하고 있는 수익률만큼의 수익을 올려야 하며, 만일 이러한 주주의 기대에 미치지 못한다면 주가는 하락하게 된다. 따라서 유보이익의 자본비용은 주식의 자본비용과 동일하며, 유보이익을 따로 분리하여 자본비용을 계산할 필요가 없다.

기업의 현재가치를 평가할 때 자기자본의 가치는 [주식가격×발행주식수]로 나타내는데, 유보이익은 이미 주식가격에 반영이 되어 있으므로 유보이익부분을 분리하여 원천별 자본비용을 구하는 것은 의미가 없다.

가중평균자본비용의 계산과 이용

가중평균자본비용의 계산

앞서 살펴보았듯이 가중평균자본비용(*WACC*)은 투자에 필요한 자본을 구성하는 각 원천별 자본비용을 각 자본의 구성비율로 가중평균하여 구한 값으로 투자안의 가치평가를 위한 할인율이다.

기업이 투자자금을 타인자본과 보통주로 조달한다면 가중평균자본비용은 다음과 같이 계산한다.

$$k_0 = k_B(1-T)\cdot\frac{B}{V} + k_S\cdot\frac{S}{V} \qquad (12\cdot15)$$

$k_B(1-T)$: 세후타인자본비용　B : 타인자본가치

k_S: 자기자본비용　　S : 자기자본가치
k_0: 가중평균자본비용　V : 타인자본가치와 자기자본가치의 합

예를 들어 관악건설주식회사가 신규투자에 필요한 자본을 〈표 12-2〉와 같이 조달한다 하자. 〈표 12-2〉에 있는 각각의 자본비용은 앞서 설명한 방법으로 얻은 것으로서, 정확히 계산되었다고 가정한다.

표 12-2 투자안의 자본비용

구분	가치(억 원)	구성비율(%)	자본비용(%)
타인자본	40	40	8
보통주	60	60	20
합계	100	100	–

관악건설주식회사의 법인세율은 20%이며, 세전타인자본비용은 10%라 하자. 〈표 12-2〉에 나타난 타인자본비용은 이자의 감세효과를 고려한 후의 자본비용, 즉 세후타인자본비용을 나타낸 것이다. 신규투자안을 위한 자본비용은 가중평균자본비용으로서 다음과 같이 계산된다.

$$k_0 = 8 \times \frac{40}{100} + 20 \times \frac{60}{100} = 15.2\,(\%)$$

가중방법의 문제점 : 장부가치와 시장가치

가중평균자본비용의 계산에서는 자본의 구성비율에 따라서 가중하게 되는데, 자본구성비율은 장부가치에 의하여 계산하는 경우와 시장가치에 의하여 계산하는 경우에 따라 상당한 차이가 있다. 많은 경우에 재무상태표상의 자본의 가치는 역사적 원가(historical cost)에 의한 것이다. 그러므로 5년 전에 5,000원에 발행된 주식이 현재는 15,000원에 거래되고 있다면, 자기자본의 1주당 장부가치는 5,000원이나 시장가치는 15,000원이 되어, 두 가치는 커다란 차이를 보인다.

이와 같이 두 가지 방법에 차이가 있을 때, 어느 것을 택하여 자본비용을 구하여야 하는가? 시장가치에 의한 구성비율로 가중하여 계산된 자본비용을 이용하여야 의사결정을 적절하게 할 수 있다. 각 원천별 자본비용이 현재의 개념으로 구

하여졌고 의사결정도 현재시점에서 이루어지므로, 장부상의 가치가 아닌 현재의 시장가치로 가중하여야 함은 당연하다.

가중평균자본비용과 목표부채비율

앞서 살펴보았듯이 가중평균자본비용은 각 구성자본의 시장가치를 기준으로 가중비율을 구하여 계산하는 것이 마땅하다. 그러나 가중평균자본비용을 알아야 기업의 시장가치를 구할 수 있고 각 자본의 시장가치 구성비율을 알 수 있으므로, 현실적으로는 가중평균자본비용 계산을 위한 시장가치 구성비율을 알 수가 없다.[2] 이때 재무관리자는 기업의 가치(또는 투자안의 가치)를 최대로 하는 각 자본원천의 구성비율, 즉 목표부채비율(target debt ratio)을 미리 특정하고 이를 이용하여 가중평균자본비용을 구한 후 기업가치를 평가할 수 있다. 현실적으로 많은 기업의 재무관리자들은 자신의 기업가치를 극대화하는 최적자본구조가 존재한다고 믿고 있으며, 이에 기초하여 목표부채비율을 정하고 자금조달의 기준으로 이용하고 있다.

투자안의 평가

앞서의 관악건설주식회사의 신규투자에서 투자 후 3년 동안에 기대되는 현금유입은 다음과 같고, 잔존가치는 없다고 가정하자.

표 12-3 관악건설(주)의 신규투자 현금흐름

(단위 : 억 원)

년	현금유입
1	50
2	50
3	50

이와 같은 조건하에서 순현가법을 사용하면 새로운 투자안의 *NPV*는 다음과 같다. 할인율은 새 투자안의 가중평균자본비용 15.2%이다.

2) 원천별 자본비용을 계산할 수 있는 경우는, 각 자본원천별로 시장가치를 평가한 후 이를 이용하여 시장가치 구성비율을 구할 수 있다.

$$NPV = \frac{50}{(1.152)} + \frac{50}{(1.152)^2} + \frac{50}{(1.152)^3} - 100 = 13.77\ (\text{억 원})$$

이 투자는 순현가가 13.77억 원으로 양(+)의 순현가를 갖기 때문에 투자가치가 있는 것이다. 이 투자안에 대한 평가를 내부수익률법에 의해 살펴볼 경우에도 내부수익률은 약 23%가 되어,[3] 가중평균자본비용 15.2%보다 높으므로 투자가치가 있다는 결론을 얻는다.

참고사항

경제적 부가가치와 시장부가가치

기업의 경영활동을 책임지고 있는 경영자의 성과를 평가하는 기준으로 그동안 주로 이용되어 온 것은 손익계산서상의 순이익과 주식의 시장가격이었다. 그러나 순이익과 주가가 경영자의 성과를 평가하는 기준으로 바람직하지 못하다는 의견이 계속 제시되고 있다. 여기서는 순이익과 주가를 이용한 경영자의 성과평가가 어떤 문제점을 갖는지를 알아보고 대안적인 성과평가기준으로 제시되고 있는 경제적 부가가치와 시장부가가치에 대해서 살펴보자.

경제적 부가가치

손익계산서상의 순이익(당기순이익)은 영업이익에서 이자비용과 세금을 공제한 후의 값이다. 여기서 이자비용은 자본제공자 중의 하나인 외부채권자에게 지급된 자본사용의 대가이다. 그러나 순이익의 계산과정에서 보듯이 또 다른 자본제공자인 주주에 대한 자본사용의 대가는 고려되지 않고 있다. 따라서 손익계산서상의 순이익이 0보다 크다고 해서 그 기업의 경영자가 기업경영을 잘했다고 평가할 수는 없다. 이러한 문제를 극복하기 위해 도입된 개념이 경제적 부가가치 개념이다.

경제적 부가가치(economic value added : *EVA*) 또는 경제적 이익(economic profit : *EP*)은 기업이 벌어들인 영업이익에서 기업이 사용한 총자본(=타인자본+자기

---

3) 내부수익률을 y라 하면, 다음 식을 풀어 y를 구할 수 있다.

$$\frac{50}{(1+y)} + \frac{50}{(1+y)^2} + \frac{50}{(1+y)^3} = 100$$

이 식을 만족시키는 y를 시행착오법으로 풀면 약 23%가 된다.

자본)에 대한 자본비용과 세금을 공제한 후에 남는 이익으로, 그 구체적인 계산식은 다음과 같다.

$$\begin{aligned} EVA &= \text{세후영업이익} - \text{세후총자본비용} \\ &= \text{영업이익} - \text{법인세비용} - \text{총자본} \times \text{가중평균자본비용} \end{aligned} \quad (12 \cdot 16)$$

총자본에는 기업이 그해에 사용한 타인자본과 자기자본이 모두 포함된다. *EVA*는 타인자본에 대한 이자비용만을 고려하는 회계적 이익과는 달리 자기자본을 포함한 총자본의 비용을 공제한 후에 남은 이익을 나타낸다. 이와 같이 평가된 *EVA*는 바로 기업이 그해에 실현한 진정한 이익을 나타낸다. 따라서 *EVA*가 0보다 큰 기업은 자본비용 이상을 벌어들인 기업으로 평가된다. 예를 들어 어떤 기업이 세후투자수익률이 10%인 사업에 100억 원을 투자하고 있다 하자. 이 기업은 매년 10억 원의 이익을 내는 것처럼 보이나 이 기업의 가중평균자본비용이 15%라면 자본비용을 고려하고 난 후의 매년의 경제적 이익은 −5억 원으로 큰 손실을 입고 있는 것이다.

시장부가가치

손익계산서상의 순이익과 더불어 경영자의 성과를 평가하는 기준으로 많이 이용되어 온 것이 주식의 시장가격이다. 기업가치의 극대화는 일정한 조건하에서 주가의 극대화로 나타내어질 수 있으므로 주가를 높게 올려놓는 경영자는 우수한 경영자로 평가받아 왔다. 그러나 단순한 주식의 시장가치의 극대화는 투자원금을 고려하지 못한다는 문제가 있다. 즉, 주식의 총시장가치가 크다는 것이 주주의 부를 증가시키는 것과 반드시 일치하지는 않는다는 것이다. 이를 보완하는 개념으로 나타난 것이 시장부가가치이다. 시장부가가치(market value added : *MVA*)는 기업 총자본의 시장가치에서 장부가치를 뺀 값으로 측정되며, 이는 기업이 필요한 자금을 주주와 채권자들로부터 조달하여 경영활동에 투자한 결과 얼마만큼의 가치를 증가시켰는지를 나타낸다. 부채의 시장가치와 장부가치가 동일하다고 보면 *MVA*는 자기자본의 시장가치에서 장부가치를 빼 준 값으로도 계산될 수 있다.

$$MVA = \text{총자본의 시장가치} - \text{총자본의 장부가치}$$

또는

$$\begin{aligned} MVA &= \text{자기자본의 시장가치} - \text{자기자본의 장부가치} \\ &= \text{주식 수} \times \text{주식가격} - \text{자기자본의 장부가치} \end{aligned} \quad (12 \cdot 17)$$

식 12·17로 평가되는 *MVA*는 주식의 총시장가치에서 주주들이 주식구입 시에 투자한 원금인 장부가치를 빼 준 값이다. 결국 이 크기는 투자한 원금을 초과하여 증가한 주주의 부를 가리킨다. 따라서 *MVA*를 극대화하는 것은 바로 주주의 부를 극대화하는 것이 되며 재무관리의 목표에 부합된다.

다음과 같은 예를 살펴보자. 기업 A와 B가 있으며, 두 기업의 자기자본의 장부가치와 시장가치에 대한 자료가 아래 표와 같다고 하자.

A기업과 B기업의 자기자본 자료

(단위 : 억 원)

	주식의 장부가치	주식의 총시장가치	시장부가가치
A기업	100	120	20
B기업	50	100	50

위 표를 보면 단순히 장부가치나 주식의 총시장가치만을 놓고 볼 때는 A기업의 자기자본가치가 더 크므로 A기업의 경영성과가 더 우수하다고 말할 수 있다. 그러나 시장부가가치를 비교해 보면 이러한 판단이 잘못임을 분명히 알 수 있다. A기업의 주주의 부는 투자원금에 비해 20억 원이 증가하였으나 B기업의 주주의 부는 투자원금에 비해 50억 원이 증가하였다. 따라서 주주의 부를 극대화하는 재무관리의 목표에 비추어 볼 때 B기업의 경영성과가 보다 우수함을 쉽게 확인할 수 있다.

기업가치 또는 주주의 부의 증가는 기업이 투자를 통해 벌어들이는 이익이 자본비용보다 커야 발생한다. 다시 말해 기업가치의 증가분 또는 주주 부의 증가분인 *MVA*는 기업이 투자활동에서 벌어들이는 이익에서 자본비용을 공제한 후의 초과이익, 즉 *EVA*에 의해서 좌우되며, 미래 *EVA*의 현재가치의 합으로 계산할 수 있다. 예를 들어 어떤 기업이 신규투자 결과 매년 10억 원의 *EVA*를 영구히 발생시키며 이 기업의 자본비용이 10%라면, 이 기업의 신규투자에 따른 기업가치의 증가분, 즉 *MVA*는 100(=10/0.1)억 원이다.

중요용어

- 사업위험 business risk
- 재무위험 financial risk
- 대용베타 proxy beta
- 위험조정할인율 risk adjusted discount rate
- 자본비용 cost of capital
- 타인자본비용 cost of debt
- 자기자본비용 cost of equity
- 목표부채비율 target debt ratio
- 자본자산가격결정모형 CAPM
- 배당평가모형 dividend discount model
- 이자의 감세효과 interest tax shield
- 가중평균자본비용 weighted average cost of capital : *WACC*
- 경제적 부가가치 economic value added : *EVA*
- 시장부가가치 market value added : *MVA*

연 | 습 | 문 | 제

12-1 위험이 있는 투자안을 평가할 경우 반영하여야 할 위험은 투자안의 총위험과 체계적 위험 중 어느 것인가? 그 이유를 설명하라.

12-2 사업위험과 재무위험에 대해 설명하라.

12-3 체계적 위험을 고려하여 새로운 투자안을 평가하려고 할 경우 투자평가에 사용할 위험조정할인율은 어떻게 구할 것인가에 대하여 설명하라.

12-4 이자의 감세효과에 대해 설명하라.

12-5 어떤 투자자가 100만 원의 투자액을 필요로 하는 투자안을 평가하고자 한다. 이 투자안의 기대현금흐름과 확실성등가계수가 다음과 같다. 확실성등가계수는 기대현금흐름을 확실한 현금흐름으로 전환하여 주는 값이다.

(단위 : 만 원)

연도	기대현금흐름	확실성등가계수
0	-100	1.0
1	20	0.9
2	30	0.8
3	50	0.7
4	40	0.6

① 이 투자안의 순현가는 얼마인가? 단, 무위험이자율은 10%이다.

② 이 투자안은 투자가치가 있다고 볼 수 있는가?

12-6 현재의 주가가 5,000원이고 이익의 성장률이 6%인 기업이 있다. 다음 해의 배당이 400원이 될 것으로 예측될 경우, 이 기업의 자기자본비용은 얼마인가?

12-7 서울주식회사의 자본구조와 원천별 자본비용이 다음과 같다.

구분	시장가치(억 원)	자본비용(%)
타인자본	500	10
우선주	100	12
보통주	300	25

① 법인세율이 40%일 때의 가중평균자본비용은 얼마인가?

② 위의 자료 중에서 보통주는 액면가 5,000원으로 600만 주를 발행한 장부가치이다. 서울주식회사의 보통주가격이 현재 1주당 7,000원이라면 가중평균자본비용은 얼마인가?

12-8 휴대용 전화기를 생산하는 통천(주)의 총자산은 20억 원, 장기부채는 8억 원, 자본

금은 8억 원, 유보이익은 4억 원이다. 무위험이자율은 6%이다. 이 회사의 법인세율은 40%이다. 이 회사의 부채는 위험이 없다. 위 자료와 아래의 자료를 이용하여 물음에 답하라.

	통천(주) 주식	종합주가지수
기대수익률(%)	5	10
분산($\%^2$)	4	15

통천(주) 주식과 종합주가지수 수익률의 공분산은 $10\%^2$ 이다.

① 통천(주)의 자기자본비용을 CAPM을 이용하여 구하라.

② 타인자본비용을 구하라.

③ 가중평균자본비용을 구하라.

12-9 평양전자에서는 500억 원을 들여서 컴퓨터산업에 진출하려고 한다. 평양전자는 컴퓨터산업에 이미 진출하고 있는 삼성전자를 대용회사로 이용하기로 하였다. 삼성전자 주식의 β는 2.0이며, 이 회사의 부채비율(B/S)은 200%였다. 평양전자에서는 이 사업을 삼성전자와 같은 형태로 하려고 하며, 목표부채비율(B/S)을 삼성전자와 같은 200%로 하기로 하였다. 무위험이자율은 10%이고 시장포트폴리오의 기대수익률은 20%로 예상되고 있다. 다음 물음에 답하라.

① 증권시장선을 구하라.

② 평양전자의 주식의 베타는 얼마일까?

③ 평양전자가 투자할 때 기대되는 현금흐름을 할인하는 할인율은 얼마인가? 법인세율은 40%이며, 세전타인자본비용은 12%이다.

12-10 관악통신은 1,000억 원을 들여서 이동통신사업에 진출하려고 한다. 필요한 자금은 부채와 자기자본을 같은 비율로 하여 조달할 것이다. 이미 이동통신사업에 진출해 있는 한국이동통신을 대용회사로 결정하고 조사한 결과 한국이동통신의 주식의 β는 1.5이고 타인자본의존도(B/S)는 100%이다. 새로운 투자로부터 기대되는 현금흐름이 다음의 표와 같다고 할 때, 다음 물음에 답하라. 단, 법인세율은 40%, 무위험이자율은 10%이고 시장포트폴리오의 기대수익률은 20%로 예상된다. 타인자본조달에 따른 추가적인 위험은 없다고 하자.

(단위 : 억 원)

연도	현금흐름
0	−1,000
1	300
2	500
3	600

① 관악통신 주식의 β는 얼마나 될까?

② 관악통신의 투자로부터 기대되는 현금흐름은 얼마로 할인해야 하는가?

③ 이 투자안의 순현가는 얼마인가?

Financialmanagement

제 V 편

자본구조와 주주환원정책

제 13 장

장기자본조달

기업이 필요한 자금을 조달하는 방법은 매우 다양하다. 제3장 '재무관리 환경'에서 살펴보았던 것처럼 기업은 은행에서 대출을 받을 수도 있으며, 주식이나 사채를 발행하여 필요자금을 조달할 수도 있다. 그중에서도 주식이나 사채 등의 증권을 발행하여 장기간 사용할 자금을 조달하는 것은 기업에 있어서 매우 중요하다. 이 장에서는 그동안 자세한 설명을 미루어 왔던 여러 종류의 주식과 사채에 대하여 그 특성과 발행절차 등을 살펴본다. 또 신주인수권부사채와 전환사채 등의 선택권부증권에 대해서도 살펴본다.

생·각·의·전·당

기업은 장기간 사용할 자금을 조달하기 위해 사채, 보통주, 우선주, 전환사채 등 다양한 종류의 증권을 이용할 수 있다. 각각의 증권은 어떤 특성을 갖고 있으며, 특정 증권의 발행은 기업의 기존 주주와 채권자에게 어떤 영향을 미칠까? 또 이들 증권에 투자하는 투자자는 각각 어떤 권리를 가지며, 어떤 상황에서 특정 증권에 투자하려 할까?

13.1 장기자본조달의 개요

장기자본조달의 의의

재무관리의 중요한 두 기능은 투자결정과 자본조달결정이다. 재무관리의 본질은 가능한 최소의 자본비용으로 자본을 조달하고 조달된 자본을 최대의 수익을 올릴 수 있는 곳에 투자함으로써 기업의 가치를 극대화하는 데에 있다. 일반적으로 자본조달의 원천을 구분할 때, 조달되는 자본의 만기에 따라 단기자본조달과 장기자본조달로 구분한다. 이러한 구분은 물론 편리성도 있으나, 근본적으로 본다면 자본조달을 투자대상의 특성과 가장 잘 연결시킬 수 있는 구분방법이라는 데서 그 이유를 찾을 수 있다. 예를 들어 유동자산에 필요한 자금은 단기자본으로 조달하고 비유동자산에 필요한 자금은 장기자본으로 조달한다든지 하는 것이다.

자본조달을 장·단기로 나누어 논의하는 또 하나의 큰 이유는, 특히 장기자본조달과 관련하여 나타나는 기업지배권(corporate control)의 문제 때문이다. 계속기업(going concern)으로서만이 존재의 의미를 가지는 오늘날의 기업특성상 기업의 지배권은 필연적으로 장기자본, 그 가운데서도 주식에 의한 자본조달과 직접적인 관련을 갖는다. 즉, 장기자본조달의 문제는 자본조달에 따른 비용만의 문제가 아니라, 기업의 지배권과 관계되는 문제이기 때문에 보다 복잡한 양상을 띠게 된다. 앞으로 살펴볼 주식의 발행과 관련된 제반 문제라든가 선택권부증권의 논의 등은 이와 관련된 문제들이다.

이처럼 장기자본조달은 기업의 존립과 결부되는 중요한 특성을 가지고 있으므로 장기자본이 조달되는 시장은 단기자본이 조달되는 시장에 비해 매우 복잡하면서도 체계화된 기능과 구조를 가지게 된다. 장기자본과 관련된 시장을 자본시장(capital market)이라고 부르는데, 이에 대해서는 제 3 장에서 살펴보았다.

장기자본조달의 결정요인

기업이 자본을 조달하기 위하여 이용할 수 있는 금융자산(financial assets)의 형태는 수없이 많다. 다음 절에서부터는 이러한 여러 가지 종류의 자본조달방법에 대하여 설명을 하겠지만, 우선 자본조달방법을 결정할 때 고려해야 할 중요요인들에 대해서 살펴볼 필요가 있다. 현실적으로 기업이 필요자금을 조달할 때 고려해야 하는 요소는 다양하지만, 여기에서는 가장 기본적으로 고려해야 하는 사항에 대해서만 알아보기로 한다.

자본비용

여러 가지의 자본조달방법 중에서 어느 방법을 택할 것인가를 결정할 때에 가장 먼저 고려되는 요인은 자본비용(cost of capital)이다. 자본비용의 개념이나 측정방법에 대해서는 제 12 장에서 설명하였다. 기업이 장기자본조달을 위하여 발행하는 증권은 그 특성에 따라 서로 다른 자본비용을 가지고 있다. 기업의 입장에서는 되도록 비용이 적게 드는 자본조달방법을 찾아야 한다. 자본비용을 계산하는데는 세금효과를 꼭 고려하여야 한다. 이 외에 자본조달에 소요되는 경비가 있으면 이것도 고려하여야 한다. 예를 들어 주식을 발행하여 자본조달을 할 때 주권의 인쇄비, 발행주선회사에 대한 수수료 등도 고려해야 한다. 한편, 해외시장으로부터 자본을 조달하는 경우에는 환율의 변동에 따른 환위험도 자본비용에 고려되어야 한다.

조달기간과 자본의 용도

자본비용이 자본조달방법의 선택에 있어서 가장 기본적인 요소이지만, 때에 따라서는 시기선택(timing)의 문제 때문에 비용이 높은 자본조달방법을 택하게 되는 경우가 있다.

이 시기선택의 문제는 ① 자본의 조달기간과 ② 자본의 용도라는 면에서 생각할 수 있다. 먼저 조달기간의 측면을 보면, 각 자본조달원천들은 서로 다른 조달기간을 가지고 있다. 은행의 장기대출이나 주식 · 채권의 발행을 통한 자본조달은 그 준비에서부터 실제 자금유입 때까지 여러 달이 소요된다. 그러나 기업어음이나 단기차입금 등에 의한 자본조달은 비교적 짧은 기간 내에 이루어진다. 기업이 급박한 상황을 맞이해서 빠른 시일 내에 자본을 필요로 한다면, 자본비용이 높더라도 자본의 조달기간이 짧은 방법을 택하여야 한다.

자본용도의 측면에서 보면, 만일 기업이 조달된 자본을 단기적인 용도에 사용할 목적이라면 장기자본으로 자금을 조달할 필요가 없다. 장기자본으로 조달할 경우 목적했던 일이 일찍 끝나면, 불필요한 여유자금을 가지게 되는 것이다. 반대로 자본의 용도가 장기라면 장기자본으로 조달을 해야 한다. 만일 장기적인 투자에 필요한 자금을 단기자본으로 조달한다면, 미래의 상황 변화에 따라 그 투자계획이 크게 영향을 받을 것이다. 그러나 장기자본으로 조달을 한다면 자본비용이 단기자본의 비용보다 높더라도 기업은 약속된 기간 동안은 안심하고 그 자본을 이용할 수 있으므로 시장상황의 변동에 따른 위험을 피할 수가 있다.

기업지배권의 문제

자본조달방법 중에서 특히 사채(회사채)의 발행과 주식의 발행을 비교하는 경우에는 자본조달이 기업지배권에 미치는 영향도 고려되어야 한다. 사채를 발행하는 경우에는 약속된 이자나 액면금액을 지급해 주기만 하면 기업지배권에 대한 간섭을 받지 않는다. 그러나 보통주를 발행하는 경우에는 기존주주들의 지분비율이 감소하여 기업지배권에 대한 영향력이 줄어들게 된다. 전환사채나 전환우선주를 발행하는 경우에도 이러한 문제가 대두된다. 이들 증권은 발행 당시에는 의결권이 없는 사채나 우선주로 발행되지만 일정기간이 지나면 미리 정해진 절차에 의하여 보통주로 전환되는 증권이다. 따라서 전환우선주나 전환사채를 발행할 당시에는 지배권의 문제가 나타나지 않지만, 이들 증권이 보통주로 전환이 되면 지배권의 문제가 나타난다.

13.2 사채

사채 또는 회사채(corporate bond)는 주식회사가 일반대중으로부터 장기간에 걸쳐 거액의 자금을 조달하기 위해서 회사의 확정채무임을 표시하고 발행한 증권으로서, 계약에 따라 일정한 이자를 지급함과 동시에 만기에 액면금액을 상환할 것을 약속한 것이다.

사채를 발행하여 조달하는 장기부채는 타인자본이기 때문에 기업의 소유구조에 영향을 주지 않으면서 장기의 자금을 일시에 조달할 수 있다. 그리고 이러한 사채를 발행하는 경우에는 우선주나 보통주와는 달리 이자비용의 감세효과가 있기 때문에, 비용측면에서 우선주나 보통주보다 유리하다.

사채발행의 또 한 가지 장점은 단기부채와 비교해서 자금을 비교적 장기간 이용할 수 있다는 점이다. 현재 우리나라에서 발행되고 있는 사채의 만기는 대부분 1~10년이며 상황에 따라서는 이보다 더 긴 만기를 갖는 사채를 발행할 수도 있으므로 기업은 자금을 안정적으로 오랫동안 활용할 수 있다. 또한 기업이 일단 사채를 발행하여 유통시장에서 거래가 원활히 이루어지면, 기업의 명성이 올라가고 일반투자자에게 좋은 이미지를 심어줄 수 있다. 이렇게 되면 사채가 만기에 도달했을 때, 새로운 사채를 발행하여 대체시키거나 보통주를 발행하여 계속적으로 자금을 조달할 수 있다.

그러나 사채의 발행은 기업의 파산위험을 증가시킨다. 사채에서 약속한 이자나 액면금액을 지급하지 못하는 경우에는 일시적인 지급불능에 빠지거나 부도를 내게 되므로 사채발행으로 조달한 자금이 많아지게 되면 자본비용이 상승하게 된다.

사채의 종류

이자지급방법에 의한 분류

제7.1절에서 설명한 것처럼 사채는 이자지급방법에 따라 이표채와 무이표채 그리고 영구채로 분류된다. 이자지급사채 또는 이표채(coupon bond)는 정해진 날짜에 약속된 이자를 지급하고 만기일에 액면금액을 지급하는 사채이다. 무이표채(zero coupon bond) 또는 순수할인채(pure discount bond)는 사채발행을 할 때 액면금액에서 이자에 해당되는 금액을 차감한 낮은 가격으로 발행하고, 만기까지는 이자를 지급하지 않고 만기일에 액면금액을 지급하는 사채이다. 영구채(perpetual bond)는 만기가 없이 정해진 이자를 영구히 지급하는 사채이다.

상환방법에 의한 분류

사채를 상환방법에 따라 분류하면 수의상환사채(callable bond), 감채기금사채(sinking fund bond), 그리고 정시분할상환사채로 구분된다.

수의상환사채는 사채를 발행한 기업이 만기 이전에 약속된 상환가격으로 상환할 수 있는 권리를 갖는 사채를 말한다. 수의상환가격(call price)은 대개 사채의 액면금액보다 크게 정해지며, 만기보다 일찍 상환할수록 더 커진다. 수의상환사채는 기업의 자금조달에 유연성을 제공하게 되는데, 이는 이자율이 하락할 때 기존의 사채를 조기상환하여 높은 이자지급 부담을 줄이고 낮아진 이자율로 새로운 사채를 다시 발행할 수 있기 때문이다.

감채기금사채는 사채를 상환하는 데 필요한 금액을 정기적으로 적립하는 사채이다. 이러한 사채는 사채상환 시 일시에 막대한 금액을 지급하여야 하는 자금압박을 감소시켜 준다.

정시분할상환사채는 사채발행 후 일정한 거치기간이 지난 후부터는 추첨 등의 방법에 의하여 사채를 분할상환하는 사채이다. 전액을 일시에 상환할 때 오는 기업의 자금압박을 덜어준다는 점에서 기업측에 유리하다.

사채에 부여된 선택권에 따른 분류

사채소유자의 의사에 따라 사채를 발행한 기업의 주식으로 전환할 수 있는 권리가 부여된 사채를 전환사채(convertible bond : CB)라 한다. 이는 사채로서의 이점과 동시에 발행회사의 주가가 상승하면 주식으로 전환할 수 있는 권리도 갖기 때문에 주식이 가지고 있는 장점도 가지게 된다.

전환사채와 성격이 유사한 것으로 신주인수권부사채(bond with warrants : BW)가 있다. 이는 사채발행회사가 신주를 발행할 때 채권자도 채권에 명시된 비율로 신주를 인수할 수 있는 권리를 부여한 사채이다. 전환사채와 신주인수권부사채에 대한 자세한 설명은 제 13.5 절에서 하도록 한다.

담보와 보증에 의한 분류

사채는 발행회사의 담보를 요구하는 경우와 이를 요구하지 않는 경우가 있는데, 전자를 담보사채(secured bond)라 하고 후자를 무담보사채(debenture *or* unsecured bond)라 한다. 담보사채는 사채의 발행에 부동산이나 유가증권 등의 담보물이 필요한 사채를 말하는데, 담보물의 내용에 따라 부동산담보사채(mortgage bond)와 유가증권담보사채(collateral bond)로 구분된다. 부동산담보사채는 기업소유의 건물 · 설비 · 토지 등이 담보대상이 되며, 유가증권담보사채는 기업소유의 주식이나 사채 등이 담보대상이 된다. 또한 원리금의 지급을 금융기관과 같은 제 3 자가 보증하느냐, 하지 않느냐에 따라 보증사채(guranteed bond)와 무보증사채(non-guranteed bond)로 구분된다.

원리금 변제 순서에 따른 분류

기업이 파산하면 채권자가 주주보다 우선하여 자신의 몫을 변제받을 수 있는 권리를 갖는 한편, 채권자들 사이에서도 원리금을 변제받는 순서가 있다. 보증사채의 경우 기업이 파산하더라도 사채소유자가 보증기관에 청구하여 자신의 몫을 상환받을 수 있으나 무보증사채의 경우 그렇지 못하다. 특히 무보증 · 무담보사채의 경우 기업이 부실화되면 채무불이행의 위험을 채권자가 부담하게 된다. 따라서 많은 경우 무보증 · 무담보사채에는 기업이 새로운 무담보 · 무보증사채를 발행하여 자금을 조달하는 경우 기존 사채의 원리금에 대한 변제순위가 새로 발행하는 사채에 앞선다는 규정을 넣게 된다. 이와 같이 기업이 부실화되었을 때 사채 중에서 상대적으로 먼저 원리금을 변제받는 사채를 선순위채(senior debenture)라 하고 선순위채보다 늦게, 그러나 주식보다는 먼저 변제받는 사채를 후순위채(subordinated debenture)라고 한다. 따라서 후순위채에 투자하면 주식보다 먼저 원리금을 찾을 권리가 있지만 선순위채에 비해서는 상대적으로 손실을 입을 가능성이 클 수밖에 없다.

사채의 발행절차

사채를 발행하여 자금을 조달하고자 하는 기업은 이사회에서 발행예정액, 자금의 용도, 사채의 종류, 이자율과 이자지급방법, 상환기간 및 상환방법, 발행가액과 발행조건 등을 결정하는 한편, 발행될 사채를 인수해 갈 금융중개기관(이를 주관회사라 한다)과 투자자를 대신해 발행회사의 계약이행 여부를 점검하고 관련 사무를 담당할 사채관리회사를 선정한다. 보증사채의 경우에는 원리금지급을 보증할 금융중개기관과 보증계약을 체결해야 한다.

사채발행에 대한 이사회의 의결 후 금융위원회에 유가증권신고서를 작성·제출하여 효력발생을 통보받으면 사채발행안내공고를 낸다. 중개기관인 주관회사는 투자자들에게 매입을 권유하기 위해 발행회사에 대한 사업증명서와 함께 사채청약서를 작성·배포하고 일정한 청약기간을 정하여 청약을 받는다.

만약 청약미달로 미소화분이 생기면 발행회사와 주관회사와의 계약내용에 따라 주관회사가 이를 인수하게 된다. 사채발행금액이 전부 납입이 되면 발행회사는 금융위원회에 유가증권발행실적보고서를 작성·제출하고 청약한 사채매입자들에게 사채를 발행하여 교부한다.

발행되는 사채의 인수를 맡은 주관회사는 인수에 따르는 위험을 부담하게 되므로 대개 몇 개의 회사가 모여 인수단(underwriting syndicate)을 구성하여 자금부담 등 인수에 수반되는 위험을 분산시킨다. 주관회사 등 인수단은 발행회사로부터 사채발행총액의 일정비율을 인수수수료로 받는다. 발행회사는 원활한 자금조달을 위하여 이러한 비용을 부담해야 하는 것이다.

만약 미소화분의 회사채를 주관회사가 인수하게 되면 바로 이들이 발행회사의 사채권자가 된다. 나중에 투자자가 나서면 사채를 매각하면 되지만, 그렇지 않을 경우 계속 보유하고 있으면 이자를 받고 만기에 액면금액을 상환받는다. 그리고 원리금지급을 보증한 기관도 보증에 따른 위험을 감수하게 되므로 발행회사로부터 일정비율의 보증수수료를 받는다.

13.3 보통주

보통주(common stock)는 앞서 설명한 사채와 함께 기업의 장기적인 자금조달의 가장 중요한 원천이다. 사채는 타인자본으로서 부채인 데 반하여, 주식은 주식회사가 자기자본을 조달하기 위하여 발행하는 것으로서 주식회사 설립 시에 납입자본(paid-in capital)이 되며, 기업이 설립된 후에도 필요에 따라 추가로 발행할 수 있다. 명목상으로는 우선주와 보통주가 주식의 형태로서 자기자본을 형성하고 있으나 실질적으로는 보통주 소유주가 기업의 소유주이며, 이들의 납입자본과 축적된 유보이익이 기업의 소유주지분(owners' equity)을 구성하고 있다. 흔히 우리가 주식이라 함은 보통주를 뜻하는 것이다.

주주의 권리

의결권(경영참가권)과 이익청구권

보통주의 주주는 기업의 소유주이므로 경영참가권과 이익배분의 권리를 갖는 반면, 기업의 미래경영성과에 대한 위험을 부담해야 한다. 보통주의 주주는 기업경영에 직접 참가할 이사회를 구성하는 이사를 선출하는 의결권을 가짐으로써 기업경영에 간접적으로 참가하게 된다.

그러나 오늘날 대기업에서는 주주의 수가 매우 많으며, 또한 지리적으로도 분산되어 있으므로 주주의 권리는 대체로 명목적인 경우가 많다. 실제로 소액주주들은 이러한 권리를 행사하는 기회가 거의 없으며 배당과 자본이득에만 크게 관심을 가지는 실정이다. 주주가 자신의 소유지분비율에 비례해서 기업이 실현한 순이익 중 자신의 몫을 청구할 수 있는 권리를 이익청구권이라고 한다.

유한책임과 잔여재산청구권

주식회사의 주주는 자신이 투자한 금액을 초과하는 회사의 채무나 손실에 대하여 아무런 책임도 지지 않는다. 이를 주주의 유한책임(limited liability)이라고 한다.[1] 주식회사가 파산할 경우 주주들은 채무를 변제하기 위하여 추가출자를 할 필요가 없으며 자신이 투자한 금액에 대해서만 손해를 보면 된다. 대신, 기업이 청산되는 경우 주주는 기업재산에 대해 청구권을 갖고 있는 모든 이해관계자(예를 들어, 원재료 공급업자, 종업원, 채권자, 정부 등)에게 재산을 분배하고 난 후에 남는 잔여재산에 대해서만 권리를 청구할 수 있다. 이를 잔여재산청구권(residual claims)이라고 한다.

보통주의 종류

액면주식과 무액면주식

액면주식(par value stock)은 주권에 액면가격이 표시되어 있는 주식을 말하며, 액면가격표시가 없는 주식을 무액면주식(no-par value stock)이라 한다. 우리나라의 경우 회사의 정관에서 규정하는 바에 따라 액면주식이나 무액면주식을 선택할 수 있으며, 액면주식은 1주의 액면가를 100원 이상으로 균일하게 모든 주식에 표시해야 한다. 단, 액면주식과 무액면주식을 동시에 발행할 수는 없다.

액면주식의 경우에는 발행되는 주식의 액면가를 자본금으로 계상한다. 액면가격의 표시가 없는 무액면주식의 경우에는 발행가격은 발행할 때마다 정하게 되며, 발행가를 자본금으로 처리하는 것이 원칙이다. 우리나라의 경우 이사회에서 정한 무액면주식 발행가액의 2분의 1 이상을 자본금으로 계상하며, 나머지 금액은 자본준비금으로 계상하도록 규정하고 있다.

액면주식에서 액면가는 ① 주식의 시장가격을 표시하고 있지 못하며, ② 발행가격, 즉 주주의 납입금액을 표시하지 않고 있으며, ③ 주주지분의 장부가격도 표시하지 못하고 있으므로 그 의미가 거의 없는 실정이다.

기명주식과 무기명주식

기명주식은 주식을 소유하고 있는 사람의 이름이 주권에 명시되어 있는 주식을

1) 엄밀하게는 주주의 유한책임은 주식인수인으로서의 책임이다. 즉, 주주는 회사에 대하여 주식의 인수가액을 한도로 출자의무를 부담할 뿐 회사의 채무에 대하여는 그 어떤 책임도 지지 않는다는 것이다.

말하며, 무기명주식은 주권에 주주의 이름이 명시되어 있지 않고 그 주식을 소유하는 사람이 주주로서 인정을 받게 되는 주식을 말한다. 주식회사가 기명주식을 발행할 때에는 주주로서의 권리를 행사할 사람을 명확히 파악할 수 있는 장점이 있으나, 주식을 신속히 유통시키지 못하며 주식거래를 뒷받침하기 위한 사무비용이 필요하게 된다는 단점이 있다. 우리나라에서는 상법상 기명주식의 발행을 원칙으로 하고, 무기명주식은 정관에서 그 발행을 규정하고 있는 경우에 한하여 발행할 수 있도록 하고 있다. 무기명주식을 발행하는 경우에는 회사가 의외의 주주에 의하여 지배받을 우려가 있고, 주주총회에서 정족수의 확보가 곤란한 경우도 있다.

의결권주와 무의결권주

보통주의 일반적 형태는 의결권을 갖는 의결권주이다. 그러나 기업은 의결권이 없는 무의결권주나 일정사항에만 의결권이 주어지는 의결권제한주식을 발행할 수도 있다. 우리나라의 상법에서는 회사의 정관에 의결권을 행사할 수 없는 사항과 의결권 행사 또는 부활의 조건을 정하도록 규정하고 있다. 무의결권주의 발행을 무제한으로 허용하면 의결권주를 가진 소수의 주주에 의한 경영지배가 나타날 우려가 있으므로, 우리나라의 상법은 의결권이 없거나 제한되는 주식의 수가 총발행주식수의 4분의 1을 초과하지 못하도록 제한하고 있다.

의결권의 행사방법

의결권(voting right)은 주주가 주주총회에 출석하여 결의에 참가할 수 있는 권리를 말한다. 우리나라의 경우 주주평등의 원칙에 따라 주식 1주마다 1개의 의결권이 주어지는 것이 원칙이다.[2] 주주는 의결권을 행사하기 위하여 주주총회에 직접 출석하여 찬성 또는 반대의 의사를 표시하거나, 서면이나 전자적 방법으로 하거나 또는 대리인에게 의결권 행사를 위임할 수도 있다. 2개 이상의 의결권을

2) 상법 제369조 제1항 '1주당 1의결권'은 강행규정으로 법률이 아닌 정관이나 주주총회 결의로 달리 정할 수 없다.

가지고 있는 주주라면 찬반을 통일하지 아니하고 분리하여 행사할 수도 있다.

주주의 의결권 행사에서 가장 중요하고 기본적인 것은 주주를 대리하는 이사회의 구성원, 즉 이사를 선임하는 것이다. 이사선임에 사용되는 의결권 행사방법으로 과반수투표제, 집중투표제, 초다수결의제가 있다. 이에 대해 살펴보자.

과반수투표제(majority voting)는 선임될 이사 1인에 대하여 1주 1의결권의 원칙이 적용되는 제도이다. 여러 명의 이사를 선임하는 경우 각각의 이사선임에 대해 독립적으로 투표가 이루어진다. 예를 들어 주주총회에서 선출할 이사의 수가 3인인 경우 100주를 소유한 주주는 3인의 후보 각각에게 각 100개의 투표를 하게 되며, 자신이 보유한 의결권을 후보 1인에게 모두 몰아서 투표를 할 수는 없다. 상법상 이사의 선임을 위한 주주총회의 결의는 이사 한 사람에 대해 한 번씩 이루어지므로 과반수투표제하에서는 몇 명의 이사를 선임하든 과반수의 결의를 지배할 수 있는 대주주(51% 이상의 지분을 가진 주주 또는 주주의 그룹)가 이사 전원을 자신이 추천하는 후보로 선임할 수 있다. 따라서 이 제도하에서는 대주주가 자신의 의도대로 이사진을 구성하기 유리하고 소액주주는 자신들의 이익을 대변할 수 있는 이사를 선임하기가 어렵다.

집중투표제(cumulative voting)는 이사 선임에서 선임하고자 하는 이사의 수만큼의 의결권을 주식 1주에게 부여하는 제도이다.[3] 이 제도하에서는 2명 이상의 이사 선임을 목적으로 열리는 주주총회에서 주주는 1주마다 선임예정 이사 수와 같은 수의 의결권을 가지며(의결권=보유주식 수×이사후보 수) 이 의결권을 후보자 한 사람 또는 몇 명에게 집중적으로 행사하게 된다. 이사는 득표 수에 따라 차례로 선임되게 된다. 집중투표제는 1주 1의결권의 원칙에 대한 예외이며 과반수투표제에서 지적되었던 대주주가 이사 전원을 독점 선임하는 문제를 방지하고 소액주주도 자신이 원하는 후보를 이사회에 진출시킬 수 있도록 한 제도이다.[4]

---

3) 우리나라 상법의 경우 정관에서 집중투표제를 배제하고 있지 않은 회사의 경우, 주주총회 소집통지서에 선임할 이사의 수가 명시되어 있고, 발행주식 총수의 3/100 이상의 주식을 소유한 주주가 집중투표의 방식으로 이사를 선임할 것을 주주총회 7일 전까지 서면(또는 전자문서)으로 청구하는 경우 이를 수용하도록 규정하고 있다(상법 제382조의 2).

4) 예를 들어 발행주식이 100주이고 그중 주주 A가 30주, 주주 B가 70주를 가지고 있는 회사에서 집중투표의 방법으로 이사 3인을 선임하는 경우를 보자. 이 경우 주주 A의 의결권은 90개가 되고, 주주 B의 의결권은 210개가 된다. 그러므로 주주 B가 이사 3인을 전부 자신이 원하

초다수결의제(supermajority vote)는 주주총회에서의 결의요건으로서 보편적인 다수결요건을 가중하여 강화시킨 형태의 결의방식을 말한다. 일반적으로 초다수결의제는 기업의 경영권 방어수단의 하나로 지분구조가 취약한 회사가 적대적 M&A를 방어하거나 불공정한 M&A로부터 소수 주주를 보호하기 위한 경우, 또 이사회 교체나 회사 해산 등과 같은 결정을 내려야 하는 경우에 아주 높은 수준의 결의요건(예를 들어 발행주식 총수의 75% 이상이 참석하고 그중 90% 이상의 찬성)을 둠으로써 사실상 결의가 불가능하도록 하는 방법이다.[5)]

주식발행의 형태

주식회사의 관점에서 주식이 발행되는 형태를 보면 주식회사의 신규설립에 의한 주식발행, 기업공개에 의한 주식발행, 그리고 증자에 의한 주식발행 등으로 구분할 수 있다. 이를 살펴보자.

주식회사의 설립과 주식발행

주식회사가 설립되기 위해서는 발기인이 필요하며, 발기인은 정관(articles of incorporation)을 작성하고 설립등기를 하여야 한다. 정관에는 상법에 규정된 여러 가지 사항을 규정하고, 설립되는 회사의 주식발행에 관한 사항을 규정하여야 한다. 주식회사의 설립은 주식의 인수와 모집 방법에 따라서 발기설립과 모집설립으로 나누어진다. 발기설립은 회사창설을 주관한 발기인이 창설 시에 발행된 모든 주식을 인수함으로써 회사를 설립하는 방법으로 소수의 발기인이 주식을 인수

는 후보 갑, 을, 병 세 사람으로 선임하려면 의결권을 갑, 을, 병 각 1인에 대해 70개씩 분산해서 행사하여야 한다. 그러나 A는 후보 '정'만을 이사로 선임하기를 원하고 자기의 의결권 90개를 전부 정에게 집중행사하면 정이 이사로 선임되고, 나머지 2인만이 B가 원하는 후보로 선임될 수 있다.

5) 미국을 비롯하여 영국, 독일, 프랑스, 일본 등은 초다수결의제의 채택을 법에서 허용하고 있다. 이들 국가의 경우 주주총회의 보통결의는 물론 특별결의요건을 회사의 정관규정으로 가중할 수 있다는 일반규정이 있다. 반면에 우리나라의 상법은 주주총회의 보통결의요건의 경우에는 정관에 의한 가중을 허용하는 규정이 있지만, 특별결의요건의 가중을 허용하는 명시적인 규정은 두고 있지 않다. 그러나 최근 법원은 적대적 M&A에 대한 방어수단으로 상법상의 특별결의요건보다 가중된 결의요건을 정관에 규정하는 것은 무효라는 판결을 내린 바 있다(2020년 10월 29일 선고 2017가합2297 판결).

함과 동시에 주식회사의 설립이 이루어지는 간단한 방법이다. 그러나 기업의 규모가 매우 큰 경우에는 발기인들이 발행된 주식을 모두 인수할 수 없다. 이때는 발행주식의 일부를 발기인들이 인수하고 나머지를 일반에게 공모하여 충당하게 되는데, 이러한 설립을 모집설립이라 한다.

회사는 정관에 '회사가 발행할 주식의 총수(수권주식 수)'와 설립 시에 발행하는 주식의 총수를 명시하고 주식을 발행한다. 나머지 미발행주식은 회사의 설립 이후 필요하다고 생각될 때 이사회의 의결에 의하여 수시로 발행할 수 있다. 이와 같이 회사를 설립할 때 주식의 일부를 발행하여 납입하고, 잔여분의 주식발행을 이사회에 일임하는 주식발행제도를 수권자본제도(authorized capital stock system)라 한다. 이 제도는 기업의 필요에 따라 자본조달을 신속하게 할 수 있다는 장점이 있다.

모집설립의 경우에는 주식발행에 따른 위험을 누가 부담하느냐에 따라 직접발행과 간접발행이 있다. 직접발행은 회사의 발기인이 스스로 위험을 부담하여 일반투자자로부터 주식을 직접 모집하는 방법인데, 청약액수가 자본조달 목표에 미달하면 발기인이 책임지고 인수하게 되는 것이다.

간접발행은 증권회사, 은행, 신탁회사 등의 전문적인 발행기관으로 하여금 주식모집을 대행하게 하는 방법이다. 발행기관은 주식발행에 따른 위험을 부담하게 되는데, 발행기관은 이러한 위험을 분산시키기 위하여 인수단을 조직하는 경우가 보통이다. 인수단을 조직하는 이유는 위험을 분산시킨다는 목적 외에도 발행주식을 독자적으로 인수할 능력이 없거나 보다 많은 투자자들을 유치하려는 의도에서 이루어진다.

기업공개에 의한 주식발행

기업공개의 의의

기업공개(going public *or* initial public offerings : IPO)란 일정한 요건을 갖춘 기업이 새로운 주식을 발행하여 일반투자자들에게 균일한 조건으로 공모하거나, 개인이나 소수의 주주에게 집중되어 있는 주식을 일반투자자에게 널리 분산시키기 위하여 매출하는 것을 말한다.

기업은 공개됨으로써 많은 주주들로부터 대규모의 장기자본을 원활하게 조달할 수 있고, 공개 후 한국거래소가 개설하는 유가증권시장이나 코스닥시장에 상장이 되면 경영활동의 결과를 기업의 이해관계자에게 공시하여 이를 평가받아 경영합리화를 도모할 수 있다. 또한 기업의 대외신용도를 높이고 소유와 경영의 분리를 촉진할 수 있을 뿐만 아니라 주식의 대중화를 통하여 국민대중이 기업성장의 혜택을 직접적으로 향유할 수 있게 됨에 따라 국민경제 전체적으로는 소득분배의 기능을 수행하게 된다.

기업공개의 요건

공개된 기업의 주식은 자본시장에서 자유롭게 거래되며 공개기업은 다수의 주주와 이해관계자를 갖게 된다. 과거에는 공개와 상장(listing)이 동시에 이루어져 상장요건이 기업공개의 요건과 거의 동일하게 엄격하였으나, 1999년 이후 공개와 상장이 분리됨에 따라 기업공개요건은 크게 간소화되었다. "자본시장과 금융투자업에 관한 법률(자본시장법)"과 금융위원회가 제정한 "증권의 발행 및 공시에 관한 규정"에서는 공개기업의 주식발행과 관련한 제반 요건들을 규정하고 있다.

기업공개의 방법

기업공개를 위하여 주식을 널리 분산시키는 방법에는 ① 신주공모에 의한 방법 ② 구주매출에 의한 방법 ③ 신주공모와 구주매출을 병행하는 방법 ④ 회사설립시에 모집설립하는 방법 ⑤ 전환사채의 발행을 통하여 이것이 나중에 주식으로 전환되면서 공개하는 방법 등이 있는데, 일반적인 방법은 ①, ②, ③의 경우이다.

신주공모에 의한 방법은 기업이 새로이 신주를 발행하여 이를 기존주주에게 배정하는 것이 아니라, 일반 대중에게 청약을 권유하여 모든 신주를 인수하게 함으로써 대주주를 비롯한 기존주주들의 지분율을 하락시키는 한편 주식을 널리 분산시키는 것이다. 원칙적으로 신주를 인수할 권리는 우선적으로 기존주주에게 있으나, 기업을 공개할 때는 주식분산을 위하여 예외로 하고 있다.

구주매출에 의한 방법은 기업의 신규자금수요가 없거나 현재 자본금이 과다할 경우 기존주주들이 보유하고 있는 이미 발행된 주식을 일반투자자에게 널리 매출하여 주식을 분산시키는 것이다. 이때에는 신주공모와는 달리 기업으로의 자금유입은 없으며, 주식매각대금은 주식을 매각한 기존주주들에게 귀속된다.

발행가격 또는 매출가격의 결정

기업공개에 있어 가장 어렵고도 중요한 문제는 모집 또는 매출할 주식의 가격을 얼마로 결정하느냐 하는 것이다. 왜냐하면 기업, 기존주주, 새로운 투자자의 이해관계가 바로 이것과 직결되어 있기 때문이다. 즉, 신주공모에 의한 경우 발행가격이 높게 결정되면, 일차적으로는 발행기업이 주식발행을 통해 훨씬 많은 자금을 조달할 수 있게 되며, 나아가서는 기존주주들도 자기소유주식의 가치가 높게 평가받으므로 유리한 반면, 신규투자자들은 투자수익률이 상대적으로 낮아지게 되므로 불리하다.

한편 구주매출에 의한 경우 매출가격이 높게 결정되면, 주식대금은 신규투자자로부터 기존주주에게로 흘러가므로 신규투자자는 상대적으로 불리한 반면 기존주주는 그만큼 자신의 현금이 많이 증가하므로 유리하다. 발행기업의 입장에서는 당장은 큰 이해관계가 없으나 기업가치를 높게 평가받아 주가가 높게 형성되기 때문에 향후의 주식발행을 통한 자금조달에 있어 상대적으로 유리하다. 또 인수단의 입장에서는 주식이 시장에서 쉽게 판매되도록 하는 것이 자신의 위험부담을 줄이는 것이므로 발행가격을 낮추려 할 유인이 존재한다.

우리나라에서는 금융위원회가 제정한 "증권의 발행 및 공시 등에 관한 규정"에 따라 인수를 맡은 주관회사와 분석기관, 그리고 공개기업의 협의를 거쳐 발행가격이 결정된다.

증자에 의한 주식발행

기업이 증자할 때는 실질적으로 투자자들이 출자를 함으로써 자본금이 증가하는 유상증자와, 형식적으로는 회사의 자본금이 증가하여도 여기에 상당하는 실질적인 현금유입을 가져오지 않는 무상증자가 있다. 또 기업에서는 유상증자와 무상증자를 동시에 병행하는 정책을 취하기도 한다.

무상증자란 형식적으로는 자본금을 증가시켜 발행주식 수가 늘어나지만 실질적으로는 기업의 자본금과 자산이 증가되지 않는 증자형식이다. 예를 들어, 자본잉여금을 자본금으로 전입하게 되면 재무상태표상에는 자본잉여금이 줄어들고 자본금이 늘어나지만, 기업 전체적인 면에서 보면 자기자본총액이나 기업에서 사용할 자금의 총액에는 변화가 없고, 단지 무상신주발행비용이 발생할 뿐이다. 이와 같이 형식적으로는 기업의 자본금이 증가하여 발행주식 수가 늘어나지만, 실질적인 자산의 증가가 없는 증자형식을 무상증자라고 한다.

무상증자를 하게 되면 기업에 유입되는 현금은 없이 주식 수만 늘어나기 때문에 주가가 하락하게 된다. 그러나 무상증자는 자본잉여금 및 이익잉여금을 주주에게 명확하게 귀속시킬 수 있는 장점이 있다. 자본잉여금과 이익잉여금을 자본금으로 전입하는 것은 주주지분 중에서도 가장 명확한 주주지분인 자본금을 증가시키는 것이다.

유상증자(seasoned equity offerings)란 수권자본금의 범위 내에서 이사회의 결의에 따라 신주를 발행하여 추가적으로 자금을 조달하는 것을 말한다.

유상증자를 할 때 신주의 발행가격을 결정하는 것은 매우 어려운 일이다. 신주발행의 일차적 목적이 기업에서 필요한 자금을 조달하는 데 있다면 가급적 발행가격을 낮추는 것이 자금을 확보하는 데 유리한 반면, 이미 시장가격이 형성되어 있는 기존주주의 부를 극대화한다는 측면에서 본다면 가능한 한 높은 가격으로 신주를 발행하는 것이 유리하다. 그 이유는 시장가격에 못 미치는 가격으로 신주를 발행한 경우, 발행가격과 시장가격의 차액만큼이 기존주주 입장에서는 기회손실이 되기 때문이다. 이처럼 유상증자를 둘러싼 경영자, 기존주주 및 투자자의 이해관계가 복잡하게 얽혀 있으므로 이를 적절히 조절할 수 있는 발행가격을 결정한다는 것은 그리 쉬운 일이 아니다. 현실적으로 신주가 발행될 경우의 발행가격은 일반투자자의 손실방지와 투자를 유도하기 위해 기존주식의 시장가격보다 낮은 수준으로 정하는 것이 보통이다.

신주인수권

기업이 유상증자를 하여 필요한 자금을 조달할 경우, 발행되는 주식은 단순한 자금조달의 수단이란 차원을 넘어서 기업지배권의 재분배라는 중대한 부수적 결과를 가져오게 된다. 따라서 신주를 발행하는 경우 이를 누구에게 판매할 것인가 하는 문제가 매우 중요시된다.

발행되는 신주를 인수할 수 있는 권리를 가리켜서 신주인수권(pre-emptive right)이라 부르고 이를 나타낸 증서를 신주인수권증서라 부른다.[6] 신주인수권을 누구에게 부여할 것인지에 대해서는 ① 기존주주 ② 연고자 ③ 제3자(일반투자자)를 생각해 볼 수 있으나, 신주발행에 있어서 가장 직접적인 이해관계자는 기존주주이므로 일반적인 방법은 기존주주에게 신주인수권을 부여하는 것이다. 이 방법은 소유한 주식 수에 비례하여 신주인수에 관한 권리를 주주에게 부여하고, 신주를 우선적으로 할당하는 것이다.

이처럼 기존주주에게 신주인수권을 우선적으로 부여하는 것은 그들의 의결권과 재산권을 보호하는 데 그 목적이 있다. 만일 신주인수권이 제3자에게 주어진다면, 저평가된 주식을 대량으로 발행함으로써 기존주주의 의결권을 약화시킬 뿐만 아니라 시가에 비해 저평가된 만큼의 기회손실로 인하여 기존주주의 재산권이 침해될 수 있기 때문이다. 그러나 기존주주들에게만 의존하여 필요한 자금을 조달하는 경우에는 필요한 규모의 자금을 필요한 시기에 조달하지 못할 수도 있으므로, 거액의 자금을 신속히 조달하기 위하여 정관의 예외규정을 통해 제3자에게 신주인수권을 부여할 수 있는 길을 터놓고 있다.

13.4 우선주

우선주(preferred stock)는 사채의 성격과 보통주의 성격이 복합된 증권이라고 볼 수 있다. 기업이 해산될 때의 잔여재산청구권과 기업에 대한 이익청구권의 우선순위가 사채보다는 낮으나 보통주보다는 높은 증권이 우선주이다. 대개의 경우 우선주의 잔여재산청구권의 한도는 그 우선주의 액면가에 한하게 된다. 우선주의 배당은 보통주에 우선하나, 우선주를 발행한 기업에 강제적인 부담을 주는 것은 아니다. 배당금을 지급하지 않는 것이 기업을 파산선고까지 이끌어갈 법적 이유

6) 신주인수권증서와 유사한 것으로 신주인수권부사채(BW)의 신주인수권 부분이 분리되어 거래되는 신주인수권증권(warrants)이 있다. 이에 대해서는 제13.5절에서 설명하고 있다. 한국거래소 내에 신주인수권증서와 신주인수권증권이 거래되는 신주인수권시장이 개설되어 있다.

가 되지는 않는다.

우선주는 법률상이나 회계장부상에서는 자기자본으로 처리되지만, 확정배당금은 고정적인 재무비용이므로 그 성격은 사채와 유사하다. 우리나라의 상법에서는 우선주발행회사가 배당재산의 종류와 가액결정방법, 그리고 이익을 배당하는 조건 등을 정관에 기재하도록 규정하고 있다. 따라서 회사는 일정액을 우선배당하거나, 보통주에 대한 배당보다 1% 더 배당하거나 또는 배당률을 시중금리와 연동시키는 우선주 등을 발행할 수 있다.

우선주의 종류와 특징

누적적 특징

우선주에는 누적적 우선주(cumulative preferred stock)와 비누적적 우선주(non-cumulative preferred stock)가 있는데, 대부분의 우선주는 누적적 특징을 지니고 있다. 우선주 발행기업이 예정된 배당을 지급하지 못할 때는 그 부족된 배당분에 대하여 장래에 보상을 약속하는 것이 누적적 우선주이다. 이러한 누적적 우선주를 발행한 기업은 보통주에 대하여 배당을 지불하기 전에 미지급된 우선주의 배당을 먼저 지급하여야 한다. 비누적적 우선주의 경우에는 해당 연도에 지불하지 않은 배당금은 그 해로서 끝나는 것이지 다음 회기로 넘어가는 것이 아니다.

이익분배에의 참여

우선주의 이익분배란 우선주소유주를 사전에 정한 발행조건에 따라서 이익의 잉여부분을 분배하는 데에 참여시키는 것을 말한다. 우선주에 대한 확정배당금은 가능한 배당의 최대액을 나타내 주는 것이지만, 기업의 이익이 어느 수준 이상이 되어 우선주 배당 후 보통주에 대한 배당을 하고도 이익이 많을 때에는 우선주에 대해서도 추가적으로 이익분배에 참여하게 하는 경우가 있는데 이러한 우선주를 참가적 우선주(participating preferred stock)라 한다. 예를 들어 액면가 5,000원의 우선주소유주에게 10%의 배당금을 준다고 하면 500원을 받게 되는데, 5,000원 가치의 보통주소유주에게 1주당 600원을 배당하고도 이익이 남는 경우에는, 우선주소유주들도 배당금을 100원 더 요구할 수 있다. 반면에 추가적 이익분배에 참가하지 못하는 우선주를 비참가적 우선주(non-participating preferred stock)라고 한다.

의결권행사의 제한

우선주는 재산 및 이익의 청구에서 보통주에 우선하고, 우선주소유주들은 경제적 이익에 더 관심이 있으므로 우선주소유주를 기업의 경영에는 참가시키지 않는 것이 보통이다. 즉, 대개의 경우 주주총회에서 우선주소유주에게는 의결권이 주어지지 않는다. 그러나 우선주에 대하여 약속한 배당금을 지급하지 못한 경우에는 회사의 정관에 명시된 조건에 따라 의결권이 부활될 수 있다. 그러나 우선주소유주들이 경영에 참가할 때는 기업이 곤경에 빠져 있을 때이므로 우선주소유주의 기업경영참가는 별로 의미가 없다.

우선주의 상환방법

우선주는 보통주와 마찬가지로 만기가 없다. 그러나 기업들은 우선주를 영구적인 자본조달의 원천으로 보지 않기 때문에 전환이나 상환의 규정을 두는 것이 보통이다. 전자는 특정 기간만 우선주의 성격을 갖고 그 이후는 보통주로 자동적으로 전환되는 전환우선주(convertible preferred stock)이다. 후자는 상환우선주(redeemable preferred stock)로서 우선주로 발행된 후 만기가 되면 사채와 마찬가지로 상환되는 것으로, 상환을 위하여 감채기금이 적립되기도 한다. 우리나라는 대부분 전환이나 상환의 조건이 없는 우선주로 발행되고 있다.

자금조달방법으로서의 우선주

우선주는 자금조달방법으로 많이 쓰이지 않는다. 그 이유는 기업의 세후순이익에서 우선주배당금이 지급되므로 이 배당금은 사채의 이자와 달리 법인세 감세효과가 없어 세후기준으로 볼 때 자본조달비용이 사채보다 높고 또 보통주에 우선해서 배당을 지급해야 하는 불리한 점이 있기 때문이다.

그러나 우선주에 의한 자금조달은 사채발행에 비해서는 융통성이 있는 자금조달이라는 장점이 있다. 즉, 배당금을 지급하지 않아도 법적으로 채무불이행이 되지 않으며, 수익성이 악화되거나 기업의 재무상태가 좋지 않으면 배당을 연기 또는 취소할 수 있다. 사채나 차입금을 통한 자금조달은 기업의 운영상태와는 관계없이 이자를 지급하여야 하나, 우선주의 배당은 미래의 기업상태에 따라 변경될 여지가 있다.

우선주를 통한 자금조달의 또 다른 장점은 만기가 없다는 점이다. 다시 말하여 영구적 자금조달이란 것이다. 또한 기업의 입장에서 보면 우선주는 자기자본이기 때문에 자본구조를 건전하게 한다. 즉, 자기자본의 상대적 증가는 기업의 타인자본 수용능력과 대외신용도를 증가시킨다는 이점이 있다.

13.5 선택권부증권

지금까지 사채, 보통주, 우선주를 통한 기업의 장기자본조달에 대해 알아보았다. 기업이 자금을 조달할 때에는 필요자금을 최소의 자본비용으로 조달하는 방법을 택해야 한다. 그러나 기업지배권이라는 중요한 요인이 자금조달과 맞물려 있어서 기업이 자금을 필요로 할 때 가장 적합한 자금조달방법을 선택하는 것이 그리 쉬운 일은 아니다. 투자자의 입장에서도 안정적인 투자수익을 보장하는 사채와 기업지배권을 확보할 수 있는 주식 가운데서 어떤 투자안을 선택할 것인가는 투자자 나름대로의 취향에 따른 문제이다.

따라서 기업과 투자자 양측의 입장에서 볼 때 상황에 가장 적합한 자본조달이 이루어지기 위해서는 장단점이 서로 다른 사채와 주식 뿐만 아니라, 이들의 서로 다른 특성이 적절히 조화된 새로운 자본조달(또는 투자)의 대상을 개발하는 것이 필요하다. 앞서 설명한 우선주도 이러한 맥락에서 그 의의를 찾을 수 있지만, 여기서는 보다 진일보하여 투자자에게 보다 유리한 투자전략을 취할 수 있는 권리를 부여한 증권에 대해 알아볼 것이다. 보다 구체적으로 투자자에게 부여되는 권리란 주로 기업의 지배권을 갖고 있는 보통주를 확보할 수 있는 권리를 의미한다. 그리고 미래의 상황에 따라서 기존증권을 보유하는 것과 보통주를 보유하는 것

가운데서 투자자가 유리한 것을 선택할 수 있는 권리라는 의미에서 이러한 권리가 부여된 증권을 선택권부증권이라 부른다.

전형적인 선택권부증권은 일반적인 사채에 주식을 확보할 수 있는 권리를 부여한 것이다. 이때 사채를 포기하지 않고 주식을 인수할 수 있는 권리가 첨부되어 있는 경우를 신주인수권부사채(bond with warrants : BW)라고 부르고, 사채를 포기하고 주식으로 전환할 수 있는 권리가 부여된 경우를 전환사채(convertible bond : CB)라고 부른다. 또, 우선주를 발행하면서 이를 보통주로 전환할 수 있는 권리를 함께 제공하는 경우 이를 전환우선주(convertible preferred stock)라고 부르고, 전환사채와 전환우선주를 총칭하여 전환증권(convertible securities *or* convertibles)이라고 한다.

선택권부증권은 일반적인 사채나 우선주와 비교해 볼 때 미래기업의 상황이 변화할 경우 투자자가 자신에게 유리한 전략을 선택할 수 있는 권리가 부여되어 있기 때문에 취향이 서로 다른 여러 투자자들로부터 거액의 자금을 비교적 용이하게 조달하는 수단이 될 수 있다. 특히 성장가능성이 높게 평가되는 초기단계의 기업들에게 유용한 자금조달수단으로 활용될 수 있다. 그러나 기업 입장에서 볼 때 신주인수권이나 전환권의 행사는 곧 기업의 지분을 제3자에게 내주는 결과를 초래하므로, 기업은 이러한 선택권부증권을 발행할 때 신중을 기해야 한다.

신주인수권부사채

신주인수권부사채란 말 그대로 신주인수권이 부여되어 있는 사채를 말한다. 신주인수권부사채를 매입한 채권자는 사채의 이자와 액면금액의 상환을 보장받을 뿐만 아니라, 일정기간 내에 주어진 가격으로 주어진 수량만큼의 보통주를 매입할 수 있는 권리를 갖게 된다. 물론, 신주인수권은 선택권이므로 주식의 인수 여부는 투자자의 판단에 전적으로 달려 있다. 또 신주인수권부사채에 부여되어 있는 신주인수권은 분리되어 별도로 거래될 수 있는데 이를 신주인수권증권(warrants)이라 부른다.

신주인수권부사채는 일반적으로 현 시점에서 많은 자금을 필요로 하는 기업이면서, 향후의 성장기회를 충분히 확보하고 있는 기업이 장래 성장을 통한 주가상승을 바라보는 투자자들을 대상으로 발행하는 것이 보통이다. 기업의 미래주가가 인수가격 이상으로 오를 것이라고 예상하는 투자자들은 신주인수권부사채에 투자함으로써 사채에 약속된 이자와 액면금액을 받음과 동시에 미래주가의 상승 시 신주인수권을 행사하여 시장가격과 인수가격의 차이만큼을 이익으로 얻을 수 있다. 물론 투자자에게 신주인수권이라는 권리가 부여된 사채이므로 이자율은 일반사채에 비해 낮게 발행된다.

전환증권

전환증권의 의의

전환증권은 사채나 우선주이면서, 투자자의 선택에 따라서는 사채와 우선주로서의 권리를 포기함과 동시에 보통주로 전환할 수 있는 전환권이 부여되어 있는 증권을 말한다. 전환증권은 투자자에게 보통주로 전환할 수 있다는 유리한 권리를 첨부해 준 증권이므로 발행회사로서는 주식발행을 통한 자금조달이 어려울 경우 일단 전환사채나 전환우선주 발행을 통해 차질 없이 자금을 조달하고, 나중에 이것이 보통주로 전환되면 부채나 우선주자본이 보통주자본으로 자본화되기 때문에 상환에 따른 자금부담이 없어진다는 이점이 있다. 반면 투자자 입장에서는 회사전망이 불투명할 때 보통주에 투자하는 것보다는 확정수익을 보장받는 전환사채나 전환우선주에 투자한 후, 경영상태가 호전될 때 보통주로 전환하면 높은 투자수익률을 기대할 수 있다는 이점이 있다.

전환증권도 앞서 설명한 신주인수권부사채와 마찬가지로 일반증권에 투자자 임의의 선택권이 부여되어 있다는 점에서는 유사한 점이 있으나, 신주인수권부사채는 신주인수권이 행사될 경우 기존사채로서의 특성에는 변화 없이 신주발행분만큼의 추가자금이 기업에 유입되는 반면, 전환증권의 전환권이 행사되는 경우에는 추가자금이 유입되는 것이 아니라 기존의 사채나 우선주지분이 보통주지분으로 바뀌는 것이라는 점에서 큰 차이가 있다. 다음과 같은 조건으로 발행된 전환사채의 경우를 예로서 살펴보자.

표 13-1 B회사의 전환사채 발행조건

액 면 금 액 : 100,000원
표면이자율 : 연 5%(5,000원)
만　　　기 : 5년
전 환 비 율 : 20

B회사의 전환사채를 액면금액과 동일한 가격으로 발행한 경우, 이를 매입한 투자자는 향후 5년 이내에 전환권을 행사하기 이전까지는 일반사채를 보유한 경우와 마찬가지로 매년 표면이자를 지급받으면서 만기일에 액면금액인 100,000원을 상환받을 권리를 가지게 된다. 이제, 투자자의 판단에 따라 만기 이내에 전환권을 행사하는 경우를 살펴보자.

전환비율(conversion ratio)이란 전환사채 1단위당 보통주 몇 주로 전환할 수 있는가를 나타내는 비율이다. 위의 전환사채 1단위를 구입한 투자자는 만기 이내에 보통주 20단위와 전환사채 1단위를 바꿀 수 있는 권리를 가진다. 사채의 액면금액을 전환비율로 나눈 값을 전환가격(conversion price)이라 부른다. 전환가격은 투자자가 1주의 보통주를 취득하는 데 소요되는 비용을 의미하며, B회사 전환사채의 경우 전환가격은 100,000/20 = 5,000원이 된다.

전환사채가 발행되는 시점에서 볼 때, 전환가격은 이 회사 주식의 시장가격보다 높게 형성되는 것이 일반적이다. 위의 예에서 B회사 주식의 시장가격을 4,000원이라고 하면, 전환비율이 20이므로 발행시점에서의 주식으로 전환할 경우의 가치(이를 전환가치(conversion value)라고 부른다)는 4,000 × 20 = 80,000원이 된다. 반면, 전환사채의 가격은 100,000원이므로 투자자들은 100,000 − 80,000 = 20,000원만큼의 금액을 더 지불하고 전환사채를 구입하는 셈이다. 이때의 차액을 전환프리미엄(conversion premium)이라 부른다.

$$\begin{aligned} \text{전환프리미엄} &= \text{전환사채의 가격} - \text{전환가치} \\ &= \text{전환비율} \times (\text{전환가격} - \text{주식의 시장가격}) \end{aligned}$$

전환프리미엄은 전환사채에 투자한 투자자들이 향후의 주가상승을 기대하고 지급한 부분으로 해석할 수 있다. 즉, 투자자들이 전환프리미엄을 지불하면서도 전환사채를 구입하는 이유는 향후 그 기업의 주가가 상승하면 그때 전환권을 행사하여 이익을 얻으리라고 기대하기 때문이다.

자금조달수단으로서의 전환증권

전환증권은 보통주발행을 연기한 것으로 볼 수 있다. 전환증권은 장차 보통주로 전환될 것을 기대하고 발행된 것이기 때문에 형식적인 면에서는 사채이거나 우선주이지만, 실제로는 보통주의 발행을 연기한 것과 같은 성격을 띠고 있다. 현재 보통주로 자금을 조달하는 대신 전환사채나 전환우선주를 발행함으로써 자본조달비용이 적게 들도록 하며, 발행주식수의 증가를 피함으로써 주당순이익의 하락을 방지할 수 있다.

예를 들어, 매년 주당 150원의 배당을 안정적으로 지급하는 어떤 회사의 주식가격이 현재 1,000원이며 이 주가수준은 계속 유지될 것이라 하자. 이 회사가 보통주를 발행하여 자금을 조달한다면 주당 1,000원에 주식발행을 할 수 있으며, 이 경우 주당 150원의 배당을 지급하여야 한다. 따라서 주식발행 시의 자본비용은 15%이다. 이때 보통주를 발행하는 대신 표면이자율 10%, 액면금액 10,000원짜리 전환사채를 발행할 때 전환프리미엄을 20%로 책정하여 발행할 수 있다고 해 보자. 이 경우 자본비용에는 많은 차이가 있다. 전환프리미엄을 20%로 책정한 경우 전환사채의 가격은 12,000원이 된다. 따라서 전환사채를 발행하여 자금을 조달하는 경우의 자본비용은 8.3%(=1,000/12,000)로 낮아진다.

특히 전환사채의 이자비용은 법인세 감세효과를 얻을 수 있으므로 더 큰 비용절감을 할 수 있는데, 가령 이 회사의 법인세율이 30%라고 한다면 전환사채의 비용은 5.81%밖에 되지 않는다.

자본시장이 효율적이어서 주식가격과 전환사채 발행조건이 합리적으로 평가되는 경우, 위에서 분석된 것과 같이 단순히 주식 대신 전환사채를 발행함으로써 자본비용을 줄일 수 있는 기회를 찾기는 어려울 것이다. 그러나 주식발행에 따른 배당압력의 증가나 주당순이익의 하락가능성 등을 피하고 이자비용의 감세효과 등을 얻을 수 있다는 점에서 전환사채의 발행은 융통성이 큰 자금조달방법이라 할 수 있다.

13.6 우리나라 기업의 자본조달

지금까지 기업이 장기자본을 조달하기 위하여 이용하는 여러 증권의 특성과 발행절차에 대하여 설명하였다. 다음에서는 우리나라 기업들의 자본조달이 어떻게 이루어지고 있는지를 살펴본다.

〈표 13-2〉에 2015년부터 2019년까지의 기간 동안 제조업을 영위하는 우리나라 기업들이 투자한 금액과 그 투자에 필요한 자금을 어떻게 조달했는지를 조달원천별로 나타내었다. 〈표 13-2〉의 A는 5년 동안의 투자현황을 나타내는 것으로

표 13-2 우리나라 제조업의 투자와 자금조달 현황

A. 투자현황 (단위 : 십억 원, %)

	2015	2016	2017	2018	2019
비유동자산	1,082,709(59.00)	1,120,041(58.83)	1,191,238(58.98)	1,257,567(59.2)	1,293,284(59.8)
기타	752,383(41.00)	783,763(41.17)	828,406(41.08)	864,553(40.8)	867,791(40.2)
총투자금액	1,835,093(100)	1,903,804(100)	2,019,645(100)	2,122,121(100)	2,161,075(100)

주 : 기타는 비유동자산 이외의 자산으로 현금과 예금, 매출채권, 재고자산 등이 포함된다.

B. 자금조달현황

		2015	2016	2017	2018	2019
자기자본	주식	325,128(31.6)	335,604(31.7)	356,164(31.2)	373,574(30.5)	383,993(30.8)
	내부자금	703,987(68.4)	762,267(68.3)	832,821(68.8)	898,182(69.5)	903,589(69.2)
총자기자본		989,178(54.0)	1,058,618(55.6)	1,141,094(56.5)	1,222,806(57.7)	1,245,668(57.7)
타인자본	회사채	66,014(7.8)	61,238(7.2)	61,593(7.0)	69,053(11.6)	81,961(13.8)
	차입금	155,477(18.4)	153,586(18.2)	156,613(17.8)	164,455(18.3)	168,976(18.5)
	유동부채	556,563(65.8)	567,884(67.2)	596,752(67.9)	597,326(66.4)	592,480(64.7)
총타인자본		844,917(46.0)	845,186(44.4)	878,551(43.5)	899,315(42.3)	915,407(42.3)
총조달금액		1,835,094(100)	1,903,804(100)	2,019,645(100)	2,122,121(100)	2,161,075(100)
내부자금/총조달금액		38.4	44.4	41.2	42.3	41.8

주 : 차입금은 장기차입금을 나타낸다. 타인자본에서 '기타비유동부채'를 제외시켰다.
자료 : 한국은행, 「기업경영분석」, 2015~2019.

매 연도의 투자금액은 바로 기업에서 필요로 하는 자금을 나타낸다. 이러한 필요자금은 자기자본과 타인자본(부채)으로 조달할 수 있다. 〈표 13-2〉 B의 자금조달 현황에서 자기자본은 보통주와 우선주 등의 주식을 발행하여 외부에서 조달한 자금과 기업내부의 유보자금을 이용한 것이 포함된다. 타인자본은 장기성 자금인 사채와 장기차입금, 그리고 단기성 자금인 유동부채를 포함하여 나타내었다.

〈표 13-2〉 A의 투자현황을 보면 우리나라의 기업들은 투자액의 약 60%를 비유동자산에 투자하고 있는데, 비유동자산 중에서도 대부분의 금액은 건물, 기계, 토지와 같은 유형자산에 투자하고 있다. 유동자산에 투자하는 비중은 전체의 약 40% 정도이다.

이러한 투자금액이 어떻게 조달되었는지가 〈표 13-2〉의 B에 나타나 있다. 이를 보면 우리나라의 기업들은 필요자금의 54~58% 정도를 자기자본으로 조달하며, 42~46%를 타인자본으로 조달한다. 자기자본에서 내부자금과 외부자금의 조달비중을 보면 필요자금의 68~69%가량을 유보이익, 감가상각비, 그리고 각종 충당금과 같은 내부자금으로 조달하고, 나머지를 주식발행을 통해서 외부에서 조달하고 있다. 타인자본 부분을 보면 사채발행과 금융기관에서 장기차입금으로 조달한 장기부채가 타인자본총액의 25~30%가량을 차지하고 있으며, 나머지는 단기부채이다. 장기부채 중에서는 간접금융(차입금)이 직접금융(사채)보다 지속적으로 더 많이 사용되고 있다.

중요용어

- 기업지배권 corporate control
- 우선주 preferred stock
- 의결권 voting right
- 집중투표제 cumulative voting
- 수의상환사채 callable bond
- 인수단 underwriting syndicate
- 유상증자 seasoned equity offerings
- 수권자본제도 authorized capital stock system
- 전환권 conversion right
- 신주인수권부사채 bond with warrants : BW
- 보통주 common stock
- 사채 corporate bond
- 액면주식 par value stock
- 무의결권주 non-voting share
- 선순위채 senior debenture
- 유한책임 limited liability
- 기업공개 going public *or* initial public offering : IPO
- 신주인수권 pre-emptive right *or* warrants
- 전환사채 convertible bond : CB
- 전환우선주 convertible preferred stock

연 | 습 | 문 | 제

13-1 장기자본조달의 결정요인들에 대해 설명하라.

13-2 전환사채와 신주인수권부사채의 공통점과 차이점을 설명하라.

13-3 ① 장기자본조달수단으로 사채의 장단점을 설명하라.

② 우선주의 특징과 자금조달방법으로서 우선주가 가지는 장단점을 설명하라.

13-4 사채와 보통주, 그리고 우선주를 투자위험과 기업경영에 대한 참가권의 관점에서 비교 · 설명하라.

13-5 일반사채에 투자하는 것에 비해 전환사채에 투자한 채권자가 얻을 수 있는 효익에 대해 설명하라.

13-6 기업공개의 의미에 대해 설명하라.

13-7 주주의 의결권 행사방법에 대해 설명하라.

13-8 백승기업은 현재 액면가 600억 원에 해당하는 전환사채를 가지고 있다. 이 전환사채는 다음의 조건으로 발행되었다.

액면금액 : 600,000원
표면이자율 : 10%
전환가격 : 15,000원
만기 : 발행 후 10년

이 사채는 현재 단위당 900,000원에 거래되고 있으며, 백승기업의 현재주가는 주당 20,000원이다.

① 전환비율(conversion ratio)은 얼마인가?
② 전환가치(conversion value)는 얼마인가?
③ 이 사채가 전환가치보다 높게 거래되는 이유는 무엇인가?
④ 만일 이 채권에 회사가 700,000원에 채권을 수의상환하는 조건이 붙어 있다면, 백승기업은 수의상환권을 행사할 것인가? 행사할 경우 일어나는 현상을 설명하라.

13-9 (주)UOS의 주식은 현재 주당 2,000원(전체 1,000,000주)에 거래되고 있다. (주)UOS는 신주 1주를 1,600원에 인수할 수 있는 신주인수권을 발행하려고 한다. 신주 100,000주가 추가로 발행될 때 다음 물음에 답하라.

① 신주인수권의 이론적 가치는 얼마인가?
② 권리락 후 신주의 이론적 가치는 얼마인가?
③ (주)UOS의 새로운 기업가치는 얼마인가?

13-10 (주)신한종금은 디지털뱅킹에 투자하기 위해 1천억 원 규모의 신주인수권부사채

(BW)를 발행하려 한다. 이 사채는 1주당 5,200,000원에 발행되었는데 그 조건은 다음과 같다.

〈채권의 발행조건〉
표면금리 : 연 5%
액면가액 : 5,000,000원
만기 : 발행일로부터 5년
수익률 : 10%

〈신주의 인수조건〉
행사프리미엄률(=(인수가격－기준주가)/기준주가) : 85%
주식인수비율 : 사채 1주당 보통주 50주
행사가격 : 45,000원

① 신주인수권의 가치는 얼마인가?
② 이 사채의 발행당시 기준주가는 얼마인가?
③ 투자자가 이 사채를 구매하는 이유는 무엇인가?

제 14 장

자본구조이론의 기초

투자결정(자본예산)과 함께 재무관리에서 가장 중요한 위치를 차지하고 있는 자본구조이론은 기업이 필요한 자금을 어떻게 조달하여야 가장 유리한가를 규명하는 이론이다. 이 장에서는 자본구조이론의 기본개념을 설명하고 먼저 자본구조이론의 선구자 역할을 한 모디글리아니와 밀러의 주장을 살펴본다. 모디글리아니와 밀러는 1958년의 연구에서 법인세가 없다면 최적자본구조가 있을 수 없다는, 자본구조와 기업가치의 무관련성을 주장하였다. 또한 1963년에는 법인세를 고려하면 타인자본을 많이 사용할수록 기업에 유리하다는 주장을 하였다. 이 장에서는 먼저 모디글리아니와 밀러의 이러한 두 주장을 살펴보고, 제15장에서는 보다 많은 변수를 고려한 자본구조이론을 살펴본다.

생·각·의·전·당

타인자본과 자기자본과의 구성비율을 자본구조라고 한다. 어떤 기업은 자기자본만으로 필요자본을 조달하나, 또 다른 기업은 타인자본(부채)을 많이 사용한다. 이러한 자본구조의 차이는 기업의 가치, 나아가 주주의 부에 어떤 영향을 미칠까? 부채사용이 기업가치에 영향을 준다면 유리한 점은 무엇이고 불리한 점은 무엇일까?

14.1 자본구조의 중요성

자본구조의 의미

우리는 일상생활에서 재무구조 또는 자본구조라는 말을 자주 접한다. 보통 이 두 용어는 구분 없이 사용되고 있다. 그러나 엄밀히 말하면 재무구조(financial structure)는 기업의 자금이 어떻게 조달되었느냐는 것으로서 재무상태표의 대변에 있는 모든 항목의 구성을 말한다. 반면 자본구조(capital structure)는 기업이 조달한 자금 중에서 장기적인 항목들의 구성을 말하는 것으로서 재무상태표의 대변에 나타나는 구성항목들 중에서 단기적인 성격을 띠는 유동부채를 제외한 항목들의 구성이다. 따라서 자본구조라고 할 때는 장기차입금, 사채, 우선주, 보통주의 구성을 의미한다.

장기자본의 구성은 크게 자기자본(우선주 · 보통주 자본금, 자본잉여금, 이익잉여금)과 타인자본(장기차입금, 사채)으로 구분된다. 그러므로 보통 자본구조라고 할 때는 간단히 자기자본과 타인자본의 구성형태를 말한다.[1)]

1) 타인자본은 비유동부채와 유동부채를 포함하여 외부채권자에게서 조달한 모든 자금을 나타내는 것으로 사용하기도 하나, 이 장에서는 타인자본을 외부채권자로부터 조달한 장기부채를 나타내는 것으로 사용한다. 우선주와 보통주를 구분하는 경우 자기자본은 보통주를 이용해서 조달한 자금과 이익잉여금을 포함하는 것이 되나 넓은 의미에서의 자기자본은 우선주와 보통주를 모두 포함하는 의미로 사용된다.

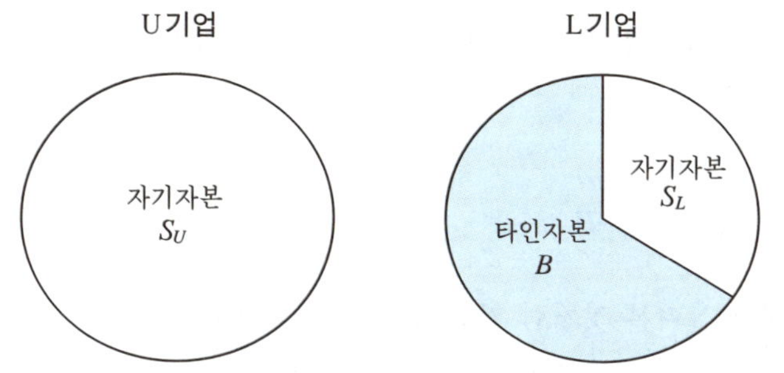

그림 14-1 자본구조가 다른 두 기업

사실 재무구조와 자본구조라는 말은 위에서 설명한 대로 엄밀하게 구분하여 쓰는 경우는 드물며, 두 용어 모두 타인자본과 자기자본의 구성을 뜻하는 말로 사용되는 것이 보통이다. 학계에서도 이 두 용어를 같은 의미로 쓰고 있다. 이 장에서는 자본구조나 재무구조를 타인자본과 자기자본의 구성이란 의미로 사용한다.

자본구조와 기업가치

재무관리의 목표는 기업가치를 극대화하는 것이다. 그러므로 자본구조와 관련한 주된 관심사는 자본구조가 기업의 가치에 영향을 줄 수 있는가 하는 것이다. [그림 14-1]의 U기업(Unlevered firm : 무부채기업)과 L기업(Levered firm : 부채사용기업)의 예를 가지고 설명하여 보자.

U기업과 L기업은 모든 조건이 동일하고 자본구조만 다르다고 하자. U기업은 자기자본 S_U만으로 구성되어 있으며, L기업은 타인자본 B와 자기자본 S_L로 구성되어 있다. U기업의 가치는 $V_U = S_U$이며, L기업의 가치는 $V_L = B + S_L$이다.[2)]

재무관리에서 관심을 두는 문제는, 첫째로 다른 조건은 모두 같고 자본구조만 다른 두 기업의 가치가 차이가 날까($V_U \neq V_L$)? 하는 문제이며, 둘째로 만일 자본구조가 기업가치에 영향을 미친다면 가장 바람직한 자본구조는 어떤 것일까? 하는

2) 정확히 나타내면 기업의 가치는 기업이 조달한 장기자금인 타인자본과 자기자본에 단기자금인 유동부채를 합한 것이다. 그러나 여기서는 유동부채의 크기와 유동자산의 크기가 같다고 보고 이들 유동항목을 제외한 타인자본과 자기자본의 합으로 기업가치를 파악하기로 한다.

최적자본구조(optimal capital structure)에 관한 것이다. 자본구조가 기업가치에 미치는 영향을 살펴보기 전에, 타인자본의 사용이 주주에게 미치는 영향과 그 의미를 먼저 살펴보자.

사업위험과 재무위험

제 12.2 절에서 살펴본 것처럼 기업에 투자한 주주들이 부담하는 위험은 사업위험과 재무위험이다. 사업위험(business risk)은 기업의 미래영업이익의 불확실성으로 인해 발생하는 것이다. 이 위험은 어떤 사업에 투자하였는가 하는 투자결정에 따르는 위험이다. 원양어업에 투자하였을 때와 식품업에 투자하였을 때의 위험이 다르다는 것은 바로 사업위험을 가리키는 것이다. 사업위험은 미래의 경기전망과 기업이 속해 있는 산업의 전망 등에 달려 있으며, 기본적으로 기업의 자산구성이 어떠한가에 달려 있다.

재무위험(financial risk)은 타인자본의 사용으로 인해 나타난다. 타인자본을 사용하면 원금과 이자를 상환하여야 하기 때문에 주주에게 돌아가는 미래이익의 불확실성이 증가한다. 이것이 바로 재무위험이다. 자본구조이론에서는 재무위험이 기업가치에 어떤 영향을 미치는가를 살펴보는 것이므로 이에 대하여 보다 자세히 설명하여 보자.

기업 A, B, C는 모든 조건이 동일하고 타인자본과 자기자본의 구성비율만 서로 다르다. A기업은 총투자액 100억 원을 모두 자기자본만으로 조달하였으며, B기업은 100억 원 중에서 60억 원을 자기자본으로 그리고 40억 원을 타인자본으로 조달하였다. C기업은 20억 원을 자기자본으로 조달하고 나머지 80억 원은 타인자본을 사용하였다. B기업과 C기업에서는 타인자본에 대하여 연 15%의 이자를 지불하고 있다.

각 기업의 주식에 투자하고 있는 주주들이 얻는 수익률인 자기자본순이익률이 경제상황에 따라 어떻게 변화하는지를 살펴보자. 미래의 경제상황은 호황, 보통, 그리고 불황의 세 상황으로 구분되며 세 상황의 발생가능성은 동일하다고 하자. 영업이익률이 호황에서는 30%, 보통상황에서는 20%, 그리고 불황에서는 10%가 된다고 하자. 법인세는 없다고 가정한다. 상황에 따라 기업 A, B, C의 자기자

표 14-1 A, B, C 기업의 영업이익률과 자기자본순이익률의 분포

구 분	A기업			B기업			C기업		
	호황	보통	불황	호황	보통	불황	호황	보통	불황
영업이익률(%)	30	20	10	30	20	10	30	20	10
영업이익(억 원)	30	20	10	30	20	10	30	20	10
이자비용(억 원)	0	0	0	6	6	6	12	12	12
순이익(억 원)	30	20	10	24	14	4	18	8	−2
자기자본순이익률(%) (순이익/자기자본)	30	20	10	40	23.3	6.7	90	40	−10

$$\text{A기업 평균자기자본순이익률}(\%) = \frac{30+20+10}{3} = 20$$

$$\text{B기업 평균자기자본순이익률}(\%) = \frac{40+23.3+6.7}{3} = 23.3$$

$$\text{C기업 평균자기자본순이익률}(\%) = \frac{90+40-10}{3} = 40$$

본순이익률을 계산한 것이 〈표 14-1〉이다.

자기자본만으로 구성된 A기업의 경우는 영업이익률이 30, 20, 10%로 변동함에 따라 자기자본순이익률도 이와 동일하게 변동한다. 그러나 B기업의 자기자본순이익률은 40, 23.3, 6.7%로 나타나며, 타인자본의존도가 가장 큰 C기업의 자기자본순이익률은 90, 40, −10%를 얻게 된다. 타인자본의존도가 크면 클수록 자기자본순이익률의 변동폭이 커지는 것을 볼 수 있다. 이와 함께, A기업의 평균자기자본순이익률은 20%, B기업은 23.3%, C기업은 40%로 타인자본의존도가 커질수록 평균자기자본순이익률도 커진다.

앞에서는 미래의 경제상황을 호황, 보통, 불황으로만 구분하였으나, 현실적으로 미래에 나타날 수 있는 경제상황은 수없이 많다. 이처럼 미래에 나타날 수 있는 경제상황의 수가 수없이 많고 그 확률분포가 연속적인 모양을 가진다고 가정하고, 자본구조가 다른 세 기업의 자기자본순이익률의 분포를 그려보면 다음의 [그림 14-2]와 같다.

[그림 14-2]에서와 같이 타인자본의존도가 크면 클수록, 주주에게 돌아갈 자기자본순이익률의 변동폭이 크게 증가하는 현상을 재무레버리지효과(financial

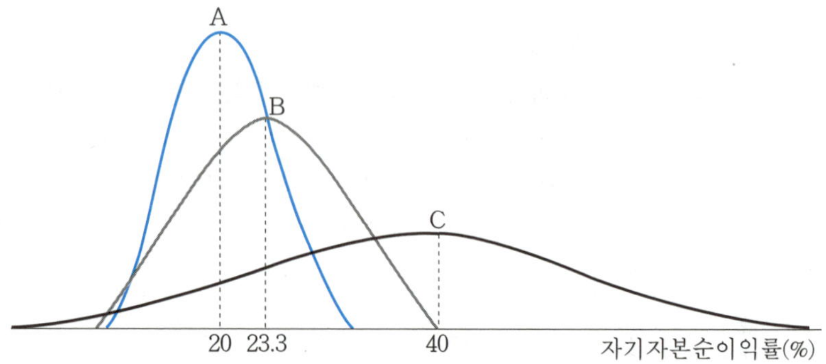

그림 14-2 자본구조에 따른 자기자본순이익률의 분포

leverage effect) 또는 부채의 손익확대효과라고 한다.[3] 이 효과로 인해서 타인자본을 사용할 때는 기업의 주주에게 돌아가는 이익의 분산 정도가 자기자본만을 사용할 때보다 확대되어 나타난다.

[그림 14-2]를 보면 A는 위험이 작으며, 평균수익률 또한 낮다. 반대로 C는 위험이 크나, 평균수익률은 높다. 그렇다면 다른 조건이 같다면 A, B, C 기업 중 어느 기업의 가치가 가장 클 것인가? 즉, A, B, C 중에서 어떤 자본구조가 바람직한가? 이를 규명하고자 하는 것이 자본구조이론이다.

자본구조이론의 쟁점과 발전

[그림 14-2]에서와 같이 타인자본을 많이 사용할수록 평균자기자본순이익률이 증가하며, 위험 또한 커진다. 위험의 증가 없이 평균수익률만 증가한다면 어느 기업이나 타인자본을 사용할 것이지만, 타인자본사용에 따라 위험도 커지기 때문에 자본구조이론이 중요한 논의대상이 되는 것이다.

위험의 증가는 기업가치(또는 자기자본의 가치)를 하락시키며, 평균수익률의 증가는 기업가치(또는 자기자본의 가치)를 증가시킨다. 이처럼 서로 상반되는 두 효과를 가져오는 타인자본의 사용을 어떻게 조정하여 기업의 가치를 극대화시킬 것인가?

3) 재무레버리지효과에 대해서는 제 5 장에서 살펴보았다.

자본구조이론의 쟁점

기업의 가치는 기업이 발생시키는 미래현금흐름의 현재가치이다. 기업의 수명이 영구적이라고 가정하면, 기업의 가치는 다음 식으로 평가된다.

$$V = \frac{E(CF_1)}{1+k_0} + \frac{E(CF_2)}{(1+k_0)^2} + \cdots + \frac{E(CF_{\infty-1})}{(1+k_0)^{\infty-1}} + \frac{E(CF_\infty)}{(1+k_0)^\infty}$$

$E(CF_t)$: t기의 기대현금흐름

k_0 : 가중평균자본비용

매기의 기대현금흐름 $E(CF_t)$가 $\overline{CF}$로서 일정하다고 단순화시키면, 기업의 가치는 다음과 같이 기대현금흐름 $\overline{CF}$를 가중평균자본비용 k_0로 나눈 것이다.

$$V = \frac{\overline{CF}}{k_0}$$

서로 다른 자본구조를 갖는 기업들의 현금흐름이 동일하다면 각 기업의 가치는 k_0에 따라 결정된다. 따라서 현금흐름이 동일한 상황에서는 기업의 가치가 최대로 되는 최적자본구조란 k_0를 가장 작게 하는 자본구조를 말한다. 그러면 k_0는 무엇에 의해 결정되는가? 이미 제 12 장에서 살펴본 것과 같이 k_0는 타인자본비용, 자기자본비용, 그리고 타인자본의존도에 의해 결정된다.

$$k_0 = k_B(1-T)\left(\frac{B}{B+S}\right) + k_S\left(\frac{B}{B+S}\right) \qquad (14 \cdot 1)$$

$k_B(1-T)$: 세후타인자본비용

T : 법인세율

k_S : 자기자본비용

B : 타인자본의 가치

S : 자기자본의 가치

식 14·1에서 법인세율 T는 자본구조에 관계없이 일정하므로, 가중평균자본비용 k_0는 결국 자본구조에 따라 k_B와 k_S가 어떻게 변화하는가에 달려 있게 된다. 즉, 자본구조의 변화에 따라 k_B와 k_S가 어떻게 변화하며 그 결과 k_0는 어떻게 되는가가 자본구조이론의 쟁점이다.

자본구조이론의 발전

1958년 모디글리아니와 밀러(Modigliani and Miller : MM)의 논문이 발표되기 전까지는 타인자본의 적절한 이용으로 기업의 가치를 높일 수 있으며, 기업의 가치를 극대화하는 최적자본구조가 존재한다고 믿어 왔다. 그러나 모디글리아니와 밀러는 완전자본시장에서는 자본구조와 기업가치가 아무 관련이 없음을 보여주었다. 그 후 1963년 밀러와 모디글리아니는 법인세를 고려할 때는 타인자본의존도가 클수록 기업의 가치가 증가한다는 이론을 제시하였다.

이러한 극단적인 두 주장, 즉 타인자본이 기업가치에 전혀 영향을 주지 않는다는 주장과, 타인자본을 많이 쓸수록 기업가치가 커진다는 주장이 재무관리분야에 커다란 파문을 일으켰다. MM이 그들의 이론을 정당화시키기 위하여 이용하였던 가정들은 현실사회에서는 받아들여질 수 없는 것들이어서 비판과 논란의 대상이 되었으며, 이후에는 주로 그 가정들의 현실화와 대리이론(agency theory)의 발전에 따른 자본구조이론이 주요 연구대상이 되어 왔다.

이 장에서는 MM이 주장하고 있는 자본구조이론을 법인세가 없는 경우와 법인세가 있는 경우로 구분하여 설명하겠으며, 다음 장에서는 다른 여러 요인들과 자본구조이론을 연결시켜 살펴보도록 한다.

14.2 MM의 자본구조이론 : 법인세가 없을 때

MM은 완전자본시장의 가정하에서 기업의 자본구조는 기업의 가치와 무관하다는 이른바 자본구조의 무관련이론을 발표하였다.[4] 완전자본시장(perfect capital market)이란 법인세 등의 세금 및 기타 거래비용이 없으며, 모든 정보가 모든 투자자에게 동시에 그리고 정확히 전달되는 시장을 말한다. 또한 자본시장에 참여

4) F. Modigliani and M. H. Miller, "The Cost of Capital, Corporation Finance and the Theory of Investment," *American Economic Review*(June 1958), pp. 261～297.

하는 투자자가 많아 소수의 집단이 시장가격에 영향을 줄 수 없으며, 자본조달에 제약이 없는 시장을 말한다. 이 중 MM이론에서 가장 중요한 역할을 하는 가정은 세금이 없다는 것이다. 이는 논의가 진행되면서 차츰 완화될 것이지만, 여기에서는 먼저 법인세 등의 세금이 없는 경우를 가정한다. 먼저 자본구조의 무관련이론(capital structure irrelevancy)이라고 불리는 MM의 제 1 명제에 대해 살펴보자.

MM의 제1명제

자본구조 외의 다른 조건은 모두 동일한 두 기업을 가정한다. 즉, 동일한 사업에 같은 규모를 투자하고 있어 매년 동일한 영업이익(earnings before interest : *EBI*)을 얻으면서 자기자본만으로 구성된 U기업과 타인자본(이자율 : k_B)과 자기자본을 사용하는 L기업이 있다고 하자. 자기자본만으로 구성된 기업의 가치를 V_U라고 하면, 이 기업의 가치 V_U는 자기자본의 가치 S_U와 같다.

$$V_L = S_U$$

타인자본과 자기자본으로 구성된 기업의 가치를 V_L이라고 하면, V_L은 타인자본의 가치 B와 자기자본의 가치 S_L의 합으로 나타낼 수 있다.

$$V_L = B + S_L$$

투자자 입장에서 다음과 같은 두 가지 투자전략을 세워 그 효과를 비교해 보자.

전략 1 : 기업 U 주식의 10%를 매입
전략 2 : 기업 L 주식의 10%를 매입하고,
기업 L 부채의 10%에 해당하는 금액을 이자율 k_B에 개인적으로 대출

이 경우 두 전략에 소요되는 투자액과 1년 후의 수익은 〈표 14-2〉와 같다. 〈표 14-2〉를 보면 전략 1과 전략 2는 미래상황과 관련 없이 수익이 영업이익의 10%, 즉 $0.1 \times EBI$로 서로 같다. 무차익원리(no arbitrage principle)에 의하면 동일한 수익을 가져다주는 두 투자전략을 구사하는 데 소요되는 비용, 즉 투자금액은 같아야 한다. 따라서 다음의 관계가 성립하며, 두 기업의 가치는 같다는 결론

표 14-2 전략 1과 전략 2의 투자액과 투자수익

투자액	수익
전략 1 : 기업 U 주식의 10% 매입 $=0.1 \times S_U = 0.1 \times V_U$	기업 U 이익의 10% $=0.1 \times EBI$
전략 2 : • 기업 L 부채의 10%에 해당하는 금액 대출 $=0.1 \times B$ • 기업 L 주식의 10% 매입 $=0.1 \times S_L$ $0.1 \times (B + S_L) = 0.1 \times V_L$	• $0.1 \times B$에 대한 이자수익 $=0.1 \times k_B \cdot B$ • 기업 L의 이자지급 후 이익의 10% $=0.1 \times (EBI - k_B \cdot B)$ $0.1 \times EBI$

을 얻는다.

$$0.1 \times V_U = 0.1 \times V_L$$

$$V_U = V_L \tag{14·2}$$

전략 1과 전략 2는 미래에 같은 수익을 가져다주며 투자금액도 같으므로 서로가 동일한(또는 대체적인) 투자전략이다. 이는 기업 L이 부채를 사용함으로써 기업가치(또는 주주가치)에 어떤 이득이나 손실을 끼칠 수 없음을 말해 주는 것이며, 투자자는 개인적인 대출을 통해 기업 L의 부채사용에 따른 효과를 상쇄시킬 수 있음을 의미한다.

이제 앞서 살펴본 전략 1과 전략 2와는 또 다른 두 투자전략을 생각해 보자.

전략 3 : 기업 L 주식의 10%를 매입

전략 4 : 기업 U 주식의 10%를 매입하고, 기업 L 부채의 10%를 이자율 k_B에 개인적으로 차입

두 전략에 소요되는 투자액과 1년 후의 수익은 〈표 14-3〉과 같다.

〈표 14-3〉을 보면 두 전략의 수익은 미래상황과 관계없이 모두 $0.1 \times (EBI - k_B \cdot B)$로 서로 같다. 여기서도 무차익원리에 의하여 똑같은 수익을 가져오는 두

표 14-3 **전략 3과 전략 4의 투자액과 투자수익**

투자액	수익
전략 3 : 기업 L 주식의 10% 매입 $=0.1\times S_L=0.1\times(V_L-B)$	기업 L의 이자지급 후 이익의 10% $=0.1\times(EBI-k_B\cdot B)$
전략 4 : • 기업 L 부채의 10%에 해당하는 금액 차입 $=-0.1\times B$ • 기업 U 주식의 10% 매입 $=0.1\times S_U=0.1\times V_U$ $0.1\times(V_U-B)$	• $(0.1\times B)$에 대한 이자지급 $=-k_B\times(0.1\times B)=-0.1\times k_B\cdot B$ • 기업 U 이익의 10% $=0.1\times EBI$ $0.1\times(EBI-k_B\cdot B)$

전략의 투자액은 같아야 되므로 다음 식이 성립하며, 기업 U와 기업 L의 가치는 같다는 결론을 얻는다.

$$V_U-B=V_L-B$$

$$V_U=V_L \tag{14·3}$$

전략 3과 전략 4는 미래에 같은 수익을 가져다주며 투자금액도 같으므로 서로가 동일한(또는 대체적인) 투자전략이다. 이는 투자자가 개인적으로 자금을 차입하여 부채를 사용하지 않는 기업의 주식을 매입함으로써 기업이 부채를 사용하는 것과 같은 효과를 거둘 수 있다는 의미이다. 기업레버리지(기업의 부채)를 대체한 개인의 레버리지를 '자가부채(homemade leverage)'라고 부른다.

지금까지 살펴본 내용을 직관적으로 설명해 보자. 예를 들어, 기업 L의 가치가 기업 U의 가치보다 크다고 해 보자($V_L>V_U$). 이 경우 투자자는 기업 L과 같은 조건으로 차입하여 자기자본만을 사용하는 기업 U에 투자하면 타인자본을 사용하는 기업 L에 투자했던 것과 같은 이익을 얻을 것이다. 그러나 $V_L>V_U$이기 때문에 기업 U에 투자하는 경우의 투자액이 작다. 따라서 합리적인 투자자라면 누구나 기업 U에 투자하려 할 것이다. 누구나 부채를 차입하여 기업 U의 주식을 구입함으로써 더 작은 금액의 투자로 동일한 이익을 얻을 수 있다는 것이다(또는 동일한 금액의 투자로 더 많은 이익을 얻을 수 있다).

이러한 차익거래기회는 기업 U의 주식에 대한 수요를 증가시켜 가격상승을 가져오고 기업 L의 주식에 대한 공급을 증가시켜 가격하락을 가져온다. 결국 차익거래기회는 사라지고 식 14·3이 성립되어 시장은 균형을 되찾게 된다.

식 14·2와 식 14·3은 결국 투자자가 기업과 같은 조건으로 자기책임하에서 자금을 차입하거나 대여할 수 있다면 기업 U와 기업 L의 가치는 동일하다는 것을 보여준다. 두 식의 결과가 다음과 같은 MM 제1명제의 근거가 된다.

MM 제1명제

완전자본시장하에서 기업의 가치는 그 기업의 자본구조와 무관하다.

이 명제는 기업이 주식(자기자본)이든 사채(타인자본)든 어떤 종류의 증권을 발행하여 자금을 조달하더라도 기업가치에 영향을 미치지 않는다는 것을 의미한다. 이 결과는 주어진 크기의 파이를 어떤 방식으로 자르더라도 파이 전체의 크기는 변하지 않는다는 사실과 비유되어, MM 제1명제를 파이이론(pie theory)이라고도 한다.

| 예 1 | 〈표 14-1〉에서 살펴본 A기업과 C기업의 예를 들어 이 내용을 살펴보자. A기업의 발행주식 수가 200만 주, C기업은 40만 주이며, A기업의 현재주가는 주당 5,000원이라고 하자. 이제 어떤 투자자가 C기업의 지분 1%(4,000주)를 취득하는 전략과, 8,000만 원을 차입하고(이자율 15%) 자기자금 2,000만 원을 합해 A기업의 지분 1%를 취득하는 전략을 생각하고 있다 하자. 두 대안이 가져다주는 미래의 수익과 투자원금은 어떻게 될까?

먼저 두 대안이 가져다주는 미래의 수익은 〈표 14-4〉와 같다.

〈표 14-4〉에서 보는 것처럼 두 대안은 동일한 수익을 가져다준다. 같은 수익을 가져다주는 두 투자전략의 투자원금은 당연히 같아야 하므로 C기업의 지분 1%를 취득하는 금액과 A기업의 지분 1%를 취득하는 데 들어간 순투자금액은 같아야 한다. A기업의 지분 1%를 취득하는 데 들어간 자기자금은 2,000만 원이므로 C기업의 지분 1%를 취득하는 데 들어간 투자원금 역시 2,000만 원이며, 따라서 C기업의 주가 역시 주당

표 14-4 C기업과 A기업에 투자한 경우의 순이익

C기업의 지분 1%를 취득한 경우 (단위 : 억 원)

	호황	보통	불황
C기업의 순이익	18	8	−2
1% 지분의 순이익	0.18	0.08	−0.02

A기업의 지분 1%를 취득한 경우 (단위 : 억 원)

	호황	보통	불황
A기업의 순이익	30	20	10
1% 지분의 순이익	0.3	0.2	0.1
이자비용	0.12	0.12	0.12
이자비용 지급 후 1% 지분의 순이익	0.18	0.08	−0.02

5,000(=2,000만 원/4,000주)원이어야 한다.

MM의 제2명제

MM이론의 제2명제는 제1명제를 원천별 자본비용으로 설명한 것이다. 매년 기대영업이익이 일정하고 법인세가 없다면, 영업활동에서 발생하는 매년의 기대 현금흐름($\overline{CF}$)은 일정하다. 그리고 이때 기업의 가치는 일정한 기대현금흐름을 기업의 할인율, 즉 가중평균자본비용(k_0)으로 나눈 것이다.

$$k_0 = k_B\left(\frac{B}{B+S}\right) + k_S\left(\frac{S}{B+S}\right) \tag{14·4}$$

$$V = \frac{\overline{CF}}{k_0} \tag{14·5}$$

자기자본만을 사용하는 기업 U와 타인자본을 사용하는 기업 L에서, 미래의 영업활동에서 기대되는 현금흐름은 $\overline{CF}$로 모두 동일하다. 따라서 자본구조와 기업가치가 관련이 없다는 MM의 제1명제는 타인자본을 사용하는 기업 L의 가중평

균자본비용이 자기자본만을 사용하는 기업 U의 자본비용과 같다는 것을 나타내며, 식 14·5에서 자본구조와 무관하게 k_0가 일정하다는 것을 나타낸다. 이제 식 14·4를 k_S에 관해 정리하면 다음 식을 얻을 수 있다.

$$k_S = k_0 + (k_0 - k_B)\frac{B}{S} \qquad (14 \cdot 6)$$

식 14·6은 타인자본을 사용하는 기업 L의 자기자본비용은 기업의 부채사용이 증가할수록 커지는 것을 나타내며 MM 제 2 명제의 근거가 된다.

MM 제 2 명제

완전자본시장하에서 부채를 사용하는 기업의 자기자본비용은 부채비율(B/S)에 비례하여 증가하며, 증가율은 가중평균자본비용과 타인자본비용의 차이에 의해 결정된다.

식 14·6의 의미를 예를 들어 설명하여 보자.

| 예 2 | 〈표 14-1〉의 A기업은 현재 총자본이 100억 원이고 이는 모두 자기자본으로만 조달되어 있다. A기업의 현재의 가중평균자본비용은 자기자본비용과 같은 20%이다. 이때 A기업이 사채를 발행하여 자기회사의 주식을 매입하는 방법으로 C기업과 같은 자본구성인 자기자본 20억 원, 타인자본 80억 원으로 자본구조를 바꾼다면 자기자본비용은 얼마나 될까? 타인자본비용은 15%이다.

MM의 제 1 명제에 의해 기업의 가치와 가중평균자본비용은 변화가 없으므로 다음의 식들이 성립한다.

자기자본만으로 조달한 경우 : $k_S = k_0 = 20\%$

타인자본과 자기자본으로 조달한 경우 : $k_S = k_0 + (k_0 - k_B)(B/S)$

$$= 20 + (20 - 15)(80/20) = 40\%$$

즉, A기업이 자본구조를 C기업과 같은 자기자본 20억 원, 타인자본 80억 원으로 바꾸는 경우 자기자본비용은 40%가 된다.

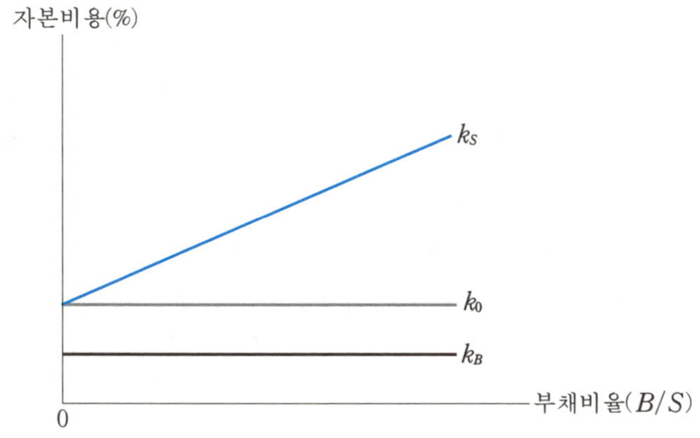

그림 14-3 타인자본비용, 자기자본비용, 가중평균자본비용과 부채비율의 관계

MM의 제 2 명제를 그림으로 나타낸 것이 [그림 14-3]이다. 이 그림에서 기업이 사용하는 타인자본에 대한 이자를 확실히 지급할 수 있는 한 타인자본비용은 부채비율과 관계없이 일정하다. 타인자본을 사용하는 경우 저렴한 타인자본비용의 효과로 인해 기업의 가중평균자본비용이 낮아지게 되나, 한편으로 타인자본의 사용에 따라 발생하는 재무위험의 증가로 자기자본비용이 상승하게 되어 타인자본을 이용하는 이점이 완전히 상쇄된다. 그 결과로 가중평균자본비용은 부채비율에 관계없이 일정하게 된다.

MM이론의 중요성

기업가치와 자본구조는 서로 무관하다는 MM의 주장은 재무관리의 학문적 발전에 커다란 공헌을 하였다. 당시 기업의 자본구조에 대한 연구의 주된 경향은 자본비용을 최소화하여 기업가치가 최대가 되게 하는 최적자본구조가 존재한다는 막연한 생각 속에 기업의 최적자본구조를 찾기 위한 것이었는데, MM은 이러한 노력이 무의미하다는 것을 논리적으로 증명해 보인 것이다.

그러나 MM의 이론이 현실적으로 타당성을 갖는다고 보기는 어렵다. 예를 들어 항공업이나 조선업을 영위하는 기업들은 높은 부채비율을 가지며, 반대로 신약개발을 하는 제약회사들은 낮은 부채비율을 유지하는 경향이 있다. 현실적으로 기업들은 타인자본에 의존하는 정도를 무작위로 선택하지는 않는다. MM의 두 명제가 현실적으로 타당하다기보다는 자본구조이론의 출발점을 제시하였다는 데서 중요한 의미를 가진다. 특히, MM이 이론전개에서 사용한 완전자본시장의 가정과 달리, 불완전한 현실시장에서 나타나는 ① 법인세의 문제 ② 파산비용의 문제 ③ 대리비용의 문제 ④ 정보비대칭의 문제 등이 크게 대두되었다.

법인세를 고려하는 자본구조이론은 다음 절에서 살펴보고 파산비용, 대리비용과 정보비대칭에 대한 문제는 제 15 장 '자본구조이론의 현실'에서 살펴본다.

14.3 MM의 자본구조이론 : 법인세가 있을 때

이자의 감세효과

앞에서 설명한 MM의 이론에서는 법인세를 고려하지 않았다. 다음에서는 법인세를 고려한 경우의 MM의 자본구조이론을 설명하여 보자.[5)]

법인세가 존재하는 경우 기업이 타인자본을 사용하는 대가로 채권자에게 지급하는 이자비용은 법인세 계산 시 비용(손금)으로 처리되어 과세대상 소득에서 차감되고 이에 따라 법인세를 줄여 주는 이자의 감세효과(interest tax shield)가 발생한다. 그러나 자기자본을 사용하는 대가로 주주에게 지급하는 배당은 법인세납부 후의 순이익에서 지출된다. 따라서 법인세가 존재하는 경우에는 자기자본만을 쓰는 기업이 부담하는 법인세에 비해 부채를 사용하는 기업이 부담하는 법인세가 더 작다. 결국 기업에 자본을 제공한 주주와 채권자에게 돌아가는 현금흐름의 합계는 타인자본을 사용하지 않는 경우보다 타인자본을 사용하는 경우에 더 커진다. 다음의 [그림 14-4]가 이를 보여주고 있다.

기업의 가치는 자기자본소유주의 몫과 타인자본소유주의 몫을 합한 것이다.

---

5) F. Modigliani and M. H. Miller, "Corporate Income Tax and the Cost of Capital : A Correction," *American Economic Review* (June 1963), pp. 433~442.

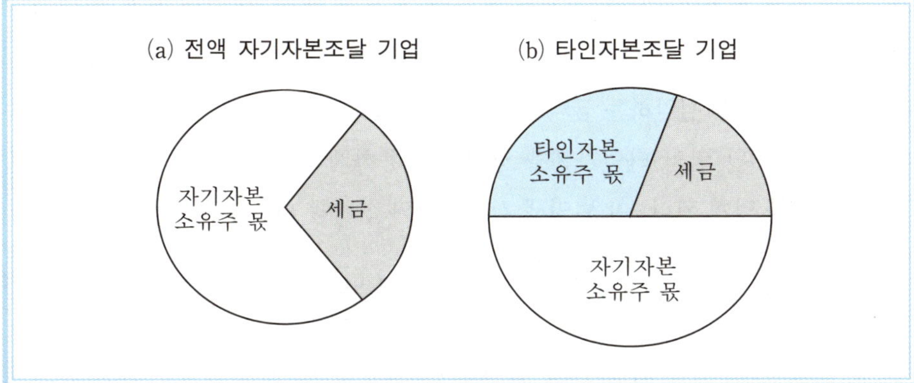

그림 14-4 기업가치와 이자의 감세효과

[그림 14-4]에서 보면 기업가치가 높은 기업은 법인세를 덜 내는 기업이다. 따라서 법인세부담이 작을수록 기업의 가치는 증가한다. 예를 들어 설명하여 보자.

두 기업의 기대영업이익이 2,000만 원으로 영구히 지속되며, 자본구조 이외의 모든 조건은 동일하다. 기업 U는 타인자본을 사용하지 않고 있으며, 기업 L은 5,000만 원의 타인자본을 연 10%의 이자율로 사용하고 있다 하자. 법인세율이 20%라고 가정하면, 채권자와 주주들이 받을 이자와 세후순이익은 어떻게 될까? 〈표 14-5〉에 그 결과를 나타내었다.

표 14-5 법인세가 있는 경우 부채사용의 효과

(단위 : 만 원)

항목 \ 기업	기업 U	기업 L
기대영업이익($EBIT$)	2,000	2,000
이자비용($k_B \cdot B$)	0	500
세전이익(EBT)	2,000	1,500
법인세($T = 20\%$)	400	300
세후순이익[$EAT = (EBIT - k_B \cdot B)(1 - T)$]	1,600	1,200
세후순이익+이자비용[$EAT + k_B \cdot B$]	1,600	1,700
이자의 감세효과($T \cdot k_B \cdot B$)	0	100

채권자와 주주들에게 돌아갈 이자비용과 순이익의 합은 자기자본만 사용하는 기업 U보다 타인자본을 사용하는 기업 L에서 더 크게 나타난다. 그 이유는 채권

자가 지급받는 이자비용은 법인세를 계산하기 전에 지출되며 주주들은 법인세를 차감한 후의 순이익을 지급받기 때문이다. 기업 L이 기업 U에 비하여 이자비용으로 인하여 법인세를 절약하는 금액은 이자비용×법인세율=100만 원이다. 그러므로 기업 L이 5,000만 원의 타인자본을 영원히 사용하게 되면 매년 100만 원의 법인세 감세효과를 얻게 된다. 이 법인세 감세효과의 현가를 나타내면 식 14·7과 같다.

$$\text{이자의 감세효과의 현가} = \frac{T \cdot k_B \cdot B}{1+k_B} + \frac{T \cdot k_B \cdot B}{(1+k_B)^2} + \cdots + \frac{T \cdot k_B \cdot B}{(1+k_B)^\infty}$$

$$= \frac{T \cdot k_B \cdot B}{k_B} = T \cdot B \qquad (14 \cdot 7)$$

식 14·7에서 이자의 감세효과로 나타나는 매년의 현금흐름은 기업이 부채를 사용함으로써 발생하는 현금흐름이므로 할인율은 부채비용인 k_B이다. 따라서 영구부채인 경우 감세효과의 가치는 이자율의 크기와 관계없이 타인자본 B에 법인세율 T를 곱한 금액이 된다. 식 14·7을 이용하여 기업 L의 법인세 감세효과의 현가를 계산하면 0.2×5,000만 원=1,000만 원이다. 물론 회사가 부채를 영구히 사용하지 않는다면 이자의 감세효과는 이보다 작다.

수정된 MM의 제1명제

식 14·7에서 살펴본 것처럼 타인자본을 사용하는 기업은 이자의 감세효과를 얻으므로, 타인자본 B를 영구적으로 사용하는 기업 L의 가치는 자기자본만 사용하는 기업 U의 가치보다 법인세 감세효과의 현가만큼 크다. 따라서 타인자본을 사용하는 기업의 가치 V_L과 자기자본만 사용하는 기업의 가치 V_U의 관계는 식 14·8과 같다.

타인자본사용기업의 가치=자기자본사용기업의 가치+이자의 감세효과의 현가

$$V_L = V_U + T \cdot B \qquad (14 \cdot 8)$$

이 식이 법인세를 고려하였을 때 MM의 제 1 명제이다.

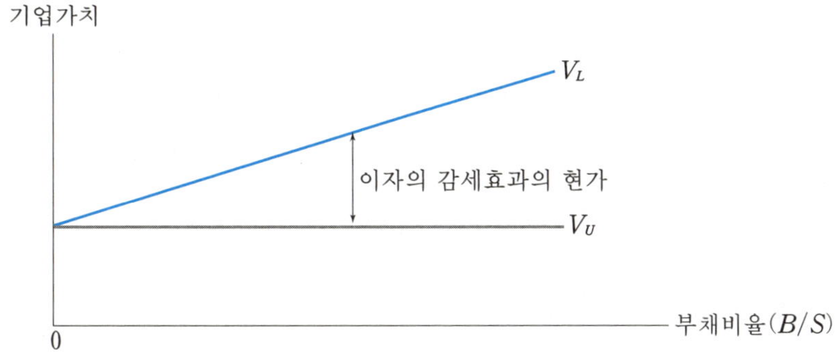

그림 14-5 법인세를 고려할 때의 부채사용기업의 가치

수정된 MM 제 1 명제

불완전시장요인으로 법인세만을 고려하는 경우, 부채를 사용하는 기업의 가치는 부채를 사용하지 않는 기업의 가치보다 이자의 감세효과의 현가만큼 크다.

식 14·8에서 $T \cdot B$는 부채를 영구히 사용할 때 얻을 수 있는 이자의 감세효과의 현가이다. 수정된 MM 제 1 명제에 의하면 감세효과의 현가가 클수록 기업의 가치가 증가하므로, 주어진 법인세율하에서 타인자본 B가 클수록 기업가치가 증가한다. 이는 기업이 필요한 자금을 100% 타인자본으로 조달하는 것이 최적이라는 결론을 내리게 한다. 법인세를 고려할 때 자본구조와 기업가치와의 관계를 그림으로 나타내면 [그림 14-5]와 같다.

| 예 3 | 앞에서 예로 든 〈표 14-5〉에 나타난 기업 U와 기업 L의 가치를 식 14·8을 이용하여 계산해 보자. 기업 U의 자본비용이 20%라고 가정하자.

기업 U의 가치는 다음과 같이 8,000만 원이다.

$$V_U = \frac{1,600}{0.20} = 8,000\text{ (만 원)}$$

그리고 이자의 감세효과의 현가가 1,000만 원이므로 기업 L의 가치는 9,000만 원이다.

$$V_L = V_U + \text{이자의 감세효과의 현가}$$
$$= 8,000 + 1,000 = 9,000 \text{ (만 원)}$$

기업 L에 투자한 자기자본소유주들의 가치는 기업가치에서 타인자본의 가치를 빼면 계산된다. 타인자본의 가치가 5,000만 원이므로 자기자본의 가치는 4,000(=9,000−5,000)만 원이다.

수정된 MM의 제2명제

법인세를 고려하지 않았을 때 MM의 제 2 명제에서는 자기자본비용이 부채비율 B/S가 커짐에 따라 비례해서 증가한다는 것을 설명하였다. 이는 타인자본사용의 증가에 따라 재무레버리지효과가 커져 주주의 위험이 증가하기 때문이다. 법인세가 존재할 때도 그 개념은 동일하나 이자의 감세효과로 인해 자기자본비용의 증가 정도가 작아진다. 법인세가 존재할 때 MM의 제 2 명제는 다음과 같이 수정된다.[6)]

수정된 MM 제 2 명제

불완전시장요인으로 법인세만을 고려하는 경우, 부채를 사용하는 기업의 자기자본비용 (k'_S)은 다음과 같이 결정된다.

$$k'_S = k_U + (k_U - k_B)\frac{B}{S}(1 - T) \quad (14 \cdot 9)$$

k_U : 부채를 사용하지 않는 기업의 자기자본비용
k_B : 세전타인자본비용

법인세가 존재할 때는 타인자본사용이 가져오는 이자의 감세효과에 따라 법인세가 없을 때보다 실제 부담하는 타인자본비용이 낮아진다. 그리고 타인자본사용기업이 자기자본만 사용하는 기업에 비해 추가적으로 얻게 되는 감세효과의 현가는 타인자본사용기업의 주주지분의 가치를 증가시킨다. 따라서 타인자본을 사용

6) 이에 대한 증명은 박정식 · 박종원 · 조재호 저, 「현대재무관리」 제 8 판(2015, 다산출판사) 제 13.4 절 참조.

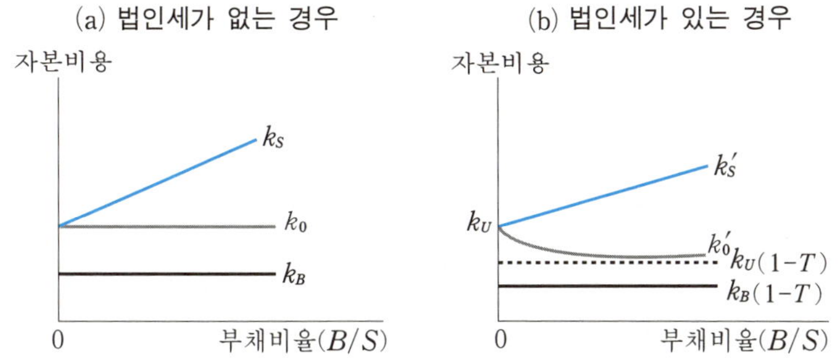

그림 14-6 법인세를 고려할 때의 자본비용

하는 기업에 투자하는 주주들이 재무위험의 보상을 위해 요구하는 위험프리미엄은 법인세가 없을 때에 비해 작아지게 되어 자기자본비용의 증가 정도가 작고 이에 따라 타인자본을 이용할 때의 이점을 완전히 상쇄시키지 못한다. 식 14·9를 이용하여 가중평균자본비용 k'_0를 구하면 다음과 같다.

$$k'_0 = (1-T)k_B\left(\frac{B}{B+S}\right) + k'_S\left(\frac{S}{B+S}\right)$$
$$= (1-T)k_B\left(\frac{B}{B+S}\right) + \left[k_U + (1-T)(k_U - k_B)\frac{B}{S}\right]\left(\frac{B}{B+S}\right)$$
$$= k_U\left[1 - T\left(\frac{B}{B+S}\right)\right] \qquad (14 \cdot 10)$$

이상의 내용을 그림으로 나타내면 [그림 14-6]과 같다.

[그림 14-6]의 (a)와 (b)는 각각 법인세가 없는 경우와 법인세가 있는 경우에 대하여 부채비율의 변화에 따른 자기자본비용과 가중평균자본비용의 변화를 보여주고 있다. 법인세가 있는 경우 타인자본의 사용은 이자의 감세효과로 인해 k'_S의 증가폭을 둔화시키므로 k'_S의 기울기가 법인세를 고려하지 않은 k_S의 기울기보다 작게 나타난다. 이에 따라 k'_S와 $k_B(1-T)$의 가중평균인 k'_0는 법인세를 고려하지 않은 경우 항상 k_0로 일정하던 것이 k'_0처럼 우하향하며, 부채비율(B/S)이 커질수록 $k_U(1-T)$에 접근한다. 기업의 가치를 극대화하려면 할인율 k'_0가 작을수록 좋기 때문에 법인세를 고려하는 경우에 최적자본구조는 모든 자본을 타인자본으

로 조달하는 것이다.

| 예 4 | 〈표 14-5〉에서 살펴본 기업 L의 자기자본비용을 구하고, 이를 이용하여 기업 L의 자기자본의 가치를 평가하라.

식 14·9를 이용하여 기업 L의 자기자본비용을 구하면 다음과 같다.

$$k'_S = 20 + (20 - 10) \times \frac{5,000}{4,000} \times (1 - 0.2) = 30\,(\%)$$

자기자본만 사용하는 경우의 자기자본비용은 20%였으나, 타인자본의 사용에 따라 자기자본비용이 30%로 증가하였다. 자기자본비용을 이용하여 자기자본의 가치를 구해보자. 이자와 세금을 지급한 후의 세후순이익을 자기자본비용으로 할인하여 기업 L의 자기자본가치를 구하면 다음과 같다.

$$S_L = \frac{(\text{기대영업이익}-\text{이자비용}) \times (1-\text{법인세율})}{\text{자기자본비용}}$$

$$= \frac{(2,000 - 500)(1 - 0.2)}{0.30} = 4,000\,(\text{만 원})$$

이 결과는 앞의 [예 3]에서 얻은 결과와 동일하다.

중요용어

- 자본구조 capital structure
- 타인자본 debt
- 부채비율 debt-to-equity ratio
- 가중평균자본비용 *WACC*
- 법인세 corporate taxes
- 이자의 감세효과 interest tax shield
- 자본구조 무관련이론 capital structure irrelevancy
- MM의 명제 MM proposition
- 자기자본 equity
- 재무위험 financial risk
- 타인자본비용 cost of debt
- 자기자본비용 cost of equity
- 자가부채 homemade leverage
- 최적자본구조 optimal capital structure
- 모디글리아니와 밀러 Modigliani and Miller : MM

연 | 습 | 문 | 제

14-1 자본구조이론에 대한 MM의 제1명제를 법인세가 존재하지 않는 경우와 존재하는 경우로 구분하여 비교 · 설명하라.

14-2 MM이 가정한 완전자본시장의 조건에 대해 설명하라.

14-3 법인세 유무에 따라 재무레버리지효과가 자기자본비용에 미치는 영향을 설명하라.

14-4 법인세가 존재할 때 가중평균자본비용이 어떻게 결정되는지를 법인세가 없는 경우와 비교하여 설명하라.

14-5 자본의 구성비율만 다르고, 다른 모든 조건이 동일한 기업 A와 B가 있다. A는 총투자액 100억 원 모두 자기자본으로 구성되어 있으며, B는 50억 원의 자기자본과 50억 원(이자율 15%)의 타인자본으로 구성되어 있다. 미래의 경제상태가 다음과 같을 때, 이들 기업의 자기자본순이익률의 평균과 분산을 구하고, 이것이 의미하는 바를 설명하라. 단, 법인세는 없다고 가정한다.

상태	확률	영업이익률 $\left(=\frac{\text{영업이익}}{\text{총투자액}}\right)$
호황	1/4	30%
보통	2/4	20%
불황	1/4	10%

14-6 진선기업은 매년 영업이익이 1억 2천만 원으로 영구히 일정할 것으로 예상된다. 이 기업은 현재주가 6,000원에 10만 주의 보통주로만 자본을 조달하고 있다. 진선기업은 현재 이자율 10%로 사채 3억 원을 발행하여 동일한 금액만큼의 자기자본을 회수하려고 한다. 법인세가 존재하지 않는다고 할 때 다음 물음에 답하라.

① 사채발행 전 진선기업의 자기자본비용과 가중평균자본비용을 구하라.

② 사채발행 후 진선기업의 자기자본비용과 가중평균자본비용을 구하라.

③ 사채발행 후 진선기업의 가치가 7억 원으로 평가된다면 차익거래의 기회가 존재하는가?

14-7 (주)서울은 자기자본으로만 기업을 운영하고 있으며, 기업의 가치는 200억 원이고, 매년의 기대영업이익은 영구히 50억 원으로 예상된다. 법인세율은 40%이고, 이 기업이 현재 타인자본을 조달할 경우 10%의 이자율이 적용된다. (주)서울은 100억 원의 자기자본을 타인자본으로 대체하려고 한다. 다음 물음에 답하라.

① 자기자본으로만 운영되는 (주)서울의 자기자본비용과 가중평균자본비용을 구하라.

② 자본구조를 바꿀 경우 자기자본비용과 가중평균자본비용을 구하라.

③ 자기자본비용과 가중평균자본비용이 차이가 나는 원인을 설명하라.

14-8 사업위험이 동일한 두 기업, 백두와 한라가 있다. 백두기업은 장기차입금 4,000만 원을 쓰고 있으며, 한라기업은 8,000만 원의 장기차입금을 사용하고 있다. 이자율은 10%이고, 백두기업의 자기자본비용은 20%, 한라기업의 자기자본비용은 25%이며 법인세는 없는 것으로 가정한다.

① 두 기업의 기대영업이익이 2,000만 원일 때 두 기업의 가치는 각각 얼마인가?

② 한라기업의 주식을 96,000원어치 소유한 투자자는 기업레버리지를 대체하는 자가부채(homemade leverage)를 통하여 얼마의 이익을 얻을 수 있는가?

③ 설악기업은 위의 두 기업과 사업위험은 동일하지만, 부채를 사용하지 않고 있다. 설악기업의 가치는 12,500만 원이다. MM이론의 입장에서 차익거래의 기회가 존재하지 않기 위해서는 백두기업과 한라기업의 새로운 자기자본비용은 얼마가 되어야 하는가?

14-9 천지기업과 창조기업은 천지기업이 자기자본으로만 구성되었으며, 창조기업이 연리 6%의 무위험부채 100억 원을 사용하고 있다는 자본구조상의 차이를 제외하고는 모든 점에서 동일하다. 한편, 양사의 영업이익은 30억 원으로 영원히 일정할 것으로 기대되며, 양사 모두 자기자본만 사용할 때의 자기자본비용이 10%이다. 법인세율이 40%라는 가정하에서 양사의 자기자본비용, 자기자본가치, 가중평균자본비용을 계산하라.

제 15 장

자본구조이론의 현실

MM은 완전자본시장하에서 자본구조는 기업의 가치와 관계가 없다는 자본구조의 무관련이론을 주장하였다. 타인자본을 사용하면 주주의 위험을 증가시켜 자기자본비용이 증가하므로 타인자본 사용의 이점이 완전히 상쇄된다는 것이다.

MM의 가정과는 달리 현실의 자본시장은 불완전하다. 시장을 불완전하게 만드는 요인으로는 법인세, 파산비용, 정보의 비대칭, 그리고 대리문제 등이 대표적이다. 이런 요인들은 자본구조에 영향을 미친다. 법인세에 관련된 내용은 앞 장에서 살펴보았다. 이 장에서는 파산비용, 대리비용, 정보비대칭과 관련하여 자본구조이론을 살펴본다. 또, 기업이 자본구조를 결정할 때 고려해야 할 점들을 살펴보고 실제로 우리나라 기업들의 자본구조는 어떠한지 알아본다.

생·각·의·전·당

불완전한 현실 시장에서 부채사용은 기업가치(또는 주주가치)에 어떤 영향을 미칠까? 주주, 채권자, 경영자 간에 갖는 비대칭적인 정보와 이해관계의 불일치, 파산위험은 부채를 사용하지 않는 기업과 부채사용기업의 가치에 어떤 차별적인 영향을 미치게 될까? 경영자는 자본조달결정에 이런 요인들을 어떻게 반영하여야 할까?

15.1 파산비용과 상충이론

파산비용

기업이 부채(또는 타인자본)를 사용하면 이자를 지급해야 하고 만기에는 원금을 상환해야 하는 법적 책임을 부담하게 된다. 그러나 기업의 경영상황이 악화되면 이자지급이나 원금상환을 못하게 되는 경우가 생긴다. 이처럼 이자지급을 못하거나, 만기에 채무를 상환하지 못하는 경우를 채무불이행(default) 또는 지급불능(insolvency)상태라고 한다. 일시적인 지급불능상태는 기업의 유동성 부족 때문에 발생하며, 자금의 뒷받침이 있으면 이러한 상태에서 벗어나 정상적인 기업활동을 계속할 수 있다. 이러한 일시적인 지급불능을 기술적 지급불능(technical insolvency)이라고 한다. 반면에 실질적 지급불능(real insolvency)은 그 원인이 일시적인 유동성 부족에 있는 것이 아니라, 기업의 현금흐름 창출 능력이 한계에 도달한 결과 자산가치가 부채가치보다 작아져서 기업이 더 이상 존속할 수 없는 경우를 말한다. 기업의 자산가치가 부채가치보다 작고 기업이 실제로 이러한 상태를 벗어나기 어렵다고 판단되는 경우에 채권자는 법원에 파산신청을 하게 되고 법원의 선고에 의해 기업은 해산되는데, 이와 같은 상태를 가리켜 파산(bankruptcy)이라 한다. 파산이 된 기업은 일정한 절차를 거쳐 정리되는데, 이러한 과정에서 여러 가지 비용이 발생한다. 이러한 비용을 파산비용(bankruptcy cost)이라 한다. 파산비용은 다음의 두 가지로 분류할 수 있다.

파산에 따르는 직접비용

기업이 파산에 이르게 되면 법적 처리나 관리에 많은 비용이 발생한다. 대표적인 것이 변호사와 공인회계사 등에게 돌아가는 비용이다. 이 외에도 기업이 정리절차에 들어가 잔여재산을 처분하는 경우에 비유동자산이나 재고자산의 처분가격이 영업활동이 정상적으로 이루어지는 경우에 비해 낮게 평가되므로 처분손실이 발생한다. 이러한 비용들을 파산의 직접비용이라 한다.

파산에 따르는 간접비용

파산선고를 받은 기업이 정해진 파산절차를 밟는 과정에서 또는 파산 후 재정비를 한다고 하여도 기업 이미지의 실추 때문에 고객을 잃고 거래처를 상실하게 된다. 그 결과 판매가 감소하고 영업활동이 위축되어 손해를 보게 된다. 또한 새로운 자본조달도 어렵게 되며, 자본조달이 가능하더라도 높은 자본비용을 지불하게 된다. 이러한 비용을 파산의 간접비용이라 한다. 파산으로 인한 간접비용은 직접비용에 비해 측정하기는 어려우나 그 규모가 직접비용보다 훨씬 크다.[1)]

파산비용과 자본구조

MM은 완전자본시장을 가정하여 파산비용을 고려하지 않은 상황에서 자본구조와 기업가치의 무관련이론을 제시하였다. 여기에서는 완전자본시장의 가정을 완화하여 법인세와 파산비용이 존재하는 상황을 고려해 보자. 부채사용은 한편으로는 부채에 대한 이자가 비용으로 처리됨으로써 얻게 되는 이자의 감세효과를 가져다주지만, 다른 한편으로는 부채사용이 증가하면 원리금을 지급하지 못할 가

---

1) 알트만은 직접비용과 간접비용을 합친 파산비용이 파산시점 기업가치의 약 17%에 달하는 것으로 추정하며, 안드레이드와 카플란은 총파산비용이 기업가치의 10~20%에 달한다고 추정하고 있다. E. Altman, "A Further Empirical Investigation of the Bankruptcy Cost Question," *Journal of Finance* 39(September 1984), pp. 1067~1089 ; G. Andrade and S. N. Kaplan, "How Costly is Financial(Not Economic) Distress? Evidence from Highly Leveraged Transactions that Became Distressed," *Journal of Finance* 53(October 1998), pp. 1443~1493.

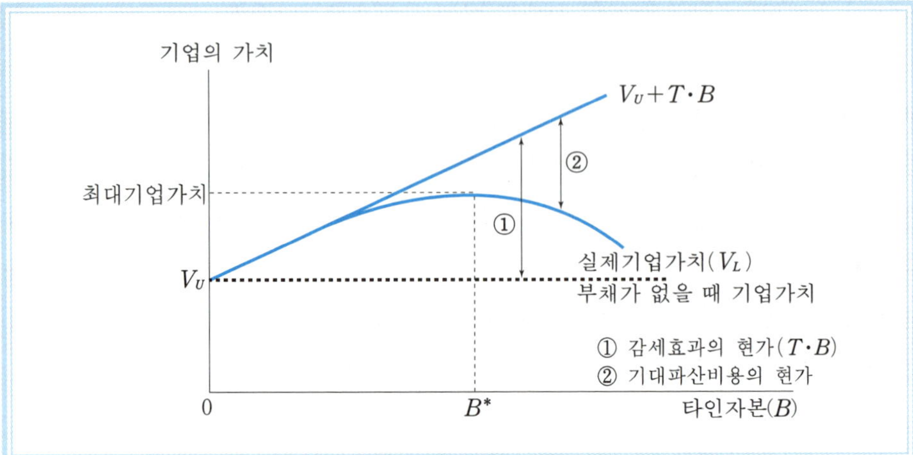

그림 15-1 파산비용과 법인세를 고려할 경우의 기업가치

능성, 즉 파산위험이 커지게 되고 이에 따라 기대파산비용(expected bankruptcy costs)이 증가하게 된다. 기대파산비용이 높아지면 이 기대파산비용의 현재가치도 커지게 된다. 그러므로 부채사용에 따라 발생하는 이자의 감세효과라는 이득과 기대파산비용의 증가라는 손실 사이에서 기업가치를 극대화할 수 있는 최적자본구조의 존재를 논의할 수 있게 된다. 파산비용을 고려했을 때 부채를 사용하는 기업 L의 가치는 다음과 같다.

$$V_L = V_U + T \cdot B - \text{기대파산비용의 현가} \qquad (15 \cdot 1)$$

식 15·1의 내용을 그림으로 나타낸 것이 [그림 15-1]이다. 그림에서 보면, 법인세만을 고려했을 때 기업 L의 가치는 $V_L = V_U + T \cdot B$로서 부채를 사용할수록 기업의 가치는 커진다. 그러나 파산비용을 고려하게 되면 부채사용의 증가에 따라 기대파산비용의 현가가 증가하여 기업의 가치는 감소한다. 따라서 기업가치가 최대로 되는 부채수준은 부채 1단위의 증가에 따른 이자의 감세효과의 증분과 기대파산비용 현가의 증분이 같아지는 점(B^*)이 되며, 이에 따라 기업은 최적자본구조를 갖게 된다.

상충이론과 목표부채비율

식 15·1과 [그림 15-1]에서 살펴본 것과 같이 부채사용에 따른 이자의 감세효과와 파산비용을 고려하는 경우 부채사용이 기업가치에 미치는 효과는 이자의 감세효과와 기대파산비용의 크기에 달려 있으며, 그에 따라 기업마다 최적자본구조—[그림 15-1]의 B^*와 같은—가 달리 존재하게 된다. 이처럼 부채사용에 따라 나타나는 이자의 감세효과와 기대파산비용의 상충관계에 의해 기업별로 최적자본구조가 달리 결정된다는 이론을 자본구조의 상충이론(trade-off theory)이라고 부른다.[2)]

재무관리자는 부채사용을 늘릴 때 자신의 기업이 얻을 수 있는 이자의 감세효과의 증분과 기대파산비용 현가의 증분을 구하고 이 두 크기가 같아지는 점에서 최적 부채조달액과 자기자본조달액을 결정한다. 이렇게 구해진 부채와 자기자본조달액의 비율은 바로 기업가치를 극대화시키는 최적자본구조, 즉 목표부채비율(target debt ratio)이며 재무관리자는 이 목표부채비율에 맞추어 자본을 조달하게 될 것이다.[3)]

2) 부채를 조달하는 경우 기업가치에 음(-)의 영향을 미치는 요인으로는 파산위험의 증가뿐만 아니라 뒤에서 다룰 대리비용과 부채비율 증가에 따른 차입비용의 상승가능성 등을 들 수 있다. 이들 요소를 모두 고려하여 부채사용 시 기업가치를 감소시키는 비용을 재무적 곤경비용(financial distress costs)이라고 정의하면, 상충이론은 부채사용에 따라 나타나는 이자의 감세효과와 재무적 곤경비용의 상충관계에 따라 기업마다 서로 다른 최적자본구조를 가질 수 있다고 주장하는 이론이다.

3) J. Graham and C. Harvey, "The Theory and Practice of Corporate Finance : Evidence from the Field," *Journal of Financial Economics* 60(May/June 2001), pp. 187~244. 이들의 연구결과에 의하면 조사대상 재무관리자(CFO)의 약 81%가 목표부채비율을 갖고 있다고 응답했다.

15.2 정보비대칭과 자본조달순서이론

정보비대칭과 신호효과

현실적으로 자본시장은 불완전하다. 불완전한 자본시장에서는 정보를 얻는 데 시간과 비용이 들고 이에 따라 기업의 경영자와 외부주주 및 채권자들은 기업내용에 대해 서로 다른 수준의 정보를 갖게 된다. 이와 같이 기업의 이해관계자들이 서로 다른 수준의 정보를 갖게 되는 상황을 정보비대칭(information asymmetry)의 상황이라 한다. 일반적으로 경영자(또는 대주주)는 외부주주나 채권자 등에 비해 기업내용에 대해 보다 정확하고 많은 정보를 갖게 될 것이다.

정보비대칭이 있는 경우 기업내용에 대해 우월한 정보를 갖고 있는 기업의 경영자는 자신이 알고 있는 정보를 일반투자자에게 전달해 주는 수단으로 자본조달정책이나 주주환원정책을 이용할 수 있다. 자본조달정책이나 주주환원정책이 갖는 정보전달효과를 신호효과(signaling effect) 또는 정보효과(information effect)라고 한다.

예를 들어 어떤 기업이 미래에 큰 현금흐름을 가져다줄 좋은 투자안을 가지고 있는 경우, 이 기업은 부채로 자본조달을 하여 부채비율을 증가시킬 수 있다. 이 경우 부채의 증가는 기업이 좋은 투자안을 가지고 있다는 내용을 시장에 전달하는 수단이 된다. 그러나 실제로 좋은 투자안을 갖지 못한 기업은 시장의 긍정적인 반응을 기대하고 부채를 적정수준 이상으로 사용할 수가 없다. 왜냐하면 실제로 좋은 투자안이 없는 경우 부채사용의 증가는 원리금의 지급부담으로 기업의 파산가능성을 높이며 결과적으로 기업가치를 하락시키기 때문이다.

이와 같이 새로운 투자안에 필요한 자금을 부채로 조달하는 것이 투자자들에게 기업내용에 대한 긍정적인 정보를 전달해 주는 신호의 역할을 하는 경우, 부채비율이 높은 기업일수록 기업가치가 높게 평가될 수 있다.

자본구조의 신호효과는 경영을 맡고 있는 내부주주의 소유지분과도 관계가 있다. 수익성은 높으나 위험이 큰 투자안의 경우 채권자들은 투자를 꺼린다. 새로운 투자안의 수익성에 대해서 일반투자자에게 알려지지 않은 내부정보를 가지고 있는 내부주주는 자신의 지분을 통하여 이를 전달할 수 있다. 새로운 투자를 위해 자금조달을 할 경우, 내부주주의 참여비율이 높다면 이는 일반투자자들에게 새 투자안의 수익성이 좋다는 신호로 인식된다. 반대로 내부주주의 지분이 낮다면 이는 수익성이 좋지 않은 신호로 받아들여진다. 따라서 이러한 신호효과를 고려하면 내부주주에게서 자금을 조달하는 비중이 커질수록 기업가치는 높게 평가된다.

정보비대칭과 역선택

불완전한 시장에서 시장참여자들 사이의 정보비대칭으로 인하여 발생하는 문제 중 하나가 소위 역선택(adverse selection)의 문제이다. 역선택이 일어나는 전형적인 예가 중고차 시장이다. 중고차 시장에서 매물로 나온 자동차의 품질에 대해서 매입자보다 매도자가 더 우월한 정보를 가지는 것은 당연하다. 이런 사실을 아는 매입자는 양질의 자동차가 매물로 나올 이유가 없다고 믿기 때문에 싼 가격이 아니면 이를 매입하지 않는다. 또 양질의 자동차를 소유한 잠재적 매도자도 매입자의 이러한 의도를 알고 자동차의 매각을 꺼려한다. 결국 중고차 시장에서는 값싸고 질이 낮은 자동차만 거래된다는 것이다. 이와 같이 정보비대칭으로 인해 물건의 품질과 가격이 모두 낮아져 평균보다 못한 저질의 물건만 시장에서 거래되는 현상을 역선택이라고 한다. 또 이러한 시장을 레몬시장(market for lemons)이라고 부른다.[4)]

역선택의 현상은 주식을 발행하여 자금을 조달하려는 경우에도 마찬가지로 나타난다. 기업이 신주를 발행하여 투자자금을 조달할 경우, 정보비대칭이 존재하는 경우 역선택의 문제로 인해 투자자들은 주식을 내재가치보다 낮은 가격에 매입하려 한다. 기업이 낮은 가격에 신주를 발행하는 경우 필요한 투자금액을 조달할 수 없으며, 이는 다시 구주의 가격을 떨어뜨려 기존주주에게 손실을 입힌다. 따라서 기존주주의 이익을 위하는 경영자는 주식이 과대평가된 경우가 아니면 신

---

4) G. Akerlof, "The Market for Lemons: Quality, Uncertainty, and the Market Mechanism," *Quarterly Journal of Economics* 84(1970), pp. 488~500.

주발행을 꺼리게 된다. 즉, 신규투자를 위한 자금을 조달하려는 경영자는 시장에서 주식이 과대평가된 경우가 아니면 신주발행보다는 내부에 유보된 자금이나 또는 부채에 우선적으로 의존하려고 한다. 채권을 발행할 때에도 역선택의 문제가 발생할 수 있으나, 위험이 낮은 부채의 가치는 주로 이자율에 의해 결정될 뿐 경영자의 사적 정보에 그리 민감하지 않다. 따라서 저평가 현상은 주식발행의 경우에 비해 경미할 것으로 예상할 수 있다. 또 내부유보자금을 사용할 경우 저평가 현상은 있을 수 없다.

| **예 1** | (주)한울은 기존시설을 확장하기 위한 사업에 500억 원을 투자할 계획이다. 이 사업에 대해 (주)한울의 경영자와 외부투자자 간에 갖는 정보비대칭으로 인해 (주)한울의 경영자는 이 자금을 1년만기 부채로 조달할 경우 4%의 이자가 적정하다고 생각하는 데 반해 은행에서는 5%를 요구하고 있다. 또 신주를 발행하여 자금을 조달할 경우 정보비대칭에 따른 시장의 저평가로 인해 주가는 5% 정도 저평가될 것으로 예상한다. 이 같은 상황에서 유보이익, 부채, 신주발행을 통해 자금을 조달하는 각 경우의 조달비용을 비교하라.

유보이익을 사용할 경우 비용은 500억 원이다. 또 부채를 통해 조달할 경우, 1년 후 525억 원(=500×1.05)을 지급해야 하는데 이를 4%로 할인한 값 504.81억 원(=525억/1.04)이 비용이다. 신주발행을 통해 조달할 경우 5% 낮은 가격에 주식을 매출할 수 있으므로, 500억 원을 확보하려면 526.31억 원(=500억/0.95)의 비용이 발생한다. 따라서 유보이익, 부채, 신주발행의 순서로 비용이 적게 든다.

자본조달순서이론

지금까지의 분석결과를 보면 정보비대칭이 존재하는 경우 기존주주는 내부유보이익에 의한 자금조달을 가장 선호하며, 외부로부터 자금을 조달할 경우 주식발행보다 부채사용을 선호한다. 정보비대칭이 존재하는 경우 주식발행으로 자금을 조달하려는 기업은 역선택의 문제로 인해 내재가치보다 낮은 가격에 신주를 발행하게 된다. 정보대칭에 비해 정보비대칭인 경우에 기존주주의 부는 줄어들기 때문에, 기존주주는 새로운 주주의 희생을 바탕으로 자신의 부를 증가시킬 수 있는 경우(현재 주가가 과대평가 상태라는) 외에는 주식발행을 통한 자금조달을 꺼리게 된다.

결국 정보비대칭하에서 기업의 자본조달은 부채와 자기자본의 적절한 균형비율에 의해 결정되는 것이 아니라 경영자(또는 기존주주)가 외부투자자보다 얼마나 우월한 정보를 가지고 있느냐에 따라 결정된다. 그리고 이 경우 기존주주의 부의 극대화라는 측면을 고려하면 내부유보자금→부채→신주발행의 자금조달순서가 형성된다. 그리고 실제로도 기업이 자금을 조달하는 사례를 분석해 보면, 많은 경우에 이러한 순서를 따르는 것을 볼 수 있다.[5)] 마이어즈(Myers)는 이러한 현상이 "모든 정보가 모든 투자자에게 동시에, 그리고 정확히 전달된다."는 MM이론의 가정과는 달리 현실시장에서는 시장참여자 간에 정보비대칭이 존재하기 때문에 나타나는 현상이며, 이 경우 기업은 내부유보자금→부채→신주의 순으로 자본을 조달한다고 주장하였는데, 이를 자본조달순서이론(pecking order theory)이라고 한다.[6)]

자본조달순서이론의 의미

자본조달순서이론은 상충이론의 내용과는 다른 다음과 같은 몇 가지 의미를 전달한다.

첫째, 상충이론에서는 부채사용에 따라 나타나는 감세효과와 기대파산비용(넓게는 재무적 곤경비용)의 상충관계에 의해 최적자본구조가 결정되는 반면, 자본조달순서이론에 의하면 기업의 자본조달방법은 정보비대칭의 특성에 따라 결정될 뿐 특정한 목표부채비율이 존재하지 않는다. 현재의 부채비율은 단순히 기업의 영업활동과정에서 발생한 투자지출과 내부유보이익의 크기가 어떠했느냐에 따라 나타난 결과로 부채를 통한 외부자금조달이 누적된 결과를 반영할 뿐이다.[7)]

둘째, 자본조달순서이론은 수익성이 매우 좋은 기업이 왜 낮은 부채비율을 유지하는지를 설명해 준다. 수익성이 높은 기업은 내부에 축적된 유보이익이 많아

---

5) Donaldson, G., *Corporate Debt Policy : A Study of Corporate Debt Policy and Determination of Corporate Debt Capacity*, Boston: Harvard Graduate School of Business Administration(1961).

6) Myers, C., "The Capital Structure Puzzle," *Journal of Finance* 39(July 1984), pp. 575~592.

7) 자본조달순서이론에서는 부채사용에 따른 이자의 감세효과는 기업의 부채비율을 결정하는 주된 요인이 아니라고 본다.

신규투자 시 외부자금을 필요로 하지 않기 때문이다. 이에 반해 수익성이 낮은 기업들은 내부자금이 충분하지 않기 때문에 차입에 많이 의존하게 되는데, 이는 부채비율을 높게 한다. 신주발행으로 필요자금을 조달하는 경우는 기업규모가 작아 은행으로부터의 차입이 어렵거나, 신규투자안의 수익성이 충분히 높아 기존주주의 부가 증가할 수 있는 경우이다.

셋째, 자본조달순서이론은 또한 기업들이 여유자금(financial slack)을 보유하려는 동기를 설명한다. 여유자금이란 기업이 현금이나 시장성 있는 유가증권, 그리고 손쉽게 매각 가능한 비유동자산의 보유 등 여러 방법으로 확보하고 있는 자금조달원을 말한다. 수익성이 좋은 투자기회가 풍부한 기업의 경우 여유자금을 보유하는 것은 매우 중요하다. 정보비대칭이 존재하는 상황에서 경영자가 신주를 발행하여 자금을 조달하려고 하면 투자자들은 그 회사의 주가가 과대평가되었다고 생각한다. 또 부채를 통하여 자금조달을 하는 경우 발행비용이나 파산위험의 증가 등에 따른 추가비용을 부담하여야 한다. 이러한 경우 기업은 신규투자에 필요한 자금을 외부자본시장에서 조달하는 것보다 내부에 유보된 여유자금을 이용하여 조달하는 것이 바람직할 수 있다.

15.3 대리비용과 자본구조

대리비용

기업과 관련된 이해관계자는 매우 다양하다. 경영자, 주주, 채권자, 종업원, 소비자, 지역사회, 그리고 크게는 정부까지도 포함된다. 이러한 여러 이해관계자들은 서로의 이익을 극대화하려고 노력한다. 불완전한 현실시장에서는 여러 이해관계자들이 갖고 있는 기업내용에 대한 정보는 서로 다를 수밖에 없으므로, 서로의 이익을 추구하는 과정에서 이해다툼이 발생하게 된다. 이와 같이 기업을 둘러싸고 있는 이해관계자들이 자신들의 이익을 극대화하기 위해 노력하는 과정에서 나타나는 이해다툼으로 인해 발생하는 비용을 대리비용(agency cost)이라 한다. 대리비용을 구체적으로 설명하기 전에 먼저 대리관계(agency relationship)를 설명해 보자.

재무관리에 대리문제를 도입하는 데 공헌한 젠센과 맥클링(Jensen and Meckling)은 대리관계를 "1인 이상의 사람(본인, principal)이 다른 사람(대리인, agent)에게 자신을 대신하여 의사결정을 할 수 있도록 의사결정권한을 위임한 계약관계"라고 정의하고 있다.[8] 그러나 대리관계는 이해관계 당사자들의 갈등상황으로 범위를 넓게 해석하고 있다. 대리관계는 경제활동 전반에 걸쳐 광범위하게 나타난다. 그 대표적인 예로서 기업소유주와 경영자, 채권자와 채무자, 지주와 소작인, 보험회사와 보험가입자 등이 있다. 이해당사자들은 모두 자신의 이익을 극대화하기 위해 노력하는데, 이 과정에서 서로 간의 이해다툼으로 말미암아 대리문제가 발생한다. 젠센과 맥클링은 이와 같은 대리문제로부터 발생하는 대리비용을 대리문제의 방지수단에 따라 다음과 같이 구분하고 있다.

첫 번째 비용은 감시비용(monitoring cost)이다. 이는 대리인의 행위가 본인의 이익으로부터 이탈하는 것을 감시하는 데 드는 비용을 말한다. 기업경영에서 나타나는 대리관계에서 주주는 적절한 보상을 경영자에게 제공함으로써 경영자가 주주가 원하는 행동을 하도록 유인하는 동시에 경영자의 행동이 주주가 바라는 행동에서 벗어나지 못하도록 감시하는 활동을 하게 된다. 여기에 따르는 비용을 감시비용이라 하는데 내부감사활동, 통제시스템의 수립, 예산제약설정 등이 감시활동의 예가 된다. 회사의 운영을 감시 · 통제하기 위하여 기업 내에 감사를 두고 이사회를 운영하는 데 드는 비용 등이 감시비용의 예이다.

두 번째 비용은 확증비용(bonding cost)이다. 이는 대리인이 본인에게 해가 되는 행위를 하고 있지 않음을 보증하는 과정에서 발생하는 비용을 말한다. 대리인인 경영자는 주인(본인)인 주주가 원하지 않는 행동을 하지 않는다는 것을 주주에게 보이기 위해 자발적으로 자기행동을 구속하거나, 주주가 원하지 않는 행동을 했을 경우 어떤 배상을 하겠다고 약속하는 활동을 하게 된다. 스스로 회계감사를

---

8) M. C. Jensen and W. H. Meckling, "Theory of the Firm : Managerial Behavior, Agency Costs and Ownership Structure," *Journal of Financial Economics* 3(1976), pp. 305~360.

받는다든지, 부정행위 시의 벌칙규정을 둔다든지, 의사결정에 대한 제약조항을 두는 등이 이런 활동의 예가 된다. 회계감사를 받아서 재무보고를 하는 데 드는 비용이 확증비용의 대표적인 예이다.

세 번째 비용은 잔여손실(residual loss)이다. 경영자와 주주에 의해 확증활동과 감시활동이 최적으로 이루어진다 하더라도 주주의 부를 최대화시키는 의사결정과 경영자의 의사결정 사이에는 차이가 생길 수 있다. 이러한 차이로 인해 주주의 부가 감소하는데, 이를 잔여손실이라 하며 이 역시 대리관계로부터 발생하는 비용의 일종이다.

기업의 재무의사결정과정에 나타나는 문제를 이해하기 위해서는 대리비용을 대리비용 방지수단에 따라 구분하는 것보다 대리비용의 발생원인에 따라 자기자본의 대리비용과 부채의 대리비용 등으로 구분하는 것이 유용하다. 이에 대해 살펴보자.

기업에서의 대리관계는 기업을 구성하는 모든 이해관계자 간에 이루어지고 있으나 그중 재무관리의 주된 관심은 기업의 경영자(또는 내부주주(inside equityholder))와 외부주주(outside equityholder) 간의 대리관계와, 채무자인 주주와 기업에 돈을 빌려준 채권자 간의 대리관계이다. 전자의 대리관계에서 발생하는 대리비용을 자기자본의 대리비용(agency cost of equity)이라 하는데, 이는 경영자가 필요한 자금을 자기자본, 즉 주식을 발행하여 외부로부터 조달한 경우에 발생한다. 자기자본의 대리비용은 경영자의 과도한 특권적 소비와 경영자의 태만, 낭비적 투자에 따른 손실이 있는데, 이 대리비용은 소유권의 분산 정도와 깊은 관계가 있다.

이와는 달리 주주와 채권자 간에 발생하는 대리비용은 경영자가 필요한 자금을 부채를 통해 조달함으로써 발생하기 때문에 부채의 대리비용(agency cost of debt)이라 한다. 부채의 대리비용에는 투자안의 위험유인과 경제성 있는 투자안의 포기유인에 따른 손실 등이 있다.

자기자본의 대리비용

만일 경영자가 기업의 지분을 100% 소유한다면 주주와 경영자 간의 대리관계는 발생하지 않는다. 그러나 많은 경우(특히 대기업), 경영자의 지분율은 회사를 지배할 수 있을 만큼 높지 않다. 그럼에도 불구하고 경영자는 자신의 아성을 구축하고 주주의 이익보다 자신의 사적 이익을 우선적으로 고려하는 의사결정을 할 수 있다. 주주가 이사회를 통해 경영자를 감시 · 감독하고 해고할 수 있는 권한을 가지지만 이러한 권한이 좀처럼 행사되지 않는다는 것을 경영자가 잘 알기 때문이다. 이러한 논리를 경영권 방호가설(management entrenchment hypothesis)이라 한다. 소유 · 경영의 분리는 이러한 현상을 심화시킨다. 따라서 경영자가 기업을 완전히 소유하고 있지 않다면 경영자와 다른 주주들 간에 대리관계가 발생하고 경영자와 다른 주주들이 각기 자신의 이익을 추구하는 과정에서 대리비용이 발생한다.

특권적 소비와 태만

경영자는 자신의 효용을 극대화시키는 의사결정을 하려 한다. 이때 경영자에게는 기업으로부터 받는 급여 등의 화폐적인 보상에서 얻어지는 효용뿐만 아니라 호화로운 사무실, 고가의 승용차, 과다한 기부금 등과 같은 비화폐적 보상에서 얻어지는 효용 역시 중요하다. 이러한 개인적인 효용을 얻기 위해 경영자는 회사의 재산을 소비하게 된다. 경영자의 지분이 100%일 때는 모든 비용이 경영자의 몫으로부터 지출되나, 경영자가 소유지분을 일부만 소유하고 있는 경우에는 비용의 일부만이 경영자의 부담이 되기 때문에 지분을 작게 소유하고 있는 경영자는 무책임하게 회사의 재산을 소비할 수 있는데, 이를 특권적 소비(perquisite consumption)라 한다.

경영자가 지분을 100% 소유할 때는 특권적 소비로 인해 발생하는 비용을 자신이 모두 부담하게 되나, 30%만 소유한다면 비용의 30%만이 자신의 부담이 되며, 10%만 소유한다면 비용의 10%만이 자신의 부담이 된다. 따라서 경영자의 소유지분이 작을수록 특권적 소비의 경향이 커지며, 결과적으로 많은 비용을 발생시킨다. 또한 경영자는 특권적 소비와 더불어 회사일을 등한시하고 자신의 여가를 즐기려는 경향이 있다. 즉, 태만(negligence)현상이 일어난다.

낭비적 투자

앞서 살펴본 경영자의 태만이나 특권적 소비는 결국 기업가치를 감소시킨다. 이러한 현상은 소유가 집중된 소기업보다 경영자의 지분율이 낮은 대기업에서 많이 나타날 가능성이 높다. 그러나 대기업의 경우 경영자의 태만과 특권적 소비가 총기업가치에서 차지하는 비중이 낮기 때문에 기업가치가 감소하는 폭은 크지 않을 수 있다. 이보다 더 심각한 문제는 경영자가 순현가가 음(-)인 투자안에 대규모로 투자하는 등 바람직하지 못한 의사결정에 의해 무분별하게 사업을 확장하여 기업가치를 훼손시키는 일이다.

경영자는 왜 이런 유인을 가지게 되는 것일까? 이에 대한 대답으로 두 가지 설명이 있다. 우선, 경영자는 기업가치를 극대화하는 것보다 자신의 왕국을 건설하는 데 더 큰 관심을 가질 수 있다는 것이다. 즉, 작은 회사보다 큰 회사를 지배하고 싶어하기 때문에 수익성보다 규모를 키우는 데 더 관심이 많다는 것이다. 그 결과, 수익성이 없는 사업을 확장하거나 부실사업을 과감히 정리하지 못하며 또 경제성이 떨어지는 M&A에 과다한 가격을 지불하게 된다는 것이다. 한편, 경영자가 과도하게 투자를 하는 것은 비합리적인 인간심리 현상인 과신(overconfidence) 때문이라는 주장도 있다. 자신이 주주의 이익을 위해 행동한다고 생각할지 모르지만, 과신에 의한 잘못된 판단으로 사실은 주주의 이익에 해로운 투자결정을 내린다는 것이다.

이처럼 경영자가 특권적 소비나 태만, 낭비적 투자 등의 방법으로 자기자신의 효용을 추구함으로써 발생하는 주주의 부의 감소를 자기자본의 대리비용이라 한다. 자기자본의 대리비용은 경영자의 지분율이 낮아질수록 크게 나타난다. 반면, 기업의 지분을 100% 갖고 있는 경영자가 외부자금을 부채로만 조달하는 경우에는 외부주주들이 없으므로 자기자본의 대리비용이 발생하지 않는다.

부채사용과 잉여현금흐름가설

경영자의 특권적 소비나 태만, 그리고 낭비적인 투자에 따른 대리비용은 기업 내에 충분한 현금이 있는 경우에만 가능하다. 현금흐름이 많게 되면 경영자 재량으로 사용할 수 있는 잉여현금흐름의 규모도 커지기 때문이다. 기업이 많은 현금을 보유할 때 특권적 소비나 낭비적인 투자가 일어날 가능성이 높기 때문에 현금보유를 적정한 수준에서 억제하는 것이 경영자로 하여금 효율적으로 회사를 경영하도록 하는 방법이라는 주장이 있는데, 이를 잉여현금흐름가설(free cash flow hypothesis)이라고 한다. 이 가설에 의하면 일정 범위 내에서 부채를 늘리면 기업가치가 증가한다는 것인데, 이는 부채사용으로 인한 원리금지급이 과다한 현금보유를 줄여서 경영권 방호의 유인을 감소시켜 특권적 소비나 낭비적인 투자를 줄일 수 있기 때문이다. 부채의 사용이 경영자의 경영권 방호 가능성을 낮게 하는 또 하나의 이유는 회사가 재무적 곤경에 처할 위험이 높아지기 때문이다. 회사가 재무적 곤경으로 인해 파산할 경우 자신이 해고당할 가능성이 높다는 사실을 아는 경영자는 특권적 소비나 낭비적 투자를 감행할 유인을 억제할 수밖에 없다. 또 파산위험이 높아지면 채권자들도 방관하지 않고 감시활동을 강화할 것이기 때문에 경영권 방호의 유인은 더욱 낮아진다.

부채의 대리비용

투자안의 위험유인 : 과대투자문제

주식회사의 주주는 자기가 투자한 금액에 대해서만 책임을 진다. 이를 주주의 유한책임(limited liability)이라 하였다. 주주의 유한책임에 따라 타인자본을 많이 사용하고 있는 기업의 주주는 위험이 큰 투자대상을 선택하는 것이 유리할 수 있다. 위험유인(risk incentive)이란 타인자본의존도가 클수록 기업소유주인 주주는 위험이 큰 투자대상을 선호한다는 의미이다. 투자가 실패한다고 해도 주주는 유한책임을 지기 때문이다.

예를 들어 어느 기업이 현재 1억 원의 현금을 소유하고 있으며 이외에는 아무것도 없다. 한편 이 기업은 1년 후에 1억 2천만 원의 부채를 갚아야 한다 하자. 이 기업은 현재시점에서 1억 원이 소요되는 투자안 A, B에 대한 투자결정을 하려고 한다. 투자안 A는 1년 뒤에 0 또는 10억 원의 현금흐름을 가져다주며 각각의 발생확률은 98%와 2%인 위험이 매우 큰 투자안이다. 반면 투자안 B는 1년 뒤에 어느 상황에서나 1억 2천만 원을 가져다주는 무위험투자안이다. 미래현금흐름의 할인율로 20%를 가정하면 투자안 B는 *NPV*가 0이고, 투자안 A는 다음과 같이 *NPV*가 −8,333만 원인 경제성이 없는 투자안이다.

표 15-1 투자안 A에 투자한 경우의 1년 뒤의 기업가치, 부채가치, 자기자본가치

(단위 : 천 원)

현금흐름의 상황	기업가치	부채가치	자기자본가치
0 (98%)	0	0	0
1,000,000 (2%)	1,000,000	120,000	880,000
기댓값	20,000	2,400	17,600

표 15-2 투자안 B에 투자한 경우의 1년 뒤의 기업가치, 부채가치, 자기자본가치

(단위 : 천 원)

현금흐름의 상황	기업가치	부채가치	자기자본가치
120,000	120,000	120,000	0

$$\text{투자안 A의 } NPV = \frac{0 \times 0.98 + 10\text{억 원} \times 0.02}{1.2} - 1\text{억 원} = -8,333\text{만 원}$$

이런 상황에서 이 기업의 주주들은 어느 투자안을 선택할까? 결론부터 말하면 이 기업의 주주들은 무위험투자안 B 대신에 위험투자안 A를 선택하는 것이 유리하다. 〈표 15-1〉과 〈표 15-2〉를 통해 분석해 보자.

투자안 B에 투자한 경우 자기자본가치는 0이나, 투자안 A에 투자한 경우에는 1,760만 원의 기댓값을 갖는다. 따라서 주주는 투자안 B를 선택하는 것보다는 투자안 A를 선택하는 것이 유리하다. 이러한 결과가 발생하는 이유는, 나쁜 상황이 발생하여 기업이 파산하게 되었을 때 주주는 유한책임의 원칙에 따라 자신이 출자한 몫 이상의 손실을 부담하지 않으나, 좋은 상황이 발생한 경우에는 채권자에게 원리금을 지급한 후의 잔여분이 모두 주주의 몫이 되기 때문이다. 따라서 부채비율이 높은 기업의 주주들은 비록 순현가가 음(-)인 투자안이라 하더라도 투자하려는 유인을 갖게 된다.

반면, 채권자의 입장에서는 주주가 위험이 큰 투자안을 보다 선호하기 때문에 채권회수를 못할 가능성이 높아진다. 그러므로 채권자는 부채를 제공할 때 주주가 위험이 큰 투자안을 선호하는 데서 오는 불이익을 보전하기 위하여 높은 이자율을 요구하게 된다. 결국 주주들은 부채사용에 대한 대가로 높은 비용을 부담하게 된다. 이것이 위험유인에 따른 대리비용이다.

이러한 위험유인에 따라 타인자본의존도가 높은 기업의 주주들이 순현가가 음(−)인 투자안이라도 투자하려는 유인을 갖게 되는 것은 기업이 적정수준 이상의 투자를 한다는 것을 의미하므로 이는 과대투자(overinvestment)문제라고도 불린다. 또 주주들이 기업의 자산구성은 위험이 높은 자산으로 대체하려는 유인을 갖는다는 의미에서 자산대체(asset substitution)의 문제라고도 한다.

수익성 투자안의 포기유인 : 과소투자문제

기업이 부채를 이용하지 않는다면, 주주는 순현가가 0보다 큰 모든 투자안에 투자하기를 원할 것이다. 순현가가 0보다 큰 투자대상에 투자하는 것은 기업의 가치(주주의 부)를 증가시키기 때문이다. 그러나 부채를 사용하는 기업의 주주들은 비록 순현가가 0보다 큰 경제성이 있는 투자안이라고 할지라도 순현가가 매우 크지 않은 경우에는 그 투자안을 포기하려는 유인을 갖는다. 이 결과 기업이나 사회 전체적으로 볼 때 적정수준보다 낮은 과소투자(underinvestment)가 이루어지는 문제가 발생한다. 다음의 예를 살펴보자.

투자비용이 1,000원이고, 미래현금흐름의 현가가 1,700원인 확실한 투자안이 있다고 하자. 주주들은 이 투자안에 1,000원을 투자하려 할까?

자기자본만으로 자금을 조달하고 있는 기업의 주주들은 당연히 이 투자안에 투자할 것이다. 이 투자안의 순현가가 700원이므로 이 투자안에 투자하면 주주의 부가 700원 증가하기 때문이다. 그러나 부채를 사용하고 있는 기업의 주주들은 이러한 투자안에 투자하지 않을 수도 있다. 4,000원의 부채를 이용하고 있는 기업이 새 투자안에 투자하기 전의 가치분포가 〈표 15-3〉과 같다 하자.

표 15-3 투자 전의 가치분포

구분	경제상황	
	호황(50%)	불황(50%)
기업가치	5,000원	2,400원
부채가치	4,000원	2,400원
자기자본가치	1,000원	0원

이 기업은 경제상황이 호황일 경우에는 기업가치가 부채가치보다 크나 경제상황이 불황일 경우에는 기업가치가 부채가치보다 작아 파산이 발생한다. 따라서 불황일 경우에는 채권자가 가질 수 있는 가치는 4,000원이 아닌 2,400원이다.

이제 주주들이 1,000원을 출자하여 새 투자안에 투자하는 경우를 살펴보자. 새 투자안에 투자하면 기업의 가치는 [투자금액+순현가]만큼인 1,700원이 증가하므로, 이때의 가치분포는 다음의 〈표 15-4〉와 같다.

표 15-4 투자 후의 가치분포

구분	경제상황	
	호황(50%)	불황(50%)
기업가치	6,700원	4,100원
부채가치	4,000원	4,000원
자기자본가치	2,700원	100원

새 투자안에 투자한 결과 기업의 파산가능성은 사라졌으며, 채권자는 호황이든 불황이든 언제나 자신의 몫인 4,000원을 갖게 된다. 투자자금 1,000원을 전액 주주들이 출자하여 투자한 경우 채권자는 투자 전에 비하여 800원만큼의 가치의 증가를 얻는다.

채권자 부의 변화 :

투자 후 : $4,000 \times 0.5 + 4,000 \times 0.5 = 4,000$

투자 전 : $4,000 \times 0.5 + 2,400 \times 0.5 = \underline{3,200}$

부채가치의 증가 $= 800$

그러나 주주들의 경우는 1,000원을 투자하여 900원의 가치 증가를 가져와 오히려 100원의 부가 감소하였다.

주주 부의 변화 :

투자 후 : $2,700 \times 0.5 + 100 \times 0.5 = 1,400$

투자 전 : $1,000 + (1,000 \times 0.5 + 0 \times 0.5) = \underline{1,500}$

자기자본가치의 증가 $= (100)$

부채를 과다하게 사용하여 파산가능성이 있는 기업의 경우 수익률은 높으나 순현가가 충분히 크지 않은 신규투자안에 대한 투자는 주주의 부를 감소시키고 채권자의 부만을 증가시킬 수 있다. 따라서 주주들은 신규투자안의 순현가가 충분히 크지 않은 경우에는 비록 투자안의 순현가가 0보다 크다 하더라도 추가적인 출자에 의한 투자를 회피하게 되며, 그 결과 사회 전체적으로 볼 때 적정수준에 못미치는 투자가 이루어진다. 이와 같이 적정수준 이하의 투자가 일어나는 현상을 과소투자의 문제라고 한다. 또 이 문제는 부채가 과다함으로 인해서 발생한다는 의미로 부채과잉(debt overhang)의 문제라고도 한다. 이러한 과소투자의 결과 부채의 상환가능성이 낮아지는 등 기회비용이 발생하는데 이것이 곧 대리비용이다. 이러한 기회비용은 기업의 부채비율이 높아질수록 커지게 된다.

재산도피

타인자본을 많이 사용하면 타인자본의 사용대가로 채권자에게 많은 이자를 지급해야 하므로 주주에게 돌아갈 몫이 그만큼 작아질 가능성이 높다. 따라서 주주들은 배당이나 다른 방편으로 기업의 자금을 빼돌리고, 채권자에게 돌아가는 가치를 줄이려는 경향이 있다. 이를 재산도피(milking the property)라고 한다. 이러한 현상은 타인자본의존도가 큰 기업일수록 현저하게 나타날 것이다.

대리비용과 자본구조

앞에서 자기자본의 대리비용과 부채의 대리비용을 설명하였다. 자기자본의 대리비용은 외부주주와 내부주주인 소유경영자 사이에 발생하기 때문에 타인자본에만 의존하여 자금조달을 할 때는 외부주주로부터 자기자본을 조달하지 않으므로 자기자본의 대리비용이 발생하지 않는다. 반면에 타인자본의존도를 줄이고 자기자본으로 자금을 조달할 때는 자기자본의 대리비용이 증가한다.

자기자본의 대리비용과는 달리 부채를 많이 쓸수록 위험유인과 과소투자 현상이 크게 나타나서 부채의 대리비용은 증가한다. 이와 같은 현상을 그림으로 나타내면 다음의 [그림 15-2]와 같다. 기업이 부채사용을 증가시키면 부채의 대리비용이 증가하는 대신 자기자본의 대리비용이 감소한다. 이 두 대리비용이 서로 상

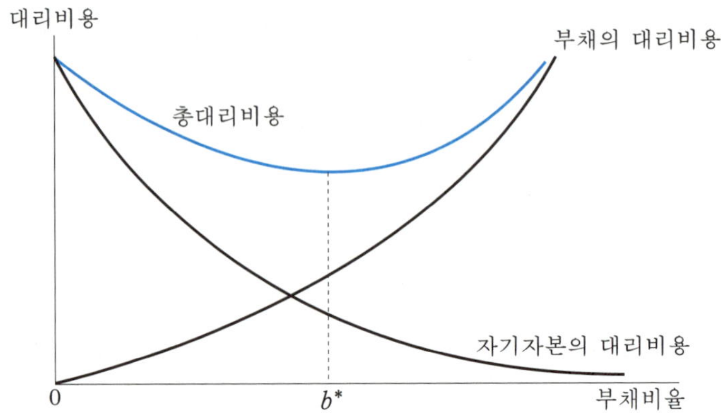

그림 15-2 대리비용과 최적자본구조

충관계이기 때문에 기업의 총대리비용이 최소화되는 점 b^*를 찾을 수 있다. 이 점이 대리비용만을 고려했을 때의 최적자본구조가 된다. 법인세나 파산비용이 없는 경우에도 대리비용이 발생하는 상황에서는 최적자본구조가 존재할 수 있다.

대리비용은 누가 부담하는가?

앞에서 시장이 불완전한 경우 자기자본과 부채 사용에 따른 대리비용이 발생함을 살펴보았다. 이 대리비용들은 누가 부담하게 되는가? 시장이 효율적이고 외부투자자나 채권자가 합리적이라면 모든 대리비용은 기업의 소유주, 즉 기존주주가 부담하게 된다.

자기자본의 대리비용은 신주를 발행하여 외부주주로부터 자금을 조달할 때 발생한다. 경영자의 소유지분이 적어질수록 특권적 소비가 증가하고 낭비적 투자가 많아질 것이다. 그러나 효율적인 시장에서 합리적인 외부투자자들은 새로운 주식이 발행된 후에는 경영자의 과소비가 발생할 것을 알고 있다.

예를 들어 경영자가 발행주식을 100% 소유하며 이때 1주당 시장가치가 10,000원이라 하자. 이 소유주가 신주발행으로 지분의 40%를 외부로 매각하려고 한다. 이때 대주주가 경영의 의결권을 실질적으로 장악하게 되어 대리비용이 발생한다는 것을 알고 있는 외부투자자들은 이 주식을 주당 10,000원에 사려고 하지 않고 이보다 싼 가격으로 사려고 할 것이다. 따라서 기존소유주가 보유한 주식가치도 하락하게 된다. 기존주주가 소유할 때는 주당 10,000원이었으나, 신주가 발행되는 경우 주식가격은 이보다 낮게 형성되어 기존주주의 부를 감소시킨다.

타인자본의 대리비용도 마찬가지로 부채를 조달하는 기업의 소유주가 부담하게 된다. 채권자가 합리적이라면 기업이 자금을 차입한 후 위험유인과 과소투자유인 그리고 재산도피의 가능성이 있다는 것을 알게 되고, 그 결과 자신에게 피해를 줄 것이라는 것을 인식하고 있다. 따라서 채권자들은 더 높은 이자율을 요구하게 될 것이다. 이와 같이 효율적인 시장에서는 궁극적으로 부채의 대리비용도 기업의 소유주인 주주가 부담하게 된다.

대리비용의 감소방안

대리비용을 감소시키는 것은 사회적으로 보나 기업의 입장에서 보나 매우 중요하다. 대리비용의 감소는 이미 형성되어 있는 노동시장이나 자본시장에서 자연적으로 이루어질 수도 있고, 이해당사자 간의 계약으로 이루어질 수도 있다.

경영자 노동시장

경영자 노동시장은 경영자라는 인적 자원이 거래되는 시장이다. 어떤 경영자가 기업경영을 방만하게 하여 대리비용을 증가시킨다면, 그 경영자의 가치는 노동시장에서 낮게 평가될 것이다. 즉, 주주들은 그 경영자에 대한 자질을 낮게 평가하게 된다. 경영자는 주주에게 최대의 이익을 가져다줄 때 노동시장에서 자신의 가치를 높일 수 있다. 따라서 노동시장은 자기자본의 대리비용을 감소시키는 역할을 한다.

자본시장

자본시장을 통하여 부채의 대리비용은 해소되거나 감소될 수 있다. 채권자들이 기업에 자금을 빌려줄 때 대리비용이 발생한다. 채권자의 부가 위험유인 등으로 주주에게 이전될 수 있기 때문이다. 그러나 채권자가 자본시장에서 돈을 빌려줄 기업의 주식을 매입하여 소유하고 있으면 이 문제가 해결된다. 채권자 겸 주주이기 때문에 양자 사이에서 손해와 이익이 서로 이전되는 것은 문제가 되지 않는다. 일본의 은행들이 거래하는 기업의 주식을 대량 보유하고 있는 것이 좋은 예인데, 이것을 재무적 통합(financial unification)이라 한다.

또한 경영자의 특권적 소비와 낭비적투자 등으로 일어나는 자기자본의 대리비용도 자본시장을 통하여 감소될 수 있다. 경영자가 주주의 이익을 위하여 노력하지 않는다면 기업의 수익성이 낮아지고 주식가격은 하락할 것이며, 이때 자본시장을 통하여 그 기업을 인수하려는 시도(적대적 M&A)가 나타날 수 있다. 그 결과 경영자는 기업의 경영권을 상실함은 물론 자신의 지위에서 쫓겨나는 경우가 생긴다. 따라서 자본시장이 제 기능을 잘 수행할수록 경영자는 주주의 이익을 위하여 최선을 다하려고 할 것이다.

부채계약

주주와 채권자 사이에서 대리비용이 발생하게 되면, 이로 인하여 주주들은 높은 이자를 지급하게 된다. 대리비용이 발생하게 되는 근본적인 이유는 주주와 채권자들이 각자 자신의 이익을 추구하는 행동을 하기 때문이다. 따라서 주주와 채권자 사이에 의견이 일치되지 않을 소지가 있는 여러 문제들에 대하여 양자의 합의가 이루어진다면 대리비용을 근본적으로 줄일 수 있으며, 이에 따라 주주가 부담해야 할 이자비용도 낮출 수가 있다. 이러한 합의내용을 부채계약(debt covenant)이라 한다. 예를 들어 기업이 부채를 차입할 때 과다한 배당을 하지 않기로 계약하거나 위험이 큰 사업에 투자하지 못하도록 하는 조항이 포함된 계약을 하면 기업은 저렴한 비용으로 자금을 빌릴 수가 있다.

기업지배구조의 개선과 경영자 보상 · 감독제도

기업지배구조(corporate governance)는 넓게는 주주, 경영자, 채권자, 그리고 기타 기업과 관련된 이해관계자들 간의 상호작용관계를 규정하는 메커니즘을 의미하며, 좁게는 기업의 주인인 주주가 대리인인 경영자를 감독하고 관리하는 메커니즘을 말한다.

앞서 자기자본의 대리비용 발생유형에서 살펴보았듯이 경영자가 주주에 비해 우월한 권한과 정보를 갖고 있는 불완전한 시장에서는 경영자가 주주의 이익을 침해할 수 있는 가능성이 언제나 존재한다. 따라서 대리비용을 줄이고 발생을 방지하기 위해서는 주주의 권익을 보호하기 위한 여러 가지 법적·제도적 장치들 — 이사회, 감사위원회, 소액주주권보호제도, 내부자거래금지제도 등 — 이 제 기능을 다할 수 있도록 세밀하게 설계하고 운영할 필요가 있다.

또한 기업경영에 대한 경영자의 모든 노력을 감시하고 통제하는 것은 현실적으로 불가능하다. 따라서 주주와 경영자의 이해를 일치시켜 경영자로 하여금 주주의 이익을 위하여 일할 수 있도록 하는 유인장치(incentive scheme) — 주식보유, 스톡옵션(stock option) 등 기업성과와 연동된 보수체계 — 가 필요하며, 경영자의 성과와 노력을 독립적인 기구에서 평가하고 감시할 수 있도록 하는 것이 대리비용의 감소를 위해 매우 중요하다.

15.4 우리나라 기업의 자본구조

기업의 자본구조는 여러 가지 요인에 의해 영향을 받는다. 재무관리자는 기업가치에 영향을 미치는 여러 요인들을 고려하여 기업의 자본구조를 결정하게 된다. 여기에서는 우리나라의 기업들이 실제 자본구조를 어떻게 구성하고 있는지를 미국과 일본 기업들의 자본구조와 비교하여 살펴본다.

〈표 15-5〉는 우리나라와 미국 그리고 일본의 제조업에 속한 기업들의 부채비율을 비교한 것이다. 〈표 15-5〉를 보면 우리나라 제조업의 부채비율은 2019년 말

표 15-5 국가별 제조업의 부채비율

(단위 : %)

	2015	2016	2017	2018	2019
한국	85.28	80.20	76.99	73.55	73.49
미국	140.6	147.2	141.6	141.1	141.3
일본	115.7	109.7	105.5	100.3	103.9

자료 : 한국은행, 「기업경영분석」, 2015~2019.

표 15-6 우리나라 기업들의 산업별 부채비율

(단위 : %)

	2015	2016	2017	2018	2019
전산업	128.36	121.15	114.07	112.12	115.65
제조업	85.28	80.20	76.99	73.55	73.49
식료품	102.73	98.37	88.56	92.29	104.19
전자부품, 컴퓨터, 영상, 음향 및 통신장비	49.31	50.64	47.50	42.61	39.33
어업	120.92	124.53	156.46	163.97	170.27
광업	295.94	314.51	477.30	707.40	1,089.06
전기 · 가스, 증기 및 공조	138.70	132.89	135.19	144.11	163.43
건설업	131.84	126.85	110.82	110.45	105.70
도매 및 소매업	152.29	146.23	119.46	117.74	127.89
운수 및 창고업	189.39	178.32	162.61	161.83	188.52
정보통신업	78.97	78.74	75.78	75.18	78.79
부동산업	379.27	324.31	287.59	276.19	290.43
사업지원서비스업	150.08	154.89	193.68	171.86	178.92
예술, 스포츠 및 여가관련 서비스업	208.50	179.67	159.06	144.85	139.12

자료 : 한국은행, 「기업경영분석」, 2015~2019.

현재 약 73%이다. 이는 기업의 총자본 중 타인자본이 자기자본의 약 0.73배로 구성되어 있음을 나타낸다. 또한 2015년 이후 부채비율이 계속 감소하여 미국과 일본 기업의 부채비율과 비교하여 우리나라 기업의 부채비율은 낮은 수준을 유지하고 있다. 이러한 결과는 지난 1997년 말에 발생한 IMF 금융위기 이후 우리나라 기업들이 벌인 지속적인 재무구조개선 노력과 기업의 투자부진에서 그 이유를 찾을 수 있을 것이다. 아울러 우리나라 제조기업의 재무적 건전성이 상대적으로 양호함을 나타낸다.

〈표 15-6〉에는 우리나라 기업들이 산업별로 어떤 자본구조를 구성하고 있는지를 나타내었다. 기업의 부채사용 정도는 산업의 특성과 경쟁 정도 등에 의해 영향을 받을 수 있다.

〈표 15-6〉을 보면 모든 산업에서 지속적으로 부채비율이 낮아지다가 최근 들

어 다소 상승하는 모습을 보이는데, 이는 경기부진의 영향으로 보인다. 또 부채비율은 산업별로 큰 차이를 보이고 있다. 비유동자산에 대한 투자비중이 상대적으로 큰 어업, 광업, 운수 및 창고업, 부동산업 등의 부채비율은 상대적으로 높은 편이며, 제조업 및 정보통신업의 부채비율은 상대적으로 낮은 수준을 보이고 있다.

중요용어

- 파산비용 bankruptcy cost
- 상충이론 trade-off theory
- 목표부채비율 target debt ratio
- 대리비용 agency cost
- 과소투자 under-investment
- 자본조달순서이론 pecking order theory
- 재산도피 milking the property
- 경영권 방호 management entrenchment
- 정보비대칭 information asymmetry
- 역선택 adverse selection
- 신호효과 signaling effect
- 위험유인 risk incentive
- 부채과잉 debt overhang
- 특권적 소비 perquisite consumption
- 낭비적 투자 wasteful investment
- 잉여현금흐름가설 free cash flow hypothesis

연 | 습 | 문 | 제

15-1 파산에 따르는 직접비용과 간접비용을 설명하라.

15-2 자본구조의 상충이론과 자본조달순서이론에 대해 설명하고 이들 이론이 실제기업의

자본조달행태를 어떻게 설명할 수 있는지 말해 보라.

15-3 자기자본의 대리비용 발생유형에 대해 설명하라.

15-4 위험유인과 과소투자 문제에 대해 설명하라.

15-5 대리비용을 감소시키는 방안에 대하여 설명하라.

15-6 법인세가 존재하는 상황에서, 파산비용과 대리비용이 MM의 명제에 미치는 영향에 대하여 설명하라.

15-7 부채사용이 자기자본의 대리비용을 줄일 수 있는 가능성에 대해 설명하라.

15-8 (주)서울은 다음과 같은 현금흐름이 예상되는 두 투자안을 고려하고 있다. 두 투자안은 투자기간이 1년이고 투자비용은 동일하다.

(단위 : 만 원)

상황	확률	투자안	
		A	B
1	0.5	6,000	2,000
2	0.5	8,000	12,000

① 투자비용 3,000만 원을 전액 채권자로부터 10%로 차입하여 투자하는 경우 주주입장에서는 어느 투자안이 유리한가?

② 위 ①에서 채권자 입장에서는 어느 투자안이 유리한가?

③ 주주와 채권자의 입장이 다른 경우 채권자가 주주의 행동을 통제할 수 있는 방안을 설명하라.

15-9 (주)유리해운의 현재 주가는 5,000원이고 발행주식 수는 1,200만 주이다. (주)유리해운은 법인세를 경감시키기 위하여 새로이 30억 원의 채권을 발행하여 자사주 매입을 하기로 결정했다.

① 완전자본시장에서 이러한 결정 직후 주가는 어떻게 될 것인가?

② 이제 (주)유리해운에 30%의 법인세율이 적용되며, 주주들은 이러한 부채의 변화가 영구적인 것으로 기대한다고 하자. 이 경우 이 결정 직후 주가는 어떻게 될 것인가?

③ 법인세가 존재하는 상황에서 부채사용에 따른 추가적인 재무적 곤경비용의 발생으로 (주)유리해운의 채권발행 발표 이후 주가가 5,030원이 되었다 하자. 이때 새로운 채권발행 때문에 생겨난 재무적 곤경비용의 현재가치를 구하여라.

15-10 서울기업의 자산은 빈 토지가 전부이고 1년 후 만기가 도래하는 100억 원 상당의 부채를 가지고 있다. 토지는 현재 상태로 놔둘 경우 1년 후 75억 원의 가치를 갖게 된다고 한다. 만약 서울기업이 토지를 개발한다면 당장 130억 원의 비용이 들 것이고, 1년 후 토지의 가치는 230억 원이 된다고 한다. 무위험이자율이 8%이며, 모든 현금흐름은 위험이 없다고 할 때 다음 물음에 답하라.

① 만약 기업이 토지를 개발하지 않기로 결정했다면, 현재 시점의 기업의 자본가치와 부채가치를 구하여라.

② 토지개발사업의 순현재가치(NPV)를 구하여라.

③ 만약 주주들로부터 130억 원의 자금을 모집하여 토지개발을 한다면, 현재 이 기업의 자본가치와 부채가치는 얼마인가?

④ ③의 답에 기초하여, 주주들이 130억 원의 자금 모집에 기꺼이 응할 것인지 판단하여라.

15-11 갑돌이는 브런치카페를 운영하고 있다. 브런치카페에 대한 갑돌이의 현재 지분율은 100%이다. 사업확장을 위해 갑돌이는 1억 원의 새로운 자금이 필요하다. 자금조달을 위해 갑돌이는 친구인 갑순이에게 대출을 신청했다. 갑돌이의 설명에 따르면 브런치카페의 다음 연도 수익은 영업이 호조일 경우 2.5억 원이 예상되며, 저조할 경우 1.5억 원이 예상된다. 각 상황이 발생할 확률은 반반이다. 편의상 사업은 1년 동안만 계속되고, 기업가치는 영업활동에서의 수익에 의해서만 결정된다고 가정하자. 다음 물음에 답하라.

① 갑순이가 20%의 이자율로 대출을 해 줄 경우, 갑돌이와 갑순이의 투자성과를 분석하라.

② 갑돌이가 갑순이에게 대출 대신 지분참여를 제의했다고 하자. 갑순이가 1억 원을 투자하는 대가로 요구하는 지분율은 최소 몇 %가 될 것인지 계산하라.

③ 갑돌이는 운영하는 카페의 미래성과에 대해 갑순이에게 설명한 것보다 더 구체적인 정보를 가지고 있다. 즉, 갑돌이는 미래의 영업상황이 좋을 것인지 아니면 나쁠 것인지에 대해 정확한 정보를 가지고 있다. 이 경우 갑돌이가 갑순이에게 대출 대신 지분참여를 권유했다면, 이는 갑순이에게 어떤 정보를 전달하는 것인지, 그리고 이때 갑순이가 요구하는 새로운 지분율은 어떻게 결정될 것인지를 설명하라.

④ 위 ①, ②, ③의 결과와 관련하여 정보비대칭이 기업의 자금조달방법의 선택에 어떤 영향을 미치는지를 설명하라.

제 16 장

주주환원정책

투자로부터 잉여현금흐름이 발생하면 기업은 이를 어떻게 사용할지를 결정해야 한다. 새로운 사업에 현금을 재투자할 수도 있고, 또 사업에 필요한 자금보다 더 많은 여유자금이 생길 경우 잉여금(유보이익)의 형태로 보유하거나 또는 주주에게 환원할 수 있다. 후자를 선택할 경우 기업은 두 가지 방법을 고려할 수 있다. 하나는 현금배당을 지급하는 것이며, 다른 하나는 자사주를 매입하는 것이다. 기업의 이러한 일련의 의사결정과정을 주주환원정책이라고 한다. 자본구조이론이 자본구조정책과 기업가치와의 관계를 살펴보는 것이라면, 주주환원정책은 투자결과로 얻은 이익의 처리과정이 기업가치에 미치는 영향을 살펴보는 것이다. 이 장에서는 어떤 기업은 주주환원을 하지 않고 대규모의 유보이익을 보유하는 데 비해 왜 다른 기업은 대규모의 주주환원을 하는지, 또 주주환원의 주요 수단인 현금배당과 자사주매입은 기업가치(또는 주주가치)에 어떤 차별적인 효과를 미칠 수 있는지를 살펴본다.

생·각·의·전·당

기업이 경영활동에서 얻은 여유자금을 내부유보와 주주환원으로 배분하는 정책이 주주가치 또는 기업가치에 영향을 미칠 수 있을까? 만일 영향을 미친다면 최적의 배분비율은 어떻게 결정할 수 있을까? 기업은 현금배당과 자사주매입을 대표적인 주주환원의 수단으로 이용하는데 왜 어떤 기업은 현금배당을 선호하고 다른 기업은 자사주매입을 선호할까? 두 방법이 주주가치에 차별적인 영향을 미친다면 그 원인은 무엇일까?

16.1 주주환원정책과 수단

주주환원정책의 의의

경영활동에서 잉여현금흐름(free cash flow)이 발생하면 기업은 이를 어떻게 사용할지를 결정해야 한다. 투자기회가 많은 성장기업의 경우 새로운 사업에 현금을 재투자하여 기업의 가치를 높일 수 있다. 그러나 수익성은 높지만 새로운 투자기회가 적은 성숙기업의 경우 사업에 필요한 자금보다 더 많은 여유자금을 가질 수 있다. 이러한 기업들은 여유현금을 유보이익의 형태로 보유하거나 또는 주주에게 환원할 수 있다. 후자를 선택할 경우 기업은 두 가지 방법을 고려할 수 있다. 하나는 현금배당을 지급하는 것이며, 다른 하나는 자사주를 매입하는 것이다. 기업의 이러한 일련의 의사결정과정을 주주환원정책(payout policy)이라고 한다.

주주환원정책은 흔히 자본구조결정 및 투자의사결정과 혼합되어 결정된다. 일반적으로 영업활동에서 실현되는 현금흐름과 외부자본조달(새로운 부채차입 및 신주발행)을 통하여 유입된 자본은 다음과 같이 주주환원(또는 유보)과 새로운 투자로 사용되어진다.

$$\text{주주환원(또는 유보)} + \text{새로운 투자} \equiv \text{영업현금흐름} + \text{새로운 부채} + \text{신주발행} \qquad (16 \cdot 1)$$

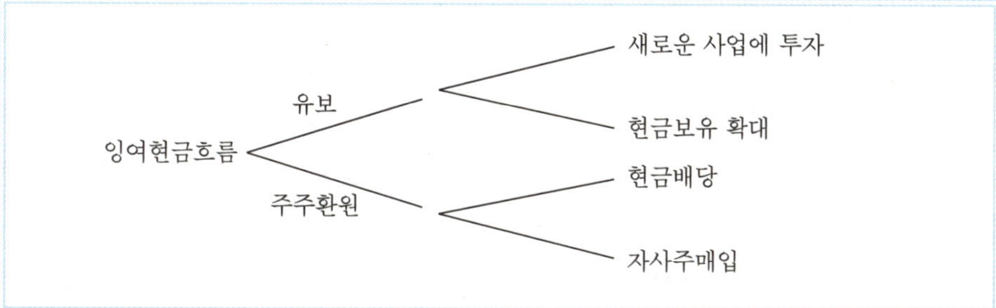

그림 16-1 잉여현금흐름의 처분

식 16·1은 기업의 주주환원정책이 투자결정 및 자본구조결정과 밀접하게 연관되어 있음을 보여준다. 특히 주주환원정책은 자본구조결정과 밀접하게 관련되어 있으므로, 이를 자본구조정책과 분리하여 생각하는 것이 중요하다. 식 16·1에서 새로운 투자와 새로운 부채의 규모가 결정되었다고 하자. 그리고 기존투자로부터 실현되는 영업현금흐름도 결정되었다고 하자. 이 경우 현금배당이나 자사주매입을 늘리려는 기업은 신주를 발행하여 자본을 조달하는 것이 유일한 방법이다. 따라서 주주환원정책은 주주환원을 하지 않는 대신 신주를 발행하지 않거나, 주주환원을 늘리기 위해 신주를 발행해야 하는 상충관계(trade-off)로 정의될 수 있다. 주주환원정책이 중요한 이유는 기업의 (실물)투자와 부채사용이 일정할 때 주주환원정책의 변경이 기업가치에 영향을 미칠 수 있기 때문이다.

[그림 16-1]은 기업이 선택할 수 있는 잉여현금흐름의 처분을 그림으로 나타낸 것이다.

현금배당

배당의 유형

보편적으로 사용되어 온 주주환원의 수단은 현금배당이다. 현금배당(cash dividend)은 기업이 경영활동의 성과를 현금의 형태로 주주에게 환원하는 방법으로, 매기 정규적으로 지급하는 정규현금배당(regular cash dividend)과 특별현금배당(extra cash dividend)이 있다. 특별현금배당은 일시적으로 이익이 증가하였거나 사내유보이익이 필요 이상으로 많을 때 특정 기간에 한해 지급된다는 점에서 정규현금배당과는 차이가 있다.

현금배당 외에 배당의 특수한 형태로서 주식배당과 청산배당이 있다. 주식배당(stock dividend)은 배당을 현금으로 지급하는 것이 아니라 그 회사의 주식으로 지급하는 것을 말한다. 예를 들어 주식배당이 10%라고 할 때, 주식을 10주 소유한 주주들은 1주를 배당으로 받는 형태이다. 주식배당의 경우 실질적인 현금의 지출은 발생하지 않는다. 주식배당은 이익의 배분과는 관계없는 것으로서 현금배당과는 성격을 달리한다. 청산배당(liquidating dividend)은 기업의 청산과정에서 채권자지분을 지급하고 남은 재산을 주주에게 나누어 주는 것을 말한다. 청산배당은 기업의 정상적인 영업성과를 배분하는 것은 아니므로 일반적인 배당과는 성격이 다르다. 이 장에서 중점적으로 다루는 과제는 현금배당이다.

배당지급절차

우리나라의 경우에 배당은 매 사업연도의 결산 후 주주총회의 의결을 거쳐 지급되는 결산배당이 보통이며, 정관의 규정과 이사회의 의결이 있는 경우 사업연도 중에 중간배당(상장기업의 경우 분기배당)을 지급할 수 있다. 배당금의 지급은 주주총회의 의결이나 이사회의 의결이 있은 후 1개월(분기배당의 경우 20일 이내) 이내에 지급하도록 상법에서 규정하고 있다. 주주총회는 사업연도 경과 후 2~3개월 후에 개최되기 때문에 배당을 받을 수 있는 주주의 자격을 결정하는 배당기준일과 실제로 배당금이 지급되는 배당지급일과는 상당한 시간적 차이를 갖는다. 결산배당을 중심으로 배당지급을 위한 절차적 기준일을 설명하면 다음과 같다.

① 배당기준일(record date)은 사업연도의 마지막 날로 배당을 받을 권리를 갖는 주주를 확정하기 위한 기준일이다. 따라서 배당기준일은 주주명부를 폐쇄하는 날로 주식의 명의개서가 가능한 마지막 일이다.[1)] 12월 말 결산법인의 경우에는 당해 사업연도의 마지막 날인 12월 31일이 배당기준일이 된다.

② 배당락일(ex-dividend date)은 배당을 받을 권리가 상실되는 첫 거래일이다.

---

1) 2019년 9월 16일부터 전자증권제도가 시행되고 있다. 전자증권제도를 채택한 기업의 경우 주주명부를 실시간으로 파악하는 것이 가능하므로, 의결권이나 배당권리를 갖는 주주를 확정하기 위하여 주주명부를 폐쇄할 필요가 없게 되었다.

주식거래일과 결제일 사이에 며칠의 차이가 있기 때문에 배당기준일에 주주로 등재되어 배당을 받을 권리를 갖기 위해서는 배당기준일 이전에 결제가 이루어져야 한다. 이와 같이 거래일과 결제일의 차이로 인하여 배당을 받을 권리가 상실되는 첫 거래일을 배당락일이라고 한다. 우리나라의 경우에는 거래체결일을 포함하여 거래체결일로부터 3일째 되는 영업일에 결제가 이루어지므로 배당락일은 배당기준일 1일 전이다. 6월 30일 결산법인의 경우 6월 28일까지는 거래가 되어야 실질적인 배당을 받을 수 있으며, 그 다음 날인 6월 29일이 배당을 받을 수 없게 된 첫날, 즉 배당락일이 된다. 또한 12월 말 결산법인의 경우는 증권시장이 12월 마지막 영업일에는 폐장하므로 배당락일은 폐장일 2영업일 전이 된다.

③ 배당발표일(announcement date)은 기업이 정한 배당에 관한 구체적인 내용이 증권시장에 공표되는 날이다. 배당에 관한 사항은 이사회에서 결정하며 이에 대한 승인을 주주총회에서 받는다. 따라서 배당공시는 회사에 따라 이사회의 결의일에 이루어질 수도 있고, 주주총회의 승인이 이루어진 주주총회일에 이루어질 수도 있다. 상장법인의 경우에는 주주총회는 매 사업연도 말일로부터 90일 이내에 개최하도록 규정되어 있기 때문에 배당발표일은 일정하게 정해진 날은 없으나 사업연도 말일로부터 90일 이내로 볼 수 있다.

④ 배당지급일(payment date)은 주주에게 실제로 배당금을 지급하기 시작하는 날이다. 배당의 지급은 주주총회에서 배당지급과 재무제표에 대한 승인결의가 있은 후 1개월 내에 하여야 하므로 배당지급일은 배당발표일로부터 1개월 이내이다.

이와 같은 배당금지급절차를 시기에 따라 요약하면 다음의 〈표 16-1〉과 같다. 우리나라의 배당지급절차에 따르면, 배당액과 배당의 종류 등 배당에 관한 정보가 주어지지 않은 상태에서 배당을 받을 수 있는 권리가 있는지의 여부가 결정되며, 배당락일과 배당발표일 사이에 2개월에 가까운 시간차이가 발생하기 때문에 배당락에 따른 주가의 조정과 투자자보호가 이루어지지 않는 문제가 있다. 이와 함께 배당락일로부터 배당지급일까지는 100일 이상의 차이가 있어서 배당지급이 너무 늦게 이루어지는 문제가 있다.

표 16-1 우리나라의 결산배당지급 절차와 시기

	12월 말 결산법인	6월 말 결산법인	미국의 경우
배당락일	거래소 폐장일 2영업일 전	6월 29일	배당기준일 1영업일 전
배당기준일	12월 31일	6월 30일	분기말일
배당발표일	이사회 결의일 또는 주주총회일	이사회 결의일 또는 주주총회일	이사회 결의일
배당지급일	발표일 이후 1개월 이내	발표일 이후 1개월 이내	배당기준일 후 2~3주

미국의 경우에는 대부분의 기업이 배당을 분기별로 1년에 4번 지급하며, 배당에 대한 이사회의 결의가 일반적으로 배당기준일 이전에 이루어져 우리나라와는 달리 배당발표일이 배당락일에 선행하므로, 배당에 대한 구체적인 정보를 가진 상태에서 배당락에 따른 주가조정이 이루어진다.

자사주매입

자사주매입(share repurchase)은 기업이 잉여현금으로 현금배당을 지급하는 대신 자사주식을 매입하는 것을 말한다. 자사주매입을 통해 기업이 보유하고 있는 주식을 금고주(treasury stock)라고 부르기도 한다. 자사주매입은 현금배당과 마찬가지로 주주에게 현금을 지급하는 효과를 거두는 주주환원정책의 한 수단이다. 또 발행된 주식 수를 줄임으로써 후에 주주들에게 더욱 많은 주당 순이익과 배당을 가져오게 할 수 있다. 자사주매입은 최근 들어 그 이용이 크게 증가하고 있다. 미국 시장의 경우 1980년대 중반 이전까지만 해도 자사주매입의 비중은 매우 작았으나 이후 크게 증가하기 시작하여 2000년대 이후에는 오히려 현금배당보다 더 큰 비중을 차지하고 있다.[2] 우리나라 시장에서도 2000년대 이후 들어 자사주매입이 기업의 주주환원정책의 수단으로 자주 이용되고 있다.[3]

---

2) Grullon, G. and R. Michaely, "Dividends, Share Repurchases, and the Substitution Hypotheses," *Journal of Finance* 57(2002), pp. 1649~1684.

3) 우리나라의 상법에서는 주주총회 또는 이사회의 결의를 거쳐 배당가능이익의 범위 내에서 자

기업이 자사주를 매입하는 방법은 크게 세 가지로 나누어 볼 수 있다. 하나는 기업이 자사주매입 사실을 투자자에게 알리지 않고 자기회사의 주식을 시장에서 매입하는 것(open-market repurchase)이다. 이 경우 주식을 파는 주주들은 거래상대방이 기업인지 아니면 다른 투자자인지를 알지 못한다. 또 하나의 방법은 공개매수(tender offer)를 통해 자사주를 매입하는 것이다. 이 경우 매입기간과 매입가격, 그리고 매입수량 등을 시장에 공시하고 주식을 매입하게 된다. 마지막으로 기업은 특정 주주로부터 보유주식을 매입하는 방법을 이용하기도 한다(targeted repurchase). 이 경우 매입가격은 매도자와의 직접적인 협상을 통해 결정된다. 많은 경우 기업은 자사주매입을 시장에 공시하고 주식을 매입하는 공개매수방법을 이용한다.

16.2 MM의 배당이론 : 세금이 없을 때

식 16·1의 분석에서 보았듯이 기업은 신주를 발행하여 조달한 자금으로 주주에게의 현금지급을 늘릴 수 있다(반대로 주주에게의 현금지급을 늘리지 않는 대신 신주발행을 하지 않을 수 있다). 또 주주에게 현금을 지급하는 방법으로 현금배당과 자사주매입을 고려할 수 있다. 그렇다면 기업은 이러한 방법 중 어느 방법을 어떤 이유로 선택하게 될까? 모디글리아니와 밀러(Modigliani and Miller: MM)는 완전시장하에서 기업이 주주에게의 현금지급을 달리하는 방법 간에, 또 현금배당과 자사주매입 간에 차이가 없다는 결론을 내렸는데,[4] 다음에서는 예를 통해 이 이

기주식을 취득할 수 있도록 하고 있다(상법 제341조 1항 및 2항). 단, 기존에 예외적으로 자기주식 취득이 인정되었던 사유, 1) 회사의 합병 또는 다른 회사의 영업전부의 양수의 경우, 2) 회사의 권리를 실행함에 있어서 그 목적을 달성하기 위하여 필요한 경우, 3) 단주의 처리를 위하여 필요한 경우, 4) 주주가 주식매수청구권을 행사한 경우에는 배당가능이익의 존재 여부와 관계없이 자기주식을 취득할 수 있도록 하고 있다(상법 제341조의 2).

4) M. H. Miller and F. Modigliani, "Dividend Policy, Growth, and the Valuation of Shares," *Journal of Business* Vol. 34, No. 4(1961), pp. 411~433.

론을 살펴보기로 한다.

(주)미래는 무부채기업으로서 현재 20억 원의 잉여현금(free cash flow)을 보유하고 있으며, 앞으로도 계속하여 매년 40억 원의 잉여현금흐름이 영구히 유입될 것으로 예상하고 있다. (주)미래는 현재 100만 주의 주식을 발행하고 있으며, 자기자본비용은 10%라고 한다. 이 경우 (주)미래의 기업가치는 현재 보유하고 있는 잉여현금에다 미래잉여현금흐름의 현재가치인 사업가치를 더한 값으로 다음과 같이 계산된다.

$$\text{기업가치} = 20\text{억} + \frac{40\text{억}}{10\%} = 420\text{억 원}$$

이러한 상황에서 (주)미래의 이사회는 현재의 잉여현금 20억 원을 주주에게 환원할 것을 결정하고 그 방법으로 다음의 세 대안을 검토하고 있다. ① 주당 2,000원(=20억/100만 주)의 현금배당, ② 자사주매입, ③ 신주발행을 통한 추가자금조달로 주당 2,000원 이상의 현금배당 등을 대안으로 고려하고 있다. 이사회는 이러한 대안들이 주가에 어떠한 영향을 미치는지, 또 주주들은 어떠한 방법을 가장 선호하는지를 알고 싶어한다. 완전시장을 가정하고 이에 대한 답을 구해 보자.

잉여현금으로 현금배당

(주)미래가 지금 주당 2,000원, 그리고 내년부터 매년 4,000원(=40억/100만 주)의 현금배당을 지급하면, 배당락일(ex-dividend date) 직전의 주가(배당을 받을 권리가 포함된 가격), 즉 배당부가격(cum-dividend price) P_{cum}은 다음과 같이 결정된다.

$$P_{cum} = 2,000 + \frac{4,000}{0.1} = 4.2\text{만 원}$$

그리고 배당락 당일의 주가인 배당락가격(ex-dividend price) P_{ex}는 향후의 배당만 반영하여 다음과 같이 결정된다.

$$P_{ex} = \frac{4,000}{0.1} = 4\text{만 원}$$

	현금배당 전	현금배당 후
현금(억 원)	20	0
사업가치(억 원)	400	400
총기업가치(억 원)	420	400
주식 수(만 주)	100	100
주가(원)	4.2만	4만

배당락으로 인한 주가하락폭은 현금배당액 2,000원과 일치하는 것을 볼 수 있다. 이상의 내용을 요약하면 (주)미래의 현금배당 전후의 기업가치 구성과 주가는 위의 표와 같다.

위의 표에서 보면, 배당이 지급되면 주가가 떨어지는데 이는 현금이 빠져나가 회사의 자산가치가 줄어들기 때문이다. 그러나 주가가 떨어졌다고 해서 주주가 손실을 보는 것은 아니다. 배당지급 후 주가가 4만 원이지만 여기에 현금배당 2천 원을 더하면 4.2만 원이 되어 배당 전의 주가 4.2만 원과 같기 때문이다.

현금배당에 따른 주가의 하락, 즉 배당락이 2천 원이 되는 것은 무차익원리에 따른 것이다. 만약 2천 원 이하로 떨어진다면, 배당락 직전에 주식을 매입하여 배당락 직후에 매도하면 차익(arbitrage profit)을 얻을 수 있다. 배당이 자본손실보다 크기 때문이다. 또 2천 원 이상으로 떨어진다면, 배당락 직전에 주식을 매도하고 배당락 직후에 매입하면 역시 차익을 얻을 수 있다. 이번에는 자본이득이 배당손실보다 크기 때문이다.

요약하면, 완전시장에서 기업이 현금배당을 지급하면 주가는 배당금만큼의 배당락이 발생한다. 그러나 주주의 부는 영향을 받지 않는다.

잉여현금으로 자사주매입

(주)미래가 잉여현금으로 배당을 지급하는 대신 자사주매입을 결정했다고 하자. 현재의 주가가 4.2만 원이므로 20억 원을 투입하면 4.762만 주(=20억/4.2만)의 주식을 매입할 수 있어, 자사주매입 후 발행주식 수는 95.238만 주로 줄어든다. 자사주매입 전후의 기업가치와 주식 수 및 주가를 요약하면 다음과 같다.

	자사주매입 전	자사주매입 후
현금(억 원)	20	0
사업가치(억 원)	400	400
총기업가치(억 원)	420	400
주식 수(만 주)	100	95.238
주가(원)	4.2만	4.2만

위의 표에서 보듯이, 자사주매입으로 인하여 현금이 유출되기 때문에 기업가치는 내려가고 주식 수도 감소한다. 그러나 두 가지 변화가 서로를 정확히 상쇄하여 주가는 변화하지 않는다. 그 이유는 현재 배당은 없지만 주식 수의 감소로 인하여 미래의 주당 배당금이 4,000원에서 4,200(=40억 원/95.238만 주)원으로 증가하여, 주가가 다음과 같이 결정되기 때문이다.

$$\text{자사주매입 후 주가} = \frac{4,200}{0.1} = 4.2\text{만 원}$$

요약하면, 완전시장에서 기업의 자사주매입은 주가에 영향을 미치지 않으며, 주가는 현금배당이 지급되기 전의 배당부가격과 같다. 또 주주의 부는 영향을 받지 않는다.

현금배당과 자사주매입의 결과, 주주의 부는 영향을 받지 않지만 그 구성에는 차이가 있다. 예를 들어, 투자자 박 씨가 (주)미래 주식 1,000주를 보유하였을 때 각각의 경우 그의 보유자산은 다음과 같다.

현금배당	자사주매입
현금 200만 원(= 2,000원×1,000주) 주식 4,000만 원(= 4만 원×1,000주)	주식 4,200만 원(= 4.2만×1,000주)

자산의 구성이 다르면 투자자는 어느 한쪽을 선호하여 기업가치에 영향을 미칠 수 있다고 생각할 수 있다. 그러나 완전자본시장에서 현금배당과 자사주매입은 서로를 복제할 수 있기 때문에[5] 그러한 생각은 옳지 않다. 즉, 완전자본시장하에

5) (주)미래가 자사주매입을 결정했는데 투자자 박 씨는 현금을 원한다고 하자. 이 경우 박 씨

서 주주는 주식을 팔거나 현금을 재투자하여 현금배당과 자사주매입을 복제해 낼 수 있기 때문에 주주의 부(또는 기업가치)는 두 가지 주주환원수단에 영향을 받지 않는다.

신주발행으로 현금배당

(주)미래가 앞으로 매년 40억 원의 잉여현금흐름이 유입될 것으로 예상함에 따라 올해의 배당을 늘려 금년부터 40억 원의 배당을 지급하되, 금년의 현금 부족분인 20억 원을 신주발행을 통해 마련한다고 하자. 이 경우 새로이 발행해야 할 주식 수는 47,619주(=20억/4.2만)이며, 발행 후 총주식 수는 1,047,619주가 된다. 따라서 매년 지급될 주당 배당금은 3,818원(=40억/1,047,619주)이 되어, 주당 배당부가격 P_{cum}은 다음과 같이 계산된다.

$$P_{cum} = 3,818 + \frac{3,818}{0.1} = 4.2\text{만 원}$$

자사주매입의 경우와 마찬가지로, 주식을 발행하여 배당을 지급하더라도 배당부가격은 4.2만 원으로 주주의 부에 영향을 미치지 않는 것을 볼 수 있다.

기업이 신주를 발행하여 현금배당을 늘리는 정책도, 주주가 직접 보유주식을 처분하여 현금을 확보하는 방법으로 복제할 수 있다. 즉 (주)미래가 주당 2,000원의 배당을 결정하였는데 주주가 이 이상의 배당을 원할 경우, 보유주식의 일부를 처분하여 현금을 늘릴 수 있다. 이럴 경우, 보유주식 수가 감소하기 때문에 이 주주에게 돌아가는 미래의 현금배당 총액은 당연히 줄어든다.

| 예 1 | (주)미래가 주당 2,000원의 현금배당을 결정하였다. (주)미래의 주식 2,000주를 보유한 투자자 강 씨는 더 많은 현금이 필요하여 주당 3,000원의 배당을 원한다고 한다. 어떻게 하면 필요한 현금을 만들어 낼 수 있는지를 보여라.

는 필요현금을 확보하기 위하여 주식을 현재가격에 매도하고, 나머지를 보유하면 현금배당의 경우와 같은 자산구성을 만들어 낼 수 있다. 또 (주)미래가 현금배당을 결정했는데 투자자 박 씨는 주식보유를 원한다고 하자. 이 경우 박 씨는 배당으로 받은 금액을 주식에 재투자함으로써 자사주매입의 경우와 같은 효과를 만들어 낼 수 있다. 전자의 경우를 '홈메이드 배당(homemade dividend)', 또 후자의 경우를 '홈메이드 주식(homemade stock)'이라고 부른다.

강 씨가 원하는 주당 1,000원(=3,000-2,000)의 추가배당은 총액으로는 2,000,000(=1,000×2,000)원이 된다. 주당 2,000원의 현금배당이 결정되고 난 후의 주가는 4만 원이므로 2,000,000원을 확보하려면 50주(=2,000,000/4만)를 매도해야 한다. 매도 후 강 씨의 보유주식 수는 1,950주로 줄게 되며, 보유주식가치는 1,950주×4만=7,800만 원이다. 현금배당과 주식 50주 처분 후의 강 씨의 부를 계산하면 다음과 같다.

400만(현금배당) + 200만(주식처분) + 7,800만(보유주식가치) = 0.84억 원

이는 강 씨가 추가배당을 원하지 않을 때의 지분가치 0.84억 원(=400만 + 4만×2,000주)과 일치한다.

MM의 무관련이론

앞에서 (주)미래가 주주환원방법으로 고려한 세 가지 대안을 분석한 결과를 요약하면 〈표 16-2〉와 같다.

표 16-2 (주)미래의 주주환원정책에 따른 주당 배당금과 주주의 부

(단위 : 원)

정책	배당부주가	주당 배당금			
		현재	1년 후	2년 후	그 이후
대안 ①	42,000	2,000	4,000	4,000	4,000
대안 ②	42,000	0	4,200	4,200	4,200
대안 ③	42,000	3,818	3,818	3,818	3,818

표에서 보면 각 대안별로 매년 현금흐름이 달라지지만, 주주의 부를 나타내는 배당부주가는 모두 4.2만 원이 되어 세 대안 간에 차이가 없음을 알 수 있다.

이와 같은 결과를 바탕으로 MM은 다음과 같은 배당무관련 명제(dividend irrelevance proposition)를 제시하였다.

배당에 관한 MM명제

완전자본시장에서 투자와 자본구조가 결정되면 기업의 배당정책은 중요하지 않으며, 배당정책의 차이는 주주의 부에 영향을 미치지 않는다.

이러한 MM명제는 언뜻 미래의 배당을 할인하여 현재의 주가를 결정하는 배당평가모형(dividend discount model)과 상치되는 것처럼 보일 수 있다. 배당평가모형에 따르면 배당의 절대액수가 주가에 영향을 미치는 것은 사실이다. 그러나 앞서 식 16·1에서 살펴보았듯이 새로운 투자와 새로운 부채의 규모, 그리고 기존사업에서 실현되는 영업현금흐름이 결정된 경우, 어떤 배당정책을 선택하느냐 하는 것은 배당의 절대액수를 결정하는 것이 아니라 현재와 미래의 배당흐름에 관한 선택일 뿐 기업가치에 영향을 미치지 않는다는 것이다.

완전시장에서 어떤 주주환원 수단을 선택하느냐 하는 것이 주주의 부(또는 기업가치)에 영향을 미치지 않는다고 해서 불완전시장인 현실에서도 이 결과가 그대로 통한다는 것을 의미하지는 않는다. 자본구조이론의 전개에서와 마찬가지로, 주주환원정책의 현실적 중요성을 찾기 위해서는 여러 가지 시장의 불완전요인을 고려해야 할 것이다.

16.3 세금과 현금배당

최적자본구조의 결정에 있어 세금이 중요한 역할을 하듯이 주주환원의 방법을 선택하는 데 있어서도 세금의 영향은 중요한 고려사항이다.

현금배당과 자본이득에 대한 세금

주주가 현금배당을 받게 되면 이에 대한 개인소득세를 납부해야 한다. 또 일반적으로는 주식을 매도할 때 발생하는 자본이득(capital gain)에 대해서도 마찬가지이다. 우리나라의 경우 배당소득은 일반소득과 같이 취급되어 최고 45%의 소득세율이 적용된다. 소액주주의 경우 상장기업 주식의 매매에서 발생한 자본이득에 대해 부과되는 세금은 없으나 비상장회사 주식의 자본이득에 대해서는 약 20%의 개인소득세율이 적용된다.[6] 미국의 경우 현재 두 소득에 대해 동일한 세율이 적용되어 2013년부터 15~20%가 되지만, 과거 평균을 보면 자본이득보다 배당소득에 대해 높은 세율이 적용되었다.

배당과 자본이득에 대해 부과되는 세율이 다르면 현금배당과 자사주매입에 대해 투자자는 더 이상 무차별하지 않고 어느 한쪽을 선호하게 된다.

| 예 2 | 어느 기업이 잉여현금 10억 원을 현금배당할 것인지 아니면 자사주매입을 실시할 것인지를 고민하고 있다. 현금배당을 할 경우 주당 1,000원, 자사주매입을 할 경우 주당 1,000원의 자본이득 실현이 기대된다. 배당소득세율이 35%이고 자본이득에 대한 소득세율이 10%일 때 각 방법하에서 주주가 받게 될 세후소득은 얼마인지를 1주를 소유한 경우를 기준으로 계산하라.

현금배당 시 1주당 1,000원의 현금을 받고 이에 대해 35%의 세금을 납부해야 한다. 따라서 세후소득은 650(=1,000×(1−0.35))원이다. 자사주매입의 경우 1주당 1,000원의 자본이득이 실현되며 이에 대한 세율은 10%이다. 따라서 세후소득은 900(=1,000×(1−0.1))원이다. 따라서 주주들은 현금배당보다 자사주매입을 선호할 것이다.

세금을 고려한 최적배당정책

[예 2]에서와 같이 배당에 대한 세율이 자본이득에 대한 세율보다 높을 때, 회사가 주주환원수단으로 현금배당 대신 자사주매입을 이용하면 주주들은 세금을 절약할 수 있다. 이러한 절세효과는 기업의 가치를 높일 수 있다. 왜냐하면 주주에게 제공할 세후수익률이 정해지면 회사는 현금배당보다 자사주매입을 선택하여 더 낮은 세전수익률을 지급해도 되기 때문이다. 다시 말해, 자사주매입의 경우 자기자본비용이 더 낮아지기 때문이다. 따라서 자본이득보다 배당에 대한 세율이 높을 때, 최적배당정책은 현금배당을 전혀 지급하지 않는 것이다.

그렇다면 현실에서는 어떠할까? 미국의 예를 보면, 2003년 이전까지는 배당소

---

6) 우리나라에서 개인투자자의 경우 자본이득세율은 상장기업이나 중소기업 또는 대주주 여부에 따라 다른 세율이 적용된다. 2021년 초 현재 대주주가 아닌 개인투자자의 경우 상장기업 주식의 자본이득에 대해서는 0%의 자본이득세율이 적용되며, 비상장 중소기업 주식에 대해서는 10%, 비상장 대기업 주식에 대해서는 20%의 세율이 적용된다. 대주주의 경우 모든 주식의 자본이득에 대해 과세되며 20~25%의 자본이득세율이 적용된다.

득세율이 자본이득세율보다 높았으나 2003년 이후 두 세율은 같아졌다. 현금배당과 자사주매입 정책을 채택하고 있는 기업의 수를 보면 여전히 현금배당을 지급하고 있는 기업의 비중이 높으나 경향은 바뀌어 가고 있다. 금액기준으로 보면 1980년대 초반까지만 해도 주주환원에서 차지하는 현금배당의 비중이 80% 이상이었으나, 이후 자사주매입 비중이 꾸준히 증가하여 2000년 이후에는 50% 이상을 차지하는 것으로 나타났다.[7] 우리나라 시장에서는 1992년 8월 자사주펀드가 도입되었고 1994년 5월 이후 자사주취득이 허용되었다. 이후 엄격하게 규제되던 자사주펀드의 자사주취득 한도가 1998년 4월 폐지된 이후 현금배당이 대부분이었던 주주환원수단에서 자사주매입이 크게 증가하였다. 2008년 금융위기 이후 자사주매입은 현금배당의 약 1/3 수준에 달하고 있다.[8]

두 나라의 예에서 보듯이, 주주환원정책에서 자사주매입의 비중이 점점 커지고 있는 것이 사실이나, 현금배당은 여전히 중요한 주주환원수단이다. 세제상의 불이익에도 불구하고 회사가 여전히 현금배당을 지급하는 현상을 '배당에 대한 의문현상(dividend puzzle)' 이라고 한다.[9]

세금과 배당의 고객효과

현금배당이나 자본이득에 대해 부과되는 세금은 투자자의 소득수준, 투자기간, 소득발생지역, 투자계정 등에 따라 다를 수 있다. 특히, 투자자유형별로 배당세율과 자본이득세율이 다를 수 있으며 이는 결국 각 투자자 사이에 실효세율의 차이를 만들어 낸다. 투자자유형에 따라 세율이 다르다는 사실은 각 투자자의 현금배당 또는 자사주매입에 대한 선호도가 서로 다르다는 것을 의미한다. 예를 들어 우리나라의 경우 자본이득에 대해 세금을 부담하지 않는 소액주주의 경우 현금배당보다는 자사주매입을 선호할 수 있으며, 자본이득에 대해 높은 (또는 동일한) 세율을 부담하는 대주주나 지주회사는 현금배당을 선호할 수 있다. 또 기금운용과정

7) J. Berk and P. DeMarzo, *Corporate Finance* 5th ed.(Pearson, 2020), 제 17 장 참조.
8) 강소현 · 김준석 · 양진영, "국내 상장기업 배당정책: 평가와 시사점," 한국자본시장연구원(2013) 참조.
9) F. Black, "The Dividend Puzzle," *Journal of Portfolio Management* 2(1976), pp. 5~8.

에서 발생하는 배당소득이나 자본이득에 대해 세금을 면제받는 연기금 등은 두 가지 대안에 대해 기본적으로 무차별하되, 각자의 현금수요에 따라 현금배당을 선호할 수 있을 것이다.

위와 같이 투자자들의 현금배당에 대한 선호가 서로 다르다면, 각 투자자는 자신의 선호를 만족시킬 수 있는 배당성향을 가진 주식에 투자할 것이다. 소득이 많아 높은 한계세율이 적용되는 주주들은 배당성향이 낮은 주식에 투자하며, 한계세율이 낮은 주주들은 배당성향이 높은 주식에 투자할 것이다. 이와 같은 현상을 배당의 고객효과(dividend clientele effect)라고 한다. 또 이러한 고객효과가 존재할 때 기업이 주주의 배당에 대한 선호를 고려하여 최적배당정책을 결정하는 전략을 고객효과전략이라고 한다. 고객효과전략의 결과, 주식시장에서는 배당성향이 높은 주식도 거래되지만 배당성향이 낮거나 배당을 지급하지 않는 회사의 주식도 거래된다.

배당의 고객효과는 다음과 같은 점에서 중요한 의미를 갖는다. 첫째, 주주들은 자신의 배당선호에 맞는 기업의 주식을 보유할 것이기 때문에 특정 기업의 가치는 유사한 배당정책을 제시하는 주식의 수요와 공급에 따라 결정된다. 즉 어느 기업이 배당을 많이 지급한다고 해서 그 기업의 가치가 높게 평가되지도 않으며, 또 다른 기업이 배당을 적게 지급하거나 지급하지 않는다고 해서 그 가치가 낮게 평가되지도 않는다는 것이다. 둘째, 고객효과는 기업으로 하여금 배당정책의 변경을 어렵게 만든다. 즉 특정 기업의 주식을 보유한 주주들은 기업의 현재의 배당정책을 선호해서 이 주식에 투자한 것이다. 따라서 기업이 배당정책을 변경하면 주주들이 주식을 매각할 수 있고, 이 경우 기업이 안정적인 경영을 위해 필요한 안정주주를 확보하는 데 실패할 수도 있다.

배당의 고객효과가 동적으로(dynamically) 일어날 수 있다는 주장이 배당포획이론(dividend-capture theory)이다. 이 이론에 의하면, 연기금과 같은 소득세가 면제되는 투자자들은 배당이 지급되는 시기에 고배당을 지급하는 주식들을 보유하여 배당을 확보하고 나머지 기간 동안에는 그 주식을 계속하여 보유할 필요가 없다는 것이다. 이 주장이 옳다면, 고배당 주식의 경우 배당락일을 전후하여 평소보다 많은 거래가 일어날 수 있다. 왜냐하면 배당락일 전에 배당세율이 낮은 투자자들은 주식을 사고 배당세율이 높은 투자자들은 팔려고 할 것이며, 배당락일 후에는 그 반대의 거래가 일어날 것이기 때문이다.

여러 실증연구들은 배당의 고객효과가 분명히 존재하고 또 배당포획이론의 예측대로 대규모 배당을 지급하는 주식의 경우 배당락을 전후하여 대량거래가 일어난다는 것을 보여 준다. 그러나 고객효과가 완벽하지 않아 높은 세율을 부담하는 투자자도 여전히 배당을 받고 있으며, 또 배당이 지급되는 시기에 주식을 거래하지 않고 여전히 보유하고 있는 것도 사실이다. 이러한 현상은 고객효과나 배당포획이론이 배당의 세제상 불이익을 다소 완화시켜 주지만 완전히 상쇄하지는 못한다는 걸 의미하며, 또 세금만이 주식투자의 결정요인이 아니라는 것을 말해 준다.

16.4 주주환원과 현금유보

완전시장에서의 현금유보

[그림 16-1]을 보면, 지금까지 다룬 현금배당과 자사주매입의 선택에 관한 문제는 주주환원정책의 일부분이지 전부가 아니라는 것을 알 수 있다. 사실 주주환원수단의 선택 이전에 주주환원 자체에 대한 선택이 선행되어야 한다. 식 16·1에서 보듯이 영업현금흐름과 새로운 부채가 유입되어 투자가 결정된 후 여전히 잉여현금이 발생하면 이를 주주에게 환원할 것인지 또는 회사에 유보할 것인지를 결정하여야 한다. 여기서 투자결정은 순현가가 양(+)인 모든 투자안을 수용하는 것을 의미한다.

순현가가 음(−)인 투자안만 남은 상태에서 기업이 잉여현금을 보유하는 방법은 은행에 예금하거나 또는 금융자산에 투자하는 것이다. 그렇지 않으면 잉여현금을 주주에게 환원해야 할 것이다. 잉여현금을 회사에 유보하여 금융자산에 투자한다면 그 이점은 무엇일까? 완전시장에서 금융자산의 투자수익률은 해당 자산의 기회비용(자본비용)과 같으며, 따라서 금융자산 투자의 순현가는 0이다. 그렇다면 금융자산의 거래는 기업가치에 영향을 미치지 않는다는 결론이 따르고, 또 기업이 할 수 있는 거래는 주주들이 개인적으로 할 수 있기 때문에 기업이 잉여현금을 유보하는 전략은 아무런 이점이 없다. 결국 완전시장에서 기업이 잉여현금을 유보하느냐 또는 주주에게 환원하느냐의 선택은 기업가치에 영향을 미치지 않는다. 이와 같은 논리를 바탕으로 자본구조이론에서 살펴본 MM의 무관련이론을 다음과 같이 주주환원정책에도 적용할 수 있다.

주주환원에 관한 MM명제

세금이 없는 완전자본시장하에서 회사가 잉여현금을 단기금융자산에 투자할 것이라면 현금을 유보하느냐 또는 주주에게 환원하느냐의 선택은 기업가치에 영향을 미치지 않는다.

| 예 3 | (주)서울은 1,000억 원의 잉여현금을 보유하고 있다. 이 회사 경영진은 이 현금을 이자율 2%로 안전하게 예금해 두었다가 1년 후에 배당을 지급하거나, 또는 지금 즉시 현금배당을 지급하는 안을 고려하고 있다. (주)서울이 지금 현금배당을 지급하게 되면 주주들은 직접 무위험자산에 투자할 수 있다. 세금이 없는 완전시장에서 어느 대안이 주주에게 유리할지를 결정하라.

(주)서울이 1,000억 원을 2%에 예금하면 1년 후에 1,020억 원(=1,000억×1.02)이 되고, 이를 배당으로 지급하면 주주들은 1년 후에 1,020억 원을 받게 된다.

(주)서울이 지금 현금배당을 지급하면 주주들은 1,000억 원을 받게 되며, 주주들 자신이 이를 은행에 예금하면 1년 후에 1,020억 원을 받게 된다. 결국 두 대안의 결과는 같게 되어 주주들은 두 대안에 무차별하다.

MM의 명제와 [예 3]의 결과를 볼 때, 현실에서 잉여현금을 사내에 유보하느냐 또는 주주에게 환원하느냐의 문제에 대한 대답은 시장의 불완전요인에서 찾을 수밖에 없다.

세금과 현금유보

현실에서는 기업이 보유한 잉여현금을 금융상품에 투자할 경우 그로부터 발생하는 수익은 법인세 과세대상이다. 그리고 주주들이 얻는 투자수익에 대해서는 개인소득세가 부과된다. 이럴 경우 앞의 MM명제는 어떻게 수정되어야 할까? 예를 통해 살펴보자.

| 예 4 | 앞의 [예 3]에서 (주)서울은 이자소득에 대해 25%의 법인세를 납부해야 한다고 하자. 그리고 이 회사 주주들은 대부분이 연기금과 같은 기관투자자로서 면세대상이라고 하자. 이럴 경우 (주)서울이 고려하는 두 대안 중 어느 쪽이 주주에게 유리한지를 판단하라.

(주)서울이 이자율 2%에 예금하더라도 법인세를 고려하면 세후실효이자율은 1.5% [=2%×(1−0.25)]이며, 따라서 1년 후에 1,015억 원(=1,000억×1.015)을 받게 된다. 이를 배당으로 지급하면 주주들은 1,015억 원을 받게 된다. (주)서울이 1,000억 원을 지금 현금배당으로 지급하고, 주주들 자신이 이를 은행에 예금하면 1년 후에 여전히 1,020억 원을 받게 된다. 따라서 주주들은 지금 배당을 받는 안을 선호할 것이다.

불완전한 시장에서 발생하는 여러 비용과 현금유보

발행비용과 재무적 곤경(파산)비용

세제상 잉여현금을 주주에게 환원하는 것이 유리한 상황에서도 어떤 기업은 많은 현금을 보유하는데 그 이유는 무엇일까? 일반적으로 이는 미래의 현금부족사태에 대비하기 위한 것이라고 할 수 있다. 앞으로의 기업활동에서 발생할 좋은 투자기회에 필요한 자금수요를 충족하기에 모자란다고 예상하면, 기업은 부족분을 메우기 위해 현금보유를 확대할 수 있다. 물론 부족한 자금을 채권이나 주식을 발행하여 조달할 수 있다. 그러나 유보현금을 사용할 경우 새로이 증권을 발행할 때 소요되는 발행비용을 절약할 수 있다. 또 발행비용과 같은 직접비용 외에도 증권발행으로 인한 대리비용 및 역선택비용과 같은 간접비용도 절약할 수 있다.[10] 특히 이익의 변동성이 큰 기업이 현금을 충분히 보유하면 영업이익이 적자가 되더라도 재무적 곤경과 관련한 비용을 피할 수 있다는 이점이 있다.

---

10) 부채 및 자기자본의 대리비용과 주식발행과 관련한 역선택비용에 관해서는 제 15 장에서 설명하였다.

현금유보의 대리비용

적정수준 이상의 현금유보는 다른 한편에선 경영자와 주주 사이에 대리문제를 야기할 수 있다. 이러한 갈등은 필연적으로 비용을 수반하게 되는데, 그 가운데 대표적인 것이 제 15 장에서 설명한 특권적 소비와 낭비적 투자이다.

특권적 소비(perquisite consumption)란 경영자가 주주의 부를 희생시키면서 향유하는 여러 가지 특권적인 지출이라고 하였다. 호화로운 사무실, 좋은 차, 필요 이상의 비서진 등 자신의 지위와 이익을 높이고자 지출하는 것들이 그 예이다. 이러한 특권적 소비는 자기지분이 적은 경영자일수록 소비금액 가운데 자신이 부담하는 비용이 작기 때문에 더욱 심하게 나타난다. 배당을 이와 결부시켜 생각해 보자. 특권적 소비를 가능하게 하는 경영자의 재량권은 잉여현금으로부터 나온다고 할 수 있다. 왜냐하면 기업에 유보된 현금은 경영자의 뜻대로 사용할 수 있기 때문이다. 따라서 주주는 경영자의 특권적 소비가 심할 경우 주주환원을 늘려서 경영자의 재량으로 사용할 수 있는 잉여현금을 줄이는 것이 유리하다.

또한 경영자가 주주의 부에 우선하여 자신의 이익을 추구한다거나 기업경영의 의무를 게을리하고 있는지의 여부를 파악하고 이를 억제하기 위해서는 많은 감시비용이 들게 된다. 이러한 비용을 줄이기 위해서도 가급적 주주환원을 늘리는 것이 주주에게 유리하다. 주주환원을 많이 하면 그만큼 외부로부터의 자금조달이 많아지며, 이에 따라 채권자나 금융기관이 요구하는 신용평가나 재정보증 등에 대해 철저한 준비를 해야만 한다. 주주의 관점에서 이는 자신들이 부담하여야 할 감시비용을 그만큼 줄여주는 것이 된다.

위에서와 같은 대리비용 외에도, 기업이 현금을 많이 보유하면 순현가가 음(−)인 사업안에 투자를 하거나 기업인수에 과다하게 지급하는 등 낭비적 투자가 늘어날 수 있다. 또 보조금 등 정부 지원정책의 혜택을 입게 될 기회를 놓칠 수 있고, 다양한 이해관계자에 대한 불필요한 선심성 지원 등에 대한 요구가 많아질 수 있다. 주주환원은 잉여현금을 줄여서 이러한 비용을 피하기 위한 방법이 될 수 있다.

16.5 주주환원의 정보효과

주주환원에 관한 의사결정을 내릴 때 고려할 또 하나의 시장불완전 요인은 경영자와 투자자(주주) 사이에 존재하는 정보비대칭이다. 일반적으로 경영자가 투자자보다 기업의 미래에 관하여 더 나은 정보를 가지기 때문에, 경영자는 이 정보를 전달하기 위한 수단으로 주주환원정책을 이용할 수 있다. 현금배당이나 자사주매입이 어떻게 정보를 전달할 수 있는지를 살펴보자.

배당의 안정성

기업은 벌어들이는 순이익의 규모에 따라 배당지급액을 변경할 수 있다. 그러나 현실에서 보면 대부분의 기업들은 이익이 급격히 변동할지라도 매년 지급하는 배당규모를 자주 바꾸지 않는다. 즉, 많은 기업들이 목표배당(target dividend)을 설정하고 기업의 이익 수준과는 독립적으로 이 목표를 달성하려고 한다. 이익의 일시적인 증가(또는 감소)만으로 배당을 변경하지 않고 이익의 증가(또는 감소)가 미래에도 지속될 것이라고 판단할 때 비로소 배당금을 증가(또는 감소)시킨다는 것이다. 결과로 주당배당금의 변동성은 주당순이익의 변동성보다 훨씬 작다. 시간의 흐름에 따라 순이익이 변동하더라도 배당을 비교적 일정하게 유지하려는 정책을 배당안정화(dividend smoothing)정책이라고 한다.

린트너(Lintner)는 미국 기업들의 배당정책에 관한 실증연구를 통해 다음과 같은 사실들을 발견하였다.[11] 첫째, 기업들은 장기목표배당성향을 설정하여 이익의 일정비율을 배당으로 지급한다. 둘째, 경영자들은 배당금의 절대액수보다 전년도에 비해 얼마나 늘거나 줄었는지를 보여주는 배당금의 변화를 더 중요시한다. 셋째, 기업들은 주당 배당금을 갑자기 늘리거나 줄이려고 하지 않고 그 변화를 완만하게 하려고 한다. 이번 기의 성과가 좋다고 해서 배당금을 크게 늘리면 다음 기

11) J. Lintner, "Distribution of Incomes of Corporations among Dividends, Retained Earnings, and Taxes," *American Economic Review* 46(May 1956), pp. 97~113.

의 배당금을 지급할 때 부담이 되며, 이번 기의 성과가 나쁘다고 해서 배당금을 크게 줄이면 기업가치에 나쁜 영향을 주기 때문이다.

한편, 브래브(Brav) 등은 기업의 배당정책에 대한 후속연구에서 린트너가 보인 안정배당정책이 여전히 유효하게 나타난다는 결과를 보여준다. 이들은 조사대상 기업들이 주당 배당금의 수준을 일정하게 유지하려 하며 배당수준의 변화는 매우 보수적으로 결정한다는 결과를 보여준다. 그러나 린트너와는 달리 경영자들은 목표배당성향을 유연하게 관리하며, 현금배당보다는 자사주매입이 보다 중요하게 사용된다는 결과를(린트너의 연구가 발표된 시기에 주주환원정책의 기본수단은 현금배당이었다), 또 현금배당과 자사주매입을 기업내용에 대한 정보를 전달하는 수단으로 사용한다는 결과를 보여준다.[12)]

이와 같이 기업은 배당의 안정성을 매우 중요시하는데, 그 이유는 배당을 안정시킴으로써 그 기업의 주가를 높일 수 있다고 믿기 때문이다. 그렇다면 배당의 안정성이 과연 주가를 높일 수 있는 것일까? 다음에서 설명할 정보전달수단으로서의 배당의 역할에서 그럴 만한 이유를 찾아보자.

현금배당의 정보효과

배당지급 그 자체가 중요한 것이 아니라, 배당을 지급하거나 증가시킬 때 그 사실이 전달하는 정보 때문에 주가를 변화시킨다는 것이 배당의 정보효과 또는 신호효과 가설(dividend signaling hypothesis)이다.

기업이 배당금을 지급한다는 것은 그 기업이 재무적으로 건전하다는 정보를 투자자들에게 전달하는 것으로 해석될 수 있다. 더구나 기업이 배당을 안정적으로 지급함으로써 기업의 미래수익성이 안정적임을 투자자에게 알려 그 기업의 주가를 올릴 수 있다. 한편, 기업이 배당성향 또는 배당금을 일정하게 유지하다가 이를 갑자기 변경할 경우에, 투자자들은 이를 기업의 미래 수익성에 변화가 있을 것이라는 중요한 정보로 받아들일 수 있다. 이때 배당금을 늘리는 것은 미래의 수익성과 현금동원 능력에 대한 경영자의 낙관적인 전망을 반영하여 결국은 주가를

---

12) A. Brav, J. Graham, C. Harvey, and R. Michaely, "Payout Policy in 21st Century," *Journal of Financial Economics* 77(2005), pp. 483~527.

올리고 주주의 부(기업가치)를 증가시키며, 반대로 배당을 줄이면 이는 회사사업에 대한 부정적인 시각을 반영하여 주가하락을 초래한다는 것이다. 배당의 정보효과에 대한 실증연구들은 배당지급을 시작하거나 배당을 증가시킨 기업들의 경우 주가가 상승하며, 배당을 줄이거나 중단시키는 경우 주가가 크게 하락한다는 결과를 보여준다.

배당의 정보효과는 제 15장에서 설명한 부채의 정보효과와 유사하다. 부채의 증가가 이자나 원금상환에 대한 경영자의 자신감을 나타내듯이, 배당의 증가도 앞으로 같은 수준의 배당을 유지할 수 있다는 경영자의 자신감을 전달한다. 그러나 배당의 축소가 기업가치에 미치는 영향은 채무불이행이 기업가치에 미치는 영향보단 훨씬 작다. 따라서 배당의 정보전달효과는 부채의 정보전달효과에 비하면 약하게 나타난다. 배당의 변경에 대한 주가반응이 부채비율의 변화에 대한 주가반응의 정도보다 훨씬 작다는 연구가 이를 뒷받침한다.

배당의 정보효과가설은 앞서 설명한 안정적인 배당정책을 추구하는 기업의 성향을 설명할 수 있다. 기업이 선택하는 배당수준은 미래이익에 대한 경영자의 예상치를 반영하는 것이기 때문에, 지속가능한 성장이 예상되는 경우를 제외하면 배당을 크게 확대하지 않는다는 것이며 또 매우 비관적일 경우가 아니라면 배당을 크게 축소하지도 않는다는 것이다.

배당의 증가가 경영자의 낙관적 전망을 반영한다는 앞의 가설과는 반대되는 주장도 존재한다. 즉 배당의 증가는 투자기회가 없다는 것을 전달하며, 배당의 감소가 순현가가 양(+)인 새로운 투자기회가 있다는 것을 전달할 수 있다는 것이다. 이 주장하에서는 물론 배당의 증가가 기업가치를 감소시킨다. 따라서 배당이 긍정적 신호인지 또는 부정적 신호인지는 경영자가 보유한 정보의 내용에 달려 있다.

자사주매입의 정보효과

자사주매입도 배당과 마찬가지로 경영자가 가지고 있는 정보를 투자자에게 전달하는 역할을 할 수 있다. 그러나 정보전달수단으로서의 자사주매입과 현금배당 사이에는 몇 가지 차이점이 있다. 첫째, 자사주매입 시 경영자의 약속은 현금배당의 경우보다 명확하지 않다. 공시되는 매입금액은 최대한의 매입계획을 나타내는 것으로 실제로는 이보다 훨씬 적은 금액이 지출될 수 있으며, 또 공시된 내용을 실행하는 데 몇 년의 기간이 걸릴 수 있다. 둘째, 자사주매입은 대부분 일회성 사건이기 때문에 장기간에 걸친 약속을 전제로 하는 배당과는 전달하는 정보의 내용이 다를 수 있다. 셋째, 자사주매입에 소요되는 비용은 주식의 시장가격에 달려 있기 때문에 경영자는 주식이 저평가되었다고 판단할 때 자사주를 매입할 가능성이 높다. 왜냐하면 과소평가된 주식을 매입하는 것은 장기투자자인 잔여주주의 관점에서 볼 때 순현가가 양(+)인 투자를 의미하며 이는 곧 미래의 주가를 상승하게 하는 거래이기 때문이다.

실제로도 자사주매입은 자사 주식이 저평가되었다는 경영자의 믿음을 투자자에게 전달하는 신뢰할 수 있는 신호의 역할을 한다는 사실이 입증되고 있다. 여러 연구가 미국에서 시장매입의 경우 자사주매입 공시 후 주가는 소폭 상승하며, 공개매수의 경우에는 주가가 큰 폭으로 상승한다는 결과를 보여준다. 우리나라에서도 자사주매입 공시 이후 주가가 오르는 현상을 자주 볼 수 있다.

| 예 5 | 무부채기업인 (주)통일은 5,000만 주의 주식을 발행하고 있으며, 이 주식은 현재 주당 4만 원에 거래되고 있다. (주)통일 경영진은 이 주식의 공정가치를 5만 원으로 보고 있으며, 따라서 현재 주식이 상당히 저평가되었다고 믿고 있다. 이에 따라 경영진은 현재의 시장가격으로 자사주를 매입하여 4,000억 원에 상당하는 현금을 주주들에게 지급할 계획이다. 자사주매입이 완료된 직후 경영진이 보유한 회사정보가 공시되어 투자자들도 (주)통일 주식의 내재가치가 5만 원이라는 의견의 일치를 보게 되었다. 회사정보가 공시된 직후 주가는 얼마가 되어야 할지 계산하라. 만일 (주)통일 경영진이 회사정보가 공시될 때까지 자사주매입을 하지 않고 기다렸다면 주가가 얼마가 될지 계산하고 앞의 결과와 비교하라.

자사주매입 전 (주)통일 주식의 시가총액은 4조 원(=4만×1억 주)이며, 이 중 적어도 4,000억 원은 현금이며 나머지 3.6조 원은 다른 자산의 가치이다. 현재가격 4만 원으로 매입할 수 있는 자사주의 수는 1,000만 주(=4,000억/4만)이다. 따라서 자사주매입 후 총주식 수는 9,000만 주이며, 기업가치는 3.6조 원(=4조−4,000억)이다. 그러나 경영진이 믿고 있는 자사주매입 후 기업가치는 4.6조 원(=5만×1억만 주−4,000억)이다. 투자자들이 이에 동의하면 주가는 5.111만 원(=4.6조 원/9,000만 주)으로 올라야 한다. 이상의 내용을 아래의 표에 정리하였다.

	자사주매입 전	자사주매입 후	정보공시 후
현금(억 원)	4,000	0	0
기타자산(억 원)	36,000	36,000	46,000
총기업가치(억 원)	40,000	36,000	46,000
주식 수(만 주)	10,000	9,000	9,000
주가(원)	4만	4만	5.111만

만일 (주)통일 경영진이 정보가 공시된 후 자사주를 매입하였다면, 이때 가격은 5만 원이므로 매입할 수 있는 주식수는 800만 주이다. 따라서 매입완료 후 주가는 5만 원(=4.6조 원/9,200만 주)이다.

주가가 저평가되었을 때 매입함으로써 최종주가는 0.111만 원(=5.111만−5만) 더 높게 형성되며 따라서 잔여주주들이 1,000억 원(=0.111만×9,000만 주)의 이득을 얻게 된다. 이는 내재가치보다 낮은 가격에 주식을 판 주주들이 입게 되는 손실 1,000억 원[=(5만−4만)×1,000만 주]과 일치한다.

[예 5]에서 보듯이, 주식이 저평가되었을 때의 자사주매입은 주가를 올려주며 주식이 고평가되었을 때의 자사주매입은 주가를 내리게 한다. 따라서 기업의 경영자는 시장상황에 따라 자사주매입을 결정한다. 한편, 경영자의 이러한 전략을 예상하는 투자자는 자사주매입을 주식이 저평가되었다는 신호로 받아들인다.

16.6 주식배당과 주식분할 및 주식병합

주식배당

주식배당의 의의

주식배당(stock dividend)이란 보통주를 소유한 주주에게 현금 대신 주식으로 배당을 지급하는 것을 말한다. 주식배당은 신주를 발행하여 지급되는데, 이는 형식적인 배당에 불과하며 이론적으로는 현금배당과 달리 기업가치에 아무런 영향이 없다. 즉, 기업의 자기자본 총액은 변하지 않고 발행주식 수만 늘어나며, 기존 주주가 가지고 있는 소유비율에 변화가 없기 때문에 주주의 부에는 전혀 변화가 없다. 예를 들어 살펴보자.

(주)수현의 자기자본은 다음과 같이 구성되어 있다.

(주)수현의 자기자본구조

(단위 : 백만 원)

보통주 자본금(액면 5,000원, 발행주식 수 60만 주)	3,000
자본잉여금	1,000
이익잉여금	2,000
총자기자본	6,000

(주)수현이 10%의 주식배당을 결정했다면, 60만 주의 10%인 60,000주를 새로 발행하게 된다. 10%의 주식배당은 100주를 소유한 주주에게 10주, 1,000주를 소유한 주주에게는 100주가 새로이 배정되는 것을 말한다.

주식배당 후 (주)수현의 자기자본구조는 다음과 같다.

(주)수현의 10% 주식배당 후 자기자본구조

(단위 : 백만 원)

보통주 자본금(액면 5,000원, 발행주식 수 66만 주)	3,300
자본잉여금	1,000
이익잉여금	1,700
총자기자본	6,000

주식배당에 해당하는 3억 원이 유보이익 항목인 이익잉여금에서 보통주 자본금으로 옮겨갔을 뿐이지 총자기자본에는 변화가 없다. 재무상태표상에서 자기자본의 구조가 변하고 발행주식 수가 늘었을 뿐이다. 발행주식의 증가는 있으나 다른 변화가 없으므로 주당순이익은 자연적으로 주식 수에 반비례하여 감소한다. 순이익이 일정하고 주식배당 이전의 주당순이익이 1,000원이었다면 10% 주식배당 이후에는 주당순이익이 909원(=100/1.1)이 된다. 주식배당은 주주의 부에 영향을 미치지 못한다. 전체주식 수의 10%를 소유한 주주는 주식배당 후에도 전체주식 수의 10%를 소유하게 되는데, 총자기자본은 주식배당의 전후에 일정하므로 그가 소유한 주식의 총가치는 변함이 없다.

기업입장에서의 주식배당

이론상으로 주식배당은 기업의 자기자본가치에 아무런 영향을 미치지 않기 때문에 그 자체로는 의미가 없다고 하였다. 그러나 현실에서 주식배당이 지급되는 것을 흔히 볼 수 있는데, 그 이유는 다음과 같다. 첫째, 기업의 현금유출을 막고 사내에 유보하기 위해서다. 기업이 급격히 성장하여 많은 자금이 필요할 때 현금배당은 기업의 유동성을 악화시키므로, 현금으로 배당하는 대신 주식으로 배당하는 것이다. 또한 기업의 현금상태가 악화되어 지금까지 계속되어 오던 현금배당이 불가능해지면 주식으로 배당하는 경우도 있다. 둘째, 자본을 영구화하기 위해서이다. 이익잉여금은 엄밀히 말해 완전히 자본화된 것은 아니다. 이익잉여금은 단순히 축적된 이익으로서 그 사용에 있어 어느 정도 법적 제약을 받게 되며, 기업의 배당정책 또는 경영정책에 따라 유동적일 수 있다. 그러나 주식배당으로 인하여 이익잉여금에서 배당액만큼이 자본금으로 전입되면 이는 자기자본으로 영구화된다. 셋째, 거래가 용이하도록 주가를 조정하기 위해서다. 계속하여 높은 수익성과 성장성을 유지하는 기업의 경우 주가가 매우 높게 형성될 때가 있다. 높은 주가는 일반투자자들이 거래하는 데 불편을 느낄 수 있다. 주가가 100,000원일 때보다 10,000원일 때 주식이 활발하게 거래될 수 있다.[13] 실제로 주가를 기업이 원하는 적절한 범위에 두기 위하여 주식배당을 하는 경우가 있다. 1주당 10,000원인 가격을 5,000원으로 떨어뜨리기 위해서는 100%의 주식배당을 통해 간단히 목적을 달성할 수 있다.

기업의 입장에서 볼 때 이와 같은 주식배당의 이점이 있으나, 단점 또한 무시할 수 없다. 주식배당은 신주를 발행하여 지급되는데, 신주발행에는 발행비용이 따르게 되어 동일한 금액의 현금배당보다 비용이 많이 든다. 또 기업의 배당정책은 안정성이 가장 중요하므로 대체로 주식배당 이후에도 종전과 같은 수준으로 현금배당을 유지하는 것이 보통이다. 이를 위해서는 기업의 총배당액이 발행주식 수에 비례하여 늘어나게 된다. 따라서 현금유출을 방지하기 위한 의도로 지급된 주식배당이 미래에 더 많은 현금유출을 가져올 가능성이 있다. 투자자의 심리적인 영향도 주식배당에 고려되어야 한다. 투자자들은 기업의 성장성과 수익성에 민감한 반응을 보인다. 과도한 주식배당을 한 기업에서는 주식배당 이후 주당순이익과 주가가 하락하게 되는데, 이것은 기업의 사정을 잘 알지 못하는 일반투자자들의 불신을 초래하여 주가를 더욱 하락시키고 또 기업가치를 떨어뜨릴 위험이 있다. 주식배당이 일어난 사실을 모르고 단순히 주당이익이 작년의 1,000원에서 금년에 800원으로 감소되었다는 보도에 투자자들은 기업의 영업성과가 악화되었다고 오해할 수 있다는 것이다.

주주입장에서의 주식배당

주식배당은 이론적으로는 주주의 부에 어떤 영향도 미치지 않는다. 그러나 불완전한 현실시장에서 주식배당은 주주에게 여러 이점을 제공할 수 있다. 예를 들면, 어느 기업의 주식 100주를 가지고 있는 사람은 소유주식의 일부를 매각하는

---

13) 왜냐하면 거래소에서의 주식거래는 보통 '매매거래단위'라고 해서 일정수 이상으로만 거래되는 것이 보통이기 때문이다. 예를 들어 매매거래단위가 10주인 경우, 주가가 100,000원이면 최소한 100만 원 이상의 자금이 있어야 주식거래를 할 수 있으므로 소액의 자금을 갖고 있는 투자자들은 주식거래에 참여할 수가 없다.

것을 꺼릴지 모르나, 10%의 주식배당으로 10주를 더 갖게 된 사람은 5~10주를 매각하는 데 심리적인 부담을 느끼지 않을 수 있다. 즉 원금을 없앤다는 생각이 들지 않을 수 있다. 또한 주식배당 후에도 주당 현금배당을 종전과 같이 유지하는 것이 보통이므로 결과적으로 현금배당이 증가하게 된다. 예를 들어 어느 투자자가 (주)수현 주식 100주를 소유하고 있는데, 1주당 1,000원을 연간 배당으로 받고 있었으나, 10%의 주식배당 후에도 전과 같은 현금배당을 받는다면 총현금유입은 100,000원에서 110,000원으로 늘어나게 되는 것이다.

주식배당의 정보효과

완전시장하에서 주식배당은 주주의 부를 증가시키지 못한다. 그러나 정보비대칭하의 불완전한 시장에서는 주식배당 역시 경영자가 보유한 정보를 투자자에게 알리는 정보전달수단으로 사용될 수 있다. 대부분의 기업은 주식배당 이후에도 종전과 같은 수준의 주당 현금배당을 지급한다. 따라서 주식배당은 이로 인해 늘어날 미래의 현금지출액을 기업이 충분히 확보할 수 있다는 신호로 해석될 수 있다. 또한 성장이 빠른 기업이 현금유출을 막고 수익률이 높은 곳에 재투자하기 위하여 주식배당을 하는 경우가 많은데, 이러한 기업의 주식배당은 이 기업이 급속도로 성장하고 있음을 알려주게 되어 주가를 높이고 주주의 부를 증가시킬 수 있다.

주식분할과 주식병합

주식분할(stock split)과 주식병합(reverse split)은 엄밀한 의미에서 주주환원이라고 할 수는 없으나 그 성격이 주식배당과 유사하고, 또 미래의 배당에 영향을 미칠 수 있기 때문에 이를 특수한 형태의 주주환원정책이라고 할 수 있다.

주식분할

주식분할은 기존의 주식 1주를 분할하여 그 이상의 주식 수로 만드는 것이다. 결과로 발행주식 수는 늘게 되고 액면가는 줄어든다. 앞의 (주)수현이 2 : 1로 주식을 분할하면, 기존의 주식 1주를 소유하고 있던 주주는 새로이 분할된 주식 2주를 갖게 된다. 주식배당에서와 마찬가지로 주식분할의 경우도 기업과 주주 간에 어떤 현금의 유입이나 유출이 발생하지 않는다.[14] 따라서 주주의 부는 주식분할 여부와 관계없이 일정하다.

그러나 회계처리에 있어서는 주식배당과 주식분할이 다르다. (주)수현의 예에서 주식배당의 경우 액면가 5,000원에는 변동이 없고, 이익잉여금 중 배당액만큼이 보통주 자본금으로 전입되었다. 그러나 주식분할의 경우 액면가와 발행주식수에만 변화가 있고 그 외에는 아무런 변화가 없다. 즉 보통주 자본금, 자본잉여금, 이익잉여금, 그리고 총자기자본의 금액이 분할 이전과 동일하다. 주식분할 후 (주)수현의 자기자본구조는 다음과 같다.

(주)수현의 2:1 주식분할 후 자기자본구조

(단위 : 백만 원)

보통주 자본금(액면 2,500원, 발행주식 수 120만 주)	3,000
자본잉여금	1,000
이익잉여금	2,000
총자기자본	6,000

기업이 주식을 분할하는 이유는 간단하다. 기업의 성장과 함께 주당이익이 증가하면 주가가 올라가서 주식거래가 원활하지 않을 수 있다. 이때 주식분할을 통하여 주가를 적절한 수준으로 조정할 수 있다. 즉 주식분할은 주식의 거래를 원활히 하고, 주가의 안정을 얻을 목적으로 행해진다.

이론적으로 주식분할 자체는 아무런 효과가 없지만, 현실적으로는 주식분할이 기업의 총가치를 높일 수 있다는 주장도 나오고 있다. 즉 시가 10,000원의 주식을 2:1로 분할할 때 주가는 이론적으로 주당 5,000원이 되어야 하지만, 실제로는 그 이상의 값이 된다는 것이다. 주식마다 그 거래가 원활하게 일어나는 가격범위가 있기 때문에 주식분할로 인한 주가의 조정은 주식의 거래를 활발하게 하여 주가를 높일 수 있다는 논리이다. 그러나 이 주장은 논란의 대상이 되기도 한다. 투자자가 합리적이라면 단순히 1주를 2주로 분할하는 것이 기업가치를 높일 수 없으

14) 미국에서는 50% 이상의 주식배당은 주식분할로 간주된다.

며 따라서 주가에 영향을 줄 수 없다는 것이다.

이에 대해 또 다른 견해는 주식분할이 무의미한 것은 사실이지만, 주식분할을 불가피하게 하는 기업의 성장 등 여러 요인이 정보제공의 역할을 하기 때문에 주가에 영향을 준다는 것이다. 즉 주식분할 자체보다 그것이 전달하는 기업성장이라는 정보 때문에 주가를 올린다는 것이다. 또 주식분할은 기업이 과다한 이익을 은폐하려는 방법으로 이용되기도 한다. 기업의 사회적 책임을 강조하는 경영환경에서 기업이 과다한 이익을 실현한다는 것은 비판의 대상이 될 수 있다. 그러므로 주당 200원의 이익보다 2:1로 주식분할하여 주당 100원의 이익이라고 발표하는 것이 그 기업의 이익을 적게 인식시킬 수 있다는 것이다.

주식병합

주식분할이 발행주식 수를 늘리는 것이라면, 주식병합은 발행주식 수를 줄이는 것이다. 예를 들어 4:1의 주식병합일 때는 기존의 주식 4주를 가지고 있던 주주가 새로이 발행된 주식 1주를 갖게 되는 것이며, 총발행주식 수가 1/4로 줄어드는 것이다. 대체로 기업들은 기업의 주가가 지나치게 낮게 되는 것을 기피하는데, 이는 주가가 너무 낮으면 그 기업의 주식을 소유한 주주들의 긍지를 손상시킬 뿐 아니라 거래비용이 증가할 수 있기 때문이다. 재정난이나 기타 다른 이유로 주가가 하락하였을 때 주식병합을 통하여 주가를 적절한 수준에 올려 놓으려는 것이 주식병합의 이유이다. 예를 들어 4:1로 주식병합을 하게 되면 재무상태표상에서 주식의 액면가가 4배가 되는 한편, 발행주식 수가 1/4로 줄어든다. 앞에서 예로 든 (주)수현의 주식 4주를 1주로 병합한 결과는 다음과 같다.

(주)수현의 4:1 주식병합 후 자기자본구조

(단위 : 백만 원)

보통주 자본금(액면 20,000원, 발행주식 수 15만 주)	3,000
자본잉여금	1,000
이익잉여금	2,000
총자기자본	6,000

16.7 우리나라 기업의 배당성향

MM은 자본시장이 완전하다는 가정하에서 배당정책은 기업가치와 관계가 없다는 배당무관련이론을 주장하였다. 그러나 현실적으로 자본시장은 완전할 수 없기 때문에 세금, 거래비용, 대리비용, 그리고 정보의 비대칭성 등의 요인에 따라 배당은 기업가치에 영향을 주게 된다. 다음에서는 우리나라 기업들의 실제 배당정책이 어떠한지를 살펴본다. 아래의 〈표 16-3〉은 우리나라와 미국 그리고 일본의 제조업체들이 2015년부터 2019년까지의 기간 동안 순이익 중에서 배당금을 지급한 비율인 배당성향을 나타낸 것이다.

표 16-3 국가별 제조업체의 배당성향

(단위 : %)

	2015	2016	2017	2018	2019
한국	32.0	22.9	17.2	15.1	11.6
미국	54.5	51.2	52.6	48.6	53.4
일본	36.2	50.3	59.7	53.4	31.0

자료 : 한국은행, 「기업경영분석」, 2015~2019.

〈표 16-3〉에서 보면 우리나라 제조기업의 최근의 배당성향은 20%가 채 되지 않는다. 즉, 매년의 순이익 중 20%가 안 되는 금액을 배당으로 지급하고 있다. 이는 미국과 일본 제조기업의 배당성향에 비해 매우 낮은 수준이다. 이러한 현상의 이유로는 우리나라의 기업들이 그동안 높은 성장을 계속해 오는 과정에서 벌어들인 이익을 배당보다는 내부에 유보하여 미래의 투자자금으로 이용하는 경향이 높았음을 들 수 있다. 또 우리나라의 경우 배당에 대한 세율이 자본이득에 대한 세율보다 높아 주주들이 배당소득보다는 자본이득을 선호하는 경향이 있는 것도 한 원인이다.

〈표 16-4〉는 우리나라 기업들의 배당성향이 산업별로 어떤 차이가 있는지를 나타낸 것이다.

표 16-4 우리나라의 산업별 배당성향

(단위 : %)

	2015	2016	2017	2018	2019
전산업	14.85	11.53	12.77	10.88	8.65
제조업	32.05	22.94	17.20	15.13	11.68
식료품	13.19	12.35	23.58	11.92	7.74
전자부품, 컴퓨터, 영상, 음향 및 통신장비	24.95	14.17	20.47	22.98	15.54
어업	1.83	2.89	13.58	9.33	2.96
광업	3.11	9.55	5.06	2.41	2.64
전기 · 가스, 증기 및 공조	54.48	44.16	25.74	12.13	13.98
건설업	3.29	3.84	3.50	3.02	3.22
도매 및 소매업	6.92	5.56	8.79	5.05	4.63
운수 및 창고업	17.72	12.86	12.74	10.69	9.16
정보통신업	22.12	22.06	7.08	8.43	6.00
부동산 및 임대업	9.71	12.36	10.85	10.16	9.28
사업지원서비스업	8.60	7.94	6.95	7.38	7.10
예술, 스포츠 및 여가관련 서비스업	24.59	21.66	19.82	22.62	19.95

자료 : 한국은행, 「기업경영분석」, 2015~2019.

〈표 16-4〉를 보면 산업별로 배당성향에 큰 차이가 남을 알 수 있다. 전자부품, 전기 · 가스업, 여가관련서비스업은 배당성향이 상대적으로 높은 편이고, 어업, 광업, 건설업, 도·소매업, 부동산임대업 등은 배당성향이 상대적으로 낮은 편이다. 산업별로 배당성향이 다른 것은 산업별로 사업의 특성이 달라 투자에 필요한 자금의 규모가 다르고 또 산업별로 필요자금을 조달하는 방법에 차이가 있음을 의미한다. 즉, 기업들은 자본시장에서 필요자금을 조달할 수 있는 가능성에 따라 배당을 조정하여 투자에 필요한 자금수요를 충족시킨 것으로 생각할 수 있다.

중요용어

- 주주환원정책 payout policy
- 자사주매입 share repurchase
- 배당락일 ex-dividend date
- MM의 배당이론
- 배당락가격 ex-dividend price
- 배당포획이론 dividend capture theory
- 배당안정화 dividend smoothing
- 주식분할 stock split
- 현금배당 cash dividend
- 배당기준일 dividend record date
- 금고주 treasury stock
- 배당소득세율 dividend tax rate
- 고객효과 clientele effect
- 배당신호가설 dividend signaling hypothesis
- 주식배당 stock dividend
- 주식병합 reverse split

연 | 습 | 문 | 제

16-1 주주환원정책은 무엇이며 또 이것의 목표는 무엇인지 설명하라.

16-2 완전자본시장하에서 주주환원과 현금유보가 주주의 부에 미치는 영향을 설명하라.

16-3 세금이 존재하는 경우 배당에 관한 MM의 무관련이론은 어떻게 달라지는지를 설명하라.

16-4 완전자본시장에 현금배당과 자사주매입이 주주의 부에 미치는 영향을 비교 · 설명하라.

16-5 배당안정화(dividend smoothing)정책이 기업가치에 미치는 영향을 설명하라.

16-6 현금배당과 자사주매입의 정보효과에 대해 설명하라.

16-7 기업들이 주식배당을 하는 이유는 무엇인지 설명하라.

16-8 주식분할과 주식병합이 유리할 때는 언제인지 설명하라.

16-9 초원기업은 2021년 6월 30일자로 주주명부에 기록된 모든 주주에게 배당금을 지급한다고 공시하였다. 주식거래는 거래체결일을 포함하여 이로부터 3일째 되는 영업일에 결제가 일어난다. 투자자가 초원기업 주식을 새로이 매입하여 배당금을 받을 수 있는 날짜는 언제이며, 배당락일은 언제인지 답하라.

16-10 (주)월악은 다음 해의 순이익을 1억 5,000만 원으로 예상하고 있다. 이 기업의 부채비율은 40%이다. (주)월악은 현재 1억 2,000만 원의 가치가 있는 투자안에 투자할 것을 계획하고 있고 목표부채비율은 그대로 유지하고자 한다. 투자하고 남은 돈을 배당으로 지급한다고 할 때 (주)월악의 다음 해의 배당은 얼마인가?

16-11 두리기업은 1,600억 원의 잉여현금을 보유하고 있다. 이 기업은 현재 부채가 없으며, 2억 4천만 주의 주식을 발행하고 있고, 현재 주가는 2만 원이다. 두리기업의 이사회에서는 한 차례 배당을 통해 잉여현금을 배분하고자 한다.

① 완전시장에서 주식의 배당락주가를 구하여라.

② 만약 이사회가 배당지급 대신 자사주를 매입하기로 결정했다면 완전시장하에서 자사주매입 이후 주가는 어떻게 될 것인지 결정하라.

③ 완전시장하에서 ①과 ② 중 어떠한 정책이 투자자들에게 더 큰 이익을 가져다주는지 판단하라.

16-12 백두산업은 자기자본비용이 20%이다. 이 기업의 주식은 총 10만 주가 상장되어 있으며 주당 10,000원에 거래되고 있다. 이 기업은 올 연말에 주당 500원의 배당을 지급하려 하고 있다. MM의 배당이론에 기초하여 다음 물음에 답하라.

① 만약 연말에 배당지급이 없으면 주가는 얼마가 될 것인가?

② 만약 연말에 배당이 지급되면 주가는 얼마가 될 것인가?

③ 백두산업의 순이익이 1억 원이고 앞으로 2억 원의 신규투자를 계획하고 있다. 이 기간 동안 배당은 계획대로 지급된다면 신규로 발행할 주식 수는 얼마인가?

16-13 (주)요요는 연말에 1,000만 원의 잉여현금을 가지게 되었다. (주)요요의 경영자는 이 잉여현금을 연이율 5%의 국채에 투자할 것인가 아니면 회사의 주주들에게 현금배당을 지급할 것인가를 결정해야 한다. 그리고 만약 주주들에게 현금배당을 지급할 경우, 주주들은 배당금을 동일한 국채에 투자한다고 가정하라. 주주의 관점에서 두 경우 모두 동일한 수익을 가져다줄 개인소득세율은 얼마인지 계산하라. 단, 법인세율은 25%이다.

16-14 PM기업은 현재 기업가치가 3,000억 원이고 800억 원의 잉여현금을 보유하고 있다. 이 기업의 발행주식 수는 750만 주이고 부채는 없다고 한다. 만약 PM기업이 잉여현금으로 자사주를 매입하고자 한다면, 자사주매입 이후 PM기업의 기업가치는 1,500억 원이 되거나 4,500억 원이 된다고 할 때 다음 물음에 답하여라.

① 자사주매입 이전의 주가는 얼마인지 계산하라.

② 자사주 매입 이후 기업가치가 상승할 경우의 PM기업의 주가는 어떻게 되고, 하락할 경우의 주가는 어떻게 될지 설명하라.

③ 만약 PM기업의 경영진이 기업가치의 변동이 알려질 때까지 기다린 후에 자사주매입을 한다고 하자. 기업가치가 상승한 후와 하락한 후에 자사주를 매입한다면 각각의 경우 주가는 어떻게 변할지 계산하라.

④ PM기업의 경영진은 기업가치가 상승할 것이라고 예측한다. 질문 ②와 ③의 대답에 기초하여 경영진이 최종 주가를 최대한 높이기 위해 기업가치가 알려지기 전과 후 어느 시점에서 자사주매입을 해야 할 것인지 결정하라. 만약 기업가치의 하락을 예상하고 있다면 어떠한 결정을 내릴지도 결정하라.

⑤ 자사주매입의 공시가 주가에 어떠한 영향을 미치는지 ④의 답안에 기초하여 설명하라.

Financialmanagement

제 VI 편

파생상품, M&A, 글로벌기업의 재무관리

제 17 장

파생상품과 위험관리

이 장에서는 파생상품과 이를 이용한 위험관리문제를 살펴본다. 파생상품(derivatives)이란 기초자산(underlying asset)이라고 불리는 다른 자산의 미래가격에 따라서 그 수익형태가 결정되는 상품으로 선물과 옵션은 파생상품의 대표적인 예이다. 위험관리(risk management)란 기업의 경영활동에서 발생하는 불확실성의 원인을 파악하고 이에 따라 기업이 입을 수 있는 손해를 줄이거나 방지하는 활동을 말한다. 과거에는 기업의 위험관리는 주로 이미 보유하고 있는 자산의 손실에 대비하여 보험(insurance)에 가입하는 방법으로 이루어졌다. 그러나 최근에 들어서는 위험관리의 범위가 앞으로 발생할 경영활동의 불확실성에 대비하는 것으로 확대되었으며, 파생상품은 효과적인 위험관리수단으로 이용되고 있다.

생·각·의·전·당

기업의 경영활동에서 위험은 단순히 회피하기만 해야 할 대상이 아니다. 기업은 적정수준의 위험을 감수함으로써 새로운 기회를 만들어 낼 수 있다. 경영활동에서 발생하는 위험을 파악하고 적절히 관리하는 것은 현대기업의 경영자가 갖추어야 할 필수적인 덕목이다. 위험관리수단에는 어떤 것들이 있을까? 파생상품은 어떤 특성을 가지며, 파생상품은 어떤 점에서 효과적인 위험관리수단으로 이용되고 있을까?

17.1 파생상품과 위험관리의 이해

파생상품의 의의

파생상품(derivatives)이란 기초자산(underlying asset)이라고 불리는 다른 자산의 미래가격에 따라서 그 수익형태가 결정되는 상품, 즉 다른 자산을 기초로 하여 생겨난 금융상품을 말한다. 선물(futures)과 옵션(options)은 대표적인 파생상품이다.

파생상품이 거래되는 시장은 아주 빠르게 성장하고 있다. 예를 들어 미국의 시카고옵션거래소의 경우 1973년에 처음 개설되었을 때는 단지 16개 주식에 대한 옵션만이 거래되었으나 현재는 수천 개의 개별주식을 포함하여 다양한 주가지수, 상장지수펀드(ETF), 변동성지수(VIX) 등에 대한 옵션이 거래되고 있다. 또 1970년대 이후 미국에서부터 거래되기 시작한 금융자산에 대한 선물(통화선물, 금리선물, 주가지수선물 등)의 거래규모는 기초자산 거래규모의 수십 배에 이르고 있으며 세계 각국의 시장으로 그 거래가 확산되고 있다. 우리나라에서도 KOSPI 200을 거래대상으로 하는 주가지수선물과 주가지수옵션을 비롯하여 다양한 선물과 옵션이 활발하게 거래되고 있다.

현재 KOSPI 200 주가지수 옵션과 선물은 거래량 및 유동성에 있어서 글로벌

시장에서 주가지수를 기초로 하는 대표적인 파생상품으로 자리매김하고 있다.

위험관리

위험관리(risk management)란 기업의 경영활동에서 발생하는 불확실성의 원인을 파악하고 이로 인해 기업이 입을 수 있는 손해를 줄이거나 방지하는 활동을 말한다. 구체적으로 위험(risk)이란 기업활동에서 나타나는 미래현금흐름의 불확실성으로 나타낼 수 있다. 따라서 위험관리란 적절한 수단과 방법을 이용하여 미래현금흐름의 불확실성을 없애거나 통제하는 활동이다. 선물과 옵션은 위험관리수단으로 이용되는 대표적인 파생상품이며, 헤징은 대표적인 위험관리기법이다.

예를 들어 밀농사를 짓고 있는 농부와 밀을 원료로 사용하는 제분업자를 생각해 보자. 밀의 시장가격은 그해 밀의 작황에 따라서 변동한다. 그러므로 농부 입장에서는 수확한 밀을 팔아 얻는 수입이 얼마가 될지 불확실하며, 제분업자의 경우는 원료인 밀을 사는 데에 얼마만큼의 현금지출이 발생할지 불확실하다.

농부와 제분업자가 부담하는 이러한 미래현금흐름의 불확실성, 즉 위험은 두 당사자가 밀의 수확 전에 미리 특정한 계약을 맺음으로써 없앨 수 있다. 예를 들어 농부와 제분업자가 1년 뒤에 밀을 톤(ton)당 $230의 가격으로 거래하기로 하는 계약을 오늘 맺었다고 하자. 이러한 계약을 선도(forward) 또는 선도거래(forward transaction)라 한다. 앞으로 배울 선물(futures)은 선도거래의 특수한 형태이다.

선도거래를 이용하면 두 당사자는 1년 뒤 밀의 시장가격의 변동에 관계없이 밀을 톤당 $230의 가격으로 거래할 수 있다. 농부는 1년 뒤 밀의 시장가격의 변동과 관계없이 톤당 $230에 팔 수 있으며, 제분업자는 톤당 $230에 밀을 살 수 있다. 즉, 선도거래를 이용함으로써 미래의 불확실성을 없앨 수 있다.

이러한 거래를 하면 농부는 앞으로 밀의 가격이 어떻게 변동할지에 신경을 쓸 필요없이 좋은 밀을 생산하는 데에만 노력을 기울일 수 있으며, 제분업자는 원재료 구입가격의 변동에 관계없이 밀을 가공하는 데에만 노력을 기울이게 되어 경영의 효율성을 높일 수 있다.

위의 예에서는 농부와 제분업자 두 당사자가 직접 거래계약을 맺는 것을 살펴보았다. 그러나 실제 두 당사자가 직접 만나서 거래하는 것은 매우 불편하다. 따라서 이러한 거래가 원활히 이루어지도록 중개해 주는 중개인이 필요하게 된다. 미국의 시카고상업거래소(Chicago Mercantile Exchange : CME)나 우리나라의 한국거래소 등에서 활동하는 중개회사들이 이러한 역할을 해 준다.

17.2 옵션

이 절에서는 옵션의 기초개념을 먼저 설명하고 옵션의 가치에 대하여 살펴본다. 그리고 옵션의 가격을 결정하는 요인들은 어떤 것인지 알아보고 옵션가격을 결정하는 이론으로서 블랙-숄즈 모형을 살펴본다. 옵션에는 거래대상인 기초자산이 무엇인가에 따라 다양한 종류가 있으나 여기에서는 주식에 대한 옵션을 기준으로 설명한다.

옵션의 기초개념과 기능

옵션의 기초개념

옵션(options)이란 미리 정해진 가격으로 정해진 기간 동안에 특정 자산을 사거나 팔 수 있는 권리가 부여된 증권이다. 예를 들어 한국전력의 주식에 대한 옵션이 있다고 생각해 보자. 이 옵션의 소유자는 앞으로 6개월 이내에 한국전력의 주식 1주를 30,000원에 살 수 있는 권리가 있다고 하자. 이 옵션에는 거래할 수 있는 주식(한국전력 주식), 거래가 가능한 기간(6개월), 거래할 수 있는 가격(30,000원)이 포함되어 있다. 옵션은 거래해야 할 의무가 아니라 거래할 수 있는 권리이기 때문에 옵션소유자는 언제든지 그 권리를 포기할 수 있다.

이 옵션의 정의를 토대로 옵션과 관련된 기초개념들을 알아보자.

첫째, 옵션은 이미 존재하는 자산의 가격에 따라 가치가 변하는 조건부 청구권(contingent claims)이다. 이때 옵션의 근간이 되는 자산을 기초자산(underlying asset)이라고 부른다. 앞의 예에서 기초자산은 한국전력의 주식이다.

둘째, 자산을 팔고 사는 것과 같이, 옵션도 기초자산을 살 수 있는 권리와 팔 수 있는 권리로 구분할 수 있다. 기초자산을 정해진 기간에 정해진 가격으로 살 수 있는 권리가 주어진 증권을 콜옵션(call option), 팔 수 있는 권리가 주어진 증권을 풋옵션(put option)이라 한다. 앞의 예에서 옵션소유자는 한국전력의 주식을 살 권리가 있으므로 콜옵션을 소유하고 있는 것이다.

셋째, 옵션에서 기초자산을 거래할 수 있도록 미리 정해진 기간을 옵션의 만기(maturity)라 한다. 옵션은 만기와 관련하여 미국식 옵션과 유럽식 옵션으로 분류할 수 있다. 미국식 옵션(American option)은 미리 정해진 기간 내에는 언제라도 권리를 행사할 수 있는 옵션을 말하고, 유럽식 옵션(European option)은 미리 정해진 만기일 단 하루에만 권리를 행사할 수 있는 옵션을 말한다. 앞의 예에서 한국전력의 주식에 대한 옵션은 앞으로 6개월 이내에 언제나 주식을 살 수 있는 권리이므로 미국식 옵션이다.

넷째, 옵션거래에서는 기초자산을 사거나 파는 가격이 미리 정해져 있으며, 이 가격을 옵션의 행사가격(exercise price *or* strike price)이라 한다. 한국전력의 예에서 행사가격은 30,000원이다.

다섯째, 기초자산의 현재가격과 옵션의 행사가격을 비교하여 옵션은 세 가지로 분류된다. 주식을 기초자산으로 하는 콜옵션의 경우를 예로 들어보자. 콜옵션은 특정 주식을 살 수 있는 권리인데 행사가격은 고정되어 있다. 따라서 주식의 시장가격이 높을수록 콜옵션의 소유자는 유리하다. 이와 같이 현재주가가 행사가격보다 높아 옵션을 행사하는 것이 유리한 상태에 있는 옵션을 내가격(in-the-money) 옵션이라 한다. 또 현재주가가 행사가격보다 낮아서 오히려 옵션을 행사하는 것이 불리한 경우, 이러한 상태의 옵션을 외가격(out of-the-money)옵션이라 한다. 현재주가와 행사가격이 같을 때는 등가격(at-the-money)옵션이라 한다. 한편 풋옵션의 경우에는 현재주가와 행사가격의 상태가 반대가 될 것이다. 한국전력 주식의 현재가격이 40,000원이라면 앞서 예로 든 옵션은 내가격콜옵션이다.

옵션의 기능

옵션의 기능은 옵션을 배워 나가면서 차차 이해할 수 있을 것이다. 그러나 여기서 먼저 옵션의 기능을 간단하게 요약하여 설명하여 보자.

옵션의 기능은 다음 세 가지로 요약된다.

① 레버리지(leverage)기능

② 보험(insurnace) 또는 헤지(hedge) 기능

③ 신금융상품 창조기능

레버리지기능은 주식이나 채권 투자에 비하여 적은 금액을 투자하여 큰 효과를 볼 수 있는 기능을 말한다. 한국전력의 현재 주식가격이 30,000원이고, 이 주식을 3개월 이내에 30,000원의 가격으로 살 수 있는 콜옵션의 가격이 1,000원이라 하자. 이때 주가가 오르면 주식소유자에게나 콜옵션에 투자한 사람에게 똑같이 주가상승분만큼의 투자이익이 발생한다. 그러나 옵션을 산 투자자는 한국전력의 주식을 산 투자자에 비해 훨씬 적은 자금을 투자했다. 따라서 옵션에 투자할 때는 기초자산에 투자할 때보다 투자금액에 비하여 이익이나 손실의 폭이 매우 커진다.

옵션의 보험기능을 예를 통해 살펴보자. 어떤 사람이 5억 원짜리 주택을 소유하고 있다고 하자. 그런데 화재가 발생하여 이 주택이 전소하면 주택소유주는 5억 원의 재산손실을 입게 된다. 그렇지만 주택소유주가 화재보험에 가입하였다면 보험회사가 보험금을 지불할 것이므로 재산피해를 막을 수 있다. 한편, 어떤 투자자가 주당 30,000원에 거래되는 한국전력 주식 10,000주를 보유하고 있다고 하자. 만일 회사가 도산하면 주가는 0이 되어 투자자는 3억 원의 재산손실을 입게 된다. 이 경우 투자자가 한국전력 주식을 주당 30,000원에 팔 수 있는 풋옵션 10,000단위를 가지고 있다면, 회사가 도산하더라도 풋옵션을 행사하여 재산피해를 막을 수 있다. 이상의 두 예에서 보면 풋옵션은 화재보험증서와 똑같은 역할을 하여 자산의 가치하락에 따른 손실을 막아준다.[1] 따라서 풋옵션매입자는 화재보험 가입자에, 풋옵션매도자는 화재보험을 파는 화재보험회사에 비유될 수 있다. 보험회사가 보험료를 받고 보험가입자의 위험을 떠맡듯이, 옵션매도자는 옵션프리미엄(옵션가격)을 받고 옵션매입자의 위험을 떠맡는다. 이러한 의미에서 옵션거

1) 이와는 반대로 콜옵션은 미래에 자산을 구매하고자 하는 사람에게 있어서 자산가격의 상승으로부터 입는 손실을 막아주는 역할을 한다.

래는 위험이전거래라고 할 수 있다.

또한 옵션과 기초자산 또는 옵션들 간의 다양한 결합으로 투자자가 원하는 새로운 금융상품을 만들 수 있다. 기초자산의 가격이 오르면 이익을 볼 수 있는 것은 물론, 오히려 기초자산의 가격이 내리면 이익을 볼 수 있는 결합, 기초자산의 가격이 작은 폭으로 변화할 때 이익을 볼 수 있는 결합, 큰 폭으로 변화할 때 이익을 볼 수 있는 결합 등 현재 존재하는 금융상품으로는 기대할 수 없는 투자성과 형태를 가져다주는 수많은 새로운 상품을 만들 수 있다. 새로운 금융상품을 개발하는 데는 옵션이론을 많이 이용하는데 이를 금융공학(financial engineering)이라 하여 학계나 실무계에서 다양한 연구가 이루어지고 있다.

주가지수옵션

지금까지 주식을 기초자산으로 하는 주식옵션을 중심으로 옵션의 기초개념과 기능을 살펴보았다. 옵션은 기초자산이 무엇이냐에 따라 다양한 형태가 거래되고 있다. 채권이나 예금상품 등을 기초자산으로 하는 금리옵션(interest rate options), 외국의 통화를 기초자산으로 하는 통화옵션(currency options) 등이 그것들이다. 1980년대 이후 주가지수옵션이 활발히 거래되고 있다. 주가지수옵션(stock index options)은 개별주식을 기초자산으로 하는 것이 아니라 주가지수를 기초자산으로 하는 옵션이다. 미국시장의 경우 S&P 500 지수, 다우존스산업평균지수 등을 거래대상으로 하는 주가지수옵션이, 일본의 경우에는 Nikkei 225 지수를 거래대상으로 하는 옵션이 대표적이다. 우리나라에도 1997년 7월부터 한국주가지수 200(일명 KOSPI 200)을 거래대상으로 하는 주가지수옵션이 거래되고 있다.

주가지수옵션은 주식옵션과 달리 현물이 존재하지 않는다. 즉, 기초자산인 주가지수가 주식과는 달리 실물이 없는 추상적인 상품이므로, 만기일에 콜옵션소유자가 주가지수를 사거나 풋옵션소유자가 주가지수를 팔 수가 없다. 따라서 주가지수옵션이 행사될 때에는 주가지수의 시장가격과 행사가격의 차이만큼을 현금결제함으로써 거래가 청산된다.

한국주식시장에서 거래되고 있는 주가지수옵션은 KOSPI 200을 기초자산으로 하며 주가지수에 일정금액을 곱하여 인위적으로 가치를 부여하고 있다. 즉, 옵션 1계약의 거래금액은 KOSPI 200의 만기에 따른 옵션가격에 250,000원을 곱한 금액이다. 예를 들어서 옵션가격이 5포인트라면 1계약의 거래금액은 1,250,000원(=5×250,000원)이다. 거래되는 옵션의 유형은 유럽식 콜옵션과 풋옵션이며, 특정 시점에서 거래되는 KOSPI 200 옵션의 결제월(만기)은 3, 6, 9, 12의 분기월 상품과 비분기월 상품 등 다양하며, 최대 만기는 3년이다.[2)]

옵션의 가치

옵션은 얼마만큼의 가치를 가질까? 옵션의 가치를 알아보기 위해 주식 1주를 기초자산으로 하며 만기일에만 권리를 행사할 수 있는 유럽식 옵션을 기준으로 설명해 보자.

콜옵션의 가치

콜옵션은 옵션소유자가 미리 정해진 날짜에 정해진 가격으로 특정 주식을 살 수 있는 권리이다. 옵션소유자는 자기에게 유리한 경우에만 옵션을 행사하고 불리한 경우에는 옵션을 행사하지 않는다. 여기서는 만기일에 콜옵션가치가 기초주식의 가격변화에 따라 어떻게 결정되는지를 살펴보도록 하자.

콜옵션은 행사가격으로 주식을 살 수 있는 권리이므로 만기일에 주식의 가격이 높을수록 옵션소유자에게 유리하다. 왜냐하면 만기일에 주식의 가격이 행사가격보다 높을 경우 옵션소유자는 시장에서 거래되는 주식을 현재가격 대신 미리 정해진 싼 행사가격으로 살 수 있기 때문이다. 반대로 행사가격에 비하여 시장가격이 낮을 경우 옵션소유자는 권리를 행사하지 않게 되며 옵션의 가치는 0이 된다. 왜냐하면 주식을 행사가격으로 사는 것보다 시장에서 더 싼 값으로 살 수 있어 옵션을 행사하는 것이 오히려 불리해지므로 옵션의 권리를 포기하기 때문이다. 만기일에 주식의 시장가치를 S_T, 행사가격을 X라고 하면, 만기시점에서 콜옵션의 가치 C_T는 다음 식으로 나타낼 수 있다.

$$C_T = \text{Max}[0,\ (S_T - X)] \tag{17·1}$$

2) KOSPI 200을 기초자산으로 하는 KOSPI 200 위클리옵션(최장 만기가 1주)도 거래되고 있으며, KOSPI 200 미니선물에 대한 옵션도 거래되고 있다. 자세한 것은 한국거래소(www.krx.co.kr) 참조.

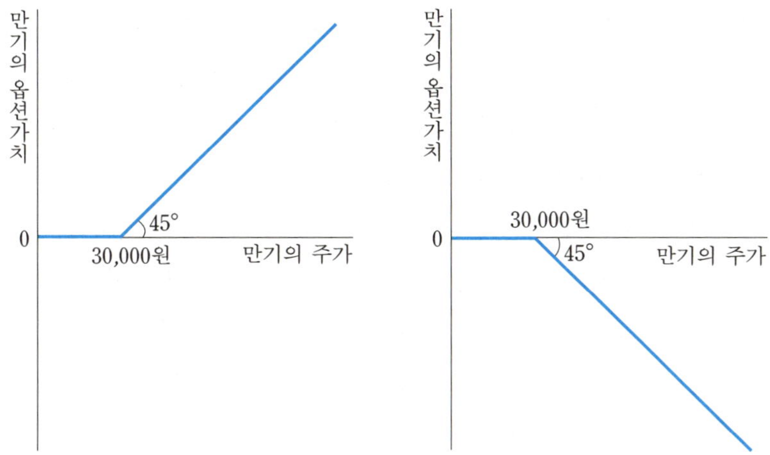

그림 17-1 만기일의 콜옵션의 가치

표 17-1 만기일의 주가변화에 따른 콜옵션가치

(단위 : 원)

한국전력 주가(S_T)	콜옵션가치(C_T)
0	0
10,000	0
20,000	0
30,000	0
40,000	10,000
50,000	20,000
60,000	30,000

즉, 만기일의 주가가 행사가격보다 높으면 이 콜옵션의 가치는 $(S_T - X)$가 되고, 만기일의 주가가 행사가격보다 낮으면 이 콜옵션의 가치는 0이 된다. 예를 들어 한국전력 주식에 대한 콜옵션이 있고, 이 옵션의 행사가격은 30,000원이라고 하자. 만기일에 한국전력의 주가에 따라 콜옵션의 가치는 어떻게 달라질까?

〈표 17-1〉은 만기일의 주식가격에 따라 달라지는 콜옵션가치의 변화를 보여주고 있다. 만기일에 한국전력의 주식가격이 30,000원 이하이면 [주식가격-행사가

격]이 음(-)의 값을 갖게 된다. 이 경우 콜옵션소유자는 옵션을 행사하지 않을 것이므로 콜옵션의 가치는 0이 된다. 반면에 한국전력의 주가가 30,000원 이상이면 옵션을 행사하는 것이 유리하며 [주식가격-행사가격]이 콜옵션소유자가 갖는 이득이 된다. 이것을 그림으로 표시하면 앞의 [그림 17-1]의 (a)와 같다.

옵션시장에서 옵션의 거래는 사고파는 당사자들 간의 거래이다. 위에서 예로 든 한국전력의 경우 한국전력의 주식에 대한 옵션은 한국전력에서 발행하는 것이 아니라 옵션시장에 참가하고 있는 거래자들이 서로 사고파는 것이다. 따라서 콜옵션을 산 사람이 있으면 반드시 동일한 수의 옵션을 판 사람도 있다.[3)]

콜옵션을 판 사람은 만기에 옵션소유자가 이를 행사하면 행사가격을 받고 주식을 팔아야만 한다. 만기에 한국전력의 주식가격이 30,000원 이하이면 콜옵션소유자가 이를 행사하지 않을 것이므로 콜옵션판매자의 이득은 0이다. 반면에 주식가격이 30,000원 이상이면 콜옵션소유자는 옵션을 행사할 것이며, 콜옵션판매자는 [주식가격-행사가격]만큼 손해를 보게 된다. 따라서 콜옵션을 판 사람의 만기일의 이득형태는 콜옵션을 산 사람의 경우와 반대가 된다. 이를 그림으로 표시하면 [그림 17-1]의 (b)와 같다.

풋옵션의 가치

풋옵션은 옵션소유자가 미리 정해진 날짜에 정해진 가격으로 특정 주식을 팔 수 있는 권리이다. 따라서 풋옵션소유자는 주식가격이 낮을수록 유리하다. 왜냐하면 시장에서 싸게 거래되는 주식을 풋옵션의 행사를 통해 비싸게 팔 수 있기 때문이다. 반면에 만기일에 주식가격이 행사가격보다 높다면 풋옵션소유자는 옵션을 행사하지 않을 것이며 이때 옵션가치는 0이 된다. 왜냐하면 옵션을 행사하여 행사가격으로 주식을 파는 것보다 시장에서 비싼 가격으로 파는 것이 유리하므로 팔 권리를 포기하기 때문이다. 따라서 만기시점에서 풋옵션의 가치 P_T는 다음 식으로 나타낼 수 있다.

---

3) 옵션을 매수함으로써 권리를 행사할 수 있는 자격이 부여된 상황을 'long position'이라 하며, 반대로 옵션을 매도함으로써 옵션소유자가 옵션을 행사할 때 이에 응할 의무를 가지고 있는 상황을 'short position'이라 한다.

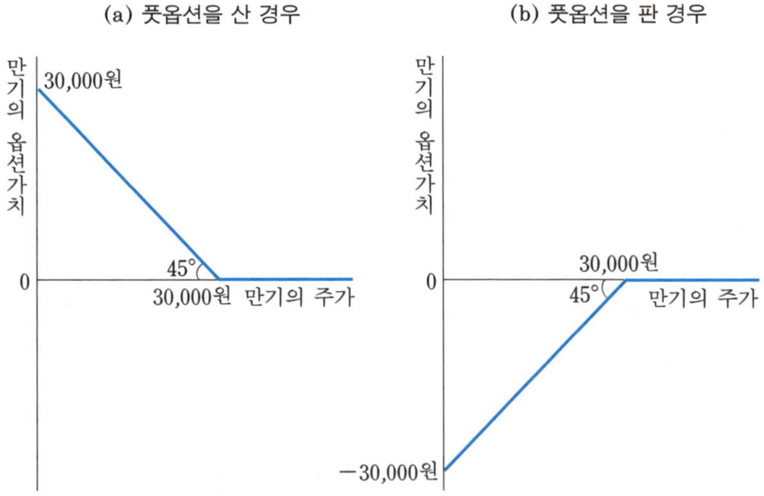

그림 17-2 만기일의 풋옵션의 가치

표 17-2 **만기일의 주가변화에 따른 풋옵션가치**

(단위 : 원)

한국전력 주가(S_T)	풋옵션가치(P_T)
0	30,000
10,000	20,000
20,000	10,000
30,000	0
40,000	0
50,000	0
60,000	0

$$P_T = \text{Max}[0, \quad (X - S_T)] \tag{17·2}$$

즉, 만기일의 주가가 행사가격보다 낮으면 이 풋옵션의 가치는 $(X - S_T)$가 되고, 만기일의 주가가 행사가격보다 높으면 이 풋옵션의 가치는 0이 된다.

예를 들어 한국전력의 주식에 대한 풋옵션이 있다고 하자. 이 풋옵션의 행사가격은 30,000원이다. 이때 만기일에 한국전력 주식가격이 변화하면 풋옵션의 가치는 〈표 17-2〉와 같이 변화한다.

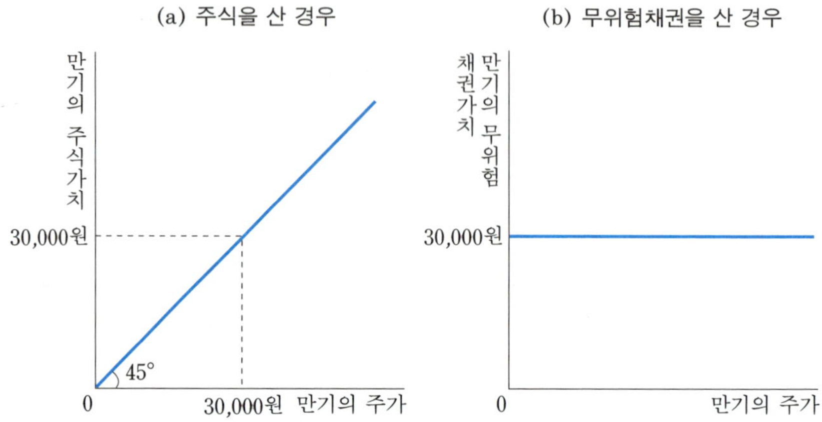

그림 17-3 주식과 무위험채권의 가치

이것을 그림으로 나타내면 앞의 [그림 17-2]의 (a)와 같다. 콜옵션과 마찬가지로 풋옵션에서도 이것을 파는 사람이 있고, 풋옵션판매자는 풋옵션소유자와는 반대의 이득형태를 보일 것이다. 이것이 [그림 17-2]의 (b)이다.

주식과 무위험채권의 가치

옵션을 다른 금융상품, 특히 채권이나 주식과 결합하면 새로운 금융상품을 만들 수 있다는 것은 앞에서 언급하였다. 이와 같은 현상을 이해하기 위해서는 주식과 채권의 가치가 주가변화에 따라 어떻게 변화하는가를 알아야 한다. 이를 [그림 17-3]에 나타내었다. 옵션과 다른 금융상품이 결합될 때 나타나는 현상은 뒤에서 설명한다.

[그림 17-3]의 (a)는 주가변화에 따라 주식 1주의 가치가 어떻게 변화하는지를 나타낸 것으로서, 주식가격이 오를수록 같은 금액만큼 주식의 가치는 커지게 된다. [그림 17-3]의 (b)는 무위험순수할인채권의 만기가치를 나타낸 것으로서 주가변화와는 관계없이 항상 일정하므로 직선으로 나타난다. 채권의 액면가가 30,000원이고 다른 조건이 같다면 이 채권의 만기의 가치는 주가변화에 무관하게 30,000원으로 일정하다.

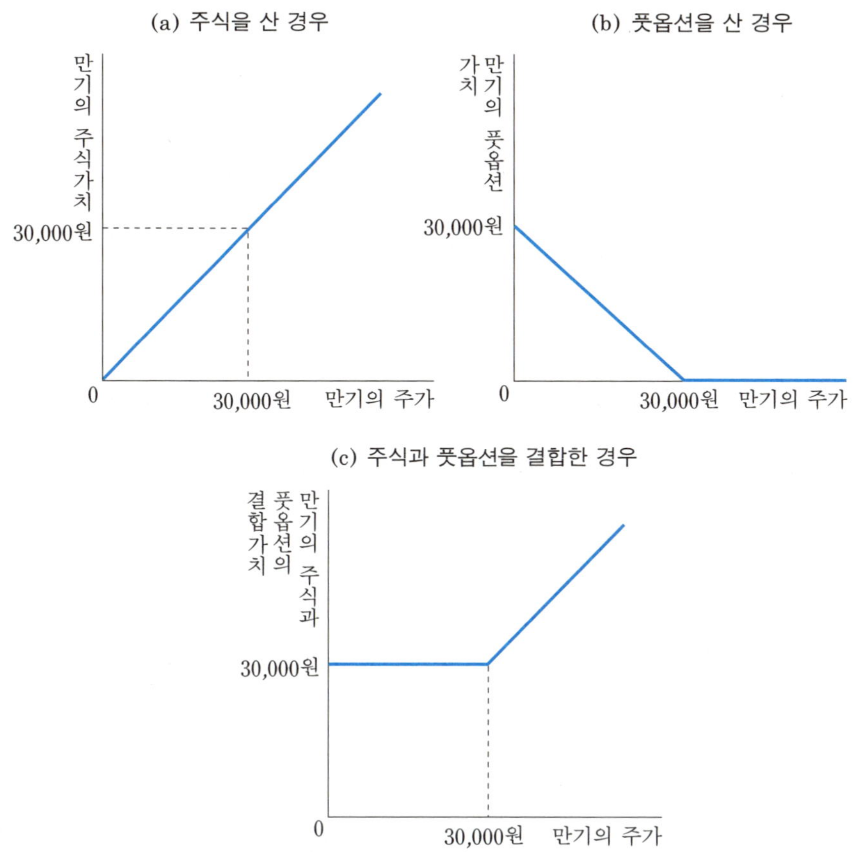

그림 17-4 주식과 풋옵션을 결합할 때 만기의 수익형태

■ 옵션 · 주식 · 무위험채권의 결합과 풋-콜 등가식

앞에서 설명한 콜옵션, 풋옵션, 주식, 그리고 무위험순수할인채권을 이용하여 보다 다양한 형태의 금융상품을 만들어 낼 수 있다. 우선 주식과 그 주식에 대한 풋옵션을 결합했을 때의 수익형태를 알아보자. 다음의 [그림 17-4]는 주식을 한 개 사고 동시에 풋옵션을 한 개 샀을 때의 만기일의 수익형태를 나타낸다.

앞에서 예로 들었던 한국전력의 주식을 기초자산으로 하여 [그림 17-4]를 그렸다. 옵션의 행사가격은 30,000원이다. 만기에 한국전력 주가가 떨어져 행사가격보다 낮아지면 이때 주가하락에 따른 손실은 풋옵션을 행사하여 보전할 수 있다.

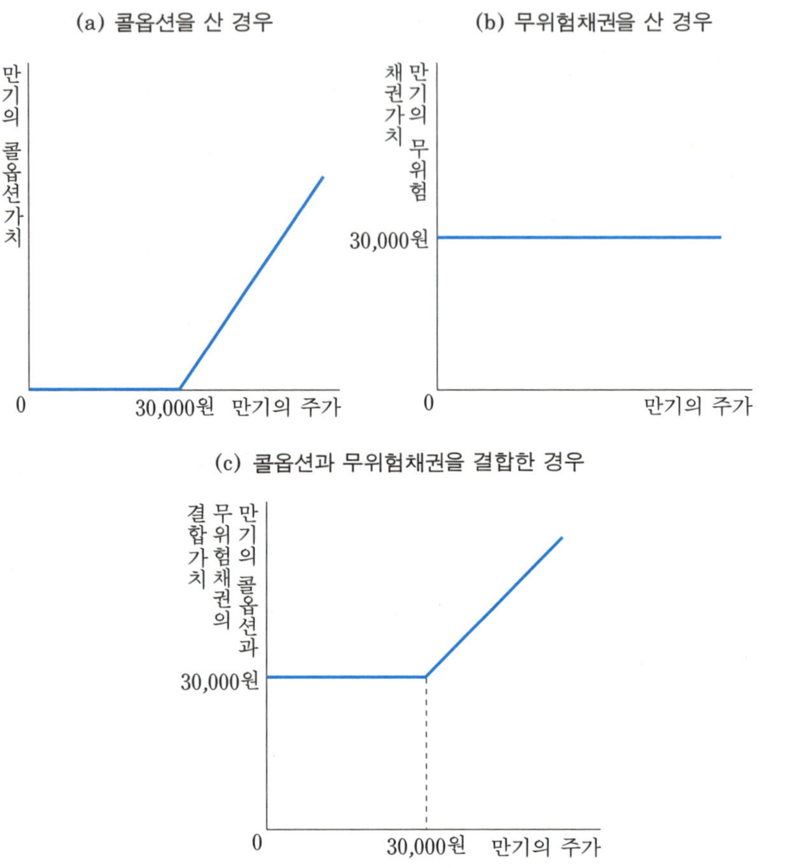

그림 17-5 콜옵션과 무위험채권을 결합할 때 만기의 수익형태

따라서 주가가 30,000원 이하로 떨어지더라도 주식과 풋옵션의 결합가치는 항상 30,000원이 된다. 반면에 주가가 행사가격보다 높게 되면 주식소유로부터 이익이 생기지만, 풋옵션의 가치는 0이 될 것이다. 따라서 이때의 풋옵션과 주식의 결합가치는 주식의 가치와 같게 된다. 이것이 앞의 [그림 17-4]에서 (c)이다. 주식과 풋옵션을 결합하여 [그림 17-4]의 (c)와 같은 성과를 얻는 전략을 방어풋(protective put) 전략이라고 부른다.

[그림 17-4]의 (c)를 보면 이것은 [그림 17-1]에서 보여준 콜옵션의 가치와 비슷함을 알 수 있다. 다만 전체적으로 수익형태가 위쪽으로 행사가격인 30,000원

만큼 이동하였다. 즉, [그림 17-4]의 (c)는 콜옵션을 한 개 사고 동시에 옵션의 행사가격과 같은 액면가를 갖는 무위험순수할인채권을 한 개 산 경우와 같은 모양을 나타낸다고 할 수 있다. 이를 설명한 것이 앞의 [그림 17-5]이며, 이러한 전략을 수탁콜(fiduciary call) 전략이라고 부른다.

앞에서 설명한 옵션, 주식, 그리고 무위험순수할인채권의 관계로부터 다음과 같은 사실을 알 수 있다. 주식과 풋옵션을 한 개씩 사서 만든 포트폴리오는 액면가가 옵션의 행사가격과 같은 무위순수험할인채권과, 같은 주식에 대하여 같은 행사가격을 갖는 콜옵션을 한 개씩 사서 만든 포트폴리오와 똑같은 수익형태를 가진다. 그러므로 이 경우 주식의 가격을 S, 풋옵션의 가격을 P, 무위험순수할인채권의 가격을 B, 그리고 콜옵션의 가격을 C라고 하면, 다음의 관계식이 성립해야 한다.

$$S + P = B + C \tag{17·3}$$

위의 관계식이 항상 성립하는지를 〈표 17-3〉에서 살펴보자.

〈표 17-3〉을 보면 포트폴리오 1(주식+풋옵션)과 포트폴리오 2(무위험순수할인채권+콜옵션)는 만기에 주식가격이 얼마가 되는지에 관계없이 항상 똑같은 수익형태를 가진다. 주가가 행사가격보다 낮을 때는 두 포트폴리오의 성과가 모두 X가 되며, 주가가 행사가격보다 높을 때는 모두 S_T가 된다. 그러므로 시장이 효율적이어서 차익거래(arbitrage) 기회가 존재하지 않기 위해서는 두 포트폴리오의 투자금액 $S+P$와 $B+C$는 같아야 한다.

식 17·3의 관계를 풋-콜 등가식(put-call parity)이라 부르며, 주식과 무위험순수할인채권, 그리고 옵션 간의 관계를 나타내는 가장 기본적인 식이다.

표 17-3 두 포트폴리오(방어풋과 수탁콜)의 만기일의 수익

		투자금액	주가하락 시($S_T \leq X$)	주가상승 시($S_T \geq X$)
포트폴리오 1 (방어풋)	주식매입	S	S_T	S_T
	풋옵션매입	P	$X-S_T$	0
	합 계	$S+P$	X	S_T
포트폴리오 2 (수탁콜)	무위험채권매입	B	X	X
	콜옵션매입	C	0	S_T-X
	합 계	$B+C$	X	S_T

식 17·3에서 보면 포트폴리오를 구성하는 기본단위는 주식, 무위험순수할인채권, 콜옵션, 풋옵션이 된다. 이때 각각의 구성단위와 똑같은 수익형태를 갖는 포트폴리오를 다른 세 개의 구성단위를 결합하여 만들 수 있다.

예를 들어 주식 S와 똑같은 수익형태를 가져오는 포트폴리오를 만들고 싶다면 식 17·3에서 P를 오른쪽으로 이항하여 다음 식을 만들면 된다. 여기에서 (−)는 파는 것을, 그리고 (+)는 사는 것을 나타내게 된다.

$$S = B + C - P \qquad (17\cdot3)'$$

식 17·3′는 무위험순수할인채권과 콜옵션을 한 개씩 사고 풋옵션을 한 개 파는 포트폴리오를 구성하면, 주식을 한 개 산 것과 똑같은 수익형태를 갖는다는 것을 의미한다. 무위험순수할인채권과 콜옵션을 한 개씩 사고 풋옵션을 하나 판 경우, 각각의 수익형태를 더해 주면 주식의 수익형태와 같다는 것을 확인할 수 있을 것이다. 무위험순수할인채권, 콜옵션과 풋옵션의 경우에도 이와 같은 방법으로 각각의 개별단위와 같은 수익형태를 가져오는 포트폴리오를 다른 세 가지를 이용하여 구성할 수 있다.

식 17·3을 이용하여 무위험포트폴리오를 구성하여 보자. 무위험포트폴리오란 미래의 주가변동에 관계없이 항상 일정한 수익을 가져오는 포트폴리오를 말한다. 식 17·3에서 콜옵션을 왼쪽으로 이항하면 다음 식을 얻을 수 있다.

$$S + P - C = B \qquad (17\cdot3)''$$

식 17·3″에서 주식을 한 개 사고, 그 주식에 대한 풋옵션을 한 개 사고, 콜옵션

표 17-4 무위험포트폴리오의 수익형태

	현재의 가치	만기의 가치	
	투자금액	주가하락 시($S_T \le X$)	주가상승 시($S_T \ge X$)
주 식 매 입	S	S_T	S_T
풋옵션매입	P	$X-S_T$	0
콜옵션매도	$-C$	0	$-(S_T-X)$
무위험포트폴리오의 가치	$S+P-C$	X	X

을 한 개 팔면 무위험순수할인채권 B와 수익형태가 똑같음을 확인할 수 있다. 단, 이때 주식에 대한 풋옵션과 콜옵션은 같은 행사가격과 같은 만기를 갖는 것이어야 하며, 무위험순수할인채권의 액면금액은 옵션의 행사가격과 같아야 한다.

식 17·3″에서 구성한 무위험포트폴리오의 만기에서의 수익형태를 보면 앞의 〈표 17-4〉와 같다. 〈표 17-4〉에서 보는 것과 같이 만기일에 주식가격이 떨어져 행사가격보다 낮으면, 풋옵션은 $(X-S_T)$만큼 가치가 있고 콜옵션은 가치가 없다. 이때 주식가격 S_T와 풋옵션가치 $(X-S_T)$가 서로 상쇄되어 X만 남게 된다. 주식가격이 상승하여 행사가격보다 높으면, 풋옵션은 가치가 없고 콜옵션은 (S_T-X)만큼 가치가 있다. 주식가격은 S_T이고 콜옵션을 팔았으므로 (S_T-X)만큼 손해가 생긴다. 이때에도 S_T가 서로 상쇄되어 X만 남게 된다. 따라서 주식과 풋옵션을 사고 콜옵션을 팔아 구성한 무위험포트폴리오의 만기일의 가치는 주가변화에 관계없이 항상 행사가격 X가 된다. 따라서 무위험포트폴리오의 구성원가, 즉 현재투자금액 $(S+P-C)$는 만기일의 수익 X를 무위험이자율 r_f로 할인한 현재가치 $\frac{X}{(1+r_f)^T}$와 같으며 이는 바로 무위험순수할인채권의 현재가격 B이다.

옵션가격의 결정요인

옵션가격을 정확히 계산한다는 것은 매우 어렵다. 그러나 옵션의 가격은 다음과 같은 다섯 가지 요인에 의하여 영향을 받는 것으로 알려져 있다.

옵션의 계약조건

① 옵션의 행사가격(X)

② 만기까지의 기간(T)

기초자산과 시장의 특성

③ 현재의 주식가격(S)

④ 주가변동성(σ^2)

⑤ 무위험이자율(r_f)

이 다섯 요인들이 어떻게 옵션가격에 영향을 미치는가를 콜옵션을 중심으로 설명하여 보자.

옵션의 가격결정요인들은 옵션계약조건에 포함되는 내용과, 옵션계약과 관계없는 자본시장과 기초자산의 특성과 관계되는 두 종류로 구분할 수 있다.

첫 번째 종류의 요인은 행사가격과 만기로 이것들은 옵션계약조건으로부터 결정된다.

행사가격은 미래에 옵션을 행사할 때 주식을 구입하는 대가로 지불하게 되는 금액을 말한다. 다른 조건들이 모두 같을 때 행사가격이 높으면 콜옵션의 가격은 낮다. 콜옵션소유자는 주식가격이 행사가격보다 클 때에만 콜옵션을 행사하게 되는데, 행사가격이 높으면 높을수록 미래에 주식가격이 행사가격보다 커질 확률이 낮아진다. 또 콜옵션소유자는 콜옵션을 행사하여 [주가-행사가격]만큼의 이득을 얻는다. 따라서 행사가격이 높을수록 옵션행사 시 얻는 이득이 작아지며 콜옵션 가격은 낮게 된다.

만기는 옵션의 권리가 소멸되는 시점까지의 기간이다. 만기가 길면 길수록 옵션행사 시 지불해야 할 행사가격의 현재가치가 작아지므로 콜옵션의 가격은 커지게 된다. 또한 만기가 길수록 주식가격이 변할 수 있는 시간여유가 많기 때문에 콜옵션의 가치는 커진다. 왜냐하면 주가변동이 클수록 주식가격이 행사가격보다 클 가능성이 높아지기 때문이다.[4)]

두 번째 종류의 요인은 주식가격, 주식가격의 변동성, 그리고 무위험이자율로 이것들은 기초자산과 시장의 특성에 의하여 결정된다.

주식가격이 높을수록 콜옵션의 가격은 높다. 콜옵션소유자가 콜옵션을 행사하면 [주가-행사가격]만큼의 이득이 생긴다. 따라서 주식가격이 높으면 높을수록 콜옵션행사로 인한 이득은 증가하게 되며 콜옵션의 가격도 높아진다.

주가변동성은 주식의 위험의 크기를 나타낸다. 주가변동성이 크면 옵션의 가격도 높다. 주가변동성이 크다는 것은 주식가격이 크게 하락하거나 크게 상승할 가능성이 큼을 나타낸다. 콜옵션소유자는 주식가격 하락 시에는 옵션을 행사하지

---

4) 배당이 없는 유럽식 옵션과 미국식 옵션은 만기가 길수록 옵션가치가 항상 크게 되나, 배당이 있는 경우의 유럽식 옵션은 반드시 그렇지는 않다. 만기 이전에 예상되는 배당을 포함한 주가가 크게 올라 그 시점에 행사하면 큰 이득을 얻을 수 있으나, 유럽식 옵션은 만기 이전에는 행사할 수 없으므로 만기 전에 현금배당이 지급되는 경우 만기가 길다는 것이 오히려 불리할(배당 후 주가가 하락하여 행사에 따른 이득이 줄어들) 수 있기 때문이다.

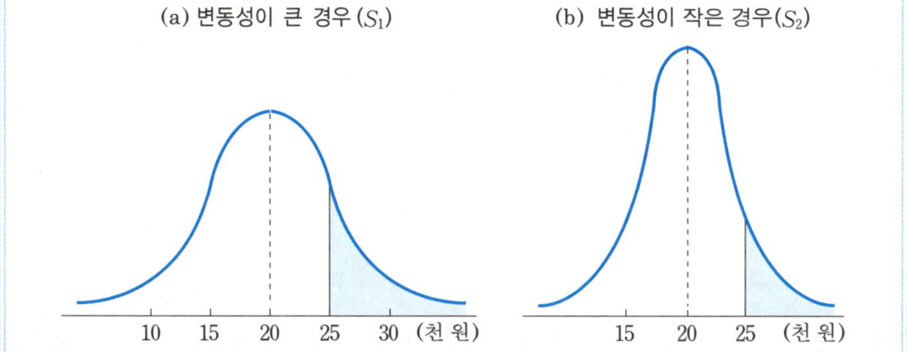

그림 17-6 주식가격의 분산

않으므로 손실이 발생하지 않지만 주식가격이 크게 상승하면 그만큼 이익이 증가한다. 주가변동성이 크면 옵션가격이 높다는 사실은 매우 중요한 내용이므로 이것을 [그림 17-6]으로 좀 더 구체적으로 설명하여 보자. 현재 주식가격은 20,000원으로 서로 같고 변동성은 다른 두 주식을 기초자산으로 하는 행사가격 25,000원의 콜옵션 두 개가 있다 하자.

콜옵션소유자는 주식가격이 행사가격보다 큰 부분에 대해서만 관심을 갖게 된다. 콜옵션에 투자할 때 이익이 생기는 부분은 주식가격이 행사가격보다 큰 부분이며 [그림 17-6]에서 보면 파란 부분이다. 그림에서 보는 것처럼 변동성이 큰 주식 S_1이 변동성이 작은 주식 S_2에 비해 주가가 행사가격 25,000원보다 커질 가능성(면적)이 더 크다. 따라서 주식 S_1을 기초자산으로 하는 콜옵션이 주식 S_2를 기초자산으로 하는 콜옵션보다 가치가 크다. 이를 보다 단순화하여 설명하여 보자. 주식 S_1과 주식 S_2는 현재 주식가격이 각각 20,000원이다. 주식 S_1은 주식가격이 35,000원으로 오를 확률이 1/2, 10,000원으로 내릴 확률도 1/2이라고 하자. 주식 S_2는 주가가 30,000원으로 오를 확률도 1/2이고 15,000원으로 내릴 확률도 1/2이라고 하자. 이때 행사가격이 25,000원이라면 만기의 옵션가치는 〈표 17-5〉와 같다.

콜옵션 C_1의 만기일의 기대가치는 5,000원으로 콜옵션 C_2의 기대가치 2,500원보다 크다. 따라서 옵션소유자는 변동성이 큰 주식에 대한 옵션을 선호한다. 주식가격의 변동성이 커지면 옵션가격은 올라간다.

표 17-5 주가변동성과 콜옵션가격

(단위 : 원)

	주식 또는 콜옵션의 만기일의 가치		주식 또는 콜옵션의 기대가치
	내릴 경우(확률 1/2)	오를 경우(확률 1/2)	
S_1	10,000	35,000	22,500
C_1	0	10,000	5,000
S_2	15,000	30,000	22,500
C_2	0	5,000	2,500

무위험이자율이 클수록 콜옵션의 가격은 높다. 콜옵션은 미래에 행사가격을 지불하고 주식을 살 수 있는 권리이다. 그런데 무위험이자율이 올라가면 행사가격의 현재가치는 작아지고, 무위험이자율이 하락하면 행사가격의 현재가치는 커진다. 따라서 콜옵션소유자는 무위험이자율이 클수록 작은 행사가격의 현재가치를 지불하고 주식을 구입하는 것이 되므로 유리하다.

옵션가격결정모형

앞에서는 어떤 요인들이, 어떤 방향으로 옵션가격결정에 영향을 주는지에 대해 설명하였다. 그러나 어떤 요인이 옵션가격에 얼마나 영향을 주는지에 대하여는 구체적인 설명이 없었다. 여기서 설명할 옵션가격결정모형이 이에 대한 답을 제시한다. 옵션가격결정모형은 옵션가격이 어떻게 결정되는지를 보인 것으로서 대표적인 것이 블랙-숄즈의 옵션가격결정모형이다.

블랙(Black)과 숄즈(Scholes)는 옵션의 가치를 계산하기 위한 수학적 모형을 제시하였다.[5] 이 모형은 블랙-숄즈 옵션가격결정모형(Black-Scholes option pricing model)이라고 하여, 이론적으로나 실무적으로 많이 이용되고 있다. 이들의 모형이 어떻게 도출되었는지는 이 책의 수준을 벗어나므로, 여기서는 그들 모형의 개략적 내용과 모형의 이용방법에 대하여 콜옵션을 중심으로 간단히 설명한다.[6]

5) F. Black and M. Scholes, "The Pricing of Options and Corporate Liabilities," *Journal of Political Economy*(May/June 1973), pp. 637~659.

6) 옵션가격결정모형과 그 이용에 대한 보다 자세한 내용은 박정식 · 박종원 · 조재호 저, 「현대재무관리」 제 8 판(2015, 다산출판사) 제 18, 19 장 참조.

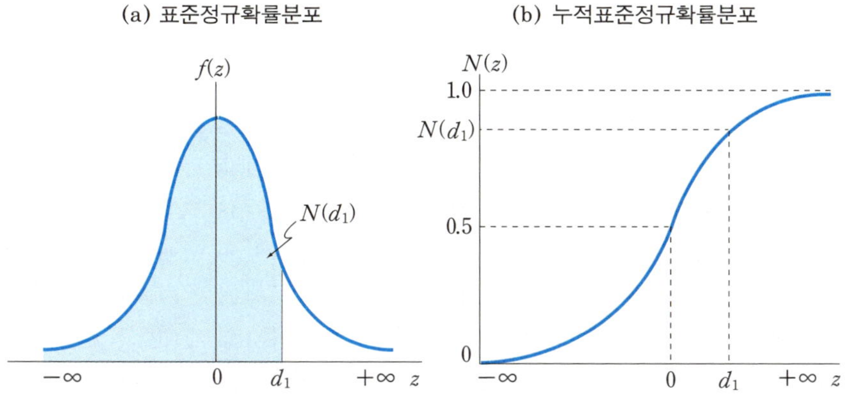

그림 17-7 표준정규확률분포와 누적표준정규확률분포

이들이 제시한 유럽식 콜옵션가격결정모형은 다음과 같다.

$$C = S \cdot N(d_1) - \left(\frac{X}{e^{r_f \cdot T}}\right) \cdot N(d_2) \tag{17·4}$$

$$d_1 = \frac{\ln\left(\frac{S}{X}\right) + \left(r_f + \frac{1}{2}\sigma^2\right)T}{\sigma\sqrt{T}}$$

$$d_2 = \frac{\ln\left(\frac{S}{X}\right) + \left(r_f - \frac{1}{2}\sigma^2\right)T}{\sigma\sqrt{T}} = d_1 - \sigma\sqrt{T}$$

r_f : 무위험이자율
C : 콜옵션의 현재가격
S : 주식의 현재가격
X : 옵션의 행사가격
σ : 주식수익률의 표준편차
e : 2.7183⋯
T : 1년 기준으로 표시되는 만기일까지의 잔여기간
$\ln(S/X)$: S/X의 자연대수
$N(d)$: 누적표준정규확률분포의 확률변수 $z=d$에 해당하는 값

블랙-숄즈 모형을 이용하는 데는 위에서 정의한 변수 이외에 ① 자연대수표와 ② 누적표준정규확률분포표가 필요하다. 자연대수표는 대부분의 수학이나 통계

표 17-6 누적표준정규확률분포표

z	$N(z)$	z	$N(z)$	z	$N(z)$	z	$N(z)$	z	$N(z)$	z	$N(z)$
		−2.00	.0228	−1.00	.1587	.00	.5000	1.00	.8413	2.00	.9773
−2.95	.0016	−1.95	.0256	−.95	.1711	.05	.5199	1.05	.8531	2.05	.9798
−2.90	.0019	−1.90	.0287	−.90	.1841	.10	.5398	1.10	.8643	2.10	.9821
−2.85	.0022	−1.85	.0322	−.85	.1977	.15	.5596	1.15	.8749	2.15	.9842
−2.80	.0026	−1.80	.0359	−.80	.2119	.20	.5793	1.20	.8849	2.20	.9861
−2.75	.0030	−1.75	.0401	−.75	.2266	.25	.5987	1.25	.8944	2.25	.9878
−2.70	.0035	−1.70	.0446	−.70	.2420	.30	.6179	1.30	.9032	2.30	.9893
−2.65	.0040	−1.65	.0495	−.65	.2578	.35	.6368	1.35	.9115	2.35	.9906
−2.60	.0047	−1.60	.0548	−.60	.2743	.40	.6554	1.40	.9192	2.40	.9918
−2.55	.0054	−1.55	.0606	−.55	.2912	.45	.6736	1.45	.9265	2.45	.9929
−2.50	.0062	−1.50	.0668	−.50	.3085	.50	.6915	1.50	.9332	2.50	.9938
−2.45	.0071	−1.45	.0735	−.45	.3264	.55	.7088	1.55	.9394	2.55	.9946
−2.40	.0082	−1.40	.0808	−.40	.3446	.60	.7257	1.60	.9452	2.60	.9953
−2.35	.0094	−1.35	.0885	−.35	.3632	.65	.7422	1.65	.9505	2.65	.9960
−2.30	.0107	−1.30	.0968	−.30	.3821	.70	.7580	1.70	.9554	2.70	.9965
−2.25	.0122	−1.25	.1057	−.25	.4013	.75	.7734	1.75	.9599	2.75	.9970
−2.20	.0139	−1.20	.1151	−.20	.4207	.80	.7881	1.80	.9641	2.80	.9974
−2.15	.0158	−1.15	.1251	−.15	.4404	.85	.8023	1.85	.9678	2.85	.9978
−2.10	.0179	−1.10	.1357	−.10	.4602	.90	.8159	1.90	.9713	2.90	.9981
−2.05	.0202	−1.05	.1469	−.05	.4801	.95	.8289	1.95	.9744	2.95	.9984

학 책에 실려 있다. 여기에서는 누적표준정규확률분포표를 다음의 〈표 17-6〉에 적어놓았다.

식 17·4에서 중요한 것은 $N(d)$이다. d는 누적표준정규분포에 있어서 z의 수치를 말하는 것이며, $N(d)$는 누적표준정규분포에서의 d에 해당되는 확률값이다. 이를 그림으로 나타내면 앞의 [그림 17-7]과 같다. 이 그림에서 z와 $N(z)$의 관계, 즉 누적표준정규확률분포를 표로 만든 것이 〈표 17-6〉이다.

앞의 [그림 17-7]에서 (a)는 표준정규분포이며, (b)는 누적표준정규분포이다. 각 z에 해당되는 확률은 〈표 17-6〉에 있다. 예를 들어 z가 0일 때 $N(z)$는 0.5가 된다. 표준정규분포에서 z=0보다 작은 것을 누적하면 0.5가 되기 때문이다.

식 17·4의 블랙-숄즈 모형을 살펴보면 콜옵션의 가격은 주식의 현재가격 S, 행사가격 X, 옵션의 만기 T, 주식수익률의 분산 σ^2, 그리고 무위험이자율 r_f에 달려 있다. 여기서 옵션의 만기 T는 그 단위가 1년이다. 그러므로 90일 만기가 되는 것은 90일이 보통 3개월이므로 1년의 1/4인 0.25라고 본다.

블랙-숄즈 모형을 이용하여 콜옵션의 가격을 계산하는 것을 예를 들어 설명하여 보자.

주식의 현재가격이 30,000원, 행사가격이 27,000원, 그리고 120일 후에 만기가 되는 콜옵션이 있다. 그러므로 $T = 120/360 = 0.333$이다. 또한 주식수익률의 분산이 0.144, 무위험이자율이 연 7%라 할 때 콜옵션의 가격을 계산해 보자.

먼저 d_1과 d_2를 계산하여 보자.

$$d_1 = \frac{\ln(30,000/27,000) + [0.07 + (0.144/2)](0.333)}{\sqrt{0.144}\ \sqrt{0.333}}$$

$$= \frac{0.105 + (0.142)(0.333)}{(0.379)(0.577)} = 0.698$$

$$d_2 = \frac{\ln(30,000/27,000) + [0.07 - (0.144/2)](0.333)}{\sqrt{0.144}\ \sqrt{0.333}}$$

$$= 0.478$$

d_1과 d_2를 계산하여 표에서 $N(d_1)$과 $N(d_2)$를 찾아보면 $N(0.698) = 0.7580$ 그리고 $N(0.478) = 0.6879$라는 것을 구할 수 있다.[7] 이를 블랙-숄즈 모형에 대입하면 콜옵션의 가격을 구할 수 있다.

$$C = 30,000 \times 0.7580 - \frac{27,000}{1.0236} \times 0.6879$$

$$= 22,740 - 18,145 = 4,595\text{원}$$

즉, 콜옵션의 가격은 약 4,595원이 된다. 콜옵션의 가격이 얻어지고 나면 똑같은 조건의 풋옵션의 가격은 앞서 살펴본 풋-콜 등가식을 이용하여 다음과 같이

7) $N(0.478)$의 정확한 값은 표에는 나타나 있지 않다. 그러나 $N(0.478)$은 $N(0.45)$와 $N(0.50)$ 사이의 값이므로 이를 이용하여 보간법으로 계산할 수 있다.

계산할 수 있다.[8)]

$$P = C + \frac{X}{(1+r_f)^T} - S$$

$$= 4,595 + \frac{27,000}{(1.07)^{0.333}} - 30,000 = 993\text{원}$$

콜옵션과 똑같은 조건을 갖는 풋옵션의 가격은 993원이다.

17.3 선물

미래 상품가격변화의 불확실성을 없애는 수단 중에 가장 많이 이용되는 것이 선물(futures)이다. 투자자는 선물을 이용하여 실제 가격변화와는 관계없이 미래의 상품가격을 고정시킬 수 있다.

이 절에서는 선물과 선물시장에 관하여 기본적인 개념만을 설명하고, 그 외에 깊은 이론이나 선물시장의 운용에 대하여는 설명을 생략한다. 먼저 선물의 의의와 종류에 대하여 설명하고 선물가격의 결정에 대하여 살펴본다.

선물의 의의

시장에서 이루어지는 거래는 매매계약시점과 결제시점을 기준으로 할 때 현물거래와 선도거래로 구분할 수 있다. 현물거래(spot *or* cash transaction)는 매매계약이 성립된 당일에 대금의 지급과 상품의 인수 · 인도가 이루어지는 거래를 말한다. 선도거래(forward transaction)는 매매계약을 체결한 시점과 결제시점 간에 차이가 있는 거래를 말한다. 즉 계약이 먼저 이루어지고, 일정시간이 경과한 후 대

---

8) 엄밀하게는 행사가격의 현재가치를 연속복리계산을 이용하여 $\left(\frac{X}{e^{r_f \cdot T}}\right) = \frac{27,000}{e^{0.07 \times 0.333}}$ 으로 구해야 하나 큰 차이가 없으므로 위와 같이 계산한다.

금의 지급과 상품의 인수 · 인도가 일어나는 거래를 말한다.

예를 들어 어떤 투자자가 쌀을 판매하는 상인에게 200,000원을 주고 쌀 1가마를 샀다면 이는 쌀에 대한 현물거래이다. 그 자리에서 거래가 완료된 것이다. 반면에 이 투자자가 쌀을 판매하는 상인으로부터 세 달 후에 205,000원의 가격으로 쌀 1가마를 사기로 하는 계약을 현재 체결했다면 이는 쌀에 대한 선도거래이다. 이에 대해 좀 더 살펴보자.

선도

선도(forward) 또는 선도거래는 두 거래당사자가 미래의 특정 시점에 특정 자산을 미리 정한 가격으로 거래하기로 현재시점에서 약정하는 계약을 말한다. 여기서 두 거래당사자란 매입자와 매도자를, 특정 시점은 선도거래의 만기시점을, 특정 자산은 기초자산을 말한다. 미리 약정한 가격을 선도가격(forward price)이라 부른다. 경제활동에서 이러한 선도거래는 매우 다양하게 이루어지고 있다. 정유회사는 수개월 후의 유가상승의 가능성에 대비하여 미래의 특정 시기에 특정 가격으로 일정한 수량의 원유를 구입하기로 미리 계약해 놓을 수 있으며, 제분업자는 앞으로 사용할 밀이나 보리 등을 미리 확보해 놓기 위하여 선도거래를 이용할 수 있다. 이러한 선도거래는 거래당사자들만 합의한다면 어떠한 상품에 대하여도 성립할 수 있으며, 원칙적으로 거래당사자 간에만 그 효력을 갖는다. 선도거래에서는 두 거래당사자가 계약을 반드시 이행하여야 할 의무가 있지만, 실제로는 거래상대방이 계약내용을 이행하지 않을 위험인 계약불이행의 위험 또는 거래상대방위험(counterparty risk)이 따른다.

선물

선물(futures) 또는 선물거래는 거래 내용과 조건을 표준화하여 시장성을 높인 선도거래라고 할 수 있다. 다수의 수요자와 공급자를 갖고 있고 품질 · 규격 · 거래조건이 표준화될 수 있는 상품에 대해서는 조직화된 공식적 시장에서 선도거래가 대량으로 성립될 수 있고, 그 거래가 제3자에게 양도될 수 있다. 이처럼 표준화된 상품과 표준화된 거래조건을 가지고 조직화된 시장에서 거래가 이루어지는 선도거래를 선물거래, 단순히 줄여서 선물이라고 부른다.

선물의 종류와 발전

선물은 거래대상이 되는 기초자산에 따라 크게 상품선물(commodity futures)과 금융선물(financial futures)로 나뉜다. 1970년대 초까지만 해도 주요 농산물과 금속 등을 기초자산으로 하는 상품선물이 주종을 이루었다. 그러나 이후 국제금융시장에서 환율과 이자율의 변동이 심해지면서 위험관리수단으로 금융자산을 기초자산으로 하는 금융선물이 거래되기 시작하여 급격히 발달하고 있다.

금융선물은 1972년 5월 시카고상업거래소(Chicago Mercantile Exchange : CME) 내에 국제통화시장(International Monetary Market : IMM)이 개설되어 영국의 파운드화, 캐나다의 달러화, 독일의 마르크화, 스위스의 프랑화, 멕시코의 페소화, 이탈리아의 리라화, 그리고 일본의 엔화 등 7개국의 통화를 대상으로 한 통화선물(currency futures)이 거래되면서 시작되었다. 이후 1973년 10월의 1차 오일쇼크를 계기로 이자율이 급격히 변동하게 되자 이자율 변동위험을 회피하기 위한 수단으로서 금리선물(interest rate futures)의 거래가 시작되어 현재는 금융선물의 주류를 이루고 있다.

한편, 1980년대 이후에는 주가지수를 기초자산으로 하는 주가지수선물의 거래가 활발히 이루어지고 있다. 우리나라에서도 1996년 5월 3일부터 KOSPI 200을 거래대상으로 하는 주가지수선물이 거래되고 있다. 이 주가지수선물은 주가지수 1포인트당 250,000원의 가치를 인위적으로 부여하여 거래하고 있으며, 3, 6, 9, 12월의 두 번째 목요일을 만기로 하는 네 가지의 상품이 있다.

금융선물은 1980년대 이후에 이자율의 변동, 환율의 변동, 그리고 주식가격의 변동이 더욱 심해지는 상황에서 유용한 위험관리수단 및 투자수단으로서의 역할을 하며 큰 폭의 성장을 보이고 있다.

선물의 기초개념

기초용어

옥수수를 주원료로 사용하고 있는 한 농산물가공업자가 옥수수에 대한 선물을 이용하는 것을 생각해 보자. 시장에서 현재 거래되는 옥수수의 가격은 1부셸(bushel)당 4,800원이며 이 농산물가공업자는 내년 3월 10일에 옥수수 5,000부셸을 부셸당 5,000원에 거래하기로 하는 선물을 이용할 수 있다고 하자. 이때 선물의 거래대상이 되는 옥수수를 기초자산(underlying asset)이라 부르며, 옥수수의 현재가격인 4,800원을 현물가격(spot price : *S*), 옥수수 선물의 거래시기인 내년 3월 10일을 만기일(maturity *or* delivery date : *T*), 그리고 정해진 거래가격인 5,000원을 선물가격(futures price : *F*)이라 부른다. 5,000부셸을 거래하기로 하였으므로 총선물거래금액은 2,5000만 원(=5,000×5,000원)이 된다.

선물의 매입과 매도

선물거래는 선물의 매입과 선물의 매도로 구분할 수 있다. 선물의 매입(long futures)은 만기일에 기초자산을 선물가격으로 살 것을 계약한 것이며, 선물의 매도(short futures)는 만기일에 기초자산을 선물가격으로 팔 것을 계약한 것이다. 선물을 매입한 투자자는 기초자산의 가격이 오를수록 이익을 보게 되며, 선물을 매도한 투자자는 기초자산의 가격이 떨어질수록 이익을 보게 된다.

선물거래 후 만기일까지 그 거래를 보유한다면 만기시점에서 얻게 되는 1단위당 손익은 다음 식 17·5a, 17·5b와 다음의 [그림 17-8]과 같다.

선물매입자의 손익=만기일의 현물가격 − 선물계약 시의 선물가격

$$=S_T - F_0 \qquad (17\cdot 5a)$$

선물을 매입한 투자자는 만기일에 선물가격을 지불하고 기초자산을 갖게 되므로 만기일의 현물가격과 계약시점의 선물가격의 차이만큼을 손익으로 얻게 된다.

선물매도자의 손익=선물계약 시의 선물가격 − 만기일의 현물가격

$$=F_0 - S_T \qquad (17\cdot 5b)$$

선물을 매도한 투자자는 만기일에 선물가격을 받고 기초자산을 팔아야 하므로 만기일의 현물가격이 기회비용이 된다.

예를 들어, 앞의 옥수수에 대한 선물에서 한 투자자가 내년 3월 10일에 만기가 되는 옥수수 선물을 매입했다 하자. 만기일의 옥수수의 현물가격이 부셸당 5,200원이라면, 이 투자자는 만기일의 현물가격 5,200원과 선물가격 5,000원의 차이인 200원에 거래수량인 5,000부셸을 곱한 1,000,000원의 이익을 얻게 된다. 반대로

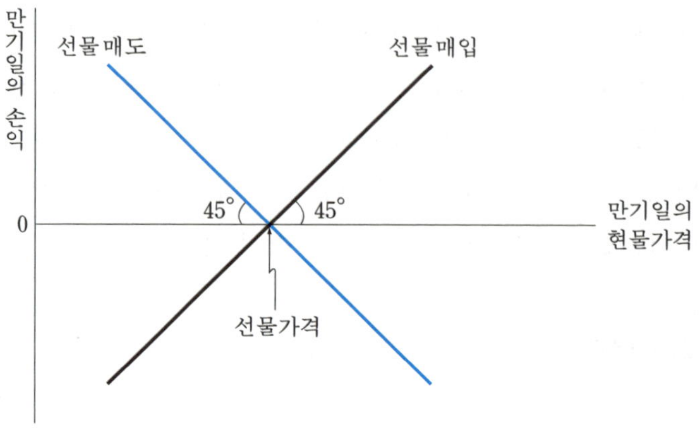

그림 17-8 선물거래의 손익

선물을 매도한 경우에는 선물가격 5,000원에서 만기일의 현물가격 5,200원을 뺀 값인 −200원에 거래수량 5,000부셸을 곱한 −1,000,000원의 손실을 입게 된다.

선물의 특징

선물과 옵션

제2절에서 설명한 옵션의 소유자는 기초자산의 가격에 따라 옵션의 행사 여부를 결정할 수 있는 권리를 갖는다. 그리고 옵션의 발행자는 옵션소유자가 옵션을 행사할 경우에만 거래를 완성시킬 의무를 갖는다.

그러나 선물의 경우에는 선물의 매입자와 매도자 모두 만기일의 현물가격에 관계없이 거래를 반드시 완성시킬 의무를 갖는다.

선물의 가치

선물의 매입자와 매도자는 만기일의 현물가격이 어떻게 변하든지 간에 약정된 선물가격으로 거래를 완성시킬 의무를 갖는다. 효율적인 시장에서 선물가격은 기초자산이 만기일에 갖게 될 가격에 대한 투자자들의 합리적인 예상을 반영하여 형성된다. 따라서 선물가격은 만기일의 현물가격에 대한 합리적인 기대치이며, 이러한 경우 식 17·5a, 17·5b로 계산되는 선물거래에 따른 손익의 기댓값은 0이다. 어떤 자산의 가치는 미래에 기대되는 현금흐름을 적절한 할인율로 할인한 현재가치이다. 선물거래에서 기대되는 만기일의 현금흐름은 0이므로 최초 거래시점에서 선물의 가치는 0이다. 옵션의 경우에는 만기일에 0보다 큰 이득을 기대할 수 있으므로 거래시점에서의 옵션가격은 0보다 큰 값을 갖는다. 따라서 옵션을 사는 사람은 옵션가격을 비용으로 지불하며, 옵션을 파는 사람은 옵션가격만큼을 수익으로 얻는다. 그러나 선물은 최초 거래시점에서 가치가 0이므로 선물매입이나 선물매도에 비용이나 수익이 발생하지 않는다. 선물가격은 만기일에 기초자산을 거래하기로 약속한 가격을 나타내는 것이지, 선물의 가치를 의미하는 것은 아니다.

거래의 청산

선물은 만기일에 기초자산을 선물가격에 인수(인도)함으로써 거래가 청산된다. 그러나 많은 경우에 있어 선물은 만기일에 기초자산의 인수(인도) 대신에 만기일의 현물가격과 약정된 선물가격의 차액만을 현금결제하여 거래를 청산하거나, 거래의 만기일 이전에 원래의 거래와 반대되는 거래를 하여 그 차액을 현금결제함으로써 거래를 청산한다. 만기 이전에 거래를 청산하기 위하여 선물을 매입했던 투자자는 선물을 매도하고, 선물을 매도했던 투자자는 선물을 매입하게 된다.

선물시장의 경제적 기능

위험의 이전기능

현물시장에서 기초자산에 투자하거나 앞으로 투자할 사람은 기초자산의 미래가격이 변동함에 따라 나타나는 위험을 부담하게 된다. 예를 들어 현재 콩을 수천 톤 가지고 있는 투자자는 미래 콩가격이 하락하는 경우 손실을 입게 되며, 앞으로 콩을 구매할 투자자는 미래 콩가격이 상승하는 경우 손실을 보게 된다. 선물시장은 이러한 위험을 대신 부담하고 이에 따른 수익을 얻고자 하는 투자자에게 위험을 전가(transfer)하는 기능을 한다. 기초자산에 대한 투자위험을 회피하려는 투자자를 헤저(hedger)라 하고, 이를 부담하는 대가로 수익을 얻고자 하는 투자자를 투기자(speculator)라 부른다.

선물시장은 이러한 시장참여자들의 거래를 통하여 위험의 가격을 결정하고 이

가격에 위험이 거래되는 시장이다. 자본시장이 적절한 이자율로 자금잉여자로부터 자금수요자에게로 자금을 이전하는 것과 마찬가지로 선물시장은 헤저로부터 투기자에게로 적당한 가격에 위험을 이전시키는 기능을 한다.

가격예측기능

선물시장은 기초자산의 미래가격에 대한 예측을 반영한다. 특정 상품의 선물가격은 미래의 상품가격에 대한 예측치를 나타내므로 기업들은 선물가격을 분석하여 재고수준을 결정하거나 생산계획을 결정하게 된다. 예를 들어 5개월 후의 기후상황과 콩의 수급상황, 그리고 세계 경제상황 등을 고려하여 콩의 가격을 예측한 결과가 반영되어 5개월 후에 만기가 되는 콩의 선물가격이 결정된다.

선물시장이 없다면 각 경제주체들은 특정 상품의 수요와 공급에 관련된 경제적 정보를 각자 수집하고 해석하기 위해 상당한 시간과 비용을 들여야 할 것이다. 그러나 이러한 가격예측기능을 효율적으로 수행하는 선물시장이 존재한다면 미래가격에 대한 정보를 쉽게 얻을 수 있으므로, 정보수집과 해석에 드는 시간과 비용을 줄일 수 있다.

자원의 효율적 배분기능

선물시장에 참여하는 투자자들은 시장에서의 수요 · 공급상황과 정부의 정책방향 등에 관한 정보를 수집하고 분석하며 그 결과를 반영하여 선물가격을 결정한다. 예를 들어 경기부양을 위한 정부정책에 따라 금리하락이 예상되는 경우 금융상품에 대한 선물의 수요는 크게 증가한다. 그 결과 선물가격의 상승 또는 선물금리의 하락 현상이 발생한다.

따라서 시장정보를 수집하는 데 열세에 있는 기업이나 가계 등의 경제주체도 선물가격을 통하여 어느 정도 미래의 현물가격을 용이하게 예상할 수 있고 투자와 소비 활동을 합리적으로 할 수 있게 된다. 그러므로 현물시장의 자원배분기능은 선물시장으로 인해 보다 효율적으로 수행된다고 할 수 있다.

선물가격의 결정

선물가격은 선물시장에서 거래되는 표준화된 품목을 대상으로 다수의 투자자들 사이에서 경쟁적으로 결정되는 가격이다. 일반적으로 선물가격은 계약시점으로부터 인도시점까지 해당 현물을 보관하는 데 드는 비용인 보유비용(cost of carry)만큼 현물가격과 차이가 발생한다. 이때의 보유비용은 창고비용과 보험료 등과 같은 보관비용과 현물구입자금에 대한 기회비용인 이자비용으로 구성된다. 선물은 최초시점에는 계약만 하고 상품의 인도와 대금의 지불은 만기에 이루어지므로 상품의 보관비용과 현물구입자금에 대한 기회비용만큼 유리하다. 따라서 선물가격은 같은 조건의 현물가격보다 높은 것이 보통이다.

일반적으로 보면, 상품선물의 경우에는 보유비용이 양(+)이므로 선물가격이 현물가격보다 높게 형성되지만 금융선물의 경우에는 보유비용이 음(−)이 되어 선물가격이 현물가격보다 낮게 형성되는 경우도 있다. 금융선물은 금융상품(주식, 채권 등의 금융자산)에 대한 선물인데, 선물거래의 대상인 금융상품의 보관비용은 거의 발생하지 않으므로 0으로 볼 수 있다. 그러나 채권에 대한 선물의 경우 채권을 보유하고 있으면 중간에 이자를 지급받게 되는데, 이때 받는 이자의 크기가 채권구입자금에 대한 이자비용보다 크다면 채권에 대한 보유비용은 음(−)이 되고, 따라서 선물가격이 현물가격보다 낮게 형성될 것이다. 한편 주식에 대한 선물의 경우 주식의 보유에 따라 배당을 받게 되므로 같은 얘기를 할 수 있다.

다음에서는 보유비용이 양(+)인 경우와 음(−)인 경우로 나누어 예를 들어 설명하기로 한다.

보유비용이 양(+)인 경우

| **예 1** | 현물시장에서는 금 1돈에 300,000원이고 1년 동안 보관하는 데 드는 보관비용이 10,000원으로 확실하게 알려져 있다. 연간 이자율이 5%라면, 1년 후 금 1돈을 인도하는 상품선물의 가격은 얼마가 되어야 하는가?

위의 예제에서 보유비용은 얼마가 되는가? 얼핏 생각하면 10,000원이라 생각하기 쉽지만 실제적으로는 그렇지 않다. 금 1돈의 가격 300,000원과 보관비용 10,000원을 조달하는 데 이자비용, 즉 기회비용이 발생하기 때문이다. 따라서 이때의 보유비용은 보관

비용 10,000원과 현물보관 시의 투자금액 310,000원의 기회비용 15,500(=310,000 × 0.05)원의 합인 25,500원이며, 선물가격은 325,500(=300,000+25,500)원이다.

$$보유비용=보관비용+기회비용 \quad (17\cdot6)$$
$$=10,000+310,000\times0.05=25,500원$$

$$선물가격=현물가격+보유비용 \quad (17\cdot7)$$
$$=300,000+25,500=325,500원$$

이를 보다 자세히 살펴보기 위해 다음과 같은 투자전략을 살펴보자.

전략 1 : 31만 원을 차입하여 금 1돈을 산 후 1년간 보관한다.

전략 2 : 1년 후에 금 1돈을 거래하기로 하는 선물을 매입한다.

두 전략에 있어 현재시점에서는 현금의 유출입이 없고(전략 1의 경우 자신의 현금이 유출되는 것이 아니므로, 금 1돈을 외상으로 사고 1년 후에 이자비용을 포함한 외상매입금을 갚는 것으로 볼 수 있다), 만기시점에서 전략 1의 경우 차입금에 대한 원금과 이자, 전략 2의 경우에는 현재 맺은 선물가격만큼의 현금유출이 발생하게 된다.

두 전략의 현금흐름

(단위 : 원)

	현재시점의 현금유출	만기시점의 현금유출
전략 1	0	310,000×(1+0.05)
전략 2	0	선물가격

두 전략의 만기시점에서의 현금지출액은 현재시점에서 보면 확실한 금액이다. 왜냐하면 보관비용과 이자율이 확실히 알려져 있고, 선물가격은 현재시점에서 결정이 되기 때문이다. 따라서 효율적 시장에서는 두 전략의 만기시점에서의 현금지출액이 같아야 하므로 선물가격은 325,500(=310,000×(1+0.05))원이 되어야 한다.

보유비용이 음(-)인 경우

| 예 2 | 액면금액이 1,000,000원이고 표면이자율이 10%인 채권이 있다. 1월 1일 시점에서의 시장가격은 1,000,000원이고 이자는 매년 7월 1일에 지급한다. 시장에서의 이

자율이 10%일 때, 내년 1월 1일에 이 채권을 인도하는 선물의 가격은 얼마가 되어야 하는가?

위의 예에서 채권을 보관할 때 직접 지출되는 비용은 0이므로, 채권을 보유하는 데 따른 기회비용이 곧 보유비용이 된다.

우선, 채권을 소유하는 데 드는 기회비용은 100,000(=1,000,000×0.1)원이 될 것이다. 그러나 채권을 소유하고 있으면 6개월 후 100,000원의 이자를 지급받고 이를 재투자하면 6개월간 이자수입 5%를 더 얻을 수 있으므로 이를 감안하면 순수한 기회비용은 다음과 같다.

$$100{,}000-100{,}000\times(1+0.05)=-5{,}000\text{원}$$

따라서 이 경우는 보유비용이 음(−)이며, 선물가격은 다음과 같다.

$$\begin{aligned}\text{선물가격}&=\text{현물가격}+\text{보유비용}\\&=1{,}000{,}000-5{,}000=995{,}000\text{원}\end{aligned}$$

[예 1]과 [예 2]에서 살펴본 것과 같이 선물가격은 현물가격에 보유비용을 더해 결정된다. 선물가격과 현물가격의 이러한 관계를 보유비용모형(cost-of-carry model)이라 부른다.

17.4 파생상품을 이용한 위험관리

옵션이나 선물을 이용하여 기업의 위험을 관리하는 방법은 매우 다양하며 계속해서 새로운 위험관리기법들이 개발되고 있다. 실제실무에서 이용되는 여러 위험관리기법들을 모두 살펴보는 것은 불가능하다. 여기서는 파생상품을 이용한 위험관리기법의 대표적인 예로 선물을 이용한 헤징과 옵션을 이용한 포트폴리오보험에 대해서 살펴본다.

헤징

헤징의 의의

헤징(hedging) 또는 헤지(hedge)는 현물시장에서 투자할 때 발생하는 기초자산의 가격변동위험으로부터 투자의 가치를 보전하는 것을 말한다. 선물은 미래시점의 거래가격을 현재시점에서 고정시키는 계약이므로, 기초자산의 가격변동위험을 제거하는 헤징수단으로 유용하게 이용된다.

현재 물건을 사서 소유하고 있는 사람은 소유한 물건의 미래가격이 하락할 것을 걱정하게 되고, 앞으로 물건을 살 사람은 미래에 그 물건의 가격이 오를 것을 걱정하게 된다. 이때 적절히 선물을 팔거나 삼으로써 이러한 위험을 제거할 수 있다.

선물을 이용하여 헤징하는 전통적인 방법은 현물시장에서의 투자내용과 동일한 수량, 동일한 금액의 거래를 선물시장에서 반대방향으로 취하는 것이며, 매입헤징과 매도헤징으로 나뉜다.

매입헤징

매입헤징(long hedging)은 현물시장에서 기초자산을 앞으로 사야 할 투자자가 선물시장에서 선물을 매입함으로써 기초자산의 가격변동위험을 없애려는 것을 말한다. 현재 자금부족으로 미래시점에 기초자산을 사려고 하는 투자자 또는 기초자산의 미래가격변동을 염려하는 투자자들은 선물을 매입함으로써 기초자산의 미래구입가격을 고정시킬 수 있다.

구체적인 예를 들어 살펴보자.

3월 1일 현재 한 농산물가공업자가 1부셸(bushel)의 보리를 7월에 필요로 한다하자. 현재의 보리가격 자료는 다음과 같다.

현물시장 : $5.40/bushel
선물시장(만기 : 7월) : $5.44/bushel

이 농산물가공업자가 7월의 보리가격의 변동위험을 없애기를 원하는 경우, 그는 7월에 만기가 되는 선물을 매입함으로써 구입가격을 $5.44/bushel로 고정시킬 수 있다. 이러한 매입헤징의 결과가 〈표 17-7〉에 정리되어 있다. S_T는 만기에서의 현물가격이다.

표 17-7 매입헤징의 현금흐름

거래내용	부셸당 현금흐름	
	3월	7월
현물시장		
7월에 현물가격으로 구입	0	$-S_T$
선물시장		
선물매입 · 만기청산(F_0=$5.44)	0	$(S_T-5.44)$
헤징거래	0	−$5.44

〈표 17-7〉에서 보는 것과 같이 농산물가공업자는 7월의 보리가격 변동과는 관계없이 부셸당 $5.44에 보리를 살 수 있다. 7월에 보리가격이 부셸당 $10.00가 된다고 해도 선물을 매입하면 부셸당 $5.44에 보리를 살 수 있다. 매입헤징에 따른 만기일의 현금흐름을 정리하면 다음과 같다.

$$\text{매입헤징의 만기일의 현금흐름} = -S_T + (F_T - F_0) = -S_T + (S_T - F_0) = -F_0 \qquad (17\cdot8)$$

식 17·8에서 F_T는 만기일의 선물가격이며, 이때 F_T는 만기일의 현물가격 S_T와 일치한다.[9)] 식 17·8은 불확실한 만기일의 현물가격(S_T)이 선물매입에 의해 상쇄되고, 만기일의 현금지출이 현재의 선물가격 F_0로 확실하게 된다는 것을 보여준다.

매도헤징

매도헤징(short hedging)은 현물시장에서 기초자산을 보유하고 있는 투자자가 선물시장에서 선물을 매도하여 기초자산의 가격변동위험을 제거하려는 것을 말한다.

앞의 예에서 농산물가공업자가 3월에 보리를 보유하고 있는데 이를 7월에 매도

9) 이것을 선물가격의 수렴특성(convergence property)이라고 한다. F_T는 T시점의 선물가격으로 T시점의 현물가격 S_T와 같아야 한다.

하려 한다면, 그는 선물을 매도함으로써 7월의 보리판매가격을 선물가격 \$5.44로 고정시킬 수 있다. 매도헤징의 결과가 〈표 17-8〉에 정리되어 있다.

표 17-8 매도헤징의 현금흐름

거래내용	부셸당 현금흐름	
	3월	7월
현물시장		
7월에 현물가격으로 매도	0	S_T
선물시장		
선물매도 · 만기청산(F_0=\$5.44)	0	$(5.44-S_T)$
헤징거래	0	\$5.44

〈표 17-8〉에서 보는 것처럼 농산물가공업자는 7월의 보리가격 변동과 관계없이 부셸당 \$5.44에 보리를 팔 수 있다. 선물을 매도한 경우에는 7월에 보리가격이 폭락하여 부셸당 \$2가 된다고 하여도 판매가격은 \$5.44가 된다. 매도헤징에 따른 만기일의 현금흐름을 정리하면 다음과 같다.

$$\text{매도헤징의 만기일의 현금흐름} = S_T + (F_0 - F_T)$$
$$= S_T + (F_0 - S_T) = F_0 \qquad (17\cdot9)$$

식 17·9는 선물의 매도에 의해 미래의 불확실한 현물가격(S_T)이 상쇄되고, 만기일의 현금유입이 현재의 선물가격 F_0로 확실하게 된다는 것을 보여준다.

포트폴리오보험

투자자는 자신이 구성하고 있는 포트폴리오의 가치하락을 방지하고 좀 더 높은 투자수익을 얻기를 원한다. 이러한 욕구를 갖는 투자자에게 가장 많은 관심을 받으며 논의되고 있는 투자관리기법이 바로 포트폴리오보험이다.

포트폴리오보험(portfolio insurance)은 기초포트폴리오(underlying portfolio)를 구성하고, 기초포트폴리오의 가치가 미리 정한 수준 이하로 떨어지게 될 때 이 손실을 보상해 주는 보험계약을 맺는 것과 같은 개념이다. 즉, 기초포트폴리오의 가치가 미리 정한 수준 이하로 떨어지게 되면 보험계약에 의해 그 손실만큼이 보전되며, 반대로 기초포트폴리오의 가치가 상승하여 이익이 발생할 때에는 보험에 따른 비용을 제외한 모든 이익을 투자자가 가질 수 있도록 하는 투자관리기법이다. 옵션시장이 존재한다면 옵션거래를 통해서 이러한 보험계약의 효과를 얻을 수 있다. 앞서 식 17·3에서 주식과 풋옵션으로 구성되는 방어풋 전략을 구성하며 주가하락 시 발생하는 손실을 풋옵션의 성과로 상쇄시킬 수 있음을 살펴보았다. 포트폴리오보험은 이러한 방어풋 전략의 확장이라고 생각할 수 있다.

포트폴리오보험의 성과형태

포트폴리오보험의 중요한 특성은 위험자산으로 구성된 기초포트폴리오의 가치가 상승할 때 나타나는 이익은 그대로 얻으면서 동시에 특정 수준 이하로의 가치하락을 막을 수 있다는 것이다. 보험화된 포트폴리오(insured portfolio)의 성과형태는 기초포트폴리오와 그에 대한 풋옵션(기초포트폴리오의 가치를 특정 수준으로 유지하는 데 적합한 행사가격을 갖는)을 구입한 것과 같은 성과형태를 나타낸다.

예를 들어, 어느 투자자가 100% 주식으로 구성된 지수펀드(index fund)에 투자한다고 하자.[10] 이때 보험구성을 위해 이 포트폴리오의 현재시점의 가치와 같은 행사가격을 갖는 지수펀드에 대한 풋옵션을 구입했다면 이 전략의 성과는 다음의 [그림 17-9]와 같다.

[그림 17-9]는 포트폴리오보험의 성과형태를 잘 보여준다. 대각선은 보험을 구성하지 않은 기초포트폴리오의 성과를 나타내며 선 *abc*는 풋옵션으로 보험을 구성한 포트폴리오의 성과를 나타낸다. 기초포트폴리오의 가치가 유지수준 이하로 떨어졌을 때에 보험화된 포트폴리오는 풋옵션의 성과가 기초포트폴리오의 가치하락분을 보전하여 줌으로써 포트폴리오의 가치가 일정한 수준 이하로 떨어지는 것을 막아 준다. 그러나 기초포트폴리오의 성과가 유지수준 이상일 때에는 보험화된 포트폴리오는 기초포트폴리오의 가치에서 풋옵션의 구입비용을 뺀 선 *bc*의

10) 지수펀드란 주식시장 전체의 움직임을 나타내는 주가지수와 동일한 성과를 얻도록 개별주식으로 구성한 포트폴리오를 말한다. 이렇게 지수펀드를 구성하면 시장위험만 남고 개별주식의 고유위험은 없앨 수 있다.

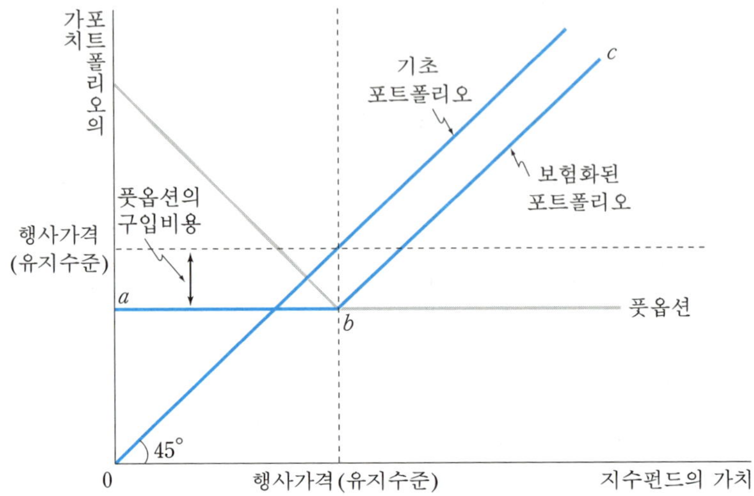

그림 17-9 포트폴리오 보험의 성과형태

성과를 얻고 있다. 가치하락 시에 이를 보전해 주는 보험의 구성은 공짜로 구성되는 것이 아니며 투자자는 이에 대해 비용을 지불해야만 하는데 이러한 비용이 바로 풋옵션을 구입하는 데 지출된 비용이다.

포트폴리오보험 구성전략

포트폴리오보험을 구성하는 방법으로 ① 풋옵션을 구입하거나 ② 콜옵션과 무위험자산을 이용하는 방법이 있다.

포트폴리오보험을 구성하는 기본적인 형태는 기초포트폴리오에 대해 유지하고자 하는 가치를 행사가격으로 갖는 풋옵션을 구입하는 것이다. [그림 17-9]에서 본 것처럼 풋옵션을 구입함으로써 기초포트폴리오의 가치하락위험은 행사가격으로 제한되며, 가치상승에 따른 이익을 얻을 수 있게 되어 투자자는 보험계약을 맺은 것과 같은 효과를 얻게 된다. 이와 같이 풋옵션을 구입함으로써 포트폴리오보험을 구성하는 것은 바로 식 17·3에서 살펴본 방어풋(protective put) 전략이다.

포트폴리오보험은 콜옵션과 무위험채권에의 투자를 통해서도 구성될 수 있다. 식 17·3의 풋-콜 등가식에서 $S+P=C+B$이므로 풋옵션의 구입을 통한 보험구성은 콜옵션과 무위험채권에의 투자와 그 성과가 같다. 풋옵션과 행사가격과 만기가 같은 콜옵션을 사고 나머지 자금을 무위험채권에 투자함으로써(이때 투자금액은 유지수준의 현재가치가 된다) 똑같은 보험효과를 얻게 된다. 만기일에 기초포트폴리오의 가치가 행사가격 이하로 떨어진 경우 콜옵션의 행사를 포기하고(이때 무위험채권에의 투자액은 정확히 유지수준의 금액이 된다) 기초포트폴리오의 가치가 행사가격 이상일 경우에는 콜옵션을 행사함으로써 가치상승에 따른 이익을 얻게 된다. 물론, 이 경우에도 콜옵션구입에 따른 지출은 보험구성의 비용이다. 앞서 이러한 전략을 수탁콜(fiduciary call) 전략이라 하였다.

중요용어

- 파생상품 derivatives
- 위험관리 risk management
- 콜옵션 call option
- 선물 futures
- 보유비용모형 cost-of-carry model
- 방어풋 protective put
- 블랙-숄즈옵션가격결정모형 Black-Scholes option pricing model
- 풋-콜 등가식 put-call parity
- 선도 forward
- 풋옵션 put option
- 헤징 hedging
- 포트폴리오보험 portfolio insurance
- 수탁콜 fiduciary call

연 | 습 | 문 | 제

17-1 옵션의 경제적 기능을 설명하라.

17-2 옵션가격을 결정하는 요인에 대하여 설명하라.

17-3 주가변동성과 옵션가격의 관계에 대해 설명하라.

17-4 선물시장의 경제적 기능을 설명하라.

17-5 헤징(hedging)의 방법에 대해 설명하라.

17-6 관악기업의 현재 주식가격은 30,000원이다. 이 주식에 대한 유럽식 콜옵션의 행사가격은 28,000원이고 콜옵션가격은 6,000원이다. 시장에서 무위험이자율은 10%이고 옵션의 만기는 1년이다.

① 이 콜옵션과 만기와 행사가격이 같은 유럽식 풋옵션의 가격은 얼마인가?

② 방어풋 전략을 구성하고 1년 후 관악기업의 주가가 25,000원인 경우 성과를 분석하라.

17-7 주식, 콜옵션, 그리고 풋옵션을 이용하여 무위험포트폴리오를 구성하는 방법을 그림으로 설명하라.

17-8 방어풋과 수탁콜 전략의 만기일의 수익형태를 분석하라.

17-9 백두기업의 현재 주식가격은 30,000원이다. 백두기업 주식을 기초자산으로 하며 행사가격은 25,000원, 만기는 6개월인 유럽식 콜옵션이 존재한다. 백두기업 주식의 수익률의 표준편차는 50%이고, 무위험이자율은 10%이다. 블랙-숄즈의 옵션가격결정모형을 이용하여 유럽식 콜옵션의 가격을 계산하라.

17-10 천지산업의 현재주가는 40,000원이고, 연간 배당수익률은 5%이다. 시장에서 무위험 이자율이 10%일 때, 다음 물음에 답하라.

① 6개월 동안 천지산업 주식을 보유하는 데 들어가는 보유비용은 얼마인가?

② 6개월 후 인도하는 천지산업 주식에 대한 선물의 가격은 얼마가 적당한가?

17-11 어떤 투자자는 주당 10,000원 하는 한라기업의 주식을 1,000만 원 상당 보유하고 있다. 이 투자자는 미래주식가격의 변동위험을 헤지하기 위해 한라기업 주식에 대한 6개월 만기 선물을 10,500원에 매도하였다. 6개월 후 주가가 10% 하락한 경우 이 투자자의 손익은 어떻게 변하는가?

제 18 장

기업합병과 취득(M&A)

투자결정의 특수한 형태로 기업합병과 취득이 있다. 기업합병과 취득(M&A)은 기업 자체를 대상으로 한 투자결정이라 할 수 있다. M&A는 부실기업의 정리와 구조조정의 수단으로도 자주 사용되지만, 최근 사모펀드(PEF)의 성장과 함께 투자기회로서의 M&A 이용이 크게 증가하고 있다. 또한, M&A는 시장지배력 증대, 신기술 획득, 신시장 개척 등의 목적을 달성하기 위한 수단으로도 활용된다. M&A는 일반적으로 주식시장이 저점에 도달했을 때 활성화되어 저평가된 기업가치를 회복시키는 역할을 하기도 한다.

이 장에서는 M&A에 대하여 기본개념부터 살펴보고, 또한 기업의 투자결정이라는 관점에서 M&A의 평가에 대하여 살펴보기로 한다.

생·각·의·전·당

M&A란 기업의 합병과 취득을 뜻한다. 합병이란 둘 이상의 회사가 일정한 법적 절차를 거쳐 하나의 회사로 합쳐지는 것을 말하며, 취득은 자산 또는 주식을 사들여 기업의 경영권을 획득하는 것이다. 따라서 M&A는 경영진 간의 경영권 다툼과 관련된 여러 문제들을 발생시킨다. 진행 중인 사업이나 새로 시작하려는 사업분야에서 필요한 기술이나 시장 등을 이미 가진 회사를 M&A하면 처음부터 해당 기술을 구축하거나 시장을 개척하는 경우(창업설립)에 비해 시간과 비용을 절약할 수도 있으므로, M&A는 기업의 성장전략으로도 유용하게 이용될 수 있다.

18.1 M&A의 의의

최근 들어 기업의 경영환경은 불확실성이 더욱 커지고 있으며 변화의 속도가 점점 빨라지고 있다. 이러한 환경의 변화 속에서 기업이 살아남기 위해서는 부단히 성장하지 않으면 안 된다. 기업의 성장형태는 내적 성장과 외적 성장으로 나누어볼 수 있다. 내적 성장은 이 책에서 지금까지 살펴본 성장형태로서 기업내부의 투자결정과 자금조달결정 등을 보다 효율적으로 수행함으로써 기업을 성장시키는 것을 말한다.

외적 성장은 한 기업이 다른 기업을 합병 또는 취득함으로써 이루어지는 성장형태이며, 1980년대 이후 전 세계적으로 합병과 취득(mergers and acquisitions : M&A)이 관심의 대상이 되어 오고 있다. 이 절에서는 이러한 M&A에 관한 주요 내용을 살펴보기로 하자.

합병

기업합병 또는 합병(mergers)이란 두 개 이상의 회사가 청산절차를 거치지 않고 한 개 이상의 회사가 소멸됨과 동시에 소멸되는 회사의 권리 · 의무가 존속회사에 모두 이전되는 회사 간의 계약을 말한다. 합병이 이루어지기 위해서는 주주들의 결의가 필요하다.

법률적으로 볼 때 기업합병은 흡수합병과 신설합병의 두 가지로 나눌 수 있다. 흡수합병(merger)은 몇 개의 기업이 결합할 때 그중의 한 기업이 법률적으로 존속하며 인수되는 기업은 소멸되는 경우를 말하며, 신설합병(consolidation)은 결합하려고 하는 기업이 모두 소멸되고 새로운 하나의 기업이 설립되어, 새로 만들어지는 기업에게 합병에 참여하는 모든 기업의 권리 · 의무를 이전시키는 방법이다.

경제적으로 볼 때 기업합병은 수평적 합병, 수직적 합병, 그리고 다각적 합병으로 구분된다. 수평적 합병(horizontal merger)은 같은 업종 간에 이루어지는 합병을 말한다. 수직적 합병(vertical merger)은 한 기업의 생산과정이나 판매경로상의 이전 또는 이후 단계에 있는 기업을 합병하는 것으로 자동차제조회사가 자동차부품회사를 합병한다든지 또는 자동차판매회사를 합병하는 것 등이 이에 해당한다. 이와는 달리 다각적 합병(conglomerate merger)은 생산이나 판매 면에서 상호 관련성이 전혀 없거나, 업종이 서로 다른 기업 간에 이루어지는 합병형태이다.

합병은 이해당사자 간의 협상 및 법률적 절차상 취득과 차이가 있을 수 있다. 그러나 합병이란 용어를 넓은 의미로서 합병과 취득을 모두 포함하는 말로 사용하기도 한다.

취득

취득(acquisitions)은 한 기업이 다른 기업의 경영권을 획득하기 위하여 주식이나 자산을 취득하는 행위를 말한다. 취득이 단순한 재산의 부분적 매수와 차이가 나는 점은 그 목표가 다른 기업의 경영권을 획득하는 데 있다는 점이며, 합병과 다른 점은 취득 후에도 취득되는 기업이 개별기업으로 계속 존재한다는 점이다.[1] 취득은 크게 자산취득과 주식취득으로 구분된다.

자산취득(asset acquisition)은 두 기업 간에 체결된 계약에 따라 한 기업이 다른

1) 대상기업의 자산이나 주식을 100% 취득하게 되면 합병의 절차를 거쳐야 한다.

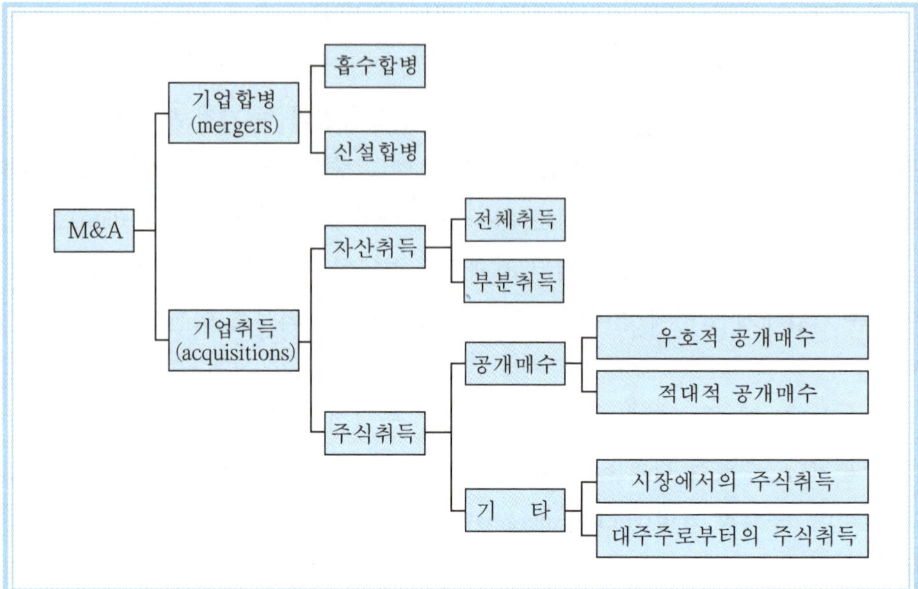

그림 18-1 M&A의 분류

기업의 자산의 전부 또는 일부분을 취득하는 것을 말한다. 자산취득은 자산의 법적 소유권이 취득한 기업으로 이전되므로 취득대상기업의 경영권을 흡수하는 효과를 가져온다. 자산취득은 경영진과의 합의를 통해서 이루어지므로 다음에 설명할 주식취득의 경우에서 나타나는 문제점들이 발생하지 않는다.

주식취득(stock acquisition)은 한 기업이 다른 기업 주식의 전부 또는 일부를 주주들로부터 인수하는 것으로, M&A의 방법 가운데 가장 큰 관심의 대상이 되는 부분이다. 형식적으로는 주식의 50% 이상을 취득할 때 기업지배가 가능하겠지만, 주식분산이 잘 이루어져 있는 상황에서는 그보다 낮은 수준의 지분을 확보하여도 기업지배가 가능하다.

주식취득의 방법에는 이미 발행된 주식을 취득하는 경우와 새로 발행되는 주식을 인수하는 경우의 두 가지 방법이 있다. 또한 이미 발행된 주식의 취득에는 현금으로 매매대금을 지급하는 경우와 자사주식과 교환하는 경우가 있다.

이미 발행된 주식을 사모으는 방법에는 ① 대주주로부터 주식을 사는 방법, ② 시장에서 주식을 사모으는 방법, ③ 주식공개매수 등 세 가지가 있다. 시장에서 주식을 사모으는 경우는 주가가 급격히 오르는 것을 막기 위하여 은밀하게 조금씩 사모아야 하지만 주식공개매수의 경우는 주주들로부터 공개적으로 한꺼번에 많은 양의 주식을 매입할 수 있다. 자본시장에서 가장 빈번하게 일어나는 취득의 방법은 주식공개매수방법이다. 이 방법은 흡수대상이 되는 회사의 경영진과 협상하여 이루어지는 경우도 있으나, 많은 경우 주주들을 상대로 하여 대상회사의 경영진의 의사와 관계없이 시장에서 주식을 매입하는 방법이다. 이러한 경우를 적대적 공개매수(hostile takeover)라고 한다.

지금까지 살펴본 M&A의 방법을 그림으로 나타내면 앞의 [그림 18-1]과 같다.

18.2 경영권시장과 적대적 M&A 방어방법

기업의 합병과 취득에서 필연적으로 나타나게 되는 문제는 기업의 경영권 또는 지배권문제이다. 소유와 경영의 분리가 진전되지 않은 자본주의 단계에서는 대부분의 기업경영자는 소유경영자이고, 이때는 M&A에 따른 지배권문제가 중요시되지 않는다. 그러나 소유와 경영이 분리된 자본주의체제하에서는 M&A에 의해 새로운 주주나 경영자가 나타날 수 있다.

기업의 경영권이 다른 기업으로 이전되는 것을 흔히 기업의 인수(takeover)라고 부른다. 기업의 인수는 대상기업을 합병하거나 취득하는 행위뿐만 아니라, 의결권을 갖는 주식을 확보하고자 하는 여러 다른 방법들까지 포함하는 광범위한 의미로 사용된다. 어떤 한 기업이 다른 기업을 인수하게 되면 인수되는 회사의 경영권은 인수회사에 넘어가게 된다. 이때 인수되는 회사의 경영자는 기업의 경영권을 전혀 가지지 못할 경우도 있고 일부 보유하고 있을 수도 있다. 그러나 이것은 전적으로 인수회사의 결정에 달려 있다.

기업의 경영권 또는 지배권을 기업의 자산운용을 결정할 수 있는 권한이라고 본다면 이는 결국 경영자에게 귀속되는 것이며, 따라서 경영권 또는 기업지배권(corporate control) 시장이란 여러 경영진들(managerial team)이 서로 경영권을 확보하기 위하여 경쟁하는 시장이라고 할 수 있다. 경영권시장은 경영자들이 주주들로부터 기업의 지배권을 위임받기 위하여 서로 경쟁하는 일종의 경영자 노동시장(managerial labor market)이다. 기업의 경영권을 확보하기 위하여 이용되는 대표적 방법이 주식공개매수와 백지위임장투쟁 그리고 차입매수이다.

주식공개매수

기업의 인수방법 가운데 합병이나 자산취득 등은 대상기업의 경영자와 인수기업의 경영자가 직접 협상을 함으로써 이루어진다. 그런데 주식취득의 경우에는 기업의 경영에 직접 참여하지 않는 많은 주주들이 주식을 분산소유하고 있으므로, 이들로부터 주식을 매입하여 기업을 인수하게 된다. 대상기업의 주식을 주주들로부터 공개적으로 취득하는 행위를 주식공개매수(tender offer *or* takeover bid : TOB)라고 부르며 기업의 경영권을 확보하는 방법으로 가장 많이 이용된다. 주식공개매수는 우호적으로 이루어질 수도 있고 적대적으로 이루어질 수도 있다. 일반적으로 대상기업 경영진의 기업지배권이 강하고 수익성이 높은 성장기업이라면 이를 인수하고자 하는 기업은 주식공개매수의 과정을 거친다 하더라도 경영자와의 협상을 통해 우호적인 방식을 사용하게 된다. 그러나 경영진의 기업지배권이 약하고 수익성이 낮은 기업이 주식공개매수의 대상이라면, 인수기업은 경영진을 통하지 않고 직접 대상기업의 주주들과의 가격협상을 통해 주식을 확보하는 방식을 취한다.

주식공개매수를 추진하는 인수기업은 대상기업의 주식에 대해 일정한 가격을 제시하고, 이 조건에 주식을 팔려고 하는 주주가 있으면 어느 주주에게서나 그 회사의 주식을 사들이게 된다. 주주들은 자신들에게 흡족할 정도의 인수가격(tender price)이 제시되면 기존경영진의 입장은 고려하지 않은 채 서슴지 않고 자신의 소유주식을 팔게 될 것이다. 따라서 이와 같이 팔린 주식이 경영권을 확보할 정도가 되면 이 기업은 인수당하게 되며, 합병에 반대하였던 경영자는 자신이 설 땅을 잃게 되는 것이다.

제시되는 인수가격은 매수대상기업의 주주들이 주식을 팔도록 유인하기 위해서 현재 시장에서 거래되는 가격보다 상당히 높게 책정되는 것이 보통이다.

백지위임장투쟁

백지위임장투쟁(proxy contest)은 취득과는 관계가 없는 특정 회사의 경영권 다툼이다. 주식회사의 주주들은 보유주식 1주당 1개의 투표권을 갖는다. 그러나 대부분의 주주들은 주주총회에 참석하지 않고 그 투표권을 다른 사람에게 위임함으로써 투표권을 행사하게 되는데 이 투표권을 위임하는 형태가 백지위임장(proxy)이다. 주주총회가 가까워져 오면 경영자들은 주주들을 상대로 투표권의 위임을 권유하게 된다. 왜냐하면 경영권을 유지하기 위해서는 의결정족수에 해당하는 투표권을 확보할 필요가 있기 때문이다. 물론 기업의 경영정책에 불만이 없는 주주들은 현 경영자가 권유하는 백지위임장에 서명을 할 것이다. 그러나 현 기업의 경영자에게 불만을 가진 주주들은 다른 외부인의 백지위임장 권유에 더 귀를 기울일 수도 있다. 그들이 제시하는 이사진이나 미래경영계획 등이 주주 자신들의 이익에 더 크게 기여할 수 있다는 판단이 서면, 주주들은 백지위임장을 이 외부인에게 넘겨줄 수 있다. 만약 이 외부인들이 많은 백지위임장을 확보하여 이사회의 의석을 현 경영진보다 더 많이 차지한다면, 경영권은 이들에게로 넘어가는 것이다. 따라서 백지위임장투쟁은 백지위임장을 얼마나 많이 확보하느냐 하는 투쟁으로 볼 수 있다. 이때 외부인으로서 백지위임장투쟁에 참가하는 사람은 현재의 경영진에 대해 불만을 갖고 있으나 경영권이 없는 대주주들이나 경영권 획득을 노리는 투자자 등이다. 최근에 와서는 경영권시장에서 이러한 백지위임장투쟁은 줄어들고 앞에서 설명한 주식공개매수가 높은 비중을 차지하고 있다.

차입매수

차입매수(leveraged buyout : LBO)란 인수기업이 인수대상기업의 자산이나 미래수익을 담보로 외부에서 자금을 조달하고, 이 외부차입금을 이용하여 인수대상기업의 주식을 매입하여 경영권을 확보하는 방법이다. 자금여력이 충분하지 않은 인수기업은 인수대상기업의 자산이나 미래수익을 담보로 하여 금융기관에서 차입을 하거나, 채권을 발행하여 인수대상기업을 매입하는 데 사용할 자금을 조달할 수 있다. 이러한 LBO는 기업의 소유권이 이전되는 동시에 인수기업의 부채가 증가하여 자본구조가 일시에 변하게 되는 특징이 있다. 한편 LBO는 인수대상이 된 기업의 현 경영진에 의해 이루어질 수도 있는데 이를 경영자매수(management buyout : MBO)라 한다.

적대적 M&A의 방어방법

얼마 전까지만 해도 우리나라에서의 M&A는 재벌그룹의 계열사 간의 합병이나 기존에 영업관계를 맺고 있던 비공개 중소기업을 대기업이 인수하는 경우가 일반적이었다. 그러나 최근에 들어 자본시장이 발전하고 M&A에 대한 규제가 완화되면서 주식시장을 통한 공개적인 주식매수와 적대적인 인수가 증가하고 있다. 이 경우에 M&A의 대상이 되는 기업의 대주주나 경영진의 입장에서는 M&A가 자신들에게 유리한 결과만을 가져다주지는 않을 것이기 때문에 이에 대한 적극적인 방어수단을 강구하게 된다. M&A에 반대하는 경영진이나 대주주들이 사용할 수 있는 다양한 방어전략으로 다음과 같은 것들이 있다.

초다수결의규정 등 정관의 개정

적대적 M&A를 방어하는 방법의 하나는 회사정관에 주주총회에서 합병을 승인하는 데 필요한 의결권을 일반적인 과반수 다수결보다 훨씬 많은 초다수결의(super majority vote)로 정하는 것이다. 이러한 경우에 인수를 시도하는 투자자나 기업은 초다수결의를 확보하기 위해서 보다 높은 매수가격을 제시하여야 하며 시간도 많이 걸리게 되어 M&A의 성공가능성이 떨어지게 된다.

정관을 이용한 또 다른 방법은 이사들의 임기만료시기를 서로 다른 시점으로 분산시키는 것이다. 이를 시차임기제(staggered board)라 한다. 이 경우에 인수자는 기업을 인수한 직후에 곧바로 경영진을 대폭 교체하고 자신이 원하는 경영자를 임명할 수 없게 되어 경영에 어려움이 따르게 되므로, 이러한 규정이 있다는 것을 알면 M&A를 포기하게 될 가능성이 높아진다.

재매입 불가침계약

인수대상기업의 경영자들이 기업인수를 시도하는 기업 또는 투자자와 불가침계약을 맺는 방법도 있다. 재매입 불가침계약(repurchase standstill agreement)은 자기회사를 인수하려는 목적으로 시장에서 주식을 매입하여 일정한 지분을 확보하고 있는 투자자 또는 기업에게 시장가격에 프리미엄이 더해진 높은 가격으로 그들이 확보하고 있는 자사주식을 재매입해 주는 조건으로 M&A를 포기하도록 하는 것이다. 이때 주식을 대량매입한 뒤 경영진을 위협해 적대적 M&A를 포기하는 대가로 자신들이 확보한 주식을 비싼 가격에 되팔아 차익을 남기려는 투자자를 기업사냥꾼(corporate raider *or* green mailer)이라 부르며, 이들이 주식을 되팔기 위해 기존 경영진에 보낸 편지를 녹색편지(green mail)라고 부른다.

재매입을 하지 않는 경우에는 기업인수를 시도한 투자자가 더 이상 지분을 증가시키지 않는 대신에 그에게 일정한 경영참여를 인정하는 계약을 맺기도 한다. 그리고 자기회사가 인수대상기업이 될 가능성이 있는 경우에 경영진들은 자사주식을 재매입하거나 종업원들에게 자사주식을 매각하여 내부적으로 소유하고 있는 지분을 높임으로써 외부인의 기업인수를 어렵게 만드는 방법도 사용된다. 우리나라의 경우에도 적대적 M&A의 방어수단으로 자사주매입이 허용되고 있으며, 우리사주라고 불리는 종업원주주의 지분을 인정하고 있다.

사기업화와 차입매수

외부인에 의한 M&A의 위협이 있을 경우에 기존의 경영진이 기업을 사기업화하여 이러한 시도를 좌절시키는 방법도 자주 사용된다. 사기업화(going private)란 주식시장에 상장되어 있는 공개된 기업(public firm)을 소수의 투자자가 발행주식 전부를 인수하여 상장을 폐지시키고 사기업(private firm)으로 전환하는 것을 말한다. 사기업화는 기존의 경영진에 의해서 이루어지는 경우가 일반적이다. 사기업화하기 위해서는 발행주식 전부를 일반주주들로부터 현금으로 매입하여야 하기 때문에 대규모 자본이 필요하며, 이 경우에 부채를 차입하여 주식을 매입하는 차입매수(LBO)가 주로 이용된다.

독약(poison pill)조항

잠재적 인수자에게 그 기업을 인수할 경우 매우 불리한 결과를 가져오게끔 미리 마련해 둔 회사의 내규나 규정을 독약조항이라고 한다. 예를 들어, 기존의 주주들에게 M&A 후에 새 기업 주식의 상당량을 할인된 가격으로 살 수 있는 신주인수권을 부여하거나, 보통주로 전환할 수 있는 권리를 가진 전환사채를 제3자에게 발행할 수 있도록 회사의 정관에 미리 규정할 수 있다.

인수기업의 관점에서 독약조항은 M&A의 효과를 떨어뜨려 인수시도를 좌절시키는 치명적인 독약이 될 수 있다. 대상기업의 입장에서는 경영권 방어에 필요한 지분을 보다 수월하게 확보할 수 있다는 이점이 있다. 그러나 이는 단기적으로는 적대적 M&A를 방어할 수 있게 하지만, M&A 시장의 발전을 저해하고 기업의 가치를 떨어뜨리는 결과를 가져올 수 있다는 비판을 받는다.[2)]

기타 방어방법

황금낙하산(golden parachute)

황금낙하산은 기업이 외부인에게 인수되어 경영진이 교체될 경우에 퇴직에 따른 거액의 퇴직보상금을 기존의 경영진에게 지급하도록 하는 내용을 고용계약에 규정하는 방법이다. 이 경우 M&A가 이루어지더라도 거액의 보상금 지급으로 인해 기업가치가 크게 하락하므로 M&A의 매력이 떨어지게 된다. 기업이 인수될 경우에 회사가치가 하락하여 일반주주는 손해를 보지만 경영진만은 큰 보상금을 받고 회사를 빠져나가는 것을 비유한 말이다.

핵심자산(crown jewel) 매각

외부인이 기업을 인수하려고 시도하는 경우에 회사자산 중 가장 중요한 부분을 처분하여 인수기도를 와해시키는 것이다. 이 경우에 인수대상기업은 스스로 제 3의 회사를 설립하여 이 회사에 주요 재산을 매각하고 사용계약을 맺는 방법을 사용하기도 한다.

황금주(golden share)와 차등(복수)의결권주(dual class share)

황금주는 단 1주만으로도 주주총회의 결의사항에 거부권을 행사할 수 있는 권리를 갖는 주식을 말한다. 과거 유럽의 여러 국가에서 국영기업을 민영화하는 과정에서 정부가 민간기업을 통제하기 위한 수단으로 이용이 되었었다. 차등(복수)

---

2) 미국, 일본, 프랑스 등에서는 적대적 M&A의 방어수단으로 독약조항을 도입하고 있으나, 우리나라는 이를 인정하지 않고 있다.

의결권주는 1주당 1의결권을 갖는 원칙에서 벗어나 1주당 여러 개의 의결권을 갖는 주식을 말한다. 황금주나 차등의결권주를 보유하는 경우 적대적 M&A 시도를 손쉽게 무산시킬 수 있다.[3)]

백기사(white knight)

한 기업이 적대적인 M&A의 대상이 되었을 때, 이 기업의 현 경영진은 자신들에게 우호적인 제3자에게 우호적인 M&A를 제의할 수 있다. 이러한 우호적인 협상을 통하여 경영진은 적대적인 M&A 시도를 방어할 수 있으며 자신들의 경영권을 계속 유지할 수도 있다. 적대적인 인수자로부터 현재의 경영진을 구한다는 의미에서 우호적인 제3자를 백기사라 부른다.

18.3 M&A의 평가와 동기

M&A 평가의 기본원칙

M&A도 기업의 투자결정문제이므로, 자본예산의 특수한 경우로 생각할 수 있고, M&A 평가에 있어서도 다른 투자분석과 같이 순현가법(*NPV* method)을 사용하는 것이 바람직하다. 대상기업의 인수가 0보다 큰 순현가를 가져다준다면 M&A의 시도가 일어나게 된다.

간단한 예를 들어 보자. 100% 자기자본으로만 구성되어 있는 A, B 두 회사의 기업가치가 각각 50억 원, 10억 원이라고 하자. A회사가 B회사를 합병한 후의 회사를 AB라 하고, 합병 후 회사인 AB회사의 기업가치는 70억 원이 된다고 하자. 만일 대상기업인 B회사에서 15억 원의 인수가격을 요구한다면 A회사는 B회사를 합병할 것인가? 이 경우 A회사 입장에서 합병의 순현가(M&A의 *NPV*)는 다음의 식 18·1과 같이 계산할 수 있다.

---

3) 우리나라는 황금주나 차등의결권주를 도입하지 않고 있다.

$$합병의\ 순현가 = 합병\ 후의\ 기업가치 - 합병\ 전의\ 기업가치 \quad (18 \cdot 1)$$
$$= (AB회사의\ 가치 - 인수비용) - A회사의\ 가치$$
$$= (70 - 15) - 50 = 5(억\ 원)$$

합병의 순현가가 0보다 크므로 A회사는 B회사를 합병하고자 할 것이다. 이 문제를 자본예산의 증분현금흐름의 논리에 맞추어 생각해 보자. 순현가는 투자로 인한 증분현금흐름의 현재가치로부터 투자비용을 뺀 것이다. 합병의 경우 증분현금흐름의 현재가치에 해당되는 개념을 시너지(synergy)라고 하는데, 이는 두 회사가 합병함으로써 발생하는 가치가 합병 이전의 두 회사의 가치를 합한 것보다 클 경우 양자의 차이를 말하는 것이다. 위 예의 경우 시너지는 다음과 같다.

$$시너지 = AB회사의\ 가치 - (A회사의\ 가치 + B회사의\ 가치) \quad (18 \cdot 2)$$
$$= 70 - (50 + 10) = 10(억\ 원)$$

한편, 합병할 때 대상회사인 B회사가 요구하는 인수가격과 실제 B회사의 가치와의 차이가 있는데, 이를 합병프리미엄(M&A premium)이라 한다.

$$합병프리미엄 = B회사의\ 인수가격 - B회사의\ 가치 \quad (18 \cdot 3)$$
$$= 15 - 10 = 5(억\ 원)$$

이를 정리하면 이제까지 살펴본 합병의 순현가는 다음과 같이 시너지와 합병프리미엄의 차이로 계산할 수 있다.

$$합병의\ 순현가 = 시너지 - 합병프리미엄 \quad (18 \cdot 4)$$
$$= 10 - 5 = 5(억\ 원)$$

그러나 앞에서 설명한 예는 단지 M&A 평가의 기본골격을 보여주기 위한 것이었을 뿐, 실제 M&A의 평가는 이렇듯 단순한 것이 아니다. 한 기업의 가치를 결정한다거나 합병 후의 기업가치를 결정하기 위해서는 방대한 자료를 수집하여야 하며, 의사결정에 있어서 위험이 따르게 마련이다. 더욱이 M&A는 복잡한 법적 절차, 세금효과, 회계처리문제 등 높은 전문성이 요구되는 작업이며, 기업의 지배권이나 대리문제와 같은 계량적 측정이 어려운 점이 많기 때문에 정확한 순현가를 계산한다는 것은 결코 쉬운 일이 아니다. 이러한 구체적인 문제들을 살펴보는 것은 이 책의 수준을 넘어서므로 여기서는 생략하고, 다음에서는 시너지를 비롯한 M&A의 동기를 설명하는 이론들에 대해 살펴보자.

M&A의 시너지

앞에서 시너지를 구하는 기본적인 내용을 살펴보았다. 여기서는 시너지를 자본예산의 할인현금흐름법의 틀에 맞추어 살펴보고, 시너지를 가져오는 구체적인 요인에는 어떤 것들이 있는지 알아보기로 한다.

앞에서 M&A의 시너지를 다음과 같이 정의하였다.

시너지=AB회사의 가치−(A회사의 가치+B회사의 가치)

기업의 가치는 미래현금흐름을 할인한 현재가치이므로 각 현금흐름에 대한 할인율이 같다고 단순화하면, 위 식의 시너지는 다음과 같이 나타낼 수 있다.

$$\text{시너지} = \sum_{t=0}^{\infty} \frac{1}{(1+k)^t}[CF_t^{AB} - (CF_t^{A} + CF_t^{B})]$$

$$= \sum_{t=0}^{\infty} \frac{1}{(1+k)^t} \Delta CF_t \qquad (18\cdot5)$$

식 18·5에서 CF^{AB}는 합병 후 현금흐름을, CF^{A}, CF^{B}는 합병 전 A기업과 B기업 각각의 현금흐름을 나타내고 있다. 따라서 ΔCF_t는 합병기업의 t시점의 현금흐름과 합병을 하지 않을 경우의 A, B기업의 t시점의 현금흐름의 합과의 차이, 즉 합병에 의한 증분현금흐름을 나타낸다. k는 합병 후의 증분현금흐름을 할인하기 위한 위험조정할인율이다. 자본예산의 현금흐름측정에서 설명한 것과 같이 증분현금흐름 ΔCF_t는 다음과 같은 여러 가지 증분요소의 결합으로 생각할 수 있다.

$$\Delta CF_t = \Delta\text{수익} - \Delta\text{비용} - \Delta\text{세금} \qquad (18\cdot6)$$

따라서 M&A로 발생하는 시너지의 원천도 식 18·5와 식 18·6에 따라 M&A에 따른 수익의 증가, 비용의 감소, 그리고 세금의 절약 등으로 분류할 수 있다.

한편, 식 18·6의 수익, 비용, 세금 등의 항목은 기업의 영업활동과정에서 나타나는 것이기 때문에 이를 영업시너지(operating synergy)라고 하며, 식 18·6에서 할인율 k를 포함한 재무적 측면에서도 시너지가 발생할 수 있는데 이를 재무시너지(financial synergy)라고 한다. 이를 하나하나 살펴보자.

수익의 증가

마케팅의 효율화

한 기업이 다른 기업을 취득하면 마케팅면에서 큰 이득을 올릴 수 있다. 유통채널을 강화시킬 수 있고, 광고에 있어서도 큰 효과를 볼 수 있으며, 균형잡힌 제품구성(product mix)을 갖게 되어 범위의 경제(economy of scope)효과에 따른 수익의 증대를 가져올 수 있다.

전략적 우위

두 회사가 합병함으로써 경쟁적인 기업환경에서 전략적 우위를 차지할 수 있다. 예를 들어 휴대폰제조회사가 인터넷정보검색회사를 합병한다면, 정보검색기능이 뛰어난 휴대폰을 생산하는 데 다른 휴대폰제조회사보다 전략적 우위를 점할 수 있다.

시장지배력 및 독점지배력

한 기업이 동종산업에 속하는 다른 기업을 합병함으로써 시장에서의 위치를 높일 수 있으며 극단적으로는 독점적 지위를 차지할 수 있다. 따라서 독점적 이윤을 얻을 수 있으며, 시장에서 발언권이 커지게 된다.

비용의 감소

규모의 경제

일반적으로 기업은 적정량을 생산할 수 있는 규모가 되어야 생산단위당 비용을 감소시킬 수 있다. 규모의 경제(economy of scale)는 일반적으로 수평적 합병에서 나타나게 된다.

수직적 결합의 경제성

기업운영의 경제성은 수평적 합병에서도 나타나지만 수직적 결합에서도 나타난다. 수직적 결합의 목적은 서로 영업활동이나 생산기술 등에서 수직적으로 관련되어 있는 기업활동을 서로 조화시키기 위한 것이다.

자원의 상호보완

M&A를 통해 기존기업들의 자원을 더욱 효과적으로 활용하거나, 새로운 요소를 취득할 때 비용의 절약을 가져올 수 있다. 예를 들어 테니스용품 판매가게에서 스키용품 판매가게를 흡수하였다면, 여름 · 겨울 모두 안정된 영업을 할 수 있을 것이며 가게의 공간과 인적 자원의 활용도가 높아질 것이다.

비효율적인 경영진의 교체

두 기업이 결합됨으로써 무능한 경영진을 교체할 수 있으며, 중복되는 경영진의 수를 감소시킴으로써 기업은 운영비를 절감할 수 있다.

세금의 절약

M&A는 정상적인 소득에 대한 세율과 자본이득세율의 차이, 그리고 이월결손금의 승계가능성에 따라 세금을 절약할 수 있는 하나의 수단이 될 수 있다. 예를 들어 자본이득세율이 낮은 경우에는 배당을 적게 하거나 전혀 하지 않는 성장기업을 인수한 다음 그 기업이 성장한 후 매각한다면 그 차액에 대해 소득세율이 아닌 자본이득에 대한 세율로 세금을 납부함으로써 법인세를 절약할 수 있고, 이월결손금을 승계하는 것이 가능하다면 수익성 있는 기업이 이월결손금이 누적된 기업의 합병을 통해 법인세를 절약할 수 있다.

세금과 관련된 또 다른 유인 중의 하나는 인플레이션이 클 때 기업의 오래된 역사적 원가를 대상으로 한 감가상각의 불이익을 해소하기 위해서이다. 합병과정을 통해 기업의 고정자산은 새로이 시가로 평가되게 되므로 이에 따라 증가된 감가상각비를 세금회피수단으로 활용할 수 있다.

재무시너지

M&A를 통해 기업의 규모가 커지게 되면 기업의 공신력이 올라가고 위험분산

효과를 얻을 수 있다. 이 경우 대규모 증권발행이 가능해지고 이에 따른 발행비용의 상대적인 절약 등에 힘입어 외부에서 자금을 조달할 때 드는 자본비용, 즉 할인율을 줄일 수 있다. 또 여유현금을 많이 보유하고 있으나 좋은 투자기회를 갖지 못한 기업이 좋은 투자기회를 갖고 있으나 여유자금이 없는 기업을 합병하게 되는 경우에는 주식이나 사채를 새로 발행하여 자금을 조달하지 않고도 좋은 투자안에 투자를 할 수 있게 되므로 자본비용의 상승 없이 기업가치를 증가시킬 수 있다. 또한, M&A로 기업이 벌어들이는 미래현금흐름의 위험이 분산되고 기업규모가 증가하게 되면 부채의 수용능력도 그만큼 커지게 되는데, 이는 곧 파산위험을 줄이면서 부채사용을 늘릴 수 있음을 의미한다. 파산위험의 증가 없이 부채사용을 늘릴 수 있는 경우 기업가치는 이자의 감세효과 증분만큼 커지게 된다.[4)]

이와 같은 M&A에 따르는 자본비용의 감소와 부채수용능력의 증대에 따른 기업가치 증가를 재무시너지라 부른다.

시너지 이외에 M&A의 동기를 설명하는 요인들

저평가가설

저평가가설(under-valuation hypothesis)은 자본시장의 불완전성을 염두에 둔 전통적인 M&A의 동기이론이다. 시설을 확장하려는 한 기업이 새로운 회사를 설립하는 방안과 기존의 기업을 합병하는 방안을 고려하고 있다고 하자. 저평가가설에 따르면, 만일 대상기업의 주가수준이 적정한 가치에 비해 낮다고 하면 합병에 의해 기존기업을 인수하는 것이 새로운 설비투자를 통해 회사를 설립하는 것보다 유리하다. 즉 저평가 대상기업을 합병하는 것이 비용이 적게 들고, 합병 후에는 재평가과정을 거침에 따라 재평가된 가치만큼의 가치증가를 가져와 그만큼 순현가가 커질 수 있다는 것이다.

기업가치의 저평가 여부를 판단하는 지표로 자주 사용되는 것이 토빈의 q비율

---

4) M&A에 따른 미래현금흐름의 위험분산에 따라 부채수용능력이 증가하는 것이 궁극적으로 기업가치를 증가시킬 수 있는가에는 이의가 있을 수 있다. 즉 M&A로 채권자들의 부는 증가하지만 주주의 부는 감소할 수 있다.

(Tobin's q-ratio)이다. 토빈의 q비율은 기업의 시장가치를 기업이 보유한 자산의 대체원가(replacement cost)로 나눈 값이다.

$$q\text{비율} = \frac{\text{기업의 시장가치}}{\text{기업자산의 대체원가}} \tag{18·7}$$

식 18·7에서 분자는 주식과 부채의 시장가치를 합한 것이다. 분모는 기업이 보유하고 있는 자산을 현 시점에서 대체할 때 소요되는 비용을 나타낸다.

자산의 시장가치가 대체원가보다 커서 q비율이 1보다 크면 그 기업은 투자금액에 비해 많은 현금흐름을 창출하는 기업이다. 반대로 q비율이 1보다 작으면, 그 기업은 투자금액에 비해 현금흐름이 적은 기업이다. 만일 q비율이 1보다 낮은 이유가 비효율적인 경영으로 인해 주식이 저평가되어 나타나는 현상이라면 이런 기업은 적대적 M&A의 표적이 될 수 있다.

| 예 1 | (주)평양의 발행주식 수는 100만 주이며, 주당 시장가격은 10만 원이다. (주)평양은 현재 액면가 500억 원의 부채를 사용하고 있으며 부채의 시장가치는 액면가와 같다. 한편, 증권분석가들은 (주)평양이 현재 보유하고 있는 자산과 생산능력이 동일한 자산들을 구입하는 경우 총 2,000억 원의 비용이 들 것으로 추정하고 있다. (주)평양의 q비율을 구하라.

$$(\text{주})\text{평양의 } q\text{비율} = \frac{(100\text{만 주} \times 10\text{만 원} + 500\text{억 원})}{2{,}000\text{억 원}} = 0.75$$

경영자주의

합병은 주주의 이익을 위해서가 아니고 경영자가 자신의 이익을 위해서 기업규모를 확대시키려는 동기에서 추구된다는 주장이 경영자주의(managerialism) 이론이다. 일반적으로 경영자들은 기업규모를 확대시키는 것이 자신의 경영능력을 과시하는 것이라고 생각하고 있으며, 이것이 자신의 위치를 확고히 해 주는 수단이 된다고 보고 있다. 따라서 경영자들은 자신이 내린 의사결정이 반드시 기업가치의 최대화를 위한 결정이 아니더라도, 자신의 효용을 증진시킬 수만 있다면 그와 같은 결정을 내릴 수도 있는 것이다.

대리이론

경영자주의가 경영자 시각에서 바라본 M&A의 이점이라면, 대리이론은 주주의 입장에서 M&A의 이점을 설명하는 것이라고 할 수 있다. 소유와 경영의 분리는 경영자의 특권적 소비나 낭비적 투자, 경영자활동에 대한 주주의 감시비용 등의 대리비용을 발생시킨다. 특히 많은 잉여현금(free cash flow)을 가지고 있으면서 적절한 투자대상을 찾지 못할 때는 대리비용이 증가한다. 이러한 대리비용을 발생시키는 기업은 합병의 대상이 되는 것이 보통이다. 효율적 경영으로 대리비용을 감소시킬 수 있기 때문이다. 이때 M&A는 경영자의 지위를 위협하는 수단이 된다. 즉 대리비용을 발생시키는 경영진의 비효율적 경영활동으로 말미암아 기업가치가 하락하게 되면 그만큼 인수대상기업이 될 확률이 커지고, 이는 경영자의 지위를 위협하는 수단이 되는 것이다. 따라서 M&A는 경영진의 활동을 효율화함으로써 주주가 지불하게 될 대리비용을 그만큼 낮추어 주는 역할을 한다.

18.4 우리나라의 M&A 현황

다음에서는 최근 기간에 이루어진 우리나라의 M&A 현황을 살펴보도록 한다. 다음의 [그림 18-2]에 2010~19년의 기간 동안 우리나라에서 이루어진 M&A 건수와 금액을 나타내었다.

[그림 18-2]를 보면 2010~19년 기간 중 M&A 건수 및 금액이 대체적으로 증가하는 모습을 볼 수 있다. 2010년에 499건, 215.4조 원이었던 M&A 실적은 2019년에는 766건에 448.4조 원에 달하고 있다. 이는 우리나라의 M&A 시장이 지속적으로 성장하고 있음을 나타낸다.

[그림 18-2]에서 살펴본 전체 M&A 실적에서 각 산업이 차지하는 비중은 과거에는 제조업에 속한 기업들의 M&A가 절반 이상을 차지하였으나, 최근에는 산

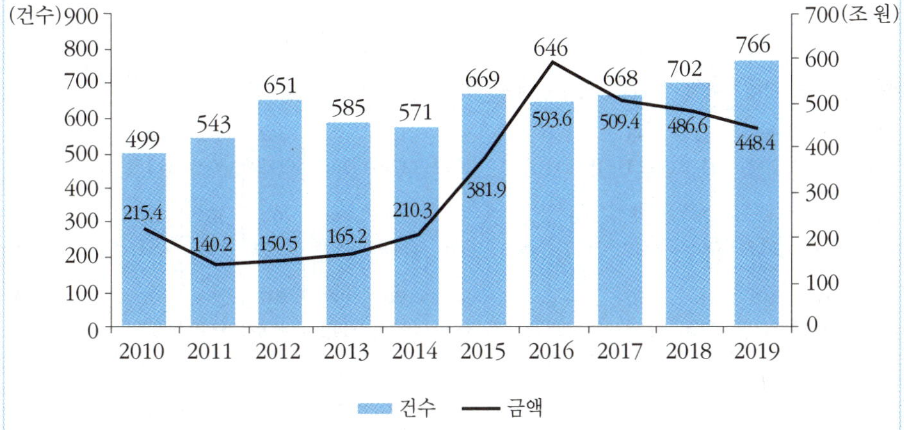

자료 : 「공정거래백서」, 공정거래위원회, 2015, 2018, 2020.

그림 18-2 최근 M&A 심사 건수 및 금액 추이(2010~19년)

업구조의 다양화와 고도화로 그 비중이 줄어들고 서비스업에 속한 기업들이 차지하는 비중이 크게 증가하고 있다.

〈표 18-1〉에 [그림 18-2]에서 나타낸 M&A 건수를 경제적 측면에서 수평적 합병, 수직적 합병, 다각적 합병의 형태로 분류하여 나타내었다.

2019년 기준 우리나라에서 이루어진 M&A는 수평적 합병이 약 34%, 수직적 합병이 약 8%, 그리고 다각적 합병이 약 58%를 차지하고 있다. 〈표 18-1〉에서 보듯이 우리나라 M&A 중 중요한 비중을 차지하는 것은 다각적 합병이다. 이는 그동안 재벌기업들의 주도하에 이루어진 기업확장의 결과와 업종다각화를 통한 새로운 분야로의 사업확대를 추구한 결과를 나타내는 것이라고 추측된다. 한편, 그동안 우리나라에서 이루어진 M&A를 M&A의 동기에 따라 분류하여 보면, 전체에서 업종다각화와 재무구조개선의 동기에 따른 M&A가 가장 큰 비중을 차지하고 있으며, 그 외에 생산공정의 합리화, 유통구조의 개선, 분리독립 등의 동기가 중요한 요인으로 나타나고 있다. 이러한 동기들은 앞서 살펴보았듯이 M&A를 통한 시너지를 가져다주는 요인들이다.

〈표 18-2〉에 M&A의 방법에 따라 주식취득, 임원겸임, 흡수합병, 자산취득(영업양수), 신설합병(회사설립)으로 구분하여 나타내었다.

표 18-1 M&A의 유형별 분류

(단위 : 건, %)

구분	2015			2016			2017			2018			2019		
	계열	비계열	전체	계열	비계열	전체	계열	비계열	전체	계열	비계열	전체	계열	비계열	전체
수평적 합병	71 (10.6)	117 (17.5)	188 (28.1)	71 (11.0)	143 (22.1)	214 (33.1)	58 (8.7)	128 (19.2)	186 (27.8)	71 (10.1)	142 (20.2)	213 (30.3)	96 (12.5)	162 (21.1)	258 (33.7)
수직적 합병	24 (3.6)	61 (9.1)	85 (12.7)	26 (4.0)	52 (8.0)	78 (12.1)	35 (5.2)	64 (9.6)	99 (14.8)	36 (5.2)	67 (9.5)	103 (14.7)	26 (3.4)	38 (5.0)	64 (8.4)
다각적 합병	98 (14.6)	298 (44.6)	396 (59.2)	84 (13.0)	270 (41.8)	354 (54.8)	77 (11.5)	306 (45.8)	383 (57.4)	99 (14.1)	287 (40.9)	386 (55.0)	67 (8.7)	377 (49.2)	444 (58.0)
계	193 (28.8)	476 (71.2)	669 (100)	181 (28.0)	465 (72.0)	646 (100)	170 (25.4)	498 (74.6)	668 (100)	206 (29.4)	496 (70.6)	702 (100)	189 (24.7)	577 (75.3)	766 (100)

자료 :「공정거래백서」, 공정거래위원회, 2018. 2020

표 18-2 M&A의 방법에 따른 분류

(단위 : 건, %)

구분	2015	2016	2017	2018	2019
주식취득	258(38.6)	242(37.5)	263(39.4)	226(32.2)	251(32.8)
임원겸임	74(11.1)	47(7.3)	62(9.3)	70(10.0)	68(8.9)
흡수합병	160(23.9)	145(22.4)	132(19.7)	164(23.4)	152(19.8)
자산취득	83(12.4)	82(12.7)	82(12.3)	78(11.0)	81(10.6)
신설합병	94(14.0)	130(20.1)	129(19.3)	164(23.4)	214(27.9)
계	669(100)	646(100)	668(100)	702(100)	766(100)

자료 :「공정거래백서」, 공정거래위원회, 2018. 2020

〈표 18-2〉의 결과를 보면 지금까지 M&A의 방법으로 가장 많이 사용된 것이 주식취득에 의한 것이었으며 신설합병, 흡수합병, 자산취득의 순서를 보이고 있다. 신설합병(회사설립)이 차지하는 비중은 최근 들어 그 비중이 대체로 증가하고 있다. 주식취득은 32~40%의 높은 비중을 보이는데 이는 다른 회사의 지배권을 획득하는 방법으로 그 절차가 번거롭고 많은 자금이 소요되는 합병이나 자산취득보다는 공개매수 등의 방법을 많이 사용하고 있음을 암시한다. 임원겸임은 주식취득 이후에 경영권 안정을 위한 후속조치로 이용되는 것으로 볼 수 있다.

중요용어

- 합병 mergers
- 취득 acquisitions
- 흡수합병 merger
- 신설합병 consolidation
- 주식공개매수 tender offer
- 백지위임장투쟁 proxy contest
- 차입매수 leveraged buyout
- 시너지 synergy
- 영업시너지 operating synergy
- 재무시너지 financial synergy
- 황금주 golden share
- 독약조항 poison pill
- 합병프리미엄 M&A premium
- 경영자주의 managerialism
- 저평가가설 under-valuation hypothesis
- 합병의 순현가 *NPV* of M&A
- 적대적 M&A hostile takeover
- 차등(복수)의결권주 dual class share
- 토빈의 *q*비율 Tobin's *q*-ratio
- 기업지배권 corporate control

연 | 습 | 문 | 제

18-1 기업의 지배권을 획득하기 위하여 사용되는 방법을 설명하라.

18-2 적대적 M&A를 방어하는 방법을 설명하라.

18-3 M&A의 시너지를 발생시키는 원천을 설명하라.

18-4 M&A를 하게 되는 동기에는 어떠한 것들이 있는가?

18-5 차등(복수)의결권주와 독약조항이 적대적 M&A를 방어하는 수단으로 어떻게 활용될

수 있는지 설명하라.

18-6 토빈의 q-비율이 M&A의 기회를 평가하는 지표로 어떻게 사용될 수 있는지 설명하라.

18-7 자기자본만으로 구성된 기업 A와 B의 시장가치는 각각 500억 원과 200억 원이다. A기업이 B기업을 합병하려고 하는데 A기업은 합병 후 기업가치를 800억 원으로 예상하고 있다. B기업이 A기업에게 인수가격으로 250억 원을 요구한다면 A기업은 이 제안을 받아들여야 하는가?

18-8 백두기업은 한라기업과 합병할 계획을 가지고 있다. 백두기업의 시장가치는 50억 원이며 한라기업의 시장가치는 20억 원이다. 두 기업은 모두 자기자본만으로 운영되고 있고, 백두기업이 한라기업을 인수할 경우 영구적으로 5,000만 원의 추가적인 현금흐름이 발생할 것으로 기대하고 있다. 현금흐름의 적절한 할인율은 10%로 평가된다.

① 합병의 시너지를 계산하라.

② 한라기업은 합병조건으로 합병 후 기업의 주식 30%나 또는 25억 원의 현금을 요구하고 있다. 각 경우에 백두기업이 부담하는 M&A 프리미엄을 각각 구하라.

③ 위 ②의 조건이라면 백두기업은 주식인수와 현금인수 중 어떤 것을 선택하여야 할까?

제 19 장

글로벌기업의 재무관리

현대의 기업들은 자국 내의 활동에 국한하지 않고 세계 각국을 대상으로 글로벌 시장에서 기업활동을 한다. 예를 들어, 많은 기업들이 외국에 투자하거나 해외 자본시장에서 자금을 조달한다. 우리나라 기업도 예외는 아니다. 특히 우리나라에서는 1997년도의 외환위기와 2008년도의 글로벌 금융위기를 겪으면서 국제금융시장과 연계된 금융산업의 구조개편과 세계화가 급속히 진전되었으며, 많은 기업들이 글로벌기업으로 크게 성장하였다.

이 장에서는 글로벌기업의 재무관리와 관련된 기본적인 문제들인 외환시장, 환율, 환위험, 국제자본예산, 그리고 국제자본조달에 관한 내용을 살펴본다.

생·각·의·전·당

Apple이나 삼성전자, 현대자동차 같은 글로벌기업은 국내에서만 활동을 하는 기업과 사뭇 다른 행동을 한다. 이들 기업의 경우 R&D, 생산, 마케팅, 자본조달, 고용 등의 활동이 다국적으로 이루어지고, 때로는 다문화를 포용하여 현지화된 기업활동을 펼친다. 글로벌기업들은 환위험은 물론 각국의 국가위험(country risk)을 관리하지 않으면 안 된다. 또 글로벌기업은 다양한 금융상품을 이용하여 글로벌 금융시장에서 자금을 조달하며, 파생상품을 이용하여 환위험과 국가위험을 관리한다. 글로벌기업의 경영자가 갖추어야 할 역량에 대해 생각해 보자.

19.1 국제재무관리의 의의

지금까지는 활동의 범위가 한 나라에 국한되어 있는 기업의 재무관리를 다루었다. 그러나 오늘날의 기업들은 그 활동범위가 한 나라에만 국한되는 것이 아니라, 여러 국가에 걸쳐 있다. 경영활동이 여러 국가에 걸쳐서 이루어지고 있는 기업을 다국적기업(multinational corporation)이라 한다. 최근에는 글로벌기업(global corporation)이라는 용어가 널리 쓰이고 있는데, 이는 다국적기업에 대한 새로운 용어 또는 국제무대에서 다국적기업보다 더 유기적이고 복합적인 활동을 하는 기업의 의미로 받아들여진다. 이러한 다국적기업(또는 글로벌기업)은 한 나라에 본사를 두고 외국에 지사 또는 해외법인을 설립하여 운영하는 것이 보통이다.

다국적기업은 1950년대를 전후하여 미국을 중심으로 크게 발달하기 시작하였으며, 1960년대와 1970년대를 거치면서 다국적기업은 세계적인 현상이 되었으며, 외국에서의 영업활동이 차지하는 비율이 50% 이상인 회사가 크게 증가하였다. 예를 들어 2020년 기준으로 Apple은 해외매출 비중이 60%를 넘으며, 삼성전자는 해외매출 비중이 80%를 넘는다. 세계 각국에서 많은 기업들이 해외투자를 활발하게 진행하고 있으며, 해외자본시장에서의 자금조달 또한 빈번히 이루어짐에 따라 이들 기업의 국제적인 재무활동이 중요한 관심사가 되고 있다.

글로벌기업의 재무관리가 한 나라에서만 활동하는 기업의 재무관리와 본질적으로 다른 점은 없다. 다만 글로벌기업의 재무관리는 한 국가에서만 활동하는 기업에 대한 재무관리보다 몇 가지 변수가 더 고려되어야 한다는 점이 다르다. 이를 구체적으로 적어 보면 다음과 같다.

첫째, 기업이 여러 국가에서 활동할 때는 서로 다른 여러 가지의 통화로 거래가 이루어지기 때문에 이에 따른 문제가 발생한다. 대표적으로 각국 통화 간의 교환 비율인 환율(exchange rate)이 변함에 따라서 기업의 현금흐름이 변동할 위험이 따르게 되는데, 이와 같은 위험을 환위험(foreign exchange risk)이라 한다.

둘째, 경제적 · 정치적 · 사회적 · 문화적 특성이 다른 여러 나라에서 활동함으로 말미암아 추가적 위험이 발생하게 되는데 이를 통틀어 국가위험(country risk)이라 한다. 여기에는 가장 극단적인 형태인 기업재산의 몰수(expropriation)뿐만 아니라 각국의 정책 · 관습 · 문화에 의해서 외국기업에 가해지는 여러 가지 제약이 있다. 가장 대표적인 제약요인은 외환통제, 과실송금통제, 해고에 대한 제약 등이다.

위에서 설명한 환위험과 국가위험은 기업이 국제화됨에 따라 반드시 고려해야만 하는 중요한 두 요인이다. 최근에는 국제금융시장의 발전으로 파생상품을 이용한 헤지(hedge)방법이 등장하여 글로벌기업은 국제경영활동으로 인한 환위험을 관리할 수 있는 수단을 가지게 되었으며, 국가 간에는 이중과세방지협정 및 투자활동을 보장하는 조약을 체결하여 국가위험을 감소시키려는 노력을 하고 있다. 환위험의 관리방법에 대해서는 제 4 절에서 설명하고 있다.

19.2 외환시장

외환시장(foreign exchange market)은 한 국가의 화폐와 다른 국가의 화폐가 서로 교환되는 시장이다. 외환시장은 특정 거래소에서 외환거래가 이루어지는 것뿐만 아니라 세계 각국의 은행이나 외환브로커들이 컴퓨터 단말기나 전화, 인터넷 또는 기타 통신기기를 이용하여 세계 곳곳에서 거래가 형성되는 점두시장(over-

표 19-1 현재환율 조회

2021년 2월 1일 (단위 : 원)

통화명	현찰		매매기준율
	사실 때	파실 때	
미국 USD	1,137.56	1,098.44	1,118.00
일본 JPY (100)	1,086.24	1,048.88	1,067.56
유로 EUR	1,382.71	1,328.77	1,355.74
영국 GBP	1,565.70	1,505.22	1,535.46
중국 CNY	181.61	164.33	172.97
스위스 CHF	1,278.33	1,228.95	1,253.64
호주 AUD	872.57	838.87	855.72
홍콩 HKD	147.04	141.36	144.2
사우디아라비아 SAR	316.84	277.51	298.07
태국 THB	39.21	35.11	37.35
싱가포르 SGD	857.35	823.91	840.63
베트남 VND (100)	5.42	4.28	4.85
필리핀 PHP	25.58	21.36	23.26
캐나다 CAD	892.63	858.15	875.39
러시아 RUB	15.85	13.19	14.82
대만 TWD	45.14	37.13	39.92

자료 : 하나은행(www.kebhana.com).

the-counter market)을 포함한다. 외환거래는 대개 세계 각국의 주요 상업은행(commercial banks)과 중앙은행들 사이에 일어나며, 기업은 이들 은행을 통하여 외환을 사거나 팔게 된다.

환율

환율(exchange rate)은 한 나라의 화폐가 다른 나라의 화폐로 교환되는 비율이다. 외환시장에서 환율은 일반적으로 미국 달러를 기준으로 표시된다. 즉, 1달러를 구입하는 데 필요한 외국화폐의 가격으로 나타낸다. 예를 들면 ₩1,000/$는 1달러를 구입하는 데 원화 1,000원이 필요하다는 것을 나타낸다. ¥110/$와

€1.25/$는 각각 1달러를 구입하는 데 일본의 엔화는 110엔이 필요하고 유럽연합의 유로화는 1.25유로가 필요하다는 것을 뜻한다.

환율은 시장상황에 따라 매일매일 변화한다. 원/달러 환율이 1,000원에서 1,020원이 되었다면 원화에 대한 달러의 상대적 가치가 상승했다는 것을 의미하고 이때 환율이 올랐다고 말한다. 1달러를 매입하기 위하여 지불해야 할 원화가 이전에 비하여 20원 증가한 것이다. 원화를 기준으로 생각하면 달러에 대한 원화의 상대적 가치가 하락한 것이다. 이런 경우 '원화가 평가절하(depreciation)되었다' 또는 '원화가 약세'라고 말한다. 반대로 원/달러 환율이 1,000원에서 950원이 되면 원화에 대한 달러의 상대적 가치가 하락한 것이고 환율이 내렸다고 말한다. 이때는 원화의 상대적 가치가 올라간 것으로 '원화가 평가절상(appreciation)되었다' 또는 '원화가 강세'라고 말한다.

외환시장에서의 외환거래는 크게 현물거래, 선물환거래, 그리고 스왑거래의 세 가지 유형으로 구분할 수 있다.

현물환과 현물환율

현물환거래는 계약과 동시에 외환이 인도되는 거래를 말한다(즉시라고 하지만 보통 계약 후 1~2일 후에 결제된다). 현물환거래에서 형성되는 각국 화폐 간의 환율을 현물환율(spot exchange rate)이라 한다. 은행에서는 매일매일 원화 대 외화의 현물환율을 발표하고 있다. 〈표 19-1〉은 2021년 2월 1일자의 원화와 다른 나라 통화 간의 현물환율을 보여주고 있다. 매매기준율은 한국은행이 전날 은행들 간의 외환거래에서 적용된 환율을 평균하여 발표하는 환율로 각 은행들이 고객들과의 외환거래 시 적용할 환율을 결정할 때 기준으로 이용된다. 〈표 19-1〉에서 '현찰 살 때'의 환율은 일반수요자가 은행에서 외환을 사는 가격(은행에서 일반수요자에게 외환을 파는 가격)이며, 이를 매도율(ask rate)이라 한다. '현찰 팔 때'의 환율은 외환소유자가 은행에 외환을 파는 가격(은행이 외환소유자로부터 외환을 사는 가격)이며, 이를 매입률(bid rate)이라고 한다.

이러한 '현찰 살 때'의 환율과 '현찰 팔 때'의 환율은 은행이 매매기준율에 현찰조달비용 등을 고려하여 자율적으로 결정한다. 〈표 19-1〉에서 보면 하나은행이

고시하는 '현찰 살 때'의 환율이 1,137.56원이고 '현찰 팔 때'의 환율이 1,098.44원이다. 즉 하나은행이 고객에게 1달러를 팔 때는 1,137.56원을 받고, 1달러를 살 때는 1,098.44원을 주겠다는 것이다. 이 차이, 즉 매도율과 매입률의 차이를 매매스프레드(bid-ask spread)라고 한다. 이것은 은행이 외환을 보유하게 됨으로써 부담하는 위험에 대한 보상이라고 할 수 있다.

외환차익거래

현물환거래는 세계적으로 연결되어 있으며, 저렴한 비용으로 정보가 교환되기 때문에 각국 간의 환율은 서로 밀접한 관계를 맺고 있다. 예를 들어서 〈표 19-1〉에서 매매기준율을 보면 미국 달러화에 대한 원화의 환율은 1 : 1,118.00이며, 유럽연합 유로화에 대한 원화의 환율이 1 : 1,355.74이므로 미국 달러화에 대한 유럽연합 유로화의 균형환율은 1 : 1,118.00/1,355.74이다. 즉 1달러는 0.82유로에 교환되어야 한다. 만일 달러화와 유로화 사이에 이와 같은 균형환율로 거래가 이루어지지 않고, 1달러가 0.90유로에 거래된다고 하면 어떻게 될까? 우리나라 원화를 미국 달러화로 교환하여 이것으로 다시 유로화를 구입하고, 이 유로화를 원화로 바꿀 경우 차익을 얻을 수 있다. 즉, 현재 1,118.00원을 1달러로 교환하고, 이것으로 0.90유로를 구입한 후 다시 원화로 교환하면 1,220.17(=0.90×1,355.74)원이 되므로 외환시장의 불균형을 이용해서 102.17원의 차익(arbitrage profit)을 얻을 수 있다. 이러한 거래를 외환차익거래(foreign exchange arbitrage)라고 한다. 현물환율들 사이에 불균형상태가 발생하면 이와 같은 차익거래가 이루어져서 궁극적으로는 차익거래기회가 사라지는 점에서 외환시장이 균형을 이루게 된다.

선물환과 선물환율

선물환거래(forward trade)는 미래의 특정 시점에 해당 외화를 인도 또는 인수하겠다는 계약을 하는 선도거래를 말한다. 이 계약은 미래의 일정한 시점에서 일정한 환율로 일정한 금액을 서로 교환하겠다는 쌍방의 합의이다. 그러므로 실질적인 외환거래는 미래시점에 이루어지지만 외환의 가격, 즉 환율은 현시점에서 쌍방의 합의에 의하여 결정되는 것이다. 현시점에서 미래의 거래에 대해 결정

표 19-2 일본 엔화 대 미국 달러화의 환율

기간	환율
현물환율	¥104.54/$
1개월 선물환율	¥104.53/$
3개월 선물환율	¥104.53/$
1년 선물환율	¥104.52/$

되는 환율을 선물환율 또는 선도환율(forward exchange rate)이라고 한다. 〈표 19-2〉는 2021년 2월 10일자 파이낸셜 타임즈(*Financial Times*)에 실린 일본 엔(¥)화 대 미국 달러($)화의 현물환율과 선물환율을 보여주고 있다.

〈표 19-2〉의 첫째 줄을 보면 현물거래에서 1달러를 사기 위해서는 104.54엔이 필요하다는 것을 알 수 있다. 또 선물환거래에서 1달러에 대한 1개월 선물환율은 104.53엔이며, 12개월(1년) 선물환율은 104.52엔이다. 선물환거래의 기간이 길어짐에 따라 1달러를 사는 데 필요한 엔이 점점 줄어드는 것을 알 수 있다. 즉 엔화의 가치가 오르고 있다. 〈표 19-2〉와 같이 엔화의 가치가 현물환거래에서보다 선물환거래에서 높은 경우 엔화는 달러에 대하여 할증(premium)되어 거래된다고 말한다. 반대로 달러화는 선물환거래에서 엔화에 대하여 할인(discount)되어 거래된다고 한다.

통화선물과 차액결제선물환

선물환거래와 비슷한 형태이지만 조직화된 시장에서 거래되는 통화선물(currency futures)이 있다. 통화선물은 선물환거래와 마찬가지로 미래의 일정시점에서 외화를 인도 또는 인수하겠다는 계약이지만 세계 중요통화에 대해서만 표준화되어 조직화된 시장에서 거래된다는 점이 다르다. 또 국내의 외환시장 외에도 홍콩, 싱가포르, 뉴욕, 그리고 런던 등의 해외시장에서 원/달러 차액결제선물환(non-deliverable forward: NDF)이 비거주자를 중심으로 활발하게 거래되고 있다. 차액결제선물환은 결제일에 일정한 명목원금에 대하여 결제시점의 현물환율과 선물환율의 차이에 해당하는 금액만큼을 기준통화(일반적으로 달러화)로 정산하는 선물환계약이다. 차액결제선물환은 명목원금의 교환 없이 환율차이에 해당하는 금액만큼을 정산하기 때문에 계약불이행위험이 작다. 또 달러화로 결제되기 때문에 국제금융시장에서 잘 거래되지 않는 통화에 대해서도 거래가 활발하다.

스왑

스왑(swap)은 두 거래당사자가 현시점에서 통화를 교환하고 미래의 일정시점에서 재교환할 것을 약속하는 계약이다. 대표적으로 통화스왑(currency swap)이 있다. 예를 들어 우리나라의 KT&G는 미국에 있는 자회사에 투자하기 위해 달러화가 필요하고, 미국의 코카콜라사는 한국에서 활동하는 자회사를 위해 원화가 필요하다고 하자. 이때 KT&G는 원화를 코카콜라사에 빌려주는 대신 코카콜라사로부터 달러화를 받고, 1년 후에 다시 달러화를 되돌려주고 원화를 받는 계약을 체결할 수 있다. 이 경우 KT&G는 1년 동안 달러화를 사용하는 대신 원화의 사용을 포기하는 것이 되며, 코카콜라사는 1년 동안 원화를 사용하는 대신 달러화의 사용을 포기하는 것이 된다. KT&G가 미국에 잘 알려져 있지 않아서 달러화의 차입이 어렵거나 차입조건이 까다로울 경우, 또 코카콜라사도 한국에서 원화조달이 쉽지 않은 경우에 이러한 통화스왑은 두 거래당사자 모두에게 이익이 될 수 있다.

외환스왑

현물환의 거래 없이 선물환을 매입하거나 매도하는 경우도 있지만 현물환을 거래하고 동시에 선물환을 반대방향으로 거래하는 경우도 많다. 이렇게 현물환과 선물환을 동시에 반대방향으로 거래하는 것을 외환스왑(foreign exchange swap: Forex swap *or* FX swap)이라고 한다. 외화에 대한 실수요를 바탕으로 환위험을 헤지하고자 하는 기업들은 선물환을 주로 거래하는 데 비해 외화에 대한 다양한 욕구를 가지고 있는 은행들은 외환스왑을 많이 거래한다. 통화스왑은 주로 장기자금조달이나 이에 따른 환위험을 관리하는 수단으로 이용되는 데 비해 외환스왑은 단기자금조달과 이에 따른 환위험을 헤지하는 수단으로 주로 이용된다. 또한 통화스왑은 매기간 해당 통화에 대한 이자를 서로 교환하는 데 비해 외환스왑은 중간에 이자교환이 없으며 결제일에 선물환율로 원금만을 다시 교환한다.

19.3 환율에 대한 시장균형이론

외환시장에서 결정되는 환율은 이론적으로 각 나라의 인플레이션율(실물시장)과 이자율(금융시장)의 상호작용에 의하여 결정된다. 외환시장, 실물시장, 금융시장은 독립된 하나의 개별시장이지만 이들은 환율, 인플레이션율, 이자율을 매개로 하여 상호 작용하고, 국제적 차익거래를 통해 균형을 이루게 된다. 환율에 대한 시장균형이론은 다음의 [그림 19-1]에 나타나 있다. 환율이 실제로 어떤 메커니즘을 통해 시장에서 균형을 이루게 되는가를 살펴보도록 하자.

구매력평가이론

구매력평가이론(purchasing power parity : PPP)은 스웨덴의 구스타프 카셀(Gustav Cassel)에 의해 제창된 이론으로서 가장 널리 알려져 있다. 이 이론에 의하면 어떤 상품의 구입비용은 거래가 일어나는 국가에 관계없이 같아야 한다는 것이다. 그렇지 않은 경우 차익거래가 일어나기 때문이다. 이 논리를 한국과 미국의 전반적인 물가수준에 적용하면 두 나라의 물가와 환율 사이에는 다음과 같은 관계가 성립해야 한다.

$$\text{한국의 물가} = (\text{원}/\text{달러}) \times \text{미국의 물가}$$

이 식은 물가와 환율 간의 관계를 나타내는 기본적인 구매력평가식이다. 특정 시점의 구매력평가식을 전기의 구매력평가식으로 나누면 (1+한국의 물가상승률) = (1+원/달러 환율의 변동률)×(1+미국의 물가상승률)의 관계가 얻어진다. 따라서 구매력평가이론하에서는 양 국가의 물가상승률의 기대치(기대인플레이션율)의 차이를 반영하여 미래현물환율의 기대치가 결정된다. 이를 식으로 나타내면 다음과 같다.

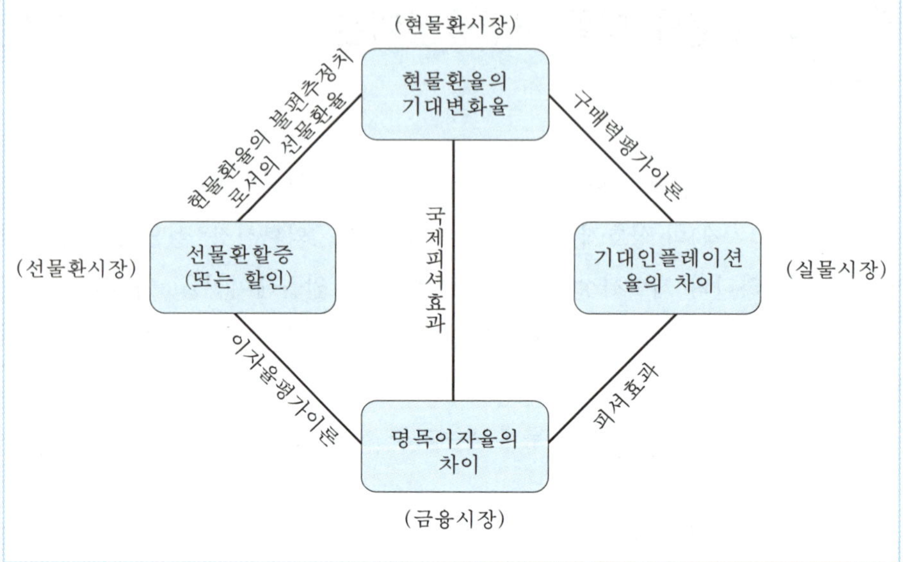

그림 19-1 환율에 대한 시장균형이론

$$E(S_1) = S_0\left(\frac{1 + I_{₩}}{1 + I_{\$}}\right) \tag{19·1}$$

$E(S_1)$: 원화와 달러화 간의 1기 후 현물환율(₩/$)의 기대치
S_0 : 원화와 달러화 간의 현물환율
$I_{₩}$: 한국의 기대인플레이션율
$I_{\$}$: 미국의 기대인플레이션율

식 19·1은 현물환율에 두 나라의 기대인플레이션율의 차이가 반영되어 미래현물환율의 기대치가 결정됨을 나타낸다. 식 19·1은 대략적으로 쓰면 다음과 같이 나타낼 수 있다.

$$\frac{E(S_1) - S_0}{S_0} \approx I_{₩} - I_{\$} \tag{19·1$'$}$$

위 식은 두 나라의 기대인플레이션율의 차이가 현물환율의 기대변동률의 근삿값이 될 수 있음을 보여준다. 예를 들어 원화와 달러화의 현물환율이 1,200원이며, 향후 1년간의 한국의 기대인플레이션율이 4%이며 미국의 기대인플레이션율은 2%라 하자. 이 경우 1년 후의 원화와 달러화의 현물환율의 기대치를 계산해 보자.

앞의 식 19·1을 이용하면 1년 후 현물환율에 대한 기대치는 다음과 같이 1,223원으로 계산된다.

$$E(S_1) = 1,200\left(\frac{1.04}{1.02}\right) = 1,223$$

현물환율의 기대변동률은 1.92%(=(1,223/1,200)−1)로 두 국가의 기대인플레이션율의 차이 2%(=4%−2%)와 비슷함을 알 수 있다.

국제피셔효과

피셔효과

각 나라의 인플레이션율은 그 나라의 명목이자율에 영향을 미친다. 이를 피셔효과(Fisher effect)라고 하는데 식으로 나타내면 다음과 같다.

$$(1 + r_N^j) = (1 + r_R^j)(1 + l_j) \quad \text{또는} \quad r_N^j \approx r_R^j + l_j \qquad (19\cdot2)$$

r_N^j: j국의 명목이자율
r_R^j: j국의 실질이자율
l_j : j국의 기대인플레이션율

식 19·2에서 보는 것과 같이 어떤 나라의 명목이자율은 그 나라의 실질이자율에 기대인플레이션율을 합한 것과 대략적으로 같다. 즉 한국과 미국의 실질이자율이 같고 한국의 인플레이션율이 미국의 인플레이션율보다 2% 높을 것으로 예상된다면, 한국의 명목이자율은 미국의 그것보다 2% 높아진다는 것이다. 이는 국제금융시장이 균형을 이루면 세계 어느 나라에서나 실질이자율은 같게 되며, 따라서 명목이자율은 각 나라의 기대인플레이션율의 차이만큼 달라지게 된다는 이론이다.

국제피셔효과

구매력평가이론과 피셔효과를 결합하면 국제피셔효과(international Fisher effect)가 성립된다. 이는 두 나라 사이의 현물환율은 두 나라 사이의 명목이자율의 차이가 조정되어 결정된다는 이론이다. 즉 미국과 한국의 실질이자율이 동일하고 원화의 명목이자율이 미국 달러화의 명목이자율보다 2% 높게 예상되면, 원화의 가치가 미국 달러화에 대하여 2% 떨어져 기대현물환율이 결정된다는 것이다.

국제피셔효과를 식으로 나타내면 다음과 같다.

$$E(S_1) = S_0\left(\frac{1+r_{₩}}{1+r_{\$}}\right) \tag{19·3}$$

$r_{₩}$: 원화의 명목이자율

$r_{\$}$: 달러화의 명목이자율

식 19·3은 1기 후의 현물환율의 기대치는 현물환율에 두 나라의 명목이자율의 차이가 반영되어 결정됨을 보여준다. 식 19·3은 다음과 같이 대략적으로 표현할 수 있다.

$$\frac{E(S_1)-S_0}{S_0} \approx r_{₩}-r_{\$} \tag{19·3)′}$$

식 19·3′와 같이 대략적으로 표현하면 두 나라의 명목이자율의 차이는 현물환율의 기대변동률과 같다는 것을 알 수 있다. 예를 들어 원화와 달러화의 현물환율이 1,200원이며, 향후 1년간의 한국의 명목이자율이 6%, 미국의 명목이자율이 4%라 하자. 이 경우 1기 후 현물환율의 기대치는 다음과 같이 1,223원이다.

$$E(S_1) = 1,200\left(\frac{1.06}{1.04}\right) = 1,223$$

현물환율의 기대변동률 1.92%(=(1,223/1,200)−1)는 두 국가의 명목이자율의 차이 2%와 비슷한 수치이다.

이자율평가이론

이자율평가이론(interest rate parity : IRP)이란 두 나라 간의 명목이자율의 차이는 선물환율의 할증(또는 할인)과 동일하다는 것이다. 선물환계약을 체결하면 현재시점에서 미래의 환율을 고정시켜 놓을 수가 있다. 그런데 선물환율의 할증(또는 할인)이 두 나라 간의 명목이자율 차이를 반영하지 못한다면 즉각적으로 차익거래가 발생하게 된다.

예를 들어 설명하여 보자. 현재 달러화에 대한 원화의 환율이 1,200원이고, 미국과 한국의 명목이자율은 각각 4%, 6%이며, 달러화에 대한 원화의 3개월 선물환율이 1,216원이라고 하자. 이때 10,000달러를 미국에서 투자하는 경우(대안 ①)와, 10,000달러를 원화로 바꾸어 한국에서 투자함과 동시에 3개월 선물환매입계약을 체결하여 3개월 후에 다시 달러화로 바꾸는 경우(대안 ②)를 비교하여 보자.

먼저 대안 ①의 경우에 기말에 얻는 수익을 구해 보자. 10,000달러를 미국에서 투자하는 경우 3개월 후에 받게 되는 금액은 다음과 같다.

$$\$10,000 \times (1+0.04)^{\frac{1}{4}} = \$10,099$$

대안 ②의 경우에 기말에 얻는 수익을 구해 보자. 한국에서 투자하는 경우 3개월 후에 받게 되는 금액은 다음과 같다.

$$₩12,000,000 \times (1+1.06)^{\frac{1}{4}} = ₩12,176,086$$
$$12,176,086/1,216 = \$10,013$$

대안 ①과 대안 ②가 기말에 얻는 수익에 86달러의 차이가 발생하였다. 이런 경우 투자자가 한국에서 1,200만 원을 차입하여 이를 10,000달러로 환전한 후 미국에 투자하여 3개월 뒤에 10,099달러를 받은 후 이를 달러당 1,216원에 환전하여(₩12,280,384) ₩12,176,086을 갚으면 자기자금과 투자위험을 전혀 부담하지 않으면서 104,298원(86달러)의 차익을 얻을 수 있다. 이와 같은 거래를 금리차익거래(covered interest arbitrage)라고 부른다.

효율적인 시장에서는 차익이 발생할 수 없으며 위의 두 투자안의 투자성과는 같아야 한다. 즉 미국 달러화로 투자한 것과 원화로 투자한 것에 차이가 있을 수 없으며 1년을 기준으로 한 경우 다음의 관계식이 성립하여야 한다.

$$\$10,000(1+r_{\$}) = \$10,000 \times S_0 \times (1+r_{₩}) \div F_0$$

F_0 : 0시점에서 결정된 1년만기의 선물환율(₩/$)

이를 선물환율 F_0를 기준으로 하여 정리하면 다음과 같다.

$$F_0 = S_0\left(\frac{1+r_{₩}}{1+r_{\$}}\right) \qquad (19 \cdot 4)$$

식 19·4는 선물환율이 현재의 환율에 두 나라의 명목이자율의 차이가 조정되어 결정됨을 말해 준다. 식 19·4를 대략적으로 표현하면 아래와 같이 표현할 수 있다.

$$\frac{F_0 - S_0}{S_0} \approx r_{₩} - r_{\$} \qquad (19 \cdot 4)'$$

식 19·4′는 두 나라의 명목이자율 차이가 선물환율의 할증 또는 할인과 대략적으로 같다는 것을 나타내 준다. 앞의 예에서 차익거래의 기회가 없도록 하는 3개월만기의 균형선물환율은 다음과 같이 1,205.7원이다.

$$F_0 = 1,200\left(\frac{1.06}{1.04}\right)^{\frac{1}{4}} = 1,205.7$$

선물환율의 불편추정성

선물환율은 미래현물환율의 기댓값과 밀접한 관계를 가지고 있다. 선물환계약의 매입 및 매도 의사결정은 미래의 현물환율에 대한 기대에 달려 있다. 선물환율의 불편추정성은 선물환율은 미래현물환율의 기댓값과 같다는 내용이다.

예를 들어 설명하여 보자. 현재 달러화에 대한 원화의 3개월 선물환율이 1,250원이라고 하자. 만약 어떤 투자자가 3개월 후의 달러화에 대한 원화의 현물환율이 1,260원이 될 것이라고 예상한다면, 이 사람은 지금 선물환시장에서 싸게 평가되어 있는 원화를 선물환계약을 통해서 1달러당 1,250원에 사고 3개월 후 현물시장에서 1,260원에 판다면 10원의 이익이 생긴다. 따라서 외환시장에 참가하고 있는 모든 사람이 3개월 후 현물환율이 1,260원이 될 것으로 예상한다면 선물환거래에 대한 수요가 증가하여 선물환율이 1,260원으로 상승하게 될 것이다. 즉 선물환율이 미래현물환율의 기댓값과 같을 때 선물환시장은 균형상태에 놓이게 된다. 이것을 식으로 나타내면 다음과 같다.

$$F_0^t = E(S_t) \qquad (19 \cdot 5)$$

F_0^t: 0시점에서 결정한 t시점의 선물환율

$E(S_t)$: t시점의 현물환율의 기대치

식 19·5는 선물환율이 미래현물환율에 대한 불편추정치로서의 역할을 수행함을 나타낸다. 이러한 관계는 투자자들의 합리적 기대와 위험중립성을 전제로 성립하는 것이다. 이러한 전제가 충족되지 않을 경우 선물환율은 미래현물환율의 기댓값과 다를 수 있다.

지금까지 우리는 실물시장에서의 기대인플레이션율의 차이, 금융시장에서의 이자율 차이, 현물환율의 기대변동률, 선물환율 할증(또는 할인) 상호 간의 관계를 살펴보았다. 그러나 지금까지 살펴본 네 부문의 관계를 나타내는 이론들이 언제나 성립하는 것은 아니다. 구매력평가이론과 피셔효과는 경제적 논리로 보아서는 지극히 타당한 이론들이나 실제로는 등식관계가 성립하지 않는 경우가 많다. 미래 인플레이션율과 이자율의 예측에 불확실성이 존재하며 국가 간의 자본이동에 제약이 존재하기 때문이다. 그러나 이자율평가이론은 투자자들이 차익거래를 통하여 경쟁적으로 이윤을 추구하는 효율적인 시장에서는 항상 성립한다. 또한 미래현물환율이 선물환율과 항상 같아지는 것은 아니지만 선물환율은 현재시점에서 투자자들의 미래현물환율에 대한 기대를 종합적으로 반영하고 있다.

19.4 환위험

환위험의 의의

환위험(foreign exchange risk *or* foreign exchange exposure)이란 환율의 변동으로 인하여 기업의 현금흐름이 변동할 가능성을 말한다. 무역업자나 다국적기업은 영업활동을 위하여 자국통화 이외의 다른 통화를 이용하여 거래를 해야 하는 경우가 많다. 세계 모든 나라의 환율이 고정되어 있다면 외화를 이용한 거래에서 환위험은 발생하지 않는다. 그러나 세계 대부분의 통화에 대한 환율은 거의 매일 변하며 이러한 환율변동은 기업활동에 환위험을 발생시킨다.

세계 경제환경이 복잡해지고 불확실성이 증가함에 따라 세계 각국의 환율은 과거에 비해 보다 심하게 변동하고 있다. 이에 따라 국제적인 거래를 하는 기업이든 국내에서만 거래를 하는 기업이든 간에 환율변동에 의한 영향을 더욱 크게 받게 되었다. 예를 들어 외국에 수출을 하는 기업이나 외국에서 수입을 하는 기업은 수출입 시점의 환율과 대금이 결제되는 시점의 환율에 차이가 발생함에 따라 현금흐름의 변동이 발생한다. 또한 국내에서만 영업활동을 하는 기업도 환율변동에 따른 원자재구입가격과 제품판매가격 등의 변화에 따라 현금흐름에 차이가 발생하게 된다.

예를 들어 설명해 보자. 우리나라의 아라온일렉트론은 3개월 후에 미국에 1,000만 달러어치의 LED TV를 수출하기로 계약을 맺었다. 현재 원화와 달러화 간의 환율이 1달러에 1,200원이며 LED TV의 생산원가는 115억 원이라고 하자. 이 회사가 현재 대금을 받는다면 120억(=10,000,000×1,200) 원을 받을 수 있다. 그런데 이 회사는 3개월 후에 LED TV수출대금 1,000만 달러를 받게 되며, 이 대금의 원화가치는 3개월 후의 현물환율에 달려 있다. 만약 환율이 하락하여(원화의 가치가 상승하여) 달러당 1,100원이 되면 이 회사가 받게 되는 금액은 110억 원이고, 환율이 상승하여(원화가치가 하락하여) 1,300원이 되면 130억 원을 받는다. 이 회사가 수출계약을 맺은 TV를 생산하는 데 드는 원가는 115억 원이었으므로 환율이 상승하는 경우 15억 원의 이익이 생기지만 환율이 하락하는 경우에는 5억 원의 손해를 본다. 이와 같이 환율변동에 따라 아라온일렉트론이 수출대금으로 받는 대금의 가치는 변하게 된다.

환위험의 헤지

환위험이 커짐에 따라 많은 기업들은 이 환위험을 헤지(hedge)하려는 노력을 기울이고 있다. 환위험의 헤지란 환율변동에 따른 기업의 현금흐름의 변동가능성을 없애는 것을 말한다.

앞의 아라온일렉트론이 환율변동으로 인한 미래현금흐름의 불확실성을 제거하기 위하여 쉽게 이용할 수 있는 방법으로 선물환시장과 금융시장을 이용하는 방법을 살펴보자.

선물환시장을 이용한 환위험 헤지

환위험을 헤지하는 대표적인 방법은 선물환시장(또는 통화선물)을 이용하는 것이다. 현재 원화에 대한 3개월만기 선물환율이 1,250원이라고 하자. 이 회사는 수출계약이 이루어짐과 동시에 선물환시장에서 미화 1,000만 달러를 1달러당 1,250원에 파는 3개월 만기의 선물환거래를 한다. 3개월 후 이 회사가 미국의 무역업자로부터 1,000만 달러를 받으면 선물환거래에 따라 1,000만 달러를 1달러당 1,250원에 팔 수 있으므로 125억 원을 받게 된다. 선물환율은 현시점에서 이미 결정되어 있는 것이므로 아라온일렉트론이 3개월 후에 받게 될 금액은 미래의 현물환율의 변동에 관계없이 항상 125억 원으로 고정되어 있다. 따라서 아라온일렉트론은 현재시점에서 이 수출계약으로부터 10억 원의 순이익이 발생하게 된다는 사실을 알고 거래를 할 수 있다.

금융시장을 이용한 환위험 헤지

환위험을 헤지하는 유용한 또 하나의 방법은 수출계약과 동시에 외환시장에서 3개월 후에 받게 되는 수출대금 1,000만 달러의 현재가치분(=1,000만 달러를 달러화 이자율로 3개월간 할인한 금액)을 달러화로 빌린 후 이를 현물환율 1,200원에 원화로 바꾸어 국내은행에 3개월간 예치하는 것이다. 이 기업은 3개월 후 미국 무역업자로부터 받는 1,000만 달러로 달러화 차입액의 원리금 1,000만 달러를 갚으면 된다. 원화예금에 대한 이자율과 달러화차입에 대한 이자율은 이미 결정되어 있으므로 이자율에 대한 불확실성은 없다. 따라서 아라온일렉트론은 3개월 후에 원화예금에 대한 원리금을 확실하게 확보할 수 있다. 예를 들어 미국의 연간 이자율이 4%이며 한국의 연간 이자율은 6%라 하자. 아라온일렉트론은 현재시점에서 미국의 은행으로부터 9,902,427달러(=1,000만/$(1+0.04)^{\frac{1}{4}}$)를 차입한 뒤 이 금액을 현재환율 1,200원으로 원화로 바꾼 금액 118억 8,291만(=9,902,427×1,200)원을 연간 이자율 6%로 한국의 은행에 3개월간 예금할 수 있다. 3개월 후에 갚아야 할 달러차입액은 정확히 1,000만 달러(=$9,902,427\times(1+0.04)^{\frac{1}{4}}$)이므로 수출대금 회수액으로 갚을 수 있다. 결국 아라온일렉트론은 환율변동과 관계없이 원화예금의 원리금 120억 5,728만(=118억 8,291만×$(1+1.06)^{\frac{1}{4}}$)원을 확보할 수 있다.

19.5 국제자본예산

통합된 금융시장과 해외투자안의 평가

국가에 관계없이 세계의 모든 금융시장에서 유사한 증권의 가격이 같은 방식으로 결정되고, 위험이 같은 증권의 기대수익률이 같게 되며, 한 시장을 다른 시장과 분리시키는 법적 또는 그 이외의 제약이 없을 때, 국제금융시장이 통합되었다고 말한다. 금융시장이 통합되는 경우 투자자는 외환뿐 아니라 각국에서 거래되는 증권을 자유롭게 매매할 수 있고, 국가 간 자본이동과 차익거래에 아무런 제약이 없다.

통합된 국제금융시장(internationally integrated financial markets)에서는 식 19·4로 표현되는 이자율평가이론이 언제나 성립한다. 그렇지 않을 경우 차익거래가 가능하기 때문이다. 이자율평가이론이 성립하는 경우 해외투자안을 평가할 때 국내통화와 외국통화(현지통화) 중 어느 것을 선택해야 할지의 문제는 의미가 없다. 왜냐하면, 어느 통화로 평가하더라도 언제나 같은 결과를 가져다주기 때문이다. 예를 통해 이를 살펴보자.

미국 시장에 투자하고 있는 한국 기업 (주)KS는 내용연수가 1년이고 1년 후에 $100,000의 현금흐름이 발생할 것으로 예상되는 투자안을 검토하고 있다. 현재 원/달러 현물환율은 1,000원이며 1년만기 선물환율은 1,019.61원이다. 달러표시 현금흐름의 평가를 위한 할인율은 2%이며, 원화표시 현금흐름의 평가를 위한 할인율은 4%이다. 이 투자안을 ① 달러화로 평가할 때 ② 원화로 평가할 때의 투자가치를 계산해 보자.

① 달러화로 평가할 때

이 투자안의 달러표시 현재가치 $PV^{\$}$는 다음과 같다.

$$PV^{\$} = \$100,000/(1+0.02) = \$98,039.21$$

달러표시 투자안의 가치는 현물환율을 이용하여 언제든지 원화표시로 전환할 수 있다.

$$PV^{₩} = \$98,039.21 \times 1,000 = 98,039,210\text{원}$$

② 원화로 평가할 때

한편, (주)KS는 선물환을 매도하여 1년 후에 받게 될 달러를 원화로 확정하고 이를 원화표시 현금흐름에 대한 할인율로 할인하여 현재가치를 구할 수 있다. 따라서 이 경우 원화표시 현재가치 $PV^{₩}$은 다음과 같다.

$$PV^{₩} = \frac{(\$100,000 \times 1,019.61)}{(1+0.04)} = 98,039,210\text{원}$$

또 위 금액을 현물환율을 이용하여 달러로 전환하면 다음과 같이 \$98,039.21이다.

$$PV^{\$} = \frac{98,039,210}{1,000} = \$98,039.21$$

위의 평가에서 보는 것처럼 현물환율과 선물환율을 이용하여 투자안의 가치를 달러화 또는 원화로 언제든지 전환할 수 있기 때문에 어떤 통화로 평가해도 그 결과는 항상 동일하다.

해외투자안의 평가절차

앞서 본 것처럼 이자율평가이론이 성립하는 시장에서는 해외투자안을 국내통화와 현지통화 중 어느 것에 의해 평가해도 무방하다. 그러나 대개의 경우 현지통화를 기준으로 미래현금흐름을 추정하고 이를 국내통화로 전환한 후 순현가를 구하는 과정을 따른다. 이럴 경우 해외투자안의 평가절차를 요약하면 다음과 같다.

① 해외투자에서 발생하는 모든 현금흐름을 현지통화로 추정한다.
② 미래 기대현물환율 또는 선물환율을 이용하여 원화로 환산한다.
③ 적정할인율로 할인하여 *NPV*를 계산한다.
④ 환위험과 국가위험을 고려한다.

표 19-3 **미국 현지공장 투자안의 현금흐름**

(단위 : 백만 달러, 억 원)

항 목 \ 연 도	2021	2022	2023	2024	2025
현금흐름(백만 달러)	−20	6	6	6	6
기대현물환율(원/달러)	1,200	1,223	1,246	1,258	1,259
현금흐름(억 원)	−240	73.38	74.76	75.48	75.54

해외투자안의 평가가 이루어지는 과정을 다음의 예를 이용하여 구체적으로 살펴보자. 미국에 메모리반도체를 수출해 오던 아라온일렉트론은 현지에 반도체 생산공장을 세우려고 한다. 이 계획에 소요되는 금액은 총 2,000만 달러이며 앞으로 4년간 매년 600만 달러의 현금흐름이 있을 것으로 예상된다. 투자에 따른 기대현금흐름과 미래현물환율의 추정치를 〈표 19-3〉에 나타내었다. 아라온일렉트론은 이 투자를 하여야 할까?

아라온일렉트론의 투자안을 앞서 살펴본 평가절차에 따라 원화로 환산한 현금흐름을 〈표 19-3〉의 마지막 행에 나타내었다. 즉, 해외공장으로부터 발생하는 현금흐름을 미국 달러화로 측정한 후 미래의 기대현물환율을 곱해서 원화의 현금흐름을 계산하였다.

〈표 19-3〉에서 미래의 기대현물환율을 계산하는 것이 중요한데, 이는 앞에서 설명한 환율에 대한 시장균형이론을 이용하여 계산할 수 있다. 예를 들어 〈표 19-3〉에서 살펴본 시장균형이론이 성립함을 가정하고, 기대현물환율을 한국과 미국의 명목이자율 차이를 이용하여 국제피셔효과의 관계식으로부터 계산하여 보자. 국제피셔효과를 나타내는 관계식은 다음과 같았다.

$$E(S_1) = S_0\left(\frac{1 + r_{₩}}{1 + r_{\$}}\right)$$

표 19-4 **국제피셔효과를 이용한 기대현물환율의 계산**

항 목 \ 연 도	2021	2022	2023	2024	2025
한국의 명목이자율(%)		6	6	5	5
미국의 명목이자율(%)		4	4	4	4
기대현물환율(원/달러)	1,200	1,223	1,246	1,258	1,259

〈표 19-4〉에는 국제피셔효과를 이용하여 구한 기대현물환율이 계산되어 있다. 2021년 현재의 환율이 1,200원이고, 2022년 한국과 미국의 명목이자율은 각각 6%와 4%가 될 것으로 예상된다. 위의 자료를 이용하여 2022년의 기대현물환율을 계산하면 다음과 같다.

$$E(S_1) = 1,200\left(\frac{1.06}{1.04}\right) = 1,223\,(\text{원})$$

2023년의 기대현물환율은

$$E(S_1) = 1,223\left(\frac{1.06}{1.04}\right) = 1,246\,(\text{원})$$

이 된다. 이와 같은 방법으로 2024년과 2025년의 기대현물환율을 계산하면 각각 1,258원과 1,259원이 된다.

〈표 19-3〉에서 평가된 현금흐름을 이용하여 아라온일렉트론의 미국 현지공장 설립계획의 순현가를 계산하여 보자. 이 회사의 미국투자에 대한 할인율은 8%라고 하자. 순현가(*NPV*)를 계산하면 다음과 같다.

$$NPV = -240 + \frac{73.38}{(1.08)} + \frac{74.76}{(1.08)^2} + \frac{75.48}{(1.08)^3} + \frac{75.54}{(1.08)^4}$$
$$= 7.48(\text{억 원})$$

순현가가 7.48억 원으로 0보다 크므로 추가적으로 고려하여야 할 환위험과 국가위험이 없다면 아라온일렉트론은 이 투자안을 실행할 것이다.

여기서 주의해야 할 것은 국제투자안의 순현가를 계산하는 과정에서 기업 자체적으로 예상하는 환율을 이용해서는 안 된다는 것이다. 만약 아라온일렉트론의 재무관리자가 원화 대 달러화의 환율이 〈표 19-3〉에서 계산된 환율보다 훨씬 작은 값(예를 들어 1,000 또는 1,100 등)을 가질 것으로 예측했으며 이를 기준으로 투자안평가를 한다면, 위 투자안의 원화기준 현금흐름이 감소하여 순현가가 0보다 작아질 수도 있다.

그러나 미래의 현물환율은 기업 또는 개인이 예상하는 값을 사용해서 계산해서는 안 되며 반드시 시장에서 결정된 이자율이나 선물환율을 이용하여 계산해야 한다. 앞에서 설명했듯이 선물환계약이나 통화선물시장을 이용하면 미래의 현물환율의 변동에 관계없이 현재시점에서 미래의 환율을 고정시킬 수가 있다. 즉 현재시점에서 투자안으로부터 발생하는 미국 달러화의 현금흐름을 선물환율로 고정시켜 놓으면 원화의 현금흐름이 환율변동에 관계없이 확실한 값을 가지게 된다.

분할된 금융시장과 해외투자안의 평가

지금까지 살펴본 해외투자안의 평가는 국제금융시장이 통합되어 있다는 가정하에 유효하다. 그러나 이 가정은 비현실적일 수 있다. 예를 들어 금융시장의 효율성이 떨어지는 개발도상국의 경우, 모든 기업에게 똑같이 금융시장의 이용기회가 주어지는 것은 아니다. 통합된 금융시장에서와는 달리 여러 이유로 금융거래가 제약을 받게 될 때 시장은 분할되었다고 말한다. 다음에서는 분할된 국제금융시장(internationally segmented financial markets)의 경우 해외투자안의 평가에 어떤 문제점이 발생하는지를 살펴본다.

정보비대칭과 금융시장 이용기회의 차별성

국내시장과 해외시장의 분할을 가져오는 중요한 원인 중의 하나는 정보비대칭(information asymmetry)이다. 이로 인해 동일한 기업에 대한 평가가 국내시장과 해외시장에서 서로 다를 수 있다. 예를 들어 앞서의 예에서 살펴본 아라온일렉트론은 한국에서는 잘 알려진 기업이기 때문에 국내에서는 주식이나 채권을 쉽게 발행할 수 있으나 미국 시장에는 잘 알려지지 못한 탓에 현지에서의 증권발행에 어려움을 겪을 수 있다. 이런 상황에서 아라온일렉트론이 투자자금을 국내 대신 미국에서 조달할 경우, 현지의 투자자는 국내 투자자가 요구하는 것보다 더 높은 수익률을 요구하게 되고, 그 결과 자본비용이 상승하여 투자의 순현가는 작아지고 또 투자결정이 달라질 수 있다.

국가위험

현실에서 각국은 자국이 처한 상황에 따라 외국자본의 국내투자와 유·출입을 제한하기도 하고 배당송금을 제한하기도 하며 차별적인 세금을 부과하는 정책을 펴기도 한다. 이러한 위험을 국가위험(country risk)이라고 한다. 특히 사적 재산권에 대한 보호가 취약한 국가나 경제, 정치 환경이 불안정한 국가의 경우 상대적으로 국가위험이 높다. 국가위험이 큰 나라에 투자하는 투자자는 그에 따른 보상을 요구할 것이므로, 이러한 국가가 발행하는 국채의 수익률은 국가위험에 대한 프리미엄을 반영하여 무위험이자율보다 높게 결정된다. 국가위험이 존재하는 경우 식 19·4의 이자율평가이론은 더 이상 성립하지 않게 된다.

환위험

통합된 국제금융시장에서 기업은 금융시장이나 선물환 등의 파생상품을 이용하여 해외투자에 따른 환위험을 완전히 헤지할 수 있다. 그러나 현실 시장에서는 많은 국가의 통화가 유동성이 떨어지고 해당 통화를 기초자산으로 하는 파생상품이 존재하지 않는다. 이런 경우 이들 국가에 투자를 하는 기업은 환위험을 완전하게 헤지할 수가 없으며 그 결과 자본비용이 상승하고 투자의 순현가가 작아지게 된다.

해외투자안 평가에서의 시사점

국내와 해외 금융시장이 서로 분할된 경우 해외에 투자하는 기업은 이에 대해 유연하게 대응할 수 있어야 한다. 만일 시장분할이 정보비대칭이나 일시적인 자본통제 등 해소가능한 원인에 의한 것이라면 기업은 이를 기회로 삼아 유리한 투자를 할 수 있다. 즉 자신이 비교우위가 있는 국가에서 낮은 자본비용으로 자본을 조달한 후 높은 수익률을 얻을 수 있는 국가에 투자함으로써 시장분할에 따른 이득을 취할 수 있다. 또 해외자본의 투자유치가 필요한 국가는 이런 기회를 잘 활용할 줄 아는 기업에게 유리한 투자기회를 제공할 수도 있다. 물론 경쟁적인 시장에서 한 기업이 이러한 이득을 장기간 향유하는 것은 쉽지 않다.

19.6 국제자본조달

국제금융시장

기업이나 정부가 외화자금을 조달하기 위해서는 국제금융시장을 이용하여야 하는데 이때 어떤 금융시장을 어떤 방법으로 이용하여야 하는가 하는 문제가 대두된다.

예를 들어 우리나라의 어떤 기업이 미국 달러화로 1,000만 달러를 조달하기로 결정했다면 우선 1,000만 달러를 미국 내에서 영업하는 금융기관을 통해서 미국 내 시장, 즉 역내시장(internal market)에서 조달할 것인가, 아니면 미국 외에서 영업하는 금융기관을 통해 미국 외 시장, 즉 역외시장(external market)에서 조달할 것인가 하는 시장의 선택문제를 고려해야 한다. 그리고 다음으로는 채권이나 주식 발행을 통한 직접금융방법을 택할 것인가, 아니면 외국은행으로부터 차입하는 간접금융방법을 택할 것인가 하는 금융방법의 결정문제 또한 고려하여야 한다.

금융방법 및 시장을 중심으로 국제자본조달유형을 나타내 보면 〈표 19-5〉와 같다. 위에서 분류한 국제금융시장에 대하여 자세히 살펴보자.

표 19-5 국제자본조달의 여러 유형

금융방법 \ 시장	역내시장	역외시장
간접금융	현지금융기관	유로달러시장
직접금융	외국주식시장 외국채권시장	유로주식시장 유로채권시장

유로달러와 유로커런시 시장

유로달러(Eurodollar)란 미국 이외의 국가의 은행에 예치되어 있는 달러표시 예금을 지칭한다. 그 은행이 미국계 은행이든 아니든 상관없으며, 또 예금주가 미국 거주자이든 아니든 상관없다. '유로달러'라는 이름이 붙게 된 것은 이러한 자금이 주로 유럽지역에 편재해 있었기 때문에 "유럽에 있는 달러"라는 의미였지만, 지금은 유럽 이외에 싱가포르 · 리야드 등 아시아 주요 금융센터에서도 많이 거래되고 있기 때문에 이제는 특정 지역에 국한되지 않고 단지 미국 이외의 국가에 있는 달러표시 예금이란 의미로 쓰인다.

달러 이외에도 '유로달러' 형태의 통화가 많은데 유로(유럽연합), 파운드(영국), 엔(일본), 위안(중국) 등이 대표적이다. 이들 '유로달러' 형태의 통화를 총칭해서 유로커런시(Eurocurrency)라고 부른다. 유로달러와 유로커런시 시장의 공급자와 수요자는 주로 각국의 중앙은행, 정부 및 국제금융기관 등과 상업은행 및 대기업들이다.

유로달러시장에서 차입자에게 적용되는 금리는 런던 은행간 이자율(London Inter-Bank Offered Rate : LIBOR)이나 유럽 은행간 이자율(Europe Inter-Bank Offered Rate : EURIBOR)을 기준금리로 하여 스프레드(spread)라 불리는 고정적인 가산금리를 합한 것이다. 유로달러시장은 주로 기업의 단기자금원으로 많이 이용된다. 우리나라의 기업들도 유로달러시장에서 자주 자금조달을 하고 있다.

국제채권시장

유로달러시장이 단기자금의 공급원으로 주로 이용된다면, 중·장기 자금조달원으로는 국제주식시장과 국제채권시장이 이용되는데 이 중에서도 국제채권시장이 주로 이용된다. 국제채권(international bond)은 차입자의 소재국 이외에서 판매되는 채권을 말하는데, 외국채권(foreign bond)과 유로채권(Euro bond)의 두 가지로 나뉜다. 외국채권이란 차입자가 외국에서 해당국 통화표시로 발행한 채권을 말한다. 예를 들어 한국의 기업이 달러표시로 발행한 채권이 미국 증권거래소에 상장되어 거래된다면 이것이 외국채권이다. 외국채권 중 특히 미국에서 미국 달러화표시로 발행되어 거래되는 본드를 양키본드(Yankee bond)라 하고, 일본에서 엔화표시로 발행되어 거래되는 본드를 사무라이본드(Samurai bond)라 한다. 유로채권이란 채권에 표시된 통화의 발행국 이외의 지역에서 거래되는 채권을 말한다. 한국의 차입자가 달러표시 채권을 발행하여 런던 시장에서 매각하면 이 채권은 유로채권이 된다.

아시아달러와 오프-쇼어금융

유로달러 중 싱가포르에서 거래되는 것을 특히 아시아달러라고 한다. 아시아달러는 약간 특이한 성격을 갖는데, 이는 오프-쇼어자금이다. 오프-쇼어(off-shore)금융이란 한 나라의 예금취급기관이 비거주자(외국인 등)로부터 외화예금을 받아 비거주자에게만 대출할 수 있고 그 외화자금이 국내로 유입되는 것을 금하는 금융방식이다. 이때의 외화자금을 오프-쇼어자금이라 한다. 오프-쇼어금융센터는 싱가포르 · 바레인 · 바하마 · 홍콩 · 버뮤다 · 동경 · 룩셈부르크 · 스위스 등에 있다.

아시아달러시장에서 차입자에게 적용되는 금리는 보통 싱가포르 은행간 이자율(Singapore Inter-Bank Offered Rate : SIBOR)이라고 하는 기준금리에 일정률의 가산금리인 스프레드를 더해 이루어진다.

중요용어

- 환율 exchange rate
- 외환시장 foreign exchange market
- 선물환 forward exchange
- 헤지 hedge
- 유로달러 Eurodollar
- 오프-쇼어금융 off-shore financing
- 국제피셔효과 international Fisher effect
- 금리차익거래 covered interest arbitrage
- 국제자본예산 international capital budgeting
- 국가위험 country risk
- 통합된 국제금융시장 internationally integrated financial markets
- 런던 은행간 이자율 LIBOR
- 환위험 foreign exchange risk
- 현물환율 spot exchange rate
- 스왑 swap
- 유로채권 Euro bond
- 외국채권 foreign bond
- 선물환율 forward exchange rate
- 외환차익거래 foreign exchange arbitrage
- 구매력평가이론 purchasing power parity : PPP
- 이자율평가이론 interest rate parity : IRP

연 | 습 | 문 | 제

19-1 국제적으로 활동을 하는 기업이 한 국가 내에서만 활동을 하는 기업에 비해 추가적으로 고려하여야 할 점에는 어떤 것들이 있는지 설명하라.

19-2 선물환거래에 대해 설명하라.

19-3 환율에 대한 시장균형이론에 대해 설명하라.

19-4 해외투자안의 자본비용이 국내투자안의 자본비용과 다른 점을 설명하라.

19-5 해외투자안을 평가하는 과정을 설명하라.

19-6 환위험을 헤지하는 방법에 대해 설명하라.

19-7 국제금융시장이 분할되어 있는 경우 해외투자안 평가에서 어떠한 점들을 추가적으로 고려해야 하는지 설명하라.

19-8 이자율평가이론이 성립한다고 가정하자. 현물시장과 90일만기 선물환시장에서 1엔(¥)은 0.0086달러($)이다. 일본 금융시장에서 만기가 90일인 무위험채권의 수익률은 4.6%이다. 이 경우 미국 시장에서 만기가 90일인 무위험채권의 수익률은 얼마인가?

19-9 외환시장에서 미국 달러화에 대한 원화의 환율은 1 : 1,200이며 일본 엔화에 대한 원화의 환율은 100 : 900이다. 이때 달러화에 대한 엔화의 환율이 1 : 150이라면, 외환차익거래를 이용하여 차익을 얻을 수 있는지를 설명하라.

19-10 현재 달러화와 원화 사이의 현물환율이 ₩1,200/$이다. 향후 1년간의 한국의 명

목이자율이 10%이고, 미국의 명목이자율이 5%라고 하자. 국제피셔효과(international Fisher effect)가 성립할 경우 달러화와 원화 사이의 1년 후 현물환율의 기대치는 얼마인가?

19-11 K-AI는 미국에 현지법인 K-AI USA를 설립할 계획을 수립하였다. K-AI USA를 설립하는 경우 예상되는 현금흐름과 이자율은 다음과 같다.

	현금흐름(만 달러)	명목이자율(%)	
		한국	미국
0	−500		
1	200	6	4
2	200	6	4
3	200	5	4
4	100	5	4

K-AI의 미국투자에 적합한 할인율은 10%이며, 현재의 환율은 ₩1,200/$이다. 다음 물음에 답하라.

① 국제피셔효과가 성립한다고 가정하고 미래 각 시점의 기대현물환율을 추정하라.

② 투자안의 순현가를 계산하라.

19-12 오프-쇼어금융에 대해 설명하고 주요 오프-쇼어금융센터가 투자자와 자금을 유치하기 위하여 어떤 유인책(incentives)을 제공하는지 조사해 보라.

제 20 장

재무관리의 다양한 이슈들

재무관리의 영역은 계속 확장되고 있다. 제20장에서는 최근 들어 연구가 크게 증가하고 있으나 재무관리 교재에서 기본주제로 잘 다루어지지 않는 것들 중 몇 가지를 소개한다. 기업지배구조이론은 지배구조가 기업의 재무정책과 시장에서의 평가에 미치는 영향을 규명하고자 한다. 스타트업과 벤처기업의 중요성이 크게 부각되면서 이들 기업의 자금조달에 대한 이론적·실무적 연구가 큰 관심을 받고 있다. 기업의 성장과 중소기업의 특수성을 고려한 중소기업의 재무관리 또한 중요하다. 자산유동화는 증권화과정을 거쳐 유동성이 떨어지는 자산을 유동화하여 자금을 조달하는 수단이다. 불확실성이 큰 투자안에 대해 *NPV*법을 보완하는 평가기법으로 활용되는 실물옵션과 최근 들어 금융시장의 패러다임에 큰 변화를 가져오고 있는 핀테크와 디지털 금융에 대해서도 간단히 소개한다.

20.1 기업지배구조

기업지배구조의 의의

제1장에서 기업지배구조를 기업목표가 달성될 수 있도록 주주, 채권자, 경영자, 그리고 기타의 이해관계자들 간의 상호관계를 규율하는 메커니즘으로 정의하고 이에 대해 간단히 살펴보았었다. 여기에서는 보다 자세히 살펴보기로 한다. 기업지배구조(corporate governance)는 내부메커니즘과 외부메커니즘으로 나누어 볼 수 있다. 기업지배구조의 내부메커니즘은 기업가치(또는 주주의 부)의 극대화 목표를 달성할 수 있도록 경영자의 행동을 효과적으로 감시하고 규제하기 위해 기업 전반에 설정된 장치 및 이들 간의 상호 관계를 의미한다. 이러한 내부메커니즘은 의사결정에 관한 권한과 통제기능, 주식소유분포, 이사회 구성, 보수체계 등 각각의 특성과 조합에 의해 그 효율성이 결정된다. 외부메커니즘으로는 법과 규제, 자본시장, 기업지배권시장, 상품시장경쟁 등을 들 수 있으며, 내부메커니즘과의 관계와 결합의 적절성에 의해 그 효율성이 결정되게 된다. 기업지배구조 메커니즘을 설계하고 평가할 때 고려해야 할 두 가지 중요한 문제가 있는데, 그것은 '① 지배구조 메커니즘이 과연 주주와 경영자 간의 이해관계 갈등을 좁히는 데 기여하는가? ② 지배구조 메커니즘이 기업의 가치를 높일 수 있도록 기업활동에 영향을 미치는가?' 이다.

표 20-1 기업지배구조

기업지배구조	
내부메커니즘	외부메커니즘
이사회 경영자 보상 및 인센티브 대주주 부채	법과 규제 상품시장경쟁 기업지배권시장 자본시장에 대한 정보와 분석

내부메커니즘

이사회

이사회의 구성원인 이사는 주주에 의해 선출되며 이들은 주주를 대표하여 경영진에 대한 고용, 해고, 보상, 그리고 자문 등의 역할을 한다. Hermalin과 Weisbach(2003)는 이에 관한 연구 중 몇 가지 특징을 정리하였다.[1] 첫째로 소규모 이사회와 높은 사외이사 비율은 경영진이 의사결정을 할 때 좀 더 주주의 이익이 실현될 수 있도록 한다. 둘째로 사외이사들은 매일매일의 의사결정보다는 몇몇 중요한 사안에 대해서만 의사결정에 참여하는 것이 효과적이다. 마지막으로 회사의 규모와 성숙도 수준이 이사회 구성에 영향을 미친다. 이 같은 발견들은 이사회의 구조가 동적이며 기업지배구조의 다른 측면들과 관련이 있다는 것을 보여준다.

경영자에 대한 보상체계

이사회의 주요 업무 중의 하나는 사내 경영진에 대한 보수체계와 수준을 결정하는 것이다. 이 문제는 기업지배구조 연구에서 가장 논쟁적이었고 활발하게 연구된 주제 중의 하나이다. 경영진에게 주는 급여의 크기와 경영성과에 대한 성과급의 비례 정도가 중요한 두 가지 이슈다. 만약 경영성과에 비례하여 보수가 커진다면 경영자는 더욱더 주주의 부에 부합하는 의사결정을 하려고 할 것이다. 자주 이용되는 하나의 방법은 경영진으로 하여금 자사의 주식이나 주식취득에 대한 옵션을 부여하는 것이다. 여러 연구결과는 ① 회사의 성과에 대한 성과급의 비례 정도가 시간이 갈수록 증가해 왔으며 ② 이런 성과급의 상당한 부분을 주식과 스톡옵션(stock option)이 차지하고 있으며 ③ 스톡옵션이 CEO의 성과급과 자산 소유에서 가장 빠르게 성장한 구성요소임을 보여주고 있다.

---

1) B. E. Hermalin and M. S. Weisbach, "Boards of Directors as an Endogenously Determined Institution : A Survey of the Economic Literature," *Economic Policy Review,* Vol.9, No.1(April 2003).

대주주

대주주는 회사를 모니터링할 충분한 동기가 있으며 회사에서 일어나는 일에 영향을 미칠 수 있다. 이런 대주주들은 개인일 수도, 회사 또는 기관투자자일 수도 있으며, 이런 투자자들이 성공적인 기업지배구조에 중요한 영향을 미친다.[2] 하지만 외부대주주와 다른 활동적 주주들은 회사의 활동에 영향을 미치지만 이들이 회사 실적에 긍정적인 영향을 미치는지는 명확하지 않다.

부채

기업은 배당을 하기 전에 먼저 채권자들에게 원리금을 약속대로 상환해야 하고 이 의무를 이행하지 못하면 경영자는 기업에 대한 지배권을 상실하게 된다. 따라서 부채사용은 잉여현금흐름으로 인해 발생하는 대리비용을 줄여줄 수 있다. 게다가 계속해서 갚아 나가야 하는 부채가 존재하기 때문에 경영자들은 기업을 효율적으로 운영할 동기가 생기며 이는 다시 양질의 현금흐름을 창출하게 된다. 1980년대에 한참 유행했던 차입매수(leveraged buyout : LBO)와 차입을 통한 자본재구성(leveraged recapitalization transaction)은 부채가 대리문제에서 하나의 효과적인 해결사 역할을 할 수 있음을 잘 보여준다.

외부메커니즘

법과 규제

가장 기본적인 기업지배구조의 외부메커니즘은 기업에 관한 법과 규제 시스템이다. Shleifer와 Vishny(1997)는 많은 국가의 대기업들에게 근본적인 대리문제는 단순히 경영자와 주주 간의 문제가 아니라고 했다. 왜냐하면 많은 기업에서 기업지배권은 일차적으로 대주주가 가지고 있기 때문이다. 이런 기업들의 경우 보다 실제적인 이해갈등 문제는 외부투자자와 주주 사이에서 발생한다고 볼 수 있다. 결국, 국가의 법과 규제 시스템이 기업지배구조가 어떻게 발전해 나가는지를 규정짓는 근본적인 요인이라고 할 수 있다.

---

2) A. Shleifer and R. W. Vishny, "A Survey of Corporate Governance," *Journal of Finance* Vol.52, No.2(June 1997).

기업지배권시장

법적 · 내부적 메커니즘을 통한 규율이 기업의 가치를 극대화하지 못한다면, 기업 외부에 있는 이해관계자들이 수익을 낼 수 있는 기회를 엿보게 될 수 있다. 저조한 실적을 내는 기업은 적대적 M&A의 목표물이 되기 쉽고, 외부시장의 이러한 위협은 경영자로 하여금 기업가치 극대화를 위한 경영에서 벗어나 자신의 사적 이익을 추구하는 행동을 할 유인을 줄여주게 할 것이다. 그러나 기업지배구조 문제에서 기업지배권시장은 한계를 지니고 있다. 즉, 경영권 다툼은 많은 시간이 소비되며 비용이 많이 든다. 게다가 기존 경영진들은 원하지 않는 제안이 들어왔을 때 경영권 방어전술로 그 제안을 무력화시킬 수 있다. 따라서 기업지배권시장은 몇몇 이해관계 갈등에 대한 잠재적인 해답임과 동시에 또 다른 갈등을 불러일으킬 수 있다.

상품시장경쟁

궁극적으로 기업은 비용을 투입하여 고객이 원하는 상품을 생산하고 이를 경쟁력 있는 가격에 판매함으로써 기업가치를 높이는 것을 목적으로 한다. 따라서 비효율적인 경영은 상품시장에서 좋지 못한 실적으로 나타날 것이다. 상품시장에서의 경쟁은 주주가 부담해야 할 감시비용을 확연히 낮춰준다. 또 상품시장에서의 경쟁 정도가 높을수록 경영진의 사적 이익 추구행위가 줄어들고 성과평가가 보다 효율적으로 이루어질 수 있다.

자본시장의 평가와 정보생산

자본시장에서 증권분석가들이 기업활동에 대해 꾸준히 모니터링하며 기업에 대한 정보를 시장에 활발하게 제공하면 대리비용이 감소할 수 있다. 신용평가회사, 애널리스트, 은행의 기업분석 담당자 등은 기업활동에 대한 분석정보를 제공함과 동시에 감시활동을 함으로써 기업지배구조에 중요한 영향을 미친다.

20.2 스타트업과 벤처기업의 자금조달

스타트업(startup)은 설립된 지 얼마 되지 않은 신생창업기업을 말하며, 벤처기업(venture business)은 신기술과 아이디어를 기반으로 새로운 사업을 하는 기업을 말한다. 이런 관점에서 보면 스타트업은 신생벤처기업을 뜻하는 것으로 볼 수 있다. 창업단계나 초기단계에서 이들 기업의 자금조달은 창업자, 가족, 정부의 정책자금 등에 주로 의존하며, 이후 단계에서는 벤처캐피털이 중요한 역할을 한다. 다음에서는 벤처캐피털의 역할에 대해 살펴본다.

벤처캐피털(venture capital)이란 높은 기술력과 장래성은 있으나, 신용이 부족하여 일반 금융기관으로부터 자금차입이 어려운 신생기업의 초기단계부터 자본과 경영관리, 기술지도 등 종합적인 지원을 제공함으로써 투자기업을 육성한 후 투자자금을 회수하는 금융방식을 말한다.

기업에 자금을 지원한다는 측면만을 고려할 때 벤처캐피털은 은행을 비롯한 일반 금융기관과 유사한 성격을 가진다고 볼 수 있으나, 자금지원 내용면에서 볼 때는 기존의 금융기관과 확연히 구분된다. 일반적인 금융기관의 자금지원형태가 충분한 담보를 확보한 후 대출의 형태로 자금지원을 해 주고 일정금리를 취하는 것이라면, 벤처캐피털은 기술력은 있으나 담보력이 취약한 벤처기업에 무담보 지분투자의 형태로 자금을 지원한 후 투자기업이 성장 · 발전하면 보유지분을 매각하여 투자금을 회수하는 것을 주업무로 하고 있다.

이러한 차이는 위험과 성공보수면에서도 구분될 수 있다. 일반적인 금융기관이 충분한 담보력으로 투자기업의 성패에 따라 큰 위험을 지지 않는 대신 일정금리를 얻는다면, 벤처캐피털은 벤처기업의 경영성과에 따라 수배 또는 수십 배의 성공보수를 얻을 수도 있고 반대로 투자금을 전혀 회수할 수 없는 경우도 있게 된다. 즉, 투자기업과 위험부담을 함께 하기 때문에 수동적인 기능을 수행하는 금융기관의 대출과는 성격을 달리하고 있는 것이다.

따라서 자본능력이나 담보력이 없더라도 충분한 기술력과 성장 가능성이 있다면 벤처캐피털의 지원을 받아 필요한 자본을 조달할 수 있다. 벤처캐피털이 투자

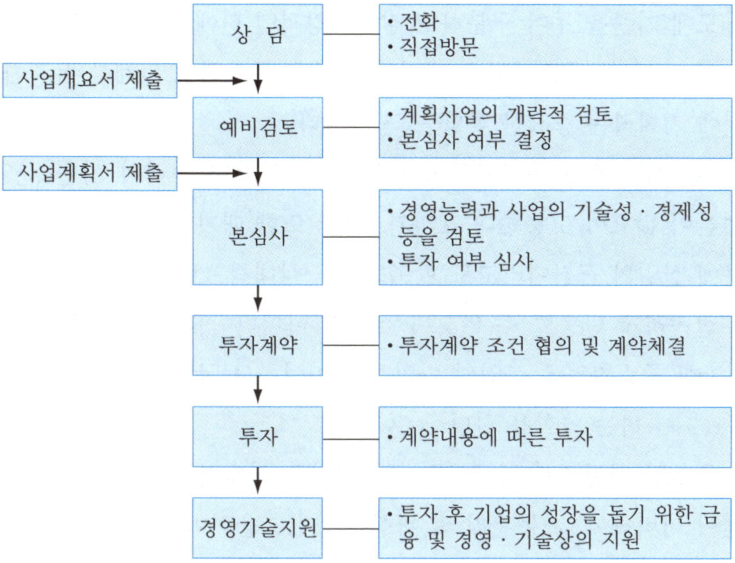

자료 : 이재열, 「벤처창업론」, 2009, 북코리아.

그림 20-1 벤처캐피털의 투자과정

를 할 때는 시장성분석, 기술성분석, 재무적 분석을 통해 사업의 타당성을 검토하게 된다. 이 과정에서는 여러 전문가의 지식이 필요하게 되고 결과적으로 사업성이 있다고 판단되는 경우 투자결정을 하게 된다. 또 벤처캐피털은 단순한 재무적인 투자뿐만 아니라 기업이 성장해 나가는 과정에서 여러 가지 경영조언과 기술지원을 함으로써 기업이 커 나갈 수 있는 밑바탕을 제공한다. 벤처캐피털의 투자과정을 [그림 20-1]에 나타내었다.

20.3 중소기업과 재무관리

중소기업(small and medium-sized enterprises : SMEs)에 대한 정의는 명확하지는

않다. 나라마다 중소기업의 범위와 대상 등이 정확히 일치하지 않으나 대개의 경우 경영규모에 기준을 두어 구분하고 질적 · 양적인 면에서 대기업의 상대적인 의미로 파악하고 있다. 중소기업은 대기업과 상호 보완적인 관계를 유지하며 국민경제 발전에 기여하는 중요한 역할을 하고 있다.

중소기업은 대체로 노동집약적이거나 기술집약적인 성격이 강한 산업분야에 속한 기업들이 많으며 고용증대 효과가 크다. 또한 대기업에 소재와 부품을 공급하기 때문에 산업의 근간이라고도 할 수 있다. 상대적으로 작은 규모로 산업과 시장변화에 신속하게 반응할 수 있으며 실험적 아이디어를 시도할 수 있는 기회가 더 많다. 또한 중소기업은 산업의 다양화에 기여하고 국민경제가 균형 있게 발전을 할 수 있도록 하는 역할을 한다.

이러한 중요한 역할에도 불구하고 중소기업은 상대적으로 대기업에 비해 체계적 시스템이 미비하여, 재무관리 및 위험관리가 효율적이고 체계적으로 이루어지지 못하는 것이 보통이다.

신용보증기금(2008)의 연구에 따르면 중소기업의 재무관리는 [그림 20-2]와 〈표 20-2〉에 정리한 것과 같이 성장단계에 따라 달라진다.[3] 창업단계의 기업은 평균적으로 설립 후 5년 내외의 기업으로 성장성은 높으나 재무건전성은 낮다. 창업자본은 창업자 자신, 가족 또는 엔젤캐피털(angel capital)[4]로부터 조달한다. 일반적으로 성장성과 수익성은 작은 외형에 비해 우수하며 성장잠재력을 지니고 있다. 반면, 효율성, 안정성, 재무구조는 상대적으로 취약하다. 창업 이후 부족한 자금은 앞서 살펴본 벤처캐피털로부터 조달할 수도 있다.

확장 또는 성장 단계의 기업은 평균적으로 10년 정도 된 기업으로 기업이 안정적으로 성장하며 시장 내에서 경쟁력이 상승하며 재무적인 면에서도 상당히 양호하다. 외형적으로도 성장할 뿐만 아니라 성장성과 수익성이 안정궤도에 진입해 있다. 또한 기업운영의 효율성, 안정성, 재무구조도 기업성장과 조화를 이루며 양호한 경향을 보인다.

---

3) 신용보증기금, "중소기업 퇴출단계 판별모형 및 성장단계별 재무특성에 관한 연구," KODIT REPORT 2008-14호(2008), pp.31~35.

4) 엔젤캐피털이란 기술력은 있으나 자금이 부족한 벤처기업에게 자금을 조달하며 경영조언을 해주는 개인투자자 또는 그 모임을 말한다.

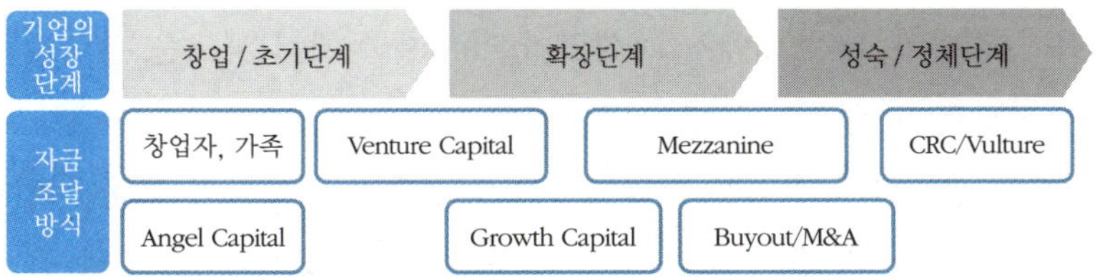

그림 20-2 기업성장단계에 따른 자금조달방식

표 20-2 기업성장단계에 따른 재무적 특성

단계		창업단계	성장단계	성숙단계	퇴출단계
대상기업	설립기간	설립 후 5년 내외	설립 후 10년 내외	설립 후 10년 이상	창업단계 이후 상시
	재무특성	성장성은 높고, 건전성은 낮은 기업 - 소규모 외형 - 성장성 · 수익성 최고 - 효율성 취약 - 재무완충능력 취약 - 현금보유수준 적정 - 자금흐름건전성 양호	안정적인 성장세와 건전성 보유한 기업 - 외형 신장세 - 성장성 · 수익성 양호 - 효율성 양호 - 재무완충능력 양호 - 현금보유수준 최고 - 자금흐름건전성 양호	건전성은 높지만 성장 · 수익 둔화 기업 - 대규모 외형 - 성장성 · 수익성 최저 - 효율성 최고 - 재무완충능력 최고 - 현금보유수준 적정 - 자금흐름건전성 약화	재무상태 불량기업 - 제로 or 마이너스 성장 - 마이너스 수익성 - 효율성 취약 - 재무완충능력 미흡 - 현금보유수준 열악 - 자금흐름건전성 악화
	기업성격	시장진입 초기 경쟁력 미약	경쟁력 상승 사업확장 필요	자생력보유 재성장의 기로 산업 성숙	재성장 가능성 적음
	위험	상대적으로 고위험	상대적으로 저위험	고위험 가능성 존재	고위험

자료 : 신용보증기금, "중소기업 퇴출단계 판별모형 및 성장단계별 재무특성에 관한 연구," KODIT REPORT 2008-14호(2008).

성숙단계의 기업은 설립한 지 10년 이상이 된 기업으로 재무적 건전성은 높으나 성장성과 수익성이 둔화되는 양면성을 지니고 있다. 기업규모가 대형화되는 경향이 있으며, 성장성과 수익성 지표가 다소 낮긴 해도 부가가치 창출능력과 재무구조, 재무적 곤경에서의 대응능력은 매우 양호하다. 오랜 기간 동안 경험도 충분히 축적되어 있어 산업 내에서 자생력이 있으며 여기서 새로운 활로를 찾으면 더욱 크게 성장할 수 있는 가능성이 존재한다.

성장단계와 성숙단계 기업은 퇴출단계로 진행되지 않도록 새로운 사업활로를 찾거나 안정적 성장기반을 만들기 위한 재무관리가 필요한데 그 방법 중 하나가 사모투자회사 또는 사모펀드(private equity fund : PEF)이다.[5] 중소기업은 PEF를 활용하여 필요에 따라 다양한 형태로 자금을 조달할 수 있으며 이를 통해 금융기관으로부터의 차입금을 줄일 수 있어 재무구조 개선에도 도움이 된다. 또한 상대적으로 장기적인 자금조달이 가능하므로 안정적으로 신사업을 추진할 수 있으며 영업이익 창출에도 도움을 준다. 기업경영 측면에서 재무적 투자자인 PEF를 우호적 지분으로 활용하여 대주주의 경영권을 강화하여 기업을 안정적으로 운영할 수 있다. PEF를 통한 자금조달 및 기업확장 방법은 여러 가지가 있다. 첫 번째로 PEF를 통한 유상증자이다. 시설자금, 운영자금 등 기업의 경상적 활동에 필요한 자금을 PEF를 통해 유상증자를 해 조달하며 그 형태는 보통주, 우선주, 전환상환우선주, 전환사채(CB), 신주인수권부사채(BW) 등이 될 수 있다. 분사를 통해 사업을 확장할 때도 PEF를 이용할 수 있다. 연구개발 등이 완료된 사업부를 물적분할하여 독립시킨 후 PEF를 통해 유상증자하여 본격적인 성장을 꾀할 수 있다. 다른 기업을 인수 또는 합병하고자 할 때, PEF가 재무적 투자자로 참여해 목표기업을 직접인수 또는 법인을 신설하여 부담을 덜 수도 있다.

퇴출단계의 기업은 단순히 평균적인 설립기간으로 판단하는 것이 아니라 기업이 도태되면서 상시적으로 일어날 수 있는 단계이다. 재무상태가 불량하고 경쟁력을 상실하여 시장에서 퇴출되어야 하는 한계기업의 상태이다. 제로 또는 마이너스의 성장과 수익성을 보이며 안정성, 재무구조, 재무완충능력, 현금흐름, 자금흐름건전성 모두 명확하게 열악해지는 경향을 보인다. 하지만 재무상태는 불량하

---

5) 사모투자회사(PEF)는 사모투자전문회사라고도 하며, 간단히 줄여서 사모펀드라고 부르기도 한다. PEF는 기업에 대한 경영권 참여목적의 투자를 통해 경영참여, 사업구조, 지배구조 등의 개선을 이루는 방법으로 기업가치를 높여 그 수익을 출자자에게 배분하는 것을 목표로 하는 합자회사 형태의 펀드이다. PEF는 소수의 투자자(우리나라의 경우 49인 이하)에게서 사적 모집의 형태로 자금을 조달한다.

나 전반적인 경영상태 분석 시 기업의 재성장이 가능한 경우도 존재하기 때문에 PEF나 제도적인 구제를 통해 다시 되살아날 가능성도 있다.

20.4 자산유동화와 자금조달

자산유동화란?

필요자금을 조달하는 방법으로 유동자산을 처분하거나, 은행에서 차입을 하거나, 채권을 발행하거나, 주식을 발행하는 방법 외에 다른 방법은 없을까? 기업이 보유하고 있는 매출채권을 일시에 회수하는 방법은 없을까? 금융기관이 주택을 담보로 20년 만기로 대출해 준 자금은 만기까지 나누어서 회수하는 방법밖에는 없는가?

이에 대한 대답이 바로 자산유동화(securitization *or* asset securitization)이다. 자산유동화는 유동화 중개기관이 유동성이 떨어지는 자산을 원보유자(자산소유자)로부터 떼어내 신용평가기관의 평가를 거쳐 유동성을 갖춘 새로운 증권으로 구성한 후 이를 시중에 유통시킴으로써 자금을 일시에 조달하는 것을 말한다. 이때 발행되는 새로운 증권을 자산유동화증권(asset backed securities : ABS)이라 한다. 자산유동화증권은 특정 자산으로부터 발생하는 미래현금흐름을 기초로 하여 발행되는 증권으로 보면 된다. 자산유동화증권은 원보유자의 파산위험에 대비해 담보를 안전장치로 갖추고 있기 때문에 자산 원보유자가 직접 발행한 채권보다 높은 신용등급으로 평가되는 것이 보통이다.

유동화가 가능한 자산

유동화가 가능한 자산은 매우 다양하다. 대표적으로 은행이 소유하고 있는 주택담보대출을 비롯한 각종 유가증권을 비롯하여 대규모 프로젝트, 부동산, 기업대출, 매출채권, 기업이 보유하고 있는 기술 등이 모두 유동화가 가능한 자산들이다. 연예인 및 운동선수의 전속계약권도 유동화가 가능하다. 일반적으로 유동화 대상 부동산은 상업용 부동산(호텔, 콘도, 오피스텔, 병원, 임대주택 등)이다. 이러한 자산유동화기법은 해외자금조달뿐 아니라 부동산시장, 매출채권시장, 기업금융시장 등에서 광범위하고 다양한 형태로 활용되고 있으며, 많은 기업에게 새로운 자금조달 기회를 제공하고 있다.

대표적인 자산유동화증권은 주택담보대출을 담보로 하여 발행된 주택저당증권(mortgage backed securities : MBS)이다. 자산유동화는 국제적인 증권화(securitization) 추세에 편승하여 직접금융시장의 영역을 더욱 확대시키고 있다.

자산유동화증권 발행 절차

금융기관이 자산유동화증권을 발행하는 경우를 보자. 금융기관은 자신이 보유하고 있는 자산을 표준화하고 특정 조건별로 집합하여 이를 바탕으로 증권을 발행하여 일시에 자금을 회수한 후 기초자산의 현금흐름을 이용하여 증권을 상환한다. 이때 자산유동화증권은 발행증권의 원리금 상환이 발행기관의 신용과는 완전 분리되어 유동화자산의 현금흐름에 의해 이루어지도록 하기 위해 발행절차상 자산보유자, 유동화전문회사(SPC, 시행사), 자산관리자 및 수탁기관의 선정 등을 통해 다양한 기관이 참여하는 한편 기초자산의 완전 매각, 신용보강, 재투자 등의 다양한 기법들이 구사되고 있다. 이에 따라 자산유동화증권은 일반 채권과는 달리 매우 복잡한 구조를 갖고 있으며, 반드시 SPC가 개입되어야 한다. SPC는 기초자산을 자산보유자의 신용위험과 분리하여 유동화증권의 원리금 지급을 보장하는 장치이다.

자산유동화의 흐름도를 보면 다음의 [그림 20-3]과 같다.

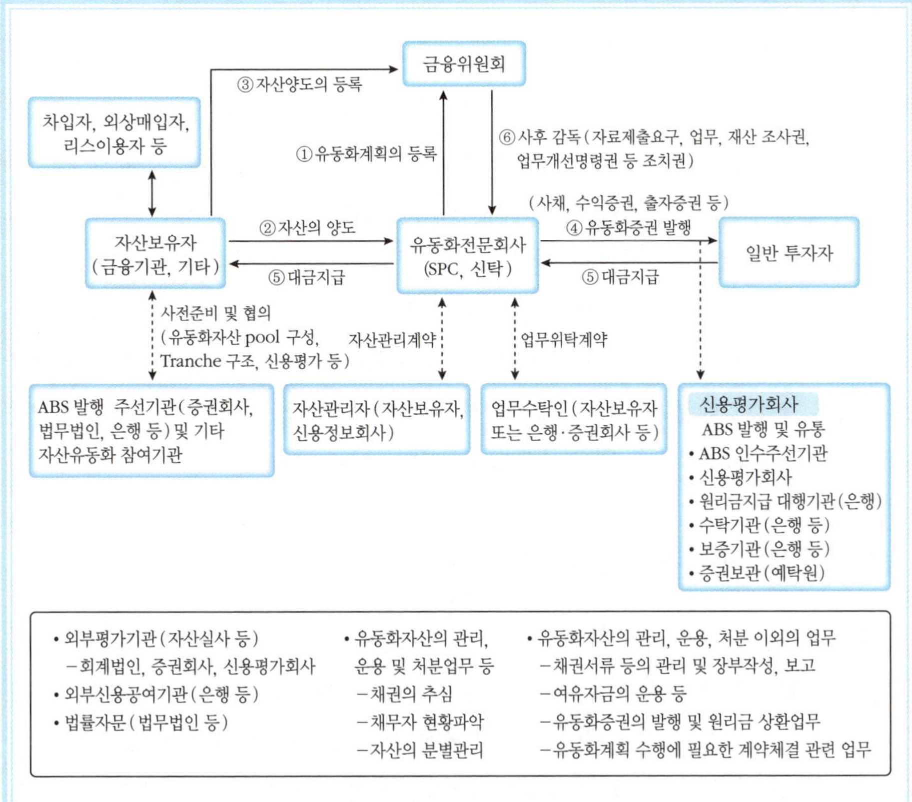

그림 20-3 자산유동화의 흐름도

20.5 실물옵션과 거부율 : 순현가법의 한계와 보완

투자결정과 관련하여 경영자는 기본적으로 제 8 장에서 살펴본 대로 순현가(*NPV*)가 0보다 큰 투자안을 선택하고 순현가가 0보다 작은 투자안은 기각함으로써 기업가치를 극대화하는 투자를 할 수 있다. 그러나 기업의 경영환경은 처음 투자결정을 내린 이후에도 계속해서 변화하며, 경영자는 상황변화를 반영하여 최초의 투자전략을 수정할 수 있다. 이러한 상황에서 순현가법은 언제나 최적의 의사결정을 가져올 수 있을까?

경영자가 갖는 투자전략의 수정기회를 실물옵션(real option)이라 한다. 이는 유리하면 행사하고 불리하면 추가적인 손실 없이 포기할 수 있어서 마치 콜옵션 또는 풋옵션과 같은 성질을 가지고 있기 때문이다. 실물옵션은 전략적 유연성의 가치이다. 실물옵션 평가기법은 금융옵션의 가치평가방법을 실물자산 투자가치 평가에 적용한 기법이다. 따라서 실물옵션은 금융옵션처럼 불확실성(변동성)이 핵심적인 역할을 하며, 경영자의 재량권이 살아 있고 불확실성이 큰 프로젝트의 투자가치를 평가하는 데 적합한 기법이다. 나아가서 자원제약이 있는 경우 투자결정은 보유자원의 배분효과가 극대화되도록 이루어져야 한다. 이러한 상황에서는 거부율(hurdle rate)이 유용하게 이용될 수 있다. 이에 대해 살펴보자.

순현가법의 한계와 실물옵션

불확실성이 큰 투자안은 할인율이 매우 크기 때문에 순현가가 0보다 작게 나와 사업의 잠재적 가치에 반하여 투자를 하지 않는 결정에 도달하기 십상이다. 이 경우 투자안의 성격을 고려하여 실물옵션 기법을 적용하여 평가하면 전혀 다른 결과를 얻을 수 있다. 고 이병철 회장이 1970년대 말에 반도체사업 진출을 계획할 때 반도체에 대해 성장가능성이 매우 크다는 것 이외에 거의 알려진 바가 없었다. 이런 상황에서 순현가법으로 투자의 경제성을 평가했다면 십중팔구 '투자불가' 결정을 얻었을 것이다. 하지만 이 회장은 주위의 반대를 무릅쓰고 투자결정을 내렸고, 이는 오늘날의 삼성전자를 만드는 초석이 되었다. 만약에 당시 상황에서 실물옵션의 틀을 투자안 평가에 적용했다면 어떤 결정이 나왔을까?

투자결정에서 전통적인 순현가법은 투자안의 현금흐름과 할인율에 관련된 변수들의 미래 확률분포가 처음 투자를 결정할 때 예측되었던 것과 다르지 않다고 가정한다. 따라서 경영자는 최초의 투자결정 후 상황변화에 따른 투자전략의 변경을 고려할 필요가 없으며, 처음 투자결정을 내릴 때의 상황이 계속해서 유지된다고 가정한다. 이런 측면에서 볼 때, 전통적인 순현가법은 현금흐름을 예측하기 쉬운 성숙된 산업의 프로젝트를 평가하기에 적합하다. 그러나 미래의 상황은 처음 투자를 결정할 때 예측되었던 상황과는 다르게 변화할 수 있으며, 경영자는 이러한 상황변화를 반영하여 이어지는 의사결정을 변경할 수 있다. 즉, 상황의 변화에 대응하여 이익창출의 가능성을 크게 하고(upside potential) 손실가능성이 제한되도록(downside protection) 투자전략을 수정함으로써 투자안의 가치를 증가시킬 수 있다.

예를 들어 경영자는 순현가가 0보다 크더라도 미래 경영환경이 불확실한 경우 불확실성이 해소될 때까지 투자결정을 연기할 수 있다. 또 경영자는 투자안을 오늘 집행한다고 하더라도 미래의 환경변화에 따라 투자규모를 확대하거나 사업을 축소할 수 있다. 경우에 따라서는 사업을 완전히 포기하고 매각하는 방안을 고려할 수도 있다. 다른 한편으로 현재의 투자안이 수익을 내진 않지만 미래의 새로운 사업과 연결되어 가치를 창출할 수 있다면 이 투자를 집행할 수 있다. 예를 들어 저급기술을 획득하기 위한 R&D투자는 그 자체로서 의미를 가질 뿐만 아니라 그 기술을 바탕으로 하여 보다 높은 수준의 고급기술을 개발하는 출발점이 될 수 있다.

경영자가 갖는 이러한 투자전략의 수정기회와 투자안에 내재된 옵션을 실물옵션이라 한다. 따라서 이를 반영하면 투자안의 가치는 다음과 같이 수정되어야 한다.

$$\text{투자안의 가치} = \text{전통적 순현가법에 의한 가치} + \text{실물옵션의 가치} \qquad (20 \cdot 1)$$

자원제약과 자본비용 평가의 불완전성, 그리고 거부율

전통적인 순현가법에서는 투자에 필요한 자원에 제약이 없다고 가정한다. 이 경우 기업은 순현가가 0보다 큰 모든 투자안에 투자함으로써 기업가치를 극대화할 수 있다. 그러나 현실의 기업들은 이용 가능한 자원에 제약을 받을 수밖에 없다. 대표적으로 투자자금에 제약이 있으며, 투자안의 분석과 평가를 담당할 인적자원에도 제약이 있다. 또 새로운 사업을 시작하기 위해서는 이를 감당할 수 있는 경영자의 능력과 시간이 확보되어야 하나 현실적으로는 이 또한 용이하지가 않다. 즉, 새 사업이 시작되는 경우 경영자는 기존 사업에 소홀해질 가능성이 존재한다. 이러한 경우 기업은 제한된 자원의 사용효과를 극대화할 수 있도록 투자결정을 하게 되며, 이 경우 순현가가 0보다 큰 투자안이라고 하더라도 투자를 포기할 수 있다.

한편, 시장의 불완전성으로 인해 자본비용 평가도 완전하지 못할 수 있다. 제 15장에서 살펴본 것과 같이 주식발행이나 부채차입을 통한 새로운 자본조달은 대리비용과 정보비대칭에 따른 비용을 발생시킨다. 그러나 이러한 비용들은 명확하게 추정하기가 매우 어렵다. 결국 추정된 기업의 자본비용은 실제 자본비용을 과소평가할 가능성이 높다.

이러한 문제들을 고려하여 많은 경영자는 '투자에서 최소한 벌어들여야 한다고 평가되는 요구수익률'을 정하고 이를 기준으로 투자결정을 내린다. 이를 거부율(hurdle rate)이라고 부르며 기업의 자본비용과 다음과 같은 관계를 갖는다.

$$\text{거부율} = \text{자본비용} + \text{허들프리미엄}(\alpha) \quad (20 \cdot 2)$$

단, $\alpha > 0$

식 20·2에서 α의 크기는 경영자의 주관에 의해 평가되며 기업마다 다르다. 대개의 경우 자원제약의 정도가 심한 중소기업이 대기업에 비해 보다 큰 α값을 갖는다.

20.6 금융시장의 새바람 : 핀테크와 디지털 금융

현대의 금융시장은 핀테크, 테크핀, 디지털금융의 새바람에 한껏 노출돼 있다. 핀테크, 테크핀, 디지털금융의 세계에서는 송금 및 지급결제에서 대출, 투자에 이르기까지 전통적 금융회사들이 복잡한 과정을 거쳐 수행해 오던 업무들을 저비용-고효율로 처리한다. 이런 새로운 혁신은 금융거래의 수월성을 제고하는 긍정적인 면뿐만 아니라 금융기관 경영방식 및 인력구조의 개편 등과 같은 미증유의 충격도 동반하고 있다. 핀테크와 디지털금융이 이끄는 금융패러다임의 변화에 대한 성공적 적응 여부가 향후 금융회사의 성패를 가름하는 좌표가 될 것으로 보인다. 여기서는 핀테크, 테크핀, 디지털금융 각각의 개념에 대해 간단하게 살펴본다.

핀테크와 테크핀

핀테크(financial technology: FinTech)는 금융(finance)과 기술(technology)의 합성어이다. 통상 기존 금융회사가 IT기술을 금융업 수행에 도입하면 핀테크라 하고 IT기업이 금융업에 진출하면 테크핀이라 한다. 하지만 시간이 지나면서 두 개념을 구분하는 의미가 약화되고 금융서비스 제공자 간 경쟁이 더욱 치열해지고 있다. 핀테크는 모바일, 빅데이터, AI, SNS 등의 첨단정보기술을 기반으로 한 금융서비스 및 금융 관련 산업을 통칭한다. 금융기관들은 새로운 IT기술을 활용하여 기존 금융기법과 차별화된 금융서비스를 제공하는 등, 기술기반 금융서비스 혁신을 가속화시키고 있다. 모바일뱅킹과 앱카드 등이 대표적인 사례이다.

테크핀(TechFin)은 핀테크와는 달리 혁신적 비금융 IT기업이 IT기술을 활용하여 금융기관을 거치지 않고 지급결제와 같은 금융서비스를 이용자에게 직접 제공하는 것으로 네이버페이, 애플페이, 알리페이 등을 예로 들 수 있다. 이러한 변화는 가히 금융혁명이라 할 만하다. 비금융 IT스타트업을 중심으로 한 테크핀 기업들은 IT기술을 기반으로 한 폭넓은 금융서비스를 제공하려 시도하고 있다. 테크핀 기업들이 관심을 갖는 금융업무로는 지급결제, 외환송금, 크라우드 펀딩, P2P 대출, P2B 대출, 자산운용, 인터넷은행, 비트코인 등등 그 분야가 다양하다.

디지털 금융과 금융의 디지털 전환

디지털 금융(digital finance)이란 디지털 기술을 응용하여 금융상품 또는 서비스를 제공하는 것을 의미하며, 핀테크와 불가분의 관계가 있다. 디지털 금융은 전자화폐, 전자지급 결제, 인터넷 뱅킹 등의 다양한 형태로 이루어지고 있다. 현금 대신 전자화폐로 결제하고 세계 어디서든 인터넷으로 은행서비스를 이용하고 보험사 영업직원의 도움 없이 자동차보험에 가입하고 모바일 기기나 PC를 이용하여 증권거래를 하는 것 등이 디지털 금융의 예이다. 디지털 금융은 디지털 기술 또는 인터넷과 그 기반 기술의 발달에 따라 금융의 방법과 영역을 더욱 확장시키고 있다. 디지털 기술은 저비용으로 기존의 금융서비스 제공을 가능하게 하고 있으며, 디지털 기술을 기반으로 한 종합금융 서비스 등의 새로운 서비스가 개발되는 한편, 전자상거래 등의 상거래업무에도 적용되고 있다. 혁신적인 디지털 금융의 급속한 보급에 따라 비금융 IT스타트업과 같은 새로운 경쟁자들의 진입에 따른 경쟁압력이 거세지고 있다.

디지털 금융의 도래와 함께 인터넷 전문 금융기관이 이미 등장했고, 비금융 IT스타트업들을 위시하여 정보통신업체가 금융 관련 소프트웨어 서비스, e-마켓플레이스, 포털서비스 등을 내세워 금융업에 진출하고 있다. IT기술의 발달과 이를 이용한 금융거래의 비용절감으로 혁신 선도금융기관들은 비용-수익구조를 근본적으로 개선할 기회를 맞고 있으나, 그렇지 못한 금융기관들에게 도태의 위험요인으로 작용하기도 한다. 또 디지털 금융의 지속적 발전 및 보급을 위해서는 이에 수반되는 보안, 인증, 개인정보 보호 등 기술적 · 제도적 문제의 해결도 요구된다.

금융산업에서의 디지털 전환(digital transformation)이란 디지털 금융기술을 적용하여 조직적 차원의 혁신을 추구하는 것을 뜻한다. 디지털 전환의 최종단계에서는 모바일, 사물인터넷, 인공지능 등의 디지털 기술을 금융기관의 조직, 프로세스, 전략, 비즈니스모델 등 경영전략의 모든 면에 통합적으로 적용하게 된다. 금융기관의 디지털 전환은 경쟁력 제고를 위해 필수적인 요인이나, 이를 위해서는 CEO의 적극적 관심과 지원하에 전략적 · 통합적으로 이루어지는 혁신에 적응해야 하므로 쉽지 않으며, 조직적 컨센서스가 필요하다. 또한 급속한 디지털 전환의 진전은 디지털 금융환경에 익숙한 이용자와 그렇지 못한 이용자 간에 금융 서비스와 정보 이용에 격차(이를 디지털 디바이드(digital divide)라 한다)를 확대시킬 수 있다는 문제를 갖는다.

중요용어

- 기업지배구조 corporate governance
- 스타트업 startup
- 중소기업 SMEs
- 자산유동화 securitization
- 주택저당증권 MBS
- 핀테크 FinTech
- 디지털 전환 digital transformation
- 벤처캐피털 venture capital
- 사모투자회사 private equity fund : PEF
- 자산유동화증권 asset backed securities : ABS
- 실물옵션 real options
- 거부율 hurdle rate
- 디지털 금융 digital finance
- 디지털 디바이드 digital divide

연 | 습 | 문 | 제

20-1 기업지배구조에 대해 내부메커니즘과 외부메커니즘으로 나누어 설명하라.

20-2 벤처캐피털의 투자방식에 대해 설명하라.

20-3 사모투자회사란 무엇인지 활동내역을 중심으로 설명하라.

20-4 중소기업의 재무적 특성을 성장단계에 따라 설명하라.

20-5 자산유동화증권이란 무엇이며, 이를 이용하여 어떻게 자금을 조달할 수 있는지 설명하라.

20-6 실물옵션에 의한 투자가치 평가의 의의를 논하고 실물옵션법이 과학적 기법으로 인정

받는 순현가법과 어떤 관계에 있는지 설명하라.

20-7 거부율(hurdle rate)의 의미와 활용방법에 대해 설명하라.

20-8 핀테크 기업의 예를 찾아보고 금융산업에 미치는 영향을 설명하라.

20-9 금융의 디지털 전환에 대해 살펴보고 디지털 디바이드의 해소방안에 대해 설명하라.

부 록

〈표 1〉 복리가치요소(*CVF*)

〈표 2〉 현가요소(*PVF*)

〈표 3〉 연금의 현가요소(*PVFA*)

〈표 4〉 연금의 복리가치요소(*CVFA*)

〈표 1〉 **복리가치요소(*CVF*)**

$CVF(r, n) = (1 + r^n)$ (r = 기간당 이자율, n = 기간)

이자율(r) / 기간(n)	1%	2%	3%	4%	5%	6%	7%	8%	9%	10%
1	1.0100	1.0200	1.0300	1.0400	1.0500	1.0600	1.0700	1.0800	1.0900	1.1000
2	1.0201	1.0404	1.0609	1.0816	1.1025	1.1236	1.1449	1.1664	1.1881	1.2100
3	1.0303	1.0612	1.0927	1.1249	1.1576	1.1910	1.2250	1.2597	1.2950	1.3310
4	1.0406	1.0824	1.1255	1.1699	1.2155	1.2625	1.3108	1.3605	1.4116	1.4641
5	1.0510	1.1041	1.1593	1.2167	1.2763	1.3382	1.4026	1.4693	1.5386	1.6105
6	1.0615	1.1262	1.1941	1.2653	1.3401	1.4185	1.5007	1.5869	1.6771	1.7716
7	1.0721	1.1487	1.2299	1.3159	1.4071	1.5036	1.6058	1.7138	1.8280	1.9487
8	1.0829	1.1717	1.2668	1.3686	1.4775	1.5938	1.7182	1.8509	1.9926	2.1436
9	1.0937	1.1951	1.3048	1.4233	1.5513	1.6895	1.8385	1.9990	2.1719	2.3579
10	1.1046	1.2190	1.3439	1.4802	1.6289	1.7908	1.9672	2.1589	2.3674	2.5937
11	1.1157	1.2434	1.3842	1.5395	1.7103	1.8983	2.1049	2.3316	2.5804	2.8531
12	1.1268	1.2682	1.4258	1.6010	1.7959	2.0122	2.2522	2.5182	2.8127	3.1384
13	1.1381	1.2936	1.4685	1.6651	1.8856	2.1329	2.4098	2.7196	3.0658	3.4523
14	1.1495	1.3195	1.5126	1.7317	1.9799	2.2609	2.5785	2.9372	3.3417	3.7975
15	1.1610	1.3459	1.5580	1.8009	2.0789	2.3966	2.7590	3.1722	3.6425	4.1772
16	1.1726	1.3728	1.6047	1.8730	2.1829	2.5404	2.9522	3.4259	3.9703	4.5950
17	1.1843	1.4002	1.6528	1.9479	2.2920	2.6928	3.1588	3.7000	4.3276	5.0545
18	1.1961	1.4282	1.7024	2.0258	2.4066	2.8543	3.3799	3.9960	4.7171	5.5599
19	1.2081	1.4568	1.7535	2.1068	2.5270	3.0256	3.6165	4.3157	5.1417	6.1159
20	1.2202	1.4859	1.8061	2.1911	2.6533	3.2071	3.8697	4.6610	5.6044	6.7275
21	1.2324	1.5157	1.8603	2.2788	2.7860	3.3996	4.1406	5.0338	6.1088	7.4002
22	1.2447	1.5460	1.9161	2.3699	2.9253	3.6035	4.4304	5.4365	6.6586	8.1403
23	1.2572	1.5769	1.9736	2.4647	3.0715	3.8197	4.7405	5.8715	7.2579	8.9543
24	1.2697	1.6084	2.0328	2.5633	3.2251	4.0489	5.0724	6.3412	7.9111	9.8497
25	1.2824	1.6406	2.0938	2.6658	3.3864	4.2919	5.4274	6.8485	8.6231	10.835
26	1.2953	1.6734	2.1566	2.7725	3.5557	4.5494	5.8074	7.3964	9.3992	11.918
27	1.3082	1.7069	2.2213	2.8834	3.7335	4.8223	6.2139	7.9881	10.245	13.110
28	1.3213	1.7410	2.2879	2.9987	3.9201	5.1117	6.6488	8.6271	11.167	14.421
29	1.3345	1.7758	2.3566	3.1187	4.1161	5.4184	7.1143	9.3173	12.172	15.863
30	1.3478	1.8114	2.4273	3.2434	4.3219	5.7435	7.6123	10.063	13.268	17.449
35	1.4166	1.9999	2.8139	3.9461	5.5160	7.6861	10.676	14.785	20.414	28.102
40	1.4889	2.2080	3.2620	4.8010	7.0400	10.286	14.974	21.725	31.409	45.259
45	1.5648	2.4379	3.7816	5.8412	8.9850	13.765	21.002	31.920	48.327	72.891
50	1.6446	2.6916	4.3839	7.1067	11.467	18.420	29.457	46.902	74.358	117.39

이자율(r) 기간(n)	11%	12%	13%	14%	15%	16%	17%	18%	19%	20%
1	1.1100	1.1200	1.1300	1.1400	1.1500	1.1600	1.1700	1.1800	1.1900	1.2000
2	1.2321	1.2544	1.2769	1.2996	1.3225	1.3456	1.3689	1.3924	1.4161	1.4400
3	1.3676	1.4049	1.4429	1.4815	1.5209	1.5609	1.6016	1.6430	1.6852	1.7280
4	1.5180	1.5735	1.6305	1.6890	1.7490	1.8106	1.8739	1.9388	2.0053	2.0736
5	1.6851	1.7623	1.8424	1.9254	2.0114	2.1003	2.1924	2.2878	2.3864	2.4883
6	1.8704	1.9738	2.0820	2.1950	2.3131	2.4364	2.5652	2.6996	3.8398	2.9860
7	2.0762	2.2107	2.3526	2.5023	2.6600	2.8262	3.0012	3.1855	3.3793	3.5832
8	2.3045	2.4760	2.6584	2.8526	3.0590	3.2784	3.5115	3.7589	4.0214	4.2998
9	2.5580	2.7731	3.0040	3.2519	3.5179	3.8030	4.1084	4.4355	4.7854	5.1598
10	2.8394	3.1058	3.3946	3.7072	4.0456	4.4114	4.8068	5.2338	5.6947	6.1917
11	3.1518	3.4785	3.8359	4.2262	4.6524	5.1173	5.6240	6.1759	6.7767	7.4301
12	3.4985	3.8960	4.3345	4.8179	5.3503	5.9360	6.5801	7.2876	8.0642	8.9161
13	3.8833	4.3635	4.8980	5.4924	6.1528	6.8858	7.6987	8.5994	9.5964	10.699
14	4.3104	4.8871	5.5348	6.2613	7.0757	7.9875	9.0075	10.147	11.420	12.839
15	4.7846	5.4736	6.2543	7.1379	8.1371	9.2655	10.539	11.974	13.589	15.407
16	5.3109	6.1304	7.0673	8.1372	9.3576	10.748	12.330	14.129	16.172	18.488
17	5.8951	6.8660	7.9861	9.2765	10.761	12.468	14.427	16.672	19.244	22.186
18	6.5436	7.6900	9.0243	10.575	12.375	14.463	16.879	19.673	22.901	26.623
19	7.2633	8.6128	10.197	12.056	14.232	16.777	19.748	23.214	27.252	31.948
20	8.0623	9.6463	11.523	13.743	16.367	19.461	23.106	27.393	32.429	38.338
21	8.9492	10.804	13.021	15.668	18.822	22.574	27.034	32.324	38.591	46.005
22	9.9336	12.100	14.714	17.861	21.645	26.186	31.629	38.142	45.923	55.206
23	11.026	13.552	16.626	20.362	24.891	30.376	37.006	45.008	54.648	66.247
24	12.239	15.179	18.788	23.212	28.625	35.236	43.297	53.109	65.032	79.497
25	13.586	17.000	21.231	26.462	32.919	40.874	50.658	62.669	77.388	95.396
26	15.080	19.040	23.991	30.167	37.857	47.414	59.270	73.949	92.092	114.48
27	16.738	21.325	27.109	34.390	34.535	55.000	69.345	87.260	109.59	137.37
28	18.580	23.884	30.634	39.204	50.066	63.800	81.134	102.97	130.41	164.84
29	20.624	26.750	34.617	44.693	57.575	74.009	94.927	121.50	155.19	197.81
30	22.892	29.960	39.116	50.950	66.212	85.850	111.06	143.37	184.67	237.38
35	38.575	52.800	72.068	98.100	133.18	180.31	243.56	327.99	440.70	590.67
40	65.001	93.051	132.78	188.88	267.86	378.72	533.86	750.38	1051.6	1469.8
45	109.53	163.99	244.64	363.68	538.77	795.44	1170.5	1716.7	2509.6	3657.3
50	184.56	289.00	450.74	700.23	1083.7	1670.7	2566.2	3927.4	5988.9	9100.4

〈표 2〉 **현가요소(PVF)**

$$PVF(r,n) = \frac{1}{(1+r)^n}$$ (r = 기간당 할인율, n = 기간)

이자율(r) 기간(n)	1%	2%	3%	4%	5%	6%	7%	8%	9%	10%
1	.9901	.9804	.9709	.9615	.9524	.9434	.9346	.9259	.9174	.9091
2	.9803	.9612	.9426	.9266	.9070	.8900	.8734	.8573	.8417	.8264
3	.9706	.9423	.9151	.8890	.8638	.8396	.8163	.7938	.7722	.7513
4	.9610	.9238	.8885	.8548	.8227	.7921	.7629	.7350	.7084	.6830
5	.9515	.9057	.8626	.8219	.7835	.7473	.7130	.6806	.6499	.6209
6	.9420	.8880	.8375	.7903	.7462	.7050	.6663	.6302	.5963	.5655
7	.9327	.8706	.8131	.7599	.7107	.6651	.6227	.5835	.5470	.5132
8	.9235	.8535	.7894	.7307	.6768	.6274	.5820	.5403	.5019	.4665
9	.9143	.8368	.7664	.7026	.6446	.5919	.5439	.5002	.4604	.4241
10	.9053	.8203	.7441	.6756	.6139	.5584	.5083	.4632	.4224	.3855
11	.8963	.8043	.7224	.6496	.5847	.5268	.4751	.4289	.3875	.3505
12	.8874	.7885	.7014	.6246	.5568	.4970	.4440	.3971	.3555	.3186
13	.8787	.7730	.6810	.6006	.5303	.4688	.4150	.3677	.3262	.2897
14	.8700	.7579	.6611	.5775	.5051	.4423	.3878	.3405	.2992	.2633
15	.8613	.7430	.6419	.5553	.4810	.4173	.3624	.3152	.2745	.2394
16	.8528	.7284	.6232	.5339	.4581	.3936	.3387	.2919	.2519	.2176
17	.8444	.7142	.6050	.5134	.4363	.3714	.3166	.2703	.2311	.1978
18	.8360	.7002	.5874	.4936	.4155	.3503	.2959	.2502	.2120	.1799
19	.8277	.6864	.5703	.4746	.3957	.3305	.2765	.2317	.1945	.1635
20	.8195	.6730	.5537	.4564	.3769	.3118	.2584	.2145	.1784	.1486
21	.8114	.6598	.5375	.4388	.3589	.2942	.2415	.1987	.1637	.1351
22	.8034	.6468	.5219	.4220	.3418	.2775	.2257	.1839	.1502	.1228
23	.7954	.6342	.5067	.4057	.3256	.2618	.2109	.1703	.1378	.1117
24	.7876	.6217	.4919	.3901	.3101	.2470	.1971	.1577	.1264	.1015
25	.7798	.6095	.4776	.3751	.2953	.2330	.1842	.1460	.1160	.0923
26	.7720	.5976	.4637	.3607	.2812	.2198	.1722	.1352	.1064	.0839
27	.7644	.5859	.4502	.3468	.2678	.2074	.1609	.1252	.0976	.0763
28	.7568	.5744	.4371	.3335	.2551	.1956	.1504	.1159	.0895	.0693
29	.7493	.5631	.4243	.3207	.2429	.1846	.1406	.1073	.0822	.0630
30	.7419	.5521	.4120	.3083	.2314	.1741	.1314	.0994	.0754	.0573
35	.7059	.5000	.3554	.2534	.1813	.1301	.0937	.0676	.0490	.0356
40	.6717	.4529	.3066	.2083	.1420	.0972	.0668	.0460	.0318	.0221
45	.6391	.4102	.2644	.1712	.1113	.0727	.0476	.0313	.0207	.0137
50	.6080	.3715	.2281	.1407	.0872	.0543	.0339	.0213	.0134	.0085

이자율(r) 기간(n)	11%	12%	13%	14%	15%	16%	17%	18%	19%	20%
1	.9009	.8929	.8850	.8772	.8696	.8621	.8547	.8475	.8403	.8333
2	.8116	.7972	.7831	.7695	.7561	.7432	.7305	.7182	.7062	.6944
3	.7312	.7118	.6931	.6750	.6575	.6407	.6244	.6086	.5934	.5787
4	.6587	.6355	.6133	.5921	.5718	.5523	.5337	.5158	.4987	.4823
5	.5935	.5674	.5428	.5194	.4972	.4761	.4561	.4371	.4190	.4019
6	.5346	.5066	.4803	.4556	.4323	.4104	.3898	.3704	.3521	.3349
7	.4817	.4523	.4251	.3996	.3759	.3538	.3332	.3139	.2959	.2791
8	.4339	.4039	.3762	.3506	.3269	.3050	.2848	.2660	.2487	.2326
9	.3909	.3606	.3329	.3075	.2843	.2630	.2434	.2255	.2090	.1938
10	.3522	.3220	.2946	.2697	.2472	.2267	.2080	.1911	.1756	.1615
11	.3173	.2875	.2607	.2366	.2149	.1954	.1778	.1619	.1476	.1346
12	.2858	.2567	.2307	.2076	.1869	.1685	.1520	.1372	.1240	.1122
13	.2575	.2292	.2042	.1821	.1625	.1452	.1299	.1163	.1042	.0935
14	.2320	.2046	.1807	.1597	.1413	.1252	.1110	.0985	.0876	.0779
15	.2090	.1827	.1599	.1401	.1229	.1079	.0949	.0835	.0736	.0649
16	.1883	.1631	.1415	.1229	.1069	.0930	.0811	.0708	.0618	.0541
17	.1696	.1456	.1252	.1078	.0929	.0802	.0693	.0600	.0520	.0451
18	.1528	.1300	.1108	.0946	.0808	.0691	.0592	.0508	.0437	.0376
19	.1377	.1161	.0981	.0829	.0703	.0596	.0506	.0431	.0367	.0313
20	.1240	.1037	.0868	.0728	.0611	.0514	.0433	.0365	.0308	.0261
21	.1117	.0926	.0768	.0638	.0531	.0443	.0370	.0309	.0259	.0217
22	.1007	.0326	.0680	.0560	.0462	.0382	.0316	.0262	.0218	.0181
23	.0907	.0738	.0601	.0491	.0402	.0329	.0270	.0222	.0183	.0151
24	.0817	.0659	.0532	.0431	.0349	.0284	.0231	.0188	.0154	.0126
25	.0736	.0588	.0471	.0378	.0304	.0245	.0197	.0160	.0129	.0105
26	.0663	.0525	.0417	.0331	.0264	.0211	.0169	.0135	.0109	.0087
27	.0597	.0469	.0369	.0291	.0230	.0182	.0144	.0115	.0091	.0073
28	.0538	.0419	.0326	.0255	.0200	.0157	.0123	.0097	.0077	.0061
29	.0485	.0374	.0289	.0224	.0174	.0135	.0105	.0082	.0064	.0051
30	.0437	.0334	.0256	.0196	.0151	.0116	.0090	.0070	.0054	.0042
35	.0259	.0189	.0139	.0102	.0075	.0055	.0041	.0030	.0023	.0017
40	.0154	.0107	.0075	.0053	.0037	.0026	.0019	.0013	.0010	.0007
45	.0091	.0061	.0041	.0027	.0019	.0013	.0009	.0006	.0004	.0003
50	.0054	.0035	.0022	.0014	.0009	.0006	.0004	.0003	.0002	.0001

〈표 3〉 연금의 현가요소(*PVFA*)

$$PVFA(r, n) = \frac{1}{r} - \frac{1}{r(1+r)^n} \quad (r = \text{기간당 할인율},\ n = \text{기간})$$

이자율(r) 기간(n)	1%	2%	3%	4%	5%	6%	7%	8%	9%	10%
1	0.9901	0.9804	0.9709	0.9615	0.9524	0.9434	0.9346	0.9259	0.9174	0.9091
2	1.9704	1.9416	1.9135	1.8861	1.8594	1.8334	1.8080	1.7833	1.7591	1.7355
3	2.9410	2.8839	2.8286	2.7751	2.7232	2.6730	2.6243	2.5771	2.5313	2.4869
4	3.9020	3.8077	3.7171	3.6299	3.5460	3.4651	3.3872	3.3121	3.2397	3.1699
5	4.8534	4.7135	4.5797	4.4518	4.3295	4.2124	4.1002	3.9927	3.8897	3.7908
6	5.7955	5.6014	5.4172	5.2421	5.0757	4.9173	4.7665	4.6229	4.4859	4.3553
7	6.7282	6.4720	6.2303	6.0021	5.7864	5.5824	5.3893	5.2064	5.0330	4.8684
8	7.6517	7.3255	7.0197	6.7327	6.4632	6.2098	5.9713	5.7466	5.5348	5.3349
9	8.5660	8.1622	7.7861	7.4353	7.1078	6.8017	6.5152	6.2469	5.9952	5.7590
10	9.4713	8.9826	8.5302	8.1109	7.7217	7.3601	7.0236	6.7101	6.4177	6.1446
11	10.368	9.7868	9.2526	8.7605	8.3064	7.8869	7.4987	7.1390	6.8052	6.4951
12	11.255	10.575	9.9540	9.3851	8.8633	8.3838	7.9427	7.5361	7.1607	6.8137
13	12.134	11.348	10.635	9.9856	9.3936	8.8527	8.3577	7.9038	7.4869	7.1034
14	13.004	12.106	11.296	10.563	9.8986	9.2950	8.7455	8.2442	7.7862	7.3667
15	13.865	12.849	11.938	11.118	10.380	9.7122	9.1079	8.5595	8.0607	7.6061
16	14.718	13.578	12.561	11.652	10.838	10.106	9.4466	8.8514	8.3126	7.8237
17	15.562	14.292	13.166	12.166	11.274	10.477	9.7632	9.1216	8.5436	8.0216
18	16.398	14.992	13.756	12.659	11.690	10.828	10.059	9.3719	8.7556	8.2014
19	17.226	15.679	14.324	13.134	12.085	11.158	10.336	9.6036	8.9501	8.3649
20	18.046	16.351	14.877	13.590	12.462	11.470	10.594	9.8181	9.1285	8.5136
21	18.857	17.011	15.415	14.029	12.821	11.764	10.835	10.017	9.2922	8.6487
22	19.660	17.658	15.937	14.451	13.163	12.042	11.061	10.201	9.4424	8.7715
23	20.456	18.292	16.444	14.857	13.489	12.303	11.272	10.371	9.5802	8.8832
24	21.243	18.914	16.935	15.247	13.799	12.550	11.469	10.529	9.7066	8.9847
25	22.023	19.524	17.413	15.622	14.094	12.783	11.654	10.675	9.8226	9.0770
26	22.795	20.121	17.877	15.983	14.375	13.003	11.826	10.810	9.9290	9.1609
27	23.560	20.707	18.327	16.330	14.643	13.210	11.987	10.935	10.027	9.2372
28	24.316	21.281	17.764	16.663	14.898	13.406	12.137	11.051	10.116	9.3066
29	25.066	21.844	19.188	16.984	15.141	13.591	12.278	11.158	10.198	9.3696
30	25.808	22.397	19.600	17.292	15.373	13.765	12.409	11.258	10.274	9.4269
35	29.409	24.999	21.487	18.665	16.374	14.498	12.948	11.655	10.567	9.6442
40	32.835	27.356	23.115	19.793	17.159	15.046	13.332	11.925	10.757	9.7791
45	36.095	29.490	24.519	20.720	17.774	15.456	13.605	12.108	10.881	9.8628
50	39.196	31.424	25.730	21.482	18.256	15.762	13.801	12.233	10.962	9.9148

이자율(r) 기간(n)	11%	12%	13%	14%	15%	16%	17%	18%	19%	20%
1	0.9009	0.8929	0.8850	0.8772	0.8696	0.8621	0.8547	0.8475	0.8403	0.8333
2	1.7125	1.6901	1.6681	1.6467	1.6257	1.6052	1.5852	2.5656	1.5465	1.5278
3	2.4437	2.4018	2.3612	2.3216	2.2832	2.2459	2.2096	2.1743	2.1399	2.1065
4	3.1024	3.0373	2.9745	2.9137	2.8550	2.7982	2.7432	2.6901	2.6386	2.5887
5	3.6959	3.6048	3.5172	3.4331	3.3522	3.2743	3.1993	3.1272	3.0576	2.9906
6	4.2305	4.1114	3.9975	3.8887	3.7845	3.6847	3.5892	3.4976	3.4098	3.3255
7	4.7122	4.5638	4.4226	4.2883	4.1604	4.0386	3.9224	3.8115	3.7057	3.6046
8	5.1461	4.9676	4.7988	4.6389	4.4873	4.3436	4.2072	4.0776	3.9544	3.8372
9	5.5370	5.3282	5.1317	4.9464	4.7716	4.6065	4.4506	4.3030	4.1633	4.0310
10	5.8892	5.6502	5.4262	5.2161	5.0188	4.8332	4.6586	4.4941	4.3389	4.1925
11	6.2065	5.9377	5.6869	5.4527	5.2337	5.0286	4.8364	4.6560	4.4865	4.3271
12	6.4924	6.1944	5.9176	5.6603	5.4206	5.1971	4.9884	4.7932	4.6105	4.4392
13	6.7499	6.4235	6.1218	5.8424	5.5831	5.3423	5.1183	4.9095	4.7147	4.5327
14	6.9819	6.6282	6.3025	6.0021	5.7245	5.4675	5.2293	5.0081	4.8023	4.6106
15	7.1909	6.8109	6.4624	6.1422	5.8474	5.5755	5.3242	5.0916	4.8759	4.6755
16	7.3792	6.9740	6.6039	6.2651	5.9542	5.6685	5.4053	5.1624	4.9377	4.7296
17	7.5488	7.1196	6.7291	6.3729	6.0472	5.7487	5.4746	5.2223	4.9897	4.7746
18	7.7016	7.2497	6.8399	6.4674	6.1280	5.8178	5.5339	5.2732	5.0333	4.8122
19	7.8393	7.3658	6.9380	6.5504	6.1982	5.8775	5.5845	5.3162	5.0700	4.8435
20	7.9633	7.4694	7.0248	6.6231	6.2593	5.9288	5.6278	5.3527	5.1009	4.8696
21	8.0751	7.5620	7.1015	6.6870	6.3125	5.9731	5.6648	5.3837	5.1268	4.8913
22	8.1757	7.6446	7.1695	6.7429	6.3587	6.0113	5.6964	5.4099	5.1486	4.9094
23	8.2664	7.7184	7.2297	6.7921	6.3988	6.0442	5.7234	5.4321	5.1668	4.9245
24	8.3481	7.7843	7.2829	6.8351	6.4338	6.0726	5.7465	5.4509	5.1822	4.9371
25	8.4217	7.8431	7.3300	6.8729	6.4641	6.0971	5.7662	5.4669	5.1951	4.9476
26	8.4881	7.8957	7.3717	6.9061	6.4906	6.1182	5.7831	5.4804	5.2060	4.9563
27	8.5478	7.9426	7.4086	6.9352	6.5135	6.1364	5.7975	5.4919	5.2151	4.9636
28	8.6016	7.9844	7.4412	6.9607	6.5335	6.1520	5.8099	5.5016	5.2228	4.9697
29	8.6501	8.0218	7.4701	6.9830	6.5509	6.1656	5.8204	5.5098	5.2292	4.9747
30	8.6938	8.0552	7.4957	7.0027	6.5660	6.1772	5.8294	5.5168	5.2347	4.9789
35	8.8552	8.1755	7.5856	7.0700	6.6166	6.2153	5.8582	5.5386	5.2512	4.9915
40	8.9511	8.2433	7.6344	7.1050	6.6418	6.2335	5.8713	5.5482	5.2582	4.9966
45	9.0079	8.2825	7.6609	7.1232	6.6543	6.2421	5.8773	5.5523	5.2611	4.9986
50	9.0417	8.3045	7.6752	7.1327	6.6605	6.2463	5.8801	5.5541	5.2623	4.9995

〈표 4〉 연금의 복리가치요소(*CVFA*)

$$CVFA(r, n) = \frac{(1+r)^n - 1}{r} \quad (r = \text{기간당 할인율},\ n = \text{기간})$$

이자율(r) 기간(n)	1%	2%	3%	4%	5%	6%	7%	8%	9%	10%
1	1.0000	1.0000	1.0000	1.0000	1.0000	1.0000	1.0000	1.0000	1.0000	1.0000
2	2.0100	2.0200	2.0300	2.0400	2.0500	2.0600	2.0700	2.0800	2.0900	2.1000
3	3.0301	3.0604	3.0909	3.1216	3.1525	3.1836	3.2149	3.2464	3.2781	3.3100
4	4.0604	4.1216	4.1836	4.2465	4.3101	4.3746	4.4399	4.5061	4.5731	4.6410
5	5.1010	5.2040	5.3091	5.4163	5.5256	5.6371	5.7507	5.8666	5.9847	6.1051
6	6.1520	6.3081	6.4684	6.6330	6.8019	6.9753	7.1533	7.3359	7.5233	7.7156
7	7.2135	7.4343	7.6625	7.8983	8.1420	8.3938	8.6540	8.9228	9.2004	9.4872
8	8.2857	8.5830	8.8923	9.2142	9.5491	9.8975	10.260	10.637	11.028	11.436
9	9.3685	9.7546	10.159	10.583	11.027	11.491	11.978	12.488	13.021	13.579
10	10.462	10.950	11.464	12.006	12.578	13.181	13.816	14.487	15.193	15.937
11	11.567	12.169	12.808	13.486	14.207	14.972	15.784	16.645	17.560	18.531
12	12.683	13.412	14.192	15.026	14.917	16.870	17.888	18.977	20.141	21.384
13	13.809	14.680	15.618	16.627	17.713	18.882	20.141	21.495	22.953	24.523
14	14.947	15.974	17.086	18.292	19.599	21.015	22.550	24.215	26.019	27.975
15	16.097	17.293	18.599	20.024	21.579	23.276	25.129	27.152	29.361	31.772
16	17.258	18.639	20.157	21.825	23.657	25.673	27.888	30.324	33.003	35.950
17	18.430	20.012	21.762	23.698	25.840	28.213	30.840	33.750	36.974	40.545
18	19.615	21.412	23.414	25.645	28.132	30.906	33.999	37.450	41.301	45.599
19	20.811	22.841	25.117	27.671	30.539	33.760	37.379	41.446	46.018	51.159
20	22.019	24.297	26.870	29.778	33.066	36.786	40.995	45.762	51.160	57.275
21	23.239	25.783	28.676	31.969	35.719	39.993	44.865	50.423	56.765	64.002
22	24.472	27.299	30.537	34.248	38.505	43.392	49.006	55.457	62.873	71.403
23	25.716	28.845	32.453	36.618	41.430	46.996	53.436	60.893	69.532	79.543
24	26.973	30.422	34.426	39.083	44.502	50.816	58.177	66.765	76.790	88.497
25	28.243	32.030	36.459	41.646	47.727	54.865	63.249	73.106	84.701	98.347
26	29.526	33.671	38.553	44.312	51.113	59.156	68.676	79.954	93.324	109.18
27	30.821	35.344	40.710	47.084	54.669	63.706	74.484	87.351	102.72	121.10
28	32.129	37.051	42.931	49.968	58.403	68.528	80.698	95.339	112.97	134.21
29	33.450	38.792	45.219	52.966	62.323	73.640	87.347	103.97	124.14	148.63
30	34.785	40.568	47.575	56.085	66.439	79.058	94.461	113.28	136.31	164.49
35	41.660	49.994	60.462	73.652	90.320	111.43	138.24	172.32	215.71	271.02
40	48.886	60.402	75.401	95.026	120.80	154.76	199.64	269.06	337.88	442.59
45	56.481	71.893	92.720	121.03	159.70	212.74	285.75	386.51	525.86	718.90
50	64.463	84.579	112.80	152.67	209.35	290.34	406.53	573.77	815.08	1163.9

이자율(r) 기간(n)	11%	12%	13%	14%	15%	16%	17%	18%	19%	20%
1	1.0000	1.0000	1.0000	1.0000	1.0000	1.0000	1.0000	1.0000	1.0000	1.0000
2	2.1100	2.1200	2.1300	2.1400	2.1500	2.1600	2.1700	2.1800	2.1900	2.2000
3	3.3421	3.3744	3.4069	3.4396	3.4725	3.5056	3.5389	3.5724	3.6061	3.6400
4	4.7097	4.7793	4.8498	4.9211	4.9934	5.0665	5.1405	5.2154	5.2913	5.3680
5	6.2278	6.3528	6.4803	6.6101	6.7424	6.8771	7.0144	7.1542	7.2966	7.4416
6	7.9130	8.1152	8.3230	8.5355	8.7537	8.9775	9.2068	9.4420	9.6830	9.9299
7	9.7830	10.089	10.405	10.703	11.067	11.414	11.772	12.142	12.523	12.916
8	11.859	12.300	12.757	13.233	13.727	14.240	14.773	15.327	15.920	16.499
9	14.163	14.776	15.416	16.085	16.786	17.519	18.285	19.086	19.923	20.799
10	16.722	17.549	18.419	19.337	20.304	21.321	22.393	23.521	24.709	25.959
11	19.561	20.655	21.814	23.045	24.349	25.733	27.199	28.755	30.404	32.150
12	22.713	24.133	25.650	27.271	29.002	30.850	32.823	34.931	37.180	39.581
13	26.211	28.029	29.984	32.089	34.352	36.786	39.404	42.219	45.244	48.497
14	30.095	32.393	34.883	37.581	40.505	43.672	47.103	50.818	54.841	59.196
15	34.405	37.280	40.418	43.842	47.580	51.660	56.110	60.965	66.261	72.035
16	39.199	42.753	46.672	50.980	55.717	60.925	66.649	72.939	79.850	87.442
17	44.501	48.884	53.739	59.118	65.075	71.673	78.979	87.068	96.022	105.93
18	50.396	55.750	61.725	68.394	75.836	84.141	93.406	103.74	115.26	128.12
19	56.939	63.440	70.749	78.969	88.212	98.603	110.29	123.41	138.16	154.74
20	64.203	72.052	80.947	91.025	102.44	115.38	130.03	146.63	165.42	186.69
21	72.265	81.699	92.469	104.77	118.81	134.84	153.14	174.02	197.85	225.03
22	81.214	95.503	105.49	120.44	137.63	157.41	180.17	206.34	236.44	271.03
23	91.148	104.60	120.20	138.30	159.28	183.60	211.80	244.49	282.36	326.24
24	102.17	118.16	136.83	158.66	184.17	213.98	248.81	289.49	337.01	392.48
25	114.41	133.33	155.62	181.87	212.79	249.21	292.10	342.60	402.04	471.98
26	127.99	150.33	176.85	208.33	245.71	290.09	342.76	405.27	479.43	567.38
27	143.08	169.37	200.84	238.50	283.57	337.50	402.03	479.22	571.52	681.85
28	159.82	190.70	227.95	272.89	327.10	392.50	471.38	566.48	681.11	819.22
29	178.39	214.58	258.58	312.09	377.17	456.30	552.51	669.45	811.52	984.07
30	199.02	241.33	293.19	356.79	434.75	530.31	647.44	790.95	966.71	1181.9
35	341.59	431.66	546.68	693.57	881.17	1120.7	1426.4	1816.7	2314.2	2948.3
40	581.83	767.09	1013.7	1342.0	1779.1	2360.8	3134.5	4163.2	5529.8	7343.9
45	986.64	1358.3	1874.2	2590.6	3585.1	4965.3	6879.2	9531.6	13203.	18281.
50	1668.7	2400.0	3459.5	4994.5	7217.7	10436.	15089.	21813.	31515.	45497.

국문 찾아보기

ㄱ

ㅁ

ㅂ

ㅅ

ㅇ

ㅈ

ㅎ

영문 찾아보기

A

B

C

D

E

F

J

K

L

M

N

O

P

Q

R

S

T

U

V

W

Y

Z

[저 자 약 력]

박 정 식

전 서울대학교 경영대학 교수
전 한국재무학회 회장
서울대학교 문리과대학 졸업
미국 플로리다주립대학교 경영학박사(재무관리)
미국 MIT대학 초빙교수

박 종 원

현 서울시립대학교 경영대학 교수
전 한국재무학회 회장
전 한국파생상품학회 회장
전 재무관리연구 편집위원장
전 공적자금관리위원회 민간위원장
국민대학교 경영학과 학사
서울대학교 대학원 석사 및 박사(재무금융 전공)
펜실베니아대학교 와튼 스쿨 방문연구원
공인회계사 및 세무사(영화화계법인 근무)

이 장 우

현 부산대학교 경영대학 교수
현 부산대학교 금융대학원장
현 부산대학교 부동산대학원 주임
현 자산매각지원 심사위원장(캠코)
현 금융발전심의위원(금융위)
현 주택금융운영위원(금융위)
전 국책연구기관 평가 총괄단장(경제분야)
전 환위험관리위원(주택금융공사)
전 리스크관리위원(주택도시보증)
전 한국금융공학회장
전 한국증권학회 이사
전 재무학회 부회장
전 재무관리학회 부회장
서울대학교 대학원 경영학 석사 · 박사(재무관리 전공)

[주요 저서 및 논문]

박 정 식

경영분석 제 6 판(공저, 다산출판사, 2016)
현대투자론 제 4 판(공저, 다산출판사, 2016)
현대재무관리 제 8 판(공저, 다산출판사, 2015)
현대통계학 제 5 판(공저, 다산출판사, 2010)
현대재무관리연습(공저, 2003, 다산출판사)

박 종 원

현대투자론 제 4 판(공저, 다산출판사, 2016)
현대재무관리 제 8 판(공저, 다산출판사, 2015)
신용위험관리(공저, 한국금융연수원, 2015)
위험측정 및 활용(공저, 한국금융연수원, 2015)
리더가 알아야 할 재무관리전략(21세기북스, 2011)
선물 · 옵션 · 스왑(공저, 다산출판사, 2009)
현대재무관리연습(공저, 다산출판사, 2003)

이 장 우

증권시장론(공저, 도서출판 오래, 2010)
재무관리기초닦기(공저, 도서출판 대명, 2009)
"Analyzing Value Information of Free Cash Flow from Agency Costs Perspectives" (금융공학연구, 2010)
"A Test on the Pecking Order Theory of Financing: Considering Chaebol Affiliation" (재무관리연구, 2009)
"Corporate Diversification, Relatedness, and Firm Value: Evidence from Korean Firms" (Asia-Pacific Journal of Financial Studies, 2008)

제4판 **재무관리**

1999년 1월 30일　제1판 1쇄 발행
2007년 2월 28일　제2판 1쇄 발행
2010년 8월 30일　제3판 1쇄 발행
2021년 2월 28일　제4판 1쇄 발행
2025년 7월 30일　제4판 4쇄 발행

저 자　朴 廷 寔
朴 鍾 元
李 長 雨

발행인　姜 熙 一 · 朴 銀 子

저자와의 협의에 의해 인지첨부를 생략합니다.

발행처　**다 산 출 판 사**

서울특별시 마포구 용강동 494 - 85
등 록　1979. 6. 5.　제 3–86 호(윤)
전 화　717-3661~2,　718-1751~2
FAX　716-9945

정가 32,000원　　파본은 바꾸어 드립니다.

http://www.dasanbooks.co.kr
ISBN 978-89-7110-582-5 93320